Grundthemen der Literaturwissenschaft: Literarische Institutionen

Grundthemen der Literaturwissenschaft

―

Herausgegeben von
Klaus Stierstorfer

Wissenschaftlicher Beirat
Martin Huber, Barbara Korte, Schamma Schahadat,
Christoph Strosetzki und Martina Wagner-Egelhaaf

Norbert Otto Eke, Stefan Elit (Hrsg.)

Grundthemen der Literaturwissenschaft: **Literarische Institutionen**

DE GRUYTER

ISBN 978-3-11-113121-4
e-ISBN (PDF) 978-3-11-036530-6
e-ISBN (EPUB) 978-3-11-039129-9
ISSN 2567-241X

Library of Congress Control Number: 2019931199

Bibliografische Information der Deutschen Nationalbibliothek
Die Deutsche Nationalbibliothek verzeichnet diese Publikation in der Deutschen Nationalbibliografie; detaillierte bibliografische Angaben sind im Internet über http://dnb.dnb.de abrufbar.

© 2022 Walter de Gruyter GmbH, Berlin/Boston
Dieser Band ist text- und seitenidentisch mit der 2019 erschienenen gebundenen Ausgabe.
Satz: Dörlemann Satz, Lemförde
Druck und Bindung: CPI books GmbH, Leck

www.degruyter.com

Die Reihe bietet substanzielle Einzeldarstellungen zu Grundthemen und zentralen Fragestellungen der Literaturwissenschaft. Sie erhebt den Anspruch, für fortgeschrittene Studierende wissenschaftliche Zugänge zum jeweiligen Thema zu erschließen. Gleichzeitig soll sie Forscherinnen und Forschern mit speziellen Interessen als wichtige Anlaufstelle dienen, die den aktuellen Stand der Forschung auf hohem Niveau kartiert und somit eine solide Basis für weitere Arbeiten im betreffenden Forschungsfeld bereitstellt.

Die Bände richten sich nicht nur an Studierende und WissenschaftlerInnen im Bereich der Literaturwissenschaften. Von Interesse sind sie auch für all jene Disziplinen, die im weitesten Sinn mit Texten arbeiten. Neben den verschiedenen Literaturwissenschaften soll sie LeserInnen im weiten Feld der Kulturwissenschaften finden, in der Theologie, der Philosophie, der Geschichtswissenschaft und der Kunstgeschichte, in der Ethnologie und Anthropologie, der Soziologie, der Politologie und in den Rechtswissenschaften sowie in der Kommunikations- und Medienwissenschaft. In bestimmten Fällen sind die hier behandelten Themen selbst für die Natur- und Lebenswissenschaften relevant.

Münster, im November 2017   Klaus Stierstorfer

Inhaltsverzeichnis

I	Literarische Institutionen – *Norbert Otto Eke, Stefan Elit* —— **1**
II	**Historischer Abriss**
II.1	Frühe Hochkulturen bis Europa des 17. Jahrhunderts – *Stefan Elit* —— **21**
II.2	Aufklärung bis Gegenwart – *Norbert Otto Eke* —— **60**
III	**Zentrale Fragestellungen**
III.1	**Autoren: Produktion und Förderung**
III.1.1	Autorenvereinigungen in Deutschland – *Sven Hanuschek* —— **113**
III.1.2	Literarische Gesellschaften – *Jan Süselbeck* —— **129**
III.1.3	Literaturhäuser, Poetikdozenturen, Literaturwettbewerbe – *Bodo Plachta* —— **140**
III.1.4	Literaturförderung und Sponsoring: Preise, Stipendien, Festivals – *Burckhard Dücker* —— **153**
III.2	**Strukturen: Rezeption und Vermittlung**
III.2.1	Der Leser als Institution – *Werner Graf* —— **171**
III.2.2	Literaturbetrieb und Literaturbetriebspraktiken – *David-Christopher Assmann* —— **204**
III.2.3	Kulturindustrie – *Hannelore Bublitz* —— **219**
III.2.4	Literaturkritik – *Jan Süselbeck* —— **231**
III.2.5	Literaturgeschichtsschreibung und Literaturwissenschaft – *Jost Schneider* —— **254**
III.2.6	Kanon und Kanonbildung als Vermittlungs- und Rezeptionsinstanzen – *Leonhard Herrmann* —— **277**
III.2.7	Orale Kultur: Der Respondent („Antworter") in der afrikanischen Oratur – *Uta Reuster-Jahn* —— **294**
III.2.8	Schriftlichkeitskultur: Literarische Institutionen im arabisch-islamischen Mittelalter – *Susanne Enderwitz* —— **311**
III.3	**Werke: Distribution und Speicherung**
III.3.1	Arbeitsgemeinschaften und Kommissionen – *Walter Gödden* —— **335**
III.3.2	Literaturzeitschriften – *Bodo Plachta* —— **345**
III.3.3	Verlagswesen – *Ute Schneider* —— **357**

III.3.4	Literaturarchive und Literaturmuseen als Speicherinstitutionen und Forschungsstätten – *Claude D. Conter* —— 371
III.3.5	Bibliotheken – *Andreas Brandtner* —— 390

IV **Interdisziplinäre Implikationen**

IV.1	Literatur und Medien – *Jörn Glasenapp* —— 405
IV.2	Theater als literarische Institution – *Peter W. Marx* —— 421
IV.3	Literatursoziologie – *Hannelore Bublitz* —— 438
IV.4	Literaturbetrieb und literarischer Markt – *Thomas Wegmann* —— 453
IV.5	Aufmerksamkeitsökonomie und Autorinszenierungen – *Kai Bremer* —— 466
IV.6	Buchgeschichte – *Thomas Keiderling* —— 478
IV.7	Börsenverein des Deutschen Buchhandels e. V. – *Christian Frankenfeld* —— 500

V **Anhang**

Personenregister —— 513
Sachregister —— 523
Beiträgerinnen und Beiträger —— 540

I Literarische Institutionen

Norbert Otto Eke, Stefan Elit
Literarische Institutionen

Der vorliegende Band der Reihe *Grundthemen der Literaturwissenschaft* widmet sich der Entstehung und Entwicklung von literarischen Institutionen, ihren vielfältigen Wechselbeziehungen und ihren Rückwirkungen auf die Literatur im Zeitraum zwischen den Frühen Hochkulturen und unserer Gegenwart. Um diesen Gegenstand zu beleuchten, ist zuerst zu klären, welche Verständnisse von Institutionen im Allgemeinen sowie von Literatur und literarischen Institutionen im Besonderen zu berücksichtigen sind und welche in der Folge zugrunde gelegt werden können. Dabei sind bereits für vormoderne Verhältnisse ausgeprägte teilfunktionale Instanzen und Institutionen anzusetzen, die sich im Laufe der Moderne ausdifferenziert haben. Was literarische Institutionen sind, erweist sich insofern v. a. mit einem genauen Blick auf die Geschichte der rahmengebenden Gesellschaften und ihrer Kulturen. Von den einleitenden Abschnitten I und II bis zu den vertiefenden Beiträgen in den Abschnitten III und IV des Handbuchs wird die institutionenanalytische Betrachtung daher jeweils nicht zuletzt auf dem Wege der historischen Herleitung bzw. des Durchgangs durch die Institutionenhistorie erfolgen.

1 Vorüberlegungen (I): Institutionen und Institutionalisierung

Institutionen lassen sich allgemein bestimmen als selbstorganisierende Regelsysteme, die Funktionalität formen, stabilisieren und transformieren. Der Wirtschaftshistoriker Douglass C. North hatte in seinem 1990 erstmals erschienenen Standardwerk zur Theorie des institutionellen Wandels *Institutions, Institutional Change, and Economic Performance* (dt. *Institutionen, institutioneller Wandel und Wirtschaftsleistung*, 1992) Institutionen entsprechend als orientierungsleitende Rahmungen menschlicher Interaktion bestimmt. Institutionen seien „die Spielregeln einer Gesellschaft oder, förmlicher ausgedrückt, die von Menschen erdachten Beschränkungen menschlicher Interaktion." Dementsprechend gestalteten sie „die Anreize im zwischenmenschlichen Tausch, sei dieser politischer, gesellschaftlicher oder wirtschaftlicher Art" (North 1992, 3). Institutionalisierung als Prozess wiederum, darauf hatten Peter L. Berger und Thomas Luckmann bereits 1966 in ihrer immer wieder neu aufgelegten Studie *The Social Construction of Reality* (dt.: *Die gesellschaftliche Konstruktion der Wirklichkeit*,

1969) verwiesen, finde statt, „sobald habitualisierte Handlungen durch Typen von Handelnden reziprok typisiert werden. Jede Typisierung, die auf diese Weise vorgenommen wird, ist eine Institution" (Berger und Luckmann [21]2007, 58).

Noch nichts gesagt ist damit über die Reichweite von Institutionalisierungsprozessen, die in unterschiedlichen Medialitäten mit unterschiedlicher bzw. spezifischer Affektfrequenz Praktiken und Diskurse ‚in Form bringen', zeitlich/historisch, kulturell, räumlich, semantisch, strukturell aber ganz offensichtlich Grenzen haben. Beständig sind sie selbst in ein Transformationsgeschehen involviert, als dessen Ergebnis sie erscheinen, ohne dass dieses zwingend als fortschreitende Ausdifferenzierung beschreibbar ist. Institutionalisierungen lassen sich vielmehr begreifen als lediglich temporäre Verfestigungen einer sozialen Dynamik, oder anders: als Sedimentierungen dynamischer sozialer Prozesse.

Nichts gesagt ist damit zum Zweiten über die Wertigkeit von Institutionalisierungsprozessen. In deren Bestimmung als Faktoren oder auch nur als Indikatoren sozialer Strukturbildung und -stabilisierung haben stets politische und/oder geistesgeschichtliche Selbstpositionierungs- und Selbstverortungstendenzen eine Rolle gespielt. Institutionalisierungen sind so einerseits in positiver Wertsetzung verbunden worden mit Sinn und Orientierungswissen generierender Strukturbildung und hier mit der Stabilisierung dienender Überführung habitualisierter Handlungen in Ordnungssysteme (progressive Rationalisierung). Institutionalisierungsprozesse wurden andererseits immer wieder aber auch mit Disziplinierungs-, Kontroll- und Zwangsmechanismen (Durkheim, Elias, Foucault u. a.) in Verbindung gebracht: als Instanzen der Regulierung und Regierung, der Normalisierung und Kontrolle (regulative Beschränkung). Dass die Trennung zwischen diesen beiden gegenstrebigen Tendenzen für sich genommen jeweils Verkürzungen darstellen, ist weitgehend unstrittig. Robert Seyfert hat so nachdrücklich auf den gleichermaßen strukturierten (stabilen) wie fluiden Charakter von Institutionen verwiesen, die stets beide Tendenzen – Habitualisierung/Stabilisierung und Habitualisierung/Disziplinierung – umfassen: „Revolutionen und Gründungsakte, Permanenz und Fixierung, ‚Struktur und Anomie' (Besnard, Merton) – sie sind de/‚stabilisierte Spannungen' (Gehlen bzw. Przyluski) und dies ist in der Rede von der Institution als *Einrichtung* immer schon begrifflich angelegt." (Seyfert 2011, 13)

Nichts gesagt ist damit zum Dritten über den medialen Charakter von Institutionen. Institutionen sind immer auch Transmissionsmedien sozialer Prozesse, die sich wiederum kontextuell und kulturell selektierter Übertragungs- und Interaktionsformen wie Sprache und Bild (Medien zweiter Ordnung) bedienen (vgl. Seyfert 2011, 17). Diese wie die beiden erstgenannten Aspekte, also Reichweite und Wertrichtung, sollen an dieser Stelle nicht weiter verfolgt werden; sie markieren den Problemhorizont, der im vorliegenden Handbuch für den Einzelfall immer wieder aufs Neue zu diskutieren sein wird.

2 Vorüberlegungen (II): Literatur und literarische Institutionen

Grundsätzlich zu fragen ist an dieser Stelle allerdings, was die Verbindung des Institutionenbegriffs mit dem der Literatur bzw. des Literarischen mit sich bringt und in welcher semantischen Ausdehnung dieser angesetzt werden sollte. Eine hinreichend weite Bestimmung des Begriffs der literarischen Institution zumal bereits für vormoderne Epochen benötigt einen Begriff von Literatur, mit dem deren Institutionen in unterschiedlichsten historischen Kulturen erfasst werden können. Die in verschiedenen Disziplinen seit geraumer Zeit diskutierte Spannweite erstreckt sich dabei von einem klassisch modernen, v. a. europäischen Begriff von Literatur, der im engeren Sinn die so genannte schöne Literatur meint und für diese im Kern den in der Sattelzeit um 1770 etablierten Autonomieanspruch zum Maßstab macht (vgl. für die deutschsprachige Literatur exemplarisch Schlaffer 2002), bis hin zu einer in Philologien und Geschichtswissenschaften der jüngsten Jahrzehnte betriebenen Ausweitung der ‚Literatur'-Korpora einer Kultur bzw. der ‚Werke' ihrer Autoren auf jegliche überlieferte Texte der Zeit (zum erweiterten Literaturbegriff für antike Verhältnisse vgl. etwa Fuhrmann 1974, 1–2).

Erstere – enge – Bestimmung würde sogleich große Teile der heteronomen resp. unter den Voraussetzungen der alten stratifikatorischen Kulturen entstandenen Literaturen von der Betrachtung ausschließen und auch die Existenz von literarischen Institutionen für die Zeit vor der funktionalen Ausdifferenzierung von Gesellschaften, d. h. vor der genannten Sattelzeit-Epoche, verneinen. Dieser Standpunkt aus der Perspektive der Moderne-Forschung wäre zwar *sensu stricto* angemessen und konsequent, würde den durchaus lohnenden Blick auf vormoderne Gesellschaften jedoch komplett verstellen. Die zweite – sehr weite – Begriffsbestimmung von Literatur wiederum würde hingegen nicht nur die hier zu untersuchende Text(sorten)menge fast unermesslich werden lassen, sondern auch einem Begriff von literarischer Institution Tür und Tor öffnen, der sich nahezu auf jede gesellschaftliche Einrichtung bezöge, die mit Texten umgeht. Es wird daher der Darstellung im Folgenden ein Literaturbegriff mittlerer Reichweite zugrunde gelegt, der etwa in der Forschung für Schriftkulturen des Alten Orients bereits vielfach Verwendung findet (vgl. etwa Röllig 1978). Als literarisch werden Texte so an ihrer erkennbaren rhetorisch-ästhetischen Gestaltung (fiktionaler Inhalte) identifiziert. Allerdings werden sie nicht zugleich am Maßstab etwa einer modernen Kunstautonomie gemessen, da eine wie auch immer geartete gesellschaftliche Zweckhaftigkeit meistenteils vorhanden war.

Für ein entsprechendes Literaturparadigma kann in diesem Zusammenhang an die auf Horaz zurückgehende Dichotomie von *prodesse* (‚nützen') und *delectare* (‚gefallen, unterhalten') erinnert werden, und diese lässt sich auch für verschiedenste kulturelle Verhältnisse ansetzen, wenn man erstere Funktion als ‚gesellschaftlich von Nutzen' versteht und letztere als in einem weiten Sinn ‚ästhetisch unterhaltend'. Dieses polare Spektrum findet sich *mutatis mutandis* nämlich in diversen vor-, aber auch noch frühmodernen Kulturen wieder, auch wenn die Trennung des ‚Nützens' vom ‚Unterhalten' funktional nicht immer genau zu bestimmen ist, wie ja auch schon Horaz in seiner *Ars Poetica* (V. 334) wusste (zur demgemäßen Funktion der Literatur etwa noch in der Renaissance vgl. Burke 1992, 123). Altorientalistik resp. Altphilologie haben selbst für so genannte archaische oder Frühphasen im Laufe der Zeit nicht geringe Korpora von solchermaßen literarischen Texten ermittelt, und für spätere Zeiten bzw. andere Großkulturen erscheint zumindest ein gewisser Umfang immer wieder zu begegnen.

Es ist auch darum für eine quantitativ wie qualitativ breite Untersuchungsbasis schon mit Blick auf sehr lange Zeiten vor der europäischen Spätaufklärung nicht alles Überlieferte – etwa Verwaltungsschriften, rein historisch-politische oder vollends in ihrer Funktionalität aufgehende religiöse bzw. kultische Texte – in den Blick zu nehmen. Der Ausschluss Letzterer lässt sich im Übrigen auch gut im Sinne einer Literatur mittlerer Reichweite verteidigen, hält man sich Jan Assmanns Annahme vor Augen, dass (freilich nicht nur) vormoderne Gesellschaften mithilfe von (literarischen) Texten an ihrem kulturellen Gedächtnis arbeiten: „Im Rahmen der Schriftkultur und der textuellen Kohärenz organisiert sich das kulturelle Gedächtnis vornehmlich als Umgang mit fundierenden [= kanonischen, klassischen, nicht aber invarianten heiligen] Texten: auslegend, nachahmend, lernend und kritisierend" (vgl. Assmann 1997, 102).

Unter literarischen Institutionen werden im Folgenden, hier ansetzend, alle verfestigten sozialen Strukturen und Handlungsformen verstanden, die – eventuell auch nur als Nebeneffekt ihrer Grundfunktionen – Literatur im zuvor umrissenen Verständnis entweder
- unterstützen, d. h. ihr zu entstehen helfen und/oder ihre Produktion weiter befördern (= Produktionsinstitutionen), oder
- Literatur präsentieren und/oder – oftmals: repräsentativ – in gesellschaftliche Kontexte einbinden (= Vermittlungs- und Distributionsinstitutionen) oder
- Literatur zu Bildungs- oder Unterhaltungszwecken anhören bzw. lesen lassen (= Rezeptionsinstitutionen) oder

- Literatur aufbewahren helfen (= Speicherinstitutionen, bisweilen überlappend mit den vorherigen Institutionen).

Dabei ist zu unterscheiden zwischen Zeiträumen sich überlagernder Formierungstendenzen mit starken Geltungsbehauptungen, wie sie vormoderne Epochen darstellen, und Phasen offener Formierungsoptionen mit weniger starken einheitlichen Geltungsbehauptungen, die in der Sattelzeit einsetzen. In dem Maße zumindest, in dem die literarische Kommunikation zu einer umfassenden öffentlichen Angelegenheit wurde, sahen sich Theater und Buchhandel als Transmissionsmedien sozialer Prozesse so im langen 18. Jahrhundert zu einer Entwicklung neuer Distributionsstrategien herausgefordert; zugleich damit „mußte auch die Produktion literarischer (ebenso auf bisher so gut wie unerforschte Weise wissenschaftlicher) Werke auf diesen Wandel ihrer Vertriebsbedingungen und ihres Publikums antworten" (Wittmann 1991, 143). Begleitet und dynamisiert durch politische und kulturelle, gegen Ende des Jahrhunderts dann auch technologische Transformationen geraten von hier aus die bis zum Beginn des 18. Jahrhunderts weitgehend stabilen Regel- und Orientierungssysteme gesellschaftlicher und sozialer Ordnung entscheidend in Bewegung, was auch die Literatur in einen von Grund auf veränderten kommunikativen Rahmen stellt und die tradierten literarischen Institutionen einer grundlegenden Wandlungsdynamik aussetzt. Technologische Innovationen wandeln die Raum-Zeit-Verhältnisse der vorindustriellen Gesellschaft, verändern die Wahrnehmungslogik, dynamisieren zugleich die sozioökonomischen Strukturen, Kommunikationswege und -formen. Revolutionen und politische Parteienbildungen wirken als Beschleunigungsfaktoren längerfristiger Umsetzungsprozesse, in deren Perspektive sich der Siegeszug der industriell-technologischen (und agrarökonomischen) Revolution vollendet. Zugleich damit verliert das bis dahin relativ stabile ästhetische Wertesystem der Goethezeit an orientierender Bedeutung und macht – für eine Übergangszeit – auf allen Ebenen einer Vielzahl ästhetischer Suchbewegungen Platz, die erst allmählich von einem Konsolidierungs- und Normierungsprozess aufgefangen werden, der auch das in Bewegung geratene Institutionengefüge vorübergehend wieder restabilisiert, bis es im Horizont der medientechnologischen Revolutionen des 20. Jahrhunderts abermals in entscheidender Weise in Fluss gerät.

Im 18. Jahrhundert setzt damit ein Transformationsprozess ein, als dessen gegenwärtiger Höhepunkt der Bedeutungsschwund der literarischen ‚Institutionen' in den digitalen Gesellschaften erscheint. Ihre über Jahrhunderte bestehende Funktion als eine ‚starke', nicht mehr hinterfragbare Setzung zumindest ist die Literatur mittlerweile mit anderen Formungs- und Formierungsinstanzen gesellschaftlicher Selbstverständlichkeiten zu teilen gezwungen, was Rückwirkungen auch auf Konstitutionsbedingungen und -formen literarischer Institutionen hat.

Man muss dieser Argumentationslinie nicht folgen, um für vormoderne Epochen zu ihrer Abgrenzung von modernen Verhältnissen von Proto- oder Quasi-Literaturinstitutionen oder Institutionen mit Literatur-Affinität zu sprechen. Im Sinne des oberhalb gesetzten Literaturbegriffs wird jedoch im Folgenden generell von literarischen Institutionen gesprochen, auch wenn diese im Gegensatz zu den ‚eigentlichen' literarischen Institutionen der Moderne nicht bereits in ihrer Funktionalität für ‚schöne Literatur' aufgehen. Ferner ist festzustellen, dass im nachfolgenden Durchgang durch beinahe 5000 Jahre Kulturgeschichte immer wieder vergleichbare relevante soziale Strukturen und Handlungsformen mit der Tendenz zu literarischen Institutionen zu beobachten sind. Als solche begegnen von den Frühen Hochkulturen des Alten Orients bis hin zur europäischen Frühen Neuzeit im Wesentlichen: 1. Tempel/Kirchen/Klöster, Paläste und Stadtkulturen, 2. Schreiberstätten und andere Formen von literaturaffinen Schulen/Universitäten, 3. Kulte, Feste und andere Rezitationsgelegenheiten bzw. -räume sowie in deren Nähe insbesondere sich etablierende Theaterformen, 4. Textzirkulationsmedien und Textspeicher (vgl. Röllig 1978, mit Bezug auf den Alten Orient, oder Meid 2009, mit Bezug auf die deutschsprachige Frühe Neuzeit). Grundsätzlich erscheint daher für weite Teile der zu betrachtenden vormodernen Kulturräume bzw. -epochen eine einmalige typologische Erfassung schon von den Frühen Hochkulturen her möglich, während in vielen späteren oder sich bald parallel entwickelnden Gesellschaften, wie etwa in China, gleichsam Varianten oder weiter sich differenzierende Versionen entstehen (vgl. Emmerich 2004). Um dem historischen Abriss jedoch nicht jegliche unmittelbare Anschaulichkeit für das Institutionenspektrum in einzelnen Kulturen und Epochen zu nehmen, werden solchermaßen wiederkehrende bzw. *à la longue* sozusagen nur variierende Institutionen in ihrer Jemaligkeit erfasst. Dies muss dann allerdings oftmals in großer Kürze geschehen und mit einer Fokussierung vornehmlich derjenigen Institutionen, die an einem historischen Punkt oder in einer bestimmten Kultur mutmaßlich weltweit erstmals eine Ausprägung erfahren haben (vgl. als bekannte Fälle das dramatische Theater im antiken Griechenland oder den Buchdruck und das Musiktheater in China).

Seinen Ausgangspunkt nimmt der historische Überblick bei den Proto-Institutionen, die die Frühen Hochkulturen und insbesondere die griechisch-römische Antike im Rahmen ihrer rhetorisierten Öffentlichkeitskultur (inklusive des Theaterwesens) entwickelt hat: bei den frühen höfisch-aristokratischen Raumbildungen für die Literatur, dem ursprünglichen Mäzenatentum und den literarischen Kreisbildungen um die Zeitenwende (bei Maecenas, Messalla u. a.) sowie den ersten Ausprägungen von Buch- und Bibliothekswesen. Einen weiteren Betrachtungsschwerpunkt bilden dann die mittelalterliche Literalkultur und ihre monasterischen und höfischen Institutionsbildungen, insbesondere auf den Ebenen Buch und Bibliothek, Schule und Bildungswesen, sowie die auf (Selbst-) Repräsentation zielende adlige Autorenförderung. Die quantitativen und zumal die qualitativen institutionellen Schübe der Frühen Neuzeit werden dann v. a. für die Gebiete der gesteigerten rhetorischen Hofkulturen (inkl. des erneuerten Theaterwesens), der aufkommenden städtischen Kulturen und der neuen Literaturdiskurs-Einheiten wie Akademien und Sprachgesellschaften bis hin zur Entstehung eines distinkten Literatursystems rekonstruiert.

Der zweite Teilabschnitt verfolgt Literatur in den spezifischen kulturellen Konstellationen der Moderne. Hier lässt sich in Erweiterung der oberhalb vorgestellten vormodernen Teilinstanzen von literarischen Institutionen sprechen, die sich, der von Thomas Anz vorgeschlagenen Unterscheidung folgend, auf fünf Felder verteilen: „Institutionen literarischer Produktion", „Institutionen literarischer Distribution" , „Institutionen der Literaturbearbeitung", „Institutionen der Literaturförderung" und „Institutionen der Kommunikation über Literatur" (Anz 2007, 344), wobei zu Letzteren die Literaturwissenschaft, Literaturkritik und der Literaturunterricht zu zählen sind. Ein besonderes Augenmerk dieses Abschnitts liegt auf der Entwicklung des Buchs zum kulturellen Leitmedium und der Entwicklung des Literaturmarktes mit seiner Logik der Ökonomie (Verlagswesen, Buchhandel, Leihbibliotheken u. a.); daneben richtet sich die Aufmerksamkeit auch auf ‚institutionelle Effekte' des ästhetischen Autonomiekonzepts, auf die Regulierungstechniken von Zensur und Kulturpolitik sowie auf das erstarkende Bildungswesen. Für die Zeit von der klassischen Moderne bis zur Gegenwart kommen neben den sich weiter entfaltenden und entwickelnden Institutionen der Neuzeit zum einen die Medienrevolutionen in den Blick, die neue Formen und Formate der Literaturvermittlung und der Kommunikation hervorbringen und damit auch die Möglichkeiten des Literarischen nachhaltig verschieben. Zum anderen lenkt die Darstellung die Aufmerksamkeit auf das Wirken der ‚stillen' Akteure und Instanzen des Betriebs (Literaturagenten, Interessenvertretungen und Verbände wie *PEN, Verband deutscher Schriftsteller*, Akademien) und zumal auch auf das weitgespannte Netz von Fördermaßnahmen in Form von Arbeits-, Reise- und Aufenthaltsstipendien und Literaturpreisen sowie auf institutionelle Formen der Literaturförderung in Gestalt der Finanzierung oder Unterstützung von literaturvermittelnden Institutionen (Goethe-Institute, Bibliotheken, Literaturarchive, Literaturmuseen, Literaturbüros und Literaturhäuser).

3 Fokussierungen: Zentrale Fragestellungen, interdisziplinäre Implikationen

Die in Kap. III entfalteten zentralen Fragestellungen lassen sich in verschiedener Hinsicht konstellieren. Im vorliegenden Fall werden als Ordnungsperspektiven erstens Autoren, zweitens Strukturen und drittens Werke angesetzt. Mit diesen Grundperspektivierungen verbinden sich im Sinne der eingangs identifizierten teilfunktionalen Formen bzw. Ausdifferenzierungen literarischer Institutionen zum Ersten (Autoren): Produktion und Förderung, zum Zweiten (Strukturen): Rezeption und Vermittlung bzw. Kommunikation sowie zum Dritten (Werke): Distribution und Speicherung.

Die in den vorangegangenen Überblicksteilen angesprochenen institutionellen Ausprägungen und Fragestellungen werden von einschlägigen literatur- und kulturwissenschaftlichen Fachkollegen und -kolleginnen eingehend in u. a. feldtheoretischer, praxeologischer und performationstheoretischer Perspektivierung behandelt und im Bereich der literarischen Institutionen verortet. Dabei werden die in sich diversifizierten Großkomplexe (a) Institutionengeschichte/Kulturindustrie/Literaturbetrieb, (b) Literaturvermittlung/-förderung, Literaturgeschichtsschreibung/Literaturwissenschaft und Literaturzeitschriften/Kanonbildung sowie (c) Buch- und Verlagswesen/Bibliotheken, Literaturarchive und Literaturmuseen verhandelt. Im Rahmen der ersten Perspektivierung werden von Sven Hanuschek Autorenvereinigungen (in Deutschland) thematisiert, Jan Süselbeck widmet sich literarischen Gesellschaften, Bodo Plachta verfolgt die Entwicklung von Literaturhäusern und Poetikdozenturen, und Burckhard Dücker ventiliert die Rolle von Literaturförderung und Sponsoring. Nach Maßgabe der zweiten Perspektivierung fokussiert Werner Graf Leserinnen und Leser als Institution, David-Christopher Assmann geht dem Literaturbetrieb und seinen Praktiken nach, Hannelore Bublitz erinnert an die Prägung des Begriffs der Kulturindustrie (nach Adorno) und prüft ihn für die Gegenwart, Jan Süselbeck analysiert die Literaturkritik als Institution, Jost Schneider bestimmt die institutionelle Bedeutung von Literaturgeschichtsschreibung und Literaturwissenschaft, Leonhard Herrmann thematisiert Kanon und Kanonbildung, Uta Reuster-Jahn präsentiert ein Beispiel für eine besondere Kultur der Oralität (in Afrika) und Susanne Enderwitz stellt als Pendant eine bedeutende Schriftlichkeitskultur (im arabisch-islamischen Mittelalter) vor. Perspektive drei wird konkretisiert von Walter Göddens Reflexion zu Arbeitsgemeinschaften und Literaturkommissionen, von Bodo Plachtas Analyse von Literaturzeitschriften, von Ute Schneiders Grundsatzbeitrag zum Verlagswesen, von Claude D. Conters Sichtung von Literaturarchiven und Literaturmuseen als Speicherinstitutionen und Forschungsstätten sowie von Andreas Brandtners Blick auf Bibliotheken.

Die in Kapitel IV („interdisziplinären Implikationen") verfolgten Ansätze bieten: Jörn Glasenapps breite Reflexion von Literatur und Medien, Peter W. Marx' Frage nach dem Theater als literarischer Institution, Hannelore Bublitz' Aufarbeitung der literatursoziologischen Institutionenforschung, Thomas Wegmanns Reflexion von Literaturbetrieb und literarischem Markt, Kai Bremers Auslassungen zu modernen Aufmerksamkeitsökonomien und Autorinszenierungen, Thomas Keiderlings Überblick über die Buchgeschichte u. a. mit juristischen Aspekten und schließlich, in exemplarischer Absicht, Christian Frankenfelds Beitrag zum *Börsenverein des deutschen Buchhandels e. V.*.

Nicht nur mit Blick auf den zuletzt genannten Beitrag ist darauf hinzuweisen, dass die Herausgeber für ein Handbuch in deutscher Sprache und ein voraussichtlich v. a. deutsches Publikum es den Beiträgerinnen und Beiträgern immer wieder gestattet haben, auf der Beispielebene am ehesten auf deutschsprachige Entwicklungen und Einzelfälle zu rekurrieren. Diese sind jedoch exemplarisch gemeint im Hinblick auf den Rahmen der internationalen Entwicklungen literarischer Institutionen, die den Fragehorizont sowohl des historischen Abrisses im Kap. II wie des Handbuchs als Ganzes abstecken. Ebenfalls exemplarisch übergreifend gemeint ist ferner die Referenzbibliographie, die die vorliegende Einleitung beschließt, denn hier werden bereits für das gesamte Handbuch und seine einzelnen Abschnitte und Beiträge zentrale weiterführende Werke angeführt.

4 Schlusswort und Danksagung

Dem Universalhistoriker Arnold J. Toynbee zufolge herrschte unter den literarischen Institutionen bereits in vormodernen Zeiten eine grundsätzliche *competitiveness*. Diese machte miteinander korrelierte bzw. einander beobachtende literarische Institutionen zu sich wechselseitig vorantreibenden Beförderern der Literarkultur und auch von Literatur selbst. Exemplarisch hat eine solche fruchtbare Wettbewerbssituation Walter Berschin für die mittelalterlichen Klöster in St. Gallen und auf der Insel Reichenau am Bodensee beschrieben (vgl. Berschin ²2005, 10). Wir hoffen mit dem vorliegenden Handbuch *Literarische Institutionen* einen allgemeinen Beitrag sowie viele einzelne weitere Facetten eines bis dato noch kaum in seiner historischen und systematischen Vielfalt behandelten Bereichs der Literaturen der Welt ausgelotet und dabei auch immer wieder dieses hoch spannende Phänomen der *competitiveness*, explizit oder implizit, verfolgt zu haben.

Herzlich gedankt sei dem Herausgeber der Reihe *Literarische Grundthemen*, Prof. Dr. Klaus Stierstorfer, von dem die Anregung zu diesem Band der Reihe ausgegangen ist. Zu danken ist ferner dem Lektorat des Verlags Walter de Gruyter, hier insbesondere unserer ersten Ansprechpartnerin im Verlag, Dr. Anja-Simone Michalski. Ein besonderer Dank gilt unserer redaktionellen Mitarbeiterin Dr. Ludmila Peters und nicht zuletzt allen Beiträgerinnen und Beiträgern, ohne deren Mitarbeit das Handbuch nicht hätte entstehen können.

Paderborn, im Januar 2019
Norbert Otto Eke und Stefan Elit

Weiterführende Literatur

Albrecht, Wolfgang (2001). *Literaturkritik*. Stuttgart und Weimar.
Alker, Stefan und Achim Hölter (Hg.) (2015). *Literaturwissenschaft und Bibliotheken*. Göttingen.
Anz, Thomas (Hg.) (2007). *Handbuch Literaturwissenschaft. Gegenstände – Konzepte – Institutionen*. Stuttgart und Weimar.
Anz, Thomas und Rainer Baasner (Hg.) (2004). *Literaturkritik. Geschichte, Theorie, Praxis*. München.
Arbeitsgemeinschaft Literarischer Gesellschaften (Hg.) (1995). *Literarische Gesellschaften in Deutschland. Ein Handbuch*. Bearbeitet von Christiane Kussin. Berlin.
Arbeitsgemeinschaft Literarischer Gesellschaften und Gedenkstätten e. V. (Hg.) (2009). *Panorama und Perspektive. Literarische Gesellschaften und Literaturmuseen in Europa*. Berlin.
Arnold, Heinz Ludwig (Hg.) (2002). *Literarische Kanonbildung*. München.
Arnold, Heinz Ludwig und Matthias Beilein (Hg.) (2009). *Literaturbetrieb in Deutschland*. 3. Auflage. Neufassung. München.
Assmann, David-Christopher (Hg.) (2015). *Literaturbetriebspraktiken*. Frankfurt a. M.
Assmann, Jan (1997). *Das kulturelle Gedächtnis. Schrift, Erinnerung und politische Identität in frühen Hochkulturen*. München.
Barner, Wilfried (Hg.) (1990). *Literaturkritik – Anspruch und Wirklichkeit. DFG-Symposion 1989*. Stuttgart.
Bierwirth, Maik, Anja Johannsen und Mirna Zeman (Hg.) (2012). *Doing Contemporary Literature. Praktiken, Wertungen, Automatismen*. München.
Binczek, Natalie, Till Dembeck und Jörgen Schäfer (Hg.) (2013). *Handbuch Medien der Literatur*. Berlin und Boston, MA.
Bogdal, Klaus-Michael und Heribert Tommek (Hg.) (2012). *Transformationen des literarischen Feldes in der Gegenwart. Sozialstruktur – Medien-Ökonomien – Autorpositionen*. Heidelberg.
Bores, Dorothée und Sven Hanuschek (Hg.) (2014). *Handbuch PEN. Geschichte und Gegenwart der deutschsprachigen Zentren*. Berlin und Boston, MA.
Bosse, Heinrich (1981). *Autorschaft ist Werkherrschaft. Über die Entstehung des Urheberrechts aus dem Geist der Goethezeit*. Paderborn u. a.

Bourdieu, Pierre (2001 [1992]). *Die Regeln der Kunst. Genese und Struktur des literarischen Feldes.* Frankfurt a. M.

Brosius, Maria (Hg.) (2003). *Ancient archives and archival traditions.* Oxford.

Bublitz, Hannelore (2005). *In der Zerstreuung organisiert. Paradoxien und Phantasmen der Massenkultur.* Bielefeld.

Busch, Angelika und Hans-Peter Burmeister (1999). *Literaturarchive und Literaturmuseen der Zukunft. Bestandsaufnahme und Perspektiven.* Rehburg-Loccum.

Carlsson, Anni (1969). *Die deutsche Buchkritik von der Reformation bis zur Gegenwart.* Bern und München.

Corsten, Severin, Günther Pflug und Friedrich Adolf Schmidt-Künsemüller (Hg.) (1987–2016). *Lexikon des gesamten Buchwesens.* Stuttgart.

Dann, Otto (Hg.) (1981). *Lesegesellschaften und bürgerliche Emanzipation. Ein europäischer Vergleich.* München.

Danneberg, Lutz, Wolfgang Höppner, Ralf Klausnitzer und Dorit Müller (2007). „Geschichte der Literaturwissenschaft". *Handbuch Literaturwissenschaft.* Hrsg. von Thomas Anz. Stuttgart und Weimar: 1–190.

Detering, Heinrich (Hg.) (2002). *Autorschaft. Positionen und Revisionen.* Stuttgart und Weimar.

Döring, Jörg, Christian Jäger und Thomas Wegmann (Hg.) (1996). *Verkehrsformen und Schreibverhältnisse. Medialer Wandel als Gegenstand und Bedingung von Literatur im 20. Jahrhundert.* Opladen.

Dörner, Andreas und Ludger Vogt (^{2}2013). *Literatursoziologie. Eine Einführung in zentrale Positionen – von Marx bis Bourdieu, von der Systemtheorie bis zu den British Cultural Studies.* Heidelberg.

Dücker, Burckhard und Thomas Schmidt (2011). *Lernort Literaturmuseum. Beiträge zur kulturellen Bildung.* Göttingen.

Eggert, Hartmut und Christine Garbe (1995). *Literarische Sozialisation.* Stuttgart.

Ehrlich, Lothar, Judith Schildt und Benjamin Specht (Hg.) (2007). *Die Bildung des Kanons. Textuelle Faktoren – Kulturelle Funktionen – Ethische Praxis.* Köln et al.

Eke, Norbert Otto und Dagmar Olasz-Eke (1994): *Bibliographie: Der deutsche Roman 1815–1830. Standortnachweise, Rezensionen, Forschungsüberblick.* München.

Eke, Norbert Otto (2015). *Das deutsche Drama im Überblick.* Darmstadt.

Elias, Friederike, Albrecht Franz, Henning Murmann und Ulrich W. Weiser (Hg.) (2014). *Praxeologie. Beiträge zur interdisziplinären Reichweite praxistheoretischer Ansätze in den Geistes- und Sozialwissenschaften.* Berlin und Boston, MA.

Engelsing, Rolf (1973). *Analphabetentum und Lektüre. Zur Sozialgeschichte des Lesens.* Stuttgart.

Finnegan, Ruth (2007). *The Oral and Beyond. Doing Things with Words in Africa.* Oxford.

Fischer, Alexander M. (2016). *Posierende Poeten. Autorinszenierungen vom 18. bis zum 21. Jahrhundert.* Heidelberg.

Fischer, Ernst (2001). *Literarische Agenturen – die heimlichen Herrscher im Literaturbetrieb?* Wiesbaden.

Fischer, Ernst, Wilhelm Haefs und York-Gothart Mix (Hg.) (1999). *Von Almanach bis Zeitung. Ein Handbuch der Medien in Deutschland 1700–1800.* München.

Fischer-Lichte, Erika (^{2}1999). *Geschichte des Dramas.* 2. Bde. Tübingen und Basel.

Fohrmann, Jürgen und Wilhelm Voßkamp (Hg.) (1994). *Wissenschaftsgeschichte der Germanistik im 19. Jahrhundert.* Weimar.

Franck, Georg (1998). *Ökonomie der Aufmerksamkeit. Ein Entwurf.* München und Wien.
Franck, Georg (2005). *Mentaler Kapitalismus. Eine politische Ökonomie des Geistes.* München und Wien.
Franzmann, Bodo (Hg.) (1999). *Handbuch Lesen.* München.
Frohne, Julia, Brigitte Norwidat-Altmann und Oliver Scheytt (2015). *Kultursponsoring. Leitfaden für kreative Allianzen.* Wiesbaden.
Füssel, Stephan und Corinna Norrick-Rühl (2016). *Einführung in die Buchwissenschaft.* Darmstadt.
Füssel, Stephan, Georg Jäger und Hermann Staub (Hg.) (2000). *Der Börsenverein des Deutschen Buchhandels 1825–2000. Ein geschichtlicher Aufriss.* In Verbindung mit Monika Estermann. Frankfurt a. M.
Füssel, Stephan, Wolfgang Frühwald, Niels Beintker und Martin Schult (Hg.) (2009). *Widerreden. 60 Jahre Friedenspreis des Deutschen Buchhandels.* Frankfurt a. M.
Gaiser, Gottlieb (1993). *Literaturgeschichte und literarische Institutionen. Zu einer Pragmatik der Literatur.* Meitingen.
Gieseke, Ludwig (1995). *Vom Privileg zum Urheberrecht. Die Entwicklung des Urheberrechts in Deutschland bis 1845.* Göttingen.
Giesecke, Michael (1998). *Der Buchdruck in der frühen Neuzeit. Eine historische Fallstudie über die Durchsetzung neuer Informations- und Kommunikationstechnologien.* Frankfurt a. M.
Goody, Jack, Ian Watt und Kathleen Gough (1986). *Entstehung und Folgen der Schriftkultur.* Frankfurt a. M.
Gradmann, Stefan und Konrad Umlauf (Hg.) (2011–2013). *Lexikon der Bibliotheks- und Informationswissenschaft.* 2 Bde. Stuttgart.
Gradmann, Stefan und Konrad Umlauf (Hg.) (2012). *Handbuch Bibliothek. Geschichte, Aufgaben, Perspektiven.* Stuttgart und Weimar.
Haarmann, Harald (1991). *Universalgeschichte der Schrift.* Frankfurt a. M.
Hanuschek, Sven (2004). *Geschichte des bundesdeutschen PEN-Zentrums von 1951 bis 1990.* Tübingen.
Haug, Walter und Burghart Wachinger (Hg.) (1991). *Autorentypen.* Tübingen.
Heinrichs, Wolfgang (2006). *Der Kulturbetrieb. Bildende Kunst – Musik – Literatur – Theater – Film.* Bielefeld.
Hermand, Jost (1998). *Die deutschen Dichterbünde. Von den Meistersingern bis zum PEN-Club.* Köln et al.
Heydebrand, Renate von (Hg.) (1998). *Kanon – Macht – Kultur. Theoretische, historische und soziale Aspekte ästhetischer Kanonbildungen.* Stuttgart und Weimar.
Hirschler, Konrad (2010). *The Written Word in the Medieval Islamic Lands: A Social and Cultural History of Reading Practices.* Edinburgh.
Hoepfner, Wolfram (Hg.) (2002). *Antike Bibliotheken.* Mainz.
Hohendahl, Peter Uwe (Hg.) (1985). *Geschichte der deutschen Literaturkritik (1730–1980).* Mit Beiträgen von Klaus Berghahn, Russel A. Berman, Peter Uwe Hohendahl, Jochen Schulte-Sasse und Bernhard Zimmermann. Stuttgart.
Hörning, Karl H. und Julia Reuter (Hg.) (2004). *Doing Culture. Neue Positionen zum Verhältnis von Kultur und sozialer Praxis.* Bielefeld.
Hutcheon, Linda (2013 [2006]). *A Theory of Adaptation.* London und New York, NY.
Jäger, Georg et al. (Hg.) (2001–[z. Z. 2015]). *Geschichte des Deutschen Buchhandels im 19. und 20. Jahrhundert.* Bislang erschienen: 3 Bde. Berlin.

Juchem, Kerstin (2013) *Literaturhäuser, Literaturbüros und Literaturzentren im deutschsprachigen Raum. Eine Bestandsaufnahme.* Berlin.
Kaiser, Gerhard R. und Stefan Matuschek (2001). *Begründungen und Funktionen des Kanons. Beiträge aus der Literatur- und Kunstwissenschaft, Philosophie und Theologie.* Heidelberg.
Kaulen, Heinrich und Christina Gansel (Hg.) (2015). *Literaturkritik heute. Tendenzen – Traditionen – Vermittlung.* Göttingen.
Keiderling, Thomas (Hg.) (2016–2017). *Lexikon der Medien- und Buchwissenschaft. Analog – Digital.* 3 Bde. Stuttgart.
Kleberg, Tönnes (²1969). *Buchhandel und Verlagswesen in der Antike.* Darmstadt.
König, Christoph und Siegfried Seifert (1996). *Literaturarchiv und Literaturforschung. Aspekte neuer Zusammenarbeit.* München et al.
Kolk, Rainer (1998). *Literarische Gruppenbildung. Am Beispiel des George-Kreises 1890–1945.* Tübingen.
Koschorke, Albrecht (1999). *Körperströme und Schriftverkehr. Mediologie des 18. Jahrhunderts.* München.
Künzel, Christine und Jörg Schönert (Hg.) (2007). *Autorinszenierungen und literarisches Werk im Kontext der Medien.* Würzburg.
Kuhbandner, Birgit (2008). *Unternehmer zwischen Markt und Moderne. Verleger und die zeitgenössische Literatur an der Schwelle zum 20. Jahrhundert.* Wiesbaden.
Kussin, Christiane (Hg.) (2001). *Dichterhäuser im Wandel: Wie sehen Literaturmuseen und Literaturausstellungen der Zukunft aus?* Im Auftrag der Arbeitsgemeinschaft Literarischer Gesellschaften und Gedenkstätten e. V. Berlin.
Kussin, Christiane und Alexandra Seitz (Hg.) (1999). *Literarische Gesellschaften, Literaturmuseen und literarische Gedenkstätten. Namen, Zahlen, Hinweise zu 350 Einrichtungen.* Berlin.
Kyora, Sabine (Hg.) (2014). *Subjektform Autor. Autorschaftsinszenierungen als Praktiken der Subjektivierung.* Bielefeld.
Lange-Greve, Susanne (1995). *Die kulturelle Bedeutung von Literaturausstellungen. Konzepte, Analysen und Wirkungen literaturmusealer Präsentation.* Hildesheim et al.
Lutz, Bernd (Hg.) (1974). *Literaturwissenschaft und Sozialwissenschaften 3. Deutsches Bürgertum und literarische Intelligenz 1750–1800.* Stuttgart.
Lyons, Martyn (2012). *Das Buch. Eine illustrierte Geschichte.* Aus dem Englischen von Birgit Fricke und Jutta Orth. Hildesheim.
Machill, Horst (Hg.) (1974). *Handbuch des Buchhandels.* Hamburg.
Martino, Alberto (1990). *Die deutsche Leihbibliothek. Geschichte einer literarischen Institution (1756–1914).* Mit einem zusammen mit Georg Jäger erstellten Verzeichnis der erhaltenen Leihbibliothekskataloge. Wiesbaden.
Marx, Peter W. (2012). *Handbuch Drama. Theorie, Analyse, Geschichte.* Stuttgart und Weimar.
Meßner, Sigrid (2012). *Literarisch vernetzt. Autorenforen im Internet als neue Form von literarischer Öffentlichkeit.* Dresden.
Moog-Grünewald, Maria (Hg.) (1997). *Kanon und Theorie.* Heidelberg.
Morgenroth, Claas, Martin Stingelin und Matthias Thiele (Hg.) (2012). *Die Schreibszene als politische Szene. Zur Genealogie des Schreibens.* München.
Nerdinger, Winfried (Hg.) (2011). *Die Weisheit baut sich ein Haus. Architektur und Geschichte von Bibliotheken.* In Zusammenarbeit mit Werner Oechslin, Markus Eisen und Irene Meissner. München, London und New York, NY.
Neuhaus, Stefan (2004). *Literaturkritik. Eine Einführung.* Göttingen.
Neuhaus, Stefan (2009). *Literaturvermittlung.* Wien.

Okpewho, Isidore (Hg.) (1990). *Oral Performance in Africa*. Ibadan.
Paech, Joachim (1997 [1988]). *Film und Literatur*. Stuttgart und Weimar.
Plachta, Bodo (2008). *Literaturbetrieb*. Paderborn.
Plachta, Bodo (2011). *Dichterhäuser in Deutschland, Österreich und der Schweiz*. Stuttgart.
Plassmann, Engelbert, Hermann Rösch, Jürgen Seefeldt und Konrad Umlauf (2011). *Bibliotheken und Informationsgesellschaft in Deutschland. Eine Einführung*. 2., gründlich überarbeitete und erweiterte Auflage. Wiesbaden.
Rau, Anja (2000). *What you click is what you get? Die Stellung von Autoren und Lesern in interaktiver digitaler Literatur*. Berlin.
Rautenberg, Ursula (Hg.) (2010). *Buchwissenschaft in Deutschland*. 2 Bde. Berlin.
Rautenberg, Ursula und Ute Schneider (Hg.) (2015). *Lesen. Ein interdisziplinäres Handbuch*. Berlin.
Requate, Jörg (1995). *Journalismus als Beruf. Entstehung und Entwicklung des Journalistenberufs im 19. Jahrhundert. Deutschland im internationalen Vergleich*. Göttingen.
Reynolds, Leighton Durham und Nigel Guy Wilson ([3]1991). *Scribes and Scolars. A Guide to the Transmission of Greek and Latin Literature*. Oxford.
Richter, Steffen (2011). *Der Literaturbetrieb. Eine Einführung. Text – Märkte – Medien*. Darmstadt.
Rippl, Gabriele und Simone Winko (Hg.) (2013). *Handbuch Kanon und Wertung. Theorien, Instanzen, Geschichte*. Stuttgart und Weimar.
Schenda, Rudolf (1977). *Volk ohne Buch. Studien zur Sozialgeschichte der populären Lesestoffe 1770–1910*. München.
Schmidt, Siegfried J. (1989). *Die Selbstorganisation des Sozialsystems Literatur im 18. Jahrhundert*. Frankfurt a. M.
Schneider, Ute (2005). *Die Berufsgeschichte des Lektors im literarischen Verlag*. Göttingen.
Schön, Erich (1987). *Der Verlust der Sinnlichkeit oder Die Verwandlung des Lesers. Mentalitätswandel um 1800*. Stuttgart.
Schütz, Erhard et al. (Hg.) (2005). *Das BuchMarktBuch. Der Literaturbetrieb in Grundbegriffen*. Zusammen mit Silke Bittkow, David Oels, Stephan Porombka und Thomas Wegmann. Reinbek bei Hamburg.
Schwabach-Albrecht, Susanne (2005). *Im Namen Friedrich Schillers – 150 Jahre Deutsche Schillerstiftung – Schillerfeiern*. Düsseldorf.
Stein, Peter (2006). *Schriftkultur. Eine Geschichte des Schreibens und Lesens*. Darmstadt.
Stingelin, Martin (Hg.) (2004). *„Mir ekelt vor diesem tintenklecksenden Säkulum". Schreibszenen im Zeitalter der Manuskripte*. München.
Theisohn, Philipp und Christine Weder (Hg.) (2013). *Literaturbetrieb: zur Poetik einer Produktionsgemeinschaft*. München.
Tigges, Stefan (Hg.) (2008). *Dramatische Transformationen. Zu gegenwärtigen Schreib- und Aufführungsstrategien im deutschsprachigen Theater*. Bielefeld.
Ulmer, Judith S. (2006). *Geschichte des Georg-Büchner-Preises. Soziologie eines Rituals*. Berlin und New York, NY.
Verband deutscher Schriftsteller (VS) (Hg.) (2009). *40 Jahre Verband deutscher Schriftsteller. 1969–2009*. Verantwortlich Frank Werneke und Gerhard Herzberg. Redaktion Heinrich Bleicher-Nagelsmann. Berlin.
Weidhaas, Peter (2003). *Zur Geschichte der Frankfurter Buchmesse*. Frankfurt a. M.
Weimann, Karl-Heinz (1975). *Bibliotheksgeschichte. Lehrbuch zur Entwicklung und Topographie des Bibliothekswesens*. München.

Weimar, Klaus (1989). *Geschichte der deutschen Literaturwissenschaft bis zum Ende des 19. Jahrhunderts.* München.
Wittmann, Reinhard (1982). *Buchmarkt und Lektüre im 18. und 19. Jahrhundert. Beiträge zum literarischen Leben 1750–1880.* Tübingen.
Wittmann, Reinhard (1991). *Geschichte des deutschen Buchhandels. Ein Überblick.* München.
Worthen, William B. (2010). *Drama. Between Poetry and Performance.* Chichester.
Wülfing, Wulf, Karin Bruns und Rolf Parr (Hg.) (1998). *Handbuch literarisch-kultureller Vereine, Gruppen und Bünde 1825–1933.* Stuttgart und Weimar.

Zitierte Literatur

Anz, Thomas (2007). Literaturkritik. *Handbuch Literaturwissenschaft.* Bd. 1: Gegenstände und Grundbegriffe. Hrsg. von Thomas Anz. Stuttgart und Weimar: 344–353.
Assmann, Jan (1997). *Das kulturelle Gedächtnis. Schrift, Erinnerung und politische Identität in frühen Hochkulturen.* München.
Berger, Peter L. und Thomas Luckmann ([21]2007). *Die gesellschaftliche Konstruktion der Wirklichkeit. Eine Theorie der Wissenssoziologie.* Frankfurt a. M.
Berschin, Walter ([2]2005). *Eremus und Insula. St. Gallen und die Reichenau im Mittelalter – Modell einer lateinischen Literaturlandschaft.* 2., erweiterte Auflage Wiesbaden.
Burke, Peter (1992). *Die Renaissance in Italien. Sozialgeschichte einer Kultur zwischen Tradition und Erneuerung.* Aus dem Englischen von Reinhard Kaiser. Darmstadt (engl. OV 1972: *Culture and Society in Renaissance Italy*).
Emmerich, Reinhard (Hg.) (2004). *Chinesische Literaturgeschichte.* Unter Mitarbeit von Hans van Ess, Raoul David Findeisen, Martin Kern und Clemens Treter. Stuttgart und Weimar.
Fuhrmann, Manfred (1974). „Die römische Literatur". *Römische Literatur.* Hrsg. von Manfred Fuhrmann. Frankfurt a. M.: 1–33.
Meid, Volker (2009). *Die deutsche Literatur im Zeitalter des Barock. Vom Späthumanismus zur Frühaufklärung. 1570–1740.* München.
North, Douglass C. (1992). *Institutionen, institutioneller Wandel und Wirtschaftsleistung.* Aus dem Amerikanischen übersetzt von Monika Streissler. Tübingen.
Röllig, Wolfgang (1978). „Die altorientalischen Literaturen". *Altorientalische Literaturen.* Hrsg. von Wolfgang Röllig. Wiesbaden: 9–24.
Schlaffer, Heinz (2002). *Die kurze Geschichte der deutschen Literatur.* München.
Seyfert, Robert (2011). *Das Leben der Institutionen. Zu einer Allgemeinen Theorie der Institutionalisierung.* Weilerswist.
Wittmann, Reinhard (1991). *Geschichte des deutschen Buchhandels. Ein Überblick.* München.

II Historischer Abriss

Stefan Elit
II.1 Frühe Hochkulturen bis Europa des 17. Jahrhunderts

1 Frühe Hochkulturen im Orient

Die frühesten literarischen Institutionen im weiteren Sinn dürften sich im dritten Jahrtausend v. u. Z. herausgebildet haben und hatten ihre Zentren einerseits in Mesopotamien und andererseits in Altägypten. Um der Exemplarik willen wird es im Folgenden vornehmlich um die Gesellschaften zwischen Euphrat und Tigris gehen, während die altägyptische Parallelentwicklung nicht eigens thematisiert werden soll. Denn in beiden Räumen entfalteten sich in dieser Zeit gleichermaßen Schriftkulturen, für die erste Formen von Literatur bezeugt sind.

Die Anfänge der mesopotamischen Kulturgesellschaften liegen bereits um das Jahr 3000 v. u. Z. bei den Sumerern und ihrer Verstaatlichung im Rahmen von komplex zu verwaltendem Bewässerungslandbau und ersten Städtebildungen mit einem (militärischen) König- und Priestertum an der Spitze (vgl. Röllig 1978, 9–16). Den Abschluss der hier interessierenden frühen Hochkulturen bildete die Übernahme des Territoriums durch die Perser um die Mitte des 1. Jahrtausends v. u. Z. Dazwischen liegt eine wechselvolle Entwicklung von Ethnien und ihren (Stadt-)Staaten, die in erster Linie Verwaltungsinstitutionen, z. T. in enger Verzahnung mit religiösen Einrichtungen, hervorbrachten. In deren Rahmen ist auch zahlreiche Literatur entstanden, die in Teilen bis heute bewahrt oder zumindest bezeugt ist. Die mutmaßliche Erfindung der Keilschrift durch die Sumerer zu Verwaltungszwecken in der ersten Hälfte des 3. Jahrtausends v. u. Z. führte zu der wohl ältesten Literatur der Welt, deren Einfluss und Tradierung über mehrere Folge- und Nachbarkulturen reichte (Akkader, Babylonier, Hethiter, Assyrer u. a., mit Spätwirkungen bis nach Griechenland) und die nicht zuletzt mit ihren mythisch-epischen Stoffen maßgeblich auf die antike Welt gewirkt hat (vgl. Krecher 1978).

Eine kaum zu unterschätzende Bedeutung als Produktions- und Vermittlungsinstitution hatte dabei das so genannte Schreiberwesen. Der Begriff des Schreibers begegnet bereits in der sumerischen Zeit, wird aber auch wissenschaftlich bis heute in einem sehr weiten Sinn gebraucht. Er meint innerhalb der interessierenden Kulturräume, in denen durchaus mehrere Gesellschaftsglieder schreiben konnten, in aller Regel einen in Schriftanwendungen besonders gut ausgebildeten Menschen, der in verschiedensten Bereichen von Palästen und

Tempeln tätig war. Schriftanwendungen sind daher in einem sehr weiten Sinn zu denken, insofern sie in einem breiten Spektrum von Verwaltungstätigkeiten begegnen (ökonomischer oder juristischer Art oder als Textkopisten und auch als genuine Literaten), die auch mit kultischen Zwecken verbunden waren (Verfassen und Abschreiben religiös-literarischer Textsorten). Schreiber rangierten in damaliger Sicht zwar als eine Art besserer Handwerker, hatten als zum Teil ganz hochrangige Vertreter von Bürokratie bzw. Tempelwesen aber durchaus ein besonderes Ansehen. Verbunden waren damit zugleich Kompetenzen, die sie als Verwaltungsspitzen, als erste ‚Schriftgelehrte' oder auch ‚Intellektuelle' und als herausragende Vertreter der Priesterschaft markierten (vgl. Reiner 1978).

Schreiber wurden Menschen aus verschiedensten Schichten – anhand von Verfasserbezeichnungen auf Texten und deren Auflistungen lassen sich diverse Herkünfte nachweisen –, die Vererbung von mit dieser Tätigkeit verbundenen Berufspositionen zumal in den Oberschichten ist jedoch auch überliefert (vgl. Waetzoldt 2011). Zum Schreiber ausgebildet wurde man außer im privaten Rahmen (der Schreiber-Vater als Lehrer) in Schulen, die Verwaltungseinrichtungen (also Palästen und Tempeln) angegliedert waren. Die Einübung des Schreibens erfolgte an verschiedenen Textsorten, unter denen sich auch Werke der schönen Literatur befanden, deren Tradierung und Kanonisierung nicht zuletzt auf diesem Wege über Jahrhunderte befördert worden sind. Man denke etwa an die zahlreichen Tontafeln mit Keilschrifttexten, die v. a. im Rahmen der Schreibschulung in verschiedenen Städten wie Babylon, Lagasch, Ninive, Nippur, Ur oder Uruk abgefasst worden sind (vgl. exemplarisch für die sumerisch-akkadische Kultur Reiner 1978, 157). Schreiber in Schulen hatten also eine wichtige Vermittlungsfunktion für Literatur, und sie waren selbst Verfasser u. a. von literarischen Texten. Verfasst und vermittelt wurde Literatur aber nicht nur im schulischen Kontext, sondern auch in repräsentativen Zusammenhängen: Als mehr oder weniger ‚profan' zu bezeichnen ist etwa die Literatur für königliche Herrscher und ihre Höfe, die ihr Wirken in (rezitativ vorzutragender) Literatur dokumentieren und loben sowie sich von ihr belehren und unterhalten ließen. Für unterschiedliche kultische Zwecke wurden Dichtungen geschrieben, deren ästhetische Gestaltung in politischen Zusammenhängen wie religiösen Zeremonien wirksam sein sollten (so die sumerisch-akkadischen Hymnen, die sich an Götter, vergöttlichte Herrscher und Tempel richtete, aber auch beschwörenden Charakter mit Bezug auf Krankheiten und Unheil aufweisen konnten; vgl. Reiner 1978, 182–190). Als zentrale Rezeptionsinstitutionen sind daher, neben den Schulen selbst, Herrscherpaläste und Tempel im Allgemeinen zu bezeichnen sowie auch Privathäuser höherer Beamter, in denen nach dem aktuellen archäologischen Kenntnisstand ebenfalls Literatur rezipiert und bewahrt wurde (vgl. Röllig 1978, 20).

Zu Palästen, v. a. den Tempeln und gehobenen Beamtenhäusern gehörten schließlich auch die multifunktionalen Speicherinstitutionen an Hauptzentren des politischen und kulturellen Lebens im Zweistromland, d. h. verwaltungsmäßige und sakrale Archive sowie Bibliotheken, deren berühmteste und gut bezeugte diejenige des assyrischen Königs Assurbanipal in Ninive ist, in der im siebten Jahrhundert v. u. Z. bereits eine reichhaltige Sammlung an Literaturen etwa aus den sumerischen und akkadischen Vorgängerkulturen vorgenommen worden ist (vgl. Weimann 1975, 20); zu vergleichen ist diese Einrichtung wohl nur mit der noch berühmter gewordenen hellenistischen Bibliothek im ägyptischen Alexandria (vgl. den Beitrag von Keiderling, „Buchgeschichte", in diesem Buch).

Literarische Gattungen, die geschätzt wurden, lassen sich, wie erwähnt, zahlreich nachweisen, sei es nur durch archivarische bzw. bibliothekarische Verzeichnisse, sei es durch unmittelbar erhaltene Texte, die in wenigen Fällen bis heute breiter bekannt sind, v. a. aus dem Bereich der Epik der sumerisch-akkadische *Gilgamesch*-Legendenzyklus, der in der Hauptsache in der assyrischen Bibliothek von Ninive überliefert worden ist (vgl. Reiner 1978, 169–172). Die zwischen dem dritten und ersten Jahrtausend v. u. Z. entstandene Literatur ist vornehmlich den bereits genannten Gattungen der mythischen und politisch-historischen Epik und der kultischen Hymnik, aber auch der Elegik und Klagedichtung oder der Spruchdichtung und Weisheitsliteratur sowie der historiographischen Prosaerzählung zuzurechnen (ein besonders breit überliefertes Gattungsspektrum bietet die akkadische Literatur, vgl. Reiner 1978, 159–204). Die Texte sind unterschiedlichsten Zwecken verpflichtet gewesen (der konkrete Sitz im Leben ist freilich oft nicht mehr zu ermitteln; vgl. Röllig 1978, 23–24), sie scheinen aber bisweilen bereits dezidiert ästhetisch-unterhaltenden Charakter gehabt zu haben, wie etwa sumerische Schulsatiren aus den Schreiberschulen (vgl. Krecher 1978, 141) oder humoristische Texte zur Unterhaltung der akkadischen Könige und ihrer Höfe (vgl. Reiner 1978, 201–202).

2 Griechische Archaik, Klassik und Hellenismus

Um die literarischen Institutionen einer der historisch prägendsten Kulturgesellschaften zu verstehen, ist ein jahrhundertelanger Transformationsprozess der griechischen Gesellschaften, insbesondere der großen *Poleis* (grch. Pl. von *Polis*, ‚Stadt, Staat') zu berücksichtigen. Er reichte von den bis ins 7. Jahrhundert v. u. Z. während archaischen Adelsgesellschaften über die Tyrannenherrschaften und die attische Demokratie des 5./4. Jahrhunderts v. u. Z. bis zu den Diadochenreichen nach Alexander dem Großen (4. bis 1. Jahrhundert v. u. Z.) und dem

Aufgehen der letzten griechischen Staaten im römischen Kaiserreich. Alle diese Epochen brachten Veränderungen im kulturellen Leben mit sich und legen daher im Weiteren eine diachronisch differenzierte Betrachtung nahe. Es lassen sich jedoch ebenso konstante Voraussetzungen sowie sich über die Epochen stabilisierende literarische Institutionen festmachen, die daher zunächst in einer Kurzsystematik zu umreißen sind.

Ein durch die Zeiten zentraler Umstand, der vielfach institutionalisierenden Effekt im griechischen Kulturraum hatte, war die zelebrierende und zelebrierte Öffentlichkeit; deren Unterhaltung und dazu eine spezifische Freude am *Agon* (‚Wettkampf') manifestierten sich auf verschiedensten Gebieten des gesellschaftlichen Lebens, also etwa nicht nur im Sport, sondern auch in literaturnahen Bereichen. Dementsprechend waren die Produktion, Rezeption und sogar die Speicherung von Literatur von agonalen Aspekten geprägt. Den primären Rahmen boten die zahlreichen Kulte, Feste und *Symposien* (‚weinseliges Beisammensein', mit verschiedener Unterhaltung), aus deren Anlass Literatur bzw. insbesondere Theaterstücke in Wettbewerbsverfahren vorgestellt wurden. Diese Rezeptionsinstitutionen machten Literatur v. a. mündlich erfahrbar, die dominante Oralität wurde aber schon früh durch Textvorlagen oder nachträglich erstellte Fassungen schriftlich gestützt. Von Produktionsinstitutionen, wie den mesopotamischen Schreiberschulen, ist demgegenüber zunächst kaum zu sprechen. Die in der frühen Archaik (8./7. Jahrhundert v. u. Z.) gefeierten epischen und lyrischen ‚Sänger', Dichter und Rezitatoren zugleich, waren jedoch gewissermaßen personifizierte Institutionen. In der späteren Archaik (7./6. Jahrhundert v. u. Z.) und der beginnenden Klassik (6./5. Jahrhundert v. u. Z.) trennte sich sodann ein immer berufsmäßigeres, aber individuell geschultes Dichtertum zunehmend von der Vortragskunst, die auf epische und lyrische Rhapsoden bzw. dramatische Schauspieler überging; die rezitierte Literatur verfestigte sich auf diesem Wege, als nötige Textvorlage, im Übrigen zusehends in schriftlicher Form. Als institutionell geschulte Autoren, deren Werke zumindest auch literarische Züge aufwiesen, begegneten seit der Klassik Rhetoren und Philosophen. Für Hellenismus und Kaiserzeit sind sodann die Verfasser von Prosaromanen zu erwähnen, ohne dass aber wiederum von einer spezifischen institutionalisierten Vermittlung der Kunst gesprochen werden kann. Als generelle Vermittlungsinstitutionen von Literatur und literarischer Kompetenz lassen sich zwar verschiedene Formen von Schulen und literaturaffinen Wissenschaftseinrichtungen benennen. Diese wiesen aber – über den Privatunterricht der Begüterten hinaus – erst seit der späten Klassik einen nennenswerten Umfang und ein hinreichendes Niveau auf. Als Träger der in den genannten Gattungen im Laufe der Jahrhunderte sich stetig verstärkenden Schriftlichkeit sowie ihrer Speicherung waren bis zur Zeitenwende Buchrollen und erst dann nach und nach *Codices* (‚Blockbücher') das Medium. Diese wurden in Archiven sowie Bibliotheken aufbewahrt, und zwischen den *Poleis* war ein agonaler Vergleich in Bezug auf die Fülle des Gespeicherten zu beobachten. Ein sich ausbreitender und professionalisierender Buchhandel bildete lokal bereits ab dem 5. Jahrhundert v. u. Z. die Distributionsinstitution für Literatur (vgl. den Beitrag von Keiderling, „Buchgeschichte", in diesem Buch).

Die folgende genauere Sichtung erfolgt aus sachlogischen Gründen generell chronologisch, d. h. nach den großen griechischen Kulturepochen der Archaik, der Klassik und des Hellenismus; die griechische Literarkultur der römischen Kaiserzeit wird zugunsten einer geschlossenen Darstellung im nachfolgenden Abschnitt hier nicht bereits berücksichtigt. Im Einzelnen ist dabei über weite Strecken nach den epochal dominanten Textgattungen vorzugehen, d. h. in der Archaik geht es zuerst um das Epos und dann die Lyrik; in der Klassik rückte zuerst die Chorlyrik (v. a. die Dithyrambik) ins Zentrum, und aus dieser wiederum entwickelten sich die literaturgeschichtlich bedeutenden Formen des Dramas. Im weiteren Verlauf der Klassik kamen rhetorische, philosophische und historiographische Gattungen auf. Im Hellenismus schließlich wurden einerseits betont kleinere Textsorten gepflegt, im Ganzen wurde jedoch v. a. das literarkulturelle Erbe immer systematischer gepflegt, bis hin zu den weit über die Kaiserzeit hinaus wirksamen Kanonisierungen im Bereich der Epik, der Dramatik und der, aus heutiger Sicht, Teilgattungen der Lyrik.

Die am Beginn der literarischen Überlieferung stehende hexametrische Epik des 8. Jahrhunderts v. u. Z. bot Heldengeschichten, die um Bewährung im Kampf und Fragen der Ehre kreisten, und diente der Selbstbestätigung des alten achäischen Adels, der seit dem 12. Jahrhundert v. u. Z. durch die Einwanderung der Dorier entmachtet und insbesondere nach Athen und in die Umgebung geflohen war. Das kulturelle Gedächtnis der Achäer war jedoch nicht nur autochthon, sondern so mancher Stoff auch aus dem Vorderen Orient als großer noch älterer Nachbarkultur geprägt (vgl. Hose 1999, 23). Die dem Sänger Homer zugeschriebene *Ilias* ist hier der Paradefall. Entstanden ist dieses wichtigste erhaltene Epos außerdem auf der Basis einer oralen Rezitationskultur (nach Milman Parry u.a), es war aber auch bereits deutlich geprägt von der Nutzung der sich in dieser Zeit etablierenden griechischen Schriftlichkeit, ohne deren Hilfe die Größe und Komplexität dieser epischen Narration nicht möglich gewesen wäre (vgl. Rösler 2015 sowie Vöhler 2006). Die institutionalisierte Präsentation der Epik fand zunächst an Adelssitzen statt, wo die Sänger anlässlich von Festbanketten auftraten (vgl. Hose 1999, 23), d. h. auf den größeren Symposien und evtl. speziell auch auf Festen der *Ephebie* (,Jünglingsalter' und die institutionalisierte Schulung der Epheben) und bei Initiationsritualen von Männerbünden (vgl. Hose 1999, 23–24). Die Themen des zweiten großen Epikers der Zeit, Hesiod, Autor v. a. von *Theogonie* und *Werke und Tage*, dienten allgemeiner der Unterhaltung und dem Bildungsnutzen, seine Werke wurden aber wohl auch in kultischen Zusammenhängen vorgetragen. Verbindungslinien zum Orient weist auch Hesiod auf, und zwar lassen sich bei ihm Elemente der mesopotamischen und altägyptischen Weisheitsliteratur identifizieren (vgl. Hose 1999, 40).

Mit Blick auf die Institutionalisierung der Vermittlung dieser Literatur ist das Aufkommen von nicht selbst dichtenden Rezitatoren, so genannten *Rhapsoden* und insbesondere den *Homeridai*, im frühen 6. Jahrhundert v. u. Z. von Bedeutung, die nach der vollen schriftlichen Fixierung der großen Epen tätig werden konnten. Diese Tätigkeit entwickelte sich alsbald in festen Vermittlungs- bzw. Rezeptionsbahnen, d. h. den eingangs erwähnten Wettbewerben, hier genannt *Rhapsoden-Agone*, die im 5. Jahrhundert v. u. Z. teils in größere Feste integriert wurden (vgl. Blume et al. 2015, Abschn. I, bzw. Latacz 2015).

Auf die Epik hin blühten im 7. bis 5. Jahrhundert v. u. Z. lyrische Formen, die in einer erweiterten, in ihrem Luxus den Vorderen Orient nachahmenden Symposien- und Festkultur zum Zuge kamen, und das nicht nur zur Unterhaltung sich selbst feiernder Adliger, sondern auch ganzer Stadtstaaten und der vielen griechischen Kolonien, die seit der Mitte des 8. Jahrhunderts v. u. Z. im Mittelmeerraum entstanden. Feste feierte man natürlich offiziell v. a. für Götter, in diesem Rahmen entwickelten sich aber nicht zuletzt auch die bekannten sportlichen Großveranstaltungen, so dass etwa Lieder auf Sieger in diversen athletischen Wettkämpfen gesungen wurden. Die vortragenden Künstler traten dabei wiederum selbst in einem Wettkampf-Kontext auf und erhielten Preise für ihre Darbietungen (vgl. Hose 1999, 44–46). Die ersten Verschriftlichungen der Texte, und damit wie bei der Epik die Stabilisierung des literarischen Charakters, ist nicht genau zu rekonstruieren. Sie gingen wohl einher mit der Ansehenssteigerung der Anlässe, und mit ihnen verband sich ein immer größeres Renommee der Sänger. Die Entstehung von Buchfassungen ab etwa 500 v. u. Z. fixierte die Texte jedoch anscheinend nicht völlig, denn gleichzeitig wurden sie auch von Rhapsoden in einer fortlaufenden oralen Kultur vorgetragen, und das zeitigte den liedtypischen Effekt des Zersingens (vgl. Hose 1999, 47–48; die entscheidende Stabilisierung der Überlieferung sollte erst die alexandrinische Philologie ab dem 3. Jahrhundert v. u. Z. einläuten, s. u.). Zu beobachten ist bezüglich Produktion und Vermittlung außerdem ein literatursoziologischer Wandel bis 450 v. u. Z., d. h. bis zum Beginn der Klassik: Aus aristokratischen Sängern für Aristokraten-Symposien wurden zunehmend professionellere Dichter für die großen Feste der neuen Monarchien resp. Stadtstaaten, und zu Beginn des 5. Jahrhundert v. u. Z. existierten sogar erste reine Berufsdichter, wie etwa der heute am besten überlieferte Pindar, der mit breitestem Œuvre zu verschiedensten Anlässen und an unterschiedlichsten Orten auftrat. So schrieb Pindar vier (erhaltene) Bücher *Epinikia*, d. h. Oden auf Sieger bei den Isthmischen, Nemeischen, Olympischen und Pythischen

Spielen, und er beherrschte acht weitere kasuallyrische Teilgattungen der Zeit, z. B. Hymnik auf Götter, Dithyrambik für Dionysos-Feste oder die Totenklage-Dichtung (vgl. Robbins 2015).

Der ortsmäßigen Polyzentrik der epischen und lyrischen Archaik folgte im 5./4. Jahrhundert v. u. Z. die Blüte des erst monarchischen, dann demokratischen und imperialen Athens. Die größte Stadt der Griechen wurde entsprechend Bedürfnissen der *Polis*-Kultur zugleich das Zentrum zahlreicher sich auf welthistorisches Niveau entwickelnder Künste, unter denen herausragende literarische Gattungen und ihre Institutionen zu verzeichnen sind.

Am Anfang standen hier die von den neuen Monarchen (*Tyrannen*) zur ,Volksbelustigung' instrumentalisierten kultischen Institutionen der Dionysosfeste. Deren Chorlyrik wurde weiterentwickelt zu ersten Formen des Dramas, also der Tragödie (mit teils angeschlossenem Satyrspiel) und der Komödie, welche Bezeichnungen selbst etymologisch auf dionysische Festaspekte zurückzuführen sind (vgl. Hose 1999, 92). Die schrittweise erfolgte Ausgestaltung der dramatischen Form führte von einem aus Bürgern bestehenden Chor, gegenübergestelltem *Hypokrites* (,Antworter') bei dem ältesten bekannten Dichter Thespis (um 535 v. u. Z.) bis zu den in klassischer Zeit drei Schauspielern der Tragödie, eine Zahl, die zuerst bei Sophokles nachzuweisen ist, bzw. den maximal vier Schauspielern der Komödie.

Zentrales Rahmenmerkmal der Aufführungen war wiederum der agonale Charakter: Bei den großen städtischen Dionysien von Athen etwa führten zuerst fünf professionelle Dramatiker, die anfangs zugleich Schauspieler und Regisseur waren, ihre Komödien wettbewerblich auf, und dann präsentierten drei Dramatiker je drei Tragödien und ein Satyrspiel, d. h. eine Tetralogie von Stücken. Die Ergebnisse der Wettbewerbe wurden in teils bis heute erhaltenen Listen festgehalten und Abschriften siegreicher Stücke in Archiven der *Polis* aufbewahrt. Diese Abschriften stellten so genannte Staatsexemplare dar, die in Athen, wie andere Dramen anderenorts, als stolzer Kulturbesitz im Rangabgleich der *Poleis* galten (vgl. Jochum 2007, Abschn. 8.5.2). Daneben gab es für die Theater und Schauspieler bereits im 5. Jahrhundert v. u. Z. Ausgaben mit Spielfassungen, die späterhin vereinheitlicht und als Lesefassungen u. a. für den Schulunterricht eine zunehmend unabhängige Relevanz erhalten sollten (vgl. Balme und von Brincken 2007, Abschn. 8.1.2). Folge dieser Festkultur war die zunehmende Verfestigung und Professionalisierung des Theaters als (nicht nur) literarischer Institution mit kulturgeschichtlich nachhaltig prägenden Formen und Modalitäten der Aufführung.

Auf die Gehalte der nur zu einem sehr geringen Teil erhaltenen Werke der großen Tragödiendichter (Aischylos, Sophokles, Euripides) und Komödiendichter (Aristophanes, Menander) der Zeit kann hier im Detail nicht eingegangen werden. Ihr zentrales Moment waren die Unterhaltung bzw. Sinnesbewegung (vgl. die in

Aristoteles' *Poetik* thematisierte kathartische Wirkung), die freilich von einer Aufführung wesentlich umfassender bewirkt werden konnte als vom Dramentext, und die ‚Nützlichkeit' der Stücke im Sinne ihrer unterschiedlichen Reflexionen des Welt- und Selbstbilds der athenischen Bürger, wie etwa die Bestimmung des Menschen überhaupt, das Verhältnis der Menschen zu den Göttern und untereinander, Gestaltungsfragen der *Polis*, aktuelle Herrschaftsfragen, Kritik von deren Institutionen u. a. m. (vgl. Hose 1999, 91–102). Für die Dionysien selbst von noch größerer Bedeutung war vermutlich die heute weitestgehend verlorene Dithyrambik zum Lobe von Stadt und Fest. Die entsprechenden Dithyramben-Wettbewerbe ließen Vertreter ganzer Stadtteile als Chöre mit immer ambitionierteren Werken gegeneinander antreten; dies fügte sich zu einer Gesamtorganisation der Feste, d. h. etwa die Finanzierung durch reiche Bürger und die von Bürgern gestellten Jurys der Agone, die diese zu eminent gemeinschaftsbildenden Institutionen machten (vgl. Hose 1999, 110–111).

Die Literatur der klassischen Zeit (sowie bei ihr nachfolgenden europäischen Kulturen) erstreckte sich jedoch nicht nur auf die bisher behandelten voll-fiktionalen Gattungen, sondern ist auch in Genres und Praxen zu finden, die nicht im engeren Sinn literarisch erscheinen. Einzugehen ist diesbezüglich auf Redekunst für Gerichte, Politik und Feiern, Philosophie und Geschichtswissenschaft. Diese Bereiche werden entsprechend der Mitwirkung an der Ausprägung (auch) literarischer Institutionen mehr oder weniger ausführlich behandelt.

Die griechische Kultur ist spätestens mit dem Aufkommen der demokratischen *Polis* an zwei ‚Orten' v. a. eine Kultur der öffentlichen Rede(kunst), und zwar im Rahmen der Aushandlung der gemeinschaftlichen Werte und Handlungsziele der *Polis*, sprich: der ‚Politik', sowie im Rahmen der Entscheidung über Rechtsfragen. Neben politisch-beratender Rede und Gerichtsrede gab es für verschiedene feierliche Anlässe Formen der Prunk- oder Festrede. Alle drei Redegattungen wurden durch eine immer ausgefeiltere Rhetorik theoretisiert und breit gelehrt, und ihre Lehren zogen sich entsprechend nicht nur durch diese pragmatischen Textsorten, sondern affizierten langfristig (d. h. bis in die europäische Neuzeit) in zunehmendem Maße die Gestaltung von Literatur überhaupt. Entstanden zunächst Literaturtheorien neben den allgemeinen Rhetoriken (vgl. Aristoteles' *Poetik*), so wurden jene von diesen *peu à peu* überformt bzw. sie amalgamierten. Institutionen zur Produktion und Vermittlung der Redekunst waren reisende und lokale Rhetoriklehrer bzw. eigene Schulbetriebe, Institutionen der Rezeption waren öffentliche (Verhandlungs-)Plätze bzw. Orte von Parlament, Gericht und der verschiedenen feierlichen Anlässe. Gespeichert wurden die für den direkten Zweck geschriebenen Reden im Allgemeinen kaum, verschiedene politische Gerichts- und Prunkreden von Redelehrern (Protagoras, Gorgias, Isokrates) und politisch wie juristisch aktiven Bürgern (Demosthenes) haben sich jedoch teils bis heute erhalten und sind mit ihrer Brillanz Vorbilder auch für Reden und Ausdruckskunst in Literatur geworden (vgl. Hose 1999, 111–125).

Die attische Redekunst lief parallel bzw. in Konkurrenz mit den großen Schulbildungen in der Philosophie, die von Sokrates, Platon, Aristoteles u. a. ausgingen. Als Figuren der Überschneidung der beiden Bereiche können die Sophisten gelten, deren oft mehr rhetorisch überredende denn philosophisch überzeugende Lehren die Zeitgenossen beeindruckten, Philosophen wie Sokrates und mehr noch Platon aber auch herausforderten. Inszeniert hat insbesondere Platon die Auseinandersetzung in mehreren seiner (mittleren) Dialoge rund um Sokrates. Genau bei diesen handelt es sich vielfach um fiktionalisierte bis rein fiktionale Gespräche und insofern um eine hier interessierende literarische Gattung mit philosophischen Zwecken, die als solche zumindest auch gewirkt hat. Ihre erste Produktions- und Vermittlungsstätte war Platons Akademie, rezipiert wurden die Dialoge vermutlich schon früh in buchmäßiger (und zunehmend auch ‚stiller') Lektüre, und als ihre Speicherinstitutionen sind insbesondere die mutmaßliche Bibliothek der Akademie und späterer Schulorte zu benennen, darunter nicht zuletzt die berühmte, etwas besser dokumentierte Arbeitsbibliothek des Aristoteles, der mit seinen eigenen erhaltenen, den so genannten esoterischen, d. h. nur als Vorlesungsmitschriften für einen ‚inneren Kreis' notierten Schriften allerdings deutlich weniger literarisch hervorragt (vgl. insgesamt Hose 1999, 126–135).

Ähnlich der Philosophie weist die klassische griechische Geschichtswissenschaft (Herodot, Thukydides, Xenophon) ihre eigenen literarischen Züge auf, sei es wiederum durch eingelagerte, in aller Regel mindestens fiktionalisierte öffentliche Reden historischer Protagonisten, sei es durch eindrucksvolle Narrationskünste (vgl. Hose 1999, 120–125). Feste Produktions-, Vermittlungs- oder Rezeptionsinstitutionen sind für sie in dieser Zeit noch nicht zu benennen, überliefert ist allerdings, dass selbst Herodot Teile seiner Werke auf athenischen Festen vortrug (vgl. Paulsen und Schmidt 2015, Abschn. I). Die Speicherung in Archiven und Bibliotheken hat zumindest eine kleine Zahl bedeutender Geschichtswerke langfristig erhalten.

Ergänzt werden kann mit Bezug auf die Frage von Speichermedien und -institutionen, dass – nach ersten repräsentativ gemeinten Büchersammlungen archaischer Tyrannen – für die Klassik zwar wenig über die Weiterentwicklung eines öffentlichen Bibliothekswesens zu berichten ist. Das Buchwesen als Distributionsinstitution entfaltete sich jedoch zumindest im demokratischen Athen deutlich: Indizien aus der Literatur selbst bezeugen eine verbreitete Lesefähigkeit und das Interesse der Bürger auch an eigenen Buchbeständen. Damit korrespondierte lokal ein spätestens um die Mitte des 5. Jahrhunderts v. u. Z. nachzuweisender Buchhandel größeren Maßstabs (vgl. Wilker 2002, 19–23; vgl. auch den Beitrag von Keiderling, „Buchgeschichte", in diesem Buch).

Auf die Phase der attischen Hochkultur folgt nach dem Tod Alexanders des Großen eine neue Epoche von Hofkulturen wie zu den Zeiten der alten Tyrannen-Herrschaften: der Hellenismus des 3. bis 1. Jahrhunderts v. u. Z. Dieser war, das meint auch der Begriff, nicht mehr beschränkt auf den griechischen Kernraum, sondern als eine Art ‚Kulturgriechentum' v. a. wirksam an den Königssitzen der Diadochenreiche der makedonischen Antigoniden, der syrisch-persischen Seleukiden sowie der Ptolemäer in Ägypten, und er strahlte aus bis ins aufsteigende Rom. Die kulturellen Bestrebungen der Herrscher dienten weiterhin auch einer Art Agon untereinander, und zwar darum, wer das beste und traditional am stärksten abgesicherte Griechentum vertrat (und damit Anspruch auf die Herrschaft über den ehemaligen Herrschaftsraum Alexanders des Großen hatte). Hier wirkte das ägyptische Alexandria in herausragender Weise, und das nicht nur für die damalige Epoche. Denn in ihm lassen sich die größten Bemühungen um die Tradierung des griechischen Kulturerbes verzeichnen, die vieles erst in einer Form sicherten, die langfristig – und das ist zum Teil bis heute der Fall – maßgeblich sein sollte (vgl. Hose 1999, 137–139). Verschiedene (auch) literarische Institutionen sind dafür von Bedeutung, die erstens eine Literaturproduktion von typisch hellenistischer ‚Feinheit' und zweitens Maßgebliches für eine anspruchsvolle Vermittlung und Rezeption im Kontext einer qualitativ und quantitativ enorm weitergetriebenen Speicherung leisteten.

Die hoch gebildeten Dichter in Alexandria und an anderen hellenistischen Höfen griffen in diesem Sinne vielfach (mythische) Themen und Motive der Archaik und Klassik wieder auf. Sie suchten sich dafür jedoch vielfach bewusst bisher randständige oder vorliterarische Gattungen, die sie durch eine besonders gefeilte Spracharbeit und raffinierte Gedankenführung oder auch Witz und Ironie zu neuen, ‚feinen' Leitgattungen (poetische Maßgabe war *to lepton*, ‚das Kleine, Feine') erheben wollten, und das insbesondere in Abgrenzung von nurmehr stofforientierten Epigonen der alten Großgattungen. Herausragend erscheinen Vertreter v. a. des 3. Jahrhunderts v. u. Z. wie Kallimachos von Kyrene, von dessen Werken nur eine kleine Zahl erhalten ist: ‚gewitzte' Götterhymnen für den Königshof sowie nun erst voll literarisierte Epigramme und Epyllien (‚kleine Epen' statt der verpönten ‚kyklischen' Großepen in schlechter Homertradition), und der Syrakusaner Theokrit, dessen raffinierte *Idyllen* zur Unterhaltung gebildeter Höflinge und Städter einen u. a. von der schlichten Dramenform des Mimus ausgehenden, nicht-einfachen Ursprung der europäischen Bukolik darstellten (vgl. Hose 1999, 140–141). Erwähnenswert sind ferner die Menander nachfolgenden Vertreter der Neuen Komödie, die die dramatische Teilgattung bis in die Moderne in einer Fokussierung auf städtische Alltäglichkeit prägen sollten, sowie als freilich kaum literarisierende Textproduzenten die neuen philosophischen Schulen der Stoa und des Epikureismus, die jedoch wie Platons

Akademie und Aristoteles' Peripatos noch von Athen ausgingen (vgl. Hose 1999, 145–149).

Bereits kenntlich geworden sind damit als Institutionen der Vermittlung und Rezeption erneut monarchische Höfe sowie philosophische Schulen. Ein genauerer Blick wiederum auf Alexandria zeigt jedoch, dass hier nicht nur traditionelle Dichter und einfache adlige bzw. städtische Rezipienten zu finden waren, sondern etwa in Kallimachos zugleich eine neue Klasse von Vermittlern und Bewahrern der griechischen Literarkultur (vgl. den Beitrag von Schneider, „Literaturgeschichtsschreibung und Literaturwissenschaft", in diesem Buch). Denn Kallimachos war auch einer der ersten Buchgelehrten und einer der bedeutendsten Wissenschaftler am großen alexandrinischen Forschungs- und Bildungsinstitut, das unter dem Namen eines *Museion* firmierte (,Musenort', hier so viel wie ,höhere Schule', ein verbreiteter Terminus der Zeit für ursprünglich kultische Bildungsstätten; vgl. Glock 2015, Abschn. C). Kallimachos und seine Mitstreiter segmentierten und klassifizierten die literarischen Textbestände, die in Alexandria in der größtmöglichen Zahl gespeichert und präsentiert werden sollten, so gründlich neu, dass viele Autorenwerke – und durch Kallimachos im Übrigen sogar die Bibliothek selbst – erstmals eine umfassende Ordnung erhielten (vgl. Weimann 1975, 26–31). Kallimachos gehörte damit auch zu den ersten Philologen (ein allerdings erst in der Frühen Neuzeit gesetzter Begriff; zeitgenössisch sprach man vom *Grammatikos* oder *Kritikos*; vgl. Sobotta et al. 2015, Abschn. I.A). Diese wirkten vorbildlich im Bereich der Edition, kritischen Kommentierung (etwa der Überlieferung der Homer zugeschriebenen Werke), der formalen Sortierung nach bis heute benutzten Gattungsbezeichnungen und auch der Kanonisierung von Autoren, Werken und vielen anderen Wissensbeständen, Letzteres etwa durch kategorisierende Sammelwerke (vgl. Hose 1999, 139–140, und Sobotta et al. 2015, Abschn. C). Bibliothekshörsäle wurden vermutlich durch die Verbindung der dichterischen und archivarischen Profession sogar Orte öffentlicher Dichterlesungen (vgl. Paulsen und Schmidt 2015).

Das Wirken der Bibliothekare und Philologen bei der Auswahl und Bereitstellung von Werken und Kenntnissen über diese hatte ferner Einfluss auf das Schulwesen, das sich im Hellenismus in den größeren *Poleis* an den zuvor nur sportlich-militärischen Gymnasien entwickelte (neben einem grundständigen Privatlehrerwesen). Dort wurden ebenfalls Bibliotheken aufgebaut und ein zunehmend kanonischer Umgang mit Literatur als Bildungsgegenstand gepflegt (vgl. Hadot und Höcker 2015, Abschn. II). Während dabei in den Elementarschulen das basale Erlernen von Lesen und Schreiben im Vordergrund stand, wurden in den Grammatikschulen zunehmend kanonisierte Lektürelisten abgearbeitet. Dies geschah allerdings letztlich ‚ethisch', kaum ‚ästhetisch' interessiert (vgl. Christes und Baumgarten 2015, Abschn. II). Als nächsthöhere Schulstufe schlossen sich die bereits in der Klassik bekannten berufsvorbereitenden Rhetorikschulen oder für besonders Begüterte philosophische Institutionen an. In beiden Einrichtungen spielte Literatur als solche zwar kaum eine Rolle, die sprachlich-gedankliche Schulung trug jedoch auch zur Rezeption oder sogar Produktion derselben bei (vgl. Hose 1999, 162–167). Von besonderer Bedeutung waren die griechischen Schulen vom Hellenismus an auch als Vorzeige-Institutionen in den ansonsten nicht-griechischen Herrschaftsterritorien, in denen sie, wie etwa in Ägypten, die Bildungswerte und das kulturelle Gedächtnis der Griechen repräsentierten und wo die dort ausgebildeten Vertreter der griechischsprachigen Oberschicht schlicht als ‚die vom Gymnasion' galten (vgl. Hadot und Höcker 2015, Abschn. II).

3 Römisches Reich bis Byzanz

Die Entwicklung Roms von einer unbedeutenden mittelitalischen Stadt, nach der Sage gegründet 753 v. u. Z., zum Zentrum eines Großreichs rund um das Mittelmeer fand über beinahe ein Jahrtausend hin statt. Die größte Ausdehnung wurde im Jahr 117 unter Trajan erreicht. 395 kam es zur Teilung in West-Rom und Ost-Rom, das als Byzanz noch ein Jahrtausend länger währen sollte als die Reichshälfte um Rom selbst. Das Römische Reich zeitigte mehrere Herrschaftsformen, und analog zu diesen sind auch wichtige Schübe der literarkulturellen Entwicklung zu verzeichnen; daher richtet sich die nachfolgende Darstellung nach den politischen Großepochen bis ins byzantinische Mittelalter.

Am Anfang stand eine weitgehend sagenhafte Königszeit, die vermutlich um die Mitte des 5. Jahrhunderts v. u. Z. endete und für die praktisch keine Literatur überliefert ist. Es folgten vier Jahrhunderte der so genannten Republik (lat. *res publica*, die ‚öffentliche Sache', politisch eine sich wandelnde Mischung aus aristokratischen, demokratischen und monarchischen Elementen), in deren Zeit zuerst v. a. die Rezeption etruskischer und griechischer Literatur erfolgte, und aus dieser heraus entstanden dann die Entstehung und erste Blüteformen lateinischer Literatur und ihr zugehöriger Institutionen. Mit dem Prinzipat des Octavian („Augustus" ab 27 v. u. Z.) wurde die Zeit des Kaiserreichs eingeleitet, und bereits in der augusteischen Zeit entwickelte die lateinische Literatur ihre so genannten klassischen Formen, unterstützt vom Kaiserhof und ihm (mehr oder weniger) nahestehender Förderer (Maecenas, Messalla). Die Entwicklung des Römischen Kaiserreichs bis ins 4. Jahrhundert, die beginnende christliche Spätantike, wurde allerdings ebenfalls von großen literarkulturellen Entwicklungen und der weiteren Ausbreitung literarischer Institutionen in den zunehmend kulturell für sich blühenden eroberten Gebieten begleitet. Danach geriet das Reich in immer substantiellere Krisen, die lateinischsprachige westliche Hälfte brach in der zweiten Hälfte des 4. Jahrhunderts praktisch zusammen, und ihre Institutionen wurden nurmehr rudimentär genutzt bzw. durch christlich geprägte ersetzt. Die abgespaltene östliche Reichshälfte blühte hingegen mit dem bald nurmehr griechischsprachigen und christlichen Konstantinopel als Zentrum noch mehrere Jahrhunderte und hielt eine bis ins Hochmittelalter im europäischen Vergleich überragende Literarkultur aufrecht. Das Byzantinische Reich wurde jedoch seit dem frühen Mittelalter ebenfalls zunehmend bedrängt, kriselte intern, und durch die endgültige Eroberung Konstantinopels (1453) wurde das Ende der griechischen Kultur vor Ort eingeläutet. Diese floss durch Emigrationen und Exporte nach Westen freilich maßgeblich in die dort aufkommende Renaissance ein. Ausgelotet werden im Folgenden v. a. die Literarkulturen der Republik und der frühen bis mittleren Kaiserzeit, denn sie prägten die meisten typischen Institutionen aus. Für das späte Kaiserreich bzw. Byzanz werden lediglich kurz besondere Eigenheiten in Abgrenzung zu vorherigen Zuständen thematisiert.

Die in der Frühzeit (bis etwa 500 v. u. Z.) weitgehend sagenhafte Geschichte Roms ist vermutlich lange Jahrhunderte verlaufen, ohne dass eine eigene Literarkultur entstanden wäre. Entwickelt hat sich die Stadt zuerst im Kontext der umliegenden etruskischen Städte, die wohl einige soziale Institutionen aufwiesen, jedoch kaum literarische. Die Institutionalisierung von Literatur in Rom ist denn auch für geraume Zeit nur vage festzumachen, den Anfang machte wohl die Rezeptionsinstitution der *Ludi publici*, die im Gegensatz zum griechischen Raum nur bedingt kultisch fundiert waren. Es waren dies ‚öffentliche Fest- und Freudenspiele', in deren Rahmen vermutlich ab dem mittleren 4. Jahrhundert v. u. Z. stegreiftheaterartige Inszenierungen stattfanden und kunstmäßige Tragödien und Komödien ab dem mittleren 3. Jahrhundert v. u. Z. vornehmlich zu Unterhaltungszwecken aufgeführt wurden. Dies geschah, als das (auch) nach Süden expandierende Rom in den Austausch mit den griechischen Kolonien von Mittelitalien bis Sizilien kam. Dort hatte sich nämlich schon länger eine Kulturlandschaft in teils sogar üppigerer Analogie zum Mutterland etabliert. Mit der römischen Unterwerfung der *Poleis* wie Tarent oder Neapel rückten deren repräsentative Kunst und Literatur (zuerst die jüngere, hellenistische, dann auch die archaische und klassische) sowie ihre Institutionen vollends in den Fokus der Römer, und deren Oberschicht rezipierte jene schon geraume Zeit, als um die Mitte des 3. Jahrhundert v. u. Z. erste Literatur in lateinischer Sprache entstand und griechische Muster zunehmend produktiv adaptierte (vgl. Fuhrmann 1974, 11–14).

Den (überlieferten) Beginn der Feste-orientierten Frühphase (von ca. 250 bis zum Beginn der Bürgerkriege, d. h. um 90 v. u. Z.) machte der aus der eroberten theaterträchtigen Stadt Tarent als Kriegsgefangener nach Rom gelangte Schauspieler Livius Andronicus, der erst als Sklave und dann als Freigelassener als

Hauslehrer für griechische Sprache und Literatur tätig war. Er begründete nicht nur mit seiner lateinischen Übersetzung der *Odyssee* die römische Epik, sondern er brachte im Auftrag des römischen Senats im Jahr 240 v. u. Z. auch die erste voll literarische Theateraufführung für die *Ludi Romani* bzw. deren Teil *Ludi Scaenici* zu Wege, wofür er ebenfalls ein griechisches Stück, Näheres ist nicht mehr bekannt, ins Lateinische übersetzte (vgl. Fuhrmann 1974, 12). Ihm folgte kurz darauf der Römer Gnaeus Naevius mit freien Übertragungen und Adaptionen griechischer Tragödien- und Komödienstoffe, die er allerdings deutlich stärker mit römischem Kolorit versah (soweit das an den wenigen erhaltenen Fragmenten abzulesen ist; vgl. Albrecht 2012, 102–110). Ebenfalls noch in die Zeit um 200 v. u. Z. fällt sodann das Schaffen des Titus Maccius Plautus, von dessen zahlreichen Komödien sich gut 20 wohl durch ihren anhaltenden Bühnenerfolg in der Überlieferung erhalten haben (vgl. Albrecht 2012, 141–176). Im Bereich der Komödie machte sich eine Generation später sodann der als Sklave aus Karthago nach Rom überführte Publius Terentius Afer (Terenz) einen Namen. Er sollte mit seinen gräzisierenden Stücken – sechs davon bis heute erhalten – zwar unmittelbar, d. h. noch in der ersten Hälfte des 2. Jahrhundert v. u. Z., weniger Erfolg haben, zumal im Schulbetrieb jedoch über viele Jahrhunderte seinen Platz behalten (vgl. Albrecht 2012, 184–205).

Die Substanz der fast ausschließlich erhaltenen Komödien gleicht stark der ‚Neuen Komödie' nach Menander u. a., die nicht mehr auf mythische Grundfragen setzte, sondern auf das Verlachen und satirische Kritisieren des Durchschnittsbürgers in Alltagssituationen. Damit diente die römische Gattung in ihrer frühen Hochphase einer nur leicht ethisierten Unterhaltung, die im 2. und 1. Jahrhundert v. u. Z. auch in der Verssatire eines Lucilius oder in poetisierter Form auch bei Horaz zu finden sein sollte. Noch mehr im Vordergrund standen die rein unterhaltsamen, oftmals derb komischen Aspekte bei der ‚Neuer Komödie' und ‚Satire' benachbarten stegreifartigen Volksposse, d. h. in Sonderheit beim ‚Mimus' (vgl. Furley und Benz 2015, Abschn. II). Dieses u. a. nur sehr bedingt literarische Genre gewann spätestens im 1. Jahrhundert v. u. Z. auf den immer großartiger gebauten römischen Bühnen zunehmend die absolute Oberhand und ließ die textbasierten Gattungsformen aus der großen Öffentlichkeit verschwinden bzw. zu Rezitations- und Lesedramen werden (siehe noch zur Kaiserzeit). Dramenaufführungen waren zudem in der Nähe von allerhand profaner, für die immer breiteren Publika noch attraktiverer ‚Volksbelustigung' angesiedelt, und so standen im Gegensatz zum griechischen Kulturkreis das Theater und seine Akteure in keinem hohen Ansehen (römische Vollbürger durften lange Zeit daher auch selbst nicht auf die Bühne), auch wenn einzelne Schauspieler durch ihr Metier wohlhabend und bekannt wurden (vgl. Isler und Blume 2015, Abschn. III.B). Etwas besser stand es immerhin nach und nach um die aus niedrigeren Schichten stammenden Theaterautoren, die sich ab dem 2. Jahrhundert v. u. Z. in einem *Collegium poetarum* (,Dichtergenossenschaft') als einer Art Produzenteninstitution zusammenschließen und in einem den Musen geweihten Herkulestempel treffen durften (vgl. Paulsen und Schmidt 2015, Abschn. II.B).

In der Frühphase, d. h. nun dem 2. Jahrhundert v. u. Z., entstanden auch die ersten Vermittlungsinstitutionen für allgemeine und dabei zunehmend auch literarische Bildung (und indirekt auch die Produktion von Literatur). Nach einer komplett innerfamiliären Erziehung war evtl. bereits in der altrömischen Zeit zuerst eine Elementarschule (wohl nach etruskischem Vorbild) entstanden, ihr folgte durch den Kulturkontakt mit den Griechen nicht nur die Übernahme von Hauslehrern wie Livius Andronicus, sondern auch die Ausbildung von Grammatikschulen und um 100 v. u. Z. auch die von konservativen Römern skeptisch betrachtete Etablierung von Rhetorikschulen, an die sich v. a. juristische Schulungen anschlossen, und allgemein wenig wohlgelittene philosophische Bildungseinrichtungen. Junge Adlige und Begüterte gingen zu Bildungszwecken außerdem auch auf Reisen in den griechischen Raum, um dessen namhafte Institutionen zu nutzen. Dies tat bekanntermaßen etwa Marcus Tullius Cicero, der jedoch späterhin seine eigenen philosophischen und rhetorischen Schreibbemühungen, v. a. Adaptionen griechischer Theoretiker, immer wieder als scheinbares *Otium* (,Muße', statt dem vom Vollbürger geforderten *Negotium*, der ,Aufgabenerfüllung' für das Gemeinwesen) glaubte entschuldigen zu müssen. Entstanden so durch Cicero u. a. überhaupt erst höhere Bildungsschriften in lateinischer Sprache, so ist auch für den allgemeinen Unterricht ab dem 2. Jahrhundert v. u. Z. festzuhalten, dass praktisch Bilingualität (Lateinisch/Griechisch) herrschte, die von den gebildeten Familien bereits zu Hause gepflegt wurde. Lateinische Literatur fand allerdings zunehmend Eingang in die Lektüre-Kanones, und bereits gegen Ende der Republik wurden die frühen lateinischen Autoren wie Naevius und Ennius gelesen sowie neueste Autoren aufgegriffen und auch öffentlich vorgelesen (vgl. Christes und Baumgarten 2015, Abschn. III).

Was Literatur vertreibende und speichernde Institutionen betrifft, so steht am Anfang wie im griechischen Raum das Staatsarchiv, zu dem sich mit steigender Hellenisierung der römischen Oberschicht private und gegen Ende der republikanischen Zeit auch von Begüterten als öffentlich gestiftete Bibliotheken hinzugesellen; deren Bestände wurden teils sogar geschlossen als Beute aus Griechenland oder Karthago ,importiert' (vgl. Nielsen et al. 2015, Abschn. II.B.2.b). Abschriften von lateinischen Dramen, deren Texte zuvor wohl v. a. im Besitz von Theaterunternehmern waren, Epen und Texte anderer Gattungen mit mehr oder weniger literarischen Zügen (Geschichtsschreibung, Philosophie, Rhetorik, nach grch. Muster) traten hinzu. Abschriften für einen regelrechten öffentlichen Handel wurden allerdings erst ab dem 1. Jahrhundert v. u. Z. erstellt (vgl. Cavallo 2015, Abschn. C).

Die augusteische und sich anschließende frühe Kaiserzeit weist zum einen Verstetigungen und Verstärkungen in der Linie der späten Republik auf, was Vermittlungs-, Distributions- und Speicherinstitutionen betrifft, also die Schulen mit einen sich manifestierenden Lektürekanon vornehmlich augusteischer ‚Klassiker', einen diversifizierten Buchhandel und repräsentative Bibliotheken, die zugleich Orte des literarischen Lebens sind, etwa die augusteische *Bibliotheca Palatina* und die trajanische *Bibliotheca Ulpia*, Letztere durch Hadrian sogar als wissenschaftliche Büchersammlung für eine neue Hochschule (vgl. Balensiefen 2002, 97–116, bzw. Meneghini 2002, 117–122). Zum anderen verstärkt sich aber auch die Tendenz, dass die Präsentation anspruchsvollerer Literatur sich kaum mehr auf dem Theater oder vor größerem Publikum (zu Festanlässen) vollzieht. Stattdessen finden in der breiten Öffentlichkeit, d. h. in Theatern und Arenen, allenfalls ansatzweise mit Literatur verbundene ‚Spektakel' statt. Rezeptionsinstitution der im Übergang von der Republik zur augusteischen Zeit aufgeblühten lyrischen und epischen Gattungen (vgl. etwa Publius Vergilius Maro [Vergil] mit *Bucolica* oder *Aeneis*, Quintus Horatius Flaccus [Horaz] mit *Saturae* oder *Carmina* sowie späterhin Publius Ovidius Naso [Ovid] mit *Metamorphoses* oder *Epistulae ex Ponto*) waren literarische Zirkel, die adlige Förderer aus Bildungsgründen, aber auch politisch-propagandistischem Interesse betrieben, allen voran der Octavian-Augustus nahestehende Gaius Maecenas (für Vergil und Horaz) und der machtfernere Marcus Valerius Messalla Corvinus (für Ovid). In den Bereich der lediglich für oberste Gesellschaftsschichten zugänglichen Literaturpräsentation fiel sodann in der frühen Kaiserzeit, d. h. der ersten Hälfte des 1. Jahrhunderts u. Z., die allenfalls leicht szenische Rezitation von Dramen, wie sie etwa Lucius Annaeus Seneca d. J. am Hof Neros schrieb. Die Förderung literarischer Zirkel nahm jedoch in der Kaiserzeit wieder ab, weil die o. g. breitenwirksamen ‚Volksbelustigungen' aus politischen Gründen bevorzugt wurden (vgl. Schmidt 2015). Allerdings gab es in schulischen oder voll öffentlichen Bibliotheken und Auditorien bis in die hohe Kaiserzeit des 2. Jahrhunderts u. Z., v. a. unter Trajan, auch Rezitationen verschiedenster Literatur, die den Dichtern Aufmerksamkeit oder sogar Einkünfte sicherten (vgl. Fantham 1998, 199–209).

Die politische und gesellschaftliche Dauerkrise der Spätantike sowie das zunächst wenig literaturaffine Christentum ließen in Rom selbst und dann im ganzen westlichen Reichsteil das breite literarische Leben und seine Institutionen zunehmend verfallen, höhere literarische Bildung fand sich vielfach nur noch in kleineren Kreisen jenseits der alten Zentren (vgl. Engels und Hofmann 1997, 61–62). Im Byzantinischen Reich hingegen florierten insbesondere Vermittlungs- und Speicherinstitutionen noch bis ins späte Mittelalter, wenn auch vornehmlich in der Hauptstadt Konstantinopel mit ihren Schulen, wissenschaftlichen Einrichtungen und Bibliotheken (vgl. den Beitrag von Keiderling, „Buchgeschichte", in diesem Buch). Das kaiserzeitlich gewachsene Bildungsprogramm (grch. *enkyklios paideia*) wurde hier noch lange mit einem weiten Lektürekanon griechischer Autoren gepflegt und v. a. die öffentliche kaiserliche Bibliothek war ein wesentlicher Ort für die Tradierung von antiker Literatur (vgl. Schreiner 2011, 201–222) und für die allgemeine Bewahrung literarkulturellen u. a. Wissens (vgl. Weimann 1975, 45–46). Niveauverluste ergaben sich allerdings durch die christliche Ideologie und damit – wie auch sonst vielfach im europäischen Mittelalter – ein begrenzteres Interesse und teils offener Abscheu gegenüber einigen pagan antiken Literaturformen und Bildungsinhalten. Symptomatisch war in diesem Zusammenhang schon früh die Schließung der auf der Platonischen Akademie basierenden ‚heidnischen' Hochschule in Athen durch Justinian I. im Jahre 529 (vgl. Schreiner 2011, 203). Dennoch entstand vom späten 4. Jahrhundert bis zum Übergang in die Frühe Neuzeit in Konstantinopel/Byzanz ein reiches Spektrum an teil- und voll-literarischen Gattungen, das von den gebildeten Höflingen und Klerikern produziert und ausgetauscht wurde. Die übliche Phasierung in eine früh-, eine mittel- und eine spätbyzantinische Literatur muss hier nicht eigens entfaltet werden, um die relativ stabilen institutionellen Verhältnisse zu bestimmen: Sie bestanden im Kern aus dem kaiserlichen Hof, dem Patriarchat, seinen Bistümern und Klöstern sowie einem weiteren Bildungswesen, das wie in der Antike privat organisiert war. Gegenüber den vorangegangenen griechisch-römischen Zeiten nahmen nun freilich christliche theologische Fragen und Themen einen neuen zentralen Platz ein, was die laikalen und klerikalen Autoren jedoch umso vielseitiger werden ließ (vgl. Aerts 1997, 645–649). Öffentlich präsentiert wurde Literatur weiterhin im Rahmen von religiösen und staatlichen Festen, Literatur für die kirchliche Liturgie nahm dabei einen wichtigen Platz ein. Zu einer eigenen Dramatik kam es dabei jedoch nicht, das Bühnenwesen blieb wie bereits um die Zeitenwende auf kaum literarische Formen beschränkt bzw. erlosch ganz. Dramen wie andere Gattungen, so eine breite neue Prosaliteratur und eine stark sozialkommunikative Epigrammatik, wurden von den Gebildeten allerdings intensiv gelesen und diskutiert (vgl. Aerts 1997, 690–695).

4 China – eine alte Hochkultur in Schlaglichtern

Ein Überblick über die literarischen Institutionen der langlebigsten Hochkultur der Welt ist an dieser Stelle unmöglich zu geben – zu sichten wäre ein Zeitraum vom frühen 1. Jahrtausend v. u. Z. bis zu unserer Gegenwart unter Berücksichtigung einer großen Zahl von Dynastien feudaler Herrschaften und teils paralleler Regionalkulturen ungefähr auf dem Gebiet des heutigen China. Daher sind im

Folgenden lediglich äußerst skizzenhaft Grundelemente zu bestimmen und dann ganz dezidiert Schlaglichter auf zwei ‚Beiträge' Chinas zum Weltkulturerbe zu werfen, und zwar zum einen auf die Erfindung und Verbreitung des Buchdrucks mit Blick auf dessen literarinstitutionelle Bedeutung und zum anderen auf die Entstehung und frühe kulturelle Bedeutung des chinesischen Theaters (für eine weitere große außereuropäische Literarkultur vgl. den Beitrag von Enderwitz, „Schriftlichkeitskultur: Literarische Institutionen im arabisch-islamischen Mittelalter", in diesem Buch).

Das Spektrum der Institutionen, in deren Rahmen chinesische Literatur entstand, wurde selbstverständlich im Laufe der Jahrhunderte enorm breit und erstreckte sich auf eine Vielzahl von herrschaftlichen Höfen mit umfangreichen schriftgelehrten Beamtenschaften, sodann auch auf Tempelbezirke, aber ebenso auf große Stadtkulturen, an denen allen sich verschiedene Schreiber- und Gelehrtenstätten ausbildeten (vgl. den Beitrag von Schneider, „Literaturgeschichtsschreibung und Literaturwissenschaft", in diesem Buch); erst sehr spät allerdings gab es öffentliche Schulen oder sogar Universitäten. Es existierten bei Hofe oder auch in Dorfgemeinschaften diverse literaturaffine Kulte, Feste, andere öffentliche Rezitationsgelegenheiten sowie eine große (Musik-)Theatertradition, und nach der Erfindung des Papiers (im 1. Jahrhundert v. u. Z.) gab es den ersten umfassend wirksamen Buchdruck (und ein stetig wachsendes Verlags- und Buchhandelswesen). Büchersammlungen schließlich sind bereits seit dem 1. Jahrtausend v. u. Z. nachzuweisen, und um die Zeitenwende ließen die Kaiser bereits systematisch und behördlich organisiert Bibliotheken anlegen (vgl. Weimann 1975, 21).

Hier interessierende Anfänge fiktional-literarischer Textsorten liegen bei der vornehmlich lyrischen Dichtung. Diese entwickelte sich vom 1. Jahrtausend v. u. Z. an in enormer Breite und mit zentraler kommunikativer Bedeutung für die geraume Zeit vorherrschende Oberschichtenkultur. Neben der Dichtkunst bildete sich freilich schon früh zumal eine (Prosa-)Geschichtsschreibung mit literarischen Zügen aus, erst in der Tang-Zeit (7.–10. Jahrhundert u. Z.) entstand jedoch eine größere vollfiktionale Erzählkunst. Es folgten die noch zu thematisierende Theaterkunst (12.–14. Jahrhundert) und die Romane der Ming-Zeit (14.–17. Jahrhundert; vgl. insgesamt: Kubin 2002, xi). Daneben ist ein frühes religiös-philosophisches Interesse ins Kalkül zu ziehen, das eigene Textformen mit literarischen Zügen entwickelte, aber natürlich auch ganz wesentlich mit der Dichtung interagierte. Diese typisch chinesische Verbindung etwa bei dem allbekannten K'ung-fu-tzu (lat. Konfuzius) lässt erahnen, dass ‚Unterhaltung' und ‚Nützlichkeit' in dieser Literarkultur eine oft kaum zu trennende Verbindung eingegangen sind.

Für die Verortung des Druckwesens einerseits und des Theaterbetriebs andererseits ist eine grobe Skizze der heute üblichen historischen Phasierung der chinesischen Literatur sinnvoll: Demnach ist ein erster Abschnitt in der Zeit von den Anfängen des 11. Jahrhunderts v. u. Z. bis etwa zur Zeitenwende zu sehen, d. h. von der Zhou-Dynastie bis zur Westlichen bzw. früheren Han-Dynastie; in dieser Phase entstanden sowohl die archaischen Zeugnisse als auch die eben erwähnte erste klassische Dichtkunst und historiographische und philosophische Prosa. Ein zweiter Abschnitt, dynastisch gesehen: Östliche Han bis Tang, erstreckt sich vom 1. Jahrhundert bis in das 10. Jahrhundert u. Z. und weist von einer starken Didaktisierung bis zu einer nicht minder prägnanten Autonomisierung ein besonders weites Spektrum der Dichtkunst auf, die v. a. in der Tang-Zeit blühte und auch bis heute über China hinaus am ehesten bekannte Werke zeitigte. In diese Phase fällt außerdem sowohl die Erfindung des Papiers (in der Han-Zeit) als auch diejenige des Buchdrucks (Tang-Zeit). In den dritten großepochalen Abschnitt, d. h. ab dem 10. Jahrhundert (Song-Zeit), fallen Ansätze der Popularisierung der bisherigen Oberschichtenkultur, die mit einer wachsenden Durchlässigkeit der Sozialstruktur einhergingen. In diese Phase gehört sodann die mongolische Yuan-Dynastie (13.–14. Jahrhundert), unter deren Herrschaft sich das klassische (Musik-)Theater ausprägte. Der vierte Abschnitt reichte vom späten 14. Jahrhundert (Ming-Zeit) bis zum Ende der Kaiserdynastien 1911 (Abschluss der Qing-Zeit) und zeitigte eine immense Verbreiterung des literarischen Institutionenwesens, die hier nicht mehr eigens nachvollzogen werden kann: Es kamen z. B. öffentliche Schulen auf, es entstanden zahlreiche private Verlage mit einer großen Buchproduktion, die für eine neue breite Unterhaltungsliteratur sorgte, dazu entwickelte sich das Theaterwesen bis zur heute v. a. bekannten so genannten Pekinger Oper weiter. Einen fünften Abschnitt bildet die Literatur des 20. Jahrhunderts, die China erst in die Moderne und dann in die kommunistische Ideologie führte (vgl. Emmerich 2004, X–XI).

In die erwähnte literarisch produktive Zeit der Tang-Dynastie (frühes 7. bis frühes 10. Jahrhundert u. Z.) fällt die Erfindung des Holzblock- bzw. Holztafeldrucks, die gesichert im 9. Jahrhundert existierte; aus dieser Zeit ist das erste gedruckte Buch, das *Diamant-Sutra* von 868, überliefert. Mit beweglichen Lettern und Druckstöcken wurde bereits um 1000 gearbeitet, aufgrund der Vielzahl der chinesischen Schriftzeichen blieb der Blockdruck jedoch noch etliche Jahrhunderte erhalten und die gängigere Technik. Bereits in der Tang-Zeit bewirkte der Buchdruck ein Aufblühen des Verlags-, Buchhandels- und Bibliothekswesens, und in großem Umfang wurden von Anfang an literarische Werke und insbesondere Klassiker-Anthologien gedruckt. Phasen der Kulturpopularisierung, wie bereits im o. g. dritten Abschnitt der chinesischen Literatur, sind denn auch ohne den frühen Buchdruck kaum zu denken (vgl. insgesamt Twitchett 1994).

Die theatrale Basisinstitution der Bühne ist in China vermutlich schon lange vor der Ausprägung des eigentlichen Theaterspiels in der o. g. mongolischen

Yuan-Zeit zu finden und diente wohl ursprünglich kultischen, dann eher unterhaltsamen Festzwecken, situiert vor Tempeln oder auf Dorfplätzen. Rein ‚unterhaltende' weltliche Vorformen des Theaters etablierten sich sodann bereits in der Song-Zeit (spätes 10. bis spätes 13. Jahrhundert), und zwar im Rahmen von Vergnügungsvierteln mit Varieté-artigen Einrichtungen, die komödiantische ‚vermischte Spiele' zeigten, so genannte *Zaju*, eine Bezeichnung, die dann auch auf die von der Yuan-Zeit in Chinas Norden ausgehende Theaterform übertragen wurde und seitdem für dessen Dramen im engeren Sinn steht. Eine etwas spätere Konkurrenz aus dem chinesischen Süden stellte das *Chuangqi*, eine Art Romanze, dar (vgl. Kubin 2009, 22–24). Alle diese Stücke sind, wie die loseren älteren Varieté-Darbietungen, nicht v. a. als Sprechdramen anzusehen, sondern als ausdrucksstarke ‚Singspiele' mit nach und nach ganz elaboriertem musikästhetischem und körpergestischem Charakter, bei recht normiertem Aufbau in Akten, mit Typenfiguren und Stoffen aus Alltagsleben oder Historie mit eher einfachem moralischem Gehalt. Als Theaterautoren begegnen in der Yuan-Zeit besonders die typisch gebildeten alten Hofbeamten, die sich anscheinend nach ihrer Absetzung durch die neuen mongolischen Herren mit dem Erstellen von Textbüchern v. a. für die Arien-Passagen verdingten. Solche ‚Ausweichtätigkeit' wird sogar als ein zentraler Anlass für die Entwicklung dieser Theaterstücke überhaupt angesehen. Institutionengeschichtlich ist nach Ausgangspunkten bei religiösen bis zunehmend weltlichen Festen von einer stark unterhaltsamen (teils aber auch erbaulichen) höfischen Privattheater- wie popularkulturellen Einrichtung zu sprechen, die späterhin auf das typische chinesische Teehaus einerseits bzw. die heute v. a. bekannte Pekinger Oper andererseits überging (vgl. insgesamt Kubin 2009, v. a. die Einleitung).

5 Europäisches Mittelalter

Der Rahmen für die Literaturen des Mittelalters und sie unterstützende Institutionen lässt sich entsprechend den stratifizierten Sozialstrukturen nach Luhmann bezogen auf relevante *Strata* (lat. Pl. von *Stratum*, ‚Decke, Polsterschicht', hier für: ‚Gesellschaftsschichten') setzen. Die einzelnen *Strata* entwickelten ihre literarischen Institutionen zu je unterschiedlichen Zeiten der mittelalterlichen Großepochen, und demgemäß wird im Folgenden eine Sichtung in einer Art historischer Schichtenfolge vorgenommen. Diese richtet sich nach den drei wichtigsten sozialen *Strata* und denjenigen historischen Phasen des Zeitalters, in denen sich allgemeingeschichtlich wie literaturinstitutionell bedeutende Entwicklungen ergaben.

Den Auftakt bilden der klerikale Bereich und seine Klosterkultur für die Phase vom oberhalb beschriebenen Kulturbruch der weströmischen Spätantike bis gegen Ende des Frühmittelalters im 11. Jahrhundert. Klöster und Kirchen vereinten in dieser Zeit gewissermaßen als literarkulturelle Inseln Produktions-, Vermittlungs-, Rezeptions- und Speicherinstitutionen weitestgehend in sich (vgl. den Beitrag von Schneider, „Literaturgeschichtsschreibung und Literaturwissenschaft", in diesem Buch). Die Institutionen des Klerus behielten freilich in den nachfolgenden Phasen und teils bis in die Frühe Neuzeit eine große Bedeutung, zumal sich immer weitere kulturaffine Orden ausbildeten und die klerikalen Institutionen noch verstärkten. Zu Beginn des Hochmittelalters etablierten sich dann, nach einzelnen weltlich-geistlichen Initiativen wie unter Karl dem Großen, im Bereich weltlicher aristokratischer Herrschaft und ihrer höfischen Kultur v. a. in Frankreich, England, Norditalien, auf Sizilien und dann besonders gut beobachtbar im deutschsprachigen Raum ebenfalls literarische Institutionen, die bis zum ausgehenden Spätmittelalter eine neue Dominante bildeten. Dies geschah jedoch vornehmlich auf der Ebene einer eng verzahnten Produktion und Rezeption an einzelnen Fürstenhöfen, weniger bei der Vermittlung und Speicherung, die basal weiterhin eben vornehmlich von klerikalen Institutionen geleistet wurden. Punktuell seit dem mittleren 13. und allgemeiner ab dem 14. Jahrhundert etablierte sich schließlich in Teilen Europas aus dem Stadtbürgertum heraus eine breitere Bildung und Säkularkultur (vgl. den Beitrag von Schneider, „Literaturgeschichtsschreibung und Literaturwissenschaft", in diesem Buch), mit der wieder eigene Institutionen wie die nun zahlreicheren Hochschulen einhergingen. Ausgehend von großen Universitäts- und Handelsstädten kam in dieser Zeit außerdem ein echter Buchhandel wieder auf, d. h. nachdem der antike sich wohl fast nur in Rom selbst erhalten hatte. Verstärkt wurde dieser Handel natürlich nicht zuletzt durch den nachhaltig erfolgreichen Druck mit beweglichen Lettern im Übergang zur Frühen Neuzeit, d. h. ab dem mittleren 15. Jahrhundert (vgl. die Beiträge von Schneider, „Verlagswesen", und von Keiderling, „Buchgeschichte", in diesem Buch).

Um nun aber mit dem Übergang von der gemeineuropäischen Spätantike zum Frühmittelalter im Westen fortzusetzen: Im oströmischen Reich herrschte, wie oberhalb ausgeführt, eine große kulturelle Stabilität, und dies unter zunehmender Verdrängung der herrschaftlichen lateinischen durch die regional verwurzelte griechische Literatur. Im Westen waren es neben einigen wenigen Stadtkulturen (etwa in Rom selbst oder in Norditalien) vornehmlich die ersten Klöster und größere Bischofssitze, die für die Aufrechterhaltung und Wiederausbreitung einer Literarkultur sorgten. In den ersten Jahrhunderten geschah dies wie im Osten unter dezidiert christlichen Vorzeichen, d. h. unter Priorisierung eines religiösen und theologischen Schrifttums, das das Leben der Mönche, Weltkleriker und einfachen Gläubigen prägen sollte. Je nach Liberalität des Ordens bzw. des Bischofs wurde jedoch auch säkulare Literatur aus klassischen Zeiten der Antike bewahrt, rezipiert und bisweilen auch produktiv fortgesetzt. Die Anfänge einer solchen Klosterkultur liegen wohl nicht zufällig im alten Mittelitalien, wo Benedikt von Nursia 529 u. Z. die für ganz Westeuropa vorbildliche Abtei Montecassino begründete und seine weithin wirksame Ordensregel verfasste, die tägliches Textstudium vorsah, in erster Linie freilich zur Meditation christlicher Lehre. Die in der Folge generell buch- und sodann auch literaturaffinen Benediktiner sollen daher im Folgenden exemplarisch in ihrem Wirken verfolgt werden, dessen Hochphase (vom 8.–11. Jahrhundert.) auch als das benediktinische Zeitalter der zweiten Hälfte des Frühmittelalters einen Namen gegeben hat (vgl. See 1985, 19–38).

Eine besondere Hochphase erlebten die benediktinischen Klöster in der Karolingerzeit, die als historische Phase in diesem Zusammenhang ihrerseits besonders von Interesse ist (vgl. Reynolds und Wilson ³1991, 79–121). Bereits in der ersten Hälfte des 8. Jahrhunderts, unter dem fränkischen Hausmeier Karlmann, konnten Montecassino und die Benediktinerregel weiter ausstrahlen, indem etwa das Kloster von Fulda nach deren Muster begründet wurde und sich alsbald zu einer führenden Einrichtung entwickeln sollte. Mit Bezug auf die literarkulturelle Aktivität vergleichbar sind die zeitgleich begründeten Abteien von St. Gallen und auf der Bodensee-Insel Reichenau, deren gemeinsame Entwicklung als literarische Institutionen besonders gut erforscht ist und die im Folgenden als herausragende Beispiele herangezogen werden können (vgl. Berschin ²2005). Kurz in Erinnerung zu rufen ist im Vorfeld allerdings, dass es nicht allein klerikale Initiativen waren, die hier und an anderen Klosterorten kulturierend wirkten (vgl. den Beitrag von Schneider, „Literaturgeschichtsschreibung und Literaturwissenschaft", in diesem Buch). Vielmehr waren es auch die karolingischen Herrscher selbst, nicht zuletzt Karl der Große, dessen weltlich-geistliche Hofschule in die Nähe einer literarischen Institution rückte; Karl und seine Nachfolger beförderten zudem mit zentralen Edikten die Klosterkultur (vgl. Berschin ²2005, 26).

Den Dreh- und Angelpunkt der klösterlichen Literarkultur stellte dabei die interne Speicher- und Rezeptionsinstitution, die Bibliothek dar, in der neben dem christlichen Schriftgut auch pagan-antike Literatur die Zeiten überdauern konnte. Eine Bibliothek wurde schon in der ‚Pionierabtei' Montecassino eingerichtet und zeichnete danach diverse namhafte Klöster Europas aus, die nach und nach auch von speziellen Bibliothekarsmönchen betreut wurden. Im deutschsprachigen Raum am größten war lange Zeit diejenige von St. Gallen, die bis zum Hochmittelalter auf etwa 1000 Bände angewachsen war. Dabei handelt es sich bereits weitestgehend um Bücher im modernen Sinn, sprich: umfassende *Codices* (lat. ‚Blockbücher') statt der älteren Buchrollen (lat. Pl. *Volumina* oder *Rotuli*), die umständlicher zu handhaben waren und wesentlich weniger Text aufnehmen konnten (vgl. Lyons 2012, 34–38; vgl. auch den Beitrag von Keiderling, „Buchgeschichte", in diesem Buch). Die Aufstellung der St. Galler Bibliothek wurde von Reichenauer Mönchen im frühen 9. Jahrhundert im Rahmen des berühmten St. Galler Klosterplans aufgezeichnet, der glücklicherweise bis heute erhalten ist (vgl. Berschin ²2005, 16–19 und 150 [Abbildung]). Wesentlich größer war wohl nur die päpstliche Bibliothek, die im Hochmittelalter, in der Zeit von Avignon, etwa 2000 Bände zählte. Um die Relativität dieser Größe zu ermessen, ist zum Vergleich mit den oströmisch-byzantinischen Verhältnissen an die kaiserliche Bibliothek in Konstantinopel zu erinnern, die bereits zu Beginn des Mittelalters über 100 000 Bände verfügte (vgl. Weimann 1975, 41–43). Neben den klerikalen Bibliotheken existierten im Westen fernerhin ganz vereinzelt Privatbibliotheken von Gelehrten, v. a. von Grammatikern, d. h. im antiken Sinne ‚Schriftgelehrten', und von an (repräsentativer) Bildung interessierten Adligen und großen Regenten wie eben Karl dem Großen. Diese Bibliotheken wiesen allerdings auch die größte Instabilität auf, denn sie zerfielen mit dem Tod des Besitzers oft wieder komplett (vgl. Wattenbach 1958, 591–599).

Als Institutionen der Literaturspeicherung waren die Klöster auch Distributionsinstitutionen für eigenen und fremden Bedarf, indem sie ein stetiges handschriftliches Kopieren von Texten betrieben. Abzuschreiben waren ältere Ausgaben manchmal schlicht zum bloßen physischen Erhalt, v. a. wenn sie noch in Papyrusrollen oder schlechten Pergamentblättern vorlagen. Zu erstellen waren von den Klöstern bzw. größeren kirchlichen Einrichtungen aber natürlich nicht zuletzt Abschriften von Texten, die in Pfarreien zu liturgischen und Studienzwecken benötigt wurden. Oft aber wurde bereits in karolingischer Zeit eine kalligraphisch und in der ornamentalen oder bildmäßigen Ausstattung repräsentativere Buchfassung erstellt, mit der sich das Kloster oder der hochrangige Auftraggeber schmücken konnten. Sodann ließen Klöster geliehene Ausgaben anderer Bibliotheken abschreiben, und es entwickelte sich nach und nach ein regelrechter Tauschhandel, der die Vermehrung der Bestände ermöglichte (für einen solchen Austausch vgl. das korrespondenzmäßig dokumentierte Beispiel der Abteibibliotheken von Corvey und Hildesheim, Wattenbach 1958, 541–542).

Abgeschrieben wurde zum Schutz der Bände in unmittelbarer räumlicher Nähe zur Bibliothek in den Skriptorien (für Grundsätzliches zu diesen vgl. etwa Gleba 2008, 56–64). Deren Schreibkultur wuchs im Frühmittelalter stetig, erlebte späterhin jedoch auch Einbrüche, und im Spätmittelalter wurde auch auf nicht-monasterische Kräfte zurückgegriffen, die die gewünschte große Zahl an Abschriften erstellen konnten (vgl. Kindermann 1998, 12–14). Dazu trat in verschiedenen Ländern Europas spätestens hochmittelalterlich ein kommerziell institutionalisiertes Abschreiben mit Handschriften-Verleihern (lat. *Stationarius*, eine Art ‚Schreibwarenhändler' im weiteren Sinn) und Lohnschreibern (vgl. Kindermann 1998, 13). Ein echter Buchhandel, geschweige denn Verlage, existierte bis ins Spätmittelalter allerdings jenseits Roms wohl nur äußerst selten (vgl. Wattenbach 1958, 536–539; vgl. auch den Beitrag von Keiderling, „Buchgeschichte", in diesem Buch).

Die Bereitstellung von kirchlichen Werken und kanonisierter pagan-antiker und nach und nach entstehender neuerer Literatur (bis nach 1100 weitestgehend auf Lateinisch) diente neben dem Studium der Kleriker den Schulen, die an Klöstern, Bischofssitzen und in kleinster Form an einzelnen Pfarreien – sprich: der Priester als über lange Zeit einzige Bildungsinstanz in der Breite – angesiedelt waren. Für größere Klöster wie St. Gallen oder die Reichenau ist sogar annähernd überliefert, wie groß diese auch literarischen Vermittlungs- und Rezeptionsinstitutionen waren und dass sie nicht nur klerikalen Nachwuchs, sondern ebenfalls hochstehende Zöglinge des regionalen Adels unterrichteten. Kernfächer waren die Teile des antiken Triviums, das aus elementarem Sprachunterricht (Grammatik), Schulung in Rede- und literarisierter Schreibkunst (Rhetorik) und philosophischer Debattierkunst (Dialektik) bestand (vgl. den Beitrag von Schneider, „Literaturgeschichtsschreibung und Literaturwissenschaft", in diesem Buch). Wie schon in der Antike mussten die Schüler dabei im Bereich des fortgeschrittenen Schreibunterrichts die studierten Musterautoren nicht nur selbst abschreiben, sondern auch mit eigenen literarischen Übungen imitieren (vgl. Berschin ²2005, 28).

An den größeren Kloster- und Domschulen wirkende Gelehrte machten diese schließlich zugleich zu den zentralen literarischen Produktionsstätten, denn sie waren oftmals selbst literarische Autoren (mittellateinischer) christlicher und bisweilen hoch artifizieller säkularer Werke in der Nachahmung etwa eines Vergil, Horaz oder Ovid. Für die Hoch-Zeit der so genannten karolingischen Renaissance sind als teils breitest literarisch Tätige etwa zu nennen: der Berater Karls des Großen und bedeutende klerikale ‚Kulturfunktionär' Alkuin aus York und sein Mainzer Schüler Hrabanus Maurus oder prominente Reichenauer Mönche wie Walahfrid Strabo und Notker Balbulus (für Letztere vgl. exemplarisch Berschin ²2005, 47–49). Weitere Autoren, ganze Entwicklungen nach Ländern und Regionen bzw., mit dem weiteren Verlauf des Mittelalters, auch nach Sprachen sowie zeitgenössisch interessierende und ‚aktive' Gattungen und Dichter antiker und mittelalterlicher Provenienz können an dieser Stelle wie im Folgenden freilich nicht einmal annähernd umrissen werden. Selbst das vorhandene Spektrum der Standardliteraturgeschichten wäre kaum ausgewogen repräsentativ aufzuführen (für gute erste Hinweise vgl. jedoch – mit einem eigenen Kurzüberblick über die lateinische Literatur – Kindermann 1998, 55–87).

Zu der vornehmlich lateinischen Aktivität im klerikalen Bereich trat im 12. Jahrhundert verstärkt der zunehmend volkssprachliche Bereich der (freilich zu einem guten Teil auch bischöflich-)fürstlichen Höfe. Dieser stützte sich zwar in erster Linie auf gebildete Kleriker – Laien waren zumal in Mitteleuropa in dieser Zeit in aller Regel Analphabeten (als hier wie im Folgenden zentrales, selten zu ersetzendes Referenzwerk vgl. Bumke ¹²2008, 99) –, brachte aber bald auch bis heute prominente weltliche Literaten in Sonderheit in den Gattungen der höfischen Heldenepik, der so genannten Minnelyrik und der Spruchdichtung hervor. Die Ausbreitung dieser Literarkultur fand in maßgeblicher Form zuerst im französischen Raum statt, und wurde dann, v. a. zwischen 1150 und 1200, nachhaltig an deutschsprachigen Höfen rezipiert, deren Literaten freilich ab dem frühen 13. Jahrhundert schon weitgehend auf eigener Basis dichteten (vgl. Bumke ¹²2008, 121). Für Letztere ist die Forschungslage im Vergleich auch zu Parallelentwicklungen in England oder Italien am besten (vgl. Bumke ¹²2008, 31–32), weshalb die Darstellung sich im Folgenden besonders auf deutsche Hofverhältnisse richtet. Allerdings ist selbst dabei zu beachten, dass die Quellenlage im Gegensatz zu den manifesten Klosterstrukturen vielfach unsicher erscheint, denn es gibt nur wenige realhistorische Dokumente. Daher „bleibt [man] doch im wesentlichen auf Zeugnisse anderer Art angewiesen, wenn man sich ein Bild von der höfischen Gesellschaftspraxis machen will: auf poetische Texte in deutscher Sprache und auf bildliche Darstellungen." (Bumke ¹²2008, 15) Dies hat zur Folge, dass immer wieder fraglich ist, ob die in der Kunst ‚abgebildeten' höfischen Verhältnisse und damit auch die in den Werken thematisierte Ausprägung literarischer Praxen und ihrer Institutionen auf Fakten, und dann eventuell lediglich den adaptierten französischen Situationen, beruhen oder einen oft wohl als Idealform anzusehenden Zustand imaginieren (hierzu und zur Quellenlage insgesamt vgl. Bumke ¹²2008, 17–26).

Noch einigermaßen auf festem Boden bewegt man sich allerdings hinsichtlich der anfänglichen textorientierten Institutionen in unmittelbarem Kontakt mit der bis dato fast ausschließlich oralen Laienwelt. Dabei handelte es sich zu Beginn des Hochmittelalters um so genannte Hausklöster, die auf adligem Besitz zur ‚Nutzung' als Bildungsstätte und z. B. zur Kodifizierung und Belobigung des herrschaftlichen Wirkens in Geschichtswerken gestiftet worden waren (vgl. Bumke ¹²2008, 617–620). Es folgten, in Deutschland im 12. Jahrhundert, fürstliche Kanzleien, deren Notare sich lange Zeit ebenfalls aus dem geistlichen Stand rekrutierten. Diese Kanzleien waren zwar ganz vornehmlich mit Dokumentationen der fürstlichen Besitztümer und Schriftstücken zu anderen Verwaltungsvorgängen beschäftigt, ihr Vorhandensein scheint jedoch oft auch verschriftlichte Literatur am Hof ermöglicht bzw. zum Interesse gemacht zu haben (vgl. Bumke ¹²2008, 624–630).

Zu erinnern ist in diesem Zusammenhang an die vornehmliche Oralität etwa der wichtigen frühmittelalterlichen Heldenepen in deutscher Sprache, die in seltenen Fällen zuerst von Mönchen oder den wenigen schriftkundigen Laien aufgezeichnet wurden, z. B. das *Hildebrandslied*, und die teils in sich den Übergang von einer primär mündlichen zu einer schriftbasierten Literarkultur aufweisen, z. B. das *Nibelungenlied* (vgl. Bumke [12]2008, 610–615). Vermittlungsinstitution dieser Literatur in ihrer Mündlichkeit waren, wie in der antiken Archaik, zuerst fahrende Sänger, die aber spätestens im späten 12. Jahrhundert auch auf kodifizierte Fassungen zurückgriffen, und die bisweilen selbst allerdings wohl nicht lesekundigen, nur oral und memorativ arbeitenden (Artus- und Grals-)Epiker des 12./13. Jahrhunderts. Abgeschrieben wurden v. a. die epischen Werke der Hochphase nach 1200 dann vielfach und aufgrund der oralen Grundlage womöglich auch so variantenreich, allerdings wohl immer für einzelne Besteller, da ein Buchhandel weiterhin nicht existierte (vgl. Bumke [12]2008, 721–751). Daneben gab es ebenfalls zunächst nur oral überlieferte volkstümliche (Tanz-)Liedlyrik sowie die frühe Spruchdichtung, beiderseits Vorläufer der auch für die Lektüre schriftlich niedergelegten anspruchsvolleren Minnelyrik und Spruchdichtung seit dem 13. Jahrhundert. Auch diese Werke wurden nach einer längeren Phase der primär oral-memorativen Überlieferung und Einzeltextsammlungen der Autoren selbst wohl erst seit dem Ende des 13. Jahrhunderts in großen Sammelhandschriften abgelegt, man denke nur an den *Codex Manesse* (die *Große Heidelberger* oder auch *Pariser Liederhandschrift*) aus der ersten Hälfte des 14. Jahrhunderts. Diese steht mit der zugrunde liegenden akribischen Sammeltätigkeit des initialen Auftragsgebers Rüdiger Manesse und ihren berühmten, reich ausgeschmückten Ideal-Miniaturenbildern der Autoren exemplarisch und gleichsam selbst institutionell für ein geradezu ikonisierendes Interesse an berühmt gewordenen Literaten (vgl. Bumke [12]2008, 758–779).

Solche Literatur und ihre Abschriften fanden sich an den wichtigsten Höfen, d. h. zuerst denjenigen von Königen und Kaisern, die an (herrschaftsrepräsentativer) Bildung interessiert waren. Hier sind in Deutschland nach Karl dem Großen und einzelnen Ottonen die Staufer und hohe Fürsten ihrer Zeit als neue mäzenatische Förderinstitutionen zu nennen. Unsicher ist freilich insbesondere für die Anfangsphase der neuen deutschsprachigen Epik und Lyrik, d. h. das mittlere 12. Jahrhundert, ob die an Kunst und Literatur interessierten frühen Staufer selbst schon eine bedeutende Rolle spielten. Ob etwa ganze Dichterkreise in einer Weise schon bei Friedrich I. angesiedelt waren, wie dies in Frankreich oder Italien der Fall war, ist nicht mehr zu klären (vgl. Bumke [12]2008, 647–648), und Friedrichs Sohn Heinrich VI. wird nach herrschender Forschungsmeinung zwar sogar als selbsttätiger Liedautor gesehen, sein Einfluss auf die Entstehung etwa der ersten deutschsprachigen Adaption des französischen Lancelot-Stoffes ist wiederum nicht gesichert (vgl. Bumke [12]2008, 651–652). Auf jeden Fall aber etablierte sich in ihrer Zeit durch deutsche Fürsten ein neues Mäzenatentum für volkssprachliche laikale Schriftsteller (klerikale benötigten diese Protektion aufgrund ihres gesicherten Stands ja viel weniger). Dabei ging die intensivere Förderung von den weiteren weltlichen, weniger den lateinorientierten klerikalen Fürsten aus. Diese weltlichen Fürsten schlossen mit ihrem Repräsentationsbemühen an königliche und bischöfliche Prachtentfaltung an, engagierten und interessierten sich als Mäzene oft ganz persönlich genuin für volkssprachliche Literatur und gaben sie auch unmittelbar in Auftrag, da sie sie selbst verstehen konnten und von ihr unterhalten werden wollten. Eine große Rolle nahmen dabei Fürstinnen und ihre Damenschaften ein, die die nötige Muße und vornehmlich volkssprachliche Bildung besaßen, so die Gräfin Margarete von Kleve, ab 1175 verheiratete Gräfin des seit ihrer Zeit prominent literaturaffinen Thüringen, die vermutlich den bedeutenden frühen Epiker Heinrich von Veldeke unterstützte. Die rasch vielen mäzenatischen Fürstenhäuser, aber auch kleineren Höfe und ihre literarischen Schützlinge können hier nicht mehr aufgeführt werden, nehmen jedoch jeweils ähnliche literarinstitutionelle Positionen ein (vgl. Bumke [12]2008, 666–677).

Erwähnenswert sind generell noch der höfische Kulturkontakt mit dem vernakular-literarisch fortgeschrittenen Frankreich und die Möglichkeiten der Fürsten, sie interessierende Werke von dort in Kopie zu erhalten (und dies über lateinische Literatur aus Klosterbeständen hinaus). Dies war zunächst sehr wichtig, bestanden die ersten der deutschsprachigen Epen und Lieder doch in auftragsmäßig erstellten Übertragungen und Adaptionen (vgl. Bumke [12]2008, 654–660). Dieses Mäzenatentum trat somit nicht nur als Produktionsförderinstitution, sondern auch als Vermittlungs- und (wenn auch oft sehr begrenzte) Distributionsinstitution in Erscheinung. Der weiteren Distribution der neuen deutschsprachigen Literatur diente die auktoriale Widmung einzelner Werke an hohe Fürsten, selbst wenn womöglich keine unmittelbare Förderung vorlag. Bisweilen waren nämlich die Widmung und Zusendung einer Abschrift durch den Autor mit der Hoffnung verbunden, dadurch am betreffenden Hof gelesen und zu Ruhm und ökonomischem Vorteil ‚weiterempfohlen' zu werden (zur vermutlichen Kommunikation zwischen literaturinteressierten Höfen vgl. Bumke [12]2008, 738).

Zu betonen ist ferner, dass über die wirkliche gesellschaftliche Stellung und (institutionelle) Ausbildung der Autoren – und damit vielerlei institutionelle Einflüsse auf sie, d. h. für ihre literarische Bildung und sonstige Verankerung – selten Genaueres zu sagen ist, so etwa bei den großen deutschen Epikern und Lyrikern wie Wolfram von Eschenbach und Walther von der Vogelweide. Es ist allerdings zu konstatieren, dass Epiker für ihr Schaffen eine höhere Bildung benötigten, was auf einen notwendigen klerikalen Hintergrund und Dienstpositionen bei Hofe schließen lässt. Lyriker hingegen rekrutierten sich anscheinend entweder – im Fall des Minnesangs – aus dem Stand (niedrigerer) laikaler Adliger, die im Gegensatz zu den französischen Vorläufern nicht unbedingt klassisch gebildet waren, oder – im Fall der Spruchdichtung – aus der Gruppe der fahrenden Sänger mit niedrigstem sozialem Stand und vergleichbar begrenzter Bildung sowie der generellen ökonomischen Unsicherheit umherziehender Spielleute (vgl. Bumke [12]2008, 678–700).

Die genannten Höfe waren sodann nicht nur Förder- und Vermittlungsinstitutionen, sondern zudem die wesentlichen Rezeptionsinstitutionen, und dies wiederum mit einer starken Rückwirkung auf die literarische Produktion. Denn noch vor der erwähnten Abschreibepraxis zu repräsentativen und Lesezwecken stand die Präsentation der Literatur durch die Autoren im Rahmen höfischer Geselligkeit, d. h. von kleinen Zusammenkünften im Kreis der adligen Familie und ihrer höheren Bediensteten bis hin zu großen Festen herrschaftlicher Häuser mit mehreren Hundert Gästen in den großen Festsälen, wie etwa auf der thüringischen Wartburg (vgl. Bumke [12]2008, 703 und 722–723). Diese festlichen Gelegenheiten waren es überhaupt, zu denen die hochmittelalterliche Gesellschaft jenseits einzelner Rezeptionsakte der wenigen Lesefähigen in Klöstern und auf weltlicher Seite insbesondere in Kreisen belesener Hofdamen (zur Etablierung dieser Rezeptionsform vgl. Bumke [12]2008, 725–729) überhaupt Raum bot für Kunst und Literatur (vgl. Müller 2007). Ansonsten herrschten recht rohe bis brutale Verhältnisse, die, wie eingangs betont, nicht mit den ‚Abbildern' in der höfischen Literatur zu verwechseln sind.

Wenn von diesen Festen und ihrem Publikum die Rede ist, muss noch einmal mehr betont werden, dass an der Seite der wohl eher wenigen literaturaffinen Herrscher und ihrem Personal die adligen Damen und ihre Begleiterinnen die Hauptzuhörerschaft waren. Diese beeinflussten durch ihre unmittelbaren Reaktionen, mit ihren inhaltlichen wie stilistischen Ansprüchen etwa auf fortlaufend vorgestellte Epen zugleich deren weitere Entwicklung. Von manchen Epen und Liedern sind eventuell nur darum so wenige Abschriften vorhanden, weil sie nicht (mehr) den Geschmack dieses Publikums trafen. Die Beliebtheit der Liedlyrik zeigt sich daneben auch in Effekten des ‚Zersingens', also der ungesteuerten Variantenproduktion durch das Weitertragen von Liedern durch Dritte, d. h. durch andere Sänger als die Autoren selbst bzw. durch das Publikum. Insbesondere politisierende Spruchdichter setzten sich darüber hinaus der Gefahr aus, durch Lob oder Tadel an die falsche Adresse Sanktionen bis hin zur körperlichen Züchtigung oder Verbannung zu erleiden. Stoffe wiederum bzw. literarische Aufbereitungen, die gut ankamen, fanden ihr Publikum nicht nur in weltlichen Kreisen, sondern, zum Missfallen strenger Kleriker, selbst unter Mönchen. Auf der anderen Seite sind für die Autoren als ‚klassische' Ansprüche für ihre Wirkungsabsicht überliefert, dass sie ganz im Sinne der alten horazischen Doppelformel nützen bzw. belehren und/oder unterhalten wollten (vgl. Bumke [12]2008, 704–712).

Was schließlich die im klerikalen Bereich so zentrale Institution der Speicherung betrifft, bestanden jenseits der Kloster- und Bistumsbibliotheken auch im Hochmittelalter weiterhin nur einzelne Hofbibliotheken, die nach dem Tod des Herrschers oft aufgelassen wurden; z. B. die mutmaßliche umfangreiche Hagenauer Bibliothek des Staufers Friedrich I. mit pagan-antiken und christlichen Werken, aber auch neuerer Geschichtsschreibung erlitt wohl komplett dieses Schicksal (vgl. für das Einzelbeispiel Bumke ^{12}2008, 645–646, und allgemein Weimann 1975, 53–54).

Nach 1200, im Übergang vom Hoch- zum Spätmittelalter, entfaltete sich im Rahmen der vornehmlich königlichen Städtegründungen, die die Zentralmacht gegenüber regionalem Adel stärken sollten (vgl. Rosenfeld und Rosenfeld 1978, 43–50), das komplexe soziale *Stratum* eines neuen Bürgertums. An dessen Spitze standen meistens, neben in die Stadt gezogenem Landadel, städtische Ministeriale und in stolzen Gilden versammelte Fernhandelskaufleute als so genannte Patrizier. Diese strebten in einer Repräsentationskonkurrenz mit Klerus und Aristokratie auch höhere Bildung an – die Kaufleute taten dies darüber hinaus auch ganz pragmatisch für ihren europaweiten Handel. Verwehrt wurde der Aufstieg in Patriziat und Stadtrat in aller Regel den ebenfalls standesbewussten Handwerkern mit ihren Zünften (vgl. Rosenfeld und Rosenfeld 1978, 63–70). Letztere waren umso mehr an einer sie selbst würdigenden (aber natürlich auch gesellig-unterhaltsamen) Kultivierung ihrer Lebenssphäre interessiert. Insbesondere in Westeuropa und im deutschsprachigen Raum entwickelten die bürgerlichen Gesellschaftsgruppen daher bald eigene Interessen an Literatur und Kultur und an für diese nützlichen Institutionen (vgl. Erzgräber 1978, 11–17 und 38–43). Dies führte zur Erweiterung, Dynamisierung und Ergänzung der früh- und hochmittelalterlich entstandenen Einrichtungen von Kirche und weltlichem Adel; hierauf richtet die Darstellung im Folgenden ihren Fokus. Freilich wird – wie eingangs betont – dadurch weder eine schlichte Sukzession noch gar ein kompletter Ablösungsprozess hin zu einer ‚bürgerlichen' Literarkultur unterstellt, denn das Ältere hat oft in wesentlichen Zügen weiterexistiert und strukturell wie gehaltlich das Spektrum der literarkulturellen Institutionen bis weit in die Frühe Neuzeit wesentlich mitbestimmt.

So ging die höchste kulturelle und damit auch die literarische Bildung(svermittlung) institutionell weiterhin vornehmlich von den kirchlichen Schulen aus sowie dann von den zuerst oft von klerikaler Seite initiierten Universitäten (vgl. den Beitrag von Schneider, „Literaturgeschichtsschreibung und Literaturwissenschaft", in diesem Buch). An Letzteren wurden in den allgemeinbildenden Fachbereichen, die das Trivium der Sieben Freien Künste (lat. *septem artes liberales*) lehrten, den so genannten Artistenfakultäten, und dort im Rahmen des Rhetorikunterrichts, weiterhin die antiken Klassiker und mittelalterliche (lateinische)

Autoren gelesen und in Schreibübungen nachgeahmt. Auf diese Universitäten und die zahlreichen neuen Hochschulen in aufblühenden Städten des 13./14. Jahrhunderts (zum institutionellen Verhältnis der Städte zu ‚ihren' Hochschulen vgl. grundlegend Koller 1977) gingen sodann zumal die Bürgersöhne und erhielten im Endeffekt v. a. eine berufsorientierte juristische oder medizinische Ausbildung. Auf den Bildungsebenen darunter richtete das Bürgertum noch pragmatischer Stadt- und Ratsschulen ein, die nur ausnahmsweise mit kirchlicher Erlaubnis zu Gelehrten- oder Lateinschulen erhoben werden konnten.

Diese Schulen vermittelten allerdings immerhin vernakulare Bildung, die auch zum sich verstärkenden literarischen Schreiben in der Volkssprache befähigte (vgl. Rosenfeld und Rosenfeld 1978, 155–167), und deren Lehrer (sowie Stadtschreiber) traten bisweilen auch als literarische Autoren in Erscheinung (vgl. Peters 1983, 269–291). Allerdings wurde auf den weltlichen Schulen nur sehr bedingt eine eigene (vernakulare, städtische) Kultur entfaltet, so dass, neben den weiterexistierenden Hofkulturen, sich nur ganz individuell neue volkssprachliche Literaten ausbildeten. Festzustellen ist vielmehr, dass „das Bürgertum sich in Fragen des literarischen Geschmacks, in der Pflege des literarischen Lebens und in der eigenen dichterischen Praxis den aus dem Rittertum stammenden Traditionen anpaßte und erst schrittweise ein eigenes Verhältnis zur Literatur zu entwickeln verstand." (Erzgräber 1978, 49) Es entstanden also lediglich literarisch weiterentwickelte Ritterromane und kleinere Erzähldichtungen, Minnesang sowie Spruch- und Lehrdichtung, letztere drei nicht zuletzt fortgeführt von den handwerksmäßig organisierten Meistersingern (vgl. Rosenfeld und Rosenfeld 1978, 174–190).

Eine bemerkenswerte Neuerung gegenüber dem Frühmittelalter stellten allerdings dramatische Untergattungen dar, d. h., mutmaßlich ausgehend von bereits hochmittelalterlichen liturgischen und anderen geistlichen Spielen, weltlichere Theaterformen, nicht zuletzt die Fastnachtsspiele (vgl. Erzgräber 1978, 49–65). Geistliche wie weltliche Spiele fanden ihren rezeptionsinstitutionellen Platz im Rahmen von Festen, also religiösen Jahrestagen (Ostern, Passionszeit, Weihnachten und Heiligendaten) oder verweltlichten Brauchtumsfeiern wie eben der Fastnacht. In letzterem Kontext kam ein vornehmlich oral tradiertes Improvisationstheater zur Aufführung, das ähnlich rudimentär literarisch war wie die erwähnten antiken Stegreifgattungen. Diesem Theater dienten als Rezeptionsinstitutionen oft zuerst schlichtweg die Feierorte wie Gast- oder Zunfthäuser; eine stärker institutionalisierte und mehr textbasierte Produktions- und Aufführungskultur ist etwa für die Fastnachtsmetropole Nürnberg nachweisbar, wo zum Ausgang des Spätmittelalters in Sonderheit Hans Sachs im Kontext der vorgenannten Bewegung der Meistersinger wirkte (vgl. Linke 1978, 755–759, und Eke 2015, 17–22).

Als Institution der Distribution etablierten sich neben den kirchlichen und weltlichen Skriptorien von Bibliotheken und Verwaltung, noch weitaus mehr als zuvor, kommerzielle *Stationarii*, in deren Hand Buchherstellung und -vertrieb lagen (vgl. Rosenfeld und Rosenfeld 1978, 192). Sie trugen neben berufsmäßigen Kopisten auch an den vorgenannten Einrichtungen zur großen Blüte des Abschreibewesens um die Mitte des 15. Jahrhunderts bei, das für die Zeit just vor der weltweit ersten breit wirksamen Erfindung eines Buchdrucks mit beweglichen Lettern zu verzeichnen ist (vgl. Kindermann 1998, 14). Freilich sollte es erst dieser von bürgerlichen Drucker-Verlegern betriebene Buchdruck sein (vgl. die Beiträge von Schneider, „Verlagswesen", und Keiderling, „Buchgeschichte", in diesem Buch), dessen medienrevolutionäre Wirkung zum einen das kirchliche Bildungsmonopol über Schulen und Bibliothekswesen nachhaltig verringerte (vgl. Erzgräber 1978, 43) und zum anderen den aufkommenden Frühhumanismus und seine Publikationsinteressen umzusetzen half (vgl. Rosenfeld und Rosenfeld 1978, 200–201).

Als Speicherinstitutionen schließlich sind aus den vorangegangenen Jahrhunderten die klerikalen und sich stärker verstetigenden adligen Bibliotheken zu nennen, die etwa auf frühhumanistische Initiative hin auch für die Öffentlichkeit freigegeben wurden. Hinzu kamen, je nach Region mehr oder weniger zahlreich, Bibliotheken von höheren Schulen und Universitäten bzw. deren Bursen und Kollegien, in deren Umfeld auch städtische Büchersammlungen für amtliche und berufsgruppenbezogene öffentliche Zwecke entstanden (vgl. Wattenbach 1958, 599–613; vgl. auch den Beitrag von Brandtner, „Bibliotheken", in diesem Buch).

6 Renaissance, Reformation und Barock in Europa

Die Frühe Neuzeit, das große ‚Aufholen' Europas im Vergleich mit Byzanz und dem arabischen Kulturraum, begann bekanntlich mit der italienischen Frührenaissance des 14./15. Jahrhunderts und dem mitteleuropäischen klerikalen Reformationswesen des 16. Jahrhunderts. Die Epoche entwickelte sich dann über eine fast europaweite Spätrenaissance und das 17. Jahrhundert mit, je nach Land oder Region, weiterhin klassizistischer Phase (z. B. in England und Frankreich) oder manieristischer bzw. barocker Kultur (v. a. in Italien, Spanien und dem deutschsprachigen Raum) und mündete in die so genannte Sattelzeit zu Neuzeit und Moderne im 18. Jahrhundert. Betrachtet werden soll im unmittelbar Folgenden zunächst im Verbund die Trias von Renaissance, Reformation und Barock in Europa, denn die Entwicklung der literarischen Institutionen zeigte für diese Zeit vom Ausgang des Spätmittelalters bis in das Vorfeld der Aufklärungszeit besonders viele fortlaufende Linien bzw. sich verstärkende Tendenzen. Dabei wird eine besondere Knappheit der Darstellung angestrebt, um unnötige Doppelungen gegenüber den vielfach auf historischer Ebene mit diesem Zeitraum einsetzenden Einzeluntersuchungen im nachfolgenden dritten Bandabschnitt zu vermeiden. Außerdem ist eine auch nur annähernde Auseinandersetzung mit dem Spektrum der literarischen Textsorten und Gattungen, das gegenüber dem bereits reichen Mittelalter nochmals vielfältig expandiert, nicht mehr zu leisten. Zu zahlreich wären die Entwicklungen einerseits auf dem Gebiet der humanistischen neulateinischen Sprachkultur, die bis heute einer repräsentativen europaweiten Erforschung harrt, und andererseits auf dem Gebiet der aufblühenden volkssprachlichen Literaturen zwischen Mittelmeer und Nord- und Ostseeraum, die sich teils ebenfalls humanistisch orientieren, teils aber auch auf genuin neuzeitlicher Grundlage mit immenser Diversifikation entwickeln.

Gegenüber der vorangegangenen Großepoche des Mittelalters ist für den Entwicklungshintergrund der Frühen Neuzeit außerdem generell zu erinnern an das „zunehmend beschleunigte, massierte und auf fast allen Gebieten greifbare Auftreten neuer Phänomene, die einen echten Wandel der Atmosphäre und der realen Gesamtsituation herbeiführen" (Weimann 1975, 55–56). Gesellschaftlich gerahmt wird diese Entwicklung zum einen von den sich nach und nach gegenüber dem regionalen Adel absolut setzenden Fürsten mehrerer sich verfestigender Territorialstaaten (unter Relativierung des Heiligen Römischen Reichs deutscher Nation v. a. Frankreich, dann Spanien, zeitweise Polen-Litauen, späterhin Preußen) und zum anderen vom fortgesetzt anwachsenden, sich weiter kultivierenden und an allgemeiner Bedeutung gewinnenden Bürgertum in den großen Handelsstädten. Bis in die Zeit der Aufklärung bleiben freilich weiterhin große Bevölkerungsschichten in den Städten und mehr noch auf dem Land von jeglicher höherer Bildung so gut wie ausgeschlossen.

Die spektrale Sichtung literarischer Institutionen, von denjenigen der Produktion und Rezeption über die der Vermittlung und Distribution bis hin zu denen der Speicherung, kann erneut mit der Produktions*förderung* eingeleitet werden. Denn auch in Renaissance und Barock trug diese ganz wesentlich zur Entstehung von Literaturen und ihrer institutionellen Unterstützung auf allen Ebenen bei. Sowohl die vernakulare (zuerst italienische, dann französische, spanische, niederländische, deutsche und englische) Renaissanceliteratur und der zunächst nur lateinische Humanismus wurden weitgehend ermöglicht von struktureller fürstlicher Förderung, d. h. durch Anstellungen in Hof- und Stadtämtern, bzw. von einzelnem adligem und großbürgerlichem Mäzenatentum, und zwar zuerst in den monarchisch oder republikanisch regierten Stadtstaaten in Nord- und Mittelitalien des 15. Jahrhunderts (vgl. exemplarisch Burke 1992 sowie für die Moderne den Beitrag von Dücker, „Literaturförderung und Sponsoring: Preise, Stipendien, Festivals", in diesem Buch). Dabei ging das Interesse der Höfe bzw. Patrizier wie schon im Mittelalter weitgehend auf eine sie selbst schmückende Repräsentation. Zu finden sind jedoch auch immer wieder Fürsten bzw. Großbürger, die aus persönlicher Motivation tätig waren, von einem Cosimo de' Medici im Florenz des 15. Jahrhunderts, der gezielt humanistische Arbeiten anregte und sich eine große Privatbibliothek zusammenkopieren ließ, bis hin zu einem Barockfürsten wie Herzog August II. von Braunschweig-Lüneburg, der an seinem Residenzort Wolfenbüttel den Grundstein für eine der bis heute wichtigsten Bibliotheken legte, also für die *Herzog August Bibliothek*. Erneuert wurde so eine rezeptive Literarkultur, die mit humanistischem Impetus auf der Kenntnis neu kanonisierter ‚Klassiker' der griechisch-römischen Antike basierte, aber gefördert wurde nicht zuletzt auch eine neue Literaturproduktion für immer prächtigere höfische und großbürgerliche Repräsentationsanlässe, d. h. eine zumal in der Barockzeit immense Zahl und Bandbreite an Gelegenheitsdichtung in verschiedensten Gattungen (vgl. Keller 2008, 116–117); ferner wurden hier wie an nachfolgend noch zu benennenden Orten neue, der Antike entlehnte Autorinszenierungen in Form von Dichterkrönungen (vgl. den formalisierten Titel des *poeta laureatus*) u. Ä. institutionalisiert (vgl. den Beitrag von Bremer, „Aufmerksamkeitsökonomie und Autorinszenierungen", in diesem Buch).

Produktion, Vermittlung und Rezeption fanden auch an immer säkulareren Schulen und Hochschulen sowie in neuen literaturaffinen Zirkeln und Akademien bzw. Sprachgesellschaften statt, wo noch über die mittelalterliche Tradition hinaus Rezitation und Disputation beliebt wurden. Nach ersten städtischen Literaturzirkeln des Spätmittelalters (vgl. etwa Peters 1983, Kap. II) wirkten humanistische Zirkel und späterhin vielerlei Sprach- und Literaturgesellschaften (vgl. die Beiträge von Süselbeck, „Literarische Gesellschaften" und „Literaturkritik", in diesem Buch) quer durch Europa literaturförderlich, welch Letztere ab dem 16. Jahrhundert von dem italienischen Akademienwesen ausgingen, von der *Accademia Platonica* und der *Accademia della Crusca*, jeweils zu Florenz, über die Weimaraner *Fruchtbringende Gesellschaft* bis zur Pariser *Académie Française*. Über die lehrorientierten Universitäten hinaus (vgl. den Beitrag von Schneider, „Literaturgeschichtsschreibung und Literaturwissenschaft", in diesem Buch) wurden sie als genuine Forschungseinrichtungen Orte der Entstehung paraliterarischer Textsorten wie umfassender kommentierter Klassikerausgaben, Poetiken, Lexika und Enzyklopädien, Wörterbüchern, Bibliographien und, durch den Buchdruck begünstigt, diverser Formen von Periodika (Zeitschriften und Zeitungen im engeren Sinn waren freilich bis ins 18. Jahrhundert noch keine Basis für die Veröffentlichung von Literatur) und Kurzschriften (vgl. insgesamt Wismann und Garber 1996).

Als sich nach und nach auch handfest gebäudemäßig etablierende Einrichtungen mit zunehmend literarischer Grundlage sind außerdem seit der späten Renaissance die neu sich institutionalisierenden Theater zu benennen. Diese speisten sich zum einen aus der spätmittelalterlichen Fest- und Unterhaltungskultur, zum anderen aus humanistischen Initiativen – etwa initiieren die neuen Poetik-Professoren an den Universitäten auch Theateraufführungen (vgl. Rosenfeld und Rosenfeld 1978, 167) – und zum Dritten aus einem humanistisch fundierten, aber zumal christlich-reformatorischen Volksbildungsinteresse. Letzteres führte in Ergänzung des protestantischen Schulwesens zu einer eigenen Theaterkultur. Dies erhielt sodann auf katholischer Seite ab der zweiten Hälfte des 16. Jahrhunderts ein Pendant durch neue Bemühungen um Bildungsinstitutionen v. a. durch die Jesuitenorden. Eine besondere Quantität der Wirkung von Literatur bewirkten die insbesondere im elisabethanischen England sich etablierenden Theater und von dort ausgehende Wander-Theatertruppen durch die Möglichkeit, in der oralen Inszenierung die breitesten (zeitgenössisch ansonsten illiteraten) Bevölkerungsschichten zu erreichen (vgl. zum Theaterwesen exemplarisch Fischer-Lichte ³2010, Bd. I). Als genuin theatraler Beitrag zur Transgression von Literatur bzw. literarischer Fiktionalität in das allgemeine soziale Leben ist schließlich die etwa im spanischen Raum in Sonderheit kultivierte Kulturthese vom *Theatrum Mundi* (lat. ‚Theater der Welt' i. S. v. ‚die ganze Welt als Theater') anzusehen (vgl. etwa Eke 2015, 29–31).

Wie bereits zum Spätmittelalter ausgeführt, ging vom Buchdruck ein zentraler Impuls für die distributionsmäßige Erweiterung der Literarkultur aus, sprich: Was humanistische Philologen, Renaissance-Autoren oder protestantische Reformatoren produzierten und was etwa an den Akademien initiiert wurde, fand immer schneller und umfassender seinen Weg zu Rezipienten bzw. wiederum Vermittlungsinstitutionen (vgl. Weimann 1975, 61–62). Druck- und Handelswesen etablierten sich in diesem Zusammenhang nicht nur immer mehr, es kam auch zu Ausdifferenzierungen wie einer sich stabilisierenden Trennung von Druckerei und stärker ökonomisch, aber auch inhaltlich-programmatisch sich engagierenden Verlegern, die selbst unterhaltende und ‚nützliche' Literatur bzw. deren Übersetzung in Auftrag gaben und so auch ein neues Berufsschriftstellertum beförderten (vgl. Weimann 1975, 79, oder exemplarisch Burke 1992, 71). Institutionelle Mittel der Verbreitung wurden seit etwa Ende des 16. Jahrhunderts bis heute bekannte Buchmessen und ihre „Meßrelationen" zur Information über Neuerscheinungen (Keller 2008, 111) sowie ein zunehmend lokaler Buchhandel mit Ladengeschäften (vgl. Weimann 1975, 79; vgl. auch den Beitrag von Keiderling, „Buchgeschichte", in diesem Buch); ein bereits seit dem 15. Jahrhundert sich stärker institutionalisierendes Postwesen trug das Seinige bei (vgl. Keller 2008, 112).

Wenn es schließlich um die zeitgenössische Erweiterung der Speicherinstitutionen gehen soll, ist erneut an die Leistung der großen neuen Philologie, nicht zuletzt die erwähnten humanistischen Poetik-Professoren (vgl. Rosenfeld und Rosenfeld 1978, 166) oder gleich Bibliothekare (vgl. Burke 1992, 71), zu erinnern, die vergessene literarische Texte zumal aus kirchlichen Bibliotheken ‚holte‘ oder vom untergehenden Byzanz ‚übernahm‘ (vgl. etwa Weimann 1975, 58). Diese Texte wurden Bestandteil einer wachsenden Zahl v. a. säkularer, in der Barockzeit auch nochmals klerikaler öffentlicher und privater Bibliotheken insbesondere in Italien, im deutschsprachigen Raum und in Frankreich. Von den großen, in barocker Zeit zunehmend auch gebäudemäßig repräsentativ eingerichteten landesfürstlichen Hofbibliotheken gingen späterhin sogar bis heute zentrale universalistische Staatsbibliotheken aus (vgl. Weimann 1975, 64–74).

Als besondere Speicherinstitutionen bzw. institutionelle Mittel einer restringierten Rezeption und Vermittlung von Literatur sind schließlich die fürstlichen und kirchlichen Einrichtungen zu erwähnen, die im Rahmen der sich ausbreitenden Zensur entstanden, so der päpstliche Index und die kaiserliche Zensurkommission und mit ihnen verbundene Verschlussbibliotheken (vgl. Cersowsky 1999, 190–195).

Weiterführende Literatur

Assmann, Jan (1997). *Das kulturelle Gedächtnis. Schrift, Erinnerung und politische Identität in frühen Hochkulturen*. München.
Gaiser, Gottlieb (1993). *Literaturgeschichte und literarische Institutionen. Zu einer Pragmatik der Literatur*. Meitingen.
Lyons, Martyn (2012). *Das Buch. Eine illustrierte Geschichte.* Aus dem Englischen von Birgit Fricke und Jutta Orth. Hildesheim.
Reynolds, Leighton Durham und Nigel Guy Wilson (³1991). *Scribes and Scholars. A Guide to the Transmission of Greek and Latin Literature*. Oxford.
Weimann, Karl-Heinz (1975). *Bibliotheksgeschichte. Lehrbuch zur Entwicklung und Topographie des Bibliothekswesens*. München.

Zitierte Literatur

Aerts, Willem J. (1997). „Panorama der byzantinischen Literatur". *Spätantike. Mit einem Panorama der byzantinischen Literatur*. Hrsg. von Lodewijk J. Engels und Heinz Hofmann. Wiesbaden: 635–716.
Albrecht, Michael von (2012). *Geschichte der römischen Literatur*. 3., aktualisierte und erweiterte Auflage. Berlin und Boston (in 2 Bdn. mit durchgängiger Seitenzählung).

Balensiefen, Lilian (2002). „Die Macht der Literatur. Über die Büchersammlung des Augustus auf dem Palatin". *Antike Bibliotheken*. Hrsg. von Wolfram Hoepfner. Mainz: 97–116.

Balme, Christopher und Jörg von Brincken (2007). „Theater". *Handbuch Literaturwissenschaft*. Bd. I: Gegenstände und Grundbegriffe. Hrsg. von Thomas Anz. Stuttgart und Weimar: 265–290.

Berschin, Walter (²2005). *Eremus und Insula. St. Gallen und die Reichenau im Mittelalter; Modell einer lateinischen Literaturlandschaft*. Wiesbaden.

Blume, Horst-Dieter, Thomas Paulsen und Peter Lebrecht Schmidt (2015). „Wettbewerbe, künstlerische". *Der neue Pauly*. Hrsg. von Hubert Cancik und Helmuth Schneider (Antike), Manfred Landfester (Rezeptions- und Wissenschaftsgeschichte). *http://referenceworks.brillonline.com/entries/der-neue-pauly/der-neue-pauly-dnp-SIM_001*. Leiden (10. Juli 2015): I. Szenische Wettbewerbe (Blume).

Bumke, Joachim (¹²2008). *Höfische Kultur. Literatur und Gesellschaft im hohen Mittelalter*. München.

Burke, Peter (1992). *Die Renaissance in Italien. Sozialgeschichte einer Kultur zwischen Tradition und Erneuerung*. Aus dem Englischen von Reinhard Kaiser. Darmstadt (engl. OV 1972: *Culture and Society in Renaissance Italy*).

Cavallo, Guglielmo (2015). „Buch". *Der neue Pauly*. Hrsg. von Hubert Cancik und Helmuth Schneider (Antike), Manfred Landfester (Rezeptions- und Wissenschaftsgeschichte). *http://referenceworks.brillonline.com/entries/der-neue-pauly/der-neue-pauly-dnp-SIM_001*. Leiden (10. Juli 2015): C. Buchproduktion und Buchverbreitung (Buchhandel).

Cersowsky, Peter (1999). „Buchwesen". *Die Literatur des 17. Jahrhunderts*. Hrsg. von Albert Meier. München und Wien: 176–200.

Christes, Johannes und Roland Baumgarten (2015). „Schule". *Der neue Pauly*. Hrsg. von Hubert Cancik und Helmuth Schneider (Antike), Manfred Landfester (Rezeptions- und Wissenschaftsgeschichte). *http://referenceworks.brillonline.com/entries/der-neue-pauly/der-neue-pauly-dnp-SIM_001*. Leiden (10. Juli 2015): II. Griechenland (Baumgarten).

Eke, Norbert Otto (2015). *Das deutsche Drama im Überblick*. Darmstadt.

Emmerich, Reinhard (Hg.) (2004). *Chinesische Literaturgeschichte*. Unter Mitarbeit von Hans van Ess, Raoul David Findeisen, Martin Kern und Clemens Treter. Stuttgart und Weimar.

Engels, Lodewijk J. und Heinz Hofmann (1997). „Literatur und Gesellschaft in der Spätantike". *Spätantike. Mit einem Panorama der byzantinischen Literatur*. Hrsg. von Lodewijk J. Engels und Heinz Hofmann. Wiesbaden: 29–88.

Erzgräber, Willi (1978). „Europäische Literatur im Kontext der politischen, sozialen und religiösen Entwicklungen des Spätmittelalters". *Europäisches Spätmittelalter*. Hrsg. von Willi Erzgräber. Wiesbaden: 11–86.

Fantham, Elaine (1998). *Literarisches Leben im antiken Rom. Sozialgeschichte der römischen Literatur von Cicero bis Apuleius*. Stuttgart und Weimar.

Fischer-Lichte, Erika (³2010). *Geschichte des Dramas. Bd. I. Von der Antike bis zur deutschen Klassik*. Tübingen.

Fuhrmann, Manfred (1974). „Die römische Literatur". *Römische Literatur*. Hrsg. von Manfred Fuhrmann. Frankfurt a. M.: 1–33.

Furley, William D. und Lore Benz (2015). „Mimos". *Der neue Pauly*. Hrsg. von Hubert Cancik und Helmuth Schneider (Antike), Manfred Landfester (Rezeptions- und Wissenschaftsgeschichte). *http://referenceworks.brillonline.com/entries/der-neue-pauly/der-neue-pauly-dnp-SIM_001*. Leiden (10. Juli 2015): II. Römisch (Benz).

Gleba, Gudrun (2008). *Klöster und Orden im Mittelalter*. Darmstadt.

Glock, Andreas (2015). „Museion". *Der neue Pauly.* Hrsg. von Hubert Cancik und Helmuth Schneider (Antike), Manfred Landfester (Rezeptions- und Wissenschaftsgeschichte). http://referenceworks.brillonline.com/entries/der-neue-pauly/der-neue-pauly-dnp-SIM_001. Leiden (10. Juli 2015): C. Das Museion in Alexandria.

Hadot, Ilsetraut und Christoph Höcker (2015). „Gymnasion". *Der neue Pauly.* Hrsg. von Hubert Cancik und Helmuth Schneider (Antike), Manfred Landfester (Rezeptions- und Wissenschaftsgeschichte). *http://referenceworks.brillonline.com/entries/der-neue-pauly/ der-neue-pauly-dnp-SIM_001.* Leiden (10. Juli 2015): II. Das Hellenistische Gymnasion (Hadot).

Hose, Martin (1999). *Kleine griechische Literaturgeschichte von Homer bis zum Ende der Antike.* München.

Isler, Hans Peter und Horst-Dieter Blume (2015). „Theater". *Der neue Pauly.* Hrsg. von Hubert Cancik und Helmuth Schneider (Antike), Manfred Landfester (Rezeptions- und Wissenschaftsgeschichte). *http://referenceworks.brillonline.com/entries/der-neue-pauly/ der-neue-pauly-dnp-SIM_001.* Leiden (10. Juli 2015): III. Kulturgeschichte des Theaters, B. Römisch (Blume).

Jochum, Uwe (2007). „Bibliotheken und Archive". *Handbuch Literaturwissenschaft.* Bd. I: Gegenstände und Grundbegriffe. Hrsg. von Thomas Anz. Stuttgart und Weimar: 326–336.

Keller, Andreas (2008). *Frühe Neuzeit. Das rhetorische Zeitalter.* Berlin.

Kindermann, Udo (1998). *Einführung in die lateinische Literatur des mittelalterlichen Europa.* Turnhout.

Koller, Heinrich (1977). „Stadt und Universität im Spätmittelalter". *Stadt und Universität im Mittelalter und in der früheren Neuzeit.* Hrsg. von Erich Maschke und Jürgen Sydow. Sigmaringen: 9–26.

Krecher, Joachim (1978). „Sumerische Literatur". *Altorientalische Literaturen.* Hrsg. von Wolfgang Röllig. Wiesbaden: 100–150.

Kubin, Wolfgang (2002). *Geschichte der chinesischen Literatur.* Bd. I: Die chinesische Dichtkunst. Von den Anfängen bis zum Ende der Kaiserzeit. Hrsg. von Wolfgang Kubin. München.

Kubin, Wolfgang (2009): *Geschichte der chinesischen Literatur.* Bd. IX: Das traditionelle chinesische Theater. Vom Mongolendrama bis zur Pekinger Oper. Hrsg. von Wolfgang Kubin. München.

Latacz, Joachim (2015). „Rhapsoden". *Der neue Pauly.* Hrsg. von Hubert Cancik und Helmuth Schneider (Antike), Manfred Landfester (Rezeptions- und Wissenschaftsgeschichte). *http://referenceworks.brillonline.com/entries/der-neue-pauly/der-neue-pauly-dnp-SIM_001.* Leiden (10. Juli 2015).

Linke, Hans-Jürgen (1978). „Das volkssprachliche Drama und Theater im deutschen und niederländischen Sprachbereich". *Europäisches Spätmittelalter.* Hrsg. von Willi Erzgräber. Wiesbaden: 733–763.

Lyons, Martyn (2012). *Das Buch. Eine illustrierte Geschichte.* Aus dem Englischen von Birgit Fricke und Jutta Orth. Hildesheim.

Meneghini, Roberto (2002). „Die ‚Bibliotheca Ulpia'. Neueste Ausgrabungen in der Bibliothek im Trajansform in Rom". In: *Antike Bibliotheken.* Hrsg. von Wolfram Hoepfner. Mainz: 117–122.

Müller, Jan-Dirk (2007). „Feste und Spiele". *Handbuch Literaturwissenschaft.* Bd. I: Gegenstände und Grundbegriffe. Hrsg. von Thomas Anz. Stuttgart und Weimar: 290–296.

Nielsen, Inge, Günther Burkard, Konrad Vössing und Stefan Maul (2015). „Bibliothek". *Der neue Pauly.* Hrsg. von Hubert Cancik und Helmuth Schneider (Antike), Manfred Landfester

(Rezeptions- und Wissenschaftsgeschichte). *http://referenceworks.brillonline.com/ entries/der-neue-pauly/der-neue-pauly-dnp-SIM_001.* Leiden (10 Juli 2015): II. Bibliothekswesen, B. Griechenland, Rom, christliche Bibliotheken, 2. Geschichte, b) Die römische Welt (Vössing).

Paulsen, Thomas und Peter Lebrecht Schmidt (2015). „Literaturbetrieb". *Der neue Pauly*. Hrsg. von Hubert Cancik und Helmuth Schneider (Antike), Manfred Landfester (Rezeptions- und Wissenschaftsgeschichte). *http://referenceworks.brillonline.com/entries/der-neue-pauly/ der-neue-pauly-dnp-SIM_001.* Leiden (10. Juli 2015): I. Griechenland (Paulsen).

Peters, Ursula (1983). *Literatur in der Stadt. Studien zu den sozialen Voraussetzungen und kulturellen Organisationsformen städtischer Literatur im 13. und 14. Jahrhundert*. Tübingen.

Reiner, Erica (1978). „Die akkadische Literatur". *Altorientalische Literaturen*. Hrsg. von Wolfgang Röllig. Wiesbaden: 151–210.

Reynolds, Leighton Durham und Nigel Guy Wilson (^{3}1991). *Scribes and Scolars. A Guide to the Transmission of Greek and Latin Literature*. Oxford.

Robbins, Emmet (2015). „Pindaros [2]". *Der neue Pauly*. Hrsg. von Hubert Cancik und Helmuth Schneider (Antike), Manfred Landfester (Rezeptions- und Wissenschaftsgeschichte). *http://referenceworks.brillonline.com/entries/der-neue-pauly/der-neue-pauly-dnp-SIM_001.* Leiden (10. Juli 2015).

Röllig, Wolfgang (1978). „Die altorientalischen Literaturen". *Altorientalische Literaturen*. Hrsg. von Wolfgang Röllig. Wiesbaden: 9–24.

Rosenfeld, Hans-Friedrich und Hellmut Rosenfeld (1978). *Deutsche Kultur im Spätmittelalter. 1250–1500*. Wiesbaden.

Rösler, Wolfgang (2015). „Schriftlichkeit-Mündlichkeit". *Der neue Pauly*. Hrsg. von Hubert Cancik und Helmuth Schneider (Antike), Manfred Landfester (Rezeptions- und Wissenschaftsgeschichte). *http://referenceworks.brillonline.com/entries/der-neue-pauly/ der-neue-pauly-dnp-SIM_001.* Leiden (10. Juli 2015).

Schmidt, Peter Lebrecht (2015). „Zirkel, literarische". *Der neue Pauly*. Hrsg. von Hubert Cancik und Helmuth Schneider (Antike), Manfred Landfester (Rezeptions- und Wissenschaftsgeschichte). *http://referenceworks.brillonline.com/entries/der-neue-pauly/ der-neue-pauly-dnp-SIM_001.* Leiden (10. Juli 2015).

Schreiner, Peter (2011). „Aspekte der Tradierung der antiken griechischen Literatur in Byzanz". *Bibliotheken im Altertum*. Hrsg. von Elke Blumenthal und Wolfgang Schmitz. Wiesbaden: 201–222.

See, Klaus von (1985). „Das Frühmittelalter als Epoche der europäischen Literaturgeschichte". *Europäisches Frühmittelalter*. Hrsg. von Klaus von See. Wiesbaden: 5–70.

Sobotta, Raphael, Andrew Dyck und Nigel Wilson (2015). „Philologie". *Der neue Pauly*. Hrsg. von Hubert Cancik und Helmuth Schneider (Antike), Manfred Landfester (Rezeptions- und Wissenschaftsgeschichte). *http://referenceworks.brillonline.com/entries/der-neue-pauly/ der-neue-pauly-dnp-SIM_001.* Leiden (10. Juli 2015): I. Griechenland, A. Begriff (Sobotta, Wilson).

Twitchett, Denis (1994). *Druckkunst und Verlagswesen im mittelalterlichen China*. Hrsg. von Hartmut Walravens. Mit einem Nachwort von Helwig Schmidt-Glintzer. Wiesbaden.

Vöhler, Martin (2006). „Vom Sänger zum Rhapsoden. Zum historischen Wandel ästhetischer Erfahrung". *Ästhetische Erfahrung: Gegenstände, Konzepte, Geschichtlichkeit*. Hrsg. vom SFB 626. http://www.sfb626.de/veroeffentlichungen/online/aesth_erfahrung/aufsaetze/voehler.pdf. Berlin (12. Mai 2015).

Waetzoldt, Hartmut (2011). "Schreiber. A". *Reallexikon der Assyriologie und Vorderasiatischen Archäologie*. Bd. XXII: Šamuḫa-Spinne. Hrsg. von Michael P. Streck. Berlin und New York: 250–266.
Wattenbach, Wilhelm (1958). *Das Schriftwesen im Mittelalter*. Graz.
Weimann, Karl-Heinz (1975). *Bibliotheksgeschichte. Lehrbuch zur Entwicklung und Topographie des Bibliothekswesens*. München.
Wilker, Julia (2002). "Frühe Büchersammlungen der Griechen". *Antike Bibliotheken*. Hrsg. von Wolfram Hoepfner. Mainz: 19–23.
Wismann, Heinz und Klaus Garber (Hg.) (1996). *Europäische Sozietätsbewegung und demokratische Tradition. Die europäischen Akademien der Frühen Neuzeit zwischen Frührenaissance und Spätaufklärung*. Tübingen.

Norbert Otto Eke
II.2 Aufklärung bis Gegenwart

1 Innovationszeit: Bürgerliches Jahrhundert und Industrialisierung

Der Aufstieg des Bürgertums als Trägerschicht des fortschreitenden kulturellen und politischen Modernisierungsprozesses, der das 18. Jahrhundert in Europa zu einem der Aufklärung machte, erfolgte entlang einer signifikanten Neuordnung des Verhältnisses von ‚privat' und ‚öffentlich', mit der – begleitet und dynamisiert durch politische und kulturelle, gegen Ende des Jahrhunderts dann auch technologische Transformationen – die bis dahin weitgehend stabilen Regel- und Orientierungssysteme gesellschaftlicher und sozialer Ordnung entscheidend in Bewegung geraten. Nationale Unterschiede innerhalb des gesamteuropäischen Phänomens der Aufklärung einmal beiseite, ist die Idee einer „öffentliche[n] Zirkulation von Ideen" (Hohendahl 2000, 16) eine der grundlegenden Vorstellungen, in deren Fluchtlinie die Aufklärungsbewegung für sich den Anspruch geltend machte, Kommunikations- und Handlungsfähigkeit gegenüber der absolutistischen Staatsgewalt zu erlangen. Der in der ersten Hälfte des 19. Jahrhunderts mit Vehemenz geführte Kampf um die sogenannte Preßfreiheit als Voraussetzung einer vollkommenen Öffentlichkeit und diese wiederum als Bedingung politischer Freiheit nimmt hier ihren Anfang. Im Begriff der ‚öffentlichen Meinung' als dem Produkt öffentlicher Kommunikationen kommt beides zusammen: der Vorgang des Informationsaustausches und das Bemühen um Entmonopolisierung der staatlichen Diskursmacht. Kaffeehäuser, Lesegesellschaften und Vereine tragen als meinungsbildende Sozialinstitute der bürgerlichen Gesellschaft ebenso zur Konstituierung einer ideellen Kommunikationsgemeinschaft bei, als die sich die Aufklärungsbewegung verstand, wie die zahlreichen Zeitschriftengründungen des 18. Jahrhunderts, in Deutschland namentlich die *Moralischen Wochenschriften*, oder auch die zahlreichen kritischen und philosophischen Organe, die Voraussetzungen schufen für die Vernetzung meinungsbildender Versammlungsöffentlichkeiten. Sie ermöglichen einen situationsbezogenen Informationsaustausch und erbringen Integrationsleistungen innerhalb der sich in unterschiedliche Teilöffentlichkeiten ausdifferenzierenden Gesamtöffentlichkeit.

Ausdruck und Instrument der Diskursfähigkeit ist die Kritik, die sich als ‚öffentliches Richteramt' wiederum in verschiedene Richtungen (politisch, ästhetisch, moralisch, gesellschaftlich) mit dem Ziel entfaltet, im Für und Wider der Meinungen „gemeinsam die Vernunftstelle zu finden" (Mittelstraß 1989, 344).

Der Literatur kommt in diesem Prozess die Bedeutung einer medialen Transmissionsinstanz bzw. -institution mit weitreichender Bedeutung zu. Kritik meint dabei die Operationen einer alle Lebensbereiche umfassenden Prüfung, Unterscheidung und Rechtfertigung durch bzw. vor der Vernunft. Zwar ist das damit angesprochene Prinzip der Redefreiheit idealerweise auf den Austausch innerhalb einer Schicht von Gebildeten begrenzt. Vom Grundsatz her angesprochen ist damit aber gleichwohl der für die Aufklärungsbewegung grundlegende Glaube an die Bildungsfähigkeit des Menschen, der über die pädagogisch-didaktische Seite hinaus zugleich eine eminent geschichtsphilosophische Bedeutung hat. Die Gewissheit, dass der Mensch die Möglichkeit zur Vervollkommnung besitze, geht so Hand in Hand mit der Vorstellung einer möglichen Vervollkommnung auch der Welt, d. h.: ihrer sukzessiven Annäherung an den Idealzustand einer vollkommenen Glückseligkeit in der Übereinstimmung von Individuum und Staat. Aufklärung bezeichnet von hier aus zunächst einmal primär keine feststehenden Inhalte, sondern ein prozessual verstandenes Denkprinzip. Auf die Frage „Leben wir jetzt in einem *aufgeklärten* Zeitalter?" antwortete Kant in seiner Aufklärungsschrift *Beantwortung der Frage: Was ist Aufklärung?* denn auch folgerichtig: „Nein, aber wohl in einem Zeitalter der *Aufklärung*" (Kant 1923, 40). Kant hat so auch nicht nur die Bedeutung des ästhetischen Gemeinsinns als eines regulativen Instruments betont (vgl. dazu die *Kritik der Urteilskraft*); in der Vorrede zur *Kritik der reinen Vernunft* hat er auch zur Bedeutung der Kritik notiert:

> Unser Zeitalter ist das eigentliche Zeitalter der Kritik, der sich alles unterwerfen muß. *Religion* durch ihre *Heiligkeit* und *Gesetzgebung* durch ihre *Majestät* wollen sich gemeiniglich derselben entziehen. Aber alsdann erregen sie gerechten Verdacht wider sich und können auf unverstellte Achtung nicht Anspruch machen, die die Vernunft nur demjenigen bewilligt, was ihre freie und öffentliche Prüfung hat aushalten können. (Kant 1911, 9).

2 Neue Öffentlichkeit: Druck- und Verlagswesen

Mit der öffentlichen Zirkulation der Ideen als Leitvorstellung des Wertesystems Bürgerlichkeit gerieten die Instanzen und Institutionen literarischer Kommunikation auf allen Ebenen (Produktion, Distribution, Rezeption, Archiv) in Bewegung (vgl. die Beiträge von Schneider, „Verlagswesen", und Keiderling, „Buchgeschichte", in diesem Buch). Bereits im 18. Jahrhundert werden vom Grundsatz her so die Grundlagen geschaffen für die Entwicklung eines literarisch-publizistischen Marktes, der nach der Jahrhundertwende auf der Grundlage technologischer Innovationen wie der Einführung der mit Druckzylinder und Dampfpresse ausgestatteten Schnelldruckpressen (1811 in London entwickelt) und

Papiermaschinen (1818 erstmalig in Berlin aufgestellt) ein stetig wachsendes Kommunikations- und Lesebedürfnis befriedigen konnte und zugleich damit die Verbreitung eines sich als ‚öffentliche Meinung' aussprechenden politischen Bewusstseins begünstigte.

Diese neue Nachfrage wiederum schlug sich nieder in einer von der Zensur argwöhnisch beobachteten, beschleunigten und zugleich kommerzialisierten Buch- und Zeitungsproduktion und der sie begleitenden Herausbildung literarischer Moden (vgl. Jäger und Schönert 1980, 31–32). Besonders der Zeitschriften- und Journalsektor verzeichnet um die Jahrhundertmitte enorme Zuwächse, im letzten Drittel des Jahrhunderts überdies auch der Markt für jugenderzieherische Schriften aus dem Geist der Aufklärungspädagogik und der Philantropie. Allein zwischen 1770 und 1800 stieg die Produktionsquote um 125 %, die Zahl der Autoren um mehr als 350 % (nämlich von 3000 auf 11 000) (vgl. Schenda 1977, 143–144); die Zahl der Buchhandlungen verdreifachte sich (vgl. Martino 1990, 5). Zugleich verschoben sich deutlich die Gewichte von Werken der allgemeinen Gelehrsamkeit und der Theologie bzw. der Erbauungsliteratur hin zu praxisbezogener Aufklärungs-, Fach- und Wissenschaftsliteratur sowie zu Werken aus dem Bereich der schönen Künste, insbesondere aus dem weiten Bereich des Romans, der im Verlauf des letzten Viertels des 18. Jahrhunderts zur quantitativ dominierenden Gattung innerhalb der Belletristik avancierte. Im Zeitraum zwischen 1740 und 1800 stieg so der Anteil der ‚schönen Künste und Wissenschaften' am allgemeinen Buchaufkommen von knapp 6 % auf rund 21,5 %, während im gleichen Zeitraum der Anteil von Theologica, juristischer und medizinischer Literatur von rund 58 % auf 26,7 % der Gesamtproduktion absank; gleichzeitig wird das um 1700 noch dominierende Schrifttum in lateinischer Sprache bis zum Ende des 18. Jahrhunderts praktisch zur vernachlässigenswerten Größe (vgl. Martino 1990, 4). Zwar sank die Produktion im Ganzen gesehen als Folge der Napoleonischen Kriege drastisch ab, nach 1815 setzte allerdings eine rasche Erholung des Buchmarktes ein, die sich an den erhöhten Produktions- und Produzentenzahlen und der Eröffnung unzähliger weiterer Buchhandlungen ablesen lässt; allein zwischen 1800 und 1832 stieg die Zahl der registrierten Buchhandlungen im deutschen Sprach- und Kulturraum noch einmal von 500 auf 729, die Zahl der Autoren zwischen 1810 und 1837 von 12 500 auf 18 000 (vgl. Martino 1990, 152–153). Danach, d. h. nach 1848, geriet die Entwicklung des Buchmarktes zunächst einmal ins Stocken; die Buchproduktion ging zurück und erreichte erst 1879 wieder den Stand der Neuerscheinungen von 1843 (vgl. Wittmann 1982, 117–118). Zur Stabilisierung trug dabei ganz wesentlich die Krönersche Reform bei, mit der 1887 ein in ganz Deutschland einheitlicher Ladenpreis für Bücher verbindlich gemacht wurde. Zugleich erfolgte in immer schnelleren Innovationszyklen eine technologische Aufrüstung des Buch- und Zeitschriftenmarkts, der die Herstellung von Druckerzeugnissen immer weiter verbilligte: 1844 meldete Friedrich Gottlob Keller ein erstes Patent für die Papierfabrikation aus Holz an; 1851 wurde die Falzmaschine eingeführt, 1863 die Rotationsdruckmaschine; 1888 wurde der erste Typograph in Betrieb genommen, 1904 folgte der Offsetdruck, schließlich 1945 der Lichtsatz – und 1962 begann mit dem erstmaligen Einsatz von elektronischen Datenverarbeitungsanlagen für die Satzherstellung schließlich noch einmal ein ganz neues Medienzeitalter.

Am Anfang dieses Prozesses steht ein in der zweiten Hälfte des 18. Jahrhunderts zu beobachtender Paradigmenwechsel im Leseverhalten, den man gemeinhin als Wandel von der *intensiven* zur *extensiven* Lektüre beschreibt, also von der wiederholten Lektüre eines oder weniger Bücher zum Viellesen, und mit dem Übergang von einer exklusiven zu einer demokratischen Lektüre in Verbindung bringt. Rolf Engelsing hat für diese Veränderung des Leseverhaltens den Begriff der „Leserevolution" geprägt (Engelsing 1973b). Der Wechsel von der intensiven zur extensiven Lektüre wird begleitet von einem Wandel in der Funktion der Lektüre. Die breit gestreute Lektüre hatte nicht mehr stabilisierende Effekte wie die wiederholte Lektüre der immer gleichen (wenigen) Werke und der durch sie weitergetragenen Werte und Vorstellungen, sondern begünstigte die Entstehung eines politischen Bewusstseins, was von den professionellen Beobachtern der Literaturentwicklung mit Misstrauen verfolgt wurde. Rudolf Schenda hat diesen Zusammenhang von Lektüre und der Herausbildung einer öffentlichen Meinung am Beispiel eines 1799 veröffentlichten Textes von Anton Friedrich Büsching verdeutlicht, in dem das Lesepublikum bereits als unberechenbare und gefährliche Größe erscheint. Büsching schreibt u. a.: „Das Publicum, dessen zahlreichsten Theil der gemeine Mann ausmacht, ist ein großmächtiges Thier, welches sich nicht wohl durch Gewalt und auf einmahl bändigen und zwingen läst, sondern durch Klugheit und nach und nach gelehrig und folgsam gemacht werden muß." (Schenda 1977, 59) Maßhalten, Einschränkung der Lektüre – das sind die Rezepte, die von hier aus gegen ein ausschweifendes und unkontrolliertes Lesen ins Feld geführt werden.

Schrittmacher der Veränderungen im Leseverhalten sind die seit dem frühen 18. Jahrhundert in großer Zahl erscheinenden Zeitschriften, die geographische und ständische Verbreitung des Lesepublikums und die wachsende Bedeutung der Frau als Leserin. Gelesen hatten Frauen auch vorher schon, in der Regel erbaulich-religiöse Schriften, nun aber erweitert sich der weibliche Lektürekanon schrittweise zunächst über das von den „Frauenzimmerbibliotheken" der *Moralischen Wochenschriften* geförderte ‚nützliche' Lesen von zumal Reisebeschreibungen und Fabeln hin zur Belletristik. Klopstocks *Messias* hat hier nach Wittmanns Beobachtung insofern eine nicht zu unterschätzende Rolle gespielt, als er „einen erbaulichen und damit auch für Frauen uneingeschränkt erlaubten Stoff, eben das Leben Christi, jedoch auf kühn subjektive, gefühlsträchtige Weise" behandelte und „damit genau an der Nahtstelle zwischen religiös-intensiver und weltlich-extensiver Lektüre" stand. Er wurde „von seinen Lesern in dem Augenblick ergriffen, in dem sie sich zur Emanzipation von der traditionellen schulischen Erbauungslektüre anschickten", und sei in dem Augenblick aufgegeben worden, „in dem sie die Emanzipation beendet hatten und mit Dichtung und Belletristik so selbstverständlich und so selbstständig umgingen, daß sie nicht mehr begriffen, wie ihnen Klopstocks ‚Messias' einmal so viel hatte bedeuten können" (Wittmann 1991, 182–183).

Ungeachtet dessen wird man das tatsächliche Ausmaß dieses Demokratisierungsprozesses von Lektüre mit Vorsicht betrachten müssen (vgl. Wittmann 1934; Schenda 1977; Engelsing 1973a, 1973b; Martino 1990). So geht Schenda davon aus, dass in Mitteleuropa um 1770 15 %, um 1800 25 % und um 1830 lediglich 40 % der Bevölkerung über sechs Jahre als „potentielle Leser" überhaupt nur in Betracht kommen (was nicht heißt, dass dieses mögliche Lesepublikum auch faktisch zur Leserschaft gerechnet werden muss) (Schenda 1977, 444–445); Engelsing nimmt für die Wende vom 18. zum 19. Jahrhundert gar lediglich einen Anteil der tatsächlichen Leserschaft an der Gesamtbevölkerung um 1 % an (vgl. Engelsing 1973b; 1976). Überdies wird man regionale und zeitliche Unterschiede der Entwicklung in Rechnung stellen müssen (siehe dazu Wittmann 1982, 85–86). Was immer auch von der Verlässlichkeit der Berechnungen von Leserzahlen zu halten ist, sie zeigen immerhin doch aber, dass die Veränderung des Leseverhaltens sich zunächst nur in einer Minderheit vollzog und die Ausweitung der Lektüre nur einen vergleichsweise kleinen Teil der Bevölkerung erfasste, in der Regel überwiegend das sogenannte Erwerbs- und Beamtenbürgertum der Städte und nur in geringerem Umfang die ländliche Bevölkerung, die städtischen Unterschichten und das Kleinbürgertum. Allerdings vollzieht sich eben in dieser Minderheit in entscheidender Weise der Prozess einer den Übergang vom 18. zum 19. Jahrhundert begleitenden Ablösung der vertikal stark differenzierten Ständegesellschaft durch eine im Anspruch überständische und bürgerlich geprägte Gesellschaftsform.

Immerhin aber entstand parallel zum gesellschaftlichen Aufstieg des Bürgertums – in Grenzen zunächst – ein neuer Lesertyp, der sich vom adligen und gelehrten Lesepublikum der Vergangenheit unterschied und eine neue Nachfrage erzeugte, die sich wiederum in einer Kommerzialisierung der Buch- und Zeitungsproduktion und der sie begleitenden Herausbildung literarischer Moden niederschlug: Das Buch wurde zur Ware, die Schriftstellerei zu einem Gewerbe, das sich an ökonomischen Bedingungen orientiert.

3 Der Buchhandel im Prozess der Modernisierung

In dem Maße, in dem die literarische Kommunikation zu einer umfassenden öffentlichen Angelegenheit wurde, sah sich der Buchhandel zu einer Entwicklung neuer Distributionsstrategien herausgefordert, zugleich damit „mußte auch die Produktion literarischer (ebenso auf bisher so gut wie unerforschte Weise wissenschaftlicher) Werke auf diesen Wandel ihrer Vertriebsbedingungen und ihres Publikums antworten" (Wittmann 1991, 143; vgl. auch den Beitrag von Wegmann, „Literaturbetrieb und literarischer Markt", in diesem Buch). Das Prinzip des im 16. Jahrhundert eingeführten Changehandels (wechselseitiger Tauschhandel auf den beiden jährlichen Buchmessen in Frankfurt und Leipzig, bei dem das Buch nur in seinem Materialwert betrachtet und Bogen gegen Bogen unabhängig vom Inhalt getauscht wurde), gerät in der zweiten Hälfte des 18. Jahrhunderts zunehmend in die Kritik und wird im Ergebnis einer Auseinandersetzung zwischen so genannten Reichsbuchhändlern und den Leipziger und norddeutschen „Nettohändlern", die den alten Tauschhandel gegen das Prinzip des Netto- oder Kontanthandels ersetzten (Barzahlung mit beschränktem Rückgaberecht, geringe Rabattierung, Konzentration auf den Messeplatz Leipzig), mit der Nürnberger Schlussnahme auf das System des Konditionshandels (gegenseitige Zustellung von Novitäten bei turnusmäßiger Abrechnung zunächst zum Sonntag Cantate und an Michaelis; gegen Ende des Jahrhunderts dann allein Cantate im Zuge der Leipziger Ostermesse; nicht Verkauftes wird remittiert) umgestellt. Als Folge des Konditionshandels entstehen das reine Sortiment (ohne Verlag) und der Kommissionsbuchhandel. Am Sonntag Cantate als dem Versammlungstag des Buchhandels tritt dann auch der 1825 gegründete Börsenverein zu seiner Hauptversammlung zusammen (vgl. den Beitrag von Frankenfeld, „Börsenverein des deutschen Buchhandels e. V.", in diesem Buch). 1835 wird dann durch einen Bundesbeschluss der unerlaubte Nachdruck im Gebiet des Deutschen Bundes verboten; 1856 wird das Erlöschen der Verlagsrechte aller vor dem 9. November 1837 gestorbenen Autoren auf den 9. November 1867 festgelegt; 1871 mit der Gründung des Deutschen Reichs wird das bereits 1870 erlassene Urheberrechtsgesetz Reichsgesetz; mit der Berner Übereinkunft wird 1886 ein internationales Urheberrecht installiert. 1949 findet in Frankfurt am Main zum ersten Mal die *Frankfurter Buchmesse* statt; seit 1950 vergibt sie den *Friedenspreis des Deutschen Buchhandels*.

Die Entwicklung des Buchmarkts selbst erfolgt zum einen in den Grenzen der Zensur, die in den deutschen Ländern insbesondere zwischen dem Ende der napoleonischen Ära und der Märzrevolution von 1848 das literarisch-publizistische Leben erheblich einschränkte. Das in seiner Bedeutung für sich genommen eher nachrangige Attentat auf den Schriftsteller – und v. a. hohen Beamten eines der drei Mitgliedsstaaten der aus Preußen, Österreich, Russland bestehenden

„Heiligen Allianz" – August von Kotzebue im März 1819 sowie ein gescheitertes Attentat auf den nassauischen Minister Carl von Ibell am 1. Juli desselben Jahres gaben den Anlass für die sogenannten Karlsbader Beschlüsse zur Überwachung und Steuerung des Presse- und Druckwesens, mit deren Hilfe zu Beginn des 19. Jahrhunderts der Staat (bzw. die Obrigkeiten der Mitglieder des Deutschen Bundes) massiv die Kontrolle über den wachsenden Markt wiederzuerlangen suchte. *Be*hindern konnte die Zensur die Expansion des Buch- und Pressemarktes damit; langfristig *ver*hindern allerdings konnte sie diese nicht. Das Netz der Zensur blieb als solches löchrig und bot immer wieder Möglichkeiten, durch seine Maschen zu schlüpfen, wovon die Autoren des Vormärz auch reichlich Gebrauch zu machen verstanden. Die Zensur wurde zwar 1848 aufgehoben, dabei lediglich aber die Haftungsverantwortlichkeit vom Autor auf Drucker, Verleger und Buchhändler verschoben. Erst 1862 wird – beginnend mit Österreich – die Preßfreiheit eingeführt.

4 Lesegesellschaften, Leihbibliotheken und Archive

Institutionelle Träger der Leserevolution waren Lesegesellschaften und Leihbibliotheken (vgl. den Beitrag von Brandtner, „Bibliotheken", in diesem Buch). Lesegesellschaften fungieren im 18. Jahrhundert noch vor den Leihbibliotheken als wichtige Distributionsinstanz. Der Zusammenschluss interessierter Bürger in Lesegesellschaften ermöglichte angesichts der hohen Buchpreise den Prozess der Leseentwicklung in dieser Form überhaupt erst und förderte insbesondere auch die Verbreitung von periodischen Schriften. Ihr nichtkommerzieller Charakter unterscheidet die Lesegesellschaft „als ein selbstverwalteter Zusammenschluß von Personen zum Zweck der preiswerten Bereitstellung von Lesestoff für ihre Mitglieder" von den kommerziellen Interessen folgenden Leihbibliotheken, „deren Gründung und Betrieb stets Sache eines gewinnorientierten Unternehmers waren." (Wittmann 1991, 189). Die Anfänge dieser Lesegesellschaften liegen in den gemeinsamen Zeitungsabonnements im 17. Jahrhundert; im letzten Drittel des 18. Jahrhunderts wandeln sie sich zu Lesebibliotheken, Lesekabinetten oder Lektürekabinetten mit festem Lokal als Stätten auch der Versammlung und zunehmend auch Angeboten geselligen Beisammenseins mit beschränktem Zugang. Ihre Mitglieder rekrutierten die Lesegesellschaften so weitgehend aus dem Adel, dem gehobenen Bildungsbürgertum und den städtischen Eliten; Frauen waren in der Regel von der Mitgliedschaft ausgeschlossen (vgl. Jäger und Schönert 1980, 14). Im Übrigen standen aber auch sie unter obrigkeitlicher Aufsicht.

Als Ideen der Gleichheit und der freien Meinungsbildung Raum gebende Orte sind die Lesegesellschaften „von kaum zu überschätzender Bedeutung für die deutsche politische Kultur des 18. Jahrhunderts und für die Förderung und Verbreitung der periodischen Lektüre gewesen." (Martino 1990, 55–56) Allerdings war der Aktionsradius der Lesegesellschaften aufgrund der hohen Mitgliedsbeiträge überschaubar. Immerhin: „Nimmt man die durchschnittliche Mitgliederzahl von 100 an, so haben die Lesegesellschaften insgesamt ein Publikum von etwa 60.000 Personen erreicht und für die politische Bildung wie Lesekultur dieser Elite große Bedeutung besessen." (Wittmann 1991, 191). Nach 1800 dienten die Lesegesellschaften in Teilen auch der berufsständischen Emanzipation; im Vormärz entwickelten sich aus ihnen die ersten Arbeiterbildungsvereine (vgl. Wittmann 1991, 193).

Die Leihbibliothek wiederum hatte sich im Verlauf des 18. Jahrhunderts zu einem eigenen Gewerbezweig entwickelt. Leihbibliotheken sind kommerzielle Unternehmen zum Verleih von Druckwerken, die sich in Größe, Organisationsform – wandernde Leihbibliothekare und Kolporteure, an Sortimentsbuchhandlungen angeschlossene Leihbüchereien, kommerzielle Lesekabinette und Lesemuseen, Journallesezirkel, Novitätenlesezirkel, Spezialbibliotheken für fremdsprachige Literatur, Reisebibliotheken – und auch Reputation zum Teil erheblich unterscheiden (vgl. Jäger und Schönert 1980, 8–9). Sie übernahmen im 18. und 19. Jahrhundert die Funktion von Multiplikatoren, wobei ihre Bedeutung jeweils abhängig von den kulturellen und auch technischen Möglichkeiten war (vgl. grundlegend Martino 1990). So steht der Aufstieg der Journallesezirkel in der zweiten Hälfte des 19. Jahrhunderts im Zusammenhang mit der Ausbreitung des Romanfeuilletons; die im späteren 19. Jahrhundert populären Theaterleihbibliotheken wiederum reagierten auf die gestiegene Nachfrage kleinerer Theater und geselliger Dilettantenkreise nach Spielvorlagen zur Unterhaltung (vgl. Jäger und Schönert 1980, 9).

Aus bescheidenen Anfängen kommend, hat die aus unterschiedlichen Gründen von Anfang an von den Volkspädagogen der Spätaufklärung und konservativen Kräften der Aufklärung misstrauisch beobachtete Leihbibliothek im deutschen Sprach- und Kulturraum in der zweiten Hälfte dieses Jahrhunderts bereits so weit Fuß gefasst, dass um 1800 nahezu jede Stadt eine oder mehrere Leihbibliotheken aufzuweisen hatte (vgl. Martino 1990, 92). Um 1850 lassen sich in Deutschland dann bereits etwa 1500 bis 2000 Einrichtungen von unterschiedlicher Organisationsform und Qualität nachweisen, angefangen von den mobilen Leih‚bibliotheken' über die Sortimentsbuchhandlungen, Antiquariaten, Papier- und Schreibwarenhandlungen angeschlossenen Institute (die sogenannten „Winkelbibliotheken") bis hin zu den kommerziellen Lesekabinetten und Lesemuseen (vgl. Martino 1990, 204).

Vom späten 18. Jahrhundert an wurde die Mehrzahl der produzierten Bücher von Lesegesellschaften und Leihbibliotheken erworben. Ihre eigentliche Blütezeit als wichtigster Distributionsweg v. a. der belletristischen Literatur erlebt die Leihbibliothek dabei insbesondere in den Jahren 1815–1835, ausgelöst insbesondere durch den Publikumserfolg der historischen Romane Walter Scotts, die Konjunktur preisgünstiger Übersetzungsliteratur und die ersten Billigausgaben klassischer Autoren (vgl. Jäger und Schönert 1980, 20). An den geringen Auflagenhöhen für Romane änderte sich auch in der zweiten Hälfte des 19. Jahrhunderts allerdings zunächst einmal nichts. Wittmann geht von einer durchschnittlichen Auflagenhöhe noch in den 1860er Jahren von 700–800 Exemplaren aus (vg. Wittmann 1982, 146). Noch schlechter sah es bei der Lyrik und der Dramatik aus. Erfolg hatten in der zweiten Hälfe des 19. Jahrhunderts dagegen die Familienblätter vom Typus der *Gartenlaube* (*Illustrierte Welt*, *Über Land und Meer*, *Daheim*, *Am deutschen Herd*, *Deutsches Familienblatt* etc.). 1853 erschien sie noch mit 5000 Exemplaren, 1875 auf dem Höhepunkt ihrer Popularität dagegen dann mit 382 000 Exemplaren (vgl. Wittmann 1982, 151).

Ihre Leserschaft rekrutierten die Leihbibliotheken dabei aus den verschiedensten Schichten, was den funktionalen Charakter der Leihbibliothek und ihre „sozialintegrative Rolle" (Martino 1990, 645) in einer Phase fortschreitender Modernisierung unterstreicht. Die deutsche Leihbibliothek war so keine standesspezifische (bürgerliche oder kleinbürgerliche) Institution, deren Kundschaft sich „nach oben" oder „nach unten" abgrenzen ließe (Jäger et al. 1979, 48; vgl. auch Jäger und Schönert 1980, 13), auch wenn der sozialintegrativen Bedeutung der Leihbibliothek durch die unterschiedlich gestaffelten Abonnementspreise deutliche Grenzen gesetzt waren. Frühzeitig bezeugt (und darum auch immer wieder zitiert) wird dies bereits in *Fernbach's Journal für Leihbibliothekare, Buchhändler und Antiquare* aus dem Jahre 1855. Fernbach bestätigt hier für die Jahre 1786 bis 1826, dass „vorzugsweise der wissenschaftlich-gebildete Theil des Publikums [...] die Leihbibliotheken frequentirte", und dass „die Lokale der Leihbibliotheken" sich im Herbst „mit den angesehensten Personen beiderlei Geschlechts" zu füllen begannen (zitiert nach Jäger et al. 1979, 481). Nur indem sie „von allen Klassen und Schichten" benutzt wurde, konnte sie überhaupt „zur bedeutendsten Institution des literarischen Lebens des 19. Jahrhunderts, und insbesondere der Restaurationsepoche" (Jäger et al. 1979, 482), werden.

Damit kommt der Leihbibliothek im 18. und 19. Jahrhundert eine wichtige Mittlerrolle zu zwischen Buch und Lesepublikum. Als Institution des literarischen Lebens stellt sie nicht nur „einen bedeutenden Faktor der Emanzipation [dar], indem sie den Horizont der Leser erweiterte, die Bildung einer öffentlichen Meinung förderte, den Anspruch auf persönliche Würde erweckte und Wünsche aufkommen ließ (aber auch illusionär befriedigte), die die bestehende Gesellschaft nicht erfüllte" (Jäger et al. 1979, 480); die Leihbibliotheken übten zugleich auch einen nicht zu unterschätzenden Einfluss auf die literarische Produktion und den literarischen Geschmack aus und nahmen von hier aus den Charakter von „Diffusionszentren der belletristischen Produktion" (Martino 1990, 212) an. Das von konservativen Volkspädagogen und Ästhetikern immer wieder gegen die Leihbibliotheken ins Feld geführte Argument, sie gefährdeten die Aufklärung durch die Lektüre von Sensationsliteratur und empfindsamen Romanen, blockierten die Selbsttätigkeit des Verstandes, förderten eine die politische und moralische Ordnung gefährdende Lesesucht (nach 1850 kommt mit der Förderug der Übersetzungsliteratur ein weiteres, nationalpolitisch gestimmtes sowie mit dem Hinweis auf die Hygiene ein gesundheitspolitisches Argument hinzu; vgl. Jäger und Schönert 1980, 40), verdeckt diese Bedeutung der Leihbibliothek. Leihbibliotheken v. a. als Multiplikationsinstanzen von trivialer Literatur anzusehen, die lediglich eine bestimmte und bestimmbare soziologische Publikumsschicht bedient habe, verfehlt so die weiter reichende Bedeutung dieses Sozialinstituts der Lektüre (vgl. Jäger et al. 1979). So lässt das augenfällige Nebeneinander von Unterhaltungs- und hochgewerteter Literatur, von belletristischen Werken und von Büchern aus allen Bereichen der Gelehrsamkeit in den Beständen der Leihbibliotheken gleich welcher Größe und Reputation von der Ausbildung einer „schichtenübergreifende[n] ‚nationale[n] literarischen Kultur' primär im Bereich der Unterhaltungs- und Trivialliteratur" (Jäger und Schönert 1980, 30) sprechen.

Wenn so eine auch von Jäger und Schönert zugestandene Differenzierung nach den unterschiedlichen Leihbibliothekstypen notwendig ist, bleibt die grundsätzliche Bedeutung der Leihbibliothek im kulturellen Leben des 18. und der ersten Hälfte des 19. Jahrhunderts unstritten. Die Annahme, diese habe mit wenigen Ausnahmen „kleinbürgerlichen und noch niedrigeren Schichten" vornehmlich „triviale Literatur" vermittelt, ist den Ergebnissen der Leihbibliotheksforschung zufolge dabei „ebenso falsch wie die These, daß ausschließlich die Lesegesellschaften als Träger der *Leserevolution* zu betrachten seien": „In Deutschland – wie in England und in Frankreich – sind die Lesegesellschaften *und* die Leihbibliotheken die Träger der *Leserevolution* gewesen." (Martino 1990, 57). Mit dem Aufkommen neuer publizistischer Medienformate der Literaturvermittlung (Zeitungen, Zeitschriften, Familienblätter, Kolportage) und insbesondere der technischen Möglichkeiten für eine verbilligte Massenproduktion von Literatur sowie der Konkurrenz nichtkommerzieller Leihanstalten (vgl. Jäger und Schönert 1980, 20) wird die Leihbibliothek in der zweiten Jahrhunderthälfte zunehmend dann allerdings bedeutungslos. 1872 wird mit dem *Allgemeinen Verein für deutsche Literatur* die erste einer Vielzahl von Buchgemeinschaften gegründet, deren Ziel der verbilligte Bezug von Literatur auf der Grundlage einer festen Abnahmeverpflichtung durch die Mitglieder war. Die Ziele und Intentionen dieser Gemeinschaften waren unterschiedlich. So entstand der 1891 gegründete *Verein der Bücherfreunde* aus der Idee der Arbeiterbildung heraus, die *Büchergilde Gutenberg* (1924) folgt der Idee der Volksbildung, wird aber nach 1933 im Zuge der Gleichschaltung aller kulturellen Institutionen von der nationalsozialistischen Deutschen Arbeitsfront übernommen; der 1950 gegründete Bertelsmann-Lesering holte den Buchhandel ins Boot.

Etwa zeitgleich mit dem Aufstieg der kommerziellen Leihbibliotheken entstehen erste Überlegungen zur Einrichtung öffentlicher Bibliotheken als Mittel der Volksbildung. Das im 18. Jahrhundert mit der Entstehung geselliger Zirkel wie der Lesegesellschaften, der Salons, der Dichterzirkel sowie der Errichtung erster Dichterdenkmäler einsetzende Bemühen um Öffentlichkeit findet hier eine Verlängerung. Zugleich führen Linien von hier aus in die Gründung von literarischen Vereinen (*Freies Deutsches Hochstift* etc.) und in die Musealisierung von Dichterwohn- und Wirkungsstätten im 19. Jahrhundert sowie die Einrichtung von der literarischen Überlieferung (Sammlung, Erschließung, Sicherung) dienenden Literaturmuseen und Ausstellungsorten, zum Teil in Verbindung mit Archiven (SNA, *Literaturarchiv Sulzbach-Rosenberg* etc.) und Literaturhäusern (vgl. die Beiträge von Conter, „Literaturarchive und Literaturmuseen als Speicherinstitutionen und Forschungsstätten", und Plachta, „Literaturhäuser, Poetikdozenturen, Literaturwettbewerbe", in diesem Buch).

Die öffentliche Bibliothek selbst hat eine Vorgeschichte in den Volksbildungsbestrebungen des ausgehenden 18. und des 19. Jahrhunderts. Bereits 1797 entwickelt der Theologe und Pädagoge Heinrich Stephani in seinem *Grundriß der Staatserziehungswissenschaft* Überlegungen zur Erwachsenenbildung, in deren Rahmen einem öffentlichen Volksbüchereiwesen eine wichtige Rolle zukam. Die Bibliotheksbewegung der 1830er und 1840er Jahre führt diese Überlegungen fort (vgl. Vosodek 1980).

Bestandssicherung erfolgte v. a. dann durch die Einrichtung von National- und Universitätsbibliotheken, die im 19. Jahrhundert zunächst noch als Universalbibliotheken konzipiert waren (vgl. Jochum 2007, 334), was aber bereits gegen Ende des Jahrhunderts sowohl finanziell als auch räumlich an seine Grenzen stieß und zunächst durch ein kooperatives Leihverkehrsnetz ergänzt wurde und mittlerweile um den digitalen Informationsaustausch erweitert wurde. Die in den mit der Digitalisierung verbundenen Medienwechsel gesetzten Erwartungen in die Ersetzung analoger durch mehr oder weniger virtuelle Bibliotheken haben sich freilich nicht in der prognostizierten Weise erfüllt, da weder die Frage der Verfügbarkeit noch der nachhaltigen Datensicherung angesichts immer schnellerer Innovationszyklen von Hard- und Software hinreichend geklärt ist (vgl. Jochum 2007, 335–336).

Bereits 1848 hatte der Verleger Heinrich Wilhelm Hahn mit dem Angebot an die Frankfurter Nationalversammlung, aus seinem Verlagsprogramm kostenlos

Titel zur Begründung einer Handbücherei anzufordern, den Anstoß zur Einrichtung einer Nationalbibliothek gegeben. Erst 1912 nahm diese Anregung mit der Gründung der *Deutschen Bücherei* in Leipzig als Zentralbibliothek in der Verantwortung des Börsenvereins Gestalt an. Im Zuge der Teilung Deutschlands erfolgt 1946 in Frankfurt am Main die Einrichtung einer westdeutschen Zentralbibliothek, die 1952 in eine Stiftung des öffentlichen Rechts eingebracht wurde.

5 Autorschaft und Markt

Zugleich mit der Ausdifferenzierung der Literatur entstanden im sich entwickelnden Literaturmarkt neue, marktabhängige Berufsbilder: der freie Schriftsteller und der Journalist/Publizist, der sich als Herausgeber einer Zeitschrift, als festangestellter Redakteur oder als freier Mitarbeiter im freien Markt zu behaupten suchte (vgl. Requate 1996, 112–113). Bereits mit dem Übergang von der Handschrift zum Druck war die Rolle des Autors eine grundlegend andere geworden; die beginnende Professionalisierung und Individualisierung erfährt einen Höhepunkt dann in der zweiten Hälfte des 18. Jahrhunderts, in der nicht allein neue ideelle Rollenmodelle entstehen, sondern sich mit der Entstehung der bürgerlichen Öffentlichkeit auch in juristischer und ökonomischer Hinsicht die Vorstellung von Literatur als eigentümlicher Schöpfung eines Urhebers grundlegend wandelt (vgl. Wegmann 2005, 27).

Der nun entstehende Typus des freien Schriftstellers ist Produkt der funktionalen Ausdifferenzierung der Gesellschaft. Unter den Bedingungen eines noch nicht entwickelten und ausdifferenzierten Literaturmarktes blieb das Rollenmodell des Autors beschränkt auf den Typus des ständischen Dichters. Schriftsteller und Journalisten übten ihre Tätigkeit im 18. Jahrhundert noch nahezu ausschließlich nebenberuflich aus. Änderungen in dieser Funktionsbestimmung des Schriftstellers beginnen sich um die Jahrhundertmitte im Zusammenhang mit der Absetzbewegung einer neuen Autorengeneration von der Gottsched'schen Regelpoetik einzustellen (vgl. Wittmann 1991, 144). Gellert, der sich mit einer kärglichen Honorierung zufriedengeben musste, während sein Verleger mit den Büchern des populären Autors reich wurde, und Klopstock, dem es gelang, seinen Marktwert auch zum eigenen finanziellen Vorteil zu nutzen und nicht zuletzt von hier aus als Vorkämpfer der Autorenemanzipation gelten kann (vgl. Wittmann 1991, 145), waren Prototypen dieses neuen Rollenmodells in einer Übergangsphase, die etwa um die Mitte des Jahrhunderts einsetzt (vgl. den Beitrag von Wegmann, „Literaturbetrieb und literarischer Markt", in diesem Buch). Wittmann spricht in diesem Zusammenhang von der „‚Inkubationszeit' des freien Schriftstellers", den

Zeitraum dafür gibt er „zwischen 1748 und 1768" an (Wittmann 1991, 144). Die Zahl der Schriftsteller stieg in der zweiten Hälfte des 18. Jahrhunderts rasant an, von (nach Meusels Schriftstellerlexikon) unter 3000 um 1776 auf 11 000 im Jahr 1806 (vgl. Wittmann 1991, 147), von denen allerdings die wenigsten der Schreiberei als Hauptberuf nachgingen, geschweige denn davon leben konnten. Der aufkommende Markt und die zunehmende Kommerzialisierung der Medien boten nun die Möglichkeit der Verberuflichung des Schriftsteller- und Journalistenwesens, womit sich zwar Möglichkeiten ‚geistiger' Freiheit und Unabhängigkeit (zumindest in den Grenzen der Zensur) eröffneten, zugleich aber auch ökonomische Abhängigkeiten entstanden. Insofern tritt der Beruf des freien Publizisten in gewisser Weise in die Fußstapfen der Hofmeister-Tätigkeit vieler Intellektueller im 18. Jahrhundert, zumal die Existenz als freier Journalist in nicht wenigen Fällen Antwort auf die erste „akademische ‚Überfüllungskrise' im 19. Jahrhundert oder auf individuelle bzw. politische Verfolgung" ist (Requate 1996, 122). Noch in der ersten Hälfte des 19. Jahrhunderts allerdings war der wirklich freie Schriftsteller oder Journalist, derjenige also, der allein von seiner Schriftstellerei oder seiner Journalistik auf Dauer leben konnte, eher eine Ausnahmeerscheinung (Lenau, Heine, Börne, Alexis, Saphir, Gutzkow und Laube bspw. gingen unter zum Teil erheblichen Risiken diesen Weg des freien Schriftstellers und/oder Journalisten). Für die Mehrzahl der Literaten blieb die Anstellung in einem Brotberuf als Beamter, Professor, Pfarrer oder Lehrer hingegen die einzige Möglichkeit der Subsistenzsicherung. Und den wenigen, die sich als ‚freie' Autoren zu etablieren suchten, verlangte der Markt eine für heutige Verhältnisse unglaubliche Vielseitigkeit und v. a. auch Produktivität ab: das Verfassen gleichermaßen von Romanen, Theaterstücken, Gedichten, von Lexikonartikeln, Beiträgen und Rezensionen für Zeitungen und Zeitschriften, von Reiseberichten und Übersetzungen, die Herausgabe von Journalen und Almanachen etc.

Dem freien Schriftsteller und Journalisten wiederum steht mit dem Verleger nun ein Unternehmertypus zur Seite, der die Vermittlung zwischen Autor und Publikum bzw. Produzenten und marktabhängigen Interessen übernahm, als kommerzielle Vermittlungsinstanz allerdings nicht selten den Zorn der Autoren auf sich zog. Versuchen, den etablierten Buchhandel mit der Gründung von Selbstverlagen zu umgehen (Druckerei und Verlag von Bode und Lessing in Hamburg, 1767; Klopstocks *Deutsche Gelehrtenrepublik* als Modell eines auf Subskriptionsbasis aufgebauten solidarischen Buchhandels, 1773; die Dessauer *Buchhandlung der Gelehrten* als Kommissionsvertrieb von in eigener Verantwortung und auf eigene Kosten von den Autoren hergestellten Büchern, 1781), war mit wenigen Ausnahmen (Wielands: *Der teutsche Merkur*) kein Erfolg oder zumindest kein anhaltender Erfolg beschieden; der reguläre Buchhandel erwies sich als stärker und durchsetzungsfähiger.

Zugleich mit der Entstehung des Marktes wächst auch die Bedeutung der Literaturkritik als Mittlerin zwischen Neuerscheinungen und Lesern, auch als Orientierungsinstanz (vgl. den Beitrag von Süselbeck, „Literaturkritik", in diesem Buch). Die literaturkritische Praxis setzt nicht erst im 18. Jahrhundert ein, bildet in dieser Zeit aber in Folge eines wachsenden Aktualitätsdrucks ein relativ eigenständiges „System mit spezialisierten Institutionen, Funktionen und Handlungsrollen" (Anz 2007, 344) und wird damit zu einer der basalen literarischen Institutionen. Zur „Angelegenheit des Feuilletons in der Zeitung" wird sie im Zusammenhang der Ausdifferenzierung des Zeitschriftenmarktes dann in der zweiten Hälfte des 19. Jahrhunderts (Anz 2007, 345), während sich die weitgehend vom breiten Publikum abgekoppelte Literaturkritik der Romantik in die Richtung einer akademischen Literaturwissenschaft entwickelt. Beide bewegen sich im Laufe ihrer Geschichte in einem gemeinsamen Feld unscharfer Abgrenzungen, immerhin aber auch vergleichender Funktionszuschreibungen (Ordnung/Orientierung, Selektion, Wissensvermittlung, Kanonisierung); allerdings geht der akademischen Literaturwissenschaft weitestgehend die Unterhaltungsfunktion ab, die der feuilletonistischen Literaturkritik durchaus zukommt.

Die Öffnung der Germanistik gegenüber der Literaturkritik ist das Ergebnis eines Ausdifferenzierungsprozesses der als Fach der universitären Forschung noch jungen Germanistik (vgl. den Beitrag von Schneider, „Literaturgeschichtsschreibung und Literaturwissenschaft", in diesem Buch). In der Tradition ihrer methodischen Impulsgeber, der Historischen Rechtsschule und der Klassischen Philologie, war die Germanistik in ihren Anfängen zunächst *deutsche* (oder auch: *germanische*) Philologie, das Studium der Germanistik selbst bis weit in das 19. Jahrhundert hinein beschränkt gewesen auf die Beschäftigung mit älterer deutscher Sprache und Literatur. Dem positivistischen Wissenschaftsmodell der modernen Naturwissenschaften verpflichtet, hieß Germanistik so in der ersten Hälfte des 19. Jahrhunderts zunächst einmal Sammeln, Sichten und Klassifizieren von sogenannten Sprachdenkmalen, Zeugnissen deutscher Geschichte und des Rechtswesens. Dieser Selbstbeschränkung des Faches steuerte zwar die entstehende Literaturgeschichtsschreibung entgegen, die das alte Projekt der nationalen Selbstvergewisserung wieder aufnahm und die Beschäftigung mit Poesie auf die gesellschaftliche Situation anzuwenden sich bemühte (vgl. Fohrmann und Voßkamp 1994). Erst die Professionalisierung in den Lehramtsstudiengängen ab der Mitte des 19. Jahrhunderts (vgl. Paefgen 2005), die an das Fach den Anspruch zur Vermittlung eines anwendbaren Wissens herantrug, erweiterte den Arbeitsbereich der Germanistik im Hinblick auch auf die Lektüre zeitgenössischer Literatur. Sie markiert den Beginn der akademischen Literaturvermittlung unter Einbeziehung nun auch der neueren deutschen Literatur. Die Gründung der bis heute bestehenden *Zeitschrift für deutsche Philologie* (1869), die ein Forum bot für die Diskussion dieses von der traditionellen Germanistik als Forschungsgegenstand abgelehnten Bereichs der Literatur sowie für die Auseinandersetzung mit pädagogischen Problemen, kann als institutioneller Ausdruck dieses Brückenschlags zwischen Wissenschaft und Schule gelten, die der Germanistik bis heute ihren Platz im universitären Fächerkanon sichert.

Wilhelm Scherer, der 1877 als erster Hochschullehrer in Berlin einen Lehrstuhl für neuere deutsche Literaturgeschichte besetzte, hat diese Neuausrichtung des Faches maßgeblich vorangetrieben. In seiner Antrittsrede vor der *Berlin-Preußischen Akademie der Wissenschaften* forderte er im Juli 1884 die Aufmerksamkeit auf einen bis dahin vernachlässigten Forschungsgegenstand zu richten. Die Germanistik habe „das Recht, ja die Pflicht", so Scherer, „der Litteratur der Gegenwart ihren sympathischen Antheil zu schenken; und es geziemt ihren Vertretern, dass sie die Sprache, die sie forschend ergründen sollen, auch kunstmässig zu handhaben und sich einen Platz unter den deutschen Schriftstellern zu verdienen wissen." (Scherer 1884, 728) Scherers Forderung zielte ganz allgemein auf die Erweiterung des Gegenstandsbereichs universitärer germanistischer Forschung; er beklagte aber auch die Vernachlässigung ästhetischer Fragen durch das Fach. Indem er forderte, die Literatur der Gegenwart „kunstmässig", d. h.: als Kunst „zu handhaben" und sie damit in ihrer Artefaktualität zum Forschungsgegenstand zu machen, erschloss er dem Fach nicht allein neue Fragestellungen und Gegenstände; mit der an die Adresse der Philologen gerichteten Forderung, „sich einen Platz unter den deutschen Schriftstellern zu verdienen" und nicht allein vom Katheder herab zu lehren, machte er der Wissenschaft zur Aufgabe, ein auch produktives Verhältnis zur Literatur herzustellen und sich um ein selbst ‚ästhetisches' Schreiben zu bemühen. Scherer öffnete damit nicht nur das Fach gegenüber der Literaturkritik, zu der er nur konsequent auch zahlreiche Beiträge beisteuerte, er pflegte selbst auch die Bekanntschaft mit Autoren (vgl. Müller 2000, 93). Scherers Schüler Erich Schmidt hat diese für die deutsche Philologie folgenreiche Umorientierung u. a. mit seinen ab 1886 erscheinenden Sammlungen biographischer Studien und Porträts („Charakteristiken") (1886) dann nicht nur konsequent vorangetrieben; er hat mit der Anwendung der methodologischen Konzeption des frühverstorbenen Scherer zur „empirischen Durchmusterung literarischer Phänomene und ihrer Verallgemeinerung in Hinsicht auf die Rekonstruktion verifizierbarer entstehungs- und wirkungsgeschichtlicher Zusammenhänge" (Höppner 2000, 109) der „philologisch orientierten Literaturforschung" auch „neue Perspektiven" eröffnet (Höppner 2000, 113–114).

Mit dem hier sich abzeichnenden Paradigmenwechsel rückte die bis dahin vernachlässigte Gegenwartsliteratur nur sehr zögerlich in den Fokus der akademischen Literaturwissenschaft. Nur langsam und gegen große Widerstände und Vorbehalte hat sich die Gegenwartsliteratur so einen Platz im Rahmen der germanistischen Forschung erobern können. Noch 1966 erklärte der einflussreiche Germanist Emil Staiger in seiner Rede zur Verleihung des Literaturpreises der Stadt Zürich die Gegenwartsliteratur nicht nur zur *quantité négligeable*; er machte auch kein Hehl aus seiner Verachtung für die ‚Scheußlichkeiten' und das ‚Gemeine' ausstellende Literatur der Zeit (vgl. Staiger 1966). In Staigers Rede spiegelte sich die Ausdifferenzierung des Literaturbegriffs als Wertbegriff (Originalität als Wertungskriterium, formale Innovation, hoher Stil; Vermittlung religiöser, nationaler oder moralischer Werte), die spätestens mit der den Positivismus ablösenden geistesgeschichtlichen Wende (Wilhelm Dilthey) in der Zeit nach 1900 (und der Einführung des Dichtungsbegriffs als Wertkategorie) die Literaturwissenschaft für Jahrzehnte bestimmen sollte und bis in die jüngere Vergangenheit die Vernachlässigung der Gegenwartsliteratur im Rahmen der universitären Forschung begründete.

Noch immer aber überlässt die universitäre Literaturwissenschaft die Gegenwartsliteratur weitgehend der Literaturkritik, auch wenn in Universitätslehrplänen und Konferenzprogrammen die jüngere Literatur heute ohne Frage eine größere Aufmerksamkeit erreicht (vgl. Herrmann 2006, 110), auch wenn die Literaturwissenschaft in den zurückliegenden Jahrzehnten die Gegenstandsbereiche des Forschens beständig erweitert und zumal auch ihr methodisches Instrumentarium weit ausdifferenziert hat. Wie kaum ein anderes Fach des universitären Fächerspektrums zumindest hat die Germanistik seit den 1960er Jahren immer wieder aufs Neue ihr hergebrachtes Selbstverständnis in Frage gestellt, Positionen, Blickwinkel verändert, Anschlussmöglichkeiten an andere Fächer (Philosophie, Sozialwissenschaften, Medienwissenschaften, Informationswissenschaften etc.) gesucht und dabei das Feld der zu untersuchenden Gegenstände erweitert. Zwar bedarf eine Literaturwissenschaft, die sich mit der aktuellen Literatur ihrer Gegenwart beschäftigt, von hier aus heute keiner Rechtfertigung mehr. Nichtsdestotrotz ist die Gegenwartsliteratur ungeachtet all dieser Innovationen als Gegenstand literaturwissenschaftlicher (oder allgemeiner: germanistischer) Forschung randständig geblieben, Forschungsgegenstand nur weniger Spezialisten und ansonsten der Literaturkritik überlassen (vgl. dazu Sorg et al. 2003, 7–8; Eke 2012b), was die Bedeutung der akademischen Literaturvermittlung als literarische Institution nach wie vor schmälert.

Eine wichtige Etappe auf dem Weg zu der angesprochenen freien Autorschaft ist das Konzept einer aus den lebenspraktischen Zusammenhängen herausgesprengten, von der Normalität freigestellten und das Kunstvolle, in Form und Stil das Artistische betonenden Kunst. In gegenläufiger Bewegung zur für die Aufklärung noch maßgeblichen Anbindung der ästhetischen Sphäre an die Diskurse von Erziehung, Moral, Religion, Politik etc. verhalfen Dichtung und Kunsttheorie von Klassik (und auch Romantik) um 1800 der Idee einer ästhetischen Autonomie zum Durchbruch, wie sie in den Schriften Karl Philipp Moritz' (*Über die bildende Nachahmung des Schönen*; *Über den Begriff des sich selbst Vollendeten*) und Kants (z. B. in der *Kritik der Urteilskraft*) vorgedacht waren. Schön, so hatte Moritz 1788 in der Schrift *Über die bildende Nachahmung des Schönen* erklärt, sei ein Kunstwerk dann, wenn es nicht funktional im Sinne der aufklärerischen Wirkungsästhetik einem äußeren Zweck (also moral-didaktischen Zielsetzungen) dient, sondern den „Endzweck seines Daseyns in sich selber" (Moritz 1788, 13) habe. Kant wiederum hat dies in der *Kritik der Urteilskraft* (1790) auf die einfache Formel gebracht, ein Kunstwerk bestimme sich als „Zweckmäßigkeit ohne Zweck" (Kant 1913, 226); es sei das, „was ohne Begriff allgemein" gefalle, ohne einen moralischen Zweck in sich tragen zu müssen (Kant 1913, 219).

Goethes Vorstellung, dass „die Cultur durch Kunst ihren eignen Gang gehen" müsse, „daß sie keiner andern subordinirt seyn" könne (Schiller 1981, 97), geht in eine vergleichbare Richtung. Schiller, an den Goethe dies am 12. August 1797 von Frankfurt aus schreibt, entwickelt seinerseits Herder gegenüber die Idee der strikten Abtrennung der Poesie von dem, was er „unser Denken und Treiben, unser bürgerliches, politisches, religiöses, wissenschaftliches Leben und Wirken" nennt. Er wisse für „den poetischen Genius kein Heil, als daß er sich aus dem Gebiet der wirklichen Welt zurückzieht und anstatt jener Coalition, die ihm gefährlich sein würde, auf die strengste Separation sein Bestreben" richte. Geradezu „ein Gewinn für ihn" scheine es ihm „zu sein, daß er seine eigne Welt formiret und durch die Griechischen Mythen der Verwandte eines fernen, fremden und idealischen Zeitalters bleibt, da ihn die Wirklichkeit nur beschmutzen würde" (Schiller 1969, 98).

Bereits im neunten der 1793 veröffentlichten Briefe *Über die ästhetische Erziehung des Menschen* hatte Schiller die hier entwickelte Idee der „Separation" in Abwehr zumal gegenüber äußeren Eingriffen des „politischen Gesetzgeber[s]" formuliert: „Von allem, was positiv ist und was menschliche Conventionen einführten, ist die Kunst, wie die Wissenschaft losgesprochen, und beyde erfreuen sich einer absoluten *Immunität* von der Willkühr der Menschen. Der politische Gesetzgeber kann ihr Gebiet sperren, aber darinn herrschen kann er nicht" (Schiller 1962, 333).

Die Kunstautonomie greift der Autonomie des Subjekts gleichsam utopisch vor; sie ist ein Merkzeichen in die allgemein erst noch zu schaffende Zukunft, der sie gleichzeitig den Weg bahnt. Kunst bekommt in dieser Vorstellung die Funktion einer – wenn auch nur mittelbaren (das unterscheidet die goethezeitlichen Autonomiekonzepte vom moraldidaktischen Kunstverständnis der Aufklärungszeit) – Erziehungs- oder Bildungsinstanz. Wiederum ist es Schiller, der dieser Vorstellung einer ästhetischen Erziehung insbesondere in den in Reaktion auf die gesamteuropäische Krisenerfahrung der Französischen Revolution konzipierten Briefen *Über die ästhetische Erziehung des Menschen* zum Ausdruck verholfen hat. Erst durch die „Schönheit" wandere man „zu der Freiheit" (Schiller 1962, 573) – was letztlich nichts anderes heißt, als dass nur derjenige die politischen Probleme seiner Zeit praktisch lösen könne, der sich zuvor im ästhetischen Bereich ausgebildet habe. Damit aber erfolgt auch in den ästhetischen und philosophischen Konzepten der Kunstautonomie – gleiches gilt auch für die utopischen Entdifferenzierungskonzepte der Romantik – keine prinzipielle Entkopplung des Politischen und des Ästhetischen; während die Wirkungskonzeptionen der Aufklärung aber noch direkt Einfluss zu nehmen sich zum Ziel gesetzt hatten, nimmt die als ‚autonom' erklärte Kunst nunmehr gleichsam einen Umweg: „Der politischen Revolution entspricht ein ästhetisches Konzept, das qua prinzipieller ‚Funktionslosigkeit' politisch unangreifbar ist. Das Unbeflecktsein der Kunst durch Wirklichkeit sichert ihr ein Widerstandspotential gegen alle Geschichte und Politik" (Voßkamp 1988, 252).

Dieses in die Utopie eines ästhetischen Staates hinein verlängerte, durch die Vorstellung eines indirekten Eingreifens in die Sphäre des Politischen durch die Kunst angereicherte Konzept setzt voraus, dass der Mensch bildbar ist und dass er sein Menschentum, seine Humanität durch die Ausbildung seiner Anlagen ‚verwesentlicht'. Unmittelbar verzahnt mit dem Ziel einer Veränderung (Veredlung, Vervollkommnung) der Individuen durch Schönheit ist so die Idee der Humanität bzw. einer allgemeinen Humanisierung, die v. a. Herder, Schiller und Humboldt im Rückgriff auf die Antike als Erziehungs- und *Bildungs*ideal der ganzheitlichen Selbstvervollkommnung des Subjekts bestimmt haben. Goethe hat diese Idee einer Herausbildung des ganzheitlichen Menschen als Subjekt einer Kultur der menschlichen Versöhnung in seinen *Unterhaltungen deutscher Ausgewanderten* (1795) dann im Konzept einer die Leidenschaften und den Meinungsstreit drosselnden „gesellige[n] Bildung" (Goethe 1895, 114) gefasst. Sie ist gedacht als Gegenstück zu dem Partikularinteressen Ausdruck verleihenden „Parteigeist" (Schiller 1958, 106) und Parteiengeist, der sich im Windschatten der ganz Europa erschütternden politischen Revolution in Frankreich lautstark Gehör verschafft habe. Als Rückzug ins Unverbindliche wäre das Konzept der Separation allerdings gleichwohl missverstanden. Bereits in *Torquato Tasso* hat Goethe unmissverständlich deutlich gemacht, dass der Rückzug auf eine Nur-Kunst letztlich keine Lösung aus den Widersprüchen der Zeit bietet. Längst verlaufen in der Welt neue Trennlinien zwischen Kunst und Wirklichkeit.

Mit dem Dichter Tasso hat Goethe eine Figur des Übergangs, einen Dichter zwischen den Zeiten, in den Mittelpunkt eines Dramas gestellt, das als Reflex auf die Entstehung des Buchmarktes gelesen werden kann. Als Mitglied der absolutistischen Hofhaltung des Fürsten von Ferrara ist er eingebunden in ein kompliziertes Beziehungs- und Verweissystem aus Konventionen und Regularitäten, das ihm Anpassungen abverlangt – an Etikette und Konvention, zumal auch an das Repräsentationsinteresse seines Mäzens. Zugleich kündigt sich in der Dichterfigur Tasso die moderne Künstlersubjektivität und damit ein neues Kunstideal an, das im Zirkelschluss von Selbstzweck (Autonomie der Kunst), Selbstgesetzgebung (des Künstlers) und Selbstbestimmung (hier des Rezipienten der Kunst) das Verhältnis von Kunst und Gesellschaft auf eine neue Grundlage zu stellen den Anspruch erhebt.

Goethes Auseinandersetzung mit Kunst und Künstlertum, die inmitten der politischen Umbruchphase am Ende des Aufklärungsjahrhunderts entsteht, verweist zurück auf den der Epoche machenden Revolution von 1789 zeitlich vor- und nachgelagerten sozialen und kulturellen Transformationsprozess, der im 19. Jahrhundert in eine Phase beschleunigter Modernisierung eintritt: Der Umbruch in Frankreich macht die Krise der sozialökonomischen und sozialpolitischen Ordnungssysteme im Europa des ausgehenden Jahrhunderts der Aufklärung mit einem Schlag augenfällig und setzt einen politisch-sozialen Wandlungsprozess in Gang, der sich über die Revolutionen von 1830 und 1848 bis in die Entstehung der modernen Demokratien hinein verlängert; zugleich kündigt sich im letzten Drittel des 18. Jahrhunderts in ersten Vorboten die industrielle Revolution an, die den Menschen im 19. Jahrhundert endgültig dann das Gefühl vermitteln sollte, in einer beschleunigten Zeit zu leben. War im 18. Jahrhundert zugleich mit dem Bewusstsein der Historizität der je eigenen Kultur die Vorstellung von einer der Gegenwart eigenen evolutionären Dynamik entstanden, verliert dies um 1800 nun seine Bindungskraft als Orientierungsmuster für menschliche Erkenntnis (kognitive Weltaneignung) und menschliche Tätigkeit (symbolische und pragmatische Wirklichkeitskonstruktion). Die Identität von Zeit und Subjekt und damit die Grundlage der in der Aufklärung entstandenen Leitvorstellung von der Zukunftsdimension des Fortschritts zerfällt im Horizont eines raschen Wechsels technischer, ökonomischer, politischer, sozialer, wissenschaftlicher und kultureller Transformationen. Sie scheint sich einerseits zu beschleunigen, andererseits von der subjektiv-dimensionierten Individualzeit abzukoppeln (vgl. grundlegend Koselleck 1979; vgl. auch Eke 1999; 2012a; 2016b). Damit aber wird die Idee der Zeitsouveränität, die im 18. Jahrhundert in etwa zeitgleich mit der Idee der Geschichte als einer des Fortschritts entsteht und auf das Vermögen des Subjekts zielt, in Erwartung des noch Geschehenden Zukunft zur operationalisierbaren Größe in der Gegenwart zu machen, brüchig. Ernst Moritz Arndt spricht so in seinem 1805 erschienenen Aufsatz *Das Zeitalter und die Zeitgenossen* von der „*Zeit im Lauf*" und den „*Zeitgenossen im Stillstehen*" (Arndt 1806, 87) und nimmt damit ein Phänomen in den Blick, das immer wieder Anlass zur Besorgnis gab: Kaum entdeckt in ihrer Eigenschaft als Ergebnis des planenden Handelns identifizierbarer sozio-politischer Akteure unter der Prämisse einer beschleunigt nachholenden Modernisierung, scheint Geschichte auch schon wieder vom Verschleiß bedroht.

Mit der Entstehung des Buchmarktes und der sie begleitenden Professionalisierung und Individualisierung des Autors bringt dieser Prozess neue ideelle Rollenmodelle des Künstlertums hervor, die im 19. Jahrhundert dann in moderne Autorschaft übergehen – gleichzeitig damit aber auch neue Widersprüche schaffen: Der Autor befreit sich endgültig aus der Bindung an Gönner und Mäzene, schreibt für einen in Grenzen (Zensur) freien Markt und ein anonymes Publikum – nur um sich in neuen, nun marktbezogenen, ökonomischen Abhängigkeiten wiederzufinden und sich als bezahlter ‚Produzent' zugleich einem „ästhetischen Verdachtsmoment" (Wegmann 2005, 27) ausgesetzt zu sehen – demjenigen, die Kunst an den Kommerz zu verraten. Mit der Entstehung des Buchmarkts reißt so die Kluft auf zwischen ‚hoher', d. h. ästhetisch nobilitierter, und ‚niederer', für den Buchmarkt und damit aus ökonomischem Interesse geschriebener Literatur (man könnte auch sagen: zwischen *eingeschränkter* künstlerischer Produktion und *uneingeschränkter* Massenproduktion), was sich in der Dichotomisierung zweier Dichterbilder wiederfindet: demjenigen des *Künstlers* und demjenigen des für den Markt produzierenden *Schriftstellers*. Mit der von vornherein ideologisch zugespitzten Debatte über den Warencharakter der Literatur beginnen bereits vor 1800 die seitdem nicht mehr verstummten Diskussionen über die Rolle und Bedeutung des Literaturbetriebs, die letztlich alle auf derselben Grundannahme basieren, dass nämlich – in einer Formulierung David-Christopher Assmanns – der jeweils „veränderte sozialstrukturelle Rahmen von Literatur nicht ohne Folgen für Werke und Autoren bleiben könne, ja die Verfassung der Gegenwartsliteratur sich gleichsam aus den Betriebsumständen mehr oder weniger kausal ableiten lasse." (Assmann 2012, 242).

6 Ausdifferenzierungen im Gattungssystem der Moderne

Einerseits waren in der Latenzzeit des frühen 19. Jahrhunderts insbesondere die von der Zensur argwöhnisch beobachteten Zeitungen und Zeitschriftenjournale die bedeutendsten Medien von Öffentlichkeit, Foren eines zeitbezogenen Agierens, auch wenn Zahl und Auflagenhöhe der deutschen Zeitungen im Vergleich mit ihrer ausländischen Konkurrenz noch relativ klein waren (selbst eine so vielbeachtete Zeitung wie Cottas *Augsburger Allgemeine* hatte eine Auflage von lediglich 9000 Stück) (vgl. Requate 1995–1996). 1845 veröffentlichte der Linkshegelianer Robert Prutz eine *Geschichte des deutschen Journalismus*. „Erst die Zeitungen", heißt es hier, „haben das geschaffen, was wir heut zu Tage die Stimme des Publikums, die Macht der öffentlichen Meinung nennen; ja ein Publikum selber ist erst durch die Zeitungen gebildet worden. In der Geschichte dieses Instituts daher erhalten wir zugleich die Grundzüge zu einer Geschichte des deutschen Publikums, einer Geschichte der öffentlichen Meinung in Deutschland." (Prutz 1845, 19) Andererseits gingen von der Ausdifferenzierung des Pressewesens, das im Vormärz zu einem der wichtigsten Mittel des Bürgertums im Kampf um politischen Einfluss avancierte, wesentliche Impulse aus für Formveränderungen und Wertungsverschiebungen auch im literarisch-ästhetischen Bereich (vgl. den Beitrag von Herrmann, „Kanon und Kanonbildung als Vermittlungs- und Rezeptionsinstanzen", in diesem Buch). Mit der Journalliteratur im Allgemeinen und dem Essay im Besonderen entwickelten sich neue Ausdrucksformen literarischer Kommunikation, denen in den 1840er Jahren mit dem Feuilletonroman (prototypisch vertreten durch Eugène Sue: *Les mystères de Paris*, 1842; in Deutschland Georg Weerth: *Leben und Thaten des berühmten Ritters Schnapphahnski*, 1848–1849) ein ganz neues Genre an die Seite trat. Die Journalliteratur läuft im 19. Jahrhundert allen anderen Multiplikationsmedien von Meinungen (etwa dem schwerfälligen politischen Drama) den Rang ab. Publizistik ist Waffe im Meinungsstreit, und das Feuilleton – ursprünglich die Bezeichnung für das Beiblatt einer Zeitung, dann für den durch einen Strich vom Hauptteil abgetrennten unteren Teil des Zeitungsblatts – dient dem Leseranreiz in diesem Meinungsstreit. Speziell für die Veröffentlichung in einer Zeitung geschrieben, schöpft der Feuilletonroman aus den Grenzen des Mediums eigene ästhetische Spielregeln (Orientierung der Kapitellänge an technischen Vorgaben, Episodenhaftigkeit, serielle Narrationsmuster, Herstellung von Leserbindungen, Spannungsaufbau zum Ende hin), die ihn über die Gattungsgrenzen hinausführen.

Die Entwicklung des solcherart ganz eigenen (Markt-)Regeln folgenden Feuilletonromans vollzieht sich im Schatten des allgemeinen Aufstiegs der bis dahin eher marginalisierten Gattung des Romans an die Spitze der Gattungstrias. Hermann Marggraffs explizite Würdigung des Romans als demokratische Gattung, die „keinen Unterschied der Stände" (Marggraff 1839, 363) mehr anerkenne, veröffentlicht 1839 in seiner Übersicht über *Deutschland's jüngste Literatur- und Culturepoche* (Marggraff 1839, 363), verweist auf die politische Hintergründigkeit dieser auf den ersten Blick allein innerliterarischen Verschiebung im ästhetischen Gefüge, die sich gegen den Widerstand einer am Wertgefüge der Klassik ausgerichteten und sich moralisch über die Gattung erhebenden Literaturkritik vollzog (vgl. Eke und Olasz-Eke 1994). Knapp einhundert Jahre vor Marggraff, 1746, hatte der Ästhetiker Georg Friedrich Meier in seinen *Untersuchungen einiger Ursachen des verdorbenen Geschmacks der Deutschen* noch über den Roman geschrieben: „[D]as Abentheuerliche, das Unwahrscheinliche, das Kauderwelsche, das Matte, das Unflätige und Zotenmäßige herrscht in den meisten Romanen [...] und wer noch nicht unsinnig ist, der kann durch dieselben recht methodisch verrückt werden!" (Meier 1746, 25) Meiers frühe Polemik gegen den Roman weist die Richtung, in welche die einerseits gegen die vermeintliche Regel- und Gesetzlosigkeit der Gattung gerichtete, andererseits an inhaltlichen Fragen, aber auch an der massenhaften Verbreitung der Gattung als solcher sich reibende Kritik bis weit ins 19. Jahrhundert hinein zielen sollte (weiterführend zur Rezeption des Romans in Deutschland Becker 1964; Hahl 1971; Jäger 1969; Schönert 1969; Singer 1963; Kimpel 1967; Spiegel 1967; Eke und Olasz-Eke 1994). Noch 1817 formuliert das Brockhaus'sche *Conversations-Lexicon* im Artikel „Roman" in geradezu paradigmatischer Weise die zu dieser Zeit unter den Kritikern noch weit verbreitete „Abscheu" gegenüber jener „ekelhafte[n] Romanenlectüre, die [...] nur immer nach dem neusten greift, und keine anderen Forderungen macht, als daß nur das Herz gekitzelt [...] und mit einem Wechsel von Gestalten überschüttet werde, um ihn wieder zu vergessen" (*Conversations-Lexicon* 1817, Artikel „Roman", 396).

In bald geflügelten Redewendungen wie ‚Lesesucht' (oder ‚Lesewuth') und ‚Romanenfluth' mit ihren Anklängen an Pathologisches oder Sündhaftes (zahlreiche Belege dazu bei Martino 1990, 14–26, vgl. auch Jäger 1969; Erning 1974; Kreuzer 1977) findet diese Ablehnung der Gattung bei zahlreichen Literaturkritikern, Theologen und Pädagogen ihren nachhaltigsten Ausdruck. Das Schlagwort der ‚Lesesucht' hat so auch jenseits aller moralisierenden Kritik an einer vom Nützlichen abgekoppelten (reinen) Lektüre eine eminent politische Kehrseite als ideologischer Kampfbegriff, der sich nicht zuletzt auch ins Feld führen ließ gegen den (vermeintlich) verderblichen Einfluss der Lesegesellschaften und mehr noch der Leihbibliotheken, die als wichtigste Distributionsinstanz den Prozess der Leseentwicklung überhaupt erst ermöglicht hat. Ungeachtet dessen wird der Aufstieg des Romans (und auch der Erzählliteratur als solcher) im Gattungssystem des 19. Jahrhunderts begleitet von poetologischen Normierungsprozessen, aber auch von Versuchen einer Komplexitätserweiterung. Etwa dort, wo die neuen Romane versuchen, (ästhetische) Ausdrucks- und Argumentationsweisen, Strukturmomente und Regularitäten anderer poetischer (Lyrik, Dramatik) oder nicht-poetischer Bereiche (z. B. juristische Literatur) aufzunehmen (vgl. Frank 1996, 28) oder die Handlungsführung durch eine panoramatische Ausweitung des Geschehens in eine Kunst des „Nebeneinanders" (Karl Gutzkow im Vorwort seines Romans *Die Ritter vom Geiste*, Leipzig 1850/51 [Gutzkow 1998, 8–10]) zu überführen.

Literarische Zeitschriften im engeren Sinn sind die vormärzlichen Journale in der Regel freilich noch nicht (diese Bedeutung kommt eher den in dieser Zeit beliebten Almanachen zu); in gewisser Weise können sie aber dennoch als Vorläufer der Literaturzeitschriften angesehen werden, die als Forum für Literatur eine wichtige literarische Institution der Gegenwart darstellen. Im Unterschied zu kulturpolitischen Zeitschriften und Magazinen wie *Merkur* oder *Du*, die *auch* Literatur abdrucken, befassen sich Literaturzeitschriften ausschließlich mit Literatur im eigentlichen Verständnis (vgl. Geiger 2008, 427). Das Spektrum dieser Zeitschriften reicht von Publikationen mit regionalen, sprachlichen (*Krautgarten*, *Passauer Pegasus*) und gattungsspezifischen (*Das Gedicht*, *Zwischen den Zeilen*, *Park*) Schwerpunktsetzungen bis hin zu solchen mit internationalem Interesse (*Lose Blätter*, inzwischen eingestellt). In der Nachkriegszeit haben Zeitschriftenprojekte wie die 1954 von Walter Höllerer und Hans Bender gegründeten *Akzente* eine wichtige Rolle gespielt. Zu den bekanntesten gehören heute Zeitschriften wie die von der Berlin-Brandenburgischen *Akademie der Künste* herausgegebene Zeitschrift *Sinn und Form* oder die vom *Literarischen Colloquium Berlin* herausgebene Zeitschrift *Sprache im technischen Zeitalter* sowie die unabhängigen Zeitschriften *Schreibheft*, *die horen*, *Wespennest* und *VOLLTEXT*.

7 Markt und Literaturbetrieb

Begleitend zur Entwicklung des literarischen Marktes entsteht der sogenannte Literaturbetrieb, der seinerseits im Laufe der vergangenen 200 Jahre institutionellen Charakter angenommen hat (vgl. den Beitrag von Assmann, „Literaturbetrieb und Literaturbetriebspraktiken", in diesem Buch). Begriff und Phänomen ‚Literaturbetrieb' stehen als solche in Konkurrenz zu anderem Begriffen und Phänomenen wie ‚literarische Öffentlichkeit', ‚literarisches Leben', ‚Literaturszene', ‚Literaturmarkt' oder ‚Literaturvermittlung'. Sie alle bezeichnen Vergleichbares, wenn auch in jeweils unterschiedlicher Akzentuierung (Ökonomie, Vermittlung, Kommunikation und sozialer Verkehr), haben überdies historische (die Entstehung des modernen Buchmarkts im Horizont des ‚Aufklärung' genannten Ausdifferenzierungs- und Transformationsprozesses), praktische (Arbeitsprozesse und -abläufe der Buchproduktion und -distribution sowie der Vermittlung) und allgemein kulturelle bzw. kulturpragmatische (Literatur und Literaturbetrieb als Ausdrucksformen der Kultur) Dimensionen.

Auf einer übergeordneten Ebene lässt sich der Literaturbetrieb beschreiben als „ein Beziehungsgeflecht mit variablen Akteuren" (Richter 2011, 8) oder auch Mitspielern, die mit unterschiedlicher Bedeutung und Funktion involviert sind in den Prozess der Produktion, Distribution, Rezeption und Konsumption von Literatur: Autor, Verlag, Buchhandel, Medien, Kritik, Literaturhäuser, Literaturmuseen und -büros, Universitäten, Schulen etc. – letztlich auch die Leser (vgl. Plachta 2008, 9; Beilein 2011; Richter 2011, 8).

Augenfällig sind die medialen Formen und Formate der Literaturvermittlung und der Kommunikation wie Lesungen und Lesewettbewerbe, das Feuilleton und die Berichterstattung in den Kulturmagazinen von Fernsehen und Radio (darin eingeschlossen die Kritik). Der Aufmerksamkeitsüberschuss für diesen Bereich verstellt den Blick nicht allein für das Wirken der ‚stillen' Akteure und Instanzen des Betriebs (Literaturagenten, Interessenvertretungen und Verbände wie *PEN*, *Verband deutscher Schriftsteller*, Akademien), sondern zumal auch für die Bedeutung des weitgespannten Netzes von Fördermaßnahmen in Form von Arbeits-, Reise- und Aufenthaltsstipendien und v. a. auch Literaturpreisen – die institutionelle Form der Literaturförderung in Gestalt der Finanzierung oder Unterstützung von literaturvermittelnden Institutionen (Goethe-Institute, Bibliotheken, Literaturarchive, Literaturmuseen, Literaturbüros und Literaturhäuser) nicht zu vergessen (vgl. die Beiträge von Süselbeck, „Literarische Gesellschaften", und Hanuschek, „Autorenvereinigungen in Deutschland", in diesem Buch). Die Zahl der in Deutschland vergebenen Literaturpreise, die mit einer Ausschüttung von mehr als 1,5 Millionen Euro durchaus mehr sind als nur Konsekrationsinstanzen, nämlich elementare Mittel der Substistenzsicherung, geht in die hunderte; dazu kommen ca. 50 Stipendien, die bekanntesten und prestigeträchtigsten darunter sind sicherlich die Aufenthaltsstipendien in der *Villa Massimo* in Rom und in der *Villa Aurora* in Pacific Palisades bei Los Angeles (vgl. den Beitrag von Dücker, „Literaturförderung und Sponsoring: Preise, Stipendien, Festivals", in diesem Buch). Andere Wege der Literaturförderung sind die nach dem Vorbild der Frankfurter Poetik-Vorlesungen an zahlreichen deutschen Hochschulen eingerichteten Poetik-Professuren oder Poetikdozenturen (vgl. den Beitrag von Plachta, „Literaturhäuser, Poetikdozenturen, Literaturwettbewerbe", in diesem Buch), die das Ziel verfolgen, durch die Begegnung mit Autoren und Autorinnen der deutschsprachigen Gegenwartsliteratur Einsichten in literarische Prozesse, künstlerische Eigenarten, Bedeutungs- und Wirkungsdimensionen des geschriebenen Wortes zu vermitteln, Einblicke in die Bedingungen des Schreibens selbst, in die Arbeitsweisen von Schriftstellerinnen und Schriftsteller zu gewähren und von hier aus das Verständnis von Literatur zu fördern (vgl. Allkemper et al. 2012; Eke 2016a). Ihre Einrichtung gehört mittlerweile zum guten Ton nicht allein an deutschen Hochschulen, die sich angesichts der Menge ähnlicher Veranstaltungsreihen mit neuen Brandings und Labels (wie die *Münster Lectures – Literatur und Theorie im Dialog*, seit 2012) oder spezifischen Zuschnitten (wie die *Saarbrücker Poetik-Dozentur für Dramatik*, seit 2011, oder die Bochumer *Christoph Schlingensief-Gastprofessur für Szenische Forschung*, seit 2015) in der Fluchtlinie eines allen prinzipiell gemeinsamen übergeordneten Ziels zu profilieren suchen: zum einen nämlich die engen

Grenzen der lange Zeit probaten Selbstauratisierung der Wissenschaft als von der gesellschaftlichen Wirklichkeit abgehobener Sphäre aufzuheben, zum anderen sich selbst als Institution mit hohem Kulturwert zu inszenieren – und gleichzeitig dabei vergessen zu machen, dass es auch den ausrichtenden Universitäten bei ihrem Engagement für die Gegenwartsliteratur immer auch um mediale Präsenz zu tun ist, darum nämlich Sichtbarkeit innerhalb einer zunehmend unübersichtlichen Bildungslandschaft zu erzeugen und sich abzuheben von anderen Hochschulen. In der „unerbittlich waltende[n] Logik" (Bourdieu 1999, 343) der Konkurrenzen, die im Hintergrund der kultur- und bildungspolitischen Begründungen für die Einrichtung von Poetikdozenturen an Universitäten und Hochschulen waltet, wiederum treffen sich Universitäten und Autoren und Autorinnen als Akteure im literarischen Feld, das der Kampf um die begrenzte Ressource ‚Aufmerksamkeit' (vgl. Assmann und Assmann 2011; Franck 1998; Joch et al. 2009) zu einem „Schauplatz permanenter Positionierungs- und Definitionskämpfe zwischen sowohl einzelnen ‚Kombattanten' als auch zwischen Institutionen" (Kaiser 2012, 172) macht (vgl. den Beitrag von Bremer, „Aufmerksamkeitsökonomie und Autorinszenierungen", in diesem Buch). Mit der Einladung auf eine Poetikdozentur erhöht sich je nach Reputation der einladenden Institution oder der Reihe, in deren Rahmen die jeweilige Poetikdozentur verortet ist, das Ansehen des/der Eingeladenen, wobei die Liste jeweiliger Vorgänger wie ein Verstärker wirkt: Sie nobilitiert den Neuberufenen bzw. die Neuberufene. Andererseits fällt vom ‚Glanz' der Eingeladenen etwas zurück auch auf die einladende Institution, generiert ein renommierter Gast für diese doch reputationssteigernde Öffentlichkeitseffekte.

Die im Zuge von Poetikdozenturen gehaltenen Vorlesungen wiederum erfüllen als Selbstexplikationen von Urhebern literarischer Texte einerseits eine wichtige Funktion im Rahmen der hier sich andeutenden Tauschprozesse. Andererseits sind sie lesbar aber auch als performative Modellierungen resp. Inszenierungen der ‚Autor-Persönlichkeit' im Rahmen einer interessierten Öffentlichkeit, die den Resonanzraum für das jeweils Gesagte schafft. Vergleichbares gilt für Literaturpreise und Literaturpreisreden als medialen Aufmerksamkeitsindikatoren. Judith S. Ulmer betrachtet Literaturpreisverleihungen als „innerhalb eines spezifischen gesellschaftlichen Feldes angesiedelte soziale Handlungen [...], die in der Auseinandersetzung konfligierender Interessen zur Mobilisierung von materiellen Werten und von Prestige beitragen" (Ulmer 2006, 3). Mit der Verleihung eines renommierten Preises, wie ihn bspw. der *Georg-Büchner-Preis* darstellt, erhöht sich das symbolische Kapital des/der Ausgezeichneten. Zugleich lassen sich an der Preisvergabepolitik Kanonisierungsprozesse ablesen, während die im Rahmen von Preisvergaben gehaltenen Dankreden als sprachlich codierte Kunstform und subjektanhängige Konstruktionen im Rahmen eines öffentlichen Rituals Aufschluss geben über Kollektivvorstellungen und Mentalitäten.

Auch wenn Steffen Richter mit einigem Recht darauf hingewiesen hat, dass sich die Gegenwartsliteratur „kaum unabhängig von literaturbetrieblichen Umständen denken" (Richter 2011, 8) lasse, wird der Widerspruch von Kunst und Geld in den kulturpolitischen Debatten gerade von Autoren und Autorinnen doch immer wieder aufs Neue herausgestellt, Literatur damit zu einem spezifischen Sonderdiskurs mit eigenen, nämlich ästhetischen Regeln erklärt – und das ungeachtet zum einen der Historizität und damit auch kulturellen Bedingtheit eben jener Autonomiekonzepte, die sich im Übrigen sehr bald nach ihrer Ausformulierung im späten 18. Jahrhundert wieder in zunehmend aussichtslosere Rückzugsgefechte gegenüber erfolgreicheren Formen der Wissensspeicherung und Weltbewältigung verwickelt gesehen hatten. Das Gegenstück zu diesen Autonomiekonzepten bildet die unendliche Kette an literarischen Inszenierungen des Literaturbetriebs als Feld des Heteronomen, Fremden, Störenden (vgl. Eke 2013), die sich insbesondere auf die Erfahrung der Lesereisen von Autoren und ihre Auftritte bei Literaturfestivals sowie bei Buchmessen mit internationalem (*Frankfurter Buchmesse*, *Leipziger Buchmesse*) oder auch nur nationalem und regionalem Zuschnitt (*Lit.Cologne*, *Münchner Frühjahrsbuchwoche*, *Schwalenberger Literaturtage*) richten.

Wie man es aber auch immer drehen und wenden mag: Literatur findet heute stets „unter Marktbedingungen" (Beilein et al. 2012, 11) statt – und auf dem Markt zählt die „Ökonomie der Aufmerksamkeit" (Franck 1998). Bücher werden für den Markt produziert, gleichzeitig gelten sie als (schützenswertes) Kulturgut. Um diesen Status aufrechtzuerhalten, müssen sie sich tendenziell als „marktfern auratisieren – gerade die literarisch als wertvoll taxierten Bücher verschweigen gegenüber dem Kunden, eine Ware zu sein, die zur Steigerung des Profits gehandelt wird, um als Produkt mit hohem Kulturwert akzeptiert zu werden und sich damit paradoxerweise auf dem Markt durchzusetzen" (Erbe 2005, 267).

Eine spezielle Form des heutigen Literaturbetriebs stellen dabei die unterschiedlichen Formate einer professionellen Schriftstellerausbildung dar. Die Vorstellung, dass literarisches Schreiben lehrbar ist, hat über den Umweg der USA (‚creative writing') zur Professionalisierung der Schriftstellerausbildung in Autorenwerkstätten, Schreibkursen, Studiengängen und *Creative Writing*-Seminaren auch in der Bundesrepublik geführt, in der es im Unterschied zur DDR kein Schreibinstitut gegeben hat. Hier war 1955 mit dem *Institut für Literatur Johannes R. Becher* eine sowohl der künstlerischen wie der ideologischen Ausbildung von Schriftstellern dienende ‚Schreibschule' gegründet worden, aus der ungeachtet der die Praxis der Schreibausbildung und deren theoretische und methodische Grundlegung immer wieder belastenden Spannungen zwischen autonom-ästhetischer und heteronom-ästhetischer Zwecksetzung von Literatur eine Vielzahl renommierter Autoren und Autorinnen der DDR-Literatur hervorgegangen ist.

Seit 1995 führt das *Deutsche Literaturinstitut Leipzig* als Nachfolgeeinrichtung des *Instituts für Literatur Johannes R. Becher* dessen Arbeit unter veränderten Voraussetzungen fort.

8 Theater als literarische Institution

Im Horizont der Verdichtung der öffentlichen Kommunikation und der Entwicklung einer bürgerlichen Wertekultur wächst dem Theater vom 18. Jahrhundert an eine Bedeutung zu als Arena einer sich kulturell definierenden Klasse, die sich über das 19. und das 20. Jahrhundert hinweg als ein von Vorstellungsmomenten wie Selbstentfaltung, Kosmopolitismus oder die Pluralisierung der Lebensentwürfe getragenes Wertesystem definiert. Als Sittenschule und Erziehungsinstitut und zugleich damit als literarische bzw. literaturvermittelnde Institution, „dienlich zur Besserung des Menschen" (Wolff [4]1736, 275–276), tritt das Theater im 18. Jahrhundert erstmals dabei als ‚starke' *literarische* Institution in Erscheinung. Diese Funktionalisierung des Theaters hatte u. a. auch eine einschneidende ästhetische Neujustierung zur Folge: „Pflegte höfisches Theater vor allem die musikalischen Genres von Oper und Singspiel und damit zugleich die akustisch-visuellen Elemente der Bühnenkunst, so begründete sich bürgerliches Theater primär als *literarisches*" (Balme und von Brincken 2007, 274) (vgl. den Beitrag von Marx, „Theater als literarische Institution", in diesem Buch). Kehrseite dieser Entwicklung war eine Abwertung von Spielelementen, wie sie in der Theaterreform Johann Christoph Gottscheds Ausdruck findet. Gottscheds Reformprogramm für das deutsche Theater hob im Wesentlichen auf drei Aspekte ab: die Geschmacksbildung auf Seiten des Publikums (Geschmack hier im Sinne des *sensus communis*, in dem die bürgerliche Gesellschaft Sittlichkeit und Moral symbolisch codierte), die Befreiung des Theaters aus den Zwängen der höfischen Repräsentation oder der Ökonomie durch die Gründung stehender, von der öffentlichen Hand zu subventionierender Bühnen und – entscheidend – die Literarisierung des Theaters. Damit sollte sich das bürgerliche Theater abheben gleichermaßen von der Künstlichkeit der bei Hof beliebten Opernaufführungen und der behaupteten Widernatürlichkeit des im öffentlichen Raum dargebotenen Schauspieltheaters der Wanderbühnentruppen, die mit einem bunten Repertoire von oft bis zur Unkenntlichkeit bearbeiteten Textvorlagen und Stegreifspielen in der Tradition der *Commedia dell'Arte* sowie den beliebten ‚Haupt- und Staatsaktionen' und possenhaften Nummern dem Amüsement des Publikums dienten.

Indem Gottsched das lexikalisch-literarisch fixierte Drama als Disziplinierungsmedium gegen die anarchischen Fliehkräfte des Theaters in Stellung brachte, verfolgte er ein nationalerzieherisches Programm: die Einrichtung einer gebildeten *bürgerlichen* Nation, als deren Voraussetzung er die Einheit von Literatur und gesellschaftlicher Praxis im Horizont einer ‚regelgeleiteten Dramatik' behauptete. Kehrseite seiner Reformanstrengungen, die dem Vorbild der für eine höfische Gesellschaft geschriebenen *tragédie classique* nacheiferte, war die Marginalisierung der theatralen Ausdrucksformen des Volks- und Unterhaltungstheaters, die als solche Ausdruck „bürgerlich-rationaler Ablehnung [ist] gegenüber jeder Form von Kommunikation und Realitätswahrnehmung, die der vernünftigen Ordnung der Welt zuwiderläuft" (Weiss-Schletterer 2005, 18). Gottscheds Kritik an den Kontrastfügungen, den Registervermischungen und den derb-burlesken Unterbrechungen der theatralen Darstellung politisch-historischer Stoffe durch lustige Figuren wie den Hanswurst oder Pickelhäring galt dabei einer „unordentlichen Einbildungskraft" (Weiss-Schletterer 2005, 18), die sich nicht mit der Vorstellung verbinden ließ, wonach der Zuschauer über die Schau der ‚schönen' Ordnung zur Erkenntnis der ‚natürlichen' Ordnung gelange, und die darum gegenläufig zur intendierten Vernunft- und Moralerziehung durch das Theater war. ‚Regelhaftigkeit' ist in Gottscheds System so auch mehr als bloß ästhetischer Leitwert für das bürgerliche deutsche Theater der Zukunft. Sie gilt Gottsched, wie den anderen Frühaufklärern auch, als Ausdruck einer von der Vernunft gesetzten Ordnung. Sie ist das Bindeglied zwischen der empirischen Erfahrungswirklichkeit und der gedachten moralischen Ordnung.

Gerade von hier aus begründete er seine Ansicht über ästhetische Normsetzungen als Instrument der Bildung und der Aufklärung. Die Kunst, und speziell das Theater, hatten seiner Ansicht nach die nach Regeln der Vernunft organisierten Ordnungen der Natur und der Gesellschaft abzubilden, indem sie ihrerseits eine Ordnung nach den Regeln der Vernunft herstellen. Nur so könne der Theaterbesucher über die Natur und Gesellschaft zugrundeliegenden Regeln aufgeklärt werden und als Zuschauer zum *vernünftigen* Bürger werden. Darum polemisierte Gottsched in den von ihm gegründeten moralischen Wochenschriften *Die vernünftigen Tadlerinnen* (1725/26) und *Der Biedermann* (1727/28) sowie in seinen späteren Schriften auch so unnachgiebig gegen die „unnatürliche[n] Romanstreiche und Liebeswirrungen" und die „pöbelhafte[n] Fratzen und Zoten" der komischen Figuren (Gottsched 1970, 5) und plädierte er im Gegenzug für eine Einhaltung von Regeln – für Gottsched sind dies zumal die von Nicolas Boileau 1674 in *Art poétique* formulierten poetischen Regeln des französischen Klassizismus: in erster Linie die durch das Wahrscheinlichkeitsprinzip [*vraisemblance*] gebotene Einhaltung der Einheiten von Handlung, Zeit und Ort, die richtige Personalwahl im Sinne der Ständeklausel und damit nach dem Muster ‚hoch' = Tragödie – ‚tief' = Komödie, die Verwendung einer das Extemporieren verhindernden, von der Alltagssprache deutlich geschiedenen versifizierten Sprache, insbesondere des

Alexandriners als angemessenem Tragödienvers, die Mischformen ausschließende Einhaltung von Gattungsgrenzen, *bienséance* in Ausdruck, Gegenständen und Darstellung sowie eine festgelegte Aktstruktur.

Dass die Verwandlung der Bühne zu einem literarisch vermittelten Sitten- und Erziehungsinstitut, wie Gottsched es bezogen nicht allein auf den dramatischen Text, sondern auch auf die institutionellen Prozesse des Theaters verfolgte, an der Wirklichkeit des Theaters und dem Unterhaltungsbedürfnis des Publikums im 18. Jahrhundert weitgehend vorbeiging, bezeugen eindrücklich noch die Theaterbriefe, die Georg Forster am Ende des Jahrhunderts von seinen Reisen an seine Frau Therese schrieb. Weit aufgerissen scheint in diesen Briefen die Kluft zwischen den Programmen der Theoretiker und Reformer auf der einen und der von den Publikumsbedürfnissen bestimmten theatralischen Praxis auf der anderen Seite. Auch die einem kulturpolitischen Anspruch verpflichtete Nationaltheaterbewegung, die in Deutschland maßgeblich von Lessing (*Hamburgische Dramaturgie*) vorangetrieben wurde, änderte daran nicht Grundsätzliches (auch sie war im Übrigen bei allen Unterschieden im Einzelnen der Vorstellung vom Theater als Transmissionsinstanz bürgerlicher Moral verpflichtet). Immerhin aber führte sie in der zweiten Hälfte des 18. Jahrhunderts zur Einrichtung stehender Bühnen und der Gründung von subventionierten Theatern jenseits der fürstlichen Hoftheater und der Wandertruppentheater. Allenthalben begegnen Forster nur unzulänglich ausgebildete Schauspielkunst, Stumpfheit der Empfindung und des Geschmacks, Unangemessenheit des gestischen Ausdruckrepertoires und der Deklamationskunst – und dies durchaus nicht allein in den Theatern der Provinz und der kleineren Städte (vgl. Eke 2011). Die Realität der von Forster beobachteten Trostlosigkeit der zeitgenössischen Theaterkultur mit ihrer gleichermaßen unterentwickelten Schauspiel- und Zuschaukunst bildet das gleichsam rückwärtige Webmuster des Idealbildes einer dialogischen Kunstkommunikation, deren Konturen Forster in seinem 1790 im elften Heft von Schillers *Thalia* veröffentlichten Aufsatz *Über die Humanität des Künstlers* am Beispiel der szenischen Transitorik schärft. Der Rückgriff auf das Theater als Referenzfolie erklärt sich so aus der Bedeutung des Theaters als dem Ort einer Kommunikation, in dem (idealerweise) Schauspieler und Zuschauer auf der Ebene des Als-Ob in bewusster und sich selbst bewusster Zeitgenossenschaft kommunizieren. Forsters Kritik zeigt, dass lineare Entwicklungskonzepte und teleologische Narrative einer sich fortschreibenden Ausdifferenzierung der Entwicklung des Theaters im 18. Jahrhundert nur bedingt gerecht werden.

Johannes Birgfeld und Claude D. Conter haben von hier aus auf die Verwurzelung auch der populären Dramatik in dem umfassenden Verbürgerlichungsprozess hingewiesen, der sich über das 18. Jahrhundert hinaus fortsetzt. Auch die Unterhaltungsdramatik sei nicht nur „weitgehend mit jener bürgerlich-aufklärerischen Literatur identisch [...], die auf Bedürfnisse des Publikums nach Normendiskussion und Orientierung in lebenspraktischen Fragen reagierte"; sie erscheine darüber hinaus „sogar als jenes *Reflexionsmedium par excellence*, das kulturelle, politische und gesellschaftliche Prozesse der Mittelschichten nicht für eine kleine, hoch begabte, kreative und gebildete Elite, sondern für die breite, weniger ambitionierte und progressive Mehrheit dieser Schicht verhandelt, problematisiert und mit Lösungsangeboten kommentiert" (Birgfeld und Conter 2007, XII–XIII). Die meisten der seinerzeit gespielten Stücke – und der Novitätenhunger war enorm – haben dabei die Kanonisierungsprozesse nicht überstanden: „Die Tatsache, dass die betreffenden dramatischen Werke heute kaum noch auf den Spielplänen zu finden sind", zeigt so freilich auch, „dass die Funktion des Theaters als Institution solcher Vermittlung im Zuge der breiten Etablierung bürgerlicher Werte mehr und mehr obsolet wurde. Außerdem ist von einem reinen Unterhaltungsbedürfnis der großstädtischen Massen auszugehen, welches das aufgeklärte Interesse konterkariert" (Balme und von Brincken 2007, 276).

Nicht nur im Einzelfall agierte das Unterhaltungstheater dabei gerade im Kontext der politischen Umbruchprozesse des ausgehenden 18. und des beginnenden 19. Jahrhunderts durchaus zeitbezogen-kritisch und kam damit einem wachsenden „Bedürfnis nach Kommunikation und Selbstreflexion" (Birgfeld und Conter 2007, XIII) nach. So sucht es, argwöhnisch beobachtet und immer wieder eingeschränkt dabei durch die Zensur, ganz dezidiert bspw. gerade auch in die Debatten um die Revolution in Frankreich einzugreifen – und dies keineswegs in der Perspektive allein einer Selbstvergewisserung der *Bürger*gesellschaft als des politisch *Vernünftigen*, mit der ungeachtet des anfänglich durchaus zu beobachtenden Revolutionsenthusiasmus unter den deutschen Intellektuellen sehr schnell in den 1790er Jahren eine Grenze gezogen wurde zwischen der Theorie (der Aufklärung) und der Praxis der Revolution (vgl. Eke 1997, 2007). Ausgehend von poetologischen Prämissen des Aufklärungstheaters bringt das am Fortschritt der Revolution interessierte Drama um 1800 bevorzugt so das ästhetische Formenarsenal der (oft derben) Satire, des Lustspiels und der Komödie mit dem ‚guten Ausgang' des geschilderten Konflikt- und Widerspruchspotentials zum Einsatz, um den utopischen Entwurf einer nach den allgemeinen Grundsätzen der Gleichheit, Freiheit und Mitmenschlichkeit geordneten Bürgerrepublik von der Bühne aus zu verbreiten. Auf der Gegenseite bedienen sich konservative Autoren entlang eines Dreischritts von ‚Defension' (des status quo als sozial zuträglich), ‚Denunziation' (der Revolution und ihrer Protagonisten) und ‚Agitation' (zum Misstrauen gegenüber den aufklärerischen Ideen und ihren Multiplikationsinstanzen sowie zur wehrhaften Verteidigung des Bestehenden) der Ausdrucksformen insbesondere der Typen- und Verlachkomödie, des auf die Wirkungsmomente der Rührung und des Mitleidens ausgerichteten Trauerspiels und v. a. (bei durchaus fließenden Grenzen) des bürgerlichen Rührstücks im Dienst einer Diskreditierung der Revolution, ihrer Protagonisten und deren Zielen.

Das Bemühen darum, Drama und Theater als Medien eines zeitbezogenen Agierens auf dem Forum der Öffentlichkeit zu nutzen, gewinnt eine wachsende Dynamik in der politischen Latenzzeit zwischen dem Abschluss des Wiener Kongresses (1815), der mit einer politisch-restriktiven Stabilisierungspolitik noch einmal die Modernisierung der Gesellschaft aufzuhalten sich alle Mühe gab, und der Märzrevolution von 1848, die mit dem Frankfurter Paulskirchenparlament zunächst vergeblich das Leitziel des freien Bürgers in einem rechtstaatlich und national geeinten System politisch durchzusetzen versuchte. Sowohl in kultureller als auch sozialer Hinsicht sind die auf die Revolution von 1848 zulaufenden Jahre eine Zeit des Aufbruchs und der Bewegung – und dies sowohl in horizontaler (Reisen, Migration), als auch in vertikaler (Veränderungen im Sozialgefüge) und in ästhetischer Perspektive (Ausdifferenzierung des Literatursystems). Technologische Innovationen wandeln die Raum-Zeit-Verhältnisse der vorindustriellen Gesellschaft, verändern die Wahrnehmungslogik, dynamisieren zugleich die sozioökonomischen Strukturen, Kommunikationswege und -formen. Revolutionen und politische Parteienbildungen wirken als Beschleunigungsfaktoren längerfristiger Umsetzungsprozesse, in deren Perspektive sich der Siegeszug der industriell-technologischen (und agrarökonomischen) Revolution vollendet. Zugleich damit verliert das ästhetische Wertesystem der Goethezeit an orientierender Bedeutung und macht – für eine Übergangszeit – auf allen Ebenen einer Vielzahl ästhetischer Suchbewegungen Platz, die erst allmählich von einem Konsolidierungs- und Normierungsprozess aufgefangen werden, der in der Folge zur Ausbildung des Literatursystems des Realismus führt.

Die im zurückliegenden Jahrhundert noch als Freiheit empfundene funktionale Autarkie der Autonomie wurde ab dem zweiten Jahrzehnt des 19. Jahrhunderts zunehmend dabei nun mit sozialer Folgenlosigkeit identifiziert. In der Konsequenz dessen steht in weiten Teilen der Literaturprogrammatik und ästhetischen Praxis zwischen 1815 und 1848 die Ablösung autonomieästhetischer durch wirkungsästhetische Konzepte, die in gegenläufiger Bewegung gleichermaßen zu den ästhetischen und philosophischen Konzepten der Kunstautonomie stehen, wie sie die deutsche Klassik vertreten hatte, und den utopischen Entdifferenzierungsstrategien der Romantik, begleitet zugleich von ästhetischen bzw. medialen Formerweiterungen. Angesichts einer noch immer nur semi-alphabetisierten Kultur kommt performativen Formen der Öffentlichkeit dabei eine besondere Bedeutung zu: In erster Linie ist dies das Theater, das als ‚öffentliche' Kunstform allerdings einem ständigen Misstrauensvorbehalt ausgesetzt war (vgl. Eke 1997, 23–28). „Kein anderer Zweig weder der Literatur noch der Kunst", schreibt Robert Prutz 1847 in seinen *Vorlesungen über die Geschichte des deutschen Theaters*, trete

„so unmittelbar in die Oeffentlichkeit des praktischen Lebens ein"; kein anderer stelle sich „dem Publikum so handgreiflich Aug' in Auge, wie dies, durch Vermittlung des Theaters, mit der dramatischen Literatur der Fall ist." Von hier aus übertreffe die Wirkung der Aufführung die der Lektüre bei weitem. „Was ist der Eindruck des gelesensten Buches gegen die glückliche Wirkung eines Stückes! Der Beifall entzündet sich am Beifall, das Publikum selbst tritt mit in die Reihe der Spielenden, Dichter, Darsteller, Zuschauer, alle ergriffen von Einem Feuer, alle vereinigt im gemeinsamen Dienste des Genius!" (Prutz 1847, 9–10). Und im Vorwort des 1839 in erster Auflage erschienenen *Allgemeinen Theater-Lexikons* heißt es: „Die Bühne ist für uns Deutsche außer der Kirche fast die einzige Stätte der Oeffentlichkeit. In ihrer Beachtung und Anerkennung vereinigen sich alle Stämme, Staaten und Provinzen des deutschen Volkes, sie ist der Mittelpunkt der intellectuellen und geselligen Einheit Deutschlands, ein die Zeitblätter und Conversation stets rege und lebendig erhaltender, nie sich erschöpfender oder alternder Stoff, und demnach ein unabweisbares Aggregat des gesellschaftlichen Lebens" (Blum et al. 1839, III). Bereits in Robert Prutz' *Vorlesungen über die Geschichte des deutschen Theaters* aber wird zugleich mit der Bestimmung der Theaterverhältnisse als Spiegel der politischen Verhältnisse unterschwellig ein Vorbehalt erkennbar. So entwirft Prutz das Theater als demokratische (Gegen-)Öffentlichkeit zu der restaurativen Politik, klammert diese Projektion mit einem listigerweise ins Präteritum versetzten Nachsatz aber gleichsam wieder ein: „[E]s hat Zeiten und Völker gegeben, bei denen die Oeffentlichkeit des Theaters die einzige war, die überhaupt noch existirte – und auch sie war von Gensd'armen überwacht." (Prutz 1847, 10) Kommerzielle Erwartungen und politische Reglementierung (Zensur) lähmten überdies die im Vormärz in großer Zahl als (in der Regel) Aktiengesellschaften gegründeten städtischen Theater gleichermaßen, was dazu führte, dass von den Bühnen ungeachtet ihrer kulturellen Hochwertung kaum innovative ästhetische Impulse ausgingen, das Theater vielmehr weithin Unterhaltungsbedürfnisse seines Publikums zu befriedigen suchte und sich dementsprechend auf Zerstreuendes (Oper, Singspiel, Ballett) und v. a. auf die verschiedenen Ausprägungen des bürgerlichen Lachtheaters (Volksstück, Komödie, Posse, Schwank) sowie auf die Aufführung von Familiendramen und Rührstücken konzentrierte (vgl. Kortländer 2002, 199–200).

Da im Deutschland des beginnenden 19. Jahrhunderts das Theater überdies ein reiner Repertoirebetrieb mit Premierenzwang war, war der Hunger nach (technisch) spielbaren und das Zuschauerinteresse nicht zuletzt auch nach Abwechslung befriedigenden (damit auch finanziell einträglichen) Stücken groß. Angesichts des hieraus erwachsenden Handlungsdrucks war ein gleichbleibendes Niveau nur schwer zu halten, von einem hohen künstlerischen ganz zu schweigen. Auf der Rückseite der Professionalisierung des Theaterbetriebs, die sich im Gefolge der National-, Hof- und Privattheatergründungen im 18. Jahrhundert eingestellt hatte, machen sich so im beginnenden 19. Jahrhundert auf allen Ebenen (Drama und Darstellungskunst) Tendenzen zur Trivialisierung und Kommerzialisierung bemerkbar, was noch einmal dadurch verstärkt wurde, dass für Inszenierungen in der Regel nur wenige Probentage zur Verfügung standen, eine intensivere Auseinandersetzung mit den Spielvorlagen und eine gründliche Vorbereitung der Aufführungen damit so gut wie nicht möglich war. Das unterschied das deutsche Theater grundlegend z. B. vom Theater im Nachbarland Frankreich, zumal dem Theater in der Metropole Paris, wo drei- bis vierwöchige Probenzeiten durchaus üblich waren. Ungleich größer als in Deutschland, wo Regie bis zur Mitte des 19. Jahrhunderts noch nahezu ausschließlich von Schauspielern gleichsam mit linker Hand mitübernommen wurde, war hier auch die Wertschätzung der Inszenierung als Voraussetzung der darstellenden Kunst.

1852 stellt Richard Wagner in seiner im Zürcher Exil entstandenen Schrift *Oper und Drama* dem zeitgenössischen Drama und Theater ein vernichtendes Zeugnis aus. Verloren gegangen sei dem modernen Drama in seiner „zwitterhaften, unnatürlichen Gestalt" (Wagner ⁶o. J., 15) der szenische Reichtum eines Shakespeare; verloren gegangen sei die Theatralität seines Werks, der auch Tiecks Forderung zur „Wiederherstellung der Shakespeareschen Bühne mit dem Appell an die Phantasie für die Szene" (Wagner ⁶o. J., 18) in Wagners Augen nicht habe aufhelfen können. In der Folge habe sich das Drama in zwei Richtungen entwickelt: in das Literaturdrama einerseits und das entsinnlichte, enttheatralisierte Reflexionsdrama andererseits. Die moderne Dramatik taumele zwischen der „antike[n] Kunstform" und dem „praktische[n] Roman unserer Zeit": „Wo sie aus der bloßen litterarischen Dramatik sich zur Darstellung des Lebens" anließe, sei sie, „um szenisch wirkungsvoll und verständlich zu sein, immer in die Plattheit des dramatisierten bürgerlichen Romanes zurückgefallen, oder wollte sie einen höheren Lebensgehalt aussprechen, so sah sie sich genötigt, das falsche dramatische Federgewand allmählich immer wieder vollständig von sich abzustreifen, und als nackter sechs- oder neunbändiger Roman der bloßen Lektüre sich vorzustellen" (Wagner ⁶o. J., 27f.). Für Wagner folgt daraus die „eine bestimmte Wahrheit [...]: *daß wir kein Drama haben und kein Drama haben können*; daß unser Literatur-Drama vom wirklichen Drama gerade so weit entfernt steht, als das Klavier vom symphonischen Gesang menschlicher Stimmen; daß wir im modernen Drama nur durch die ausgedachteste Vermittlung literarischer Mechanik zur Hervorbringung von Dichtkunst, wie auf dem Klaviere durch komplizierteste Vermittlung der technischen Mechanik zur Hervorbringung von Musik gelangen können, – d. h. aber – einer seelenlosen Dichtkunst, einer tonlosen Musik" (Wagner ⁶o. J., 29).

Wagner stand mit diesem Urteil durchaus nicht allein. Bereits 1850 hatte Julian Schmidt, von anderer Seite herkommend, in den *Grenzboten* das Ende der alten

Zeit in der Literatur dekretiert, die zumal von einer den Dilettantismus befördernden Vermischung von Politischem und Ästhetischem gekennzeichnet gewesen sei (vgl. Schmidt 1850). Wagners und Schmidts kritische Einwürfe, so unterschiedlich sie in ihren Voraussetzungen auch gewesen sein mögen, sind mehr als nur der Ausdruck einer toposhaft die Geschichte der Gattung bis in die Gegenwart begleitenden Klage über die Misere des Theaters. Sie sind Indikatoren einer ästhetischen Schwäche des Dramas nach dem Scheitern der Märzrevolution, die – folgt man der zeitgenössischen Diskussion – politisch begründet ist. Mit der Restauration der politischen Verhältnisse in den fünfziger Jahren zumindest schwanden auch die Spielräume für ein innovatives Drama, bis sich gegen Ende des Jahrhunderts unter dem Einfluss nicht zuletzt der Ästhetik des späten Friedrich Nietzsche das Formenkarrusell in einem Wechsel einander ablösender künstlerischer Bewegungen wieder zu beschleunigen begann (Impressionismus, Symbolismus, Décadence, Fin de siécle, Ästhetizismus) und durch medientechnologische Innovationen in ungeahnter Weise neue Impulse erhielt. Die als Filmkunst rasch dem Jahrmarktsvergnügen entwachsene Kinematographie trieb so die Bühnenkunst gewissermaßen in die ästhetische Selbstreflexion. Die nach der Jahrhundertwende in erster Linie als Gegenbewegung zum Naturalismus entworfenen Konzepte zu einer Retheatralisierung des Theaters und zu einem Theater *als Kunst*, das nicht die sinnlich wahrnehmbare Welt abbildet, lassen sich als Antwort auch auf die Herausforderung des Theaters durch das neue Medium des Films lesen; Vergleichbares gilt für die sofortige Einbeziehung der neuen technischen Medien – Projektionen, Film- und Toneinspielungen – in die Bühneninszenierung durch Theaterkünstler wie Erwin Piscator in den zwanziger Jahren. Begleitend zum Siegeszug der Kinematographie zumindest begann sich einerseits die ästhetische Wahrnehmung in immer stärkerem Maße ‚visuell' auszurichten, was für das Theater (und die Literatur) eine existentielle Bedrohung bedeutete. Andererseits lehnte sich die junge Kinematographie in ihren Anfangsjahren mit ihren dramaturgischen Strukturen und ihren Inszenierungskonventionen ganz offensichtlich eng an das Theater als dem bisherigen Leitmedium der Schauspielkunst an (von der Übernahme von dramatischen Stoffen ganz zu schweigen), bevor es ihr gelang, sich ein eigenes Ausdrucksvokabular zu schaffen, das ironischerweise in der Gegenwart nun umgekehrt das Theater nachzubuchstabieren begonnen hat – strukturell mit der Simulation von Wirklichkeit (was das Kino allemal besser kann), stofflich mit der Adaption erfolgreicher Filmstoffe für die Bühne. Formale Neuerungen boten in dieser Hinsicht in den zwanziger Jahren zumal die Theaterformen des Agitprop und der ‚Roten Revuen' sowie die Einbeziehung von Formen der visuellen Kommunikation in die Inszenierung, wie sie in Deutschland Erwin Piscator in Anlehnung an die theaterästhetischen Experimente Wsewolod Meyerholds („Kinofizierung des Theaters") und Sergei Eisensteins („Montage der Attraktionen") in das Theater eingeführt hat. Die großen Revuen Piscators selbst hatten ihren Bezugspunkt dabei in den Bedingungen proletarischer Öffentlichkeit in den zwanziger und frühen dreißiger Jahren. Aufgehoben waren in diesen theatralen Massenveranstaltungen nicht nur die Grenzen zwischen Laien- und Profidarstellern, sondern auch zwischen den Kunstgattungen.

Retheatralisierung im engeren Sinn meint freilich etwas anderes: die Emanzipation des Theaters von seiner ihm im 18. Jahrhundert zugeschriebenen Rolle als Vermittlungsinstanz von dramatischer Literatur. Diese Entwicklung verband sich mit der „Suspendierung der Sprache als dominantes Ausdrucksmittel" und der „gleichzeitige[n] Aufwertung der akustisch-visuellen Qualitäten des Bühnenraums und des bewegten Darstellerkörpers" (Balme und von Brincken 2007, 285). Damit zielt diese Tendenz der Retheatralisierung und Entliterarisierung ungeachtet aller Unterschiede im Einzelnen darauf ab, „Kunst und Realität durch ein Rearrangement von künstlerischer Produktion und Rezeption" (Balme und von Brincken 2007, 285) wieder zu entgrenzen.

In der Idee eines Theaters der Präsenz, der Zermalmung und – kathartischen – Heilung, wie sie Antonin Artaud in seinen Theaterschriften ausformuliert hat (*Das Theater und sein Double*), kommt diese Neukonzeption mit bis heute anhaltender Wirkung am vielleicht prägnantesten zum Ausdruck. Artauds Theaterkonzept zielt auf die Revitalisierung des Theaters von der Seite der Inszenierung her. Artaud richtetete seine Aufmerksamkeit dabei auf das prozessuale Format der Theateraufführung und projektierte ein totales Theater unter Einbeziehung von Tanz, Musik, Licht, Farben, Masken und Schrei, ein Theater, das den Zuschauer unter Schock setzen, ihn mit seinen Träumen konfrontieren, ihn entsetzen und heilen zugleich wollte. Sein Theater ist „théâtre sacré" (Artaud 1964), dionysisches Fest, das den Zuschauer in einen Wirbel hineinzureißen sich anschickte, in dem *phóné* und *logós* nur noch bedingt zusammengehen. Artaud forderte so, Stimme/Sprechen von der Mitteilung (Explikation von Zeichen) zu trennen und das ‚Lautsprechen' in eine Klangskulptur zu verwandeln. Entsprechend hat er die unterschiedlichen Formen der Lautgebung (Stimme und Schrei) den anderen Elementen der Aufführung gleichwertig an die Seite gestellt: als Mittel der Einwirkung auf die Emotionen und das Unbewusste des Publikums von der Seite der Bühne her, die er als ‚körperlichen, konkreten Ort' verstanden wissen wollte (vgl. Artaud 1981, 39–40). Dem ‚körperlich-konkreten Ort' der Bühne sollte wiederum eine „konkrete Sprache" aus Klängen, aus Schreien, aus Lichtern und onomatopoetischen Lauten (Artaud 1981, 96) entsprechen, die sich den (ihren) Raum selbst schafft, die also nicht im Dienst einer Repräsentation von Wirklichkeit steht, sondern der Produktion von Affekten dient.

Die sogenannte Neoavantgarde setzte eher bei Artaud als bei Brecht an, der etwa zeitgleich mit seiner Variante des epischen Theaters die ‚Wirklichkeit' mit

Hilfe einer Vergrößerung der Distanz und auf dem Weg einer ‚Durchkältung' der Spiel-Dramaturgie zu erreichen suchte. Sie setzte auf den Vorrang des Theaterereignisses gegenüber der Sprache, die zum Element unter anderen (Körper, Szenographie, Ton, Bild) wurde. Von anderer Seite arbeitete das sogenannte Regietheater, das mehr als sekundäres Kunstwerk zu sein für sich in Anspruch nahm, an der Autonomisierung der Inszenierung vom Text, der „als Ansatzpunkt neuer szenischer Transformationsverfahren jenseits der Texttreuenorm genutzt" (Balme und von Brincken 2007, 289) wurde, was die funktionale Beziehung von Theater und Literatur nachhaltig störte. Balme und von Brincken haben angesichts dessen die Ansicht vertreten, dass heute „sowohl die Frage nach der Unentbehrlichkeit des dramatischen Textes für die Bühne als auch diejenige nach der Befreiung der Bühne vom dramatischen Text nicht mehr ausschließlich zu beantworten" seien (Balme und von Brincken 2007, 289–290).

9 Medienrevolution – Digitalität als neue literarische Institution

Die bahnbrechenden Entwicklungen der auditiven (Telefon, Schallplatte, Hörfunk) und v. a. der visuellen Medien (Photographie, Film, seit 1927 dann auch als Tonfilm) um 1900 markieren den Eintritt in das elektronische Zeitalter. Mit ihm verliert das Buch seine jahrhundertealte Bedeutung als gesellschaftliches Leitmedium. Zumindest wird aus der monomedialen Druckkultur im 20. Jahrhundert damit nun eine plurimediale Kultur, in der verschiedene Medien nebeneinander stehen: die neuen optischen und akustischen Medien (Film, Fernsehen, Rundfunk) und die alten Printmedien (Buch, Zeitung, Zeitschrift) (vgl. den Beitrag von Glasenapp, „Literatur und Medien", in diesem Buch). Selbstverständlich ist bereits Schrift als solche ein visuelles Speichermedium; auch haben Bilder über lange Zeiträume hinweg den des Lesens nicht Kundigen gerade in kirchlichen Zusammenhängen die Glaubensinhalte visuell vermittelt. Nun aber werden die elektronisch erzeugten Bilder in besonderer Weise zu Informationsmedien, die in ihrer Bedeutung begriffen, und d. h. in anderer Weise gelesen werden wollen.

Diese zweite Medienrevolution erfährt gegen Ende des 20. Jahrhunderts eine neue Dynamik, die die literarischen Institutionen auf allen Ebenen erfasst. Dem Visualisierungsschub des 19. Jahrhunderts folgt in dieser Zeit ein regelrechter Digitalisierungsschub, der das Buch als Leitmedium weiter in den Hintergrund treten lässt. Digitale Medien übernehmen nicht nur Speicherfunktionen der ‚alten' Medien, sie bieten auch neue Informationsstrukturen in der Verbindung von Text, Grafik, Ton, Fest- und Bewegtbild, Animation etc. und transformieren auch das tradierte Sender-Empfänger-Schema von Kommunikation dadurch, dass sie nun Formen der aktiven Teilnahme an Informationsströmen ermöglichen. Mit der Digitalisierung als (nach Buchdruck und Film/Hörfunk) dritter medientechnologischer Revolution wird die Literatur so in einen von Grund auf veränderten kommunikativen Rahmen gesetzt. Zugleich kommt mit dem Internet eine neue Präsentations- und Distributionsinstanz ins Spiel: Die Vermittlungskanäle vervielfachen sich.

Dabei ist zu unterscheiden zwischen digitalisierter oder retrodigitalisierter Literatur, die ins Netz gestellt wird, und *digitaler Literatur* im engeren Sinn, „die im Sinne der Sekundärmedien zur Produktion auf die digitalen Medien angewiesen ist oder im Sinne der Quartiärmedien außerhalb der digitalen Medien gar nicht existieren kann" (Simanowski 2007, 249).

Das Internet selbst ist zunächst einmal nicht mehr als der Name für die Vernetzung mehrerer voneinander unabhängiger Computernetze auf der Basis speziell dafür entwickelter Übertragungsprotokolle (TCP/IP). Es weist damit für sich genommen keine medienspezifischen Eigenschaften auf. Während das Internet so nicht mehr ist als eine Trägerschicht, die – ähnlich den Funkwellen, die Fernsehen und Hörfunk ermöglichen – den Austausch von Informationen organisiert (so wie die Post den Briefaustausch organisiert, aber selbst kein Medium ist), lassen sich einzelne Internet-Dienste wie E-Mail (als Medium zur Versendung von Nachrichten) oder der WWW-Browser (als Navigationsmedium durch verschiedene Bild-, Text- und Tondokumente) sehr wohl als Medien definieren. Online-Medien schaffen im Zusammenspiel von ‚Client'- oder ‚Anwender'-Programmen und Server-Programmen die Voraussetzungen dafür, um gemeinsam mit den TCP/IP-Protokollen als den zugehörigen Verbindungsvoraussetzungen das Internet zu nutzen.

Hypertexte wiederum ermöglichen als „Medien der nicht-linearen Organisation von Informationseinheiten" (Kuhlen 1997, 27) und Formen vernetzter Information dabei, die Grenzen der durch das Druckmedium Buch vorgeschriebenen Abfolge der Informationsvermittlung zu überwinden. Während das Buch oder allgemeiner: der gedruckte Text, von Ausnahmen (Lexika, Nachschlagewerke) abgesehen, eine aufeinander aufbauende Informationskette abbildet und seinerseits eine lineare Lektüre (von a nach b nach c usw.) erfordert, konstituiert sich der ‚Hypertext' weder als Form einer festgelegten Abfolge, noch wird er linear gelesen. Vielmehr besteht ein Hypertext aus Informationsknoten, sogenannten ‚nodes', und Querverweisen, den ‚links', und damit aus einer verschlungenen und vielfach geschichteten Architektur vernetzter Module, die unabhängig voneinander und nach Belieben angesteuert werden können.

Theodor Nelson hatte von hier aus vorgeschlagen, Hypertext als nicht-sequentielles bzw. nicht-lineares Schreiben zu verstehen, als eine Serie von Textstücken, verbunden durch Links, die dem Leser unterschiedliche Pfade anbieten („by ‚hypertext', I mean non-sequential writing – text that branches and allows choices to the reader, best read at an interactive screen. As popularly conceived, this is a series of text chunks connected by links which offer the reader different pathways." [Nelson 1981, 2]) Dem Benutzer ist beim Hypertext kein geradliniger Informationsweg auf den von einem Autor vorstrukturierten Bahnen mehr auferlegt; vielmehr kann er nach Belieben den ‚links' folgen und neue ‚nodes' ansteuern, die zu dem von ihm nachgefragten Thema in Beziehung stehen, ohne dass er das gesamte Textmaterial vor Augen hat: Die sichtbare Oberfläche bleibt beschränkt auf nur wenige Informationen, ohne dass die Ver-‚Linkung' jedes Einzelknotens im Einzelnen dargestellt wird; der Nutzer sieht nur, was er sehen will und aufgrund seiner Auswahl sehen kann. So gesehen stellt das World Wide Web den Hypertext schlechthin dar. Suchmaschinen durchsuchen hier die ins ‚Netz' gestellten Informationsseiten von Privatpersonen, Institutionen, Firmen etc. anhand vorab eingegebener Suchbegriffe und stellen so einen virtuellen neuen modularen Informationstext zusammen, der ganz auf den jeweiligen Rezipienten zugeschnitten und damit in gewisser Hinsicht einmalig ist. Entscheidend für die Qualität des Hypertextes als Form der Verbindung von Teiltexten durch frei wählbare Verbindungen ist dabei die Auswahl der Informationsknoten. Dabei gilt es im Blick zu behalten, dass zwar die „Darstellung der Information in einem Hypertext [...] nichtlinear, vernetzt, verschachtelt, multi-dimensional" ist, die Rezeption aber linear erfolgt – und zwar „in dem Sinne, dass einem Hypertextleser gar nichts anderes übrig bleibt, als sich in einer Hypertextsitzung Schritt für Schritt in linearer Abfolge seine Pfade durch den Hypertext zu schlagen." (Daiber 2002, 100–101)

Die Modularisierung der Kommunikation führt zu neuen Kommunikationsformen, insofern Produktion und Rezeption nun ineinanderfließen, zugleich damit auch beschleunigt werden, was nicht unbedingt und in jedem Fall einen Qualitätszuwachs bedeutet. Anders als das Buch haben Online-Publikationen so den Nachteil fehlender Konsekration durch einen Akteur des Buchmarktes (Verleger, Redakteur, Lektor): Das Buch (nicht die von jedem auf einfache Art ins Netz gestellte Veröffentlichung) beglaubigt den Autor als Autor (vgl. Geiger 2008, 428). Mit dem Wechsel von der passiven Mediennutzung, wie sie das Zeitalter des Buches bestimmt, zur interaktiven Mitautorschaft werden die Unterscheidungsebenen zwischen Autor und Leser fließend. In Frage steht der Autor als Verstehensnorm. Dem traditionellen Verständnis zufolge ist der ‚Autor' (bzw. die Autorin) das schreibende Subjekt und als gleichsam Wort schöpfende Instanz unterschieden von den Instanzen des Erzählens innerhalb der literarischen Texte. Der Name des Autors steht nicht allein für den individuell greifbaren Dichter, den ‚poeta'; er verbürgt gleichzeitig auch die Identität und Authentizität des von ihm geschaffenen Werks. Inwieweit aber auch allein schon der empirische Autor als Verursacher des sprachlichen Zeichens, der seine Botschaften an den Leser adressiert und ihm so ein Mehrwissen voraushat, in Frage steht, zeigen Neuansätze kollaborativen Schreibens, die auf der Weiterentwicklung der Computer vom bloßen Speichermedium zur multimedialen und interaktiven Funktionseinheit basieren.

Andererseits ermöglicht Hypertext mit der Setzung nicht-linearer Anschlüsse eine breite Palette neuer literarischer Kompositionsverfahren. Bereits in den ausgehenden 1950er und den 1960er Jahren hatte eine Gruppe um Max Bense in Weiterführung avantgardistischer Konzepte mit sogenannten stochastischen, vom Computer erzeugten Texten experimentiert. In den 1990er Jahren erlaubten nun neue Hypertextprogramme erstmals Hypertext als „narratives Strukturprinzip" (Simanowski 2002b, 84) zu erproben (*Die imaginäre Bibliothek*, 1990) und das Netz als Möglichkeit für kollaborative Schreibprojekte (*Beim Bäcker*, 1996–2000, oder das kollektive Netztagebuch *tage-bau.de*, seit 1999) zu verwenden. Wegweisend im engeren Sinn waren in dieser Hinsicht Michael Joyces Projekt *Afternoon – a story*, Peter Glasers *Licht* und Reinhard Dohls *Das Buch Gertrud* sowie multimediale Hypertextspektakel wie Urs Schreibers *Das Epos der Maschine*, die auf der weiten Verbreitung und v. a. Weiterentwicklung der Computer vom bloßen Speichermedium zur multimedialen und interaktiven Funktionseinheit basieren (vgl. Suter 1999). Mit sogenannten Autorenforen haben Ende der 1990er Jahre dann auch etablierte Autoren das Internet als Veröffentlichungs-, Kommunikationsform und Experimentierfeld für Literatur zu nutzen begonnen (vgl. Meßner 2012). Zu nennen ist hier das Milleniums-Anthologieprojekt *Null*, die Autoreninitiative *Pool* und das aus einem Seminar der Arno Schmidt Stiftung hervorgegangene *Forum der Dreizehn* (alle 1999) (vgl. Meßner 2012, 9). Anstöße für die Entwicklung von Netzliteratur gingen von meist kurzlebigen Festivals und Wettbewerben (Netzliteratur-Festival *Softmoderne*, Netzliteraturpreis *Pegasus*) aus, Linklisten und Webringe sorgen für weitere Verbreitung. Etabliert haben sich mittlerweile Diskussions- und Rezensionsforen wie *Das Literatur-Café* (1996 von Wolfgang Tischer ins Leben gerufen und nach wie vor online) oder das *Berliner Zimmer* (1998–2006) (zum heutigen Stand der Inter-Aktivität vgl. Meßner 2012).

Heute wird das Netz nach Überwindung anfänglicher Berührungsängste vom offiziellen Literaturbetrieb intensiv genutzt. Das *Deutsche Literaturarchiv Marbach* ist mit einer Homepage, die die Suche nach archivierten Netzprojekten ermöglicht, ebenso präsent, wie der *Literaturport*, das mit dem *Grimme Online Award* ausgezeichnete Literaturportal der brandenburgischen Literaturbüros und des *Literarischen Colloquiums Berlin*. Es gibt neben den Online-Auftritten von Autoren, Verlagen und Institutionen auch eine Reihe unkonventioneller Angebote, die in dieser Form nur im Netz möglich sind. Auf *VolksLesen.tv* kann man sich etwa von Mitbürgern deren Lieblingsbücher vorlesen lassen. Die Homepage *lyrikline* wiederum bietet eine akustische Lyrikplattform, auf der man Gedichte in 53 Sprachen, von Afrikaans bis Wayuunaiki, von den Autoren selbst eingesprochen, anhören kann. Es gibt mit dem Online-Journal *Lit-ex* ein Magazin, das ausschließlich Verrisse publiziert, und mit *Literatur-TV* einen Online-Fernsehkanal für Literatur. Literatur im Internet ist alltäglich geworden. Hatten um die Jahrtausendwende Literaturschaffende im Netz ihre Position noch als deutlich abseits vom Literaturbetrieb wahrgenommen, so zeigt sich heute, wie „stark sich der Literaturbetrieb im Internet inzwischen mit dem ‚traditionellen' Literaturbetrieb verschränkt hat". Printpublikationen werden online beworben, rezensiert und zu einem großen Teil über das Internet vertrieben, sodass der Literaturbetrieb online den Literaturbetrieb „außerhalb" des Netzes erweitert und ergänzt (Meßner 2012, 20–21).

Insbesondere kollaborative Schreibprojekte stellen die spezifisch neue Literaturform des Internets dar. Sogenannte kollaborative Schreibprojekte hat es ebenso bereits vor der Erfindung des Internet gegeben wie Ausdrucksformen der Kombinatorik, Multilinearität, Intermedialität und des gemeinschaftlichen Schreibens. Simanowski spricht von den sogenannten *Hyperfictions* als ältesten Vertretern der *Interfictions*, die sich noch vor den Mitschreibeprojekten (hier wären noch zu nennen Guido Grigats *23.40* und Jan Ulrich Haseckes *Das Generationenprojekt*) etabliert hätten, und er verweist auf vor-Computer-zeitliche Formen multilinearen Erzählens wie u. a. Raymond Queneaus *Cent mille milliards de poèmes*, Julio Cortázars Roman *Rayuela* und Milorad Pavićs *Das Chasarische Wörterbuch* sowie die Poetikmaschinen des Barock (Harsdörffer, Quirinus Kuhlmann) (vgl. Simanowski 2002a, 66, 71). Das Neue an der im Netzwerk entstehenden ‚Webfiction' aber ist, dass sie einerseits unmittelbar im Netz selbst entsteht und andererseits in tiefgreifender Weise die traditionellen Verteilungen von Autor, Text und Leser verändert. Sie tut dies, insofern sie den Prozess zum eigentlichen ästhetischen Ereignis macht, hinter dem das Endprodukt zurücktritt. Der Leser des Hypertextes wiederum kann für sich nicht nur verschiedene Pfade einschlagen, immer neue Kombinationsvarianten der Textelemente erproben, er kann dem Text auch neue Elemente hinzufügen; allein durch seine Verknüpfungsvorgaben schreibt er dem Hypertext Sinn zu.

Dabei gilt es zu unterscheiden zwischen „Netzliteratur" als dem Ergebnis einer „neue[n] Qualität der Vernetzung von Computern und Nutzern in literarischen Produktions- und Rezeptionsprozessen" (Meßner 2012, 49) und ‚Literatur im Netz' bzw. ‚digitalisierter Literatur' oder ‚digitaler Literatur', die wie bspw. E-Books das digitale Medium lediglich „aus der Logik des Printmediums" (Simanowski 2002a, 12) heraus nutzen oder wie z. B. Portale wie das *Projekt Gutenberg*, *zeno.org*, Autorenhomepages, das *Heine-Portal* oder das *Grabbe-Portal* digitalisierte und lediglich ins neue Medium übertragene Literatur im Netz verfügbar macht (vgl. dazu Meßner 2012, 13; zur Bandbreite und Problematik des Begriffs ‚Netzliteratur' siehe auch Simanowski 2007, 251). Netzliteratur verwendet das Medium in seiner Eigenlogik medial und damit eben nicht „in erster Linie als Ort der Distribution oder Diskussion, sie braucht es als Produktions- und Rezeptionsort, weil sie sich in der einen oder anderen Form seiner spezifischen Eigenschaften in ästhetischer Weise bedient" (Simanoski 2002a, 14; vgl. auch Daiber 2002, 96). Entsprechend heißt es bei Simanowski: „Wenn hier von Netzliteratur oder digitaler Literatur gesprochen wird, ist nicht vom Einscannen gedruckter Texte die Rede, sondern vom Herstellen nicht druckbarer. *Schreiben im Netz* bezeichnet nicht die Verlagerung des üblichen Produktionsprozesses in ein neues Präsentationsmedium, es bezeichnet einen Vorgang, der auf den spezifischen ästhetischen Möglichkeiten der digitalen Medien aufsetzt. Dabei ist nicht nur das Internet gemeint, sondern ebenso das Netz an Segmenten, das der Hypertext darstellt, sowie das Netz, das Wort, Bild, Ton und Film untereinander weben." (Simanowski 2002a, 13–14)

Simanowski hat von hier aus die Verwendung eines neutralen Dachbegriffs, ‚digitale Literatur', vorgeschlagen, „mit dem das Bezeichnete noch nicht auf eine spezifische Eigenschaft der digitalen Medien festgelegt wird, sondern lediglich auf die Notwendigkeit der digitalen Medien, um ästhetisch Gestalt anzunehmen" (Simanowski 2007, 251). Dabei hat er die drei aus seiner Sicht für die Literatur relevanten Eigenschaften hervorgehoben: (1) Interaktivität („Teilhabe des Rezipienten an der Konstruktion des Werkes, die in Reaktion auf Eigenschaften des Werkes erfolgen kann [programmierte Interaktivität zwischen Mensch und Software] oder in Reaktion auf Handlungen anderer Rezipienten [netzgebundene Interaktivität])"; (2) Inszenierung („Programmierung einer bestimmten Verhaltensweise des Werkes in Raum und Zeit während der Rezeption" wie z. B. Animationen); (3) Intermedialität (hier verstanden als konzeptuell-integrative Verbindung der traditionellen Ausdrucksmedien Sprache, Bild und Musik [vgl. Simanowski 2007, 248–249; vgl. auch Simanowski 2002a, 18]).

Als Forschungsgegenstand ist die digitale Literatur mittlerweile etabliert (vgl. Suter 2001, Hartling und Suter 2010; Heibach 2000; Rau 2000; Porombka 2001; Simanowski 2002a und 2002b). Schwerpunkte zur Erforschung digitaler Literatur waren zeitweilig in Zürich, Stuttgart, Erfurt und Trier. Vgl. dazu allein das wichtige Publikationsforum *dichtung-digital*, das „auf die interdisziplinäre Auseinandersetzung mit ästhetischen und kulturellen Phänomenen der digitalen Medien aus literatur-, kunst-, kultur-, medien- und sozialwissenschaftlicher Perspektive mit theoretischen wie empirischen Ansätzen" zielt und dessen Themenspektrum „von der Poetik multilinearer, multimedialer Texte, interaktiver Installationen und Videospiele bis zur Politik der Kulturtechniken und Kommunikationsformen der neuen, mobilen, sozialen Medien" reicht (Homepage *dichtung-digital.de*). Als

Medienpraxis hat die digitale Literatur gleichwohl in dem Maße an Faszinations- und Bindungskraft eingebüßt, in dem sich die postmodern gewendeten Hoffnungen auf eine Demokratisierung der Literaturproduktion und der im Zeitalter des Internets erneuerte Traum der Avantgarden von der Aufhebung zwischen Kunst und Leben oder nur von der Ästhetisierung der Alltagskommunikation als Illusion erwiesen haben (vgl. Simanowski 2007, 251).

Andererseits ist in der neuen Medienkonkurrenz die Bedeutung des Buches als Leitmedium literarischer Institutionenbildung brüchig geworden. Zumindest hat das Verlagswesen in den zurückliegenden Jahren einen rasanten Strukturwandel verkraften müsen, der sich in vertikalen Konzentrationen niederschlug, aber auch die Bibliotheken als buchzentrierte Institutionen vor neue Herausforderungen gestellt hat, auch wenn der zu Beginn des neuen Jahrtausends erwartete und befürchtete Niedergang des Buchhandels bislang nicht in dem Maße eingetreten ist, wie dies befürchtet worden war. Statistisch gesehen ist die Gesamtanzahl der von den deutschen Buchverlagen produzierten Titel (Erst- und Neuauflagen) 2016 zwar auf den niedrigsten Wert der vergangenen zehn Jahre gesunken (85.486 Titel = minus 4,5 % im Vergleich zum Vorjahr, davon 13.891 [= 19,1 %] Titel aus dem Bereich der Belletristik); relativ konstant blieb dabei im Vergleich zum Vorjahr die Taschenbuchproduktion an den Erstauflagen (12,5 %; 2015: 12,4 %) (*Frankfurt Buchmesse* 2017). Auf der anderen Seite sind signifikante Einbrüche im Umsatz der Branche nicht zu verzeichnen. Die neuesten statistischen Erhebungen des deutschen Börsenvereins zeigen im Gegenteil eine Stabilisierung, in Teilen auch Erholung der Konjunktur.

Weiterführende Literatur

Eke, Norbert Otto und Dagmar Olasz-Eke (1994). *Bibliographie: Der deutsche Roman 1815–1830. Standortnachweise, Rezensionen, Forschungsüberblick*. München.
Eke, Norbert Otto (2015). *Das deutsche Drama im Überblick*. Darmstadt.
Martino, Alberto (1990). *Die deutsche Leihbibliothek. Geschichte einer literarischen Institution (1756–1914). Mit einem zusammen mit Georg Jäger erstellten Verzeichnis der erhaltenen Leihbibliothekskataloge*. Wiesbaden.
Meßner, Sigrid (2012). *Literarisch vernetzt. Autorenforen im Internet als neue Form von literarischer Öffentlichkeit*. Dresden.
Requate, Jörg (1995). *Journalismus als Beruf. Entstehung und Entwicklung des Journalistenberufs im 19. Jahrhundert. Deutschland im internationalen Vergleich*. Göttingen.
Wittmann, Reinhard (1982). *Buchmarkt und Lektüre im 18. und 19. Jahrhundert. Beiträge zum literarischen Leben 1750–1880*. Tübingen.

Zitierte Literatur

[Anonym] (1817). „Roman". *Conversations-Lexicon oder enzyclopädisches Handwörterbuch für gebildete Stände. In zehn Bänden*. Bd. 8. Altenburg und Leipzig: 395–408.

Allkemper, Alo, Norbert Otto Eke und Hartmut Steinecke (Hg.) (2012). *Poetologisch-poetische Interventionen: Gegenwartsliteratur schreiben*. München.

Anz, Thomas (2007). „Literaturkritik". *Handbuch Literaturwissenschaft*. Bd. 1: Gegenstände und Grundbegriffe. Hrsg. von Thomas Anz. Stuttgart und Weimar: 344–353.

Arndt, Ernst Moritz (1806). *Geist der Zeit*. Teil 1. Berlin.

Artaud, Antonin (1964). „Théâtre sacré". *Œuvres complètes*. Tome 4: Le théatre et son double. Paris.

Artaud, Antonin (1981). *Das Theater und sein Double*. Frankfurt a. M.

Assmann, Aleida und Jan Assmann (Hg.) (2011). *Aufmerksamkeiten. Archäologie der literarischen Kommunikation VII*. München.

Assmann, David-Christopher (2012). „‚Nicht fiction, sondern action.' F. C. Delius' *Der Königsmacher* oder: Beschädigt der Literaturbetrieb die Gegenwartsliteratur?". *Doing Contemporary Literature. Praktiken, Wertungen, Automatismen*. Hrsg. von Maik Bierwirth, Anja Johannsen und Mirna Zeman. München: 241–262.

Balme, Christopher und Jörg von Brincken (2007). „Theater". *Handbuch Literaturwissenschaft*. Bd. 1: Gegenstände und Grundbegriffe. Hrsg. von Thomas Anz. Stuttgart und Weimar: 265–290.

Becker, Eva D. (1964). *Der deutsche Roman um 1780*. Stuttgart.

Beilein, Matthias (2011). „Literaturbetrieb". *Lexikon Literaturwissenschaft. Hundert Grundbegriffe*. Hrsg. von Gerhard Lauer und Christine Ruhrberg. Stuttgart: 181–183.

Beilein, Matthias, Claudia Stockinger und Simone Winko (2012). „Einleitung. Kanonbildung und Literaturvermittlung in der Wissensgesellschaft". *Kanon, Wertung und Vermittlung. Literatur in der Wissensgesellschaft*. Hrsg. von Matthias Beilein, Claudia Stockinger und Simone Winko. Berlin: 1–15.

Birgfeld, Johannes und Claude D. Conter (2007). „Das Unterhaltungsstück um 1800. Funktionsgeschichtliche und gattungstheoretische Vorüberlegungen". *Das Unterhaltungsstück um 1800. Literaturhistorische Konfigurationen – Signaturen der Moderne. Zur Geschichte des Theaters als Reflexionsmedium von Gesellschaft, Politik und Ästhetik*. Hrsg. von Johannes Birgfeld und Claude D. Conter. Hannover: VII–XXIV.

Blum, R[obert], K[arl] Herloßsohn und H[ermann] Marggraff (Hg.) (1839). *Allgemeines Theater-Lexikon oder Encyklopädie alles Wissenswerthen für Bühnenkünstler, Dilettanten und Theaterfreunde, unter Mitwirkung der sachkundigsten Schriftsteller Deutschlands*. Bd. 1. Altenburg und Leipzig.

Bourdieu, Pierre (1999). *Die Regeln der Kunst. Genese und Struktur des literarischen Feldes*. Übersetzt von Bernd Schwibs und Achim Russer. Frankfurt a. M.

Daiber, Jürgen (2002). „Miss Latex, Harry Potter und der verrückte Affe – oder: Zum (noch) ungeordneten Verhältnis von digitaler Literatur und Literaturwissenschaft". *Literatur. digital. Formen und Wege einer neuen Literatur*. Hrsg. von Roberto Simanowski. München: 92–110.

Eke, Norbert Otto und Dagmar Olasz-Eke (1994). *Bibliographie: Der deutsche Roman 1815–1830. Standortnachweise, Rezensionen, Forschungsüberblick*. München.

Eke, Norbert Otto (1997). *Signaturen der Revolution. Frankreich–Deutschland: deutsche Zeitgenossenschaft und deutsches Drama zur Französischen Revolution um 1800*. München.

Eke, Norbert Otto (1999). „‚Ja, ja, wir leben schnell, schneller, als je Menschen lebten.' Beiläufige Anmerkungen zum Verhältnis von Revolution und Beschleunigung in Revolutionsdramen des Vor- und Nachmärz". *Vormärz und Klassik.* Hrsg. von Lothar Ehrlich, Hartmut Steinecke und Michael Vogt. Bielefeld: 221–233.
Eke, Norbert Otto (2007). „Schreckbilder: Die Revolution als Aufstand der ‚schwarzen Männer'". *Das Unterhaltungsstück um 1800. Literaturhistorische Konfigurationen – Signaturen der Moderne. Zur Geschichte des Theaters als Reflexionsmedium von Gesellschaft, Politik und Ästhetik.* Hrsg. von Johannes Birgfeld und Claude D. Conter. Hannover: 3–29.
Eke, Norbert Otto (2011). „Dem ‚Haufen genügt die Täuschung'. Georg Forster und das Theater". *Georg-Forster-Studien XVI.* Hrsg. im Auftrag der Georg-Forster-Gesellschaft von Stefan Greif und Michael Ewert. Kassel: 153–175.
Eke, Norbert Otto (2012a). „Büchner und die Zeit". *Georg Büchner und das 19. Jahrhundert.* Hrsg. von Ariane Martin und Isabelle Stauffer. Bielefeld: 11–28
Eke, Norbert Otto (2012b). „Beobachtungen beobachten. Beiläufiges aus germanistischer Sicht zum Umgang mit einer Literatur der Gegenwärtigkeit". *Doing Contemporary Literature. Praktiken, Wertungen, Automatismen.* Hrsg. von Maik Bierwirth, Anja Johannsen und Mirna Zeman. München: 23–40.
Eke, Norbert Otto (2013). „‚Wenn ihr zufrieden seid, so ist's vollkommen'. Vom Hof in Ferrara zur Villa Massimo in Rom oder: Der Autor im Betrieb". *Poetiken der Gegenwart. Deutschsprachige Romane nach 2000.* Hrsg. von Silke Horstkotte und Leonhard Herrmann. Berlin, Boston, MA: 267–283.
Eke, Norbert Otto (2016a). „‚Reden' über Dichtung. Poetik-Vorlesungen und Poetik-Dozenturen im literarischen Feld". *Text + Kritik* X/16 (2016). Sonderband: *Poetik des Gegenwartsromans.* Hrsg. von Nadine J. Schmidt und Kalina Kupczyńska. München: 18–29.
Eke, Norbert Otto (2016b). „Grabbes und Büchners Zeithorizonte". *Innovation des Dramas im Vormärz: Grabbe und Büchner.* Hrsg. von Lothar Ehrlich und Detlev Kopp. Bielefeld: 35–51.
Engelsing, Rolf (1973a). *Analphabetentum und Lektüre. Zur Sozialgeschichte des Lesens.* Stuttgart.
Engelsing, Rolf (1973b). *Zur Sozialgeschichte deutscher Mittel- und Unterschichten.* Göttingen.
Engelsing, Rolf (1976). „Wieviel verdienten die Klassiker?". *Neue Rundschau* (1976/1): 124–136.
Erbe, Tom (2005). „Markt". *Das BuchMarktBuch.* Hrsg. von Erhard Schütz et al. Reinbek bei Hamburg: 266–270.
Erning, Günter (1974). *Das Lesen und die Lesewut. Beiträge zu Fragen der Lesergeschichte; dargestellt am Beispiel der schwäbischen Provinz.* Bad Heilbrunn.
Fohrmann, Jürgen und Wilhelm Voßkamp (Hg.) (1994). *Wissenschaftsgeschichte der Germanistik im 19. Jahrhundert.* Weimar.
Franck, Georg (1998). *Ökonomie der Aufmerksamkeit. Ein Entwurf.* München und Wien.
[Anonym] (2017). *Frankfurter Buchmesse. Buch und Buchhandel in Zahlen 2017* (für 2016). https://www.buchmesse.de/images/fbm/dokumente-ua-pdfs/2017/buchmarkt_deutschland_2016_63426.pdf (11. Dezember 2017).
Frank, Gustav (1996). „Romane als Journal: System- und Umweltreferenzen als Voraussetzung der Entdifferenzierung und Ausdifferenzierung von ‚Literatur' im Vormärz". *Forum Vormärz Forschung. Jahrbuch* (1995): *Journalliteratur im Vormärz.* Hrsg. von Rainer Rosenberg und Detlev Kopp: 15–47.

Geiger, Thomas (2008). „Edit, Bellatriste! Literaturzeitschriften um die Jahrtausendwende". *Literatur der Jahrtausendwende. Themen, Schreibverfahren und Buchmarkt um 2000.* Hrsg. von Evi Zemanek und Susanne Krones. Bielefeld: 427–434.

Goethe, Johann Wolfgang von (1895). „Unterhaltungen deutscher Ausgewanderten". *Goethes Werke.* Bd. 18. Hrsg. im Auftrag der Großherzogin Sophie von Sachsen. Weimar: 93–273.

Gottsched, Johann Christoph (1970). „Des Herrn Verfassers Vorrede, zur ersten Ausgabe 1732". *Ausgewählte Werke.* Bd. 2. Hrsg. von Joachim Birke und Brigitte Birke. Berlin und New York, NY.

Gutzkow, Karl Ferdinand (1998). *Die Ritter vom Geiste. Roman in neun Büchern.* Hrsg. von Thomas Neumann. 3 Bde. Frankfurt a. M.

Hahl, Werner (1971). *Reflexion und Erzählung.* Stuttgart.

Hartling, Florian und Beat Suter (Hg.) (2010). *Archivierung von digitaler Literatur: Probleme – Tendenzen – Perspektiven. Archiving Electronic Literature and Poetry: Problems – Tendencies – Perspectives.* Frankfurt a. M.

Heibach, Christiane (2000). *Literatur im Internet. Theorie und Praxis einer kooperativen Ästhetik.* Berlin.

Herrmann, Meike (2006). „Die Historisierung hat begonnen. Die Gegenwartsliteratur seit 1990 als Gegenstand der Lektüre und Forschung". *Zeitschrift für Germanistik* NF XVI/1 (2006): 109–118.

Höppner, Wolfgang (2000). „Erich Schmidt (1853–1913)". *Wissenschaftsgeschichte der Germanistik in Porträts.* Hrsg. von Christoph König, Hans-Harald Müller und Werner Röcke. Berlin und New York, NY: 107–114.

Hohendahl, Peter Uwe (Hg.) (2000). *Öffentlichkeit – Geschichte eines kritischen Begriffs.* Unter Mitarbeit von Russel A. Berman, Karen Kenkel und Arthur Strum. Stuttgart und Weimar.

Jäger, Georg (1969). *Empfindsamkeit und Roman. Werkgeschichte, Theorie und Kritik im frühen 19. Jahrhundert.* Stuttgart.

Jäger, Georg, Alberto Martino und Reinhard Wittmann (1979). *Die Leihbibliothek der Goethezeit. Exemplarische Kataloge zwischen 1790 und 1830.* Mit einem Aufsatz zur Geschichte der Leihbibliotheken im 18. und 19. Jahrhundert. Hildesheim.

Jäger, Georg und Jörg Schönert (1980). „Die Leihbibliothek als literarische Institution im 18. und 19. Jahrhundert – ein Problemaufriß". *Die Leihbibliothek als Institution des literarischen Lebens im 18. und 19. Jahrhundert. Organisationsformen, Bestände und Publikum.* Arbeitsgespräch in der Herzog August Bibliothek Wolfenbüttel. 30. September bis 1. Oktober 1977. Hrsg. von Georg Jäger und Jörg Schönert. Hamburg: 7–60.

Joch, Markus, York-Gothart Mix und Norbert Christian Wolf (Hg.) (2009). *Mediale Erregungen? Autonomie und Aufmerksamkeit im Literatur- und Kulturbetrieb der Gegenwart.* In Zusammenarbeit mit Nina Birkner. Tübingen.

Jochum, Uwe (2007). „Bibliotheken und Archive". *Handbuch Literaturwissenschaft.* Bd. 1: Gegenstände und Grundbegriffe. Hrsg. von Thomas Anz. Stuttgart und Weimar: 326–336.

Kaiser, Gerhard (2012). „‚Proust, Joyce and myself' – Zur Analyse von schriftstellerischen Inszenierungspraktiken am Beispiel des späten Thomas Mann". *Doing Contemporary Literature. Praktiken, Wertungen, Automatismen.* Hrsg. von Maik Bierwirth, Anja Johannsen und Mirna Zeman. München: 169–189.

Kant, Immanuel (1911). „Kritik der reinen Vernunft". *Kant's gesammelte Schriften.* Erste Abtheilung: Werke. Bd. IV: Kritik der reinen Vernunft. Prolegomena. Grundlegung zur Metaphysik der Sitten. Metaphysische Anfangsgründe der Naturwissenschaft. Hrsg. von der Königlich Preußischen Akademie der Wissenschaften. Berlin: 1–252.

Kant, Immanuel (1913). „Kritik der Urtheilskraft". *Kant's gesammelte Schriften*. Erste Abtheilung: Werke. Bd. V: Kritik der praktischen Vernunft. Kritik der Urtheilskraft. Hrsg. von der Königlich Preußischen Akademie der Wissenschaften. Berlin: 165–544.

Kant, Immanuel (1923). „Beantwortung der Frage: Was ist Aufklärung?". *Kant's gesammelte Schriften*. Erste Abtheilung: Werke. Bd. VIII: Abhandlungen nach 1781. Hrsg. von der Königlich Preußischen Akademie der Wissenschaften. Berlin und Leipzig: 33–42.

Kimpel, Dieter (1967). *Der Roman der Aufklärung*. Stuttgart.

Kortländer, Bernd (2002). „‚… was gut ist in der deutschen Literatur, das ist langweilig und das Kurzweilige ist schlecht'. Adaptionen französischer Lustpiele im Vormärz. Anmerkungen zu einem unübersichtlichen Thema". *Theaterverhältnisse im Vormärz*. Hrsg. von Maria Porrmann und Florian Vaßen. Bielefeld: 197–211.

Koselleck, Reinhart (1979). *Vergangene Zukunft. Zur Semantik geschichtlicher Zeiten*. Frankfurt a. M.

Kreuzer, Helmut (1977). „Gefährliche Lesesucht? Bemerkungen zu politischer Lektürekritik im ausgehenden 18. Jahrhundert". *Leser und Lesen im 18. Jahrhundert*. Colloquium der Arbeitsstelle Achtzehntes Jahrhundert. Heidelberg: 62–75.

Kuhlen, Rainer (1997). *Hypertext. Ein nicht-lineares Medium zwischen Buch und Wissensbank*. Berlin et al.

Marggraff, Hermann (1839). *Deutschlands jüngste Literatur- und Culturepoche. Characteristiken*. Leipzig.

Martino, Alberto (1990). *Die deutsche Leihbibliothek. Geschichte einer literarischen Institution (1756–1914)*. Mit einem zusammen mit Georg Jäger erstellten Verzeichnis der erhaltenen Leihbibliothekskataloge. Wiesbaden.

Meier, Georg Friedrich (1746). *Untersuchungen einiger Ursachen des verdorbenen Geschmacks der Deutschen, in Absicht auf die schönen Wissenschaften*. Halle.

Meßner, Sigrid (2012). *Literarisch vernetzt. Autorenforen im Internet als neue Form von literarischer Öffentlichkeit*. Dresden.

Mittelstraß, Jürgen (1989). „Kant und die Dialektik der Aufklärung". *Aufklärung und Gegenaufklärung in der europäischen Literatur, Philosophie und Politik von der Antike bis zur Gegenwart*. Hrsg. von Jochen Schmidt. Darmstadt: 341–360.

Moritz, Karl Philipp (1788). *Ueber die bildende Nachahmung des Schönen*. Braunschweig.

Müller, Hans-Harald (2000). „Wilhelm Scherer (1841–1886)". *Wissenschaftsgeschichte der Germanistik in Porträts*. Hrsg. von Christoph König, Hans-Harald Müller und Werner Röcke. Berlin und New York, NY: 80–94.

Nelson, Theodor Holm (1981). *Literary Machines*. Sausalito, CA.

Paefgen, Elisabeth K. (2005). „‚(zu) viel und (zu) früh). Kanondidaktische Überlegungen zwischen 1842 und 1925". *Literaturvermittlung im 19. und frühen 20. Jahrhundert*. Vorträge des 1. Siegener Symposions zur literaturdidaktischen Forschung. Hrsg. von Hermann Korte und Marja Rauch. Frankfurt a. M. et al.: 23–39.

Plachta, Bodo (2008). *Literaturbetrieb*. Paderborn.

Porombka, Stephan (2001). *Hypertext. Zur Kritik eines digitalen Mythos*. München.

Prutz, R[obert] E[duard] (1845). *Geschichte des deutschen Journalismus*. Zum ersten Male vollständig aus den Quellen gearbeitet. Erster Theil. Hannover.

Prutz, R[obert] E[duard] (1847). *Vorlesungen über die Geschichte des deutschen Theaters*. Berlin.

Rau, Anja (2000). *What you klick, is what you get? Die Stellung von Autoren und Lesern in interaktiver digitaler Literatur*. Berlin.

Requate, Jörg (1995). *Journalismus als Beruf. Entstehung und Entwicklung des Journalistenberufs im 19. Jahrhundert. Deutschland im internationalen Vergleich*. Göttingen.

Requate, Jörg (1996). „Die Entstehung eines journalistischen Arbeitsmarktes im Vormärz. Deutschland im Vergleich zu Frankreich". *Journalliteratur im Vormärz*. Hrsg. von Rainer Rosenberg und Detlev Kopp. Bielefeld: 107–130.

Richter, Steffen (2011). *Der Literaturbetrieb. Eine Einführung. Texte – Märkte – Medien*. Darmstadt.

Schenda, Rudolf (1977). *Volk ohne Buch. Studien zur Sozialgeschichte der populären Lesestoffe 1770–1910*. München.

Scherer, Wilhelm (1884). „Antrittsrede". *Sitzungsberichte der königlichen Akademie der Wissenschaften zu Berlin*. 3. Juli 1884. 2. Halbband. Juni-Dezember. Berlin: 727–729.

Schiller, Friedrich (1958). „Ankündigung. Die Horen, eine Monatschrift, von einer Gesellschaft verfaßt und herausgegeben von Schiller". *Schillers Werke*. Nationalausgabe. Hrsg. von Julius Petersen und Hermann Schneider. Bd. 22: Vermischte Schriften. Hrsg. von Herbert Meyer. Weimar: 106–109.

Schiller, Friedrich (1962). „Über die ästhetische Erziehung des Menschen in einer Reihe von Briefen". *Schillers Werke*. Nationalausgabe. Hrsg. von Lieselotte Blumenthal und Benno von Wiese. Bd. 20: Philosophische Schriften. Erster Teil. Hrsg. von Benno von Wiese. Weimar: 309–412.

Schiller, Friedrich (1969). „Schillers Briefe". *Schillers Werke*. Nationalausgabe. Hrsg. von Lieselotte Blumenthal und Benno von Wiese. Bd. 28: Briefwechsel. Schillers Briefe, 1.7.1795–31.10.1796. Hrsg. von Norbert Oellers. Weimar.

Schiller, Friedrich (1981). „Briefe an Schiller". *Schillers Werke*. Nationalausgabe. Hrsg. von Norbert Oellers und Siegfried Seidel. Bd. 37, Teil 1: Briefwechsel. Briefe an Schiller. 1.4.1797–31.10.1798. Hrsg. von Norbert Oellers und Frithjof Stock. Weimar.

Schmidt, Julian (1850). „Die Märzpoeten". *Die Grenzboten. Zeitschrift für Politik, Literatur und Kunst* 9/1 (1850): 5–13.

Schönert, Jörg (1969). *Roman und Satire im 18. Jahrhundert*. Stuttgart.

Simanowski, Roberto (2002a). *Interfictions. Vom Schreiben im Netz*. Frankfurt a. M.

Simanowski, Roberto (2002b). „Geburt und Entwicklung der digitalen Literatur". *Literatur digital. Formen und Wege einer neuen Literatur*. Hrsg. von Roberto Simanowski. München: 56–92.

Simanowski, Roberto (2007). „Elektronische und digitale Medien". *Handbuch Literaturwissenschaft*. Bd. 1: Gegenstände und Grundbegriffe. Hrsg. von Thomas Anz. Stuttgart und Weimar: 244–249.

Singer, Herbert (1963). *Der deutsche Roman zwischen Barock und Rokoko*. Köln.

Sorg, Reto, Adrian Mettauer und Wolfgang Proß (2003). „Zurück in die Gegenwart. Eine Einleitung". *Zukunft der Literatur – Literatur der Zukunft. Gegenwartsliteratur und Literaturwissenschaft*. Hrsg. von Reto Sorg, Adrian Mettauer und Wolfgang Proß. München: 7–11.

Spiegel, Marianne (1967). *Der Roman und sein Publikum im frühen 18. Jahrhundert*. Bonn.

Staiger, Emil (1966). „Literatur und Oeffentlichkeit". *Neue Zürcher Zeitung* vom 20. Dezember 1966.

Suter, Beat (1999). „Fluchtlinie. Zur Geschichte deutschsprachiger Hyperfictions". *Netzliteratur.net*. Hrsg. von Johannes Auer, Christiane Heibach und Beat Suter. https://www.netzliteratur.net/suter/fluchtlinie.htm (9. Dezember 2017).

Wegmann, Thomas (2005). „Autor". *Das BuchMarktBuch. Der Literaturbetrieb in Grundbegriffen*. Hrsg. von Erhard Schütz. Reinbek bei Hamburg: 25–31.

Ulmer, Judith S. (2006). *Geschichte des Georg-Büchner-Preises. Soziologie eines Rituals*. Berlin und New York, NY.

Vosodek, Peter (1980). „Öffentliche Bibliotheken und kommerzielle Leihbibliotheken. Zur Geschichte ihres Verhältnisses vom Ende des 18. Jahrhunderts bis zur Gegenwart". *Die Leihbibliothek als Institution des literarischen Lebens im 18. und 19. Jahrhundert. Organisationsformen, Bestände und Publikum*. Arbeitsgespräch in der Herzog August Bibliothek Wolfenbüttel. 30. September bis 1. Oktober 1977. Hrsg. von Georg Jäger und Jörg Schönert. Hamburg: 327–348.

Voßkamp, Wilhelm (1988). „Klassik als Epoche. Zur Typologie und Funktion der Weimarer Klassik". *Literarische Klassik*. Hrsg. von Hans-Joachim Simm. Frankfurt a. M.: 248–277.

Wagner, Richard (^{6}o. J.): „Oper und Drama. Zweiter Teil. Das Schauspiel und das Wesen der dramatischen Dichtung". *Sämtliche Schriften und Dichtungen*. Bd. 4. Leipzig: 1–103.

Weiss-Schletterer, Daniela (2005). *Das Laster des Lachens. Ein Beitrag zur Genese der Ernsthaftigkeit im deutschen Bürgertum des 18. Jahrhunderts*. Wien, Köln und Weimar.

Wittmann, Walter (1934). *Beruf und Buch im 18. Jahrhundert*. Ein Beitrag zur Erfassung und Gliederung der Leserschaft im 18. Jahrhundert, insbesondere unter Berücksichtigung des Einflusses auf die Buchproduktion, unter Zugrundelegung der Nachlaßinventare des Frankfurter Stadtarchivs für die Jahre 1695–1705, 1746–1755 und 1795–1805. Frankfurt a. M.

Wittmann, Reinhard (1982). „Der gerechtfertigte Nachdrucker? Nachdruck und literarisches Leben im achtzehnten Jahrhundert". Reinhard Wittmann. *Buchmarkt und Lektüre im 18. und 19. Jahrhundert. Beiträge zum literarischen Leben 1750–1880*. Tübingen: 69–92.

Wittmann, Reinhard (1991). *Geschichte des deutschen Buchhandels. Ein Überblick*. München.

Wolff, Christian (^{4}1736). *Vernünfftige Gedancken von dem Gesellschaftlichen Leben der Menschen Und insonderheit Dem gemeinen Wesen. Zu Beförderung der Glückseeligkeit des menschlichen Geschlechtes*. Frankfurt und Leipzig.

III Zentrale Fragestellungen

III.1 **Autoren: Produktion und Förderung**

Sven Hanuschek
III.1.1 Autorenvereinigungen in Deutschland

1 Definition

Seit der Antike – in Deutschland etwa seit dem 16. Jahrhundert – gibt es Zusammenschlüsse von Dichterinnen und Dichtern, Schriftstellerinnen und Schriftstellern. Sie erfüllen sehr unterschiedliche Funktionen: Die Verbindungen können durch gemeinsame ästhetische Programme ebenso zustande kommen wie durch politische, gesellschaftliche bzw. gesellige, regionale und berufsständische Interessen.

Dichterinnen und Dichter gelten seit der Antike in ihren jeweiligen Gesellschaften als Außenseiter. Sie mögen Wichtiges zu sagen haben, werden aber damit nicht unbedingt gehört oder doch nur mit ein paar Jahren (Jahrzehnten, Jahrhunderten) Verspätung. Noch in einer soziologischen Studie vom Ende der 1960er Jahre, einem der Zeitpunkte größter Politisierung von Literatur in Deutschland, wird kein anderes Bild vorgestellt: Schriftsteller seien „keine Vereinsmeier", hätten kaum Kontakte zu ihrem Publikum oder zu anderen, „literaturfernen Berufen", und sie bekundeten „eine geringe Anpassungsfähigkeit an die soziale Institution der Ehe". Deshalb galten sie als „anachronistische[ ] Heimarbeiter", als „exzentrisch" und als Außenseiter in der „soziale[n] Isolation", eine Einschätzung, die auch noch für Lektoren, Redakteure und Universitätsdozenten galt, also für Schriftstellerinnen und Schriftsteller, die prinzipiell durch ihren Brotberuf durchaus sozial integriert leben. So sehr sich der junge Autor der späten sechziger Jahre als „radikaler, unbequemer Demokrat" verstehe, der sich „in die Gesellschaft integrieren" wolle, so wenig werde er doch als solcher wahrgenommen (*Der Spiegel* 1968, 117).

Diesem Klischee stehen seit der Antike verschiedenste Zusammenschlüsse von Autorinnen und Autoren gegenüber, im deutschen Sprachraum in größerem Umfang seit dem Barock. Diese Zusammenschlüsse verfolgen unterschiedliche Zwecke (vgl. Lorenz 2007): Es kann sich um eine Verständigung über ästhetische Prinzipien handeln; um moralische, gesellschaftliche, regionale Aspekte, die zur Gründung führen; die institutionalisierten Verbände und Vereinigungen seit dem 20. Jahrhundert vertreten v. a. ständische und berufliche Interessen von Schriftstellerinnen und Schriftstellern. Gerade diese institutionalisierten Verbände und Vereinigungen, namentlich der *PEN* (*Poets, Essayists & Novelists*) und der VS (*Verband deutscher Schriftstellerinnen und Schriftsteller*), dürften durch die Inhomogenität ihrer Mitglieder, die spezifischen Formen und Bereiche ihres Engagements und die schiere Größe seit den 1960er

Jahren Veränderungen im öffentlichen Bild des Schriftstellers hervorgerufen haben.

2 Kurze Geschichte der Autorenvereinigungen

Bei den Zusammenschlüssen, die den Berufsverbänden der Moderne vorausgehen, würde literatursoziologisch kaum von Institutionen gesprochen werden. Der sprichwörtliche Gaius Maecenas etwa (70 v. Chr. – 8 v. Chr.), um in der Antike zu beginnen, versammelte junge Dichter um sich; er förderte Horaz, Vergil, Properz u. a., vergleichbar den wenigen Musenhöfen im Mittelalter und der Renaissance. Sicher liegt es im beruflichen Interesse von Autoren, ohne materiellen Druck sorgenfrei ‚produzieren' zu können, bei allen Unterschieden ihrer ästhetischen Auffassungen. In der deutschsprachigen Literatur, lange vor der Entstehung des freien Schriftstellers, stehen solche ständischen Fragen noch nicht an. Angeregt durch die französische *Pléiade*-Gruppe in der Mitte des 16. Jahrhunderts, ging es den ersten deutschen Zusammenschlüssen – wie der *Fruchtbringenden Gesellschaft*, der *Aufrichtige Tannengesellschaft* oder dem *Pegnesischen Blumenorden*, der bis heute Bestand hat – um die Förderung der deutschen Sprache und Literatur. Im Gefolge von Martin Opitz' *Buch von der deutschen Poeterey* (1624) wollte man sich von den antiken Mustern lösen, in denen sich die Dichter bis dorthin bewegt hatten. Im 18. Jahrhundert entstanden literarische Salons; am bekanntesten sind sicher die Berliner Salons von Henriette Herz und Rahel Varnhagen, die als primär gesellschaftliche Ereignisse für die Liberalisierung Preußens ihren Beitrag leisteten. Eher gesellig war auch der halbsatirische, anti-philiströse Bonner *Maikäferbund*. Viele Autoren der Zusammenschlüsse im 18. und frühen 19. Jahrhundert fanden sich dann tatsächlich durch gemeinsame ästhetische Programmatiken zusammen, erinnert sei an den *Göttinger Hain*, die sogenannte *Schwäbische Dichterschule* um Justinus Kerner, die *Serapionsbrüder* um E. T. A. Hoffmann, die Berliner Vereinigung *Tunnel über der Spree* mit ihrer privateren „Rütli"-Sektion und Paul Heyses Münchner Ableger *Die Krokodile*. Während das ‚Junge Deutschland' in den 1830er Jahren eher eine lockere Verbindung liberaler Autoren war, die kaum poetologische Vorstellungen gemein hatten, wenn man etwa an die Spottgedichte Heinrich Heines auf seine Kollegen denkt, waren die entsprechenden naturalistischen Zusammenschlüsse am Ende des 19. Jahrhunderts (der *Friedrichshagener Dichterkreis* und sein Nachfolger, die *Neue Gemeinschaft*) in ihren ästhetischen wie politischen Programmen homogener.

Neben Verbindungen, in denen sich Anhänger um einen einzelnen bewunderten Dichter gruppierten (*George-Kreis*), gibt es im 20. Jahrhundert eine ganze

Reihe mehr oder weniger prominenter Zusammenschlüsse, die Werkstattgespräche und literaturkritische Debatten über Vorgelesenes zelebrierten; neben der bekannten und gut erforschten *Gruppe 47* um Hans Werner Richter ist hier das *Literarische Colloquium Berlin* zu nennen. Die *Gruppe 61* und der 1970 daraus hervorgehende *Werkkreis Literatur der Arbeitswelt* definierten sich über ihren Gegenstand; die industrielle Welt sollte literarisch dargestellt werden, im Werkkreis auch nicht mehr allein durch professionelle Schriftsteller. Für avantgardistische und neoavantgardistische Literatur stand von der Mitte der 1950er Jahre an etwa ein Jahrzehnt lang die *Wiener Gruppe* um H. C. Artmann, international die *Oulipiens*, eine v. a. französisch geprägte Gruppe um Raymond Queneau und George Perec, deren Mitglied aber auch der rumäniendeutsche Oskar Pastior war. Die *Neue Frankfurter Schule*, die es seit den 1970er Jahren gibt, schließt an die Kritische Theorie Theodor W. Adornos an, spezialisiert sich aber auf komische Kunst in einem breiten (auch politischen, gesellschaftsbezogenen) Spektrum bis hin zum Nonsens. Stärker noch eine Parodie auf Schriftsteller-Zusammenschlüsse war der *Neue Friedrichshagener Dichterkreis* um Johannes Bobrowski und Manfred Bieler in der DDR der 1960er Jahre; die Autoren ernannten sich mit ihrer (zunächst) Zwei-Personen-Gründung zu Präsidenten und schrieben in die Präambel, ihr Dichterkreis diene „der Beförderung der schönen Literatur und des schönen Trinkens" (Bobrowski 1987, 328–331).

Seit Ende des 19. Jahrhunderts treten vermehrt Zusammenschlüsse von Schriftstellerinnen und Schriftstellern auf, die „zur Wahrung ihrer Standes- und Erwerbsinteressen" da sind; eine der deutschen Hauptvereinigungen diente dazu, „die allgemeinen Interessen deutschen Schrifttums und deutscher Schriftsteller, wie im besondern die Berufsinteressen für Mitglieder wahrzunehmen und zu fördern", außerdem konnte sie „Unterstützung bei Erwerbsunfähigkeit und im Alter und Fürsorge für die Hinterbliebenen" leisten, sogar eine Möglichkeit zur Erholung im Schriftstellerhaus *Demmins Hort* in Wiesbaden gab es. Hier ist vom *Deutschen Schriftstellerverband* die Rede, 1887 in Dresden gegründet (*Meyers Großes Konversations-Lexikon* 1909, 43). Seither ist dieser Typus eines Autoren-Zusammenschlusses der wichtigste, schon quantitativ; die meisten professionellen Schriftsteller sind oder waren in einer vergleichbaren Ausprägung Mitglieder dieser Institution. Hier ist das Spektrum ähnlich groß wie bei den angeführten lockeren Verbindungen. Es gibt zwar keinen Schriftstellerverband, der ein allen gemeinsames ästhetisches Programm in der Art von ‚Dichterschulen' vertreten würde; dafür gibt es etliche regionale Zusammenschlüsse (*Literatur Vorarlberg*, *Münchner Turmschreiber*, *Salzburger Autorengruppe* usw.), ausdifferenzierte Gender-Verbände (*Autorinnenvereinigung e. V.*), beruflich spezifizierte Verbände (*Weltunion der Schriftstellerärzte*), v. a. aber ‚rechte' Auskopplungen aus im weitesten Sinne ‚linken' Verbänden (z. B. den FDA, *Freier Deutscher Autorenverband*).

Die Vielzahl der Schriftstellerverbände hat Friedhelm Kron zu der „Arbeitshypothese" gebracht, dass „das Realitätsverhältnis der Schriftstellerverbände, d. h. die realistische Einschätzung ihrer Ausgangsbedingungen, eine wesentliche Voraussetzung ihrer berufspolitischen Erfolgschance ist." (Kron 1976, 1) Das größte Ansehen genießt wohl der *PEN*, der öffentlich und weltweit für die Freiheit des Wortes agiert; auf der berufsständischen (gewerkschaftlichen) Seite ist der *Verband deutscher Schriftstellerinnen und Schriftsteller* (VS) zweifellos der größte und erfolgreichste Schriftstellerverband, obwohl auch er ähnlich dem *PEN* stark politisierte Phasen hatte und umgekehrt ständische Fragen im *PEN* nicht ganz konsequent auszufiltern sind. Im Folgenden werden daher diese beiden Schriftsteller-Zusammenschlüsse, der *PEN* und der VS, ausführlicher vorgestellt.

3 Große Autorenvereinigungen in Deutschland

Der PEN-Club

Am 5. Oktober 1921 gründet Catherine Amy Dawson-Scott unter dem Eindruck des Ersten Weltkriegs den Internationalen *PEN*-Club mit einem Dinner im Londoner Restaurant „Florence": Renommierte Schriftsteller aus aller Welt sollten in der Art eines ‚geistigen Völkerbunds' zusammengebracht werden, um sich in ihren jeweiligen Nationen für die Völkerverständigung einzusetzen. Die Abkürzung steht für *Poets, Essayists & Novelists*, es kamen bald die *Playwrights*, *Editors* und *Non-Fiction-Writers* hinzu.

Zur ersten Tagung in London kamen 41 Schriftsteller und Schriftstellerinnen, John Galsworthy, berühmt durch *The Forsyte Saga*, wurde der erste Präsident. Unter seiner Ägide wurde 1927 in Brüssel der endgültige Wortlaut der Charta formuliert, die seitdem jedes neue Mitglied beim Eintritt in den *PEN* unterschreibt. Obwohl sich der Club mit dieser Programmschrift für die Pressefreiheit und die Bekämpfung von Rassen-, Klassen- und Völkerhass einsetzt, wollten Galsworthy und Dawson-Scott einen unpolitischen Dinnerclub („No Politics in the P. E. N. Club under no circumstances!"), die Literatur solle über den „nationalen und politischen Leidenschaften" stehen. Diese Haltung ließ sich nicht aufrechterhalten, schon der zweite Präsident Herbert George Wells vertrat seine von der *Fabian Society* geprägten politischen Ansichten deutlich.

Neue Mitglieder müssen von zwei Bürgen vorgeschlagen und in der Mitgliederversammlung gewählt werden. Der *PEN* vertritt damit nicht nur einen humanitären, sondern auch einen elitären Anspruch, der sich aus unterschiedlichen Gründen nicht in jedem Zentrum als durchführbar erwiesen hat. Dennoch war der Club von Anfang an ein Erfolgsmodell: Prominente ausländische Autoren wurden gleich zu Beginn als Ehrenmitglieder gewählt, Anatole France und Romain Rolland, Knut Hamsun, Maxim Gorki, G. K. Chesterton, Joseph Conrad. Im Jahr nach der Gründung gab es das erste Zentrum außerhalb Großbritanniens, in Frankreich; seit 1923 fand jährlich mindestens ein internationaler Kongress statt, jeweils eine Woche lang; 1924 gab es bereits 18 Zentren, neben zahlreichen europäischen auch eines in den USA. Seit 1930 versteht sich der *PEN* als Einheit; damit ist jedes Mitglied gleichzeitig auch Teil des internationalen Dachverbandes, könnte also aus seinem nationalen Herkunfts-Zentrum austreten, ohne die Mitgliedschaft im *PEN International* zu verlieren. Heute gibt es weltweit 145 nationale Zentren.

Das deutsche Zentrum wurde 1924 gegründet, mit Ludwig Fulda als Präsident; der vierte Internationale Kongress fand 1926 in Berlin statt. Für die Weimarer Republik bedeutete das eine sichtbare Re-Integration in die internationale Staatengemeinschaft, wenn sie auch nicht lange anhielt. Viele namhafte deutsche Autoren ließen sich in den Club wählen, 1932 hatte er fast 200 Mitglieder. Ernst Toller, der schon 1927 eine Politisierung des Clubs als unausweichlich erkannt hatte, spielte eine große Rolle für die Auseinandersetzung um den deutschen *PEN* nach 1933. Auf dem Kongress im kroatischen Ragusa im November 1933 hielt er eine Rede gegen die Bücherverbrennungen in Deutschland und den beginnenden Antisemitismus, der Internationale Sekretär Hermon Ould fragte die deutsche Delegation, wie sie sich im Sinn der Charta der verfolgten Kollegen angenommen, was sie gegen die Bücherverbrennungen getan habe. Die anwesenden deutschen Schriftsteller wurden als von der NSDAP bzw. der SA gepresste Dilettanten beschimpft. Edgar von Schmidt-Pauli, der die Delegation anführte, war als Biograph von Wilhelm II. und Verfasser von drei Büchern über und um Hitler gut im Geschäft; in Ragusa reagierten die NS-Autoren beleidigt, sie müssten sich solche Reden nicht gefallen lassen (widerlegen konnten sie sie ja nicht), der Bruch wurde noch vermieden. Einen Monat später trat der deutsche Club aus, um dem Ausschluss zuvorzukommen; auf dem Kongress 1934 in Edinburgh wurde das Zentrum offiziell gelöscht. In London gründeten Toller, Lion Feuchtwanger, Max Herrmann-Neiße und Rudolf Olden den Exil-PEN, der bis heute Bestand hat.

Die Geschichte der Wieder-Errichtung des deutschen Clubs nach 1945 ist komplex und führte zügig zur Teilung in einen ost- und einen westdeutschen *PEN* (vgl. Malende 2014). Der nach Schweden emigrierte Literaturwissenschaftler Walter A. Berendsohn beantragte 1946 auf dem internationalen Kongress in Stockholm die Neugründung; wenige Sitzungen und Komitees weiter, 1947, waren die Spaltungstendenzen bereits manifest. Durch die Reisebeschränkungen des frühen Kalten Krieges finden mehrere Veranstaltungen in Ost und West ohne

Beteiligung der jeweils anderen Seite statt; die Auseinandersetzungen steigerten sich im Umfeld des „Kongresses für kulturelle Freiheit" in Berlin, strittig waren v. a. polemische Reden von Arthur Koestler und Johannes R. Becher. Der Streit eskalierte, als Ministerien eingriffen und parteiliche Dokumentationen druckten; das Bundesministerium für Gesamtdeutsche Fragen (Minister Jakob Kaiser) veröffentlichte die Broschüre *Die Freiheit fordert klare Entscheidungen. Johannes R. Becher und der P. E. N.-Club* (1951). Keinen Monat später gibt es eine Gegenbroschüre *Standort des deutschen Geistes oder: Friede fordert Entscheidung. Johannes R. Becher und der P.E.N.-Club. Eine Antwort* (1951), herausgegeben vom *Sozialistischen Kulturbund zur demokratischen Erneuerung Deutschlands*. Nachdem der *Internationale PEN* den Becher-Konflikt weder schlichten noch entscheiden wollte und die Auseinandersetzungen an das deutsche Zentrum zurück verwies, kam es schließlich im Oktober 1951 in Düsseldorf zur Spaltung: Aufgrund der unüberbrückbaren Gegensätze beschloss eine Gruppe von zwölf westdeutschen Autoren die Errichtung eines selbständigen *PEN*-Zentrums der Bundesrepublik, noch im Dezember wurde auf einer Gründungsversammlung in Darmstadt Erich Kästner zum ersten Präsidenten gewählt (vgl. insgesamt Hanuschek 2011).

Westdeutsches PEN-Zentrum

Die frühe bundesdeutsche *PEN*-Belegschaft waren Davongekommene, ein kleines Grüppchen um Kasimir Edschmid in Darmstadt, ein kleines um Kästner in München, viele ‚innere' Emigranten, durch persönliche Freundschaften auch einige wirkliche Emigranten. Zwischen Jahresversammlungen und Kongressen bestand der Club nur aus diesen Stammtischen und der Arbeit der Generalsekretäre und Präsidenten; die Entscheidungen auf den großen Versammlungen wurden sorgfältig vorbereitet. Es war ein kleiner Club (120 Mitglieder), der noch freundschaftlich zusammengehalten werden konnte; man half sich gegenseitig, auch finanziell. Politische Aktionen oder auch nur Protesterklärungen sind rar, man war der Auffassung, die wirklichen politischen Entscheidungen fielen anderswo. Die Schriftsteller protestierten öffentlich v. a. im ‚ständischen' Bereich – gegen Buchzensur durch das neue Jugendschutzgesetz, gegen neonazistische Literatur, es gab eine Gedenkveranstaltung zur NS-Bücherverbrennung (1958). Der Internationale Kongress 1959 konnte nach Frankfurt am Main geholt werden, mit dem Thema „Schöne Literatur im Zeitalter der Wissenschaft". Der Club achtete darauf, sich im Kalten Krieg nicht vereinnahmen und die Verbindung zum ostdeutschen Club nicht ganz einfrieren zu lassen; 1956 veranstaltete er Solidaritätsaktionen für Ungarn, einige ungarische Schriftsteller wurden von westdeutschen Kollegen ‚adoptiert', das hieß auch: materiell unterstützt.

In den 1960er Jahren, nach Kästners Rücktritt und mit wechselnden Präsidenten, trat der Club nur selten in Erscheinung, auch der Protest gegen die Errichtung der Berliner Mauer sollte zur Empörung einiger Mitglieder (v. a. Wolfdietrich Schnurres) nur diplomatisch und über den *Internationalen PEN* erfolgen. Gegen die Einschränkung der Pressefreiheit entschloss sich das Präsidium dann doch auch zum öffentlichen Protest, ebenso zu den Verjährungsfristen der Morde während der nationalsozialistischen Herrschaft und zur Notstandsgesetzgebung 1966. Gegen Ende des Jahrzehnts verjüngte sich der Club allmählich, und er politisierte sich: Er beteiligte sich an den Protestaktionen gegen den Einmarsch der Warschauer Truppen in Prag, unterstützte studentische Forderungen zur Bildungsreform und gegen die Pressekonzentration.

1970 wurde mit Heinrich Böll wieder ein prominenter Schriftsteller Präsident des Zentrums. Durch ihn wurde der Club für jüngere Schriftstellerinnen und Schriftsteller attraktiv, er wuchs rasant (1982: 400 Mitglieder). Die Entwicklung hielt an, nachdem Böll in Dublin zum Präsidenten des Internationalen *PEN* gewählt worden war (1971–1974) und den *Nobelpreis für Literatur* erhalten hatte (1972); er blieb Mitglied des Präsidiums, mit Hermann Kesten wurde ein Emigrant der NS-Diktatur zu seinem Nachfolger. Der *PEN* verabschiedete Resolutionen über Meinungsmonopole und Medienpolitik, sprach sich für Brandts neue Ostpolitik aus, agierte gegen einzelne Zensurfälle, den Radikalenerlass und unterstützte *Amnesty International*. In den kommenden Jahren scheute der *PEN* immer weniger Erklärungen zur Tagespolitik; sie betrafen nicht mehr nur literarische, medienpolitische oder kulturelle Fragen wie die Zensur oder die geplante Zerschlagung des NDR, sondern sie erstreckten sich auch auf Fragen des Datenschutzes, der Atom-, der Rüstungs- und der internationalen Politik. Die ökologische Katastrophe wurde ebenso kommentiert wie die Kandidatur Karl Carstens' für das Bundespräsidentenamt, die Intellektuellenschelte des Kanzlerkandidaten Franz Josef Strauß (1980) oder die Einschränkungen der Informations- und Meinungsfreiheit in der DDR. Die Jahresversammlungen wurden ohne Einschränkungen für Journalisten geöffnet. Durchweg blieben die nationalsozialistischen Verbrechen und ihre Folgen für die Literatur im Blick; 1985 wurde die erste Hermann Kesten-Medaille „für besondere Verdienste um verfolgte Autoren im Sinne der Charta des Internationalen P. E. N." verliehen (Homepage *PEN.-Deutschland*).

Mit Carl Amery wurde 1988 während der deutschen Einigungsprozesse ein sehr politischer Schriftsteller federführend im Club, für den allerdings die ökologische Katastrophe das Thema war, gegen das andere politische Themen abfielen. Die deutsche Einheit war für ihn deshalb nicht wichtiger als die Vereinigung zweier Fußball-Ligen; dennoch forderte er eine Rehabilitierung von *PEN*-Mitgliedern, die in der DDR aus politischen Gründen im Gefängnis waren, und lud 1990 eine ostdeutsche Delegation zur Jahresversammlung nach Kiel ein, zur „deutsch-

deutschen Begegnung" (Hanuschek 2004, 516; vgl. ausführlich zum westdeutschen *PEN*-Zentrum Hanuschek 2004).

Ostdeutsches PEN-Zentrum

Nach dem Schisma der westdeutschen Gruppe blieb Johannes Tralow als geschäftsführender Präsident der Verbliebenen bis 1957 im Amt, zeitweilig mit Bertolt Brecht als Präsidenten neben ihm. 1952 wurden beide deutschen Zentren als unabhängige Gruppen anerkannt, der v. a. ostdeutsch besetzte Club durfte die Bezeichnung *Deutsches PEN.-Zentrum Ost und West (Sitz München)* verwenden, weil Tralow in München wohnte. Brecht engagierte sich für einige symbolpolitische Aktionen, v. a. für eine Resolution gegen die atomare Aufrüstung, die 1956 auf einem internationalen Kongress angenommen wurde und die auch die beiden deutschen Zentren zu gemeinsamen Gesprächen brachte. Nachdem es sich um einen Club in einer Diktatur handelte, zog sich jahrzehntelang ein Problem durch das ostdeutsche Zentrum, seine Erklärungen, seine Auftritte auf internationalen Foren: Nach außen hin bestanden die Vertreter des Clubs auf der Einhaltung der Charta, die sie nach innen nicht anwenden konnten. Die eigene Regierung wurde nicht kritisiert, die Vorgänge in den Warschauer Pakt-Staaten (Niederschlagung des ungarischen Aufstands, Mauerbau, Einmarsch der Truppen in der Tschechoslowakei) wurden möglichst ebenso wenig thematisiert wie die verfassungsmäßig garantierte Meinungs- und Pressefreiheit im eigenen Land – das Zentrum hat zu keiner Zeit auf Zensurmaßnahmen innerhalb der DDR protestierend oder auch nur kommentierend reagiert. Neu zugewählten Mitgliedern mindestens in den 1970er und 1980er Jahren wurde die Charta dann konsequenterweise gar nicht mehr zur Unterschrift vorgelegt.

Im April 1961 konnte der *PEN*-Ost sich noch mit Westkollegen öffentlich in Hamburg über den „PEN in unserer Zeit" streiten (vgl. ausführlich Thiel 2011); nach dem Mauerbau 1961 und den auch publizistischen Folgen blieb das Zentrum zunächst in Schockstarre, es tagte unter seinem Präsidenten Arnold Zweig erst wieder im Oktober 1962. Der *Internationale PEN* bzw. dessen Sekretär David Carver hatte schon im April 1961 eine Liste von inhaftierten Schriftstellern mit der Aufforderung nach Berlin geschickt, für die Kollegen etwas zu tun, im November 1961 folgte eine zweite Liste, nun mit 21 Namen von Journalisten, Verlegern, Sprachwissenschaftlern, Philosophen. Nach einer Kritik an den Umtrieben des internationalen Sekretariats, dann nach langem Schweigen suchte Stephan Hermlin die Gefangenenliste zu entkräften; im Sinne der Charta unterstützten er und die Generalsekretärin Ingeburg Kretzschmar den inhaftierten Wolfgang Harich. Die westdeutschen Kollegen wollten das Gespräch mit den nun durch die Berliner Mauer sichtbar eingesperrten ostdeutschen Kollegen unbedingt aufrechterhalten; in der Mitte der sechziger Jahre entstand aus diesen Bemühungen heraus ein „Ständiger Verbindungsausschuss" der beiden Zentren, wo man über einigermaßen unproblematische Themen in Ost und West sprach („Goethe und seine Zeit", „Thomas Mann und die Politik"). 1968 schlief der Ausschuss ein, weil es dem DDR-Zentrum nun mehr um die eigene Souveränität als um eine Annäherung zwischen Ost und West zu tun war.

Nach Arnold Zweigs Tod (1968) übernahm Heinz Kamnitzer das Amt des Präsidenten, das er bis 1989 unter dem direkten Einfluss der Kulturabteilung des Zentralkomitees der SED innehatte. Er sollte auf den internationalen Kongressen für eine völkerrechtliche Anerkennung der DDR werben; es ist klar, dass dieser *PEN* nichts für die drangsalierten Autoren Reiner Kunze und Wolf Biermann unternehmen konnte. Hermlin verwendete sich für Jürgen Fuchs, kritisierte zeitweise die Richtlinien der Regierung in aller Schärfe, um anderen nicht minder entschieden zustimmen zu können – er behauptete seine Rolle als unabhängiger Intellektueller auch gegen die Partei. Seit den frühen siebziger Jahren veranstaltete der *PEN* zahlreiche literarische Abende, „Clubabende"; hier traten auch offiziell missliebige prominente DDR-Autoren auf und lasen aus z. T. unveröffentlichten Manuskripten: Stefan Heym, Peter Hacks, Fred Wander, Christa Wolf, Heiner Müller, Irmtraud Morgner, Volker Braun, Adolf Endler, Franz Fühmann, Jurek Becker und viele andere mehr (vgl. ausführlich zum ostdeutschen *PEN*-Zentrum Bores 2010).

Verschmelzung des west- und des ostdeutschen PEN

Von den Ereignissen der beginnenden politischen Wiedervereinigung Deutschlands im Herbst 1989 bis zur Verschmelzung der west- und ostdeutschen *PEN*-Clubs dauert es neun Jahre – erst auf der Tagung vom 29. bis 31. Oktober 1998 fand in Dresden die erste gesamtdeutsche Versammlung statt, auf der Christoph Hein zum Präsidenten und Johano Strasser zum Generalsekretär gewählt wurden. Auf dem Weg dorthin ist viel Porzellan zerschlagen worden; gestritten wurde v. a. über den Umgang mit etwaigen Mitarbeitern der Staatssicherheit im DDR-Club, keineswegs nur zwischen den Zentren, sondern mindestens ebenso heftig innerhalb der noch getrennten Sektionen. Etwa 50 Mitglieder traten im Verlauf dieser Streitigkeiten aus, aus ganz unterschiedlichen Gründen; mehr als 60 Mitglieder des westdeutschen Clubs traten in den ostdeutschen ein und müssen als Doppelmitglieder geführt werden. Am Ende hatte der *PEN*-Club hier, trotz aller Verletzungen, eine Einigungs-Debatte geführt, die im Zuge der rasanten politischen Vereinigung der beiden Deutschländer versäumt worden war, mit Folgen, die auch noch ein Vierteljahrhundert später spürbar bleiben. Der Schriftstellerclub ist in dieser Debatte nochmals beispielhaft der Rolle öffentlicher Intellektueller gerecht geworden und bemüht sich seitdem auch als gesamtdeutscher Club darum.

Die wohl wichtigsten politischen Initiativen des *PEN* sind die beiden Komitees *Writers in Prison* und *Writers in Exile*. Im erstgenannten ‚betreuen', ‚adoptieren' die *PEN*-Zentren seit 1974 einzelne Gefangene und koordinieren die Bemühungen um Haftverbesserungen oder ihre Befreiung. Gerhard Schoenberner, der deutsche *Writers-in-Prison*-Beauftragte von 1991 bis 1995, gab die Zahl der ermordeten Schriftsteller seit Bestehen des Komitees mit 200 an, die aktuellen Fälle mit 900. Willkürliche Verhaftungen seien in vielen Ländern an der Tagesordnung, ebenso die Anwendung von Folter zur Erpressung von Geständnissen; oft erhalte der Angeklagte keinen Anwalt und werde von Militärtribunalen nach Ausnahmegesetzen abgeurteilt. Wie in den Anfangsjahren des Komitees behaupten die Regierungen, ihre Opfer seien keine Schriftsteller oder schlechte, oder sie seien wegen krimineller Delikte im Gefängnis – etwa wegen Rauschgifthandels oder sexueller Delikte. Dieses Bild des Schreckens ist bis heute unverändert.

Writers in Exile, als weiteres Hilfsprogramm 1999 mit Unterstützung der Bundesregierung gegründet, kann für einige wenige Schriftstellerinnen und Schriftsteller nicht nur Publizität für ihre jeweilige Geschichte schaffen, es geht um die Wieder-Etablierung in einem neuen literarischen Leben – das Anmieten von Wohnungen, Unterstützung bei Behördengängen, v. a. die Vermittlung von Publikationsgelegenheiten, den Anschluss ans literarische Leben in Deutschland; zudem kann das Programm einjährige Stipendien bezahlen (vgl. zur Verschmelzung der beiden *PEN* ausführlich Bores 2010; Bores 2014).

Der Verband deutscher Schriftstellerinnen und Schriftsteller (VS)

Der *PEN* hat sich in der Gründungsphase eher als geselliger und ideeller Zusammenschluss verstanden, dem Tagespolitik ebenso fern liegt wie berufsständische Fragen; dennoch musste sich der Club als Vereinigung von Schriftstellerinnen und Schriftstellern immer wieder zu beiden Aspekten äußern, wenngleich Fragen zur Freiheit des Wortes stets näher lagen als Fragen angemessener Vertragsabschlüsse. Beim VS dreht sich die Gewichtung um: Dieser Verband ist nun ausdrücklich für berufsständische Fragen gegründet worden, aufgrund der desaströsen ökonomischen und rechtlichen Stellung des Autorenberufs; er sollte, so die Satzung, „die kulturellen, rechtlichen, beruflichen und sozialen Interessen seiner Mitglieder" vertreten (VS 1969, 25). Aber auch der *Verband deutscher Schriftsteller* – seit 2015: *Verband deutscher Schriftstellerinnen und Schriftsteller* –

hatte immer wieder politische Auseinandersetzungen innerhalb des Zusammenschlusses wie nach außen zu bestehen.

Der VS schließt ganz offen an den SDS an, den *Schutzverband der deutschen Schriftsteller*, dessen Geschichte gut erforscht ist (vgl. Fischer 1980). Der SDS bestand von 1909 bis 1933 und sollte Autoren v. a. rechtlichen Schutz gewährleisten, auch gegenüber staatlichen Institutionen. Dieter Lattmann als Gründungsvorsitzender des VS verweist in der Gründungs-Broschüre vom 8. Juni 1969 ausdrücklich auf Thomas Mann und Theodor Heuss, die beide zeitweilig Präsidenten des SDS waren, Heuss war auch einer der Gründer.

Der VS fasste zahlreiche regionale Autorenverbände zusammen, die seit Mitte der 1940er Jahre entstanden sind; heute ist er in 15 Landesverbände und eine Auslandsgruppe unterteilt.

Lattmann skizzierte in seiner Eröffnungsrede die wichtigsten Anliegen des VS; u. a. eine Sozial-Enquête zur Situation der Schriftsteller in der Bundesrepublik, eine Altersversorgung und eine institutionalisierte Rechtsberatung (vgl. Lattmann 1973, 11). Die Gründungsbroschüre hieß nach der Rede Heinrich Bölls *Ende der Bescheidenheit*. Er konstatierte, Schriftsteller seien als „Vertreter unserer Interessen in einer Gesellschaft, die von Interessenvertretern dirigiert wird, [...] Schwachsinnige" (Böll 1969, 11), wenn auch aus ehrenwerten Ursachen (wie eben der Bescheidenheit). Natürlich schaffe ein Autor günstigstenfalls für die Ewigkeit, dennoch müsse man sich klar machen, wie er seine Brötchen verdiene, wie die „gesellschafts- und finanzpolitische Stellung" aussehe – und wie ein eigentlich angemessener Vertrag aussehen müsste. Die Verlage allein setzten pro Jahr zweieinhalb Milliarden DM um: „Rechnen Sie noch den Anteil an von Schriftstellern Geschriebenem für Film, Funk und Fernsehen hinzu, so wird Ihnen klar, daß wir Mitarbeiter einer Riesenindustrie sind, die uns bisher unsere Honorare einfach diktiert hat. Vergleiche ich das Interessengetümmel im Wirtschaftswunderland mit einem Freiwildgehege, so sind wir darin die Karnickel, die zufrieden und freundlich in bekömmlicher Bescheidenheit ihr Gräschen fressen" (Böll 1969, 12).

Nach der Gründung musste es dem VS darum gehen, politisch potente Unterstützer zu finden; es wurden daher in den kommenden Monaten zügig Gespräche mit dem *Deutschen Gewerkschaftsbund* (DGB) geführt, 1972 trat der VS der *Industriegewerkschaft Druck und Papier* bei, die 2001 in *ver.di* (*Vereinte Dienstleistungsgewerkschaft*) aufging.

In den mehr als vierzig Jahren seines Bestehens konnte der VS eine Reihe von grundsätzlichen Verbesserungen für Schriftstellerinnen und Schriftsteller erreichen. So erstritt er vor Gericht, dass auch Schulbuchverlage Tantiemen bezahlen müssen (1971). In einer Novellierung des Urheberrechts 1973 wurde festgelegt, dass auch Autorinnen und Autoren Anspruch auf einen Anteil der abgeführten Gebühren der Bibliotheken haben, also des Geldes, das die *Verwer-*

tungsgesellschaft Wort eintreibt und weiterverteilt. Der VS handelt bis heute, bis zum E-Book, Verträge mit dem *Börsenverein des deutschen Buchhandels e. V.* aus; und er war maßgeblich an der Gründung der *Künstlersozialkasse* beteiligt (1983), einer Kranken-, Pflege- und Rentenversicherung für freiberufliche Künstler und Publizisten, die also auch für Musiker, Bildende Künstler, Journalisten usw. da ist. Die Beiträge werden zur Hälfte von den Versicherten, zur Hälfte durch eine staatlich beigetriebene Künstlersozialabgabe finanziert.

Über die Jahre hat der VS zudem auch Kongresse veranstaltet und sich damit dem Profil des *PEN* etwas genähert; auch die Themen lassen keine spezifisch berufsständische Neigung erkennen, genannt seien nur „Phantasie und Verantwortung" (1974), „Frieden erleben – erhalten – gestalten" (1984), „Schreiben aus dem Labyrinth" (1994), „Das neue Europa – Literatur im Spannungsfeld zwischen Ost und West" (2005). Wie der *PEN* hat auch der VS regelmäßig der NS-Bücherverbrennung gedacht und sich für die Freiheit des Wortes engagiert.

Die wohl größte Krise hatte der Verband 1984; nach einem Protest-Telegramm des Vorsitzenden Bernt Engelmann zur Auflösung des polnischen Schriftstellerverbandes wurde er (mitsamt seiner Vorstandskollegen) angegriffen, er habe die polnische Militärregierung unter W. Jaruzelski geradezu eingeladen, „einen Quisling-Verband zuzulassen" (Schock et al. 1995, 20), so Günter Grass. Der Streit über Distanz oder Hinneigung der westdeutschen Autoren zum osteuropäischen Sozialismus führte dazu, dass auf dem Kongress in Saarbrücken nicht die unabhängige Kandidatin (und langjährige Vize-Vorsitzende) Ingeborg Drewitz Engelmann als Vorsitzenden ablösen konnte, sondern dass der weitgehend unbekannte Hans-Peter Bleuel gewählt wurde. Markus Joch, der den Streit aus Drewitz' Perspektive grundlegend untersucht hat, sieht in die Verhaltensmuster der Delegierten auch „Gender-Fragen überdeutlich hineinspielen" (Joch 2005, 72). Der offen ausgetragene Konflikt in Saarbrücken führte zu einem „weitgehenden Abbruch des Dialoges zwischen den Vertretern der ‚Lager'" (Chotjewitz-Häfner und Gansel 1997, 11); die verdeckte Zusammenarbeit des VS-Vorstandes mit dem DDR-Schriftstellerverband (unter genauer Beobachtung der Staatssicherheit) hatte Folgen über Jahrzehnte.

Auch die deutsche Einheit löste einige Turbulenzen aus, wenngleich nicht ganz so ausgebaut wie im PEN: Nach der Auflösung des *Schriftstellerverbandes der DDR* 1990 aufgrund einer entsprechenden Abstimmung wurde den Mitgliedern empfohlen, in den VS einzutreten; der VS-Vorstand empfahl 23 der betroffenen Autorinnen und Autoren, ihren Aufnahmeantrag zurückzuziehen (VS 2009, 21), was einige Unruhe und Proteste auslöste. Anders als die Geschichte des VS sind die Konflikte des Verbandes bis in die Mitte der achtziger Jahre ausführlich dokumentiert worden (vgl. Schock et al. 1995; Chotjewitz-Häfner und Gansel 1997).

Der VS wuchs in den ersten 40 Jahren seines Bestehens auf 3200 Mitglieder an, „davon ca. 600 Übersetzer und ca. 600 Mitglieder aus den neuen Bundesländern" (VS 2009, 22). Bei der Gründung von ver.di (2001) stellte der VS als „Fachgruppe Literatur" 4000 Mitglieder, davon sind ein Viertel Übersetzer (2001).

4 Forschungsdesiderate

Das Fehlen einer „zusammenfassende[n] Darstellung der Zeit ab 1972/1973, die die Entwicklung der verschiedenen Verbände in der Bundesrepublik und der DDR sowie die Turbulenzen der Wiedervereinigung aufarbeitet", hat bereits Hansjürgen Blinn festgestellt (Blinn 2007, 401); seine Diagnose trifft nach wie vor zu, eine Darstellung, die alle Schriftstellerverbände berücksichtigen würde und an Kron (1976) anschließt, existiert nicht. In den historiographischen Darstellungen des *PEN* liegt der Fokus der Darstellung – neben der bloßen Chronik, der Fest- und Darstellung der Ereignisse – v. a. auf der Institutionengeschichte als Intellektuellengeschichte: Wie haben die Schriftstellerinnen und Schriftsteller ihre Position als öffentliche Intellektuelle verstanden, wie haben sie auf dem politischen Feld der Zeit gewirkt, wie adäquat nimmt sich ihre Aktivität aus der Distanz aus? Neigen Schriftstellerinnen und Schriftsteller nicht oft dazu, ihre öffentliche Rolle zu überschätzen – oder verhandeln sie gerade die peinlichen, kritischen Aspekte des politischen und moralischen Diskurses, die andernfalls zu kurz kämen? Dagegen nehmen sich die Darstellungen der meisten anderen Zusammenschlüsse von Autoren schmal aus, selbst eine so wichtige Institution wie der VS kommt nach einem knappen halben Jahrhundert nicht über eine Chronik auf der Website bzw. in einer Jubiläumsbroschüre hinaus (vgl. VS 2009). Ausnahmen sind die opulent dokumentierten Konflikte, die von den Herausgebern auch knapp eingeordnet und in neu geführten Gesprächen mit Schriftstellern kontextualisiert werden (vgl. Chotjewitz-Häfner und Gansel 1997); hier steht auch die Frage nach den Selbsttäuschungen von ‚linken' Intellektuellen in den 1980er Jahren gegenüber dem DDR-Staatssozialismus im Mittelpunkt. Dennoch: Hier hätte die literatursoziologische Teildisziplin ebenso viel zu tun wie mit einer Untersuchung, was in all den genannten Verbänden und Zusammenschlüssen überhaupt noch mit Literatur zu tun hat, die die Mitglieder doch nominell eint.

Mit solchen Fragen (u. a.) beschäftigt sich Helmut Heißenbüttel in seiner Rede auf dem VS-Kongress 1974 (Heißenbüttel 1975, 64). Er macht sich Gedanken über die Konsequenzen eines Schriftstellerverbandes als Teil einer Gewerkschaft und sieht die riskante Rolle des Schriftstellers zwischen Phantasie und Verantwortung schwinden – nach 1968 einerseits durch die neuen Vorstellungen einer operativen Literatur, v. a. aber durch das Bild eines Schriftstellers, der nicht mehr ein „inkommensurables Risiko" (Heißenbüttel 1975, 67) eingehen muss, weil er nach Arbeitsstunden bezahlt werden wolle wie ein Journalist (und wie alle anderen Lohnarbeiter) auch. Der Unterschied zwischen „Schriftsteller und Nichtschriftsteller" wäre dann nur noch, „daß der eine Methoden hat sich zu artikulieren, der andere nicht", und das könne doch jeder erreichen: „Ich erhebe die Forderung nach Einübung der Methode für alle. Daß die Methode der literarischen Artikulation für alle erlernbar ist wie Lesen und Schreiben oder wie die Elemente der Euklidischen Geometrie. [...] Literatur als Methode der Artikulation von allen. [...] Schriftstellerei als Lernfach. Vielleicht als Bürgerpflicht. Vielleicht nur als Hobby. [...] Wenn Rückzug ins Private, dann ein Rückzug für jedermann. Keine Geschäfte. Keine Spekulation auf Bestseller und Stargagen. Etwas Interessantes. Aufhebung von Entfremdung in sprachliche Artikulation. Statt der unter ökonomischem Druck stehenden kommerziellen Verlage vielleicht [...] eine Art von Anstalten des öffentlichen Rechts, unabhängiger als die jetzigen des Rundfunks, vielleicht auch mit diesen verbunden. Literatur so etwas wie Fotografieren." (Heißenbüttel 1975, 69–70)

Weiterführende Literatur

Bores, Dorothée (2010). *Das ostdeutsche P. E. N.-Zentrum 1951 bis 1998. Ein Werkzeug der Diktatur?* Berlin und New York, NY.
Bores, Dorothée und Sven Hanuschek (Hg.) (2014). *Handbuch PEN. Geschichte und Gegenwart der deutschsprachigen Zentren.* Berlin und Boston, MA.
Fischer, Ernst (1980). *Der Schutzverband deutscher Schriftsteller. 1909–1933.* Frankfurt a. M.
Hanuschek, Sven (2004). *Geschichte des bundesdeutschen PEN-Zentrums von 1951 bis 1990.* Tübingen.
Verband deutscher Schriftsteller (VS) (Hg.) (2009). *40 Jahre Verband deutscher Schriftsteller. 1969–2009.* Verantwortlich Frank Werneke und Gerhard Herzberg. Redaktion Heinrich Bleicher-Nagelsmann. Berlin.

Zitierte Literatur

[Anonym]. „Kesten-Preis. P. E. N. Deutschland". http://www.pen-deutschland.de/de/ (31. Mai 2017).
[Anonym] (1909). „Schriftstellervereine". *Meyers Großes Konversations-Lexikon. Ein Nachschlagewerk des allgemeinen Wissens.* Sechste, gänzlich neubearbeitete und vermehrte Auflage. Bd. XVIII: Schöneberg bis Sternbedeckung. Neuer Abdruck. Leipzig und Wien: 43.

[Anonym] (1968). „Figur am Rand". *Der Spiegel* 23 (1968): 116–117. [Vorstellung der Ergebnisse der Studie von Martin Doehlemann (1970). *Junge Schriftsteller. Wegbereiter einer antiautoritären Gesellschaft?* Opladen.]

Blinn, Hansjürgen (2007). „Schriftstellerverband". *Reallexikon der deutschen Literaturwissenschaft. Neubearbeitung des Reallexikons der deutschen Literaturgeschichte*. Band III: P–Z. Hrsg. von Jan-Dirk Müller et al. Berlin und New York, NY: 399–401.

Bobrowski, Johannes (1987). „Statuten des Friedrichshagener Dichterkreises". *Gesammelte Werke*. Bd. IV: Die Erzählungen. Vermischte Prosa und Selbstzeugnisse. Berlin: 328–331.

Böll, Heinrich (1969). „Ende der Bescheidenheit". *Ende der Bescheidenheit. VS. Die Texte der Gründungsveranstaltung des Verbands deutscher Schriftsteller (VS)*. Hrsg. vom Verband deutscher Schriftsteller (VS) e. V. München: 11–24.

Bores, Dorothée (2010). *Das ostdeutsche P. E. N.-Zentrum 1951 bis 1998. Ein Werkzeug der Diktatur?* Berlin und New York, NY.

Bores, Dorothée (2014). „Nach dem Fall des Eisernen Vorhangs. Auswirkungen auf die PEN-Zentren in Ost- und Westdeutschland (1989–1998)". *Handbuch PEN. Geschichte und Gegenwart der deutschsprachigen Zentren*. Hrsg. von Dorothée Bores und Sven Hanuschek. Berlin und Boston, MA: 362–396.

Chotjewitz-Häfner, Renate und Carsten Gansel (Hg.) (1997). *Verfeindete Einzelgänger. Schriftsteller streiten über Politik und Moral*. Berlin.

Fischer, Ernst (1980). *Der „Schutzverband deutscher Schriftsteller". 1909–1933*. Frankfurt a. M.

Hanuschek, Sven (2004). *Geschichte des bundesdeutschen PEN-Zentrums von 1951 bis 1990*. Tübingen.

Hanuschek, Sven (2011). *P. E. N. Die Internationale Schriftstellervereinigung. Ihre deutsche Geschichte. Ihre Aufgaben. Ausstellung und Katalog*. Darmstadt.

Heißenbüttel, Helmut (1975). „Zur Kritik des Bildes vom Schriftsteller". *Phantasie und Verantwortung. Dokumentation des dritten Schriftstellerkongresses des Verbands deutscher Schriftsteller (VS) in der IG Druck und Papier*. Hrsg. von Horst Bingel. Frankfurt a. M.: 56–70.

Joch, Markus (2005). „Das Desaster von Saarbrücken. Ingeborg Drewitz, der VS und die männliche Herrschaft". *„Von der Unzerstörbarkeit des Menschen". Ingeborg Drewitz im literarischen und politischen Feld der 50er bis 80er Jahre*. Hrsg. von Barbara Becker-Cantarino und Inge Stephan. Bern et al.: 71–81.

Kron, Friedhelm (1976). *Schriftsteller und Schriftstellerverbände. Schriftstellerberuf und Interessenpolitik 1842–1973*. Stuttgart.

Lattmann, Dieter (1973). „Chronik der Ereignisse". *Entwicklungsland Kultur. Dokumentation des zweiten Schriftstellerkongresses des Verbandes deutscher Schriftsteller (VS)*. Hrsg. von Dieter Lattmann. München: 7–18.

Lorenz, Otto (2007). „Autorengruppe". *Reallexikon der deutschen Literaturwissenschaft. Neubearbeitung des Reallexikons der deutschen Literaturgeschichte*. Band I: A – G. Hrsg. von Klaus Weimar et al. Berlin und New York, NY: 180–182.

Malende, Christine (2014). „Nach dem Ende der nationalsozialistischen Herrschaft. Wiederbegründung und Teilung des deutschen PEN als Folge des Kalten Krieges (1946–1951)". *Handbuch PEN. Geschichte und Gegenwart der deutschsprachigen Zentren*. Hrsg. von Dorothée Bores und Sven Hanuschek. Berlin und Boston, MA: 168–222.

Schock, Ralph, Klaus Behringer und Uschi Schmidt-Fehringer (Hg.) (1995). *Ein Dialog zwischen Blinden und Taubstummen. Der Kongreß des Verbands deutscher Schriftsteller 1984 in Saarbrücken. Eine Dokumentation*. Blieskastel.

Thiel, Jens (2011). *Ja-Sager oder Nein-Sager. Das Hamburger Streitgespräch der Autoren aus Ost und West 1961*. Berlin.

Verband deutscher Schriftsteller (VS) (Hg.) (2009). *40 Jahre Verband deutscher Schriftsteller. 1969–2009*. Verantwortlich Frank Werneke und Gerhard Herzberg. Redaktion Heinrich Bleicher-Nagelsmann. Berlin.

Jan Süselbeck
III.1.2 Literarische Gesellschaften

1 Definition

Bei einer literarischen Gesellschaft handelt es sich nach der Definition Heinrich Deterings im *Reallexikon der deutschen Literaturwissenschaft* um eine „Vereinigung zur Förderung bestimmter Autoren, Werke, Genres oder auch des literarischen Lebens in einer Region", in der „Literaten, Wissenschaftler und/oder Leser" zusammenkommen. Die regionale Abgrenzung eines Wirkungsbereiches einer solchen Gesellschaft sei allerdings „weniger praktikabel", so Detering, „sei es, weil zunächst regional begrenzte Gesellschaften sich mit einem Wandel ihres Selbstverständnisses überregional ausgedehnt haben, sei es weil national oder international aktive Literaturgesellschaften sich in weitgehend selbstständige Ortsvereinigungen gliedern". Als Beispiel für letzteren Fall nennt er die 1885 gegründete *Goethe-Gesellschaft* mit ihren rund 10.000 Mitgliedern in 50 Ortsvereinigungen, die als einzige literarische Gesellschaft den Kalten Krieg als gesamtdeutsche Vereinigung überdauerte (Detering 2007 [2000], 434–436).

Literarische Gesellschaften bewegen sich im Spannungsfeld zwischen der Suche gewisser Mitgliedergruppen nach sozialem Zusammenhalt in einem lokalen, partikularen Forum und der räumlich eher virtuellen, dezentralen Organisation wissenschaftlichen Interesses. Bis heute agieren solche Gesellschaften mit unterschiedlichen Schwerpunktsetzungen zur Literatur des Mittelalters bis hin zu Themen der Gegenwart im Übergangsbereich zwischen bildungsbürgerlichem Engagement und wissenschaftlicher Forschung. Diese überaus erfolgreiche Tradition wissenschaftlich-literarischer Vereinigungen geht insbesondere auf die zweite Hälfte des 19. Jahrhunderts zurück, als die Literatur in Mitteleuropa „zu einer Art Religionsersatz wurde und der zugehörige Verein zum Kirchen-Substitut" (Beise 2007, 221).

Nach einem Vorschlag von Wilhelm Solms unterscheidet man u. a. Dichter- oder Namensgesellschaften, die sich vorrangig mit der Person und dem Werk eines Autors oder einer Autorin befassen, und Themen-Gesellschaften, die sich eher einer bestimmten Stofftradition wie z. B. dem Märchen, der Fantasy-Literatur oder auch, wie die *Internationale Faust-Gesellschaft*, einer literarischen Figur widmen. Hinzu kommen offener ausgerichtete Vereinigungen wie etwa das *Marburger Literaturforum*, die sich ohne Bevorzugung eines dieser Ordnungskriterien mittels Organisation von Autorenlesungen, Symposien oder Vorträgen hauptsächlich der Förderung des literarischen Lebens der Gegenwart verschreiben (vgl. dazu Solms 1995, 12–15).

Viele der Dichter- oder Namensgesellschaften geben Mitteilungsblätter, Jahrbücher oder sonstige Periodika heraus, deren Beiträge ebenfalls wahlweise von eher laienhafter Idolatrie bzw. Hagiografie bestimmt sein oder aber streng wissenschaftlichen Forschungsparadigmen folgen können. Die (Jahres-)Tagungen derartiger Gesellschaften zeichnen sich oftmals durch ein Zusammentreffen von enthusiasmierten Liebhabern und nüchternen bzw. kritisch urteilenden philologischen Experten aus, wobei eine solche klare Trennung beider Gruppen teils schwierig erscheinen kann. Was manchen Philologen problematisch erscheinen mag, ist aber auch als eine Stärke literarischer Gesellschaften einschätzbar – dass sie an der Schnittstelle zwischen Wissenschaft und lokalem kulturellen Interesse wirken und so Synergieeffekte ermöglichen.

2 Hauptaspekte des Themas

Literarische Gesellschaften changieren in ihren Antrieben zwischen naivem Enthusiasmus und professioneller Seriosität. Anhand des Beispiels der *Gesellschaft der Arno-Schmidt-Leser* (GASL) spricht Lothar Müller von einer Philologie „aus dem Geist der Bürgerinitiative, die den Wettstreit mit der akademischen nicht scheut"; sie verschmelze den „traditionellen Literaturliebhaber[ ] mit der aus Popkultur, der Welt des Comics und des Films importierten Figur des ‚Fans'" (Müller 2003, 84).

Auch Norbert Miller hebt die Chance hervor, in Dichter-Gesellschaften von der bloßen philologischen Kontemplation kleiner Einzelprobleme eines literarischen Œuvres zurückzutreten, um den vergangenen und zukünftigen Zeitkontext der Rezeption bzw. „die Veränderungen in dem geschichtlichen und kulturgeschichtlichen Umfeld" eines Autors und seines Gesamtwerks genauer erfassen zu können (Miller 1991, 26). Je nach Perspektive wird dabei der Popularisierungs- oder auch Demokratisierungseffekt (vgl. Oesterle 1991, 29) dieser Form der Literaturvermittlung positiv oder – so meist aus wissenschaftlicher Perspektive – im Hinblick auf die Forschungserträge solcher Foren eher skeptisch betrachtet.

Lothar Müller hat die gängige Kritik am spezifischen deutschen Vereinswesen der literarischen Gesellschaften rhetorisch pointiert: „Leicht lassen sich die Paradoxien des institutionalisierten Enthusiasmus bespötteln. Sind nicht literarische Gesellschaften, die sich einem einzelnen Autor verschreiben, stets in Gefahr, Institute vorsätzlicher Bornierung zu werden, in denen der universelle Geist der modernen Kritik zugunsten partikularer Schwärmerei abdankt? Ist nicht der in Vereinsform gebrachte Dichterkult zudem eine eher zweifelhafte Mischung von kryptoreligiösen Sehnsüchten und bürokratischen Energien? Signalisiert nicht schon das Kürzel ‚e. V.' den Verrat des Enthusiasmus an die beflissene Geschäftigkeit, der Passion an den Betrieb?" (Müller 2003, 76). Auch Arnd Beise räumt ein, dass die literarischen Gesellschaften „gefährdete Existenzen" seien, die „jederzeit eingehen" könnten. Hinzu käme ein Nachwuchsproblem: „Es ist offensichtlich, dass die traditionellen Literarischen Gesellschaften nicht die bevorzugte Veranstaltungsform der Jugend darstellen, sondern eher ein Vergnügungszentrum für Grauhaarige sind." (Beise 2013, 302)

Ganz abgesehen von derartigen Problemen sind literarische Gesellschaften im Hinblick auf verschiedenste Literaturvermittlungs- und auch Kanonisierungsprozesse, an denen sie teilhaben, von nicht unbeträchtlichem Belang. So können solche Vereinigungen durch ihre Herausgeber- und Veranstaltungstätigkeit als wichtige Vermittlungsinstanzen im Literaturbetrieb bzw. im literarischen Leben wirken – also als kommunikative Institutionen zwischen den Verlagen, der Presse bzw. anderen Medien wie Funk, Fernsehen und dem Internet. Sie agieren in den Literaturhäusern bzw. kooperieren mit verschiedensten Veranstaltern oder Kulturstätten, um Kontakte zwischen den (lebenden) Autoren, ihrem Werk und dem Publikum in den Regionen oder (Klein-)Städten herzustellen. Das kulturelle Leben in der Provinz kann durch die Vermittlung ansässiger oder auch nur gastierender literarischer Gesellschaften mittels der von ihnen organisierten Veranstaltungen bereichert werden. Literarische Gesellschaften können diese Aktivitäten nicht nur durch Lesungen, Tagungen, Einzelvorträge, Exkursionen zu literarischen Orten bzw. sogenannte Literatouren oder auch mittels Ausstellungen, sondern z. B. auch durch die Verleihung von Literaturpreisen flankieren, die mitunter beträchtliche überregionale Aufmerksamkeit in den Medien zu erzeugen vermögen und Autoren ein Auskommen ermöglichen: Vereine, die sich der ehrenamtlichen, durch Eintrittsgelder, Mitgliederbeiträge oder auch städtische oder staatliche Subventionen finanzierten Förderung der Gegenwartsliteratur verschrieben haben, sind ein wichtiges Forum für die Konstruktion von Autorschaft, für die Selbstinszenierung von Schriftstellern und die Akkumulation symbolischen Kapitals im Literaturbetrieb (vgl. Hagestedt 2007).

3 Kurze Geschichte literarischer Gesellschaften

Gesellschaften (ahd. *gisellia*, mhd. *geselle*: ‚der mit einem den Saal teilt') tauchen laut Detering erstmals in den Nürnberger Polizeiordnungen des 15. Jahrhunderts auf, während der Begriff der literarischen Gesellschaft erst seit Beginn des 20. Jahrhunderts gebräuchlich wird (Detering 2007 [2000], 435). Die älteste noch existierende literarische Gesellschaft der Welt ist der *Pegnesische Blume-*

norden, der 1644 inauguriert wurde und seinen Beinamen wegen des Gründungsorts Nürnberg an der Pegnitz trägt (vgl. Solms 1995, 15; Beise 2013, 296). Bereits 1622 nahm die *Fruchtbringende Gesellschaft* ihre überkonfessionelle Arbeit auf, die als älteste Sprachgesellschaft über das höchste Prestige und „den bei weitem größten, überregionalen Einzugsbereich verfügte" (Jaumann 2007 [2000], 477).

Nach diesen sogenannten Sprachgesellschaften des Barock, die sich als Institutionen der Frühen Neuzeit der Förderung deutschsprachiger Kultur widmeten und sich an dem französischen Vorbild der 1548 gegründeten *Pléiade* bzw. der italienischen *Accademia della Crusca* von 1582 orientierten (vgl. Jaumann 2007 [2000], 476–477), werden aber erst im frühen 19. Jahrhundert erste Namensgesellschaften wie der *Marbacher Schillerverein* (1835) gegründet, die aus den literarischen Salons des Bildungsbürgertums der Goethezeit hervorgehen. Der Erforschung dieser Zeit und ihrer Autoren haben sich heute die renommierte *Goethe-Gesellschaft* sowie die *Stiftung Weimarer Klassik* mit dem *Goethe- und Schiller-Archiv* verschrieben. Die mit der 1946 aus dem früheren *Schwäbischen Schillerverein* entstandenen *Deutschen Schillergesellschaft* zusammenhängenden Institute, das bereits 1903 errichtete *Schiller-Nationalmuseum* und das 1955 eingerichtete *Deutsche Literaturarchiv* in Marbach gelten als „zentrale bundesdeutsche Institution der Sammlung, Erforschung und Dokumentation von Materialien der deutschen Literaturgeschichte von der Aufklärung bis heute" (Solms 1995, 17), mit unzähligen, ständig erweiterten Vor- und Nachlässen, die teils auch in dem 2006 eröffneten *Literaturmuseum der Moderne* in Marbach ausgestellt werden. Das seit 1957 erscheinende *Jahrbuch der Schillergesellschaft* ist nicht nur Schillers Werk gewidmet, sondern hat sich zu einem der zentralen Publikationsorgane der gesamten Neueren deutschen Literaturwissenschaft entwickelt.

Solms erinnert im Blick auf die früheste Zeit der Entstehung der Kultur deutscher Dichtergesellschaften zudem an die Vorreiterrolle des Berliner Salons der Henriette Herz oder an die 1816 in Berlin gegründete *Serapionsrunde* um E. T. A. Hoffmann (vgl. Solms 1995, 15). Die ersten ausschließlich wissenschaftlichen literarischen Gesellschaften wurden 1864 und 1865 im Gedenken an fremdsprachige Autoren gegründet: Die *Deutsche Shakespeare-Gesellschaft* und die *Deutsche Dante-Gesellschaft*. Beide Gesellschaften wurden laut Beise „zum weltweit nachgeahmten Modell". Mit der „wissenschaftlichen Arbeit verknüpfte sich von Anfang an eine gesellschaftlich-kulturelle Aufgabe, die man als Ermöglichung der Teilhabe des Bildungserwerbsbürgertums am nicht professionell betriebenen Studium der Literatur beschreiben konnte" (Beise 2007, 220–221). Die älteste noch existierende Vereinigung aus dieser Zeit ist das 1859 zunächst als Akademie der Künste und der Wissenschaften gegründete *Freie Deutsche Hochstift* im Frankfurter *Goethehaus*. Im 20. Jahrhundert folgten Gesellschaften wie die zu Ehren

Jean Pauls (1925), Friedrich Hebbels (1925) und Joseph Freiherr von Eichendorffs (1931).

Solms hebt hervor, dass diese Gründungen sich tatsächlich durch ihren „betonten Vereinscharakter" auszeichneten, „in dem Zusammengehörigkeit, das Familiäre, das Solidarische bewußt gefördert wurden". Diese Tendenzen seien es gewesen, die „den zunehmenden Einfluß der deutsch-nationalen und später der nationalsozialistischen Anschauungen auf das Innenleben der Gesellschaften ermöglichten". Im ‚Dritten Reich' seien Gesellschaften zu missliebigen Autoren wie Robert Musil untergegangen, während gleichgeschaltete Vereinigungen die Zeit überdauerten. Nicht alle hätten ihre Schuld nach 1945 so wie die *Grabbe-Gesellschaft* aufgearbeitet (vgl. Solms 1995, 16). Auch Gesellschaften, die sich mittelalterlichen Autoren widmeten, waren verstrickt: So ging die heutige *Wolfram-von-Eschenbach-Gesellschaft* aus einem deutschtümelnden *Wolfram-Eschenbach-Bund* hervor, der 1935 in Amorbach gegründet worden war (vgl. Beise 2013, 299). Ein weiteres Beispiel für die Notwendigkeit einer Aufarbeitung der NS-Schuld ist die *Wilhelm-Raabe-Gesellschaft*: „1911, kurz nach Raabes Tod, von einer Gruppe Braunschweiger Honoratioren um den Schulrat und Schriftsteller Wilhelm Brandes als *Gesellschaft der Freunde Wilhelm Raabes* gegründet, verstand sie sich für lange Zeit gerade nicht als eine literarische Gesellschaft, sondern eher als eine Art Weltanschauungs-Gemeinschaft, ja als Gemeinde um den (so Brandes) ‚Führer' und ‚Seher' Raabe", berichtet Detering. „Nicht das poetische Werk ihres Namenspatrons selbst sollte im Mittelpunkt ihres Wirkens stehen, sondern eine vermeintlich daraus abgeleitete, weithin freilich von den Vorstellungen Brandes' und seiner Mitstreiter bestimmte ‚Raabe-Sache': Propagierung und Praktizierung einer nationalkonservativ-antimodernen Lebensauffassung um Grundwerte wie Volkstum, Gemüthaftigkeit, Innerlichkeit." Mit der Folge, dass „weite Teile der Gesellschaft ab 1933 bereitwillig zum Faschismus konvertierten und ihre eigene Gleichschaltung fast übereifrig betrieben, Kritiker und Andersdenkende wie den Schriftleiter ihrer ‚Mitteilungen', Constantin Bauer, oder den jüdischen Literaturhistoriker und Raabe-Kenner Heinrich Spiero hingegen von sich stießen." (Detering 1991)

Auch Horst Denkler hat diese Geschichte in Erinnerung gerufen: „Mit der Umdeutung des Prosaerzählers Raabe zum Weltanschauungsdichter und ethisch-politischen Führer" und mit der „Formierung der Raabe-Freunde zur geschlossenen Gesinnungsgemeinschaft, mit der Eroberung der richtungsbestimmenden Meinungsüberlegenheit durch konservative, aber auch reaktionäre und rechtsradikale Kräfte" seien die „Weichen gestellt worden, die die Bejahung autoritär-faschistischer Zielvorstellungen wie Führerstaat, Volksgemeinschaft, Kulturlenkung und Kultursäuberung erleichterten und damit den Anschluß an die nationalsozialistische Bewegung begünstigten" (Denkler 1987, 21).

Nach 1945, v. a. aber in den 1960er Jahren habe dann ein „Prozess radikalen Umdenkens und selbstkritischer Besinnung eingesetzt" (Detering 1991), geleitet von der Einsicht, dass „die Raabe-Gesellschaft dem literarischen Werk Raabes zu dienen hat und es nicht in den Dienst eigener Interessen und selbstsüchtiger Zwecke stellen darf. Oder anders gesagt: daß die Raabe-Gesellschaft Raabe nützen und ihn nicht für sich mißbrauchen soll." (Denkler 1987, 22)

Manche Gruppierungen zu schlesischen oder ostpreußischen Autoren wie etwa die 1952 neu gegründete *Eichendorff-Stiftung*, der 1947 gegründete *Adalbert-Stifter-Verein* oder die 1969 gegründete *Agnes-Miegel-Gesellschaft* wurden jedoch zu Treffpunkten ostpreußischer oder sudetendeutscher Vertriebener, die den „Heimataspekt" ihres Engagements besonders hervorhoben, wie es Solms vorsichtig formuliert (Solms 1995, 15–16). Jan-Henning Brinkmann wird hier sehr viel deutlicher und arbeitet zudem genauer heraus, dass manche dieser Vereinigungen als verdeckte Netzwerke alter Nationalsozialisten fungierten, damit einer in ihrer Gefährlichkeit nicht zu unterschätzenden rechtsextremen Unterwanderung der deutschen Nachkriegskultur dienten und teils bis heute zuarbeiten (vgl. Brinkmann 2011).

So erstaunt, dass die erwähnte *Agnes-Miegel-Gesellschaft*, die nach der nationalsozialistischen Dichterin gleichen Namens (1879–1964) benannt ist, 1989 in den 1986 gegründeten Dachverband der *Arbeitsgemeinschaft Literarischer Gesellschaften und Gedenkstätten e. V.* (ALG) aufgenommen wurde, dem mittlerweile 236 Literaturgesellschaften und – seit einer Satzungsänderung im Jahr 1997 – auch Literaturmuseen angehören (Stand: Mai 2014). Agnes Miegel, von Verehrern auch „Mutter Ostpreußens" genannt (Klee 2007, 409), unterzeichnete bereits 1933 ein Treuegelöbnis „88 deutscher Schriftsteller" für Adolf Hitler, trat 1940 in die NSDAP ein, verfasste u. a. diverse hymnische Führer-Gedichte und erhielt zahlreiche renommierte NS-Würdigungen wie den aufgrund besonderer Fürsprache von Joseph Goebbels an sie verliehenen Frankfurter *Goethe-Preis* oder das Goldene Ehrenzeichen der Hitlerjugend. Auf der „Gottbegnadetenliste der im Kriege unabkömmlichen Kulturschaffenden" nahm sie eine herausgehobene Sonderposition ein: Wurde sie doch „zu den sechs wichtigsten Dichtern des ‚Dritten Reiches' gezählt" und war „die einzige Frau unter ihnen" (Brinkmann 2011, 304). Obwohl sich Miegel nach 1945 als unpolitische Dichterin zu inszenieren versuchte, schrieb sie Exklusivbeiträge für das rechtsextreme Blatt *Nation Europa*, eine 1951 von dem ehemaligen SS-Obersturmbannführer und Chef für Bandenbekämpfung im Führerhauptquartier Arthur Ehrhardt gegründete Zeitschrift, die das Ziel einer „europäischen Neuordnung" unter der Führung „Großdeutschlands" verfolgte. Die *Agnes-Miegel-Gesellschaft* bewegt sich ähnlich wie die 1951 gegründete *Kolbenheyer-Gesellschaft*, benannt nach dem Nazi-Autor Erwin Guido Kolbenheyer (1878–1962) und der 1952 gegründeten *Gesellschaft zur Förderung des Werkes von*

Hans Friedrich Blunck, benannt nach dem gleichnamigen NS-Schriftsteller (1888–1961), im Spannungsfeld zwischen biografischem und historischem Revisionismus, wenn sie sich mittlerweile auch vergleichsweise moderat geben soll (vgl. Brinkmann 2011, 320–324). Dennoch hält Brinkmann fest, dass die drei von ihm untersuchten Gesellschaften „als apologetisch und revisionistisch einzustufen" seien, „wenn auch in unterschiedlichem Ausmaß". In den Veröffentlichungen der Kolbenheyer- sowie der Blunck-Gesellschaft trete ein „Geschichtsverständnis zutage, das in seiner extremsten Form eine implizite Leugnung des Holocaust darstellt und das eine Verortung dieser Vereinigungen im rechtsextremen Milieu nahelegt". Tatsächlich sei es diesen literarischen Gesellschaften „zumindest in Teilen gelungen, ihre Apologien salonfähig zu machen", und zwar gerade auch im Fall der in die ALG aufgenommenen *Agnes-Miegel-Gesellschaft*, der es durch eine geschickte Publikationspolitik gelang, die NS-Verstrickung der von ihr geehrten Autorin aus Lexika und sonstigen Erwähnungen der Autorin weitgehend verschwinden zu lassen (Brinkmann 2011, 336–337). So ist es wohl zu erklären, dass Solms 1995 noch urteilte, auch die *Agnes-Miegel-Gesellschaft* habe das Klischee eines ostpreußischen Heimat- und Heimatvertriebenenvereins „abgebaut", sie widme sich nunmehr nicht mehr der „ostpreußischen Heimat", sondern stelle die „literarische Qualität des Werks in den Mittelpunkt der Rezeption" der von ihr gewürdigten Autorin (Solms 1995, 16).

Davon ganz abgesehen ist jedoch die gewachsene Vielfalt der literarischen Gesellschaften in Deutschland hervorzuheben: Bei Gründung der ALG im Jahr 1986 schlossen sich 26 Gesellschaften zusammen. 1995 waren es bereits 100 mit insgesamt 60.000 Mitgliedern, und im Jahr 2014 waren es bereits 236 Gesellschaften. Darunter auch so unterschiedliche, kleinere und größere Vereinigungen eines wohl eher linksliberalen Leserspektrums wie die *Charles-Bukowski-Gesellschaft*, die *Leonhard-Frank-Gesellschaft*, die *Heinrich Heine-Gesellschaft*, die *Erich-Maria-Remarque-Gesellschaft* oder auch die *Peter-Weiss-Gesellschaft*. Die ALG vernetzt als Dachverband Archive, Museen und literarische Gesellschaften im In- und Ausland und unterstützt nicht zuletzt die kleinen Gesellschaften, indem diese beim Dachverband finanzielle Unterstützung für Kongresse beantragen können.

4 Erkenntnisstand und Forschungsdesiderate

Literarische Gesellschaften sind bislang vergleichsweise wenig bzw. überhaupt noch nicht systematisch erforscht worden (vgl. Kussin 2013, 221). Neben einigen Einzeldarstellungen zur Geschichte, zur ideologischen und wissenschaftlichen

Ausrichtung von Gesellschaften, wie sie hier zitiert wurden, gibt es nach wie vor fast nur die Porträts einzelner Vereine in den Handbüchern der ALG (vgl. Detering 2007 [2000], 436). Zu nennen ist hier v. a. auch das 1998 von Wulf Wülfing, Karin Bruns und Rolf Parr herausgegebene *Handbuch literarisch-kultureller Vereine, Gruppen und Bünde 1825–1933*, in dem konstatiert wird, dass literarische und kulturelle Gesellschaften, obwohl sie „als wichtig erkannt wurden, innerhalb der Geschichtswissenschaft kaum zum Gegenstand gemacht wurden" (Wülfing et al. 1998, X), während das Thema in der Literaturwissenschaft ebenfalls nur „gelegentlich beachtet" worden sei (Wülfing et al. 1998, XI). Die Herausgeber unterstreichen die literatursoziologische Relevanz des Gegenstands für Erkenntnisse über die Strukturbildungen innerhalb der modernen Gesellschaft v. a. des 19. Jahrhunderts (vgl. Wülfing et al. 1998, X), aber auch danach. Betont wird die Bedeutung der Vernetzung der Gesellschaften untereinander, die ein Desiderat geblieben sei. Sei doch die Erschließung dieses Netzwerks der „berufsständischen und Lese-Vereine" wichtig, um „damit eine Geschichte des literarischen Lebens im 19. Jahrhundert aus der Perspektive seiner geselligen Organisationsformen insgesamt zu beschreiben" – eine Forschungsarbeit, die auch das „*work in progress*" des eigenen Bands noch nicht habe leisten können, weil es „lediglich einen ersten Anfang" darstelle (Wülfing et al. 1998, XVI).

Das Beispiel der *Agnes-Miegel-Gesellschaft* zeigt z. B. in negativer Hinsicht, inwiefern literarische Gesellschaften Defizite in der literaturwissenschaftlichen Forschung sichtbar machen können, wie es Brinkmann mit einem ironisch angeführten Zitat von Wilhelm Solms fasst (vgl. Brinkmann 2011, 337): Nicht nur bedarf die Literaturwissenschaft der Anregung durch das Engagement von literarischen Gesellschaften für ‚vergessene' Dichter, sondern auch literarische Gesellschaften brauchen ebenso dringend ein Korrektiv objektiver philologischer Erforschung ihrer Gegenstände, um sich nicht in bloßer Hagiografie zu ergehen. Genauer zu untersuchen wäre darüber hinaus, inwiefern literarische Gesellschaften posthume Kanonisierungen von Schriftstellern beeinflussten, inwiefern sie Dekanonisierungen rückgängig machen konnten und in welcher Weise sie eine politische Rolle in der Kultur ihrer Zeit zu spielen vermochten.

Dieser Aspekt ist zudem wichtig für eine praxeologische Erforschung der Literaturvermittlung und der Entstehung heutiger Literatur aus deren komplexen Prozessen heraus. „Wie stark sich die Bedingungen, unter denen Literatur grundsätzlich verfasst, verlegt, vermittelt, gekauft und gelesen wird, in den vergangenen zehn, fünfzehn Jahren verändert haben, ist kaum zu überschätzen", betont Anja Johannsen (Johannsen 2013, 179). In ihrem „Plädoyer für eine praxeologische Gegenwartsliteraturwissenschaft" fordert die Autorin, dass das Augenmerk künftig viel stärker als bislang auch auf die Einflüsse des gesamten Literaturbetriebs auf die Literaturproduktion gerichtet werden müsste: „Literaturbetrieb und Literatur selbst stehen in einem gegenseitigen Bedingungsverhältnis; institutionelle, mediale und sozioökonomische Veränderungen schlagen sich in der jeweils entstehenden Literatur nieder, und ebenso prägt die Literatur einer Zeit selbstredend die Verhältnisse mit. Die Literaturwissenschaften können nur gewinnen, wenn sie auf Instrumentarien zurückgreifen oder neue entwickeln, mit deren Hilfe diese Rückkopplungen präzise wahrgenommen werden können." (Johannsen 2013, 182).

Ähnliches fordert auch Stephan Porombka, indem er sich auf die Methoden der *critique génetique* als einem französischen Zweig der Schreibprozessforschung beruft: Literatur werde nicht von Einzelnen, sondern „im Rahmen von Kooperationen hergestellt", mit „Verlegern, mit Lektoren, mit Marketing-Experten, mit Agenten, mit Journalisten, mit Event-Experten, mit Multiplikatoren und Förderern innerhalb des jeweiligen Betriebs, die mit den Multiplikatoren und Förderern innerhalb der anderen Betriebe vernetzt" seien (Porombka 2006, 73): *„Der Betrieb ist, so gelesen, nicht das, was sich von außen in die Literatur einmischt. Er gehört zum Schöpfungsprozess dazu"* (Porombka 2006, 75). Demnach erscheinen „all die Institutionen, die zum Betriebssystem der Literatur gehören, nicht mehr als uneigentliche Vermarkter literarischer Werke, die wie Parasiten vom Kunstwerk zehren": „Verlage, Literaturhäuser, Literaturbüros, Literaturagenturen, Festivalprojekte, Buchhandlungen, literatur- und kulturwissenschaftliche Institute und Forschungsprojekte, Kulturredaktionen in Zeitungen, Zeitschriften und Sendungen im Radio und Fernsehen" – alle diese, viele weitere Organisationsformen und nicht zuletzt eben auch die literarischen Gesellschaften wirken demnach als „Agenturen kollektiver Kreativität", die gemeinsam mit dem Autor an dem arbeiten, „was man ein ‚Werk' nennen kann" (Porombka 2006, 75–76).

Eine offene Frage ist, inwiefern sich die globalisierte Virtualität literarischer Gesellschaften als stets prekärer Institutionen sozialer Vernetzung und Wissensvermittlung mit der Entwicklung von *Social Networks* und dem Phänomen der ‚Schwarmintelligenz' im Internet verträgt. Könnte diese gesteigerte Virtualität sozialen Lebens im Netz und die Selbstverständlichkeit, mit der die *Digital-Natives*-Gruppen, Gemeinschaften und ‚Freundeskreise' via *Facebook*, *Twitter* oder *WhatsApp* gründen, literarische Gesellschaften doch in Zukunft obsolet erscheinen lassen. Zu untersuchen wäre, inwiefern solche Vereine *Social-Media*-Foren für sich entdecken und nutzen könnten bzw. bereits heute instrumentalisieren, um ihre Kontakte und Veranstaltungen auch im Internet so zu vermitteln, wie es mittlerweile in allen Lebensbereichen gang und gäbe geworden ist. Das hieße etwa, nicht nur Lesungstermine bloß anzukündigen, sondern die Veranstaltungen selbst mit Kommentaren, Bildern oder audiovisuellen Aufzeichnungen zu dokumentieren und zeitnah bzw. zeitgleich ins Netz zu stellen, um weltweite Transparenz, Teilhabe und Erreichbarkeit zu ermöglichen. Ähnlich wie für den sogenannten Qualitätsjournalismus und seine Literaturkritik stellt sich darüber hinaus jedoch die Frage, ob solche Angebote nicht den Effekt haben könnten, potenzielle Interessenten endgültig fernzuhalten: Wenn die Angebote und Veranstaltungen einer Gesellschaft ohnehin auch im Netz frei abruf- und verfolgbar sind, könnten sich gerade jene Unbeteiligten, die man ansprechen und gewinnen möchte, fragen, wozu man dann selbst noch ein Beiträge zahlendes Vereinsmitglied werden sollte.

Weiterführende Literatur

Beise, Arnd (2007). *Gesellschaften. Handbuch Literaturwissenschaft. Bd. III. Institutionen und Praxisfelder*. Hrsg. von Thomas Anz. Stuttgart und Weimar: 218–223.
Beise, Arnd (2013). „Wozu noch Literarische Gesellschaften? Plädoyer für eine Vergesellschaftungsform jenseits des Konflikts zwischen Partikularität und Zentralität". *Germanistik in der Schweiz (GiS). Zeitschrift der Schweizerischen Akademischen Gesellschaft für Germanistik* 10 (2013): 298–303.
Detering, Heinrich (2007 [2000]). „Literarische Gesellschaft". *Reallexikon der deutschen Literaturwissenschaft*. Bd. II. Hrsg. von Harald Fricke et al. Berlin und New York, NY: 434–436.
Kussin, Christiane (2013). *Literarische Gesellschaften. Handbuch Kanon und Wertung. Theorien, Instanzen, Geschichte*. Hrsg. von Gabriele Rippl und Simone Winko. Stuttgart und Weimar: 221–225.
Solms, Wilhelm (1995). „Literarische Gesellschaften in Deutschland". *Literarische Gesellschaften in Deutschland. Ein Handbuch*. Hrsg. von der Arbeitsgemeinschaft Literarischer Gesellschaften e. V. Bearbeitet von Christiane Kussin. Berlin: 11–21.

Zitierte Literatur

Beise, Arnd (2007). *Gesellschaften. Handbuch Literaturwissenschaft. Bd. III. Institutionen und Praxisfelder*. Hrsg. von Thomas Anz. Stuttgart und Weimar: 218–223.
Beise, Arnd (2013). „Wozu noch Literarische Gesellschaften? Plädoyer für eine Vergesellschaftungsform jenseits des Konflikts zwischen Partikularität und Zentralität". *Germanistik in der Schweiz (GiS). Zeitschrift der Schweizerischen Akademischen Gesellschaft für Germanistik* 10 (2013): 298–303.
Brinkmann, Jan-Henning (2011). „,Literarische Seniorenzirkel'? Gesellschaften zur Förderung des Werkes von Schriftstellern des ‚Dritten Reichs' (Miegel, Kolbenheyer, Blunck)". *Dichter für das „Dritte Reich". Band 2. Biografische Studien zum Verhältnis von Literatur und Ideologie. 9 Autorenporträts und ein Essay über literarische Gesellschaften zur Förderung des Werks völkischer Dichter*. Hrsg. von Rolf Düsterberg. Bielefeld: 301–342.
Denkler, Horst (1987). „Panier aufwerfen für Raabe. Zur Geschichte der Raabe-Pflege im Bannkreis der Raabe-Gesellschaft". *Jahrbuch der Raabe-Gesellschaft* 28 (1987): 11–23.

Detering, Heinrich (1991). *Kurze Geschichte der Raabe-Gesellschaft*. http://www.raabe-gesellschaft.de/Wir_ueber_uns.html (31. Mai 2014).
Detering, Heinrich (2007 [2000]). „Literarische Gesellschaft". *Reallexikon der deutschen Literaturwissenschaft*. Bd. II. Hrsg. von Harald Fricke et al. Berlin und New York, NY: 434–436.
Hagestedt, Lutz (2007). *Autorenrepräsentation und -förderung: Lesungen, Ausstellungen, Preise*. Handbuch Literaturwissenschaft. Bd. I. Gegenstände und Grundbegriffe. Hrsg. von Thomas Anz. Stuttgart und Weimar: 296–306.
Jaumann, Herbert (2007 [2000]). „Sprachgesellschaft". *Reallexikon der deutschen Literaturwissenschaft*. Bd. III. Hrsg. von Harald Fricke et al. Berlin und New York, NY: 476–479.
Johannsen, Anja (2013). „To pimp your mind sachwärts. Ein Plädoyer für eine praxeologische Gegenwartsliteraturwissenschaft". *Zukunft der Literatur. TEXT + KRITIK. Sonderband*. Hrsg. von Hermann Korte. München: 179–186.
Klee, Ernst (2007). *Das Kulturlexikon zum Dritten Reich. Wer war was vor und nach 1945*. Frankfurt a. M.
Kussin, Christiane (2013). *Literarische Gesellschaften. Handbuch Kanon und Wertung. Theorien, Instanzen, Geschichte*. Hrsg. von Gabriele Rippl und Simone Winko. Stuttgart und Weimar: 221–225.
Miller, Norbert (1991). „Gedanken zur Rolle von Literaturgesellschaften". *Literarische Gesellschaften in Deutschland. Ein Handbuch mit Einzeldarstellungen in Texten und Bildern*. Hrsg. von der Arbeitsgemeinschaft Literarischer Gesellschaften e. V. Zusammengestellt und bearbeitet von Sven Arnold. Berlin: 21–26.
Müller, Lothar (2003). „Literarische Gesellschaften in Deutschland. Ein Zwischenbericht". *Kursbuch 153. Literatur. Betrieb und Passion*. September (2003): 76–86.
Oesterle, Günter (1991). „Was verdankt das Genie einem literarischen Verein oder Über die Möglichkeiten und Grenzen von Urbanität in literarischen Gesellschaften." *Literarische Gesellschaften in Deutschland. Ein Handbuch mit Einzeldarstellungen in Texten und Bildern*. Hrsg. von der Arbeitsgemeinschaft Literarischer Gesellschaften e. V. Bearbeitet von Sven Arnold. Berlin: 27–33.
Porombka, Stephan (2006). „Literaturbetriebskunde. Zur ‚genetischen Kritik' kollektiver Kreativität". *Kollektive Kreativität. (Jahrbuch für Kulturwissenschaften und ästhetische Praxis 1)*. Hrsg. von Stephan Porombka, Wolfgang Schneider und Volker Wortmann. Tübingen: 72–87.
Solms, Wilhelm (1991). „Literarische Gesellschaften in Deutschland". *Literarische Gesellschaften in Deutschland. Ein Handbuch mit Einzeldarstellungen in Texten und Bildern*. Hrsg. von der Arbeitsgemeinschaft Literarischer Gesellschaften e. V. Bearbeitet von Sven Arnold. Berlin: 11–21.
Wülfing, Wulf, Karin Bruns und Rolf Parr (1998). „Zur Einführung: Literarisch-kulturelle Vereine, Gruppen und Bünde im 19. und frühen 20. Jahrhundert". *Handbuch literarisch-kultureller Vereine, Gruppen und Bünde 1825–1933*. Hrsg. von Wulf Wülfing, Karin Bruns und Rolf Parr. Stuttgart und Weimar: IX–XVIII.

Bodo Plachta
III.1.3 Literaturhäuser, Poetikdozenturen, Literaturwettbewerbe

1 Definition

Literaturhäuser, Poetikdozenturen und Literaturwettbewerbe sind nicht nur Teil des Literaturbetriebs, sondern auch Instanzen der Literaturförderung. Sie unterstützen mit jeweils eigenem Selbstverständnis, eigenen Zielen und Strategien auf unterschiedlichen Ebenen der Öffentlichkeit die Produktion, Distribution und Rezeption zeitgenössischer Literaturwerke. Die Ziele und Maßnahmen dieser Aktivitäten dienen der unmittelbaren Autorenförderung, der allgemeinen Literaturvermittlung und der gezielten Leseförderung.

An der Literaturförderung sind staatliche, private und gemeinnützige Organisationen beteiligt, sie arbeiten nach ihren jeweiligen Grundsätzen und Zielen zusammen, konkurrieren allerdings immer häufiger miteinander. Diese Organisationen leisten nicht nur einen wichtigen Beitrag für das Funktionieren des Literaturbetriebs, indem sie Plattformen für die öffentliche Auseinandersetzung mit Literatur initiieren, sondern tragen mit unterschiedlichen Instrumenten – finanziellen und symbolischen – auch direkt zur Förderung von Autoren bei. Staatliche und gemeinnützige Förderer agieren dabei nach vorab definierten Zielen und Kriterien im Sinne des kulturellen Allgemeinwohls und treffen ihre Entscheidungen transparent und öffentlich kontrolliert, um aus Einsicht in historische Beispiele ideologische und politische Manipulationen oder Instrumentalisierungen auszuschließen. Die Subsidiarität, also das Prinzip, dass staatliches Handeln und damit auch Fördern auf verschieden abgestuften Ebenen, etwa auf gesamtstaatlicher, regionaler oder kommunaler Ebene, zu geschehen hat, ist den Totalitarismuserfahrungen im 20. Jahrhundert geschuldet und gehört heute zu den selbstverständlichen Grundsätzen des demokratischen Rechtsstaats. In der Kulturförderung spielt die Subsidiarität daher eine wichtige Rolle. In Deutschland unterhalten der Bund und die Länder bspw. je eigene Kulturstiftungen mit eigens definierten Aufgaben und der/die Beauftragte der Bundesregierung für Kultur und Medien hat absichtlich keinen Ministerrang, geschweige denn einen übergeordnet gesamtstaatlichen Auftrag, um die Kulturhoheit der Bundesländer nicht zu konterkarieren. Auch in Österreich und der Schweiz gilt in Fragen der Kulturförderung eine vergleichbare Verteilung der Kompetenzen zwischen den einzelnen staatlichen Gebietskörperschaften. Ziel öffentlicher Förderung ist es, trotz aller institutionellen Unterschiede, Grundlagen und Voraussetzungen für eine erfolgreiche Literaturproduktion und -rezeption (z. B. *Stiftung Lesen*, Literaturhäuser) zu schaffen, und nicht mit einzelnen gezielten Fördermaßnahmen etwa auf Inhalte, Formen und Schreibweisen Einfluss zu nehmen; hier greift ebenfalls das Prinzip der Selbstverwaltung. Auch die Pflege literarischer Traditionen und der Erhalt des literarischen Erbes gehören in diesen Förderkontext.

Private Kulturförderung spielt sich zwar ebenfalls in der Öffentlichkeit ab, doch sind deren Strukturen, Kriterien und Ziele erkennbar zweck- bzw. interessenorientiert. Sie hat eine lange Tradition, und wir haben sie meistens in der mäzenatischen Sicherung der Existenz eines Künstlers oder der Finanzierung eines bestimmten Werkes wahrgenommen. Das Anlegen von Sammlungen, die Stiftung von Museen, Archiven und Bibliotheken oder die Finanzierung von Preisen, Publikationen und Kunst-/Literaturinstitutionen gehören weiterhin zu den mäzenatischen Aktivitäten. Zu diesem heute noch praktizierten philanthropischen Mäzenatentum gesellen sich private Förderinitiativen, die vielfach andere Absichten verfolgen und nicht selten Marketingprinzipien verpflichtet sind. Privates, d. h. von Wirtschaftsunternehmen finanziertes Literatursponsoring spielt inzwischen wie das Sportsponsoring eine nicht zu unterschätzende Rolle im Kulturbetrieb, wobei Texte und Verfasser als ‚Marke' und damit als Träger kultureller Wertvorstellungen betrachten werden, mit denen zwar kein unmittelbarer finanzieller Gewinn zu erwirtschaften ist, aber das Image des jeweiligen Sponsors in der Öffentlichkeit in positivem Licht erscheinen lässt. Sicherlich profitieren sowohl der Sponsor als auch der Geförderte von solchen Effekten, die eine größere Sichtbarkeit und gesteigerte Aufmerksamkeit mit sich bringen, die allerdings häufig von imagesteigernden Inszenierungen begleitet sein können und im Einzelfall sogar vor der absichtlichen Erzeugung von Skandalen nicht zurückschrecken. Die Frage, inwiefern Literatur dadurch zu einem zweckorientierten Produkt wird und wo die Grenzen zwischen Förderung und Instrumentalisierung von Autor und Werk als ‚Werbeträger' verlaufen, werden in dem Maße kontrovers diskutiert, wie der gesamte Literaturbetrieb immer stärker ökonomischen Interessen gehorcht und die öffentliche Hand sich darauf beschränkt, eher prestigeträchtige ‚Leuchttürme' zu fördern. Aber de facto ergänzen sich öffentliche und private Literaturförderung oftmals und geraten nur selten in Konflikt.

Literaturförderung sollte eigentlich dazu dienen, individuelle Freiräume zu schaffen, die Autoren für das Schreiben benötigen, um für einen gewissen Zeitraum frei von der Sorge um die materielle Existenz arbeiten zu können. Neben individuellen Freiräumen entstehen aber auch Räume, die für die Publizität und Vermittlung von Literatur essentiell sind. In solchen Räumen werden spezifische – etwa literaturwissenschaftliche oder -kritische – Annäherungen an Literatur zusätzlich stimuliert und gleichzeitig für eine breite Leserschaft zugänglich. Die dafür notwendige und in den deutschsprachigen Ländern gut ausgebaute und vernetzte Infrastruktur benötigt allerdings eine verlässliche Förderung, ohne die keine zielführende und nachhaltige Wirkung erzielt werden kann. Obwohl in den vergangenen Jahrzehnten viel in die Literatur- und Autorenförderung (z. B. *Deutscher Literaturfonds*) investiert wurde, verstummten Klagen über fehlende oder gekürzte Fördermittel nie. Regelmäßig wurde angemerkt, dass Literatur in der Kulturpolitik ein Randphänomen sei und bei der Vergabe öffentlicher Mittel im Vergleich mit den renommierten Sparten Musik, Theater und bildende Künste in ihrer Bedeutung marginalisiert werde. Außerdem wurde immer wieder debattiert, inwiefern Literaturförderung eine politische Gratwanderung sei, indem man Förderer mit Vorwürfen konfrontierte, sie finanzierten ‚Brot und Spiele' oder investierten in den Zeitgeist und seine kurzlebige ‚Eventkultur'. Zusammenfassend lässt sich jedoch feststellen, dass Literaturförderung im weitesten Sinne immer zuerst als Förderung ‚kultureller Bildung' angesehen wird, was fraglos ein eingeschränktes Verständnis von Literatur und Literaturvermittlung samt ihrer Spielräume zur Folge haben kann.

2 Geschichtliche Entwicklung

Literaturhäuser

In vielen Großstädten und mittelgroßen Städten in Deutschland, Österreich und der Schweiz sind seit der Mitte der 1980er Jahre Literaturhäuser eröffnet worden (einen mit empirischen Erhebungen unterfütterten Überblick gibt Juchem 2013; vgl. auch Uschtrin und Hinrichs 2010, 634–637). Zwar gab es mit dem *Literarischen Colloquium* in Berlin (seit 1963) oder der *Alten Schmiede* in Wien (seit 1981) Vorbilder und Vorgänger, doch hatten sich diese Häuser besonders auf die Autoren- bzw. Übersetzungsförderung konzentriert. Projekte standen im Vordergrund und populäre, ein größeres Publikum ansprechende Veranstaltungen waren die Ausnahme. Literaturhäuser, wie wir sie heute kennen, sind vielfach aus bereits bestehenden Literaturbüros (gegründet in den frühen 1980er Jahren) hervorgegangen. Als Neugründungen haben sie meistens einen wesentlich größeren Aktionsradius als die seinerzeit verdienstvollen Literaturbüros (oder mancherorts Literaturzentren). Als 1986 in Berlin das erste Literaturhaus – mit dem auch die Bezeichnung Literaturhaus aus der Taufe gehoben wurde – seinen Veranstaltungsbetrieb aufnahm, musste man offenbar noch erklären, „worin sich ein Literaturhaus von einem Palmenhaus, einem Möbel- oder Freudenhaus unterscheidet" (*Fasanenstraße 23* 2006, 4). Inzwischen gehören Literaturhäuser zum Alltag des Literaturbetriebs, gelten als ‚Marke'. Das Literaturhaus in Kopenhagen übernahm sogar die deutsche Bezeichnung bei der Namensgebung (Moritz 2009, 123). Literaturhäuser verstehen sich als ‚Häuser für Literatur', als „Spielstätten der Literatur" (Schnell 2000, 311) oder als literarische Zentren und städtische Treffpunkte, in denen eine Begegnung mit Autoren, Verlagen und Literaturkritikern, also mit ‚buchnahen' Kulturschaffenden stattfindet und die Vermittlung von Gegenwartsliteratur als eine der Hauptaufgaben praktisch umgesetzt wird. Kultureller Auftrag und geselliges Entertainment gehen vielfach Hand in Hand. Der persönliche Kontakt spielt eine wesentliche Rolle, so dass Stephan Porombka von Literaturhäusern auch als „Orte[n] der ‚Leibhaftigkeit'" spricht (Porombka 2007, 261). Das Literaturhaus München stellte sich 2007 auf seiner Website folgendermaßen vor: „Treffpunkt für Buchtrinker und Seitenfresser, Kinoerzähler und Flaneure, Lohnschreiber und Föhnforscher, Billigfresser und Hungerkünstler, Radardenker und Tagträumer, dicke Dichter, sanfte Irre, kurz: ein Fluchtraum im Dickicht der Städte für alle, die Melodien lauschen oder einfach nur auf Godot warten wollen" (zit. nach Plachta 2008, 142).

Obwohl Literaturhäuser ein gemeinsames Anliegen haben, sind sie erkennbar auf die literarischen Verhältnisse der jeweiligen Stadt zugeschnitten und machen Leuchttürmen vergleichbar das literarische Leben einer Stadt nach innen und außen weithin sichtbar. Dabei wechseln die Konzepte nicht selten von Stadt zu Stadt, nicht zuletzt deshalb, weil man sich an literarischen und kulturellen Traditionen orientiert, auf eine für die Literatur aufgeschlossene Politik trifft oder für eine besonders interessierte Bürgerschaft ein attraktives Programm erarbeiten kann. Das allgemeine kulturelle Umfeld oder am Ort angesiedelte Universitäten, Bibliotheken, Theater und Medienpartner können die Aktivitäten eines Literaturhauses positiv begleiten, Kooperationen ermöglichen und dazu beitragen, dass Akzente in der Arbeit gesetzt werden. Literaturhäuser und ihre jeweils zu definierenden Aufgaben sind nicht von Kontroversen verschont geblieben, wobei die Debatten nicht selten auch zwischen den Akteuren der Vermittlungsarbeit selbst geführt werden. Diese Debatten entzündeten sich vielfach zunächst an dem Vorurteil, Literatur werde in Literaturhäusern nur ‚inszeniert', um daran anschließend zu erörtern, welche Wege und Formen für eine Erfolg versprechende Vermittlungsarbeit die richtigen seien und mit welchen Konzepten man am besten auf ein sich durch die neuen Medien rasant veränderndes Leseverhalten reagieren solle. Dabei hat sich herausgestellt, dass der Begriff Literaturvermittlung zwar gern und häufig verwendet wird, aber vielfach nur ungenau definiert ist und die Komplexität des Begriffs daher ständig unterschätzt wird. Daher müssen auch die „Spielregeln im Feld der Literaturvermittlung" (Neuhaus 2009, 24) immer wieder neu ausgehandelt werden.

Oft sind Literaturhäuser in alten, denkmalgeschützten Gebäuden in den jeweiligen historischen Stadtzentren untergebracht, die damit einer der Allgemeinheit dienenden, neuen Nutzung zugeführt werden. Vielfach haben Literaturhäuser einem Stadtviertel zu neuer Attraktivität verholfen und ermöglichen durch ihre Standorte besondere Kooperationen mit wünschenswerten Synergieeffekten. Literaturhäuser reagieren auf ihr urbanes Umfeld, prägen dieses aber auch umgekehrt. In vielen Literaturhäusern befinden sich Cafés oder Bistros, die damit die Tradition des literarischen Treffpunkts im Kaffeehaus aufgreifen und fortsetzen. Zum Raumkonzept der Literaturhäuser gehören auch Ausstellungsräume, die sich zum Kino oder Theatersaal erweitern lassen. Viele Literaturhäuser verfügen über kleine Bibliotheken oder elektronische Pools für Gegenwartsliteratur, die auch in Buchhandlungen vor Ort zu kaufen ist. Mittlerweile hat es erfolgreiche Versuche mit ‚mobilen' Literaturhäusern gegeben, die nicht nur zentral, sondern auch regional agieren und in solchen Orten und Regionen Angebote offerieren oder Programme organisieren, die aufgrund ihrer Lage über keine ausgeprägte kulturelle bzw. literarische Infrastruktur verfügen. Literaturhäuser arbeiten in unterschiedlichen Trägerschaften und finanzieren sich aus vielfältigen Quellen, wobei sie immer häufiger auf die Unterstützung privater Geldgeber zurückgreifen. Literaturhäuser müssen zwar durchweg mit einem geringen Etat auskommen und haben nur wenige Mitarbeiter. Dennoch haben sie sich – oft durch ehrenamtliches Engagement – zu attraktiven Institutionen der Literaturvermittlung entwickelt und ziehen durch die Vielfalt ihrer Veranstaltungen und deren variable Formate regelmäßig ein großes Publikum an.

Obwohl der Dialog zwischen Literaturproduzenten und Lesern im Vordergrund der Arbeit von Literaturhäusern steht, bezieht man auch die eigentliche Literaturproduktion in Veranstaltungskonzepte ein. Immer wieder werden Fortbildungsveranstaltungen zu Fragen angeboten, die für Schreibende und Lesende gleichermaßen von Bedeutung sind. Viele Literaturhäuser machen spezielle Angebote für Kinder und Jugendliche oder suchen die Zusammenarbeit mit Musikern und bildenden Künstlern.

Die Literaturhäuser sind seit Ende der 1990er Jahre im Netzwerk *literaturhaus.net* zusammengefasst, einer Koordinationsstelle, die nicht nur gemeinsame Veranstaltungen, wie Lesereisen von Autoren, unterstützt, Länderschwerpunkte anregt, Preise vergibt, Stadtschreiber einlädt oder die populäre Plakataktion *Poesie in der Stadt* plant, sondern insbesondere im Bereich der Werbung und bei der Suche nach Medienpartnern sowie Sponsoren eine wichtige Rolle spielt. Das Selbstverständnis dieses Netzwerkes lautet: „Auch gilt es die ‚Marke' Literaturhaus als Synonym für eine zeitgemäße, wandlungsfähige Förderung und Vermittlung von deutschsprachiger und internationaler Gegenwartsliteratur weiter zu verbreiten" (*literaturhaus.net* 2017). Die Literaturhäuser streben durch ihre Vernetzung eine Partnerschaft zwischen Kultur und Wirtschaft an, um „den Wirtschaftsfaktor der Kultur und den Kulturfaktor der Wirtschaft" zu betonen (*litera-

turhaus.net 2017), legen aber gleichzeitig Wert auf die Feststellung, dass sie sich von den „ökonomischen Gesetzlichkeiten des Marktes" fernhalten wollen, um „jener Literatur den Weg zu bahnen, die Qualität vor Kommerz stellt und nicht auf bloßen Mainstream setzt" (Moritz 2009, 124).

Poetikdozenturen

Einen anderen Weg, doch im weitesten Sinne auch der Förderung von Autoren und Literatur verpflichtet, gehen Poetikdozenturen, die meistens für die Dauer von einem Semester an verschiedenen Universitäten eingerichtet werden. Diese inzwischen an vielen Universitäten Deutschlands, Österreichs oder der Schweiz gepflegten und auf großes Interesse stoßenden Dozenturen werden nicht nur an deutschsprachige Autoren verliehen (vgl. Eke 2016), sondern es werden auch Philosophen, Künstler und Vertreter des Kulturbetriebs mit der Wahrnehmung einer Poetikdozentur betraut. Inzwischen haben einzelne Dozenturen ein explizit Kulturen übergreifendes Profil, das sich in entsprechenden Einladungen niederschlägt (vgl. Eke 2016). Es gibt weiterhin Dozenturen, die nur jungen Autoren vorbehalten sind, andere Dozenturen sind gattungsmäßig ausgerichtet und werden nur an Lyriker, Dramatiker oder Autoren von Kinder- und Jugendliteratur vergeben.

An der englischen Universität Oxford gibt es seit 1708 das zeitlich begrenzte Amt eines „Professor of Poetry". Diese Dozentur zählt seitdem zu den renommiertesten Positionen, die die Universität zu vergeben hat. Der ‚Amtsinhaber' soll eine Beziehung zur Literaturwissenschaft haben und muss neben einer Antrittsvorlesung mehrere öffentliche Lesungen im Jahr abhalten. Darüber hinaus hat er das Recht, einen Literaturpreis zu vergeben. Die Besonderheit dieser Poetikdozentur liegt in der Tatsache begründet, dass der Professor – übrigens gibt es keine Beschränkungen für eine Kandidatur – gewählt wird, wobei alle ehemaligen Absolventen der Oxforder Universität stimmberechtigt sind. In den USA besteht die Tradition der Poetikdozenturen (vgl. z. B. die *Harvard Lectures*) in der Form eines „Poet in Residence" und hat entsprechende Vorbildfunktion für die Dozenturen im deutschen Sprachraum.

Poetikdozenturen, wie sie heute in Deutschland weit verbreitet sind, gehen zurück auf das Vorbild der Frankfurter Poetik-Vorlesungen, einer im Wintersemester 1959/1960 erstmals vom S. Fischer Verlag finanzierten Gastprofessur von Schriftstellern an der Universität Frankfurt/Main. Seit 1979 hat der Suhrkamp Verlag über Jahre hinweg einen Großteil der Finanzierung dieser Professur übernommen. In den *Frankfurter Poetik-Vorlesungen* wendet sich ein Autor ein Semester lang Fragen der literarischen Produktion und deren Kontexten zu. Der

Poetik-Professor ist bei der Wahl seines Themas frei. Ingeborg Bachmann war im Wintersemester 1959/60 die erste Dozentin der Frankfurter Poetik-Vorlesungen, ihr folgten u. a. Hans Magnus Enzensberger, Christa Wolf, Uwe Johnson, Günter Grass, Wolfgang Koeppen, Ernst Jandl, Robert Menasse und Andreas Maier. Viele dieser Vorlesungen, aber auch die anderer Dozenturen sind später in Buchform veröffentlicht worden und zählen zu wichtigen selbstreflexiven und autopoietischen Texten. Inzwischen ist die Poetikvorlesung sogar eine eigenständige und auf dem Buchmarkt nachgefragte Gattung.

Bei den deutschen Poetikdozenturen steht weniger die Wissenschaftsnähe im Vordergrund, vielmehr soll der „Dichter selbst zu Wort kommen" und als „lebens- und wirklichkeitsnaher Vortragender" erlebbar sein; der Begriff ‚Poetik' wandelt sich zu einem „den Vortragenden und seine Zuhörer verbindenden kommunikativen Terminus" (Volk 2003, 81). Entsprechend verändern sich die Begriffsinhalte in Richtung einer „praxisorientierte[n] und damit zugleich publikumswirksamere[n] [...] Alltags-Poetik" (Volk 2003, 82). Poetikdozenturen richten sich zwar nach wie vor zunächst an die Öffentlichkeit der jeweiligen Hochschule und wollen fachübergreifend und Brücken bauend den wissenschaftlichen Dialog anregen, sie wirken aber in zunehmendem Maße in die außeruniversitäre Öffentlichkeit hinein. Sie profilieren nicht nur den jeweiligen universitären Standort, sondern stärken gleichzeitig den Austausch zwischen Hochschule, Stadt, Region und Kulturbetrieb. Diese Brückenfunktion von Poetikdozenturen wird daher von Initiatoren/Veranstaltern und Dozenten als elementares Merkmal dieser Einrichtung betont. Das Interesse an ergänzenden Auskünften eines Schriftstellers zu seinem Werk und seiner Person ist groß. Öffentliche Lesungen sind publikumswirksam und Veranstaltungen im Rahmen von Poetikdozenturen gehören inzwischen zu Kernaktivitäten im Literaturbetrieb. Zentrales Motiv für diese Öffnung dürfte der Wunsch sein, die unterschiedlichen Publika zu vernetzen, aber auch auf dem Gebiet der Förderung von universitären Aktivitäten für ein breites Publikum entsprechende Kooperationspartner und Geldgeber zu gewinnen. Zu den bekanntesten Poetikdozenturen zählen die an den Universitäten Frankfurt/Main, Heidelberg, Bamberg, Kiel, Mainz, München, Kassel, Paderborn, Hildesheim, Graz oder Zürich (Übersicht in Schmitz-Emans et al. 2009, 445–465; vgl. auch Uschtrin und Hinrichs 2010, 555–559). Poetikdozenturen dienen natürlich bei allen Unterschieden trotzdem dem Kontakt zwischen Literatur und Literaturwissenschaft, geben daher besonders Studierenden durch verschiedene Veranstaltungsformen (Vorlesung, Workshop u. ä.) Einblick in die kreative Werkstatt eines Schriftstellers und dessen poetologische Vorstellungen. Den Dozenten werden keine Vorgaben gemacht und sie sind sowohl in inhaltlicher Hinsicht als auch hinsichtlich der Form ihrer Arbeit frei, so dass die Poetikdozentur als typisch postmoderne Form der Literaturreflexion oder als unterhaltsame

„Werkstatt-Besichtigung" (Lützeler 1994, 10) betrachtet wurde. Poetikdozenturen dienen aber zweifellos zunächst einmal der literaturtheoretischen Selbstvergewisserung von Autoren. Seit der Abwendung von der Regelpoetik und der Hinwendung zu autonomen ästhetischen Konzepten im 18. Jahrhundert zählt die individuelle Reflexion über Fragen der Poetik und Ästhetik für den Großteil von Schriftstellern – meistens in der Form von Essays – zum selbstverständlichen Kern ihrer Arbeit und wurde oftmals mit persönlichen Erfahrungen und Erlebnissen verknüpft. Auch der Wunsch, über solche, nicht selten historische und politische Erfahrungen und Einsichten öffentlich zu sprechen oder Auskunft über das eigene Schreiben zu geben, hat Tradition. Diese Tradition, die selbstverständlich damit einherging, dass man den Schriftsteller als mündlich Vortragenden erleben konnte, haben die Poetikdozenturen aufgegriffen und fortgeführt.

Literaturwettbewerbe

Auch in der Literatur belebt Konkurrenz das Geschäft. Schon in der Antike mussten sich Autoren bzw. Sänger nicht nur um ein ihnen wohlgesonnenes Publikum bemühen, sondern sich auch regelmäßig dem unmittelbaren Vergleich mit Kollegen stellen, um im Wettstreit zu ermitteln, wem das größte öffentliche Ansehen und ein maximaler materieller Gewinn zustand. Solche Wettbewerbe unterlagen einem festen Reglement, das inhaltliche und formale Kriterien wie Themen, Genres und Teilnehmerkreis festlegte, den Ablauf regelte und eine Jury bestimmte, die über die Auswahl der Teilnehmer und schließlich über den Sieger befand. Der Sieger erhielt ein Preisgeld und durfte außerdem darauf vertrauen, dass sich sein Marktwert in einem Literaturbetrieb steigerte, der noch keine festen Publikationsstrukturen kannte. Der „direkte Vergleich" (Schütz 2005, 240) war daher lange ein übliches Verfahren, Texte zu propagieren, im Literaturbetrieb Fuß zu fassen und Publika zu generieren. Aber es ging in diesen Wettbewerben nicht nur um materielle oder symbolische Aspekte, Literaturwettbewerbe dienten auch dazu, das literarische Geschick zu perfektionieren sowie neue Themen oder Textsorten zu präsentieren und zu popularisieren, ja sogar die Produktion bestimmter Gattungen zu fördern (z. B. Balladen und Komödien im 19. Jahrhundert oder Hörspiele nach 1945).

Der „Sängerkrieg auf der Wartburg" im 13. Jahrhundert oder die Wettbewerbe der Nürnberger Meistersinger im 15. Jahrhundert sind historische Marksteine in der Tradition des Literaturwettbewerbs und insbesondere durch die populären Musikdramen Richard Wagners *Tannhäuser oder der Sängerkrieg auf Wartburg* und *Die Meistersinger von Nürnberg* noch immer fest im kulturellen Wissen verankert. Historisch gesehen sind die jeweiligen Reglements von Interesse und die damit verbundene gezielte Förderung spezifischer Schreibweisen. Beide Wettbewerbe zeigen aber noch ein weiteres Muster, das noch heute Literaturwettbewerbe charakterisiert, und zwar das der Öffnung literarischer Szenen für eine sozial breiter gefächerte Öffentlichkeit und von hier aus die Abkehr von einer höfischen oder ständisch-sozialen Bindung von Literatur. Gleichzeitig finden solche Veranstaltungen öffentlich statt und die Jury-Entscheidungen werden dadurch transparent. Literaturwettbewerbe sind damit Beispiele für eine kontinuierliche Entwicklung literarischer Institutionen, die gleichzeitig Indikatoren für den sozialen und medialen Wandel sind. An ihnen lässt sich außerdem studieren, wie sich das Bild des Autors in der Öffentlichkeit veränderte und welche Strategien der Inszenierung oder welche medialen Formen der Aufmerksamkeitserzeugung sich ausdifferenziert haben.

Inzwischen gibt es eine Vielzahl unterschiedlichster Literaturwettbewerbe (vgl. Uschtrin und Hinrichs 2010, 120–121). Auch der Radius der Veranstalter ist groß und reicht von Schulen über verschiedenste Kultureinrichtungen bis zu Gewerkschaften, Medien, Verlagen, Firmen oder kommerziellen Ausrichtern. Das Angebot der Themen, Kategorien oder Teilnehmergruppen ist ebenfalls groß, bunt und schwer überschaubar. Vielfach steht mittlerweile Unterhaltung oder Werbung im Vordergrund, entsprechend variieren Regeln, Preise und öffentliche Aufmerksamkeit.

Seit 1977 finden alljährlich im Frühsommer in Klagenfurt, dem Geburtsort Ingeborg Bachmanns, die *Tage der deutschsprachigen Literatur* statt, in deren Verlauf als Hauptpreis der *Ingeborg-Bachmann-Preis* vergeben wird (außerdem gibt es verschiedene Nebenpreise). In einem dreitägigen Wettbewerb lesen jüngere, aufgrund von bestimmten Kriterien im Vorfeld ausgewählte Autoren nacheinander einen unveröffentlichten Prosatext öffentlich vor. Eine Jury aus Literaturkritikern, -wissenschaftlern und Autoren ‚kritisiert' unmittelbar im Anschluss an die Lesung den Text, ohne dass der Autor darauf antworten darf. Der Wettbewerb knüpft an die Tagungen der *Gruppe 47* an, auf denen das Konzept der Lesung mit anschließender Kritikerdiskussion entwickelt worden war und in die Verleihung des *Preises der Gruppe 47* mündete. Schon damals mussten die bis dahin meist unbekannten Autoren auf dem ‚elektrischen Stuhl' – wie der Platz neben dem Gründer der *Gruppe 47* Hans Werner Richter genannt wurde – Platz nehmen und lasen ihre Texte vor. Dies durfte nicht länger als 30 Minuten dauern und die vortragenden Autoren mussten sich danach ohne Möglichkeit zur Gegenrede Lob und Tadel der Anwesenden anhören. Die Gründungsväter des Bachmann-Wettbewerbs, Marcel Reich-Ranicki und der Kärntner Schriftsteller und Publizist Humbert Fink, kannten die Veranstaltungen und die Regularien der *Gruppe 47* aus eigener Anschauung und gewannen mit Ernst Willner, dem damaligen Landesintendanten des Österreichischen Rundfunks (ORF), einen

Partner, der für die mediale Vermittlung der Veranstaltung sorgte. Dass man sich in Klagenfurt am Wettbewerb der *Gruppe 47* orientierte, hatte auch damit zu tun, dass Ingeborg Bachmann 1952 durch den Gewinn des *Preises der Gruppe 47* ihren literarischen Durchbruch hatte. Die Entdeckung neuer Autoren oder das Aufspüren neuer literarischer Trends ist zweifellos eine der Hauptabsichten des Klagenfurter Wettbewerbs und führt die Bemühungen der *Gruppe 47* fort. Inzwischen wird der Klagenfurter Lesemarathon vom österreichischen Fernsehen und dem Sender 3sat live übertragen und ist außerdem wichtiger Treffpunkt von Verlagsvertretern, Literaturagenten und Journalisten. Doris Moser hat den Wettbewerb zu Recht als „Börse, Show, Event" bezeichnet und knüpfte damit an eine Äußerung von Reich-Ranicki an, der nach der erstmaligen Vergabe des Bachmann-Preises gesagt hatte: „Ein Fest der Literatur? Ein Wettbewerb mit zwei Preisen und einem Stipendium? Ein Dichtermarkt? Eine Art Börse? Wirklich eine Art Arbeitstagung? Oder gar eine literarische Modenschau? Es war, glaube ich, alles auf einmal – und das ist gut so" (zit. nach Moser 2004, 21).

Dem Gewinner des Klagenfurter Hauptpreises ist automatisch die mediale Beachtung gewiss, die sich als ausgesprochen verkaufsfördernd herausgestellt hat. Aber auch Nicht-Gewinnern ist es regelmäßig durch gezielte Provokationen gelungen, Aufmerksamkeit zu erregen, wenn sich bspw. ein Autor weigerte, sein Gesicht im Fernsehen zu zeigen, oder ein anderer sich vor laufender Fernsehkamera mit einer Rasierklinge in die Stirn ritzte. Zwar stehen im Zentrum des Wettbewerbs Autor und Text, doch auch die Jurymitglieder waren nicht selten Gegenstand kritischer Auseinandersetzungen, wenn Zustimmung, Ablehnung oder erkennbare Aversion gegenüber einem Autor Publikum und Kritik erzürnte und man sogar Verschwörungen mutmaßte, die den einen Autor um den Sieg und dem anderen Autor den Erfolg brachten. Nicht selten entwickelten sich daraus Grundsatzdebatten, inwiefern eine vermutete Netzwerkbildung im Literaturbetrieb schädlich oder förderlich sei.

Die Forderung nach konsequent transparenten Literaturwettwerben mündete in die Gründung des Nachwuchswettbewerbs *open mike*, der 1993 von der Berliner Literaturwerkstatt initiiert wurde und seitdem als kritisches Korrektiv im bunten Angebot von Literaturwettbewerben wahrgenommen wird. Der *open mike* ist jedoch nicht nur ein punktuell beachteter Literaturwettbewerb, sondern Teil einer langfristig angelegten Strategie, die junge Autoren von ersten Schreibversuchen bis zur Veröffentlichung begleitet und fördert. Am Wettbewerb können Autoren teilnehmen, die nicht älter als 35 Jahre sind. Die Wettbewerbsbeiträge – Prosa oder Lyrik – werden anonym eingereicht. Aus den eingegangenen Beiträgen wählen sechs Lektoren, die aus renommierten Verlagen stammen, bis zu 22 Beiträge aus, die dann in einer zweitägigen öffentlichen Lesung vorgestellt werden. Die Jury, die bis zu drei Preise vergeben kann, besteht ausschließlich aus Autoren. Außerdem gibt es einen Publikumspreis. Die Gewinner werden vom Deutschlandradio Kultur in einer Sendung vorgestellt, die Texte erscheinen in einer Anthologie und die Gewinner gehen anschließend auf Lesereise. Für die nicht ausgezeichneten Finalisten besteht die Möglichkeit, an einer Schreibwerkstatt mit Verlagslektoren teilzunehmen oder in weiteren Workshops neue Themen und Schreibweisen zu erarbeiten.

,Poetry Slams' gehören seit einiger Zeit – der erste deutsche ,Slam' fand 1994 in Berlin statt – zu den neuen Formaten der öffentlichen Literatur- und Autorenpräsentation, die sowohl Züge eines Wettbewerbs als auch die einer Vernissage haben. Poetry Slams gelten einerseits als „moderne Variante" (Ditschke 2009, 312) des Dichterwettstreits, andererseits glaubt man, sie treiben Literaturwettbewerbe auf die „Spitze" oder führen sich sogar „ad absurdum" (Schütz 2005, 242). Autoren – eingeladene oder aus dem anwesenden Publikum – treten in Cafés, Klubs, Kneipen, Theatern oder Kulturzentren vor eine Publikumsjury, die sie nicht nur von ihrem literarischen Können überzeugen müssen, sondern auch von ihrem Geschick, sich wirksam und unterhaltsam inszenieren zu können. Die vorzutragenden Texte sollen kurz sein, für den Auftritt stehen nur fünf bis zehn Minuten zur Verfügung. Ansonsten gibt es keinerlei vorab definierte Kriterien, so dass die Autoren frei sind, mit welchen Mitteln, Schreibweisen, Themen oder Vortragsstilen sie die Gunst des anwesenden Publikums gewinnen, auch Singen ist in Grenzen erlaubt. Poetry Slams gehen häufig über mehrere Runden, wobei die ,Slammer' von Runde zu Runde immer wieder neue Texte präsentieren müssen und die Gruppe sich bis zum Finale mehr und mehr ausdünnt. Das Publikum entscheidet entweder durch Applaus oder delegiert die Auswahl an eine Jury, die Noten wie bei Eiskunstlaufwettbewerben vergibt. Zustimmung und Ablehnung sind spontan, die Autoren erhalten eine umgehende Rückmeldung durch das Publikum. Diese Poetry Slams, die ihre Ursprünge in der amerikanischen Rap- und *Spoken-Word-Poetry*-Szene haben, werfen für die Teilnehmer durchweg keinen materiellen Gewinn ab, zählen aber zu den lebendigsten Veranstaltungen in der literarischen Szene und sind mancherorts regelrechte Publikumsrenner. Inzwischen haben sich in mehreren Städten angesehene Poetry Slam-Szenen entwickelt und es werden sogar nationale Meisterschaften abgehalten. Wie nachhaltig der Gewinn eines Poetry Slams oder einer Meisterschaft jedoch ist, scheint dabei unerheblich zu sein. Solche showähnlichen Veranstaltungen haben sicherlich zur Eventisierung der Literaturszene beigetragen, ziehen ihre nicht zu unterschätzende Bedeutung aber aus der Tatsache, dass „das individuelle affektive Erlebnis im Mittelpunkt" (Ditschke 2009, 308) steht. Gerade dadurch wird eine stärkere Partizipation jüngerer Publikumsschichten am Literaturbetrieb möglich.

Weiterführende Literatur

Anz, Thomas (Hg.) (2007). *Handbuch Literaturwissenschaft. Gegenstände – Konzepte – Institutionen*. Stuttgart und Weimar.
Juchem, Kerstin (2013). *Literaturhäuser, Literaturbüros und Literaturzentren im deutschsprachigen Raum. Eine Bestandsaufnahme*. Berlin.
Neuhaus, Stefan (2009). *Literaturvermittlung*. Wien.
Plachta, Bodo (2008). *Literaturbetrieb*. Paderborn.
Schütz, Erhard (Hg.) (2005). *Das BuchMarktBuch. Der Literaturbetrieb in Grundbegriffen*. Zusammen mit Silke Bittkow, David Oels, Stephan Porombka und Thomas Wegmann. Reinbek bei Hamburg.

Zitierte Literatur

[Anonym] (2006). *Fasanenstraße 23. 20 Jahre Literaturhaus Berlin*. Berlin.
[Anonym] (2017). „Das Netzwerk der Literaturhäuser". literaturhaus.net. http://www.literaturhaus.net/netzwerk (12. Dezember 2017).
Anz, Thomas (Hg.) (2007). *Handbuch Literaturwissenschaft. Gegenstände – Konzepte – Institutionen*. Stuttgart und Weimar.
Arnold, Heinz Ludwig und Matthias Beilein (Hg.) (2009). *Literaturbetrieb in Deutschland*. 3. Auflage. Neufassung. München.
Ditschke, Stephan (2009). „‚Das Publikum hat getobt!'". *Literaturbetrieb in Deutschland*. 3. Auflage. Neufassung. Hrsg. von Heinz Ludwig Arnold und Matthias Beilein. München: 307–321.
Eke, Norbert Otto (2016). „‚Reden' über Dichtung. Poetik-Vorlesungen und Poetik-Dozenturen im literarischen Feld". *Text + Kritik* X/16, Sonderband: *Poetik des Gegenwartsromans*. Hrsg. von Nadine J. Schmidt und Kalina Kupczyńska. München: 18–29.
Juchem, Kerstin (2013). *Literaturhäuser, Literaturbüros und Literaturzentren im deutschsprachigen Raum. Eine Bestandsaufnahme*. Berlin.
Lützeler, Paul Michael (Hg.) (1994). *Poetik der Autoren. Beiträge zur deutschsprachigen Gegenwartsliteratur*. Frankfurt a. M.
Moritz, Rainer (2009). „Ein Forum für die Literatur". *Literaturbetrieb in Deutschland*. 3. Auflage. Neufassung. Hrsg. von Heinz Ludwig Arnold und Matthias Beilein. München: 123–129.
Moser, Doris (2004). *Der Ingeborg-Bachmann-Preis. Börse, Show, Event*. Wien, Köln und Weimar.
Neuhaus, Stefan (2009). *Literaturvermittlung*. Wien.
Plachta, Bodo (2008). *Literaturbetrieb*. Paderborn.
Porombka, Stephan (2007). „Literaturvermittelnde Institutionen". *Handbuch Literaturwissenschaft. Gegenstände – Konzepte – Institutionen. Bd. 3: Institutionen und Praxisfelder*. Hrsg. von Thomas Anz. Stuttgart und Weimar.
Richter, Steffen (2011). *Der Literaturbetrieb. Eine Einführung. Text – Märkte – Medien*. Darmstadt.
Schmitz-Emans, Monika, Uwe Lindemann und Manfred Schmeling (Hg.) (2009). *Poetiken. Autoren – Texte – Begriffe*. Unter Mitarbeit von Kai Fischer, Anne Rennig und Christian Winterhalter. Berlin und New York, NY.

Schnell, Ralf (Hg.) (2000). *Metzler Lexikon Kultur der Gegenwart. Themen und Theorien, Formen und Institutionen seit 1945*. Stuttgart.

Schütz, Erhard (Hg.) (2005). *Das BuchMarktBuch. Der Literaturbetrieb in Grundbegriffen*. Zusammen mit Silke Bittkow, David Oels, Stephan Porombka und Thomas Wegmann. Reinbek bei Hamburg.

Uschtrin, Sandra und Heribert Hinrichs (Hg.) (2010). *Handbuch für Autorinnen und Autoren. Informationen und Adressen aus dem deutschen Literaturbetrieb und der Medienbranche*. 7., völlig überarbeitete und erweiterte Auflage. München.

Volk, Ulrich (2003). *Der poetologische Diskurs der Gegenwart. Untersuchungen zum zeitgenössischen Verständnis von Poetik, dargestellt an ausgewählten Beispielen der Frankfurter Stiftungsgastdozentur Poetik*. Frankfurt a. M.

Burckhard Dücker
III.1.4 Literaturförderung und Sponsoring: Preise, Stipendien, Festivals

1 Definition

Mit dem Begriff Literaturförderung werden textfundierte (Juryentscheidung) und autorbezogene (Ehrungsritual) Förderformate wie finanzielle Zuwendungen, Stipendien, Poetikdozenturen, Lesungen, Literaturpreise, -wettbewerbe, -festivals, Stadtschreiberämter, Poetry Slams, Auftragswerke, Übernahme von Druckkosten, Buchpräsentationen bezeichnet, die zumeist regelmäßig von einer privaten oder nicht privaten Institution öffentlich veranstaltet werden. Der Autorenförderung geht das Vorliegen eines Textes, zumindest dessen Erwartung (Förderungsform Arbeitsstipendium) voraus. Hinzu kommen Auszeichnungen für literaturbezogene Einrichtungen wie der *Deutsche Buchhandlungspreis* (erstmals 2015) für stationäre Buchhandlungen (keine Filialen) mit regelmäßigen kulturellen Veranstaltungen oder seit 2004 der Titel *UNESCO City of Literature*, erster deutscher Preisträger ist Heidelberg 2014 (*Die Festivals* 2015, 4–6). Statistisch gesehen werden täglich mehrere Fördermaßnahmen mitgeteilt mit der Angabe von Preis, Preisträger, Förderinstitution, Höhe der Dotation, Ort und Termin der Veranstaltung sowie häufig auch der Begründung der Jury. Je nach Zählmodus (Haupt-, Neben-, Förder-, Publikumspreis usw.) ist von 2500 bis 3000 produktiven Fördermöglichkeiten – mit steigender Tendenz – auszugehen. Ein Dachverband literaturfördernder Institutionen besteht nicht. Um Formen eines themenspezifischen sozialen oder fachwissenschaftlichen Diskurses wie eines Periodikums bemüht sich das Internetformat www.kulturpreise.de. Traditionell werden zwei Grundformen der Förderung unterschieden: 1. Mäzenatische Förderung folgt in der Regel aus dem persönlichen Interesse des Mäzens an einem Projekt oder Autor, seine direkte Unterstützung ist daher einzelfallbezogen und situativ begrenzt, kann aber zu jahrelanger Kooperation führen. So erhält Friedrich Schiller auf Vorschlag des dänischen Dichters Jens Baggesen im Dezember 1791 von Friedrich Christian von Schleswig-Holstein-Augustenburg und Graf Ernst Heinrich von Schimmelmann ab 1792 ein dreijähriges Arbeitsstipendium von je 1000 Talern (vgl. Wilpert 1966, 123). 2. Sponsoring gehört zum Image- und Marketingkonzept von Unternehmen und wird eher langfristig zur Generierung ökonomischen Nutzens (Erschließung neuer Kunden, Märkte, Medienpräsenz usw.) bei spektakulären, von vielen Menschen besuchten Ereignissen wie Events und Festivals prioritär in den Bereichen Sport, Soziales, Ökologie und Kultur (v. a. Musik und Tanz) eingesetzt.

Plinius der Jüngere (61/62–113/114) formuliert den *locus classicus* der Literaturförderung: „Dereinst war es Sitte, diejenigen, die Einzelpersonen oder ganze Städte gepriesen hatten, durch Ehrungen und Geldgeschenke auszuzeichnen. [...] Was kann einem Menschen Größeres beschert werden als Ehre und Ruhm, und beides für die Ewigkeit?" (Plinius [7]1995, 3/21, 187). Literaturförderung ist grundsätzlich begründet in außertextlichen Anlassreferenzen (Preisnarrativ) wie zeit-, stadt-, regionalgeschichtliche, ökologische, politische Ereignisse, kulturelle und wirtschaftliche Ziele oder die Würdigung bedeutender Personen; Referenzen, die durch literarische Weltauslegungsangebote tendenziell vor dem sozialen und historischen Tod des Vergessens bewahrt werden. Für diese ‚Gabe' werden die Autoren mit der Förderung als ‚Gegengabe' (Marcel Mauss) geehrt, was ihnen häufig soziale Mobilität und weitere Deutungsmacht verschafft. Förderungen markieren demnach ein Defizit der Förderinstitution, indem sie es ausfüllen. Diese Funktion ist im Preisnarrativ aufgehoben, das die Notwendigkeit der Förderung aufgrund der Programmatik der jeweiligen Förderinstitution tradiert und im Preisstatut (Satzung) verdichtet sichtbar macht. Preistexte und ihre Autoren werden so in den sozialen Funktionszusammenhang der Förderinstitution integriert. Entgegen der Rede von ‚reiner' Dichtung kommt literarischen Texten die soziale Dimension von Gegenwartsbezug und -deutung (Handke und Oberender 2014, 37: „was ich schreibe, ist ja mehr als ich") zu. Förderformate sind sozial- und literaturgeschichtliche Indikatoren und Faktoren für das jeweilige kulturpolitische Klima und gehören als Gestaltungsformen des Sozialen in den umfassenden Zusammenhang der gesellschaftlichen Konstruktion von Wirklichkeit. Als Handlungsbegriff bezeichnet Literaturförderung den Prozess von der (Jury-)Entscheidung zwischen konkurrierenden Vorschlägen über den Text, der am besten der Programmatik von Preis und Förderinstitution entspricht, bis zum Ehrungsritual mit der Überreichung der Insignien (zumeist Urkunde und Scheck) an den Preisträger.

2 Hauptaspekte des Themas

Die literarisch-kulturelle und soziale Bedeutung eines Preises bemisst sich nach der Dotation (Existenzsicherung der Preisträger) und dem ihm zugeschriebenen Potential, soziale Aufmerksamkeit für Institution, Preisnarrativ, -träger, Stadt, Literatur anlässlich der Zuerkennung, der Verleihung, der Dokumentation, der Forschung (z. B. Shortlist, Interviews, Neuauflagen, Blogs, Monographien, Filme) zu generieren. Unter diesem Aspekt der Hierarchisierung gilt der von der *Deutschen Akademie für Sprache und Dichtung* in Darmstadt verliehene *Georg-Büch-*

ner-Preis als bedeutendster Literaturpreis in Deutschland, während seine Dotation (50.000 €) auch von anderen Preisen erreicht wird (vgl. [dpa] *SZ* 2013, 12).

Texte werden individuell geschrieben, Literatur wird sozial gemacht. Wer einen Text in der Schublade hat, kann sich als dessen Verfasser fühlen, Autor wird er durch die soziale Anerkennung seines Weltauslegungsangebots durch Verleger, Leser und Kritiker, erst dann gehört sein Text zur Literatur als Institution, ist preis- und kanonfähig. Auch die eigene Netzveröffentlichung braucht soziale Aufmerksamkeit, um – mit welcher Bewertung auch immer – als Literatur zu gelten. So hat Literaturförderung ihren sozialen Ort in der Phase der Transformation des Texts zur Literatur, des Verfassers zum Autor oder sie verstärkt bestehende Geltungsschemata. Im Klappentext erscheint das Preisregister, auf der Bauchbinde wird mit dem aktuellen Preis geworben. Literaturförderung trägt zur ‚Machung' von Literatur und Autor wie zur sozialen Anerkennung der Förderinstitution bei, was immer schon Formen von ‚Literaturbetrieb' voraussetzt. Indem Eugen Ruge für *In Zeiten des abnehmenden Lichts* (2011) sowohl den *aspekte-Literaturpreis* für den besten Debütroman als auch den *Deutschen Buchpreis* für den besten Roman des Jahres erhält, wird die Preishierarchie durchbrochen, was soziale Aufmerksamkeit schafft.

Preistexte wirken geschichtsbildend, indem sie – nach Prüfverfahren und Verwerfung von Konkurrenten – als Preiskanon gesammelt werden. Kanones als sozial konstruierte Register des „Wissenswürdigen" (Schlegel 1971, 47) und ‚Wünschenswerten' (Kluckhohn 1951, 395) werden gerahmt von außertextlichen Referenznarrativen, dem ‚Deutungskanon', dem die einzelnen Texte als „materialer Kanon" (Heydebrand und Winko 1994, 132) wie einem Museum zugeordnet werden. Vom Preiskanon ist der Zugang zu einer allgemeinen Kanonebene (Schul-, Universitäts-, nationaler Kanon) möglich. Der *aspekte-Literaturpreis* (Stolte 1988, 4) erwartet, dass die Autoren, „die zwischen 1979 und 1988 mit [diesem Preis] ausgezeichnet wurden, um die Wende des Jahrtausends zu den allgemein anerkannten Repräsentanten der deutschen Gegenwartsliteratur zählen werden".

Insgesamt wirken Förderungen als Gestaltungsformen des Sozialen, indem sie regionale, (inter-)nationale, weltweite soziale und mediale Aufmerksamkeit wecken, Skandale provozieren oder auch als Schutz des Preisträgers wirken. So erklärt Herta Müller zu Preisen in westlichen Staaten für ihr Buch *Niederungen* (Bukarest 1982, Berlin 1984) mit seiner offenen Darstellung des Landlebens in Rumänien während der Diktatur: „Ich war plötzlich nicht mehr anonym [...] Vor allem die Preise, die haben mich geschützt" (Müller 2014, 182). Die Förderinstitution sieht sich mit der politischen Programmatik des Preisträgers konfrontiert. Grass' Kritik an deutscher Asylpolitik in seiner Laudatio auf Yasar Kemal, den Träger des *Friedenspreises des Deutschen Buchhandels* 1997, löst eine umfangreiche politische und literarische Kontroverse aus. Der Düsseldorfer Stadtrat verweigert 2006 trotz Zusicherung der Unabhängigkeit der Jury die Erstverleihung des *Heinrich-Heine-Preises* (Dotation 50.000 €) an Peter Handke wegen dessen Engagements für Serbien unter dem Präsidenten Slobodan Milošević als unvereinbar mit der Programmatik des Namenspatrons und des Preises. Handke löst den Konflikt zwischen Jury (Literatur, Kultur) und Stadtrat (Parteipolitik, Finanzen), indem er auf den Preis verzichtet. 2014 erhält er den *Ibsen-Preis* (norwegischer Staatspreis) unter Protest norwegischer Medien. Im Februar 2015 wird berichtet, dass Handke einen Teil des Preisgelds dem Kosovo „für den Bau eines Schwimmbades" spende, den Rest wolle er „dem norwegischen Staat zurückgeben" ([dpa] *SZ* 2015, 12). Handke bleibt das durch den Skandal produzierte symbolische Kapital. Auch der Sponsor des *Candide Preises*/Minden widerspricht der unabhängigen Jury und lehnt Handke als Preisträger ab. Der *Bremer Literaturpreis* 1960 an Günter Grass für *Die Blechtrommel* wird wegen Bedenken des Senats hinsichtlich der Darstellung von Sexualität nicht verliehen. Juroren (Rudolf Hirsch, Benno von Wiese und Erhart Kästner) treten zurück, der Preis erhält 1961 als unabhängige Organisationsform einen neuen Namen (*Literaturpreis der Rudolf-Alexander-Schröder-Stiftung*; vgl. Emmerich 1999, 82–96). So kann 1980 der Förderpreis trotz Bedenken der Öffentlichkeit an den wegen versuchten Mordes inhaftierten Peter Paul Zahl für dessen Schelmenroman *Die Glücklichen* gehen (vgl. Emmerich 1999, 245–266).

Typologisch gehört das Ehrungsritual für Autoren in die Tradition von Literatur als Fest. Dazu zählen antike Kultfeste mit Aufführungen von Tragödien und Satyrspielen, Auftritte von Minnesängern und Sängerwettstreite an Höfen im Mittelalter mit Geschenken der Adligen zur Selbstlegitimation, die barocke Festkultur, Dichterfeiern im 19. Jahrhundert, Feste des *George-Kreises*. Aktuell finden Förderungen ihren formalen und gestaltungskonstitutiven Abschluss in der Aufführung der Preisverleihung – zumeist auch Höhepunkt im Jahreskalender der Förderinstitution – als Ehrungs- oder Ernennungsritual, das auf die inszenierte Sichtbarmachung der institutionellen Programmatik im Zusammenspiel von Institution (alle Akteure), Preisträger, Öffentlichkeit (anwesende Zuschauer, medial vermitteltes Publikum) angelegt ist. Daher werden Ehrungsrituale nicht arkan (Zustellung der Urkunde per Post, Überweisung der Dotation auf das Konto des Preisträgers) vollzogen, sondern öffentlich aufgeführt. Rituell sichtbar gemacht wird der Konsens zwischen der Programmatik des Preisnarrativs bzw. der Förderinstitution und der des Texts bzw. des Preisträgers. Als interessenfundierte Handlungen sind Rituale weder wahr noch falsch, sondern bezüglich ihrer Aufführungsvorgaben gelungen oder misslungen. Bedingungen eines gelungenen Ehrungsrituals sind, dass alle Akteure zur Mitwirkung berechtigt und körperlich anwesend sind, dass zwischen Institution und Text bzw. Autor – in der Regel – durch die Entscheidung einer unabhängigen Jury ein Konsens ausgehandelt worden ist, den der designierte Preisträger nebst dem rituellen Verfahren seiner „Konsekration" (Bourdieu 2001 [1992], 201) zum Preisträger ausdrücklich akzeptiert hat. Auf die Sichtbarmachung dieser Konsens-Evidenz sind alle Ritualsegmente ausgerichtet, es geht um die „Konsensproklamation" (vgl. Dücker 2005, 20–24) zwischen Institution (Preisnarrativ) und Text bzw. Autor (Programmatik). Beide Seiten legitimieren sich wechselseitig. Daher ist eine gelungene Aufführung „komplexitätsreduziert" und „wertexplizit" (Dücker 2007a, 126). Die ‚Machung' von Geschichte – das Unverfügbare – soll durch das Außeralltägliche der Ritualaufführung erfahrbar werden. Nach dem modalen Ritualgestus macht sich die Institution einen Namen, indem oder dadurch dass sie einem anderen – Preisträger – einen Namen macht. Sie präsentiert den Preisträger, der ihre Programmatik repräsentiert. Vollzogen wird die ‚Machung' des Autors – in Anlehnung an eine Formulierung Friedrich H. Tenbrucks (vgl. Tenbruck 1996) – als dessen literarisch-soziale Vergesellschaftung durch seine rituelle Inkorporation in die Programmatik von Förderinstitution und Preisnarrativ. Daher wird der Text im Ehrungsritual zumeist zugunsten des Autors dezentriert; eine Ausnahme macht die Verleihung des *Georg-Büchner-Preises* mit der Präsentation des preisgekrönten Buchs leicht erhöht auf einem Tisch im Hintergrund der Bühne wie auf einem Altar. In der Begrifflichkeit Pierre Bourdieus (vgl. Bourdieu 2001 [1992], 30–32) generiert ein Ehrungsritual dem Autor ökonomisches (Dotation), symbolisches (Steigerung von Geltung, sozialer Aufmerksamkeit) und soziales (Netzwerk, Kontakte, Auftritte in Diskurs- und Publikationsforen, Berücksichtigung in Institutionengeschichte) Kapital. Der Preisträger wird als kulturelle und kulturpolitische Instanz legitimiert. Die Förderinstitution erhält v. a. symbolisches und soziales Kapital, die wiederum ökonomisches Kapital erzeugen können. Versuche, Ehrungen für Literaturpreise digital zu organisieren (Literaturpreis *Corine*), haben sich nicht bewährt (vgl. Dücker 2009, 69–70). Förderungen markieren die Grenze zwischen zugehörig und nicht zugehörig, innen und außen. Wer einen Preis erhält, assoziiert sich – in welcher Intensität auch immer – der Normativität der Förderinstitution. Die Dankrede wird rituell gerahmt ‚im Namen von' der Institution. Dass dies für den Preisträger politische Vereinnahmung bedeuten kann, lässt Jean-Paul Sartre 1964 aus eigenem Entschluss den Nobelpreis für Literatur ablehnen (vgl. Dücker 2007b, 82–88); dass dies zu Reglementierungen im Alltag des Preisträgers führen kann, ist Gegenstand des Feuilletons (vgl. Buchzik 2015, 18). Nicht selten wird die Dotation akzeptiert, die Dankrede als kritisches Ventil gestaltet.

V. a. für Autoren – aber auch für Institutionen und Zuschauer – wirken „Preise als Geltungsgeneratoren" (Dücker 2005, 7), die die literarische Reputation steigern und öffentliche Auftritte legitimieren. Teilnehmer werden zu Zeitzeugen, ihre Erzählungen vom Vollzug von Geschichte haben literatur- und zeitgeschichtliche Quellenfunktion. Obwohl jede einzelne Aufführung des Ehrungsrituals das Preisnarrativ ‚bloß' wiederholt, sichert dessen Wiederholung im Rahmen soziokultureller Serialität (periodische Repetitivität der Fördermaßnahme als Teil eines programmatischen Konzepts) seine Kontinuität und die der Institution. Daher ist jedes Ehrungsritual wegen der je besonderen historischen Situation (wechselnde Preisträger, Zuschauer) ein singuläres Ereignis, das das Prinzip ‚Wiedererkennen des Identischen' sichert. So ermöglicht die Serialität, aus sämtlichen Erzählungen zu den Aufführungen einer Fördermaßnahme deren Geschichte im Format der Aufführungsgeschichte zu schreiben.

Das Ehrungsritual umfasst eine Reihe repetitiver Kernelemente, die den rituellen Prozess von einem Anfang zu einem daraus folgenden Abschluss als Form narrativer Sinnkonstitution markieren: Die Berufung einer Jury – oder Aufruf an die Vorschlagsberechtigten – durch die Institution, um gemäß der Statuten Kandidaten vorzuschlagen und auszuwählen (Long-, Shortlist), die Einhaltung vorgegebener Termine, Bekanntgabe des designierten Preisträgers nach dessen Akzeptanz der Ehrung, Programm des Ehrungsrituals, öffentliche/persönliche Einladungen (evtl. Hinweis auf Kleiderordnung), Ehrung zum vorgesehenen Termin (häufig Jahres- oder Gedenktag) am gleichen Ort (Charakter des ‚heiligen Orts', selten im Freien), Dekoration und Ausstattung der Szene, rituelle Sequenzen mit – in jeweiliger Reihenfolge – Einlass der Besucher, Geleiten des Preisträgers in die erste Reihe, Begrüßung/Eröffnung durch Vertreter der Institution mit kommemorativer (Erinnerung an Preisstiftung und frühere Preisträger) und selbstreferentieller (aktuelle Aufführung wie die vorhergehenden, Institution feiert sich selbst) Dimension, Grußwort(en), Applausen, musikalischen Einlagen, Laudatio (Kommentar zu Werk und Programmatik; vgl. Zimmermann 1993), Verleihung der Insignien (zumeist Urkunde, Scheck) durch Sponsor, Handschlag Sponsor-Preisträger, Dankrede als Zeichen des neuen Status (Selbstinterpretation, Bekenntnis, kritische Distanzierung), Schlusswort(en), Verabschiedung(en) und – als Auflösung der rituellen Ordnung – Stehempfang oder Festmahl (mit veränderter ritueller Ordnung). Zu rituellen Preisverleihungen sind Anschlusshandlungen wie Demonstrationen als Gegenrituale, Veranstaltungsberichte, Interviews mit dem Preisträger, Fototermine, Signieren, Lesungen, Dokumentation (Laudatio, Dankrede, Kommentare), weitere Ehrungen des Preisträgers möglich. Nach dem Ritual ist vor den Ritualen.

3 Kurze Geschichte der Literaturförderung und ihrer Erforschung

Dichterehrungen scheinen zu den frühesten Formen gesellschaftlicher Anerkennung zu gehören, was eine sozialstrukturell konstitutive Funktion symbolischer Deutungsmacht andeutet. Unabhängig von der jeweiligen Staats- und Verfassungsform zählt in westlichen Kulturen von der Antike bis in die Gegenwart die Förderung von Dichtern und Schriftstellern durch Herrscher, Regierungen, Parteien, Institutionen und Privatpersonen zum etablierten Register kultur-, ordnungs- und wirtschaftspolitischer Maßnahmen. Das bis 1806 bestehende Institut der Dichterkrönung verlangt als Gegengabe von den Dichtern Repräsentations- und Verwaltungsaufgaben (Universitätslehrer, Dichter, Historiker). Im Mittelalter tragen Minnesänger und in der Frühen Neuzeit bürgerliche Meistersinger Wettstreite um Anerkennung aus. Schon in dieser Zeit zählt „das Florieren eines Mäzenatentums höfischer, städtischer oder kirchlicher Prägung" (Westphal 2012, XXVI) zu den Faktoren ‚kultureller Zentren'. Auftragskunst (Hofchroniken, Gelegenheitsdichtung) und Preisaufgaben wissenschaftlicher und künstlerischer Akademien sowie gelehrter Gesellschaften, aber auch Preisausschreiben v. a. seit dem 18. Jahrhundert sind ebenso zu nennen. So basiert Rousseaus Anerkennung nicht zuletzt auf seinen Preisschriften zu den Aufgaben der Akademie von Dijon *Discours sur les Sciences et les Arts* (1750) und *Discours sur l'origine de l'inégalité parmi les hommes* (1755; Rousseau ²1971). In der Regel dienen Preisaufgaben kulturgeschichtlicher und fachwissenschaftlicher Grundlagenforschung, die so von den Interessen der Institutionen gelenkt wird. Sie werden gestellt, „um die Aufmerksamkeit auf sich zu ziehen und [ihre] notwendige Daseinsberechtigung zu unterstreichen" (Müller 1975, 47). Je berühmter eine Akademie ist, desto mehr berühmte Forscher beantworten die Preisaufgaben, was die Berühmtheit beider steigert (vgl. Müller 1975, 48–49). Entsprechend generieren auch Goethes Preisaufgaben für bildende Künstler „in den Jahren 1799 bis 1805" (Scheidig 1958, 7) große Aufmerksamkeit.

Von Literaturförderung in Deutschland ist erst als Funktion der Feiern zu Schillers 50. Todestag am 9. Mai 1855 zu sprechen. In Dresden wird eine spendenfinanzierte „Stiftung für verdienstvolle und hilfsbedürftige deutsche Schriftsteller und Schriftstellerinnen, wie für deren nächstangehörige Hinterlassene" (*Satzungen der Deutschen Schillerstiftung* 1859, 1) vereinbart und am 100. Geburtstag Schillers (10. November 1859) als *Deutsche Schiller-Stiftung* gegründet (vgl. Schwabach-Albrecht 2005, 9–17). ‚Zweigstiftungen' an beliebigen Orten sind möglich, setzen aber ein Eigenkapital von mindestens 1000 Talern voraus, was zur Konkurrenz stiftungswilliger Bürger verschiedener Orte führt. Literaturförderung gilt als Möglichkeit kulturellen bürgerlichen Engagements, um kulturelle Partizipation zu erweitern, was zur Konkurrenz zwischen adliger und bürgerlicher kultureller Tradition und Praxis führt. Als „monarchische Reaktion auf die demokratischen und nationalen Bürgerinitiativen" (Tgahrt 1996, 7) stiftet Prinz Wilhelm von Preußen (König von Preußen 1861–1888, Deutscher Kaiser 1871–1888) 1859 den *Schillerpreis* für das beste Drama mit der Bedingung, dass die Juryentscheidung durch das Staatsministerium bestätigt wird (Dambacher 1996, 212; Tgahrt 1996, 7). Auf diese Weise wird der Preis zum kulturpolitischen Instrument und die Auszeichnung zum Mittel politischer Einflussnahme. Autoren nach ihrer politischen Verwendbarkeit zu konsekrieren ersetzt tendenziell Mäzenatentum durch Sponsoring. Im Interesse kritischer Literatur im Sinne Schillers und im Kontext bürgerlicher Schillerfeiern und -denkmäler (vgl. Noltenius 1984) ruft der 1900 als kritische Instanz gegen Zensurmaßnahmen gebildete *Goethe-Bund* 1902 zur Gründung des aus Spenden finanzierten *Deutschen Volks-Schillerpreises* mit freier Jury und der Programmatik der „selbstbewusste[n] Unabhängigkeit des deutschen Geistes" (Dambacher 1996, 239) von staatlicher Literaturpolitik auf.

Schon um 1900 wird die Vielzahl „literarischer Ehrenpreise" kritisiert, weil sie zur „Aufzucht von noch mehr ‚Berufsschriftstellern' und ‚Berufsdichtern'" (Schultze 1912, 534) – gemeint sind freie Schriftsteller – sowie zur Minderung der literarischen Qualität führten. Karl Bleibtreu (1902, 13–17) kritisiert, dass „literarischer Marktbetrieb nur von persönlichen Beeinflussungen", von „der Willkürlichkeit der Standpunkte" und „Gönnerschaft" geleitet werde. Als Illustration dazu erscheint Karl Kraus' (1901, 22–25) Bericht von der Erschleichung des *Bauernfeldpreises* aus „Reclame"-Gründen durch Felix Dörmann für ein noch nicht erschienenes Drama, was wiederum die ‚Machung' von Autor und Literatur durch Aushandlung bestätigt. Ähnlich argumentiert Greyerz (1924, 32) mit Blick auf die Schweiz gegen die Preisflut als Hemmnis der Schreibmotivation, für die „Erschwerung des ‚freien Schriftstellertums'". Ein gutes Buch setze sich auch ohne Förderung seines Autors durch. Dass Förderungen von Autoren auch heute als unverzichtbar für Existenzsicherung und Image angesehen werden, zeigt die Erstausschreibung des *Montblanc-Literaturpreises für kurze Geschichten* zum Thema Profit im Herbst 1990, woraufhin mehr als 1900 Einsendungen eingehen (Westphalen 1991, 132).

Grundsätzlich sind Förderungen keine karitativen Unterstützungen, sondern interessenfundierte Mittel zum Zweck, um den politischen, ökonomischen, kulturellen usw. Einfluss der Institution auf Gegenwartsprozesse zu sichern. Wer einen Preis stiftet, kann in Feuilleton, Literatur- und Institutionengeschichte kommen und vom Bonus als Mäzen oder Sponsor profitieren. Durch das Ehrungsritual soll die Einheit aus Preisnarrativ, Programmatik der Stifterinstitution und des Preisträgers in der kollektiven Erinnerung einer Gesellschaft als geschichtsmächtiges

Ereignis etabliert werden. Aus Sicht der Institution geht es um die rituelle Herstellung von Ordnung (Integration des Autors/Ereignisses in eigene Geschichte) aus Unordnung. Wird gegen den programmatischen Konsens nach Auffassung der einen Seite von der anderen verstoßen, kann dies die Aberkennung (Streit um den syrischen Dichter Adonis als Preisträger 2015 des *Erich-Maria-Remarque-Friedenspreises* der Stadt Osnabrück), Rückgabe (Thomas Bernhards Austritt 1979 aus der Darmstädter Akademie als Distanzierung von seinem *Georg-Büchner-Preis* für 1970 aus Protest gegen „die Wahl Scheels, des ehemaligen Bundespräsidenten, zum Ehrenmitglied" und die nur an „Selbstbespiegelung" interessierten „eitlen Mitglieder" [Bernhard 2009, 126]) oder Ablehnung (Christian Enzensberger lehnt den *Bremer Literaturpreis* 1970 aus Protest „gegen die ‚ganze merkwürdige Maschine für Literaturpreise überhaupt'" [Emmerich 1999, 20] ab) zur Folge haben.

Tgahrts Feststellung von einer „inflationären Vermehrung" (Tgahrt 1996, 6) der Preise zwischen 1933 und 1945 gilt seit der Jahrhundertwende. Während die Literaturpolitik des ‚Dritten Reichs' gegen freie und ausländische Förderungen gerichtet ist (z. B. *Deutscher Nationalpreis für Kunst und Wissenschaft* für drei Preisträger am 30. Januar 1937 von Hitler gestiftet, Dotation je 100.000 Reichsmark, zugleich Nobelpreisverbot für Deutsche: vgl. *Dollheimers Großes Buch des Wissens in zwei Bänden* 1938, 319), werden vor und nach dieser Zeit zahlreiche Preise von privaten Institutionen gegen die Entwertung kultureller Phänomene gegründet, um sich als geschichtsbildende Stifter einen Namen zu machen, indem man Namenspatron und Preisträgern einen Namen macht. Heute bietet Literaturförderung prinzipiell jedem die Möglichkeit, subjektive Programmatik literarisch zu vergesellschaften und in die (Literatur-)Geschichte zu kommen. Die Zunahme der Förderformate und -formen, die im Kontext der Einrichtung von Dichtergedenkorten und -museen, von Lesungen und Kulturevents steht, ist wegen ihrer imagebildenden und kulturtouristischen Funktion nicht mehr zu stoppen.

Literaturförderung berücksichtigt aktuelle gesellschaftliche Entwicklungen. Als Übergangsformen zum Format des Festivals können live-Veranstaltungen wie Vorlesewettbewerbe mit öffentlicher Spontankritik von Fachjuroren bei arkaner Juryentscheidung (*Tage der deutschsprachigen Literatur* – Klagenfurt, 1977, vgl. Moser 2004; *Leonce und Lena-Preis* für unveröffentlichte Lyrik – Darmstadt, 1979; *open mike* – Berlin, 1992) gelten, die der Selbstdarstellung der Kandidaten große Bedeutung einräumen. Derzeit ist von mehr als 50 Literatur- und Lyrikfestivals (*andersseits.* Literaturfestival Hannover, *Erlanger Poetenfest, Internationales Literaturfest Poetische Quellen*, Bad Oeynhausen und Löhne, *Usedomer Literaturtage*) auszugehen, die – zumeist erst seit den 1990er Jahren eingerichtet – als Event mit aktuellen Schwerpunktthemen, Geselligkeit, schnell wechselnden Unterhaltungsphasen, Bewirtung, mit zahlreichen Akteuren und großem Publikum häufig im Freien von Frühjahr bis Herbst stattfinden. Gemeinsamer Ansatz ist, dass nicht mehr die Leser zu den Büchern kommen müssen, sondern die Autoren zu den Lesern in deren städtischen Alltag, um für sich und die Literatur auch bei literaturfernen Personen zu werben. (Ähnlich lässt die *Stiftung Lesen* 2008 mit ihrer Initiative *Internationaler Preis der jungen Leser* 15 Bücher zu allen 5. und 6. Klassen kommen, aus denen die Schüler nach Lektüre ihr Lieblingsbuch auswählen.) Autoren konkurrieren mit ihren Lesungen um Preise, die von Jury und Publikum vergeben werden. Für die Städte bedeutet ein Festival Imagesteigerung und Förderung des Kulturtourismus. 1997 findet die erste deutsche Meisterschaft des Poetry Slam (vgl. Anders 2012, 21) statt. Bei dieser heute gängigen, v. a. bei jungen Leuten beliebten und für jeden offenen Wettbewerbsform (Bedeutung als Integrationsmedium für Minderheiten, vgl. Anders 2012, 16) trägt jeder Teilnehmer eigene Texte – inhaltlich zumeist eigene Erfahrungen – mit der Zeitvorgabe von ca. fünf Minuten öffentlich vor Publikum vor, das als Jury fungiert (vgl. Anders 2012, 24), Gewinner werden durch Akklamation gekürt. Beim *Poetry Slam* kommt es v. a. auf den inszenierten Vortrag (Stimmmodulation, Gestik, Mimik, Bewegung auf der Bühne) des Textes an. Dennoch gilt eine Buchveröffentlichung im anerkannten Verlag als Ziel (vgl. Anders 2012, 34). Literaturförderung zeigt Wettkampfstruktur (agonale Dimension), bei Vorlesewettbewerben, Festivals und Poetry Slams kommen die Merkmale Spiel und Unterhaltung (ludische Dimension) hinzu.

Arbeits- und Aufenthaltsstipendien werden von Kulturhäusern vergeben und bilden eine eigene Kategorie zahlreicher Literaturpreise. So gibt es seit 1985 das *Alfred-Döblin-Stipendium* für Berliner Autoren für drei bis zwölf Monate mit Präsenzpflicht im Döblin-Haus in Wewelsfleth und 1100 € monatlicher Zuwendung, seit 1989 das *Arbeitsstipendium des Heinrich-Böll-Hauses* Langenbroich nur für Ausländer für vier Monate mit je 950 € Zuwendung, seit 1992 (nach Einstellung des *Schmidt-Preises* 1988) das *Autoren-Stipendium der Arno-Schmidt-Stiftung* für zwei Jahre mit monatlich 2000 € Zuwendung (2015: Andreas Maier). Zu den bekanntesten und für die Karriere bedeutendsten Stipendien gehört der einjährige Aufenthalt in der *Villa Massimo* der *Deutschen Akademie Rom*. Schriftsteller, Komponisten, Bildende Künstler bilden einen Stipendiatenjahrgang. Ziel ist die Fertigstellung eines Werks, die Kooperation zwischen den Stipendiaten und der Aufbau eines Netzwerks auch auf internationaler Ebene. Gerade die *Villa-Massimo*-Stipendiaten tragen zum Genre der Förderliteratur bei, so Hanns-Josef Ortheil mit *Rom, Villa Massimo. Roman einer Institution* (2015) oder Rolf Dieter Brinkmann mit *Rom, Blicke* (1979). Diese Texte, die ohne die Förderung nicht entstanden wären, verbinden die Reflexion auf Verpflichtungen, Privilegien und Abhängigkeiten des Stipendiaten mit Merkmalen des Reiseberichts. Zur Förderliteratur sind auch Thomas Bernhards postum veröffentlichte Aufzeichnungen *Meine Preise* (2009) zu zählen, in denen er seine grundsätzliche Kritik an Preisen vorträgt, deren Funktion er auf ihr Angebot zur Selbstpräsentation der Institutionen reduziert, während die bloß zufällig bestimmten Preisträger die Dotation akzeptieren, aber „sich nicht mehr ehren [...] lassen" (Bernhard 2009, 101) sollten. Indem Bernhard seine Preiskritik formuliert, verschafft er diesem Förderformat neue Aufmerksamkeit.

4 Aktueller Sachstand

Es gibt Preise für definierte Autorengruppen wie den *Ingeborg-Drewitz-Literaturpreis* für Gefangene (1988), den *Mara-Cassens-Preis* des Literaturhauses [Hamburg] für den ersten Roman (1990), den *Lyrik-Debüt-Preis* (1999), den *Othmar-Seidner-Jungautorenpreis/Lyrik* (Alter 17–23 Jahre), den *Völklinger Senioren Literaturpreis* ab 60 Jahre (1995), den *Adelbert von Chamisso-Preis* (1985) für „deutsch schreibende Autoren, deren Muttersprache nicht die deutsche ist" (*Adelbert-von-Chamisso-Preisträgerinnen und -Preisträger 1985–2003* 2003, 4) und mit gleicher Zielsetzung den *Hohenemser Literaturpreis* (2009), den *Frau-Ava-Literaturpreis* (2003) zur Förderung von Autorinnen, den *Lesben-Award* (2004) und *Lesbischer Literatur Preis* (2007), den *LiBeratur-Preis* für die beste Autorin aus Afrika, Asien oder Lateinamerika (1987). Eine weitere Gruppe betrifft politische Referenzen wie den Widerstand gegen den Nationalsozialismus (*Geschwister Scholl Preis*, 1980), den Aufstand in der DDR 1953, verliehen jeweils am 17. Juni, seit der Wiedervereinigung 1990 am 3. Oktober (*Ricarda-Huch-Preis*, 1978), die deutsche Wiedervereinigung (*Literaturpreis zum 3. Oktober*, 1991), das Engagement für die Freiheit (*Literaturpreis der Konrad-Adenauer-Stiftung*, 1993), die Europäische Verständigung (*Leipziger Buchpreis*, 1994), die Förderung der deutschen Literatur und Wissenschaft im Ausland (*DekaBank-Preis*, 2004), weiterhin konfessionelle Ausrichtungen (*Katholischer Kinder- und Jugendbuchpreis*, 1979), Medienbindung (*SMS-Poesie*, 2003), die Erhaltung regionaler Besonderheiten (*Alemannischer Literaturpreis*, 1981; *Pfälzischer Mundartdichterwettstreit Bockenheim*, 1953). Ein staatlicher Preis ist der *Deutsche Jugendliteraturpreis* (vgl. Weiser 2009). Die umfangreichste Gruppe gilt der Würdigung von Autorinnen und Autoren oft in Verbindung mit einer Gattung wie der *Goethe-Preis* (1927), der *Georg-Büchner-Preis* (1923/1951, vgl. Ulmer 2006), der *Christian-Wagner-Preis* (1992), der *Ludwig-Börne-Preis* (1994). Sind mehrere Preise nach demselben Namenspatron benannt, wird der Ort der Verleihung hinzugesetzt, z. B. *Friedrich-Hölderlin-Preis* Bad Homburg v. d. Höhe bzw. Tübingen. Andere Preise sind nach dem Ort der Verleihung benannt wie *Buxtehuder Bulle, Rauriser Literaturpreis*. Der *Christian-Dietrich-Grabbe-Preis* für zeitgenössische Dramatik wurde von 1994 bis 2004 verliehen und dann aus finanziellen Gründen erst wieder 2015 (vgl. Ehrlich 2015, 54). Zum *Rheingau Literaturpreis* (1994) gehört neben der Dotation eine Zuwendung von 111 Flaschen Rheingauer Wein. Der *Comicbuchpreis* (2014) der Berthold-Leibinger-Stiftung zeichnet ab 2015 neben dem Gewinner auch die anderen Finalisten aus. Förderungen beziehen sich auf Gattungen (vgl. Dücker 2005) wie Lyrik, Erzählung, Roman, Drama, Hörspiel (vgl. Uschtrin und Hinrichs 2010, 366), Kriminalroman, groteske Literatur, Dialektliteratur, Science Fiction, Kurzgeschichte, Haiku. Es gibt dotierte und undotierte Förderungen, Preise für unveröffentlichte Manuskripte, für das Gesamtwerk, Preise mit und ohne Eigenbewerbung. Juryprotokolle bleiben in der Regel unveröffentlicht oder werden später – beim *Nobelpreis für Literatur* nach 50 Jahren – zugänglich.

5 Forschungsdesiderate

Die literarische und soziale Bedeutung der Literaturförderung verlangen eine komplexe literaturgeschichtliche Forschungsperspektive, die auf den wichtigen Materialsammlungen in Handbüchern und Registern (vgl. Dücker 2005; Uschtrin und Hinrichs 2010) wie in Dokumentationen der Förderinstitutionen aufbaut und diese wie die Darstellungen von Moser (2004) und Ulmer (2006) weiterführt. Aufgrund ihrer Narrative wirken Förderformate als Deutungs- und Gestaltungsangebote für ihre jeweilige Gegenwart und können über den Preiskanon literarische Traditionen begründen. Daher erhalten Preistexte als rituell legitimierte Konsensmarkierungen literatur- und sozialgeschichtliche Bedeutung als programmatische Instanzen. Sämtliche mit der Förderung verbundenen Textsorten und -formate wie Flyer, Preisbroschüren, -dokumentationen, Einladungen sind systematisch als Quellen zu sammeln und auszuwerten. Preistexte sind in Bezug auf ihre Passung an das Preisnarrativ, die Jury (Mitglieder, Begründung), die soziale Aufmerksamkeit, das adressierte Publikum des Preises und die Anschlusshandlungen zu untersuchen. Hinsichtlich des Autors ist nach den Preisträgern zu fragen, mit denen er bezüglich der Preisprogrammatik gleich gestellt ist und ob sich dies auf seine Geltung und die seiner Texte auswirkt, welche Foren ihm geöffnet werden, welche weiteren Ehrungen er erhält. Laudationes und Dankreden sind als Spiegel ihrer Zeit zu betrachten, was sich zumeist an ihren Titeln zeigt. Nicht jede Förderform ist zu jeder Zeit an jedem Ort möglich. Entscheidend ist der Möglichkeitsrahmen des je geltenden Kulturbegriffs und des politischen Systems. Mit welchen Referenzanlässen, Texten und Autoren machen welche Förderinstitutionen Geschichte, welche Vernetzungen zwischen literarischem Feld und anderen Feldern werden produktiv? Vergleichend zu untersuchen ist die Wertigkeit traditioneller und neuer Förderformen, Kapitalerträge zu generieren. Forschungen zu Förderformaten und deren Aufführungen erfordern eine breit angelegte Kooperation von Literatur-, Kultur- und Zeitgeschichte.

Weiterführende Literatur

Bourdieu, Pierre (2001 [1992]). *Die Regeln der Kunst. Genese und Struktur des literarischen Feldes*. Frankfurt a. M.
Frohne, Julia, Brigitte Norwidat-Altmann und Oliver Scheytt (2015). *Kultursponsoring. Leitfaden für kreative Allianzen*. Wiesbaden.
Moser, Doris (2004). *Der Ingeborg-Bachmann-Preis. Börse, Show, Event*. Wien et al.
Noltenius, Rainer (1984). *Dichterfeiern in Deutschland. Rezeptionsgeschichte als Sozialgeschichte am Beispiel der Schiller- und Freiligrath-Feiern*. München.
Rippl, Gabriele und Simone Winko (Hg.) (2013). *Handbuch Kanon und Wertung. Theorien, Instanzen, Geschichte*. Stuttgart und Weimar.
Schwabach-Albrecht, Susanne (2005). *Im Namen Friedrich Schillers – 150 Jahre Deutsche Schillerstiftung – Schillerfeiern*. Düsseldorf.
Ulmer, Judith S. (2006). *Geschichte des Georg-Büchner-Preises. Soziologie eines Rituals*. Berlin und New York, NY.
Weiser, Ulrich Wilhelm (2009). „Der Deutsche Jugendliteraturpreis aus der Perspektive der Ritualforschung". *JuLit* 35/4 (2009): 51–56.
Zimmermann, Alexandra (1993). *Von der Kunst des Lobens. Eine Analyse der Textsorte Laudatio*. München.

Zitierte Literatur

Adelbert-von-Chamisso-Preisträgerinnen und -Preisträger 1985–2003 (2003). Stuttgart.
[Anonym] (2015). „Interview mit Heidelbergs OB Dr. Eckart Würzner". *Die Festivals. Kulturregion Rhein-Neckar*. März-August 1 (2015). Hrsg. vom Kulturbüro der Metropolregion. Mannheim: 6.
[Anonym] (2015). „Unesco Creative Cities. Hier ist kreativ!" *Die Festivals. Kulturregion Rhein-Neckar*. März-August 1 (2015). Hrsg. vom Kulturbüro der Metropolregion. Mannheim: 4–5.
Anders, Petra (2012). *Poetry Slam im Deutschunterricht*. Baltmannsweiler.
aspekte-Literaturpreis 10 Jahre 1978–1988 (1988). ZDF Schriftenreihe Heft 37. Materialien zum Programm. Redaktion Montana Heiss und Corinna Loos. Mainz.
Bernhard, Thomas (2009). *Meine Preise*. Frankfurt a. M.
Bleibtreu, Karl (1902). „Wie werden Dichterpreise und – Dichterruhm vertheilt?" *Die Fackel* 101 (April 1902): 13–18.
Bourdieu, Pierre (2001 [1992]). *Die Regeln der Kunst. Genese und Struktur des literarischen Feldes*. Frankfurt a. M.

Buchzik, Dana (2015). „Canossagang mit Stechuhr. Immer schön abmelden und bitte keine Kinder! Von Sinn und Unsinn der Literaturförderung". *Süddeutsche Zeitung* vom 3./4. Januar 2015.
Dambacher, Eva (1996). *Literatur- und Kulturpreise 1859–1949. Eine Dokumentation*. Marbach.
Dollheimers Großes Buch des Wissens in zwei Bänden (1938). Bd. 1. Leipzig.
dpa (2016). „Handke spendet Ibsen-Geld in Kosovo". *Süddeutsche Zeitung* vom 16. Februar 2015.
dpa (2013). „Wörter verhexen. Sibylle Lewitscharoff erhält den wichtigsten deutschen Literaturpreis". *Süddeutsche Zeitung* vom 06. Juni 2013.
Dücker, Burckhard (2005). „Literaturpreisverleihungen. Von der ritualisierten Ehrung zur Literaturgeschichte". *Literaturpreise. Register mit einer Einführung*. Hrsg. von Burckhard Dücker und Verena Neumann. Heidelberg: 7–37.
Dücker, Burckhard (2007a). *Rituale. Formen – Funktionen – Geschichte. Eine Einführung in die Ritualwissenschaft*. Stuttgart.
Dücker, Burckhard (2007b). „Failure Impossible? Handling of Rules, Mistakes and Failure in Public Rituals of Modern Western Societies". *When Rituals Go Wrong: Mistakes, Failure and the Dynamics of Ritual*. Hrsg. von Ute Hüsken. Leiden und Boston, MA: 73–98.
Dücker, Burckhard (2009). „Literaturpreise". *LiLi* 39/154 (2009): 54–76.
Ehrlich, Lothar (2015). „Grabbe-Preis für zeitgenössische Dramatik verliehen". *ALG Umschau* 52 (2015): 54.
Emmerich, Wolfgang (1999). „Bewundert viel und viel gescholten. Die Geschichte des Bremer Literaturpreises in 11 Kapiteln". *Der Bremer Literaturpreis 1954–1998. Eine Dokumentation. Reden der Preisträger und andere Texte*. Hrsg. von Wolfgang Emmerich. Bremerhaven: 7–33.
Greyerz, Otto von (1924). „Sollen wir die Berufsschriftstellerei fördern?". *Schweizerische Monatshefte für Politik und Kultur* 4/1 (1924): 26–33.
Handke, Peter und Thomas Oberender (2014). *Nebeneingang oder Haupteingang? Gespräche über 50 Jahre Schreiben fürs Theater*. Berlin.
Heydebrand, Renate von und Simone Winko (1994). „Geschlechterdifferenz und literarischer Kanon. Historische Beobachtungen und systematische Überlegungen." *Internationales Archiv für Sozialgeschichte der deutschen Literatur (IASL)*, 19 (1994): 96–172.
Kluckhohn, Clyde (1951). „Values and Value-orientation in the Theory of Action: An Exploration in Definition and Classification." *Toward a General Theory of Action*. Hrsg. von Talcot Parsons und Edward A. Shils. Cambridge: 388–433.
Kraus, Karl (1901). „Das Buch-Manuscript". *Die Fackel* 87 (1901): 22–25.
Moser, Doris (2004). *Der Ingeborg-Bachmann-Preis. Börse, Show, Event*. Wien et al.
Müller, Hans-Heinrich (1975). *Akademie und Wirtschaft im 18. Jahrhundert*. Berlin.
Müller, Herta (2014): *Mein Vaterland war ein Apfelkern. Ein Gespäch mit Angelika Klammer*. München.
Noltenius, Rainer (1984). *Dichterfeiern in Deutschland. Rezeptionsgeschichte als Sozialgeschichte am Beispiel der Schiller- und Freiligrath-Feiern*. München.
Plinius (⁷1995). *Briefe*. Lat./Dt. Hrsg. von Helmut Kasten. Zürich.
Rousseau, Jean-Jacques (²1971). *Schriften zur Kulturkritik*. Franz./Dt. Hrsg. von Kurt Weigand. Hamburg.
Satzungen der Deutschen Schillerstiftung (1859). Weimar.
Scheidig, Walther (1958). *Goethes Preisaufgaben für Bildende Künstler 1799–1805*. Weimar.
Schlegel, August Wilhelm (1971). *Vorlesungen über das akademische Studium – Bonner Vorlesungen I*. Hrsg. von Frank Jolles. Heidelberg.

Schultze, Ernst (1912). "Literarische Ehrenpreise". *GRM* 4 (1912): 521–536.
Schwabach-Albrecht, Susanne (2005). *Im Namen Friedrich Schillers – 150 Jahre Deutsche Schillerstiftung – Schillerfeiern*. Düsseldorf.
Stolte, Dieter (1988). "Zehn Jahre ‚aspekte'-Literaturpreis". *10 Jahre „aspekte"-Literaturpreis 1978–1988*. Hrsg. vom ZDF. Mainz: 4–5.
Tenbruck, Friedrich H. (1996). "Zur Bedeutung der Kultursoziologie". *Friedrich H. Tenbruck: Perspektiven der Kultursoziologie. Gesammelte Aufsätze*. Hrsg. von Clemens Albrecht et al. Opladen: 27–124.
Tgahrt, Reinhard (1996). "Vorwort". *Literatur- und Kulturpreise 1859–1949. Eine Dokumentation von Eva Dambacher*. Marbach: 5–9.
Ulmer, Judith S. (2006). *Geschichte des Georg-Büchner-Preises. Soziologie eines Rituals*. Berlin und New York, NY.
Uschtrin, Sandra und Heribert Hinrichs (2010). *Handbuch für Autorinnen und Autoren. Informationen und Adressen aus dem deutschen Literaturbetrieb und der Medienbranche*. 7., völlig überarbeitete und erweiterte Auflage. München.
Weiser, Ulrich Wilhelm (2009). "Der Deutsche Jugendliteraturpreis aus der Perspektive der Ritualforschung". *JuLit* 35/4 (2009): 51–56.
Westphal, Siegrid (2012). "Vorwort". *Handbuch kultureller Zentren der Frühen Neuzeit. Städte und Residenzen im alten deutschen Sprachraum*. Hrsg. von Wolfgang Adam und Siegrid Westphal. Bd. 1. Berlin und Boston, MA: XXV–XXIX.
Westphalen, Joseph von (1991). "Nachwort". *Profit. Die besten Geschichten des Montblanc-Literaturpreises 1991*. Hrsg. von Joseph von Westphalen. München und Zürich: 132–136.
Wilpert, Gero von (1966). "Chronik von Schillers Leben und Schaffen". *Schillers Leben und Werk in Daten und Bildern*. Hrsg. von Bernhard Zeller. Frankfurt a. M.: 57–203.
Zimmermann, Alexandra (1993). *Von der Kunst des Lobens. Eine Analyse der Textsorte Laudatio*. München.

III.2 **Strukturen: Rezeption und Vermittlung**

Werner Graf
III.2.1 Der Leser als Institution

1 Definition

Die Literaturwissenschaft, die Literatur in ihrem Kontext betrachtet, erweitert ihren Gegenstandsbereich über das Feld der Produktion von Literatur hinaus auf das der Distribution und der Rezeption. Die Erforschung der Textrezeption stellt den Leser als literarische Instanz neben den Autor, da ihm im Handlungsfeld Rezeption von Literatur als Akteur eine systematisch vergleichbare Rolle zugewiesen ist wie dem Autor im Feld der Produktion.

Der Forschungsgegenstand Leser als Institution im literarischen Prozess umfasst so unterschiedliche Aspekte wie die private Bedeutung und die soziale Funktion literarischer Rezeption, die Rolle des Lesers als Marktteilnehmer oder als Bibliotheksnutzer sowie den Leser als Objekt der Zensur bzw. der Literaturpolitik oder als Aufgabe der Lesepädagogik. Auf theoretischer Ebene sind einerseits die konkrete Individualität der Leserinnen und Leser und andererseits, davon abstrahiert, die Position des Lesers im Modell der literarischen Kommunikation bzw. die Rolle und Funktion im literarischen Feld begrifflich abzubilden und zu diskutieren. Die empirische Untersuchung der Rezeption fiktionaler Texte konzentriert sich auf die Privatlektüre und auf die schulische Pflichtlektüre, im Unterschied dazu erscheint der professionelle Leser, also z. B. der Literaturkritiker, der Lektor oder der Literaturwissenschaftler, fast als blinder Fleck der Forschung, obwohl gerade die Tätigkeit der interpretierenden und wertenden Textanalyse genaues, kompetentes Lesen voraussetzt. In der Forschungsliteratur erweist sich das Lesen als komplexer Untersuchungsgegenstand, weil für die Konzeption des Lesers Differenzen und Spannungen konstitutiv sind, insbesondere zwischen der Person des historischen, empirischen Lesers, dem theoretischen Konstrukt des Akteurs im Handlungszusammenhang der literarischen Rezeption, den textinternen Leserfiguren und -rollen sowie der normativ gesetzten Zielkategorie des kompetenten Lesers.

An der Untersuchung und Modellierung der Funktionen und Modi des Lesens und deren historischen Veränderungen sind unterschiedliche Disziplinen, wissenschaftliche Ansätze und Forschungsrichtungen beteiligt, so die Sozialgeschichte, die Literaturwissenschaft (insbesondere die Rezeptionsästhetik), die Literatursoziologie, die Kommunikationstheorie, die Lesepädagogik, die psychologische und die interdisziplinär ausgerichtete empirische (quantitative und qualitative) Leseforschung (vgl. Rautenberg und Schneider 2015).

2 Systematik des Lesers

Aus der Perspektive der Literaturwissenschaft haben sich insbesondere die Narratologie-, die Erzähl- bzw. die Romanforschung sowie in einer speziellen Weise die Wirkungs- und Rezeptionsästhetik mit dem Lesen, dem Leser bzw. allgemein mit der literarischen Rezeption und Wirkung beschäftigt, insofern Befunde zur Konfiguration des Lesers durch Analysearbeit an fiktionalen Texten gewonnen werden können (vgl. Schmid 2007). Allgemein zeigt die Erzählforschung, wie jede Erzählung „Partizipationsverhältnisse" (Koschorke 2012, 90) stiftet. Im Einzelnen verwenden narratologische Analysen für die Instanz, der der Narrator eine Geschichte erzählt, Termini wie „Textadressat" oder „Narratee", die allerdings nicht immer in dieser weiten Bedeutung gebraucht werden (vgl. Schmid 2007, 174). Die Narratologie diskutiert im Rahmen des Konzepts eines „zero degree narratee" (Prince 1985, 300) penibel die unterschiedlichen Zeichen und Formen des Leserbezugs von Narrationen mit Hilfe von Begriffen wie „addressee" und „receiver" (Prince 1985, 302), oder „abstrakter Leser" (Schmid 2007, 175), und wie „covert narratee" sowie „intra- and extradiegetic narratee" (Prince 1985, 301). Jenseits allgemeiner Annahmen zum Adressatenbezug von Texten lassen sich die unterschiedlichen Aspekte des textinternen Lesers, insbesondere hinsichtlich der Explikation im Text und des Autorenbezugs, in drei Figuren darstellen, dem fiktiven, dem intendierten und insbesondere dem impliziten Leser. Auch die narratologische Definition des fiktiven Lesers (*narratee, narrataire*) als fiktiver Adressat des fiktiven Erzählers und die Präzisierung des abstrakten Lesers zum einen als unterstellter, postulierter Adressat des Autors und zum anderen als im Text implizites Bild des idealen Rezipienten, also der Bezug auf den Sachverhalt, den auch die Begriffe „intendierter Leser" und „impliziter Leser" bezeichnen, bestätigen die Relevanz der Unterscheidung jener drei Aspekte des textinternen Lesers (vgl. Schmid 2008, 68–69).

Auch dem Lesen als Thema bzw. Motiv der Literatur widmen sich zahlreiche wissenschaftliche Darstellungen, also Leserfiguren oder Lesergestalten (vgl. Goetsch 1983, 207) wie auch erzählten Lesehandlungen oder -erfahrungen und fiktionalen oder autobiografischen Lektürebiografien – ein berühmtes Beispiel eines lesenden Helden ist Anton Reiser. Deshalb können literaturgeschichtliche Untersuchungen der fiktionalen Leseliteratur inhaltliche Einsichten insbesondere in Geschichte und Genese des Lesers ermöglichen.

Aus Rahmenerzählungen ist das Auftreten von Zuhörern innerhalb der fiktionalen Handlungskonstellation vertraut, die Grundstruktur der Rahmenhandlung – fiktionale Figuren erzählen fiktionalen Zuhörern Geschichten, wobei die Rollen auch im Wechsel getauscht werden können – bildet die mündliche Kommunikationssituation von Erzähler und Zuhörer ab. Diese zuhörende Handlungsfigur kann als fiktiver Rezipient funktional vom fiktiven Leser als fiktivem Adressaten des fiktiven Erzählers (vgl. Schmid 2007; 2008) unterschieden werden. Der textinterne fiktive Leser ist jedoch meistens nicht in die Figurenkonstellation der Handlung eingebunden, sondern wird als erfundener Adressat der Erzählung behandelt. Virtuos entfaltet die Figur des fiktiven Lesers z. B. Jean Paul, der in seinen Romanen den Erzähler mit dem Leser als Adressaten der Geschichte, die er aufschreibt, kommunizieren lässt. Er spricht den ‚geneigten', den ‚lieben' Leser direkt an, er zieht ihn ins Vertrauen, verwickelt ihn in eine Unterhaltung über die Geschichte, zeichnet ihn vor anderen aus, stimmt ihn ein, umwirbt ihn, schmeichelt ihm und weckt nicht zuletzt seine Neugier. Indirekt sollen die belehrenden und unterhaltenden Funktionen des fiktiven Lesers der Leserlenkung dienen (vgl. Goetsch 1983, 203), indem über Einstellungen und Eigenschaften, Erinnerungen, Kenntnisse und Gefühle einer erdachten Leserschaft textintern spekuliert wird, insbesondere über ihre Erwartungen an den Roman und die Fähigkeit, ihn zu würdigen, zu verstehen und zu genießen. So werden für das identifikatorische Lesen typische Genusserwartungen angesprochen und manchmal problematisiert, wenn z. B. ihre Befriedigung in Frage gestellt wird. Fiktiver Erzähler und fiktiver Leser – der Ich-Erzähler in Jean Pauls *Die unsichtbare Loge* verwendet die Formulierung „ich und der Leser" – sind explizit nebeneinandergestellt als Instanzen der Narration. Obwohl in der Literaturgeschichte Ausnahmen, Übergänge und Abstufungen zu finden sind, wenn z. B. Erzähler oder Leser stellenweise in die Handlung einbezogen werden, bleibt logisch der literaturtheoretische Status erhalten, nämlich im Roman von Erzähl- und Rezeptionsperspektiven zu erzählen, sie zu kommentieren und zu reflektieren. Typisch für den fiktiven Leser ist die explizite Darstellung im Text, wenn es auch Hinweise auf implizite Darstellungsmöglichkeiten gibt (vgl. Schmid 2008).

Indem der Roman die erzählerische Möglichkeit nutzt, die Romanrezeption als Thema einzubeziehen, eröffnet er ein Forum der literarischen Kommunikation zwischen Erzähler und Leser innerhalb des literarischen Textes. Dem empirisch zu erfassenden historischen, realen oder konkreten Leser, von dem die Figur des fiktiven Lesers die Fiktionalität trennt, bietet dieser eine Identifikationsmöglichkeit auf der Ebene der Rezeption an. Insofern kann die Figur des irrealen, des fiktiven Lesers als Einladung an das historische Lesersubjekt wirken, die eigene Rolle als Leser zu reflektieren, und zwar im Zusammenhang mit der Reflexion der Funktion des Erzählers.

Für die Vorstellung des (realen) Autors von seinem idealen, idealisierten oder idealtypischen Adressaten, für seine Leseridee, ist der Begriff „intendierter Leser" eingeführt (Wolff 1971, 141; vgl. Link 1976, 28). Diese kommunikative Konstruktion der Relation von Textproduktion und -rezeption setzt eine zielgerichtete Wirkungskonzeption des schriftstellerischen Schreibens als zweckrationale

Handlung voraus, die mit einem Text bei einer bestimmten Zielgruppe eine normative Intention verfolgt. Welchen Teil des literarischen Publikums die Produktionsperspektive jeweils als intendierte Leser auszeichnet, kann in erster Linie aus Äußerungen des Autors oder des Verlags, aber auch aus der Darstellungsform oder dem Komplexitätsgrad des Textes und der Art intertextueller Verweise sowie aus konkreten Textsignalen an die Leser erschlossen werden. Wirkungsintentionen werden auch historisierend rekonstruiert durch eine Wirkungsgeschichte, die versucht, eine epochentypische Leserschaft von Werken der Literaturgeschichte zum Zeitpunkt ihrer Publikation zu beschreiben.

In die Konzeption und in den Gebrauch der Figur des intendierten Lesers fließen textexterne und textinterne Bestimmungen ein. Nicht durchgesetzt hat sich der Ansatz, ausschließlich im Text fixierte intentionale Elemente zu berücksichtigen, und die dem realen Autor zurechenbaren Intentionen auszuklammern (vgl. Schmid 2008). Obwohl der etablierte Begriff des intendierten Lesers relativ unscharf erscheint, weil das Konzept nicht strikt zwischen Intentionen des realen Autors und Erzähler- bzw. Textintentionen unterscheidet und weil es die mit dem Leseprozess verbundene Aktualisierung vernachlässigt, spielt es auf einigen Feldern der literarischen Praxis eine erhebliche Rolle, wie z. B. auf dem der Kinderliteratur, die sich sinnvollerweise weitgehend an ein intendiertes kindliches Lesepublikum richtet. Auch für die Analyse engagierter Literatur sind Begriffe wie Autorintention und intendierte Lektüre nützlich. Freilich ist die logische Differenz zwischen Wirkungsintention und tatsächlicher Wirkung theoretisch nicht befriedigend bearbeitet, und empirisch ist das Verhältnis von intendiertem und tatsächlichem Lesen bislang kaum überprüft worden. Insgesamt unterschätzt oder verkennt das produktionsorientierte Konstrukt des intendierten Lesers, da es auf die Realitätsmächtigkeit der angenommenen zweckrationalen, z. T. instrumentellen Wirkungsabsicht vertraut, die Eigendynamik der literarästhetischen Rezeption.

Die literaturwissenschaftliche Rezeptionsforschung etablierte in den 1970er Jahren den Ansatz, zentrale Themen der Interpretation von Literatur, wie die Frage nach dem Sinn oder der Bedeutung fiktionaler Texte, von der Rezeptionsseite her statt von der der Produktion zu betrachten und zu analysieren (vgl. Grimm 1975). Die Frage nach der Verstehbarkeit von Texten richtet die Aufmerksamkeit auf Lesevoraussetzungen, auf die aktive Beteiligung der Leser. Diese rezeptionsästhetische Pointierung wertet den Leser im Vergleich zu seiner Randstellung in der Produktionsästhetik nachhaltig auf, scheint doch nun er statt alleine der Autor den Sinn von Literatur mitzubestimmen.

Die Auszeichnung der Rezeptionsperspektive bei der Literaturbetrachtung und damit verbunden die Aufmerksamkeit für die Rolle des Lesers sowie zentrale Begriffe der Rezeptionsästhetik gehen auf Roman Ingarden zurück (vgl. Ingarden 1931). Einleuchten kann das Konzept am Beispiel von Wolfgang Isers Anmerkungen zur Deutung von James Joyces *Ulysses*, die zuerst in den 1960er Jahren erschienen sind (vgl. Iser 1972): Dieser exemplarische Roman der Moderne, so der Ausgangspunkt der Argumentation, konfrontiere den Leser einerseits (durch den archetypischen *Odyssee*-Bezug) mit Schemata, Schablonen, Mustern oder Stilformen, die einen Sinnrahmen anzubieten scheinen, und andererseits erzählten Einzelheiten des Dubliner ‚Welt-Alltags' (16. Juni 1904), die in jenen Rahmen jedoch nicht integriert werden können, wenn sie ihn nicht sogar sprengen. In solchen Rezeptionssituationen ist der Leser auf eigene Deutungsarbeit verwiesen, weil der Text vermeintlichen Sinn immer wieder negiert. Wenn aber die Leser auf der Basis angebotener Sinnmöglichkeiten selbst eine Vorstellung vom Text realisieren müssen, ist die Tatsache nicht mehr verwunderlich, dass die Lesererlebnisse mit dem *Ulysses*, angeregt durch die Textstruktur, recht unterschiedlich ausfallen (vgl. Iser 1972, 310).

Der im Text implizierte, abstrakte Leser korrespondiert mit dem Erzähler (oder dem lyrischen Ich), also dem abstrakten Autor. Der Leser setzt „das Spiel der Interaktion" (Iser 1972, 315) zwischen unterschiedlichen Textmustern in Bewegung, wenn der auktoriale Erzähler „nicht mehr zwischen dem gesetzten Erzählrahmen und der erzählten Situation" (Iser 1972, 317) vermittelt. Durch Abschwächung oder Abwesenheit der auktorialen Erzählerfunktion entstehen vermehrt ‚Leerstellen', die den Leser zur Konkretisation auffordern. „Leerstellen ließen sich ganz allgemein als die Reizsignale der Texte bezeichnen; indem sie Zuordnungen aussparen, stoßen sie den Leser an, selbst welche zu finden." (Iser 1972, 317) Literatur gibt dem (realen) Leser zwar keine bestimmte Bedeutung vor, aber – so die verallgemeinerte Prämisse – sie steuert ihn durch Textsignale bzw. Signalkomplexe, so dass seine aktive Deutungsfreiheit an den Textvorgaben ihre Grenze findet.

Der für das Konzept eines aktiven ‚impliziten Lesers' zentrale Begriff der ‚Leerstelle' erfährt im Laufe seiner Karriere in der wissenschaftlichen Diskussion – durchaus unter Beteiligung von Vertretern der Rezeptionsästhetik – eine Bedeutungsausweitung, die ihn etwas unscharf werden lässt, aber er behält trotzdem seinen argumentativen Stellenwert als Begründung der konstitutiven Rolle des Lesers durch die Textstruktur, die Appellstruktur der Literatur. Iser selbst hat das Unbestimmtheits-Konzept (neben Leerstellen spricht er auch von „Hohlräumen", „Unbestimmtheitsbetrag" oder „-grad") verallgemeinert, indem er es in den Zusammenhang einer prinzipiellen Unbestimmtheit jeder Fiktion rückt, weil sie sich nicht auf eine reale, lebensweltliche Situation zurückführen lasse (Iser 1975, 232). Indem er die motivierende und fantasieanregende Wirkung auf Rezipienten herausstellt, hat er möglicherweise der Popularisierung als Einladung, eigene Fantasien einzubringen, Vorschub geleistet. Der aus dieser vermeintlichen Subjektivierung resultierende Erfolg des rezeptionsästhetischen Ansatzes geht z. T. auf Kosten der philologischen Genauigkeit, wenn z. B. in der praktischen Anwendung nicht selten das Ausmalen von im Text offen gelassenen Details als subjektive Fantasieanregung genutzt wird, ohne strikte Rückkopplung der Fantasieproduktion an die Textvorgaben.

Das verbreitete Verständnis der Rezeptionsästhetik vernachlässigt z. T. die durchaus ambitionierte wirkungsästhetische Auffassung vom Engagement und von der Verstrickung eines für literarästhetische Erfahrung offenen Lesesubjekts in den Text. So ist es für den Ansatz selbstverständlich, dass sich der aktivierte Leser den Anforderungen auch schwer verständlicher Literatur zu stellen hat. Wenn ein Text irritiert, weil er geweckte Erwartungen nicht erfüllt, Sinnversprechen nicht einlöst oder die Bestätigung von Vorurteilen verweigert, dann verweist er den Leser auf Grenzen seiner eigenen Deutungstätigkeit, er provoziert Konflikte mit seiner Wahrnehmungsfähigkeit (vgl. Iser 1972, 325), er fordert ihn dazu auf, seine literarische Erfahrungsfähigkeit am Text zu reflektieren und möglicherweise zu korrigieren. Die narratologische Textanalyse richtet die Aufmerksamkeit deutlicher auf jene adressatenbezogenen Textelemente, die das Verständnis erleichtern oder sichern sollen und die so mögliche Leser auf einem textuell rekonstruierbaren Kompetenzniveau konturieren.

Die rezeptionsästhetische Wende bestimmt das Lesen, das eine interpretierende Perspektive auf den Text bekommt, allgemein als interaktive Rezeptionshandlung, die historische, individuelle Bedeutungen kreiert. So bricht die Rezeptionsästhetik unumkehrbar mit der substantialistischen Tradition, Sinn als eine unveränderbare Eigenschaft des Textes zu unterstellen. Die prinzipielle wirkungsgeschichtliche Einsicht, dass z. B. einem Gedicht kein eindeutiger, zeitloser, universeller Sinn entnommen werden kann, markiert, indem sie den aktiven Leser als Gegenüber des Autors als zwar textgebundene, aber sinnkonstituierende literarische Institution einsetzt, einen Paradigmenwechsel in der Geschichte der Literaturinterpretation.

Die Qualität und die Bewertung des Textverstehens bleiben für das interaktive Konzept des Leseprozesses freilich ungelöste Probleme. Da sich die Rezeptionsästhetik den impliziten Leser als im Text objektivierte Lesemöglichkeit vorstellt, bringt sie die Frage nach einer gelungenen Interpretation in Schwierigkeiten. Konsequenterweise kann das Ziel nicht die Ermittlung eines bestimmten Sinns sein, vielmehr müsste eine Interpretation mit Objektivitätsanspruch auf die Summe aller im Text angelegter Bedeutungsvarianten zielen, um das gesamte Bedeutungsspektrum eines Textes zu beschreiben (vgl. Iser 1972, 336–337; Iser 1976). Diese philologische Sackgasse potentiell unendlicher Bedeutungsvielfalt kann erst jenseits der Rezeptionsästhetik umgangen werden, wenn z. B. postmoderne Ansätze die unendliche Sinnproduktion zur Handlungsgrundlage der Textdekonstruktion erheben oder wenn empirische Untersuchungen unterschiedliche Sinnkonstruktionen der tatsächlichen Lektüre, die nicht in Widerspruch zu Textvorgaben geraten, als Interpretationswirklichkeit akzeptieren.

Um die Geschichtlichkeit des Lesens zu erläutern, unterscheidet Hans Robert Jauß (1977, 12–13) konsequent zwei Horizonte, und zwar den vom Text implizierten innerliterarischen und den vom Leser mitgebrachten lebensweltlichen, die sich im Lektüreprozess verschränken. Weil in den komplexen doppelten Erwartungshorizont, der im interaktiven Leseprozess die Konkretisation von Sinn beeinflusst, textuelle Wirkungsmomente und historisch soziale Erwartungen des Lesers an die Lektüre eingehen, sind Bedeutungs- bzw. Sinnkonstitutionen grundsätzlich historisch gesellschaftliche Phänomene. Diese geschichtliche Konstellation der Rezeption ist dafür verantwortlich, dass literarische Werke – wie alle Kunstwerke – im Laufe der Lesegeschichte immer wieder unterschiedlich rezipiert werden.

Zum idealen literaturwissenschaftlichen Experten und perfekten Kenner der Literaturgeschichte stilisiert Jauß sein Leserkonstrukt, wenn er, um den Erwartungshorizont der Lektüre und die literarische Erfahrung zu objektivieren, fordert, die Aufnahme eines Textes in dem „Bezugssystem der Erwartungen" zu beschreiben, „das sich für jedes Werk im historischen Augenblick seines Erscheinens aus dem Vorverständnis der Gattung, aus der Form und Thematik zuvor bekannter Werke und aus dem Gegensatz von poetischer und praktischer Sprache ergibt." (Jauß 1975, 130) In diesem Sinn bemerkt Iser zu *Ulysses*, dass die Anspielungen des Romans einen ‚Projektionshintergrund' bilden, durch den die „europäische Literatur von Homer bis Shakespeare" „parat gehalten" werde (Iser 1972, 349). Die Analyse eines komplexen Textes im Hinblick auf seine Rezeptionsstrukturen und -perspektiven postuliert einen idealen Leser dieses Textes, den Modell-Leser (vgl. Eco 1987).

Diskussionswürdig ist der Allgemeingültigkeitsanspruch des rezeptionsästhetischen Literaturbegriffs, denn eine Textanalyse, die für einen Ausnahmeroman wie *Ulysses* nachvollziehbar ist, kann so kaum auf jeden anderen fiktionalen Text übertragen werden. In diesem Beispiel ergeben sich für den Leser, weil durch die mit jedem Kapitel wechselnde Stilform das Erzählte jeweils in einem anderen Deutungshorizont erscheint, Horizontverschiebungen und -wechsel, die wiederum für Unbestimmtheit bzw. Leerstellen verantwortlich sind, so dass er im Laufe einer solchen Lektüre seine Vorstellungen, also seine Bedeutungszuweisungen immer wieder modifizieren muss. Gleichwohl weist diese Beschreibung des Leseprozesses auf etwas Richtiges hin, nämlich auf den dynamischen Prozesscharakter der Sinnkonstitution des Lesens in Wechselwirkung zwischen Leser und Text. Wenn der Leser, als Literaturexperte gedacht, Erzähltes im Erzählhorizont, der sich beim Weiterlesen wandelt, deutet, wenn das Lesen zu einer ständigen Revision seiner Deutungen gerät, ist als theoretischer Hintergrund dieser Modellierung des Leseprozesses die philosophische Hermeneutik zu erkennen, also der bekannte hermeneutische Zirkel vom Verstehen eines Teils und des Ganzen, deren Verstehbarkeit sich gegenseitig logisch voraussetzt, und auch der vom Verstehen eines Gegenstandes in Wechselwirkung mit den subjektiven Verstehensvoraussetzungen. Gefordert ist ein Leser als Erkenntnissubjekt, das dem Text selbständig interpretierend gegenübertritt, ein äußerst versierter, philologisch handlungsfähiger Leser, dessen Konturen Peter Szondi entworfen hat in seinem *Traktat über philologische Erkenntnis* (1970), in dem er Möglichkeiten einer literarischen Hermeneutik entwickelt.

Die texttheoretische Erkundung der Rezeptionsdimension rekonstruiert den Leser letztlich – trotz zaghafter Hinweise auf seine soziale Identität und auf die hermeneutisch geöffnete Erkenntnisdimension – aus der Literatur bzw. der Literaturgeschichte, die freilich ohne ihn nicht zum Leben erweckt werden kann, sie geht nicht konsequent den Schritt zum tatsächlichen Leser und zu seinem Erwartungshorizont, den außer seiner Leseerfahrung seine gesamte Persönlichkeit und seine Lebenserfahrung prägen. Iser stellt die Differenz klar, wenn er definitorisch den impliziten Leser umschreibt als eine „Grundstruktur des Romans", und zwar den im Text vorgezeichneten Akt der Sinnkonstitution des Lesens „und nicht eine Typologie möglicher Leser" (Iser 1972, 9). Und Jauß warnt ausdrücklich vor einem „drohenden Psychologismus" (Jauß 1975, 130). Indem die literaturwissenschaftliche Rezeptionsforschung mit dem Hinweis auf die Appellstruktur der Texte die Notwendigkeit aktiver Leseleistung begründet, indem sie im Unterschied zur Produktionsästhetik den Zugang zur Literatur aus der Perspektive der Rezeption etabliert und indem sie die Aufmerksamkeit via Adressatenbezug von Texten auf den textinternen Leser fokussiert, gibt sie unbeabsichtigt den Anstoß zur Erforschung des wirklichen Lesens als ästhetischem Erfahrungsprozess.

Der Leser als konstitutiver Akteur des Literatursystems ist im literaturtheoretischen Diskurs nicht unumstritten. Die strukturalistische Texttheorie suggeriert, weil sie das Lesen weitgehend auf Textfunktionen reduziert, auf den Autor wie auch auf den Leser als aktives Subjekt verzichten zu können. So definiert Barthes' Texttheorie Text zwar einleuchtend als dynamischen Prozess, sozusagen als Webevorgang und nicht als Gewebe, hinter dem Sinn verborgen oder in das Sinn eingewoben sei, aber dieses ständige Verflechten konzipiert er unmissverständlich als Vorgang der Produktion und Rezeption, in dem sich der Text selbst, also ohne Autor und Leser, verfertigt und bearbeitet (vgl. Barthes 1974, 94). Und die soziologische, funktional ausgeprägte Literaturtheorie, die im Unterschied zur strukturalistischen Textbezogenheit den sozialen Kontext hervorhebt, neigt teilweise dazu, auch wenn sie abstrakt nach der gesellschaftlichen Funktion von Literatur fragt, das Leseverhalten und die Wirkung der Literatur aus der Sozialstruktur abzuleiten, also den Eigensinn wirklicher Leser zu vernachlässigen zugunsten einer vermeintlichen Ableitbarkeit von Rezeptionsprozessen aus der Generationen-, Gruppen-, Schichten- oder Klassenzugehörigkeit. Die Freiheit, die sich Leser nehmen können, wenn sie weder die textintern angebotene noch die sozial zugewiesene Rolle übernehmen, sondern kritisch und kreativ mit Texten umgehen, ist theoretisch trotz poststrukturalistischer und dekonstruktivistischer Ansätze noch nicht befriedigend geklärt. Der Dekonstruktivismus erschwert sogar die Lösungssuche, wenn er die Einsicht in die Subjektivität von Textsinn radikalisiert zum grundsätzlichen Zweifel an der Erkennbarkeit von Textbedeutungen mit der Konsequenz, das Lesen pauschal abzuwerten und auf seine theoretische Konzeptualisierung und empirische Erforschung zu verzichten.

3 Entwicklung des literarischen Publikums

Die sozialhistorische Darstellung der Lesegeschichte zeichnet nicht nur sachlich quantitative Veränderungen auf, sondern belegt mentalitätsgeschichtlich die Historizität des Lesens, also den qualitativen Wandel im historisch sozialen Kontext. So modelliert die Literatursoziologie den modernen Leser als Mitglied des literarischen Publikums in der bürgerlichen Gesellschaft, indem sie die Entwicklung der öffentlichen Dimension des privaten Lesens rekonstruiert. Den sozialen und kulturellen Auftritt lesender Privatpersonen als Publikum, das sein Selbstverständnis als Klasse im politischen Raum artikuliert und diskutiert, bezeichnet der soziologische Zugriff in Opposition zur repräsentativen Öffentlichkeit mit dem Begriff bürgerliche Öffentlichkeit (vgl. Habermas 1971). Dieses theoretische Konstrukt der Entstehung der bürgerlichen Öffentlichkeit im 18. Jahrhundert dient der sozialgeschichtlichen Leseforschung als Rahmen für die Beschreibung der Herausbildung des modernen bürgerlichen Lesers. Selbstverständlich wurde auch in früheren Zeiten gelesen und vorgelesen, für das Verständnis des Lesens bis heute sind jedoch die damaligen Umstrukturierungen maßgeblich.

Im 18. und im 19. Jahrhundert entstanden und expandierten auch die neben Autor und Leser wichtigsten Institutionen der literarischen Kultur, die bekanntlich bis zum Beginn des 20. Jahrhunderts einen großen Teil der bürgerlichen Gesamtkultur prägten: Theater und Verlage, Lesegesellschaften, Lesekabinette und Bibliotheken. Literaturgeschichtlich ist das Thema ‚bürgerliche Identität' und sein Konfliktpotenzial nicht nur durch das bürgerliche Trauerspiel vertraut. Das zeitgenössische Theaterpublikum verkörpert jedoch besonders anschaulich eine Erscheinungsform dieser kulturellen Selbstfindung des literarischen Publikums, das sich im Wesentlichen lesend und kommunizierend konstituierte.

Insgesamt zeichnet das bürgerliche Lesepublikum ein verändertes Leseverhalten aus, denn an die Stelle der erbaulichen Wiederholungslektüre weniger, oft religiöser Werke tritt die einmalige Lektüre unterschiedlicher Romane. Als typisches Merkmal der neuen Qualität des Lesens hebt Erich Schön unter dem Titel *Verlust der Sinnlichkeit* (1987) hervor, dass insgesamt körperliche Aktivitäten, wie z. B. beim lauten Vorlesen, minimiert werden, weil beim stillen Lesen, das sich nun durchsetzt, verstärkt imaginierende Gehirnaktivitäten Verstehen und Fühlen ermöglichen.

Im 18. Jahrhundert beginnt sich der intime Lesemodus, der Lesen zum Erlebnis macht, durchzusetzen. Die von dieser Leseweise perfektionierte identifikatorische Lesetechnik ermöglicht eine empfindsame, emotionale und fantasieorientierte Lektüre. Gratifikation gewähren Figurenkonstellationen und Handlungsstrukturen des Romans, die Wünsche und Erwartungen der Leser erfüllen. Die intime Lektüre öffnet sich dem geselligen Gespräch, insgesamt schult sie als empathische Teilhabe die emotionale Intelligenz (vgl. Schön 1987).

Neben der intimen, weiblich konnotierten Leseweise differenziert sich der partizipatorische Lesemodus aus, den überwiegend Männer nutzen, um informatorische, moralisch-politische und bildende Schriften zu rezipieren und um öffentlich über die Lektüre zu räsonieren.

Zur Erklärung dieser epochalen kulturellen Veränderungen der Herausbildung des Lesepublikums diskutiert die Sozialgeschichte des Lesens unterschiedliche Argumentationen (vgl. Engelsing 1974):

(1) Zu den ökonomischen Rahmenbedingungen gehört die gesellschaftliche Tendenz zur Arbeitsteilung und zur geschlechtsspezifischen Rollenverteilung, die sich insbesondere beim städtischen Bürgertum durchsetzt. In der Regel verdienen die Männer das nötige Geld, um Bücher und Journale wenn nicht kaufen, dann doch leihen zu können, während die Ehefrauen, deren Teilnahme am Arbeitsleben stark eingeschränkt ist, über genügend Freizeit zum Lesen verfügen.

(2) Auf kulturpolitischer Ebene sind die Fortschritte der Alphabetisierung, also die Verbreitung der elementaren Lesefähigkeit, eine unverzichtbare Voraussetzung der literarischen Revolution, wobei die anspruchsvollere Lesekompetenz, ganze Texte rezipieren zu können, nur von einer kleinen Minderheit erworben wird. Die tatsächliche Lesergruppe, die ihre Kompetenz zur Lektüre umfangreicherer Texte nutzt, schätzt die Forschung für 1800 nur auf ca. 10 %, die der Leser (innen) von Belletristik auf ca. 1 % der Bevölkerung (vgl. Schön 1999, 27).

(3) Für das 18. Jahrhundert ist eine rasante Steigerung der Buchproduktion belegt – besonders schnell expandieren die fiktionalen Titel (vgl. Wittmann 1999, 122–123). Auch wenn eine gewisse Wechselwirkung zwischen Produkti-

onswachstum und Ausbreitung des Lesens nicht auszuschließen ist, scheint es stichhaltig, die steigende Nachfrage als entscheidende Ursache festzuhalten, und das vergrößerte Angebot als Reaktion darauf zu werten. Freilich war die verbesserte Versorgung mit Lesestoff, die die Verlage durch Produktion und Distribution sicherstellten, eine notwendige Voraussetzung für die Durchsetzung der literarischen Kultur.

(4) Die wahrscheinlich entscheidende Ursache für die Entwicklung des Lesepublikums ist in einem Mentalitätswandel zu sehen, der geschlechtsspezifisch ablief: Einerseits verstärkte sich bei den Bürgern als Wirtschaftssubjekte oder Amtsträger nicht zuletzt im Hinblick auf die verwehrte politische Selbstbestimmung ein sachliches Interesse an Information, andererseits wuchs bei den Bürgerinnen, deren blockierte Handlungsmöglichkeiten in der Öffentlichkeit sie auf die häusliche Privatheit verwiesen, das Bedürfnis nach fiktionalen Geschichten in erfundenen Welten, die der empfindsame Roman befriedigte (vgl. Schön 1999, 34).

(5) Schließlich entstand im Rahmen der literarischen Kultur, die in bürgerlichen Kreisen (in der Regel von den Frauen) gepflegt wurde, das Programm der literarischen Bildung, das anspruchsvolle Lektüre begründete, v. a. auch in der Jugendphase. In diesem Zusammenhang etablierte sich die Differenz zwischen ‚hoher' und ‚trivialer' Literatur, so dass neben Information und Gratifikation Bildung zum wichtigen Lesemotiv avancierte.

Beim Entstehen und beim Etablieren der Lesekultur im 18. Jahrhundert spielte die Institution der Lesegesellschaft eine zentrale Rolle. Lesegesellschaften, in denen die Mitglieder das Lesen zunächst v. a. von Zeitungen und Zeitschriften und die persönliche, von der Lektüre angeregte Kommunikation pflegen konnten, werden sozialhistorisch und literatursoziologisch dargestellt als gesellschaftliche Form kultureller Selbstorganisation des Bürgertums im 18. und 19. Jahrhundert (vgl. Dann 1981; Schön 1987; Dann 1989; Wittmann 1999; Jäger 2010b). Außer Gesamtdarstellungen liegen auch materialreiche lokale oder regionale Fallstudien zu einzelnen Lesegesellschaften vor, wie z. B. zur Trierer, die 1783 gegründet wurde (vgl. Tilgner 2001). Die Gründung und Verbreitung dieser Lesevereinigungen erklärt die Forschung überwiegend mit ökonomischen Gründen, denn die Preise für Bücher, Zeitschriften und Zeitungen waren so hoch, dass es nahe lag, diese gemeinsam zu erwerben, zu abonnieren oder als Lesezirkel zu vertreiben. In der zweiten Hälfte des 18. Jahrhunderts wurden Lesekabinette, wo in zum Lesen geeigneten Räumen Periodika ausgelegt waren, und Lesebibliotheken eingerichtet. So bekamen die Mitglieder, die die Lesegesellschaften durch Beiträge finanzierten, Zugang zu einem breiten Angebot an aktuellen Journalen, aber auch an Sachbüchern, insbesondere Lexika oder Wörterbüchern. Die Aufnahme in eine Lesegesellschaft regelte die Vereinssatzung, oft war eine Abstimmung über Neuaufnahmen vorgesehen: In der Regel wurde männlichen Vertretern der bürgerlichen Berufe, insbesondere Selbstständigen, der Beitritt gewährt, also Handwerkern, Händlern, Ärzten, Rechtsanwälten, Beamten oder auch Offizieren. Adlige waren nicht ausgeschlossen, sie genossen jedoch keine Privilegien. Intern sicherten Vereinssatzungen in deutlichem Unterschied zur feudalen Gesellschaft Prinzipien wie Gleichheit und Wahlrecht. Die Bürger, die sich als Leser organisierten, bezogen mit dieser literarischen Institution also auch politisch Position (vgl. Liesegang 2000).

Neben den ökonomischen und pragmatischen Aspekten sind soziale Veränderungen die Ursache für die Dynamik der Entwicklung der Lesegesellschaften, denn das aufstrebende Bürgertum, das politisch in Deutschland bekanntlich relativ wenig Einfluss geltend machen konnte, nutzte sie als Organisationsform seiner kulturellen Interessen, die auch eine soziale und politische Dimension hatten. Die Mitglieder verfolgten v. a. das doppelte Ziel, sich durch Lesen umfassend zu informieren und sich durch das Räsonnement eine fundierte Meinung zu bilden. Die Lektüre diente selten der Unterhaltung, ihre Funktion war informatorisch, allerdings nicht in einem engen fachlichen Sinn, vielmehr war sie aufklärerischen, allgemeinbildenden Zielen verpflichtet. Für die Entstehung der bürgerlichen Öffentlichkeit gibt die sozialgeschichtliche Forschung der Verbreitung des Lesens im Allgemeinen und dem Wirken der Lesegesellschaften im Besonderen eine hohe kulturelle und politische Bedeutung, weil der Leser, der sich durch die partizipatorische Lektüre konstituiert, die Identität des Bürgertums befördert und seine Emanzipation vorbereitet (vgl. Habermas 1971). Da das kulturelle Selbstbewusstsein der politisch machtlosen bürgerlichen Klasse in Deutschland zu einem gewissen Grad auf der Identität als Leser beruhte, der durch die institutionalisierte Form des Lesens aus seiner Privatheit heraustrat und öffentliche Wirkung gewann, beobachtete die staatliche Obrigkeit die Lesegesellschaften misstrauisch, vereinzelt wurden sie behindert und verhindert wie z. B. 1785 die Lesegesellschaft von Würzburg durch den Fürstbischof (vgl. Tangerding 2011, 29). Generell waren in evangelischen Städten Lesegesellschaften häufiger vertreten als in katholischen.

Die Lesegesellschaften institutionalisierten eine bürgerliche Lesekultur, die jedoch rückblickend angesichts der aktuellen Medienkonkurrenz nicht idealisiert werden sollte; denn Lesekultur intendiert die normative Vorstellung eines literaturadäquaten Lesens und damit einen Leser als Träger der Lesekultur, der ausgestattet mit hoher literarästhetischer Kompetenz kanonische Werke rezipiert. Erich Schön zeigt, dass der Begriff ‚Lesekultur' selbst für das 18. und 19. Jahrhundert der historischen Realität allenfalls eingeschränkt auf eine kleine Gruppe entsprach; denn das tatsächliche Lesepublikum setzte sich weitgehend aus bürgerlichen Frauen zusammen, die Romane zur Unterhaltung lasen. Doch das normative Konzept war, auch wenn es die verbreitete Lektürepraxis eher idealisiert als abbildet, historisch nicht ganz unwirksam, denn es bestimmte den gesamten Literaturunterricht des Gymnasiums, insbesondere den Lektürekanon und das Lesebuch.

Bereits mit Beginn des 19. Jahrhunderts wandelten sich die Lesegesellschaften oft zu Orten literarischer Geselligkeit. Veränderungen der Mitgliederstruktur – immer mehr Vereine, z. T. auch neu gegründete, akzeptierten Frauen als Mitglieder – waren begleitet von der Erweiterung des Sortiments, insbesondere um Romane. Außerdem organisierten die Lesegesellschaften verstärkt Veranstaltungen wie Lesungen, Theateraufführungen, Vorträge oder Diskussionen. Durch diesen Bedeutungszuwachs der Rezeption von Belletristik übernahmen die Lesegesellschaften verstärkt die Funktion von Institutionen des literarischen Lebens und der literarischen Bildung, und dieses neue Profil beförderte ihre Verbreitung. Die Fluktuation war jedoch hoch und deshalb ist es nicht verwunderlich, dass in der Literatur unterschiedliche Angaben zur Anzahl der Gesellschaften und ihrer Mitglieder gemacht werden: Wahrscheinlich ist eine Größenordnung von 400–500 Lesegesellschaften im deutschsprachigen Raum mit 30.000 bis 40.000 Mitgliedern. Es ist also einerseits berechtigt von einer literarischen Bewegung zu sprechen, andererseits muss man sich vergegenwärtigen, dass sich die Zahlen bezogen auf die Gesamtbevölkerung im Promillebereich bewegen. Und selbst innerhalb dieser relativ kleinen Gruppe der literarisch Partizipierenden zeichnet sich bis zur Jahrhundertmitte eine schichtenspezifische Differenzierung ab in Vereine für die bürgerliche Oberschicht und solche für den bürgerlichen Mittelstand (vgl. Schön 1999; Jäger 2010b).

Nicht zuletzt die drucktechnische und wirtschaftliche Entwicklung – Zeitungen, Zeitschriften und auch Bücher wurden in Relation zum Einkommen preiswerter – entzog den Lesegesellschaften ab dem Ende des 19. Jahrhunderts ihre ökonomische Basis und ihre Attraktivität für weitere Kreise. Entscheidenden Einfluss auf den Bedeutungsverlust hatten auch die Fortschritte der bürgerlichen Emanzipation, die direktere und wirkungsvollere Formen politischer Teilnahme eröffneten, so dass die politische Funktion des Lesens für die Selbstbehauptung der bürgerlichen Klasse an Bedeutung verlor. Außerdem entstanden weitere Foren und Institutionen der literarischen Öffentlichkeit, die auch anderen Gruppen der Bevölkerung die Teilnahme am literarischen Leben erleichterten, z. B. öffentliche und kirchliche Bibliotheken (vgl. Jäger 2010a). Für die in der industriellen Revolution rasch wachsende Arbeiterschaft übernahmen Arbeiterbildungsvereine vergleichbare Funktionen der Information und der Bildung durch Literatur (vgl. Tenfelde 1981). Und private Leihbüchereien waren erfolgreich, weil sie gegen Gebühr v. a. Unterhaltungsromane, z. T. auch Periodika verliehen, und zwar an jene Leser – überwiegend Leserinnen –, die von den Lesegesellschaften v. a. in der Gründungsphase ausgeschlossen worden waren (vgl. Martino 1990).

Die Romanlektüre v. a. von Frauen, Jugendlichen und Kindern, aber auch die Leihbüchereien, die jene ‚lesesüchtigen' Vielleser mit Stoff versorgten, wurden bekämpft von Lesepädagogen, die die sogenannte Lesewut skandalisierten (vgl. Martino 1990, 14–29). Überdeutlich verrät sich die Schattenseite des pragmatischen aufklärerischen Leseideals, das informatorische und bildende Lektüre auszeichnete, Leselust dagegen sanktionierte, als ob befriedigende, fantasievolle Lektüre die bürgerliche Einstellung gefährden würde. Die propagierte Leserolle erscheint im Kontrast zum rigoros abgelehnten Vergnügungslesen als vernunftlastiges, moralisches Konstrukt, das zwar die Verfolgung von Interessen zulässt, aber nicht die Befriedigung emotionaler Bedürfnisse. Der pädagogische Versuch, jenen einseitigen rationalen Lesebegriff durch Lesegesellschaften oder durch die Schule zu institutionalisieren, erwies sich jedoch letztlich als erfolglos, nicht nur, weil emotionale Gratifikation für die Lesemotivation unverzichtbar ist, sondern auch, weil ihm die Rezeptionshinweise, die die Literatur, und zwar nicht nur die romantische, gibt, nicht entsprechen.

Im 19. Jahrhundert, als dann breitere Schichten Lesekultur als Teil des bürgerlichen Selbstverständnisses übernahmen, wirkte das literarische Bildungsprogramm – vor der Folie des kritischen Potenzials nicht nur der Literatur des Vormärz – allerdings eher kultivierend im Sinn von disziplinierend auf das Lesen ein, das so zur Konvention erstarrte, statt ein anregendes literarisches Leben freizusetzen. Dieser bildungsbürgerliche Habitus neigte zur Verdinglichung, so dass schließlich zwar der Buchbesitz unverzichtbar war für den bürgerlichen Haushalt, die Lektüre dieser Schriften aber vernachlässigt werden konnte.

Für das Bildungsbürgertum, das sich im 19. Jahrhundert neben dem Besitz- bzw. Wirtschaftsbürgertum zu behaupten hat, verkommt Lesen zum Attribut des sozialen Status (vgl. Vondung 1976), wenn der kulturelle Habitus als Distinktionsgewinn den Anspruch einer lebendigen literarischen Kultur zur Fassade degradiert (vgl. Bourdieu 1982). Ein analoger Widerspruch beschädigt die Intention des Deutschunterrichts, den Zugang zur Literatur zu erschließen, weil zunehmend bereits der Besuch des Gymnasiums als Ausweis literarischer Bildung gilt. So war einerseits das Prestige von Literatur und Lesen hoch, doch gleichzeitig wurde ihr Wirkungspotential eingedämmt, wenn Gedichte zu privaten und öffentlichen Anlässen als dekorativer kultureller Rahmen rezitiert und deklamiert wurden. Paradoxerweise legte diese bildungsbürgerliche Funktionalisierung Wert auf die Differenz zwischen hoher Literatur und Unterhaltungsromanen, obwohl sie eine adäquate Rezeption verfehlte.

Die soziale Funktionalisierung der Lesekultur soll aber nicht verdecken, dass sich im 19. Jahrhundert eine kleine versierte Leserschaft (weiter)entwickelte und dass sich in statistisch gesehen marginalen Kreisen ein vielschichtiges literarisches Leben entfaltete, das kulturell und politisch insbesondere bis zur Jahrhundertmitte erhebliche öffentliche Bedeutung erlangen konnte. Auch die Bedeutung des Lesens im Rahmen der Sozialisation soll trotz des störenden Bildungsdünkels nicht unterschätzt werden, immerhin lernten auch männliche Jugendliche in der Zeit vor dem Berufseintritt fiktionale Literatur kennen. Gleichwohl hält sich die geschlechtsspezifische Verteilung des Lesens mit nur leichten Korrekturen bis in die Gegenwart, wogegen sich der städtische Charakter und die Dominanz der evangelischen Konfession ausgeglichen haben.

Das bürgerliche Lesepublikum büßt im 20. Jahrhundert seine historisch gesellschaftlichen, seine öffentlichen Funktionen weitgehend ein, spätestens mit dem Ersten Weltkrieg ist die Zeit der Lesegesellschaften abgelaufen, nur einzelne überleben als gesellige literarische Vereine. Lesegruppen, also regelmäßige Treffen zur Diskussion gemeinsamer Lektüre, existieren zwar bis heute, allerdings privat und informell. Nur noch der Zeitschriftenvertrieb als Lesezirkel für Wartezimmer erinnert als Schwundstufe an jene Einrichtung zirkulierender Zeitschriftenmappen, aus der die Lesegesellschaften entstanden sind. In der Gegenwart ist Lesen als Teil der Medienrezeption zur Privatsache geworden, so dass der Begriff Lesepublikum lediglich noch jenen Teil der Bevölkerung benennt, der für sich Printmedien neben anderen Medien in einer quantitativ oder qualitativ beschreibbaren Häufigkeit und Funktion nutzt (vgl. Schön 1998). Die im Rahmen der Mediennutzung neu entstehenden Formen des Lesens werden als Bildschirmlesen oder Rezeption von Hypertexten beobachtet und diskutiert (vgl. Boesken 2010).

Die neuen und neuesten Massenmedien, denen die Medienpädagogik heute Suchtpotential attestiert, stehen bereits seit Film und Fernsehen mit dem Unterhaltungslesen in einem Verdrängungswettbewerb, wogegen sich das kompetente Lesen komplexer Texte, die literarische Intellektualität – realhistorisch immer das Programm einer kleinen Minderheit – in der Gegenwart integriert in die gesamte Mediennutzung behaupten kann (vgl. Eggert et al. 2000). Lesen im emphatischen Sinn bezieht sich auf die informatorische, bildende und ästhetische Funktion der Literatur, auch wenn sich analog zum weiten Literaturbegriff in neuerer Zeit – verstärkt durch postmoderne Argumente – ein wertfreier Gebrauch des Begriffs Lesekultur für das Lesen insgesamt durchsetzt (vgl. Dawidowski 2009). Der steigende Anteil elektronisch präsentierter Textformate, der die Befürchtung eines zu Ende gehenden Buchzeitalters auslöst, bedeutet nicht das quantitative Ende des Lesens, aber es verändert den historischen Leser qualitativ, denn er integriert die vielfältigen politischen, ideologischen, kulturellen Dimensionen, die informatorischen, unterhaltenden, bildenden und ästhetischen Funktionen des Lesens zunehmend in seine gesamte Mediennutzung (vgl. Boesken und Schaffers 2013).

Von den Konventionen der Lesekultur gehen, auch wenn diese insgesamt eben keine vergangene ideale Leseperiode beschreibt, sicher diverse verhaltensbeeinflussende Effekte aus, die dem Leitbild Leser Konturen geben, und außerdem erweist sich das Konzept literarischer Bildung als wirkungsmächtige normative Setzung, die nicht zuletzt dem Lesen seine bis heute nachwirkende hohe Reputation verschafft. So ist zwar einerseits Kritik an der normativen Vorstellung vom richtigen und wichtigen Lesen, die das Konstrukt Lesekultur impliziert, angebracht, aber andererseits wäre auch die Chance zu bedenken, den im 18. Jahrhundert lebendigen Impuls zu retten, nämlich Literatur auf ihrem Niveau zu rezipieren, um die utopische Dimension der literarischen Kultur als Leseprojekt offen zu halten.

Seit den 1970er Jahren löst der Sozialisationsansatz der modernen Leseforschung ältere Konzepte wie das entwicklungspsychologische Lesealtersstufen-Modell ab, das eine quasi natürliche schrittweise Entwicklung des Lesens als Entfaltung von Anlagen bzw. Begabungen unterstellt. Der lesebiografische Zugriff stellt die Lesegenese in ihren gesellschaftlichen Kontext und beschreibt den erwachsenen Leser konsequent als Ergebnis der literarischen Sozialisation. Der Begriff literarische Sozialisation umgreift die zwei Dimensionen Sozialisation zur Literatur und Sozialisation durch Literatur (vgl. Eggert und Garbe 2003). Die empirische Lesesozialisationsforschung richtet die Aufmerksamkeit auf die Instanzen und Phasen, die v. a. die Lesegenese in Kindheit und Jugend prägen, im Vergleich dazu liegen zum Lesen der Erwachsenen und zur Lektüre im Alter deutlich weniger Studien vor. Für die Familie als wichtigste Sozialisationsinstanz der Kindheit gilt es als gesichert, dass sich ein positives Leseklima, das Vorlesen und das Vorbild von Eltern und Geschwistern fördernd auf das Leseverhalten auswirken (vgl. Hurrelmann et al. 1993). Im Jugendalter treten die Peergroups als Sozialisationsfaktor in den Vordergrund, so dass nicht selten die Einstellungen von Freundinnen und Freunden zum Lesen und zur Mediennutzung übernommen werden. Die Wirkung der Schule, insbesondere des Deutschunterrichts, ist in der einschlägigen Literatur umstritten (vgl. Gattermaier 2003; Graf 2007), jedoch zeigen empirische Befunde trotz der dokumentierten verbreiteten Kritik ein differenzierteres Bild: So verorten junge Erwachsene rückblickend die Probleme v. a. in der Sekundarstufe I, in der sie oft die Lektüreauswahl (die kanonischen Werke der Literaturgeschichte), häufig das Interpretationsprozedere und seltener das Lehrerverhalten als demotivierend beanstanden, während die Lektüre in der Grundschule regelmäßig als angenehmes Erlebnis in Erinnerung bleibt und der Literaturunterricht in der Sekundarstufe II nicht selten positiv gesehen wird, weil er den Zugang zu anspruchsvoller Literatur geöffnet habe.

Durch die zahlreichen quantitativen und qualitativen Einzelstudien, die sich der Leseentwicklung in der Kindheit mit der Vorlesezeit sowie der Phase des Erstlesens und in der Jugend mit der krisenhaften literarischen Pubertät widmen, liegen differenzierte Befunde zu Fragestellungen wie Funktion des (Vor-)Lesens, Lesemotivation und -kompetenz vor, wenn auch der Vergleich bzw. die Integration der Befunde nur unzureichend gelingen, weil die Forschungsansätze und die Begriffsbildung der beteiligten Disziplinen zu uneinheitlich ausfallen.

Die Erforschung der literarischen Sozialisation zeigt, dass gerade bei der Leseentwicklung auch die Möglichkeit der Selbstsozialisation gegeben ist, und zwar nicht nur, weil Sozialisationsinstanzen wie Bücherei oder Buchhandel auch Eigeninitiative voraussetzen oder weil diese selbstverständlich auch die Wirkungschancen der wichtigen Instanzen Familie und Schule beeinflussen, sondern v. a., weil jeder selbstbestimmt Bücher subjektiv nutzen kann, um einerseits die literarische Enkulturation zu fördern und um andererseits Entwicklungsaufgaben der Persönlichkeitsentwicklung zu bearbeiten. Auch die Lesegenese erweist sich wie das habitualisierte Leseverhalten als individuell profilierter Handlungsprozess.

Die statistischen Befunde zur Lesesozialisation und zum Leseverhalten bestätigen eine relativ stabile Verteilung der sozialen Faktoren: Das Lesen, und zwar gleichgerichtet für die Dimensionen Häufigkeit, Motivation und Kompetenz, hängt ab vom Geschlecht, vom sozialen Status und von der formalen Schulbildung (vgl. *Stiftung Lesen* 2001; *Stiftung Lesen* 2009). Dieser statistisch belegten hohen Wahrscheinlichkeit, dass z. B. ein Mädchen aus einer sozial gut situierten Familie über das Gymnasium zur Leserin sozialisiert wird, dieser erwarteten Leserin stehen auch (signifikant weniger) unerwartete Leser gegenüber. Die individuellen Einflusskonstellationen, aus denen in der literarischen Sozialisation erwartbare und unerwartete Lesekarrieren resultieren, kann die qualitative biografische Leseforschung erfassen (vgl. Schön 1993; Graf 1997).

Unverkennbar belegen die Untersuchungen der literarischen Sozialisation suboptimale Entwicklungen, insbesondere gravierende Ungleichheiten, so dass lesepädagogischer Förderbedarf außer Frage steht, gleichwohl relativieren sie das in der öffentlichen Diskussion verbreitete kulturkritische Lamento, dass Kinder und Jugendliche der Mediengesellschaft nicht mehr lesen würden.

Autoren literarischer Werke, die sich auch mit der Rezeption von Literatur beschäftigen, weisen dezidierter als Wissenschaftler auf die Möglichkeit hin, zwischen Texten und dem persönlichen Leben intensive Bezüge herzustellen, so dass das Lesen als Bereicherung oder sogar als Teil des inneren Lebens und Erlebens wirken kann. Lesend kann die Lebenswelt verändert erscheinen, Vorurteile können revidiert werden, es kann etwas bewusst werden, was bisher nicht oder anders gesehen wurde. Für Marcel Proust und Martin Walser können Leseerfahrungen, so ihre eigenen Erinnerungen an ihre Lektürebiografie, zu Lebenserfahrungen werden. Solche Hinweise machen es plausibel, warum manche Leser ihr

Lesen als etwas persönlich Wichtiges empfinden können, als etwas, das sie tief berührt und subjektiv angeht, mithin als Chance, Momente einer am Text selbst erfahrenen Identität zu gewinnen. Die Freude, die eine solche gelingende Lektüre bereitet, das Vergnügen mit Literatur, umkreist strukturalistisch *Le Plaisir du texte* (Barthes 1973), doch zur begrifflichen Explikation der Realisierung der ‚Lust am Text' ist das Konzept eines lesenden Individuums unverzichtbar.

4 Erkenntnisstand der Leseforschung

Den Begriff des Lesers bestimmen die beteiligten textwissenschaftlichen Disziplinen in ihrem jeweiligen Kontext als theoretisches Konstrukt bzw. als Textfunktion, da aber das Lesen tatsächlich stattfindet, existieren Leser auch als Tatsachen, als Teil der faktischen Realität. Dieser wirkliche, reale, historische, konkrete Leser ist der Forschungsgegenstand der empirischen Leseforschung (vgl. Schön 2007). Sie beobachtet mit den Instrumenten der empirischen Sozialforschung das tatsächliche Leseverhalten, insbesondere Lesekompetenz und -motivation, Funktion, Modi, Genese und Wirkung des Lesens, und sie modelliert den Leser mit Hilfe der Kommunikationstheorie, der Handlungstheorie und des Konstruktivismus.

Die kommunikationstheoretische Literaturwissenschaft verwendet das Modell des literarischen Kommunikationssystems als systematischen Rahmen, in dem der Autor, der Text und der Leser prozessual in Beziehung zueinander treten, das also prinzipiell Produktion und Rezeption von Texten umfasst. Das schlichte Grundmodell mit den Instanzen Sender und Empfänger, das in dieser Form lediglich geeignet ist, eine Informationsübermittlung zu schematisieren, bildet den literarischen Produktions- und Rezeptionsprozess jedoch unzulänglich ab, insbesondere weil es das Verhältnis von Text und Leser, auch wenn zwischen Adressat und Rezipient unterschieden wird, als einseitige Kommunikation fasst. Unverzichtbar sind die Ergänzung der Kontexte, in die die Instanzen eingebettet sind, und die Problematisierung der Relationen zwischen ihnen. Erst das modifizierte und differenzierte Kommunikationsmodell kann die Lesesituation strukturieren, wenn es im Rahmen der Kontextbedingungen die wechselseitige Kommunikation zwischen Text und Leser hervorhebt, und die Möglichkeit zeigt, dass über den Text samt seiner impliziten und expliziten Leseanweisungen vermittelt Leser mit ihren Erwartungen und Autoren mit ihren Intentionen in Kontakt treten.

Wenn die systemtheoretisch orientierte empirische Literaturwissenschaft allerdings Autor und Leser als Funktion des Werks definieren (oder als Funktion des literarischen Kommunikationssystems), schließt sie den Handlungsfreiraum, die beide behaupten, weitgehend aus. Da Autor und Leser, wie empirisch zu belegen ist, entgegen dieser theoretischen Annahme zumindest graduell den literarischen Kommunikationsprozess beeinflussen können, also in der Funktionalisierung nicht aufgehen, berücksichtigt die handlungstheoretische Beschreibung Freiheitsgrade der Akteure.

Wie das Schreiben konzipiert die Handlungstheorie das Lesen als Interaktion, einmal zwischen Autor und Text, zum andern zwischen Text und Leser. Weil in diesem interaktiven Leseprozess im Wechselspiel von Sinnangeboten des Textes und Sinnerwartungen des Lesers Bedeutungen konstruiert werden, tritt an die Stelle der Frage nach der Wirkung von Literatur die nach dem produktiven Handeln des Lesers. Einen Gewinn an theoretischer Prägnanz im Vergleich zur Beschreibung kommunikativer Funktionen bietet der Interaktionsbegriff, weil er die aktive Beteiligung des Lesers genauer trifft. Aus diesem Stand der wissenschaftlichen Diskussion, den tatsächlichen Leseprozess theoretisch als literarische Interaktion zwischen Text und Leser zu modellieren, folgt die Forschungsaufgabe, Form und Inhalt dieser Interaktion genauer zu bestimmen.

Als wichtigste Form der Interaktion von Text und Leser stellen Rezeptionstheorien und empirische Forschung übereinstimmend die Identifikation heraus. Bei der Explikation des Begriffs ist zunächst an die Identifikation mit dem Helden eines Romans zu denken, doch die Empirie belegt ein differenzierteres Bild der praktizierten Formen dieses Lesemechanismus. Zwar dominiert auf der Handlungsebene, insbesondere bei Trivialromanen, der positive Held als das Identifikationsangebot, das Leser bevorzugt annehmen, aber sie nutzen darüber hinaus ihre Freiheit, um z. B. für Nebenfiguren Vorlieben zu entwickeln. Weil Leser auch dazu fähig und bereit sind, ohne Figurenfixierung an der fiktionalen Handlung teilzunehmen oder sich in erfundene Situationen zu versetzen, als ob sie selbst wie eine Romanfigur dabei wären, differenziert die Leseforschung den Identifikationsbegriff.

Weitere Partizipationsmöglichkeiten, die bei anspruchsvolleren Texten zum Tragen kommen, sind auf der Formebene zu verorten als Identifikation mit dem Erzähler. Insbesondere verlocken ein Ich-Erzähler, aber auch ein auktorialer Erzähler, der dem Leser nicht nur mit Stilmitteln wie Ironie und Satire eine lustvolle Sicht der Erzählgegenstände offeriert, zu dieser Interaktionsform, in der sich die Leseperspektive an die Erzählperspektive anlehnt. Und selbstverständlich dient auch ein vom Erzähler ins Spiel gebrachter fiktiver Leser als Rollenangebot an den realen Leser.

Die Leseforschung hat auf empirischer Basis das identifikatorische Lesen mit Hilfe der Begriffe Projektion, Substitution oder Introjektion und Empathie systematisiert (vgl. Schön 1990). Im ersten Fall sieht der Leser in einer Figur sich selbst, als ob er in einen Spiegel blicken würde, so dass er sich bestätigt fühlen kann, indem er projektiv der Figur seine Eigenschaften verleiht, allerdings auf

Kosten des Fremden an ihr. In der zweiten Variante übernimmt der Leser ein fiktionales Identifikationsangebot für sich, er inszeniert sich quasi als eine Figur des Buchs. Da sich in der Introjektion die Figur durchsetzt, während in der Projektion das Ich dominiert, vernachlässigen oder ignorieren beide Identifikationsformen Differenzen zwischen Held und Leser, die unter diesen Bedingungen in der Interaktion nur eingeschränkt produktiv werden können.

Empathie – die dritte Form der Identifikation – als die Fähigkeit, lesend an den Figuren der Fiktion etwas mit dem Ich nicht Identisches wahrzunehmen und gelten zu lassen, also Anderes zu tolerieren, kann irritierende Wechselwirkungen zwischen diesem Lesen und den emotionalen und moralischen Erwartungen auslösen und so die interaktive Möglichkeit eröffnen, durch Fremderfahrungen eigene Erfahrungen bzw. die Erfahrung des Fremden zu machen (vgl. Bredella 2010).

Der Leseforschung ist es gelungen, Interaktionsformen wie Identifikation, Distanzierung oder Reflexion zu differenzieren und konkrete Lesestrategien nachzuweisen. Für die Romanlektüre beobachtet Corinna Pette ein breites Spektrum konkreter Strategien von Lesern, wie z. B. Stellen zweimal lesen oder überspringen, Pausen einlegen, Textstellen markieren, zum Ende blättern, sich das Handlungsschema und die Figurenkonstellation vergegenwärtigen, das Erzählte im real Möglichen oder Fantastischen verorten, intratextuelle und intertextuelle Bezüge herstellen, etwas auf sich selbst beziehen, Erinnerungen aktivieren, Verständnisschwierigkeiten konstatieren und Erklärungen suchen, Textpassagen bewerten, kritisieren oder bejahen, das emotionale Involvement durch Distanzieren regulieren, Befremden oder Bestätigung feststellen etc. Zu den Interaktionsstrategien können auch vor- und nachbereitende Aktionen gezählt werden, wie Titel, Umschlag und Kapiteleinteilung ansehen, Klappentext lesen und nach der Lektüre das Kommunizieren und Nachdenken über das Gelesene (vgl. Pette 2001, 309–316). Die unterschiedlichen Aktivitäten etablieren neben der Identifikation mehr oder weniger ausgeprägt eine Distanz herstellende, reflektierende Interaktionsform sowie eine interpretierend bewertende oder auch eine sachlich interessierte informatorische, denn Leser entnehmen auch fiktionalen Texten Informationen.

Die Vielfalt der Lesestrategien und ihr funktionaler Gebrauch (z. B. zur Verstehenssicherung, zur Motivationserhöhung, zur Regulation der emotionalen Betroffenheit, zur Abstimmung mit eigenen Vorstellungen der eigenen Identität [vgl. Pette 2001, 309–316]) belegen überzeugend die differenzierten und zielgerichteten Aktivitäten des Lesers, die sich handlungstheoretisch erfassen lassen.

Die aktuelle Leseforschung beschreibt das Resultat der literarischen Interaktion abstrakt als Konstruktion von Bedeutungen, wobei in dieser Sinnkonstruktion der Leser und der Text zur Geltung kommen. Sie greift also bei der begrifflichen Klärung auf die Theorie eines gemäßigten Konstruktivismus zurück, da der radikale Konstruktivismus, der die Literaturwissenschaft vorübergehend stark beeinflusste, einseitig dem Rezipienten die weitgehende Deutungsvollmacht zuschreibt. Gerade die literaturwissenschaftliche Leseforschung betont aber auf der einen Seite das Gewicht der Textsignale und der Bedeutungsangebote für die Interaktion, auf der anderen Seite teilt sie die traditionell in der Germanistik gepflegte Annahme nicht, Sinn sei die Substanz eines Textes, die entweder der ergriffene Leser begreife oder die eine methodisch vorgehende Formanalyse freilege.

Da mit der Terminologie des Konstruktivismus das, was der Begriff der ‚Konkretisation' meint, präzisiert werden kann, werden heute die Einsichten in den literarischen Rezeptionsprozess im theoretischen Rahmen der Text-Leser-Interaktion als Konstruktion von Sinn bzw. Bedeutung dargestellt, womit der Sinn eines literarischen Werkes den Status eines interaktiven Konstrukts zugewiesen bekommt.

Der Leseprozess als Bedeutung konstruierende Interaktion transformiert die Textform prinzipiell in eine andere Form, das Sinnkonstrukt ist eine Bewusstseinsform. Deshalb ist die ästhetische Sinnproduktion, dies moniert nicht nur die Literaturpsychologie, letztlich handlungstheoretisch, also durch intentionale, strategische Aktionen, nicht restlos zu erklären. Leser selbst umschreiben ihre Lektüre fiktionaler Texte als Eintreten in eine andere, künstliche Welt, als Simulation einer realistischen oder fantastischen Wirklichkeit in der Fantasie. Die Unterscheidung zwischen Bewusstseinsform und Textform – so vertritt bereits Iser die These, dass „das Konstituiertsein des Textes im Bewusstsein des Lesers" (Iser 1976, 39) das literarische Werk beim Lesens als Bewusstseinsform herstelle – kann als gesicherte Einsicht der Leseforschung gewertet werden, allerdings signalisieren bereits die unterschiedlichen Begriffe für dieses entscheidende Phänomen, dass die Form und Entstehung der Vorstellung, die der Leser lesend vom Text entwickelt, im Einzelnen nicht genau erforscht ist: Unterschiedliche Ansätze versuchen, den Sachverhalt mit jeweils eigenen Konzepten zu erfassen als Imagination, Illusion, Simulation, Fantasie oder mentale Repräsentanz.

Da der Leser das Ästhetische, das Poetische, letztlich das literarische Kunstwerk konstruiert – da er den Text zum Leben erweckt, müsste, um diesen literarischen Prozess der Verwandlung eines Textes in eine ästhetisch bedeutende Bewusstseinsform genau zu erforschen, untersucht werden, was im Bewusstsein des Lesers vorgeht. Obwohl Beobachtungen von Bewusstseinsvorgängen Grenzen gesetzt sind, erhellen einzelne Befunde und Thesen einige Aspekte der beim Lesen im Gehirn ablaufenden Prozesse und deren Ergebnisse.

Zuerst ist festzuhalten: Form und Inhalt der Repräsentanz eines Textes im Bewusstsein beziehen sich zwar auf die Textangebote und -appelle, lassen sich aber als Interaktionsprodukt nicht aus dem Text erschließen, sie sind nicht mit ihm identisch und sie sind ihm nicht in einer regelhaft vermittelten Weise ähnlich. Außerdem überzeugt es nicht, wenn literarische Bewusstseinsprozesse aus dem Kontext des Lesers, z. B. seiner sozialen Lage, abgeleitet werden. Vielmehr entsteht durch den Dialog zwischen Leser und Text ein neues inneres Produkt, für dessen Qualität insbesondere zwei Gründe verantwortlich sind:

Erstens beeinflusst das Niveau der literarästhetischen Rezeptionskompetenz die Möglichkeiten der ästhetischen Wahrnehmung eines Textes und damit die Differenziertheit der mentalen Repräsentanz (vgl. Dawidowski 2009). Während die Gruppe der Nichtleser und die der Informationsleser auf ästhetische Wahrnehmungen ganz verzichten, können sich die Leser von Fiktion je nach aktivierter Kompetenz Texte in recht unterschiedlicher Weise erschließen.

Auf der Basis dieses Spektrums ästhetischer Wahrnehmungsmöglichkeiten von Texten kommt zweitens im Rahmen der Interaktion der Einfluss der individuellen Leserpersönlichkeit zum Tragen, also insbesondere die Gesamtheit ihrer subjektiven Dispositionen. Literarische Repräsentanzen fallen folglich inhaltlich bei den Lesern desselben Textes oft unterschiedlich aus. Da diese individuellen Imaginationen, die nicht erst nach Abschluss einer Lektüre, sondern ständig beim Lesen gebildet und modifiziert werden, sich nicht direkt beobachten lassen, steht die Forschung vor der Schwierigkeit, auf indirekte Zeugnisse bzw. subjektive Quellen angewiesen zu sein. Die Erkenntnisprobleme werden noch verschärft durch Grenzen der Intro- und der Retrospektion; denn leider können befragte Leser selbst nur unvollständig Auskunft über solche inneren Prozesse geben.

Immerhin bekunden fast alle Leser, dass sie sich das Gelesene visuell vorstellen (vgl. Graf 2013, 289). Die jeweiligen Bilder fallen dann allerdings wieder äußerst unterschiedlich aus: Ein Beleg für diesen Individualismus von bildlichen literarischen Imaginationen könnte die über Verfilmungen stereotyp geäußerte Klage sein, man habe eine ganz andere Vorstellung von dem Buch im Kopf und habe deshalb den Film nicht genießen können.

Qualitative Befragungen von Lesern machen es plausibel, dass die traditionell als Vorstellungskraft umschriebene spezifische (Teil-)Kompetenz, diese Fähigkeit zur (nicht nur visuellen) Imagination unverzichtbar ist, um fiktionale Texte lesen zu können. Die imaginierende Aktivität des Lesers sichert auch den Lesegenuss, sie ist also notwendig, um das Motivationspotenzial von Literatur produktiv zu nutzen.

Die basale Dimension der literarästhetischen Rezeptionskompetenz, Texte in motivierender Weise imaginieren zu können, ist bisher begrifflich nicht exakt geklärt worden, wahrscheinlich weil sie nur zum Teil als intentionale Handlungskompetenz erfasst werden kann, da sie auf vagen assoziativen Fähigkeiten beruht und da sie die paradoxe Bereitschaft voraussetzt, sich auf etwas Erfundenes einzulassen, als ob es etwas Wirkliches wäre. Auf dieser Ebene der Assoziationen, auf der sich lesend Bilder oder Gedanken eher einstellen als dass sie gezielt gesucht würden, auf der ein Text personengebundenes Wissen, private Erinnerungen oder Zukunftsvorstellungen mobilisieren kann, auf der Leser nicht nur kognitiv, sondern auch emotional und sinnlich involviert sind, auf dieser Ebene bekommt die Repräsentanz des Textes eine subjektive Gestalt, die sich nicht zuletzt deshalb weder textphilologisch noch literatursoziologisch ableiten lässt, weil neben Bewusstem, wie die psychoanalytische Literaturwissenschaft zeigt, auch Unbewusstes beteiligt ist (vgl. Schönau 1991). Auch aus diesem Grund sind interdisziplinäre Zugriffe unverzichtbar, um die literatur- und leserseitigen Einflussfaktoren im Leseprozess zu erfassen und zu diskutieren. In neuerer Zeit leistet auch die neurologische Forschung einen Beitrag, wenn sie z. B. bestätigt, dass beim Lesen wie bei der Realitätswahrnehmung unterschiedliche Gehirnregionen aktiviert werden, neben den Bereichen der kognitiven auch die der emotionalen und sinnlichen Vernetzung von Impulsen (vgl. Wolf 2009).

Die qualitative empirische Leseforschung hat beobachtet, dass Erzählungen von Lesern über ihre Wahrnehmung intensiver befriedigender Lektüre Erlebnisstrukturen zeigen, denn sie heben übereinstimmend Momente wie die folgenden hervor: Die Ereignishaftigkeit, die Differenz zum Alltäglichen, die subjektive Präsenz, die Veränderung der Zeit- und Raumwahrnehmung, die intensive emotionale und sinnliche Beteiligung, die Gewissheit persönlicher Wichtigkeit und das Gefühl von hoher Befriedigung oder Glück (vgl. Schreier und Rupp 2002; Graf 2007). Solche Belege begründen die Kategorisierung des genießenden Lesens als ‚Leseerlebnis', also als Bewusstseinsvorgang analog zu dem, der bei einem Erlebnis realer Ereignisse stattfindet. Analytisch ist selbstverständlich die Differenz zwischen Realität und Fiktion zu beachten, erhellend für den Lesevorgang ist es aber, wie es Lesern gelingt, sich durch Lesemechanismen wie die Identifikation eine Fantasiewirklichkeit vorzustellen und an fiktionalen Handlungen teilzunehmen, als ob sie etwas Wirkliches miterleben würden. Wenn die Imagination einer Erzählung psychisch ähnlich strukturiert ist wie die mentale Repräsentanz eines Erlebnisses, dann folgt aus der Auffassung des Lesens als emotionales und sinnliches, aber auch kognitives literarisches Erlebnis für die literarische Rezeptionskompetenz, dass sie die Dimension literarische Erlebnisfähigkeit umfassen muss. Und als unverzichtbare Voraussetzung für diese Teilkompetenz erweist sich die Bereitschaft, etwas Erfundenes – mindestens vorübergehend – wie etwas Wahres gelten zu lassen. So erfordert ein intensives Leseerlebnis einen temporären Vorrang für die Fantasie, eine zeitweilige Suspendierung der Realitätsprüfung, Distanzierung und Reflexion, einen „Fiktionsvertrag" des Lesers mit dem Autor (Eco 1994, 103).

Zum Leseerlebnis gehört das Moment der Freiwilligkeit. Wer nur mit (potentieller) Lesefähigkeit ohne Lesemotivation ausgestattet ist oder nur liest, wenn er

z. B. im Rahmen der Schulbildung dazu angehalten wird, erlebt das Lesen selten als Genuss. Genießendes Lesen jedoch – nicht nur im emphatischen Sinn – benötigt keine von außen bereitgestellte externe Motivation, deshalb wird die Lesemotivation als intrinsische aufgefasst, aber weniger, weil sie wie eine persönliche Eigenschaft als Leseantrieb zur Verfügung steht, sondern als die Fähigkeit – und aus diesem Grund ist es sinnvoll, Lesemotivation als Teilkompetenz zu definieren –, das Lesen so genießen zu können, dass es Motivation generiert. Obwohl Leser selbst ihr Lesen wie ein gegebenes Bedürfnis empfinden können, verhält es sich so, dass der kompetente Leser dazu in der Lage ist, die Befriedigung, die Gratifikation oder die Lust, die Texte gewähren, als Rohstoff reproduzierbarer Lesemotivation einzusetzen.

Dieses befriedigende und sich selbst motivierende Leseereignis, das die qualitative empirische Forschung empirisch bestätigt, beschreibt die Leseforschung als Leseerlebnis, was Konsequenzen für das Verständnis der literarischen Interaktion hat. Denn die emotionale und sinnliche Erlebnisqualität der intensiven Lektüre von Fiktion weist auf jene spezifische Dimension des Lesens hin, die eine intentionale Handlungstheorie nicht restlos erfassen kann. Weil die bildliche, nicht begriffliche und nicht pragmatische Wahrnehmung und das emotionale Engagement prägend sind, attestiert ein Teil der Sekundärliteratur dem Leseerlebnis nicht ganz zu Unrecht ästhetischen Charakter. Jauß diskutiert es unter dem Begriff primäre ästhetische Erfahrung, die sich „im genießenden Verstehen und verstehenden Genießen" (Jauß 1977, 9) vollziehe. Er hält in seiner Kritik an Adorno am lesend genießenden Subjekt fest (oder führt es wieder ein), im Unterschied auch zu der strukturalistischen Tendenz, den Leser entsubjektiviert in Textstrukturen zu verorten und ihn auf minimale Funktionen zu reduzieren im Spiel der Texte, die sich quasi selbst produzieren und rezipieren (vgl. Barthes 1974).

Produktiv für die Ausarbeitung des motivierenden Zusammenhangs von Lektüre und Lust erweist sich der psychoanalytische Ansatz der Literaturwissenschaft (vgl. Anz 1998). Während die enge Verknüpfung von Lesegenuss und Leseerlebnis plausibel erscheint, wirkt es weniger schlüssig, dieses lustvolle Erlebnis begrifflich unvermittelt mit ästhetischer Erfahrung gleichzusetzen, da Reflexion und Erkenntnis als Dimensionen der Erfahrung vernachlässigt werden (vgl. Graf 2015). Deshalb würdigt die Theorie der Lesemodi das Leseerlebnis und den Lesegenuss, den es durch Befriedigung in der Fantasie gewährt, als intimen Lesemodus, von dem sie jedoch den ästhetischen unterscheidet.

Bereits Roman Ingarden (1968) unterscheidet dezidiert zwischen dem Konkretisieren, also der „mitschöpferischen Tätigkeit des Lesers", der seine Fantasie walten lässt, um Unbestimmtheitsstellen auszufüllen, und der „ästhetischen Erfassung" (Ingarden 1975, 47) als Erkenntnis eines literarischen Kunstwerks, denn der Leser muss nicht so konkretisieren, „daß der vom künstlerischen

Wert des Werkes angedeutete ästhetische Wert zur Erscheinung gebracht wird" (Ingarden 1975, 63). Diese Begrifflichkeit hält zwar an der Auffassung eines (angedeuteten) Gehalts des Kunstwerks fest, wogegen das aktuelle Konzept der Sinnkonstruktion durch die literarische Interaktion eine solche substanzielle Prämisse verwirft. Gleichwohl bleibt es richtig, jene stilistischen Hinweise im Text zu beachten und zur Geltung zu bringen, die seine potentielle ästhetische Bedeutung in der Sinnkonstruktion erscheinen lassen. Nicht zuletzt das Formbewusstsein intensiviert im ästhetischen Leseprozess neben dem emotionalen und dem sinnlichen Anteil, die im Lesererlebnis bestimmend sind, den kognitiven.

Um die Eigenart des Ästhetischen wahrnehmen und erfahren zu können, sind Nähe und Distanz, Erlebnis und (Selbst-)Reflexion notwendig (vgl. Adorno 1973). Jede ästhetische Wahrnehmung unterscheidet sich von der pragmatischen, die den Alltag beherrscht, und von der begrifflich-kognitiven, die die Wissenschaft perfektioniert, durch ihre Aufmerksamkeit für Strukturmerkmale von Kunst, für Zweck- und Funktionslosigkeit (für Selbstzweckhaftigkeit und Autofunktionalität), Verfremdung, Konnotation oder Symbolik. So gelingt es dem kompetenten Leser, sich einen poetischen Text ästhetisch zu vergegenwärtigen als begrifflich unbestimmbaren Gegenstand ohne praktischen Zweck. Um das ästhetische Potenzial zu realisieren, ist ein aktiver, kunstbewusster Leser nötig. Eco, der generell die Mitarbeit des Lesers an der Verwirklichung von Textstrukturen voraussetzt, unterscheidet konsequent zwischen einem naiven und einem kritischen Modell-Leser, wobei ersterer der Textstrategie entsprechend funktioniert, während der zweite diesen Zusammenhang reflektiert und so das Werk als ästhetisches rezipiert (vgl. Eco 1992).

Ästhetische Wahrnehmung, die sich auf sprachliche Gebilde konzentriert, hat selbstverständlich auf die Besonderheit der Sprache und der Textgestalt zu achten, insbesondere auf die Strategien und Anweisungen des Textes, die eine bestimmte Art der Lektüre nahelegen, um erstens das literarästhetische Potenzial eines Textes in der Interaktion umfassend wahrzunehmen, zu imaginieren und zu erleben, und um es zweitens reflektierend zu realisieren und zu erfahren. Durch Lesen als reflektierende Tätigkeit (vgl. Assmann 1996) kann es dem kompetenten, dem formbewussten, sprachlich sensiblen Leser gelingen, literarästhetische Erfahrungen zu machen. Involviert und distanziert konstruiert der Leser am Text seine Imagination, in der das literarische Werk zum Erscheinen kommt. Diese ersetzt den literarischen Text nicht durch einen Interpretationstext, vielmehr bleibt der Text in der Bewusstseinsform präsent, wie auch die Voraussetzungen des Lesers in ihr präsent bleiben. Das entscheidende Moment der Erfahrung setzt einen doppelten Negations-Impuls in Bezug auf die Voreinstellung des Lesers und in Bezug auf das Sinnangebot des Textes: dieses erscheint anders als erwartet, und deshalb verändert das Verstehen auch die persönliche Disposition. Es entsteht etwas Neues, ein Gegenstand kann anders gesehen werden, das Subjekt verändert sich. Als Leistung der dialogischen ästhetischen Erfahrung hebt die Sekundärliteratur deshalb den Gewinn der Fähigkeit hervor, das Andere zu sehen (vgl. Bredella 2010).

Teile der Sekundärliteratur vereinfachen das Erfahrungsmodell der literarischen Rezeption, wenn sie als ästhetische Erfahrung preisen, Fremderfahrung kennenzulernen und zu übernehmen, denn eine solche Auffassung entspricht – so wenig wie die Konzepte einer Informationsübernahme aus Fiktion, die auf ihrer Ebene durchaus stattfinden, da Romane auch Weltwissen anbieten – nicht dem prozesshaften, interaktiven Erfahrungsbegriff, für den das aktive Machen einer Erfahrung unverzichtbarer Bedeutungskern ist: Die Formel ‚Selbsterfahrung durch eine verstehende Aneignung von Fremderfahrung' trifft nur zu, wenn sie präziser expliziert wird, nämlich als das Machen einer eigenen Erfahrung mit fremden Erfahrungen oder mit der Erfahrung von Fremden; die Differenz zur identifikatorischen Übernahme von Erfahrung anderer ist entscheidend (vgl. Köpf 1981, 80). Lernen können Leser allerdings, Erfahrung von anderen nachzuvollziehen, um die eigene Erfahrungsfähigkeit zu üben, um jene mit der Organisation eigener Erfahrung zu vergleichen und um dann die Differenz produktiv werden zu lassen. Ästhetische und erkennende Anschauung sind nicht zu separieren (vgl. Seel 2003, 138). Dieses Erkenntnismoment der Kunsterfahrung, die sich durch die Reflexion des Leseerlebnisses rundet (vgl. Dewey 1980), kann Freude bereiten, wenn mit der Erfahrung des Fremden eine Selbsterkenntnis gelingt.

Während beim Leseerlebnis die Gefahr droht, dass Lesende den Text für ihre Wunscherfüllung in der Fantasie funktionalisieren oder sogar instrumentalisieren, kann ästhetische Erfahrung dann misslingen, wenn Leser sich, was die traditionelle Hermeneutik begünstigt, dem Text und seiner (vermeintlichen) Intention unterordnen. Die Intention moderner Literatur, denkt man z. B. an deren negierendes Verhältnis zu bestehenden Normen, und das Konzept der interaktiven Rezeption widersprechen allerdings der konservativen Auffassung einer ‚normbildenden' ästhetischen Erfahrung (vgl. Jauß 1977, 21). Vielmehr reformuliert die aktuelle Leseforschung das hermeneutische Verstehensmodell im Rahmen der literarischen Interaktion, in die der Erwartungshorizont des Lesers und der Bedeutungshorizont des Textes eingehen und dialogisch zu Geltung kommen, so dass etwas Neues entstehen kann, nämlich eine Sinnkonstruktion als ästhetische Erfahrung, die sowohl Textangebote als auch Lesererwartungen aufnimmt und so den Text und auch den Leser verändert.

Der hermeneutische Zirkel, der formallogisch unauflösbare Verstehensprobleme umkreist – einzelne Textstellen können nur im Zusammenhang eines Gesamtverständnisses gedeutet werden, aber das Ganze kann nur durch seine Teile erfasst werden –, trifft durchaus das dynamische Moment der literarästhetischen Wahrnehmung eines Kunstwerks; denn dieses baut der Leser quasi im Trippelschritt in seinem Bewusstsein auf, wenn er lesend Sinn konstruiert, diesen beim Weiterlesen konkreter Textstellen immer wieder modifiziert und differenziert, so dass dann auch diese verändert erscheinen können. Und diese Rekonstruktionsarbeit am Text geht ein in die Interaktion mit dem Bewusstseinstand des Lesers, dessen Verstehensvoraussetzungen ebenfalls durchgearbeitet und verändert werden. Das Ziel eines solchen Verstehensprozesses wurde Horizontverschmelzung (vgl. Gadamer ³1960) genannt, obwohl er ergebnisoffen zu denken ist, weshalb die postmoderne Prämisse überzeugend wirkt, diesen Rezeptionsprozess als prinzipiell unabschließbar aufzufassen: den Leseprozess als unendliche Bedeutungskonstruktion zu modellieren.

Die normative Didaktik der Leseförderung orientiert sich am Zielbegriff des kompetenten Lesers, also einem handlungsfähigen und motivierten Subjekt, das im interaktiven Austausch mit einem Text Literatur als Bewusstseinsform realisieren kann, indem es lesend für sich eine Vorstellung entwickelt, in der ein Sinn des Textes erscheint. Der kompetente Leser – wie ihn die Lesepädagogik konfiguriert – verfügt über literarische Rezeptionskompetenz, also die differenzierte Fähigkeit, Literatur im weiten Sinn von einfachen bis zu komplexen Texten zu rezipieren, und die Motivation, seine Kompetenz regelmäßig zu gebrauchen, um am literarischen Leben teilzunehmen. Im Unterschied zum pragmatischen Lesebegriff, der darauf abhebt, bevorzugt aus expositorischen Texten Informationen zu gewinnen und zu nutzen, setzt die Lektüre fiktionaler Texte, insbesondere das Lesen von Literatur als Kunst, die in besonderem Maße den spezifischen Erkenntniswert fixierter Sprache im Vergleich zu Bildmedien garantiert, eine differenzierte literarästhetische Rezeptionskompetenz voraus, die im Laufe der literarischen Sozialisation nur eine Minderheit auf dem nötigen Niveau erwirbt. Für die Lesepädagogik ergeben sich aus den unterschiedlichen Funktionen und Modi des Lesens drei Dimensionen der Leseförderung, und zwar erstens das seit Veröffentlichung der PISA-Befunde (vgl. Prenzel et al. 2013) bevorzugte Training der Informationsentnahme, zweitens die Verführung zum genießenden Unterhaltungslesen und drittens die Übung der ästhetischen Lektüre. Leseförderung, die den Zugang zur Literatur im engen Sinn eröffnen soll, hat das Ziel, das Lesen über den Gebrauch als basale Kulturtechnik und über die Funktion für Bildung und Ausbildung hinaus als Möglichkeit zu lehren, am gesellschaftlichen, politischen, sozialen und kulturellen literarischen Leben teilzunehmen und die eigene Persönlichkeit zu fördern.

Aus der Erforschung der literarischen Sozialisation folgt für die Lesepädagogik die Aufgabe, an den ermittelten Problemstellen anzusetzen, um durch die Verbesserung der Bedingungen der Lesesozialisation die Chancen zu optimieren, Lesekompetenz einschließlich Lesemotivation zu erwerben und zu habitualisieren (vgl. Garbe et al. 2009). Leseförderung, die nach Möglichkeit die wichtigsten Instanzen der literarischen Sozialisation (Familie und Schule) einbeziehen sollte, hat ihre Teilziele und Konzepte auszurichten auf die unterschiedlichen Phasen der literarischen Sozialisation mit ihren spezifischen Problemen und Aufgaben (also Vorlesezeit, Erstlesen, der Übergang vom Oralen zum Literalen, die Krisen der Jugendlektüre, literarische Pubertät) sowie auf die Korrektur von einseitigen Entwicklungen (wie die Geschlechtsspezifik) und besonders auf die Förderung sozial und strukturell benachteiligter Gruppen (soziale Herkunft, dreigliedriges Schulsystem, Migrationshintergrund) (vgl. Ehmig 2015).

Zahlreiche Institutionen propagieren Leseförderung, die als öffentliche Aufgabe, als Teil der kulturellen und politischen Bildung allgemein anerkannt ist, als Ziel, wenn auch bei zahlreichen Maßnahmen nicht strikt zwischen Literatur- und Leseförderung zu unterscheiden ist. Als Staatsaufgabe widmen sich in Deutschland die Bundesländer, legitimiert durch die verfassungsmäßige Kulturhoheit, und die Kommunen der Leseförderung, und zwar durch konzeptionelle Vorschläge und durch finanzielle Beiträge. So ist in allen Lehrplänen für das Schulwesen Leseförderung insbesondere als Aufgabe des Deutschunterrichts verbindlich vorgeschrieben. Stärker berücksichtigt könnte sie noch als Aufgabe von Schule insgesamt werden, und in anderen Einrichtungen, wie Kindergärten, Berufsschulen und Hochschulen, wäre sie ausbaufähig. Eine wichtige Förderinstitution ist das Bibliothekswesen, nicht nur durch die Bereitstellung von Büchern, sondern auch durch die von Bibliotheken und Büchereien regelmäßig veranstalteten gezielten Fördermaßnahmen. Auch die Volkshochschulen sind öffentliche Institutionen, die sich programmatisch und praktisch an der Leseförderung beteiligen.

Die Privatwirtschaft ist durch Verlage und Buchhandel bzw. ihre Verbände engagiert, auch wenn sich hier Leseförderung mit Verkaufsförderung vermischt. Die bisherige vorbildliche flächendeckende und prompte Versorgung mit Büchern aus einem breiten Sortiment selbst kleiner Auflagen durch zahlreiche Buchhandlungen, die sich nicht selten durch Buchvorstellungen und Lesungen an der Verbesserung des Leseklimas beteiligen, scheint zwar durch den Internethandel aktuell noch komfortabler zu werden, ist allerdings wegen der damit einhergehenden Konzentrationstendenz und wegen der marktliberalen Forderung, die Buchpreisbindung aufzuheben, nicht mehr zukunftssicher. Hervorzuheben sind die Großereignisse Buchmesse in Frankfurt und Leipzig, die neben ihrem Hauptzweck durch zahlreiche Veranstaltungen und deren Medienecho lesefördernde Impulse geben. Die Aktualität der Literatur, und damit eines der wichtigen Lesemotive, hebt die Literaturkritik ins Bewusstsein des interessierten Publikums.

Als Drittes sind zivilgesellschaftliche Stiftungen, Gesellschaften, Vereine, Initiativen oder Projekte zu würdigen, die – wie auch seit langem die Kirchen,

z. B. durch den *Borromäus Verein* – das Lesen direkt oder indirekt fördern. Der Leseförderung als Hauptziel hat sich die öffentlich und privat geförderte *Stiftung Lesen* in Mainz verschrieben, die durch diverse Initiativen, Projekte und Kampagnen für das Lesen wirbt. Eher als Nebeneffekt begleitet Leseförderung die Arbeit literarischer Gesellschaften und die von Literaturhäusern. Und Auszeichnungen von Autoren wie z. B. der *Georg-Büchner-Preis* der *Deutschen Akademie für Sprache und Dichtung* oder Buchpreise (samt Long- und Shortlist) regen dazu an, bestimmte Autoren oder Neuerscheinungen zur Kenntnis zu nehmen.

Die unterschiedlichen Träger der Lese- und Literaturförderung kooperieren nicht selten und kombinieren die einschlägigen Aktionsformen wie Lesungen, Büchertische, Ausstellungen, Lesewettbewerbe, Büchertauschbörsen oder offene (öffentliche) Bücherregale.

Die Erkenntnisse der literarischen Sozialisation begründen die Notwendigkeit gezielter lesepädagogischer Aktivitäten in einer von elektronischen Medien geprägten Kultur, weil Kinder und Jugendliche Lesekompetenz nicht naturwüchsig erwerben. Die Bestandsaufnahme Leseförderung zeigt die differenzierte lesefördernde Arbeit unterschiedlicher Institutionen, allerdings muss trotzdem konstatiert werden, dass alle Anstrengungen bisher die aus der familialen Sozialisation resultierenden Unterschiede im Leseverhalten nicht egalisieren konnten.

5 Forschungsdesiderate

Obwohl insgesamt zahlreiche im Einzelnen ertragreiche Analysen und Untersuchungen zum Thema Lesen vorliegen, ergeben sich, da diese oft unverbunden nebeneinanderstehen, Forschungsdesiderate insbesondere aus der unzureichenden interdisziplinären Zusammenarbeit.

So fehlt eine theoretisch stringente Integration und Reflexion der unterschiedlichen Begrifflichkeiten der beteiligten Disziplinen, so dass z. B. literaturwissenschaftliche narratologische Konstrukte und empirische Befunde wie das Verhältnis des impliziten Lesers zum realen Leser begrifflich nicht vermittelt sind. Und im Rahmen der empirischen Leseforschung ist kaum einmal versucht worden, statistisch quantitative Erhebungen mit qualitativen Fallstudien zu vermitteln (vgl. *Stiftung Lesen* 2001). Auch Differenzen auf der Ebene der Wirkung literarischer Rezeption wie die zwischen Leseerlebnis bzw. Unterhaltungsfunktion und literarästhetischer Erfahrung bzw. Kunstfunktion der Literatur wären stringenter herauszuarbeiten. Dringend müssten schließlich die fächerübergreifenden Ansätze weiterverfolgt werden, die das Lesen als Teil der Mediennutzung konzipieren und in diesem Kontext aktuelle Veränderungen erkunden.

Im Bereich der Lesepädagogik könnte das Verhältnis von Literaturdidaktik und Leseforschung produktiver gestaltet werden, da bislang die Fachdidaktik die Leseförderung nur ansatzweise auf der Basis von Befunden der literarischen Sozialisation konzipiert.

Weiterführende Literatur

Anz, Thomas (1998). *Literatur und Lust. Glück und Unglück beim Lesen*. München.
Dann, Otto (Hg.) (1981). *Lesegesellschaften und bürgerliche Emanzipation. Ein europäischer Vergleich*. München.
Eggert, Hartmut und Christine Garbe (1995). *Literarische Sozialisation*. Stuttgart.
Iser, Wolfgang (1976). *Der Akt des Lesens*. München.
Jäger, Georg (2010). „Lesegesellschaften und literarisch-gesellige Vereine". *Geschichte des Deutschen Buchhandels im 19. und 20. Jahrhundert. Bd. I. Das Kaiserreich 1871–1918. Teil 3*. Hrsg. von Georg Jäger. Berlin: 314–341.
Schön, Erich (1987). *Der Verlust der Sinnlichkeit oder Die Verwandlung des Lesers. Mentalitätswandel um 1800*. Stuttgart.

Zitierte Literatur

Adorno, Theodor W. (1973). *Ästhetische Theorie*. Frankfurt a. M.
Anz, Thomas (1998). *Literatur und Lust. Glück und Unglück beim Lesen*. München.
Assmann, Aleida (1996). „Einleitung: Metamorphosen der Hermeneutik". *Texte und Lektüren*. Hrsg. von Aleida Assmann. Frankfurt a. M.: 7–26.
Barthes, Roland (1974). *Die Lust am Text*. Frankfurt a. M.
Boesken, Gesine (2010). *Literarisches Handeln im Internet*. Konstanz.
Boesken, Gesine und Uta Schaffers (Hg.) (2013). *Lektüren ‚bilden': Lesen – Bildung – Vermittlung. Festschrift für Erich Schön*. Berlin.
Bourdieu, Pierre (1982). *Die feinen Unterschiede. Kritik der gesellschaftlichen Urteilskraft*. Frankfurt a. M.
Bredella, Lothar (2010). *Das Verstehen des Anderen. Kulturwissenschaftliche und literaturdidaktische Studien*. Tübingen.
Dann, Otto (Hg.) (1981). *Lesegesellschaften und bürgerliche Emanzipation. Ein europäischer Vergleich*. München.
Dann, Otto (1989). „Lesegesellschaften im 18. Jahrhundert. Ein Forschungsbericht". *Internationales Archiv für Sozialgeschichte der Literatur* 14/2 (1989): 45–53.
Dawidowski, Christian (2009). *Literarische Bildung in der heutigen Mediengesellschaft. Eine empirische Studie zur kultursoziologischen Leseforschung*. Frankfurt a. M.
Dewey, John (1980). *Kunst als Erfahrung*. Frankfurt a. M.
Eco, Umberto (1987). *Lector in Fabula. Die Mitarbeit der Interpretation in erzählenden Texten*. München.

Eco, Umberto (1992). *Die Grenzen der Interpretation*. München.
Eco, Umberto (1994). *Im Wald der Fiktionen. Sechs Streifzüge durch die Literatur*. München.
Eggert, Hartmut, Christine Garbe, Irmela Marei Krüger-Fürhoff und Michael Kumpfmüller (2000). *Literarische Intellektualität in der Mediengesellschaft. Empirische Vergewisserungen über Veränderungen kultureller Praktiken*. München.
Eggert, Hartmut und Christine Garbe (2003). *Literarische Sozialisation*. Stuttgart.
Ehmig, Simone C. (2015). „Außerschulische Leseförderung". *Lesen. Ein interdisziplinäres Handbuch*. Hrsg. von Ursula Rautenberg und Ute Schneider. Berlin: 567–596.
Engelsing, Rolf (1974). *Der Bürger als Leser. Lesergeschichte in Deutschland. 1500–1800*. Stuttgart.
Gadamer, Hans-Georg (^{3}1960*). Wahrheit und Methode. Grundzüge einer philosophischen Hermeneutik*. Tübingen.
Garbe, Christine, Karl Holle und Tatjana Jesch (2009). *Texte lesen. Textverstehen – Lesedidaktik – Lesesozialisation*. Paderborn.
Gattermaier, Klaus (2003). *Literaturunterricht und Lesesozialisation*. Regensburg.
Goetsch, Paul (1983). „Leserfiguren in der Erzählkunst". *Germanisch-Romanische Monatsschrift* 33 (1983): 199–215.
Graf, Werner (1997). „Das Schicksal der Leselust. Die Darstellung der Genese der Lesemotivation in Lektüreautobiographien". *Lesen im Wandel. Probleme der literarischen Sozialisation heute*. Hrsg. von Christine Garbe, Werner Graf, Cornelia Rosebrock und Erich Schön. Lüneburg: 101–124.
Graf, Werner (2004). *Der Sinn des Lesens*. Münster.
Graf, Werner (2007). *Lesegenese in Kindheit und Jugend. Einführung in die literarische Sozialisation*. Baltmannsweiler.
Graf, Werner (2013). „Zur Emotionalität des Lesens. Aussagen von Lesern zur Wirkung von fiktionaler Literatur". *Lektüren ‚bilden': Lesen – Bildung – Vermittlung. Festschrift für Erich Schön*. Hrsg. von Gesine Boesken und Uta Schaffers. Berlin: 281–302.
Graf, Werner (2015). „Leseverstehen komplexer Texte". *Lesen. Ein interdisziplinäres Handbuch*. Hrsg. von Ursula Rautenberg und Ute Schneider. Berlin: 185–205.
Grimm, Gunter (Hg.) (1975). *Literatur und Leser. Theorien und Modelle zur Rezeption literarischer Werke*. Stuttgart.
Habermas, Jürgen (1971). *Strukturwandel der Öffentlichkeit*. Neuwied.
Hurrelmann, Bettina, Michael Hammer und Ferdinand Nieß (1993). *Leseklima in der Familie*. Gütersloh.
Ingarden, Roman (1931). *Das literarische Kunstwerk. Eine Untersuchung aus dem Grenzgebiet der Ontologie, Logik und Literaturwissenschaft*. Halle.
Ingarden, Roman (1968). *Vom Erkennen des literarischen Kunstwerks*. Tübingen.
Ingarden, Roman (1975). „Konkretisation und Rekonstruktion". *Rezeptionsästhetik*. Hrsg. von Rainer Warning. München: 42–70.
Iser, Wolfgang (1972). *Der implizite Leser*. München.
Iser, Wolfgang (1975). „Die Appellstruktur der Texte". *Rezeptionsästhetik*. Hrsg. von Rainer Warning. München: 228–252.
Iser, Wolfgang (1976). *Der Akt des Lesens*. München.
Jäger, Georg (2010a). „Leihbibliotheken und Lesezirkel". *Geschichte des Deutschen Buchhandels im 19. und 20. Jahrhundert. Bd. I. Das Kaiserreich 1871–1918. Teil 3*. Hrsg. von Georg Jäger. Berlin: 281–313.

Jäger, Georg (2010b). „Lesegesellschaften und literarisch-gesellige Vereine". *Geschichte des Deutschen Buchhandels im 19. und 20. Jahrhundert. Bd. I. Das Kaiserreich 1871–1918. Teil 3*. Hrsg. von Georg Jäger. Berlin: 314–341.

Jauß, Hans Robert (1975). „Literaturgeschichte als Provokation der Literaturwissenschaft". *Rezeptionsästhetik*. Hrsg. von Rainer Warning. München: 126–162.

Jauß, Hans Robert (1977). *Ästhetische Erfahrung und literarische Hermeneutik. Band I. Versuche im Feld der ästhetischen Erfahrung*. München.

Köpf, Gerhard (1981). „Ästhetische Erfahrung und literarisches Verstehen". *Rezeptionspragmatik. Beiträge zur Praxis des Lesens*. Hrsg. von Gerhard Köpf. München: 79–104.

Koschorke, Albrecht (2012). *Wahrheit und Erfindung. Grundzüge einer Allgemeinen Erzähltheorie*. Frankfurt a. M.

Liesegang, Torsten (2000). *Lesegesellschaften in Baden 1780–1850. Ein Beitrag zum Strukturwandel der literarischen Öffentlichkeit*. Berlin.

Link, Hannelore (1976). *Rezeptionsforschung. Eine Einführung in Methoden und Probleme*. Stuttgart.

Martino, Alberto (1990*). Die deutsche Leihbibliothek. Geschichte einer literarischen Institution (1756–1914)*. Mit einem zusammen mit Georg Jäger erstellten Verzeichnis der erhaltenen Leihbibliothekskataloge. Wiesbaden.

Pette, Corinna (2001). *Psychologie des Romanlesens. Lesestrategien zur subjektiven Aneignung eines literarischen Textes*. Weinheim.

Prenzel, Manfred, Christine Sälzer, Eckhard Klieme und Olaf Köller (Hg.) (2013). *PISA 2012. Fortschritte und Herausforderungen in Deutschland*. Münster.

Prince, Gerald (1985). „The Narratee Revisited". *Style* 19 (1985): 299–303.

Rautenberg, Ursula und Ute Schneider (Hg.) (2015). *Lesen. Ein interdisziplinäres Handbuch*. Berlin.

Schmid, Wolf (2007). „Textadressat". *Handbuch Literaturwissenschaft*. Bd. I. Hrsg. von Thomas Anz. Stuttgart: 171–180.

Schmid, Wolf (2008). *Elemente der Narratologie*. 2. verbesserte Auflage. Berlin.

Schön, Erich (1987). *Der Verlust der Sinnlichkeit oder Die Verwandlung des Lesers. Mentalitätswandel um 1800*. Stuttgart.

Schön, Erich (1990). „Die Entwicklung literarischer Rezeptionskompetenz. Ergebnisse einer Untersuchung zum Lesen bei Kindern und Jugendlichen". *SPIEL: Siegener Periodicum zur Internationalen Empirischen Literaturwissenschaft* 9/2 (1990): 229–276.

Schön, Erich (1993). „Selbstaussagen zur Funktion literarischen Lesens im Lebenszusammenhang von Kindern und Jugendlichen". *Germanistik und Deutschunterricht im historischen Wandel. Vorträge des Augsburger Germanistentags 1991*. Bd. I. Hrsg. von Johannes Janota. Tübingen: 260–271.

Schön, Erich (1998): „Kein Ende von Buch und Lesen. Entwicklungstendenzen des Leseverhaltens in Deutschland – Eine Langzeitbetrachtung". *Lesen im Umbruch – Forschungsperspektiven im Zeitalter von Multimedia*. Hrsg. von Stiftung Lesen. Baden-Baden: 39–77.

Schön, Erich (1999). „Geschichte des Lesens". *Handbuch Lesen*. Hrsg. von Bodo Franzmann, Klaus Hasemann, Dietrich Löffler und Erich Schön. München: 1–85.

Schön, Erich (2007). „Realer Leser". *Handbuch Literaturwissenschaft*. Bd. I. Hrsg. von Thomas Anz. Stuttgart: 181–192.

Schönau, Walter (1991). *Einführung in die psychoanalytische Literaturwissenschaft*. Stuttgart.

Schreier, Margrit und Gerhard Rupp (2002). „Ziele/Funktionen der Lesekompetenz im medialen Umbruch". *Lesekompetenz. Bedingungen, Dimensionen, Funktionen.* Hrsg. von Norbert Groeben und Bettina Hurrelmann. Weinheim und München: 251–274.
Seel, Martin (2003). *Ästhetik des Erscheinens.* Frankfurt a. M.
Stiftung Lesen und Spiegel Verlag (Hg.) (2001). *Leseverhalten in Deutschland im neuen Jahrtausend.* Mainz.
Stiftung Lesen (Hg.) (2009). *Lesen in Deutschland 2008.* Mainz.
Szondi, Peter (1970). *Hölderlin-Studien. Mit einem Traktat über philologische Erkenntnis.* Frankfurt a. M.
Tangerding, Clemens Maria (2011). *Der Drang zum Staat. Lebenswelten in Würzburg zwischen 1795 und 1815.* Köln.
Tenfelde, Klaus (1981) „Lesegesellschaften und Arbeiterbildungsvereine. Ein Ausblick". *Lesegesellschaften und bürgerliche Emanzipation.* Hrsg. von Otto Dann. München: 253–274.
Tilgner, Hilmar (2001). *Lesegesellschaften an Mosel und Mittelrhein im Zeitalter des aufgeklärten Absolutismus. Ein Beitrag zur Sozialgeschichte der Aufklärung im Kurfürstentum Trier.* Stuttgart.
Vondung, Klaus (Hg.) (1976). *Das wilhelminische Bildungsbürgertum. Zur Sozialgeschichte seiner Ideen.* Göttingen.
Wittmann, Reinhard (1999). *Geschichte des deutschen Buchhandels. Ein Überblick.* 2. durchgesehene und erweiterte Auflage. München.
Wolf, Maryanne (2009). *Das lesende Gehirn.* Heidelberg.
Wolff, Erwin (1971). „Der intendierte Leser". *Poetica* 4 (1971): 141–166.

David-Christopher Assmann
III.2.2 Literaturbetrieb und Literaturbetriebspraktiken

1 Definition

Literaturbetriebspraktiken bezeichnen jene geregelten, typisierten und routinisierten Formen von handlungs- und zeichenbasierten Aktivitäten, mittels derer die Akteure des literarischen Feldes Literatur herstellen, rezipieren, vermitteln, fördern und medialisieren. Im Fokus der literaturwissenschaftlichen Erforschung von literaturbetrieblichen Praktiken steht die performative und materielle Dimension literarischer Tätigkeiten, die das Entstehen von Literatur bedingend ermöglichen und/oder einschränken. Die praktischen Begleitumstände des literarischen Feldes sind es demnach, die literarische Texte überhaupt erst zu ihrer Form gelangen lassen, ja mehr noch: Literaturbetriebspraktiken unterliegen selbst einer bestimmten Form, die es literaturwissenschaftlich in den Blick zu nehmen gilt. In den Vordergrund treten damit Fragen nach dem praktischen Vollzug literarischer Tätigkeiten, nach der teils routinisierten, teils unbestimmten Reproduktion von Literatur und nach dem Involviertsein der symbolischen wie materiellen Dimension literarischer Texte in soziale Praxiszusammenhänge.

2 Praxistheoretische Grundannahmen

Im Anschluss an praxeologisch ausgerichtete sozialwissenschaftliche Ansätze, die nach der Jahrtausendwende insbesondere durch den Kultursoziologen Andreas Reckwitz zusammengeführt worden sind, lassen sich Praktiken als sozial geordnete, kulturell normierte und organisierte Bündel menschlicher Aktivitäten fassen. Als „know-how abhängige und von einem praktischen ‚Verstehen' zusammengehaltene Verhaltensroutinen" (Reckwitz 2003, 289) aktualisieren sich diese Handlungsprozesse immer nur oder erst im Vollzug. Die „‚kleinste Einheit' des Sozialen" (Reckwitz 2003, 290) bilden in dieser Perspektive also ebenso wenig allein diskursiv, textuell oder kommunikativ erzeugte Akteursfiktionen wie konkrete einzelne Handelnde, sondern ein vielfältiger und immer wieder neu wiederholter „nexus of doings and sayings" (Schatzki 1996, 89). Mit dem Verweis auf die „wissensabhängigen *performances*" (Reckwitz 2004, 43) betonen praxistheoretische Ansätze neben der impliziten und informellen Logik des sozialen Lebens die Materialität des Sozialen. Denn die durch Gewohnheit eingeschliffenen Aktivitäten der sozialen Akteure basieren auf einer Wissenszusammensetzung, die materiell verankert ist: Interpretatives Verstehen, methodisches Wissen und motivational-emotionales Wissen als die drei zentralen Wissensformen sozialer Praxis (vgl. Reckwitz 2003, 292) sind zum einen in die Körper der handelnden Akteure inkorporiert. Zum anderen beziehen sich die routinisierten Bewegungen und Aktivitäten des Akteurskörpers in der Regel auf gegebene Artefakte.

Stellt eine soziale Praktik in dieser Hinsicht gewissermaßen Spielfeld, Spielregel und Spielgerät für den jeweiligen Akteur bereit, ergeben sich neben Formen der Routinisierbarkeit nicht zuletzt auch Chancen der Unberechenbarkeit. Die grundsätzliche Offenheit von Praxiszusammenhängen, die Zeitlichkeit des praktischen Vollzugs, die lose Kopplung von Praktiken in sozialen Feldern sowie die Überschneidung von verschiedenen Wissensformen innerhalb des jeweiligen Akteurs ermöglichen immer wieder interpretative Unbestimmtheiten (vgl. Reckwitz 2003, 294–296). Der Schwerpunkt der praxeologischen Analyse liegt mithin nicht zuletzt auch auf diesem Moment der Dynamik und auf der möglichen Variation vorhandener Codierungen. Letztere lassen sich heuristisch im Wesentlichen nach zwei Ebenen differenzieren: Zum einen umfassen sie die körperliche Performance (also bspw. Mimik, Gestik, Stimme, Kleidung) und zum anderen inkorporiertes Wissen, Deutungswissen und Zeichengebrauch, wie sie im Falle der Literatur etwa in literarischen Texten Ausdruck erhalten. So kann literarisches Schreiben, verstanden als Praktik, z. B. einerseits mit Blick auf seinen spezifischen Umgang mit sprachlich gefassten Zeichen untersucht werden. Hier interessiert dann v. a. das Wissen über besondere stilistische, gattungsspezifische oder inhaltliche Formen. Andererseits gerät aber auch und gerade die Körperlichkeit und habitualisierte Wiederholung der Praktik in den Fokus: das Schreiben am Schreibtisch, mit der Schreibmaschine, das Führen des Stiftes mit der Hand oder das Tippen auf der Computertastatur. Als Vollzug einer durch inkorporiertes Wissen aktualisierten Verhaltensroutine vermag literarisches Schreiben schließlich auf diese Weise eine spezifische Textform herzustellen, „die innerhalb der *Peer Group* als gekonnt, als *skilfull* erkannt und bewertet wird" (Löffler 2014, 82).

Im Anschluss daran stellt der Literaturbetrieb, verstanden als die Gesamtheit literarischer Tätigkeiten, den Ort des komplexen Zusammenspiels von sowohl routinisierten als auch immer wieder unberechenbaren, unbestimmten, ja innovativen literarisch-betrieblichen Praxisformen dar. Die an literaturbetrieblichen Prozessen Beteiligten sind als Akteure beschreibbar, „die sich innerhalb institutionell und historisch isolierbarer Handlungsgemeinschaften über antrainierte Performanzrituale, bestimmte *Moves* verständigen und autorisieren" (Löffler 2014, 82). Es ist folglich das rituell sanktionierte Konzept gemeinschaftlichen Handelns, das Literatur in Form sozial geregelter und organisierter Aktivitäten herstellt, vermittelt und rezipiert sowie damit über Momente der Wiedererkennbarkeit Form und Relevanz bestimmter literarischer Texte überhaupt erst erzeugt. In den Blick einer praxeologisch ausgerichteten Literaturwissenschaft des Literaturbetriebs geraten auf diese Weise ebenso bspw. Routinen in Literaturhäusern oder Agenturen wie Formen des Gebrauchs von technischen oder medialen Artefakten etwa in der Zusammenarbeit von Autor und Lektor (digitale Korrekturen, Korrespondenzen via E-Mail, Anmerkungen mit dem Bleistift etc.) oder Charakteristika geschlechtlicher Performanzen von Autorinnen und Autoren z. B. auf Podiumsdiskussionen, in Autorenportraits oder bei Lesungen. Literarische Phänomene werden dabei im Sinne eines ‚Doing' insofern als Vollzug von Praktiken verstanden, als sie „weder als ausschließlich diskursive Effekte noch als textuelle Konstrukte" (Bierwirth et al. 2012, 12) zu beschreiben sind. Sie nötigen vielmehr zu einer Perspektive, die gerade das wechselseitige Verhältnis und Zusammenspiel von literarischem Text und literaturbetrieblicher Praxis in den Blick nimmt.

3 Forschungsgeschichtliche Einordnung

Die literaturwissenschaftliche Untersuchung von Literaturbetriebspraktiken greift auf ein Konglomerat sozialwissenschaftlicher Theorieimporte kulturtheoretischer und sozialkonstruktivistischer Couleur zurück, das im Überblick über kein einheitliches Vokabular verfügt, ja zum Teil erhebliche theoretische Differenzen aufweist und nur locker miteinander verknüpft ist. Trotz oder gerade wegen der Rufe nach einem ‚Practice Turn' gibt es ‚die Praxeologie' also nicht. Für eine Theorie sozialer Praktiken, Praxistheorie oder Praxeologie, wie sie in einer Reihe von sozial- und kulturwissenschaftlichen Forschungsprogrammen Anwendung findet – von der soziologischen Organisationsforschung über die Lebensstilanalyse und die Sportwissenschaft bis hin zu den Gender Studies –, sind eine Vielzahl von Ansätzen grundlegend, die u. a. von Ludwig Wittgensteins Sprachphilosophie, Harold Garfinkels ethnomethodologischen Arbeiten, Michel Foucaults Studien zu den Praktiken des Selbst und Judith Butlers Performanztheorie profitieren. So heterogen diese Ansätze auch sein mögen, in zumindest zwei Hinsichten treffen sie sich: Erstens schränken sie die theoretische Konzeption des einzelnen Akteurs stark ein. Sie wenden sich alle nämlich von solchen Handlungsmodellen ab, die sich klassischerweise v. a. für die Intention von Handlungen interessieren (*Rational Choice*, *Homo Sociologicus* etc.). Praxeologisch informierten Ansätzen zufolge ist es jedoch gerade nicht die vermeintliche Intentionalität, die das einzelne Handeln etwa über Kosten-Nutzen-Rationalitäten oder normative Vorgaben bestimmt, sondern die „wissensabhängige

Routinisiertheit" (Reckwitz 2003, 293) in Praktiken. Zwecke oder Interessen sind demnach sozial konventionalisierte Komplexe aus Motiven und Emotionen, die in die Akteure inkorporiert sind und von diesen gegebenenfalls als individuelle Absichten im Nachhinein „umdefinier[t]" (Reckwitz 2003, 293) werden. Folgerichtig steht nicht das Eruieren einer wie auch immer beschaffenen Handlungsintention, sondern die je spezifische „Handlungsform" (Elias et al. 2014, 4) im Zentrum des Untersuchungsinteresses. Zweitens weiten praxistheoretisch orientierte Ansätze alle mehr oder weniger das sozialwissenschaftliche Akteursverständnis stark aus: Mit der forschungsprogrammatischen Konzentration auf die materielle Dimension des Handelns stehen nicht oder nicht nur geistige, mentale oder kognitive Dispositionen im Fokus, sondern auch und gerade körperliche Performanzen und Umgangsweisen mit Artefakten, denen mitunter – so in der Akteur-Netzwerk-Theorie Bruno Latours – selbst ein Akteurs- bzw. ‚Aktantenstatus' zugesprochen wird. Dinge sind als „ein Teilelement von sozialen Praktiken zu begreifen" (Reckwitz 2003, 291), die nicht selten bestimmte soziale Praktiken überhaupt erst ermöglichen.

In der literaturwissenschaftlichen Forschung zu Literaturbetriebspraktiken haben sich spätestens seit der Jahrtausendwende die Arbeiten des französischen Soziologen Pierre Bourdieu und dessen Theorie des literarischen Feldes als Basis einer praxeologisch informierten Literatursoziologie durchgesetzt (vgl. insbesondere Joch und Wolf 2005). Der Rückgriff auf die soziologische Feldtheorie verheißt u. a., sich im Rahmen des in den 1970er und frühen 1980er Jahren unvollendet gebliebenen Projekts einer Sozialgeschichte der Literatur bewegen zu können, ohne deren literatursoziologisches ‚Versprechen' (vgl. Fohrmann 2000) schlichtweg einlösen zu müssen. Dieses Versprechen stellte ein Kommunikationsmodell von Literatur in Aussicht, das es ermöglichen sollte, die Form von Literatur aus sozialen Kontexten mehr oder weniger ‚ableiten' zu können. Forschungsprogrammatisch interessierte mithin die Untersuchung der Bedingungsverhältnisse von sozialen Zusammenhängen und literarischen Texten: Als Ausgangspunkt fungierte der Bezug auf eine als im weitesten Sinne ‚sozial' markierte Referenz. Die so unterstellte sozialstrukturelle Bedingtheit von Literatur legitimierte dann dazu, Herstellung, Vermittlung und Rezeption von Literatur mithilfe eines die Gesamtheit an literalen Kontexten einbeziehenden Modells möglichst umfassend darzustellen. Unterstellt wurde bei all dem die Irreversibilität von sozialen Zusammenhängen und literarischen Texten: Das ‚Soziale' ‚bedingt' die Literatur – und nicht umgekehrt. Feldtheoretisch informierten Studien geht es demgegenüber darum, Literatur gesellschaftsstrukturell zu verorten, *ohne* eine Asymmetrie in das Verhältnis von ‚Literatur' und ‚Gesellschaft' einzubauen. Nach „dem ‚Ende' der Literaturgeschichte als Sozialgeschichte" (Tommek und Bogdal 2012, 8) wird nun die grundsätzliche Reversibilität von sozialen Kontexten und Texten betont, also der Verzicht auf „eine[ ] Soziologie der unmittelbaren ‚äußeren' Determination" (Tommek und Bogdal 2012, 8).

Der Literaturbetrieb wird in feldtheoretischer Perspektive folgerichtig als ein in den sozialen Raum eingelassenes, relativ-autonomes Kräftefeld gefasst, das durch „ein Netz objektiver Beziehungen [...] zwischen Positionen" (Bourdieu ³2005, 365) strukturiert ist. Die literarischen Akteure sind demnach in einen im soziökonomischen Umfeld literarischer Texte strukturell angelegten „endlosen Kampf" (Bourdieu ³2005, 364) eingelassen, dessen ‚Ziel' die Erlangung der Konsekrationsmacht ist. Das Feld stellt den Raum des literarisch überhaupt Möglichen dar und zwingt daher all jenen Akteuren, die die Logik des Feldes anerkennen und verinnerlicht haben, „ein System (sozialer) Wahrnehmungs- und Bewertungskategorien" (Bourdieu ³2005, 373) auf. Definiert und begrenzt die Feldstruktur „das Universum des Denkbaren wie des Undenkbaren" (Bourdieu ³2005, 373), findet sich an dieser Stelle der theoretische Ort, an dem Bourdieu die Feldtheorie mit dem Konzept des Habitus koppelt: Denn dieser beschreibt jene inkorporierte Summe an Kapital, über die ein Akteur verfügt, um am Positionierungskampf des Feldes teilnehmen zu können. Es handelt sich um jene „Matrix von Wahrnehmungs-, Denk- und Handlungsmustern, die dafür sorgt, dass Praktiken und Geschmacksäußerungen in den unterschiedlichsten Handlungsbereichen kongruieren" (Joch 2009, 393). Das literarische Feld stellt folglich den Kontext bereit, der literaturbetriebliche, habituell routinisierte Praktiken wesentlich mitbestimmt. Letztere können einerseits im Vollzug durch je spezifische Dispositionen variiert werden, sind andererseits aber immer auch feldspezifisch codiert und dadurch in gewissen Hinsichten erwartbar. Immer die Erkenntnis im Blick, der zufolge der Prozess der Entstehung von Literatur ein „strukturelles Ereignis im literarischen Feld" (Porombka 2006, 75) darstellt, stehen Betrieb und Literatur nicht in einem Gegensatz zueinander, sondern durchdringen sich wechselseitig.

4 Aktuelle Tendenzen praxeologischer Forschung

So forschungsprogrammatisch relevant und disziplingeschichtlich erfolgreich Bourdieus Theorie des literarischen Feldes auch in literaturwissenschaftlichen Kontexten der Jahrtausendwende ist, spätestens seit den 2010er Jahren wird bestimmter darauf hingewiesen, dass feldtheoretische Arbeiten dazu tendieren, die Textdimension aus dem Blick zu verlieren. Die Konzentration auf die Praktiken der literarischen Akteure und deren Feldbeziehungen untereinander interessiert sich per definitionem v. a. für die Sozialdimension von literarisch-betrieblicher Praxis. Was sie indes vernachlässigt, ist „das Gerinnen der Praxis zum Text"

(Bierwirth et al. 2012, 13). Dass gerade literarische Texte als artifizielle Produkte von Literaturbetriebspraktiken wiederum ein Wissen „über die eigenen Produktions-, Vermittlungs- und Rezeptionsbedingungen mitführen" (Bierwirth et al. 2012, 13), betonen nun verstärkt neuere Ansätze, ohne dass aus ihnen im Überblick bereits ein konkretes, in sich kohärentes und ausgearbeitetes Forschungsprogramm erwachsen wäre. Ihren gemeinsamen Nenner finden diese Ansätze zunächst in der Betonung, dass Literaturbetriebspraktiken die Umsetzung einer wie auch immer gearteten ‚reinen' Poesie zwar durchaus einschränken mögen. Andererseits ist mit der praxeologischen Ausweitung des literaturwissenschaftlichen Gegenstandsbereichs über Schreibverfahren einzelner Texte hinaus indes auch und v. a. die Annahme verbunden, nicht nur die „textimmanente Logik der Produziertheit des literarischen Weltentwurfs" (Zanetti 2010, 26), sondern auch die Prozesse der Rahmenbedingungen literarischer Arbeit seien einer ‚gemeinschaftlichen Poetik' (vgl. Theisohn und Weder 2013, 13) verpflichtet. Bezugnehmend auf die durchaus noch sozialgeschichtlich gefärbte Vermutung, die literarisch-betriebliche Praxis müsse schlichtweg „auch für die poetische Verfassung der Literatur Folgen haben" (Theisohn und Weder 2013, 7), geht es einer derart praxeologisch informierten Literaturwissenschaft folgerichtig um eine Konzeption literarisch-betrieblicher Phänomene als kybernetischer Prozess, die die „Analyse interner Textstrukturen" (Zanetti 2010, 27) in Bezug setzt zu der Analyse von Formen feldspezifischer Praktiken. Dabei sind Letztere keineswegs aus den Handlungsintentionen, Interessen oder Motiven bestimmter Literaturbetriebsakteure kausal abzuleiten, wie dies mitunter in den Selbstbeschreibungen feuilletonistischer Debatten der Jahrtausendwende mit erwartbarer Regelmäßigkeit durch die Beteiligten selbst versucht wird (etwa im Kontext von Skandalisierungen um Norbert Gstrein, Martin Walser, Charlotte Roche u. a.). Die unterschiedlichen Routinen und Performances des literarischen Feldes und deren Relevanz für die Form literarischer Texte spielen vielmehr auf so komplexe und immer auch unerwartete, weil kontingente Weise ineinander, dass viel eher von einzelnen „Emergenzphänomen[en]" (Frank 1998, 75) literaturbetrieblicher Praxiskonglomerate die Rede sein sollte.

Die derart praxistheoretisch fundierte Literaturwissenschaft hat jenseits der mittlerweile sehr breiten Analyse von Autorschaftspraktiken (vgl. bspw. Kyora 2014) literaturbetriebliche Praxisformen bisher v. a. in Einzelstudien verschiedentlich in den Blick genommen. Dazu zählen so unterschiedliche Interessensfelder wie die Routinen der Vergabe von Literaturpreisen als performativ inszenierte Rituale (vgl. Dücker 2009), Literaturfestivals als zeitlich und räumlich verdichtete Praktiken des Literaturmarketings (vgl. Wegmann 2002) oder die Funktionsweise literarischer Moden und Hypes (vgl. Zeman 2012), um nur drei Beispiele aus diesem insgesamt sehr heterogenen Bereich zu nennen.

Die These, dass Literaturbetriebspraktiken einer bestimmten Poetik folgen oder eine solche zumindest entwerfen, findet ihren deutlichsten Ausdruck in Literaturbetriebs-Szenen. Im Anschluss an die Schreib-Szenen-Forschung, die die Körperlichkeit, Semantik und Instrumentalität des individuellen Schreibens betont (vgl. Campe 1991), geht es hier um die Frage, ob und inwiefern die für die Publikation eines Textes als literarisches Werk notwendigen Praktiken von Akteuren und Organisationen konkret am Schreibverfahren literarischer Texte partizipieren und inwiefern dies umgekehrt wiederum Auswirkungen auf die literaturbetrieblichen Routinen hat. Von Interesse ist folgerichtig nicht oder nicht nur das Zusammenspiel von sozial geregelten Formen handlungs- und zeichenbasierter Aktivitäten in ihrer historischen und faktischen Varianz im literarischen Feld. Auch steht nicht allein die Beobachtung im Zentrum, dass Praktiken literaturbetrieblicher Akteure in literarischen Texten thematisiert werden. In Literaturbetriebs-Szenen regt der sozialstrukturelle Rahmen der Literatur vielmehr poetologische Unterscheidungen an, die in ihrer Form über den Bereich der programmatischen Selbstreflexion hinausweisen: Inszenierungen etwa von Thomas Glavinic (*Das bin doch ich*), Bodo Kirchhoff (*Schundroman*), Andreas Maier (*Sanssouci*) oder Marlene Streeruwitz (*Nachkommen*) lassen das thematische Aufgreifen von und die Regulierung literarischer Formen durch Betriebsakteure und deren Praktiken konvergieren (vgl. Assmann 2014). Der sozialstrukturelle Rahmen literarischer Texte, wie ihn die routinisierten Formen literaturbetrieblicher Praktiken bereitstellen, bildet in diesen Fällen eine ganz wesentliche Relevanz für die literarische Form, in der in und mit sozialen Praktiken Literatur produziert, vermittelt oder rezipiert wird, was der jeweilige literarische Text selbst literarisiert.

5 Perspektiven einer Literaturwissenschaft literaturbetrieblicher Praktiken

Gibt es trotz dieser Ansätze im Überblick auch noch kein einheitliches, umfassendes praxistheoretisches Forschungsprogramm, um die diversen typisierten, routinisierten und sozial verstehbaren Aktivitäten im literarischen Feld in ihrer ganzen Breite und Vielfalt in den Blick zu nehmen, lassen sich gleichwohl einige Wegmarken hin zu einer Literaturwissenschaft literaturbetrieblicher Praktiken erkennen. So liegt eine Heuristik inkorporierten feldspezifischen Wissens und entsprechender Performanzen insbesondere für Praktiken der Inszenierung von Autorinnen und Autoren ausformuliert vor. Christoph Jürgensen und Gerhard Kaiser koppeln in ihrem Vorschlag das literaturwissenschaftliche Paratext-Konzept Gérard Genettes mit feldtheoretischen Grundannahmen. Als Inszenierungspraktiken bezeichnen sie „jene textuellen, paratextuellen und habituellen Techniken und Aktivitäten von Schriftstellern und Schriftstellerinnen, in oder mit denen sie öffentlichkeitsbezogen für ihre eigene Person, für ihre Tätigkeit und/ oder für ihre Produkte Aufmerksamkeit erzeugen" (Jürgensen und Kaiser 2011, 10). Praktiken der Selbst- und Fremdinszenierung von Autoren zielen demnach nicht zuletzt darauf ab, über das Erzeugen von Aufmerksamkeit bestimmte Positionen im literarischen Feld einnehmen zu können. Inszenierungspraktiken haben also auch immer eine soziale Dimension, die es praxeologisch zu berücksichtigen gilt. Ziel der Analyse ist „die Markierung und das Sichtbar-Machen einer sich abgrenzenden, wiedererkennbaren Position innerhalb des literarischen Feldes" (Jürgensen und Kaiser 2011, 10). Heuristisch differenzieren lässt sich dabei zwischen der Lokaldimension schriftstellerischer Praktiken der Inszenierung, die nach dem Ort bzw. der Stellung der jeweiligen Aktivität mit Bezug auf den Text fragt, und zweitens kann nach der Beschaffenheit der Inszenierungspraktik gefragt, also die habituelle Dimension in den Blick genommen werden (vgl. Jürgensen und Kaiser 2011, 11). In den praxeologisch geschulten Fokus geraten so einerseits Peritexte wie Vorworte, Titel, Anmerkungen oder feldspezifische Schreibweisen und andererseits Epitexte wie Interviews, Rezensionen oder feuilletonistische Debatten. Diese textuellen Formen können durch habituelle Inszenierungspraktiken unterstützt werden, deren Referenz in erster Linie nicht der jeweilige literarische Texte ist, sondern „ein spezifischer, mit philologischen Mitteln allein nicht mehr rekonstruierbarer ‚Lebensstil'" (Jürgensen und Kaiser 2011, 13).

So sehr die Untersuchung von Autorschaftsinszenierungen auch durch die praxeologisch-feldtheoretische Perspektivierung profitiert, mit Blick auf die ganze Bandbreite literaturbetrieblicher Praktiken steht Jürgensens und Kaisers Forschungsprogramm gleichwohl v. a. im Zeichen einer produktiven Auseinandersetzung mit der durch die Autorschaft relativierenden Thesen Michel Foucaults und Roland Barthes' entstandenen Leerstelle (durchaus noch im Anschluss an die These von der ‚Rückkehr des Autors' Ende der 1990er Jahre). Hat Literaturwissenschaft in praxeologischer Perspektive nicht nur die ‚eigentlichen' Texte zu ihrem Gegenstand, sondern auch die je spezifische Heterogenität der Rahmenbedingungen literarischer Arbeit, geraten indes nicht nur die Praktiken von Schriftstellern in den Blick. Schließlich stehen Autoren durch ihre handlungs- und zeichenbasierten Aktivitäten auch in Beziehungen zu anderen Akteuren des literarischen Feldes. Interessant wird mithin der gesamte sozialstrukturelle Rahmen der Herstellung, Distribution und Rezeption literarischer Texte: vom Schreibtisch und der Schreibwerkstatt, von der Literaturkritik und der Verlagsarbeit, vom literarischen Archiv und literarischen Agenturen bis hin zu ökonomischen, politischen, rechtlichen, religiösen und massenmedialen Einflussgrößen. Das Konzept einer Typologisierung von schriftstellerischen (Inszenierungs-)Praktiken, verstanden als Literaturbetriebspraktiken, ist folgerichtig auch auf andere Akteure des literarischen Feldes auszuweiten. Hier gilt es, das typisierte und sozial organisierte Bündel von Aktivitäten von Verlegern, Lektoren, Literaturkritikern, Bibliothekaren etc., aber auch bspw. in Institutionen wie Literaturhäusern, Poetikdozenturen und Instituten der Autorenausbildung oder in den unterschiedlichen medialen Formaten von Radio, Internet oder Fernsehen in den Blick zu nehmen und nach dem in diesen Tätigkeitsfeldern inkorporierten Wissen und den spezifischen Performativitäten des Handelns zu fragen.

Um die Gesamtheit an sozial geregelten und typisierten Tätigkeitsroutinen, wie sie sich in literaturbetrieblichen Wissens- und Performanzformen zeigen, zu systematisieren, können Literaturbetriebspraktiken vorläufig nach ihrer spezifischen Funktion differenziert werden. Im Anschluss an einen Vorschlag von Matthias Beilein sind die Routinen literaturbetrieblicher Aktivitäten danach zu differenzieren, ob sie (1) am Entstehungsprozess, (2) an der Vermittlung, (3) an der Medialisierung und/oder (4) an der Förderung bzw. Bewahrung von Literatur beteiligt sind (vgl. Beilein 2011, 182). Anhand dieser Grobstrukturierung lässt sich die Heterogenität von Formen verdichteter Praktiken etwa im Kontext von Verlagen, Literaturagenturen, Literaturfestivals oder Literaturarchiven heuristisch differenzieren und in ihren Unterschieden qualifizieren. Das Interesse der hier andockenden praxeologischen Analyse basiert dabei im Wesentlichen auf zwei Schritten (vgl. allgemein Reckwitz 2003, 293–294), wie sich exemplarisch an den Praktiken des Lektors verdeutlichen lässt.

Für den Lektor, der v. a. im Funktionsbereich der Entstehung von Literatur zu verorten ist, sind zunächst zwei Merkmale charakteristisch: Zum einen ist er als ständiger Begleiter sowohl von Autoren als auch von Verlegern „an allen Arbeitsschritten der Buchproduktion beteiligt" (Hömberg 2010, 96). Zum anderen werden seine Tätigkeiten eher selten in der literarischen Öffentlichkeit überhaupt als solche wahrgenommen. Sein Arbeitsbereich liegt ‚hinter den Kulissen', in den Verlagsinterna. Nicht zuletzt deshalb wird die lektorale Tätigkeit mit diversen Metaphern belegt, die den Lektor als „unbekanntes Wesen" (Hömberg 2010, 13) inszenieren und – damit einhergehend – mit diversen Metaphoriken belegen: z. B. als ‚geistiger Geburtshelfer', ‚graue Eminenz', ‚Literaturhausmeister' oder betrieblicher ‚Einsiedler' (vgl. Schneider 2005, 24–25). Die praxeologische Analyse setzt an dieser Stelle an und zerlegt die öffentlich kursierenden Imaginationen in jene Heterogenität alltäglicher Praktiken, die lektorale Tätigkeiten bestimmen: Praktiken der Zusammenarbeit mit dem Autor – etwa der schriftlichen oder mündlichen Korrespondenz, des Treffens im Café, des gemeinsamen Gangs durch das Manuskript, der individuellen Arbeit am Schreibtisch –, Praktiken der Interaktion mit anderen Betriebsakteuren – der Umgang mit Kollegen im Verlag, zwischen Lektoren, auf Verlagskonferenzen, mit der Marketingabteilung, im Rahmen öffentlicher Auftritte – und Praktiken des Selbst, bspw. in Selbstauskünften auf Podiumsdiskussionen oder in essayistischen Publikationen.

Lässt sich mit der Differenzierung der Heterogenität der verschiedenen lektoralen Tätigkeiten die in der empirischen Berufssoziologie betonte „Janusköpfigkeit des Lektors" (Hömberg 2010, 111) praxeologisch fundieren, kommen die routinisierten Handlungsabläufe und das inkorporierte Wissen des Lektors als eine Art ‚Schwellenpraxis' in den Blick. Jeweils konkret an einzelnen Praxisformen ließe sich auf dieser Basis sodann die lektorale „(Ver-)Mittlerfunktion zwischen Verlag und Autoren" (Hömberg 2010, 20) ebenso untersuchen wie etwa die immer wieder betonte Position des Lektors im Spannungsfeld der Referenzen des literarischen und des ökonomischen Feldes. Das Changieren seiner Funktion zwischen der Position des ‚literarischen Entdeckers und Literaturexperten', dem es um ‚literarisches Engagement' gehe, und dem auf ökonomischen Erfolg und Marketing orientierten ‚Produktmanager' (vgl. Schneider 2005, 9) könnte auf diese Weise an konkreten Praktiken überprüft werden.

Die mit all dem aufgerufenen informellen Logiken, die den Lektorberuf strukturieren, werden schließlich dadurch rekonstruierbar, dass die praxistheoretische Analyse – zweitens – nach den hochspezifischen Wissensformen fragt, die die einzelnen Praktiken ermöglichen: also nach Formen impliziten Verstehens und methodischen Wissens sowie nach feldspezifisch geformten Motivationen, die die Praktiken lektoralen Arbeitens, des Umgangs mit Autoren und Kollegen im literarischen Feld und des Selbst zulassen. Von Relevanz sind diese Fragen, das inkorporierte Wissen betreffend, nicht zuletzt deshalb, weil dem Lektor (neben anderen Literaturbetriebsakteuren wie Verlegern, Agenten, Kritikern oder Buchhändlern) die Macht zugeschrieben wird, legitim entscheiden zu dürfen, welche Texte und Autoren in den Literaturbetrieb inkludiert werden sollen (und welche nicht). In dieser „Schleusenwärterfunktion" (Grau 2006, 139) dient der Lektor als Qualitätsfilter, der als ‚erster Leser' die beim Verlag eingehenden Texte sichtet und jene auswählt, von denen er annimmt, dass sie einerseits bestimmte Literarizitätskriterien erfüllen und andererseits auf dem Buchmarkt ein literarisches Publikum finden. Was heißt es dann aber praktisch, lektorale Tätigkeiten durchzuführen? Was ‚können' die Akteure, wenn sie als Lektoren an der betrieblichen ‚Schleuse' agieren? Welches Wissen wird vorausgesetzt, um feldspezifische Erwartungsstandards nicht nur zu verfolgen, sondern zu etablieren und im literarischen Feld zumindest temporär durchzusetzen? Was bedeutet die Kernaufgabe lektoraler Tätigkeit, den Autor bei der Erstellung seines literarischen Textes zu begleiten? Und wie ist das Prozedere der damit verbundenen hochkomplexen Praktiken der ermutigenden, motivierenden Zusammenarbeit, ja des ‚Mitschreibens' am Manuskript zu verstehen?

6 Desiderate der Forschung

Jenseits der Frage nach der konkreten Umsetzung praxeologischer Forschungsprogramme in der Literaturwissenschaft ist es v. a. das Problem des Verhältnisses literaturwissenschaftlicher Praktiken zu denen der genannten Literaturbetriebspraktiken, das als grundsätzlich klärungsbedürftig anzusehen ist. Lassen sich die durch implizites, methodisches und interpretatives Wissen zusammengehaltenen Praktiken von Literaturwissenschaftlern als Positionsnahmen im (gegenwarts-)literarischen Feld beschreiben oder greifen sie auf gänzlich andere Codierungen zurück? Auf der einen Seite korrespondiert der praxistheoretischen Öffnung der Literaturwissenschaft (insbesondere der Gegenwartsliteraturwissenschaft) in forschungspragmatischen Kontexten immer wieder auch ein weitgehender Einbezug von jenen Akteuren des literarischen Feldes, die man eigentlich praxeologisch unter die Lupe nehmen möchte. So erfreuen sich gegenwartsliteraturbetriebliche Workshops, Tagungen oder Ringvorlesungen immer häufiger und mit einer gewissen Selbstverständlichkeit an Vorträgen von Betriebspraktikern – ohne dass deren konkreter Erkenntnisnutzen jenseits eines mitunter eher diffusen und anekdotischen ‚Blicks hinter die Kulissen' deutlich markiert wäre bzw. bisher in ausreichendem Maße literaturwissenschaftlich reflektiert würde.

Auf der anderen Seite geht mit praxeologisch ausgerichteten Forschungsprogrammen nicht nur eine dezidierte Ausweitung des literaturwissenschaftlichen Objekt-, sondern nicht selten auch und gerade des Kompetenzbereichs einher. Am konsequentesten eingefordert wird dies von den kulturanalytischen Arbeiten Stephan Porombkas, die gewissermaßen für ein Verschmelzen von Literatur, Literaturkritik und Literaturwissenschaft zu dem eintreten, was dann auch bei Porombka ‚literarisches Feld' heißt. Er macht sich für ein literaturwissenschaftliches Methodenset stark, das „Literaturwissenschaftler dazu bringt, an den aktuellen Auseinandersetzungen im Feld teilzunehmen, also nicht nur der Beobachter und Protokollant einer Gruppe auf einem Feld zu sein, sondern dieser Gruppe und diesem Feld zugleich anzugehören" (Porombka 2010, 87). Hier geht es also nicht nur um den interdisziplinären Einbau praxistheoretischer Grundlagen in die Literaturwissenschaft und folgerichtig die konsequente Ausweitung des Gegenstandsbereichs auf feldspezifische Verhaltensroutinen. Es geht um ein spezifisches Programm ‚angewandter Literaturwissenschaft', das letztlich die Konvergenz von literaturwissenschaftlichen mit literarisch-betrieblichen Praktiken zur Folge hat. Literaturwissenschaftliches Arbeiten wird zum Reflexionsort des literarischen Feldes erklärt, an dem der praxistheoretisch fundierten Literaturwissenschaft die Aufgabe zukommt, „nicht nur im Falle des Misslingens den Schwund zu diagnostizieren, sondern durch die kritische, durchaus skeptische Begleitung dessen, was innerhalb des Betriebs geschieht, mit zum Gelingen beizutragen" (Johannsen 2012, 279). Als zumindest bedenkenswert erweist sich ein solcher Ansatz nicht zuletzt deshalb, weil die Literaturwissenschaft auf diese Weise mit einem Anspruch konfrontiert wird, dem sie strukturell schlichtweg nicht gerecht werden kann. Selbstverständlich können Literaturwissenschaftler, die etwa als Moderatoren literarischer Veranstaltungen auftreten, Relevanzen im literarischen Feld erzeugen. Bewegen sie sich indes in literaturwissenschaftlichen Kontexten, beziehen sich ihre Routinen auf Erwartungen innerhalb des wissenschaftlichen und nicht des literarischen Feldes. Literaturwissenschaftliche Tätigkeiten werden mit der Forderung, die Prozesse literarisch-betrieblicher Aktivitäten im Sinne literarischer Rationalitäten gleichsam effizienter zu gestalten, in einen Zustand ständiger Überforderung gesetzt, der weit über die vielfach anzutreffenden Forderungen nach mehr Praxisbezug von Studierendenseite hinausgeht und noch einmal eingehender diskutiert werden müsste.

Speziell aus literaturwissenschaftlicher Sicht stellt sich darüber hinaus aber noch eine andere Frage, den Einbau von praxistheoretischen Ansätzen betreffend. Denn so vielversprechend die praxeologische Perspektive für eine Untersuchung des Literaturbetriebs auch sein mag, es ist schließlich auch darauf hinzuweisen, dass praxistheoretisch orientierte Forschungsprogramme insbesondere im Anschluss an die Arbeiten Reckwitzs zumindest eines immer auch vertreten: nämlich die These, dass jene Kulturanalysen, die sich nur auf Texte konzentrieren, notwendigerweise defizitär bleiben müssten. Es ist gerade die damit einhergehende Konzentration auf die Sozialdimension des Literarischen, die das Kerngeschäft literaturwissenschaftlicher Analysen indes in Frage stellt. Auch wenn die neuere literaturwissenschaftliche Rezeption praxistheoretischer Ansätze sie mehr oder weniger ausblendet, ganz grundsätzlich stellt sich tatsächlich die Frage, auf welcher konkreten materiellen Grundlage soziale Praktiken des literarischen Feldes überhaupt analysiert werden können, „wenn nicht auf textueller" (Baßler 2005, 105). Wenn dem Interesse an der Form literarischer Texte nicht allein auf grammatischer und semantischer Ebene nachgegangen werden kann, sondern immer auch ein Bezug zu literaturbetrieblichen Praktiken hergestellt werden muss, stellt sich die Frage, ob sich dieser sozialstrukturelle Kontext als Praxiskonglomerat verstehen lässt – oder ob er nicht schlichtweg auch wieder textuell verfasst ist und als paradigmatische Verknüpfung zwischen Texten realisiert wird.

Weiterführende Literatur

Bierwirth, Maik, Anja Johannsen und Mirna Zeman (Hg.) (2012). *Doing Contemporary Literature. Praktiken, Wertungen, Automatismen*. München.

Bogdal, Klaus-Michael und Heribert Tommek (Hg.) (2012). *Transformationen des literarischen Feldes in der Gegenwart. Sozialstruktur – Medien-Ökonomien – Autorpositionen*. Heidelberg.

Elias, Friederike, Albrecht Franz, Henning Murmann und Ulrich W. Weiser (Hg.) (2014). *Praxeologie. Beiträge zur interdisziplinären Reichweite praxistheoretischer Ansätze in den Geistes- und Sozialwissenschaften*. Berlin und Boston, MA.

Hörning, Karl H. und Julia Reuter (Hg.) (2004). *Doing Culture. Neue Positionen zum Verhältnis von Kultur und sozialer Praxis*. Bielefeld.

Kyora, Sabine (Hg.) (2014). *Subjektform Autor. Autorschaftsinszenierungen als Praktiken der Subjektivierung*. Bielefeld.

Theisohn, Philipp und Christine Weder (Hg.) (2013). *Literaturbetrieb. Zur Poetik einer Produktionsgemeinschaft*. München.

Zitierte Literatur

Assmann, David-Christopher (2014). *Poetologien des Literaturbetriebs. Szenen bei Kirchhoff, Maier, Gstrein und Händler*. Berlin und Boston, MA.

Baßler, Moritz (2005). *Die kulturpoetische Funktion und das Archiv. Eine literaturwissenschaftliche Text-Kontext-Theorie*. Tübingen.

Beilein, Matthias (2011). „Literaturbetrieb". *Lexikon Literaturwissenschaft. Hundert Grundbegriffe*. Hrsg. von Gerhard Lauer und Christine Ruhrberg. Stuttgart: 181–183.

Bierwirth, Maik, Anja Johannsen und Mirna Zeman (2012). „Doing Contemporary Literature". *Doing Contemporary Literature. Praktiken, Wertungen, Automatismen*. Hrsg. von Maik Bierwirth, Anja Johannsen und Mirna Zeman. München: 9–23.

Bourdieu, Pierre (^{3}2005). *Die Regeln der Kunst. Genese und Struktur des literarischen Feldes*. Übersetzt von Bernd Schwibs und Achim Russer. Frankfurt a. M.

Campe, Rüdiger (1991). „Die Schreibszene. Schreiben". *Paradoxien, Dissonanzen, Zusammenbrüche. Situationen offener Epistemologie*. Hrsg. von Hans Ulrich Gumbrecht und K. Ludwig Pfeiffer unter Mitarbeit von Irene Chytraeus-Auerbach et al. Frankfurt a. M.: 759–772.

Dücker, Burckhard (2009). „Literaturpreise". *Zeitschrift für Literaturwissenschaft und Linguistik* 39.154 (2009): 54–76.

Elias, Friederike, Albrecht Franz, Henning Murmann und Ulrich W. Weiser (2014). „Hinführung zum Thema und Zusammenfassung der Beiträge". *Praxeologie. Beiträge zur interdisziplinären Reichweite praxistheoretischer Ansätze in den Geistes- und Sozialwissenschaften*. Hrsg. von Friederike Elias, Albrecht Franz, Henning Murmann und Ulrich W. Weiser. Berlin und Boston, MA: 3–12.

Fohrmann, Jürgen (2000). „Das Versprechen der Sozialgeschichte (der Literatur)". *Nach der Sozialgeschichte. Konzepte für eine Literaturwissenschaft zwischen Historischer Anthropologie, Kulturgeschichte und Medientheorie*. Hrsg. von Martin Huber und Gerhard Lauer. Tübingen: 105–112.

Frank, Dirk (1998). „Zwischen Deliteralisierung und Polykontextualität. Günter Grass' *Ein weites Feld* im Literaturbetrieb". *Baustelle Gegenwartsliteratur. Die neunziger Jahre*. Hrsg. von Andreas Erb unter Mitarbeit von Hannes Krauss und Jochen Vogt. Opladen und Wiesbaden: 72–96.

Grau, Renate (2006). *Ästhetisches Engineering. Zur Verbreitung von Belletristik im Literaturbetrieb*. Bielefeld.

Hömberg, Walter (2010). *Lektor im Buchverlag. Repräsentative Studie über einen unbekannten Kommunikationsberuf*. Unter Mitarbeit von Susanne Pypke und Christian Klenk. Konstanz.

Joch, Markus (2009). „Literatursoziologie/Feldtheorie". *Methodengeschichte der Germanistik*. Hrsg. von Jost Schneider unter redaktioneller Mitarbeit von Regina Grundmann. Berlin und New York, NY: 385–420.

Joch, Markus und Norbert Christian Wolf (Hg.) (2005). *Text und Feld. Bourdieu in der literaturwissenschaftlichen Praxis*. Tübingen.

Johannsen, Anja (2012). „‚Zuviel zielwütige Kräfte?' Der Literaturveranstaltungsbetrieb unter der Lupe". *Doing Contemporary Literature. Praktiken, Wertungen, Automatismen*. Hrsg. von Maik Bierwirth, Anja Johannsen und Mirna Zeman. München: 263–281.

Jürgensen, Christoph und Gerhard Kaiser (2011). „Schriftstellerische Inszenierungspraktiken – Heuristische Typologie und Genese". *Schriftstellerische Inszenierungspraktiken – Typologie und Geschichte*. Hrsg. von Christoph Jürgensen und Gerhard Kaiser. Heidelberg: 9–30.

Kyora, Sabine (Hg.) (2014). *Subjektform Autor. Autorschaftsinszenierungen als Praktiken der Subjektivierung*. Bielefeld.

Löffler, Philipp (2014). „Was ist eine literarische Epoche? Literaturgeschichte, literarischer Wandel und der Praxisbegriff in den Geistes- und Sozialwissenschaften". *Praxeologie. Beiträge zur interdisziplinären Reichweite praxistheoretischer Ansätze in den Geistes- und Sozialwissenschaften*. Hrsg. von Friederike Elias, Albrecht Franz, Henning Murmann und Ulrich W. Weiser. Berlin und Boston, MA: 73–96.

Porombka, Stephan (2006). „Literaturbetriebskunde. Zur ‚genetischen Kritik' kollektiver Kreativität". *Kollektive Kreativität*. Hrsg. von Stephan Porombka, Wolfgang Schneider und Volker Wortmann. Tübingen: 72–87.

Porombka, Stephan (2010). „Gegenwartsliteraturwissenschaft. Von der interpretativen Mumien-Betrachtung zur Operation am offenen Herzen". *Wie über Gegenwart sprechen? Überlegungen zu den Methoden einer Gegenwartsliteraturwissenschaft*. Hrsg. von Paul Brodowsky und Thomas Klupp. Frankfurt a. M. et al.: 73–89.

Reckwitz, Andreas (2003). „Grundelemente einer Theorie sozialer Praktiken. Eine sozialtheoretische Perspektive". *Zeitschrift für Soziologie* 32.4 (2003): 282–301.

Reckwitz, Andreas (2004). „Die Reproduktion und die Subversion sozialer Praktiken. Zugleich ein Kommentar zu Pierre Bourdieu und Judith Butler". *Doing Culture. Neue Positionen zum Verhältnis von Kultur und sozialer Praxis*. Hrsg. von Karl H. Hörning und Julia Reuter. Bielefeld: 40–54.

Schatzki, Theodore R. (1996). *Social Practices. A Wittgensteinian approach to human activity and the social*. Cambridge.

Schneider, Ute (2005). *Der unsichtbare Zweite. Die Berufsgeschichte des Lektors im literarischen Verlag*. Göttingen.

Theisohn, Philipp und Christine Weder (2013). „Literatur als/statt Betrieb – Einleitung". *Literaturbetrieb. Zur Poetik einer Produktionsgemeinschaft*. Hrsg. von Philipp Theisohn und Christine Weder. München: 7–19.

Tommek, Heribert und Klaus-Michael Bogdal (2012). „Einleitung". *Transformationen des literarischen Feldes in der Gegenwart. Sozialstruktur – Medien-Ökonomien – Autorpositionen*. Hrsg. von Klaus-Michael Bogdal und Heribert Tommek. Heidelberg: 7–23.

Wegmann, Thomas (2002). „Zwischen Gottesdienst und Rummelplatz. Das Literaturfestival als Teil der Eventkultur". *literatur.com. Tendenzen im Literaturmarketing*. Hrsg. von Erhard Schütz und Thomas Wegmann. Berlin: 121–136.

Zanetti, Sandro (2010). „Welche Gegenwart? Welche Literatur? Welche Wissenschaft? Zum Verhältnis von Literaturwissenschaft und Gegenwartsliteratur". *Wie über Gegenwart sprechen? Überlegungen zu den Methoden einer Gegenwartsliteraturwissenschaft*. Hrsg. von Paul Brodowsky und Thomas Klupp. Frankfurt a. M. et al.: 13–29.

Zeman, Mirna (2012). „Literarische Moden. Ein Bestimmungsversuch". *Doing Contemporary Literature. Praktiken, Wertungen, Automatismen*. Hrsg. von Maik Bierwirth, Anja Johannsen und Mirna Zeman. München: 111–131.

Hannelore Bublitz
III.2.3 Kulturindustrie

1 Definition und begriffliche Klärung

Kulturindustrie bezeichnet den Warencharakter und die Warenästhetik kultureller Ereignisse und Erzeugnisse, deren Aufmachung sich an der ökonomischen Verwertung von Kultur ausrichtet. Kulturindustrie meint im Wesentlichen, dass alle Kultur in der kapitalistischen Gesellschaft zur Ware wird und das Ästhetische, dem ökonomischen Wert untergeordnet, selbst zur bloßen ‚Waren-Ästhetik' verkommt. Der Begriff der Kulturindustrie zielt, neben der warenförmigen Kulturproduktion, v. a. auf deren gesellschaftliche Implikationen, den gesellschaftlichen Verblendungszusammenhang, der die Konformität der Kulturkonsumenten sicherstellen soll.

Im Fokus der Kulturindustrie-These steht die serielle Produktion und Ähnlichkeit von Kunstprodukten. Auch Literatur ist in den Prozess der warenförmigen Produktion und Ästhetik einbezogen, auch sie wird zum weltweit zirkulierenden Massenartikel. Als Topos der Kulturkritik kursiert mit dem Begriff der Kulturindustrie die Sorge um den Bildungswert von Literatur wie auch um den mündigen Leser und seine Urteilskraft. Wo das Kalkül der Verkäuflichkeit an die Stelle des Bildungskanons tritt, ist der Leser, so Enzensberger in seinen Betrachtungen über „Bewusstseins-Industrie" und „Bildung als Konsumgut" (Enzensberger 1962, 111), den Manipulationen der Kulturindustrie hilflos ausgeliefert.

Der Begriff Kulturindustrie geht auf eine Schrift von Max Horkheimer und Theodor W. Adorno mit dem Titel *Dialektik der Aufklärung* (1947) zurück, die von den beiden jüdischen Autoren gemeinsam nach ihrer Emigration aus Nazi-Deutschland 1944 im US-amerikanischen Exil abgeschlossen wurde. Die Schrift erschien 1947 zunächst in Amsterdam und zirkulierte in Deutschland nicht nur während der deutschen Studentenbewegung der 1960er Jahre, sondern wurde auch danach zum Inbegriff einer kritischen Theorie, die die zentralen Momente kapitalistischer Vergesellschaftung, an der marxistischen Theorie ausgerichtet, ‚auf den Begriff', nämlich den des Verblendungszusammenhangs und der Verdinglichung, bringt. Das Buch gehört zu den grundlegenden Texten der Kritischen Theorie der *Frankfurter Schule*. Das Kapitel über die Kulturindustrie trägt den Untertitel „Aufklärung als Massenbetrug"; es ist Teil einer Abhandlung, die angesichts der Instrumentalisierung der Vernunft und angesichts des Faschismus „die rastlose Selbstzerstörung der Aufklärung" (Horkheimer und Adorno 1968 [1947], 5) diagnostiziert.

Der Begriff der Kulturindustrie ersetzt den ursprünglich von den Autoren verwendeten Begriff der Massenkultur. Adorno selbst weist in seinem „Résumé über die Kulturindustrie" (^{5}2004 [1963]) darauf hin, dass in den Entwürfen zur Dialektik der Aufklärung noch von Massenkultur die Rede war, dass sie diesen Begriff aber durch den der Kulturindustrie ersetzt haben, um, wie er ausführt, „von vornherein die Deutung auszuschalten [...], dass es sich um etwas wie spontan aus den Massen selbst aufsteigende Kultur handele, um die gegenwärtige Gestalt von Volkskunst" (Adorno ^{5}2004 [1963], 202). Entschieden hebt er darauf ab, „dass sich die Kulturindustrie von einer Volkskultur oder Massenkunst aufs äußerste unterscheidet." (Adorno ^{5}2004 [1963], 202) Das liege daran, dass die Massen hier keineswegs das Maß aller Dinge, sondern ein „Sekundäres, Einkalkuliertes; Anhängsel der Maschinerie" (Adorno ^{5}2004 [1963], 202) bildeten. Ausgangspunkt dieser Kultur ist daher, so die Autoren, keinesfalls die Masse, sondern die Warenförmigkeit von Kultur, deren profitable Verwertung und technisch-mediale Reproduktion im Vordergrund der Kulturproduktion steht.

Die Autoren kritisieren insbesondere die affirmative Ausrichtung der Kulturindustrie und deren ideologische Funktion. Durch ihre massenmediale Verbreitung gewissermaßen zum „Paradigma des modernen Lebens", der, „als Lebensstil der Massen, sowohl alles nach ihrer Maßgabe organisiert als auch durchdringt, [avanciert]" (Schwering 2006, 357), führe diese Kultur, den Massen als massenkulturelles Konsumgut ausgehändigt, zur Verdummung der Massen und mache aus dem Glücksanspruch der Vielen den manipulatorischen Betrug. Die Autoren gehen davon aus, dass die Kommerzialisierung der Kultur, deren Produkte eigens auf den Konsum durch die Massen zugeschnitten und durch serielle Produktion und Wiederholung des Immergleichen charakterisiert sind, Instrumente der Manipulation und der Verdummung der Massen, die Verkaufsobjekte, die betrogen werden, nicht autonom entscheidende Subjekte sind, bereitstellt.

Als diskursives Konzept ist sowohl das Konzept der ‚Masse' als auch das der ‚Massenkultur' diskreditiert; in ihrer diskursiven Konturierung verbergen sich Ressentiments, die am historischen Vorbild der Eliten ausgerichtet sind. So werden beide als Agglomerat, in dem die individuellen und sozialen Unterschiede unwichtig erscheinen, negativ konnotiert. Aber als soziale Konfiguration und Strukturmerkmal moderner Gesellschaften bezeichnet ‚die Masse' zweifellos eine unausweichliche gesellschaftliche Realität, sie bildet eine Signatur moderner Gesellschaften, auch wenn Adorno 1956 schrieb: „[S]elten will jemand einer aus der Masse sein; die Masse sind immer die anderen" (Adorno 1967 [1956], 70). Aus ihr erschließt sich die besondere Struktur ihrer kulturellen Form (vgl. Bublitz 2005). Als soziales Regulativ des Individuums sichert die Masse soziale Anschlussmöglichkeiten des Individuums an die Gesellschaft. Zugleich bestimmt sie in der Massenfertigung und im Massenkonsum die Produktions- und Konsumtionsform. Und obwohl ‚die Masse' als physisch sichtbare Ansammlung gewissermaßen als ‚Störfall' sozialer Ordnung erscheint, verändert sie sich im 20. Jahrhundert mehr und mehr zum Element einer Kultur eigenen Typs. Sie bildet den etablierten Bezugspunkt, der soziale Zugehörigkeiten ebenso regelt wie er Auskunft über soziale Normalität gibt. Nicht zuletzt tragen Datenmassen seit dem 19. Jahrhundert dazu bei, über soziale Verteilungen Massendynamiken zu steuern (vgl. Bublitz ³2014, 284).

2 Hauptaspekte des Themas

Die Dialektik der Aufklärung – instrumentelle Vernunft und Mythos

In ihrer Vorrede zur *Dialektik der Aufklärung* gehen Horkheimer und Adorno davon aus, dass Theorie und Wissenschaft allererst die Funktion der Aufklärung über das Bestehende und dessen kritische Reflexion haben; das bloß positivistische und pragmatische Denken überlässt dagegen, darin sind sich die Autoren sicher, die „technologisch erzogenen Massen" (Horkheimer und Adorno 1968 [1947], 8) dem Despotismus technischer Apparate und wirtschaftlicher Mächte, der nicht nur die Naturbeherrschung, die „Gewalt der Gesellschaft über die Natur" (Horkheimer und Adorno 1968 [1947], 9) auf die Spitze treibt, sondern den Massen vorgaukelt, sie wären mit der „sozial kläglich(n) Hebung des Lebensstandards" (Horkheimer und Adorno 1968 [1947], 9) zugleich Kultur-Teilhaber. Stattdessen geht es nach Horkheimer und Adorno um den ökonomischen „Ausverkauf der Kultur" (Horkheimer und Adorno 1968 [1947], 9).

Horkheimer und Adorno unterziehen nicht nur den Kultur-, sondern auch den Vernunftbegriff einer radikalen Kritik und vertreten die Auffassung, dass sich das Projekt der Aufklärung mit der neuzeitlichen Wissenschaft und der technisch vollendeten Naturbeherrschung in instrumentelle Vernunft und damit in den Mythos des unausweichlichen Fortschritts verkehrt habe. Dass dieser in Wirklichkeit einen Mythos darstellt, der Naturbeherrschung um den Preis der schrankenlosen Herrschaft über Natur und deren Versklavung, die auch das äußere und innere Natur beherrschende Subjekt unterwirft, vollzieht, gehört zu den Kernthesen ihrer kritischen Auseinandersetzung mit der Moderne. Im „Triumph des Tatsachensinns" (Horkheimer und Adorno 1968 [1947], 14), der auf Kosten der kritischen Reflexion der Naturbeherrschung geht, und im Herrschaftscharakter der Vernunft, die eigentlich die mythische Weltsicht überwinden wollte, sehen sie einen neuen Mythos begründet, der „sich zu den Dingen wie der Diktator zu den Menschen [verhält]." (Horkheimer und Adorno 1968 [1947], 20). Dabei „schlägt Aufklärung in die Mythologie zurück, der sie nie zu entrinnen wußte" (Horkheimer und Adorno 1968 [1947], 40). Der Unterschied von Mythos und Aufklärung besteht dann letztlich darin, dass diese sich als Wahrheit verkleidet, in Wirklichkeit aber Herrschaft ist. Diese besteht für Horkheimer und Adorno in der begrifflichen Abstraktion selbst. „Die Abstraktion, das Werkzeug der Aufklärung, verhält sich zu ihren Objekten wie das Schicksal, dessen Begriff sie ausmerzt: als Liquidation" (Horkheimer und Adorno 1968 [1947], 24). Schon an dieser Stelle erscheint ein Aspekt, den die Autoren als wesentliches Merkmal der Kulturindustrie identifizieren: das Wiederholbare, letztlich technisch Reproduzierbare, das als Wesen der Abstraktion erscheint. Im Rückgriff auf Hegels *Phänomenologie des Geistes* und das dort skizzierte Verhältnis von Herr und Knecht wird Aufklärung zum Herrschaftsinstrument: „Unter der nivellierenden Herrschaft des Abstrakten, die alles in der Natur zum Wiederholbaren macht, und der Industrie, für die sie es zurichtet, wurden schließlich die Befreiten selbst zu jenem ‚Trupp', den Hegel als das Resultat der Aufklärung gezeichnet hat" (Horkheimer und Adorno 1968 [1947], 24). Diese „Verschlingung von Mythos und Aufklärung" (Habermas 1985, 130) setzt nicht einen Befreiungs-, sondern einen universellen Selbstzerstörungsprozess der Aufklärung in Gang (vgl. Habermas 1985, 130–157). Dabei sind Abstraktion und begriffliche Logik gewissermaßen das Werkzeug, mit dem den Dingen Gewalt angetan wird, die damit, wie die Kultur, wenn auch nur zum Schein, berechenbar, verfügbar und beherrschbar werden. Das Schema der Berechenbarkeit wird damit zum vorherrschenden Muster der Erkenntnis. Und das Subjekt selbst wird nach diesem Muster geformt; es wird zum manipulierbaren Kollektiv, das sich rings herum alles unterwirft und sich dabei den Dingen wie auch sich selbst gegenüber entfremdet. Alles, was anders ist, wird ausgegrenzt. Alles, was sich diesem instrumentellen Denkmuster entzieht, wird als ‚Aberglaube' und Spekulation denunziert. Es handelt sich um einen Herrschaftsmodus, der als Vernunft erscheint. Der technische Fortschritt wird destruktiv, Aufklärung zum Massenbetrug – und die Massen selbst werden zum Objekt der Verführung durch technisches Wissen und Kulturindustrie. Exemplarisch für diese antiaufklärerische Art der Erkenntnis ist nach Horkheimer und Adorno die moderne positivistische Wissenschaft; sie sind davon überzeugt, dass diese jeglichen Anspruch auf wahre Erkenntnis zugunsten der Bestätigung des Gegebenen und des technisch Verwertbaren aufgibt.

Das anti-aufklärerische Konzept der Kulturindustrie

Der Begriff der Kulturindustrie zielt auf die ideologiekritische Analyse einer Verwertung von Kultur als ökonomisch verwertbare Massenware. Im Vordergrund des Kulturindustrie-Konzepts stehen die Kritik des Profitmotivs und die Kritik an den Verfahren der technischen (Re-)Produktion und Standardisierung, weil sie zur „Reproduktion des Immergleichen" (Balke 2002, 271) führe. So beginnt das ‚Kulturindustrie-Kapitel' mit den Worten: „Kultur heute schlägt alles mit Ähnlichkeit [...]. Alle Massenkultur unterm Monopol ist identisch [...]." (Horkheimer und Adorno 1968 [1947], 144–145) Kritisiert werden die von der Kulturindustrie verbreiteten, gleichmacherischen Schemata der Wahrnehmung und des Denkens, die ‚das Andere' immer nur zulassen, insofern es als Eigenes erscheint und den Standard, die Norm eher bekräftigen als in Frage stellen (vgl. Schwering 2006). Entscheidend ist die „automatisierte, indifferente Wiederholung des Zirkels aus ‚Manipulation und rückwirkendem Bedürfnis'", die „Anderes nur im Rahmen der Selbstpanzerung und ihrer Erhaltung" (Schwering 2006, 358) duldet. Adorno kommt zu der Auffassung, dass „das System der Kulturindustrie die Massen umstellt, kaum ein Ausweichen duldet und unablässig die gleichen Verhaltensschemata einübt" (Adorno ^{5}2004 [1963], 208).

Durch die Vorherrschaft des Profitmotivs beseitigt die Kulturindustrie bewusst oder unbewusst die ‚Autonomie' der Kunst, wie eingeschränkt sie auch je bestanden haben mag. Literatur wird dadurch zur Ware, die sich v. a. dadurch auszeichnet, dass sie unter kommerziellen Aspekten die „Umkleidung eines Immergleichen" (Adorno ^{5}2004 [1963], 203) betreibt. Die Abwechslung verhüllt dabei nur unzureichend, dass sich im Grunde nichts ändert. Adorno stellt klar, dass sich der Ausdruck ‚Industrie' hier auf die Standardisierung der Produkte und die Rationalisierung der Verbreitungstechniken, nicht unbedingt auf die Produktionsweise selbst bezieht. So werden in allen Sparten der Kulturindustrie standardisierte Produkte hergestellt, die auf den Konsum durch die Massen zugeschnitten sind und in weitem Maß diesen Konsum bestimmen. Die Masse der Konsumenten wird nicht nur mehr oder weniger fremdbestimmt zum kalkulierten Faktor einer Bewusstseins- und Kulturindustrie. Vielmehr unterwirft die Kulturindustrie, über die entfremdete Fabrikarbeit hinaus, die Individuen auch in der gesamten Freizeit der „totalen Kapitalmacht" (Balke 2002, 271). Damit setzt sie nur fort, was im Produktionsbereich ohnehin geschieht, suggeriert allerdings – durch ihre Ideologie der individualistischen Kunst und der Ausbeutung des Starkultus – Authentizität, Individualität und Unmittelbarkeit. Durch die gleichsam parasitäre Teilhabe kulturindustrieller Technik(en) (der Zirkulation und mechanischen Reproduktion) an der Technik materieller Güterherstellung und ohne Rücksicht auf die Formgesetze der ästhetischen Autonomie verschleiern die kulturindustriellen, kommerziell produzierten Erzeugnisse ihre Herkunft aus dem Standard und der seriellen Wiederholung. Anders als Walter Benjamin in seinem Aufsatz „Das Kunstwerk im Zeitalter seiner technischen Reproduzierbarkeit" (1974 [1936]), der bei der ‚Zertrümmerung der Aura' des bürgerlichen Kunstwerks im Zeitalter seiner technischen Reproduzierbarkeit ein emanzipatorisches Moment der Massen(kultur) darin sieht, dass an die Stelle des Kults der Unnahbarkeit – „d. h. dem Ritual der Elite- und Hochkultur als Ausdruck und Festschreibung hegemonialer Verhältnisse" (Schwering 2006, 357) – die kollektive Berührung mit der Kultur tritt, geht Adorno in seinem „Resumé über Kulturindustrie" davon aus, dass diese die „verwesende Aura" des Kunstwerks nur in einen „vernebelnden Dunstkreis" (Adorno ⁵2004 [1963], 205) hüllt und gerade dadurch ideologisch wirkt. Der Sprachduktus ist wortgewaltig, er ist gewissermaßen selbst die Marke, die Wiedererkennungswert hat.

So schreibt Adorno allen Ernstes: „Das gemütliche alte Wirtshaus demoliert der Farbfilm mehr, als Bomben es vermochten: er rottet seine *imago* aus. Keine Heimat überlebt ihre Aufbereitung in den Filmen, die sie feiern und alles Unverwechselbare, wovon sie zehren, zum Verwechseln gleichmachen" (Adorno ⁵2004 [1963], 206). Kritik am Heimatbegriff selbst erscheint hier – noch – nicht als Element (ideologie-)kritischer Analysen, die Kritik richtet sich vielmehr auf ihre austauschbare Form der Darstellung. Immer wieder rekurriert die Kritik der Kulturindustrie auf dieses gleichmacherische Moment, aus dem, nach Adorno, eine Mentalität von Konformisten resultiert, die sich „fügen in das, was ohnehin ist, und in das, was als Reflex auf dessen Macht und Allgegenwart, ohnehin alle denken" (Adorno ⁵2004 [1963], 207).

Kulturindustrie erscheint demnach als Medienverbund und Apparatur der psychotechnischen Menschenbehandlung, die der Verwerfung des Anderen, Differenten dient und stattdessen die vollendete Ähnlichkeit und Identität und damit Konformismus (der Wahrnehmung und des Bewusstseins) prämiert; als Ort und Motor des Totalitären – die Aufklärung der Massen erscheint als Perversion, nämlich als Massenbetrug, u. a. mit den Mitteln der Reklame und der Werbung, die die Angleichung des individuellen Menschen an die Technik und den Markt betreibt und standardisierte Reproduktionsverfahren zur Vereinheitlichung – nicht nur der Produkte, sondern auch der Konsumenten und ihrer Wünsche – einsetzt. Werbung und Nazi-Propaganda werden hier gleichgesetzt mit der totalitären Manifestation des Technischen und Ästhetischen, die beide in den „neuen, großen, schönen, edlen Menschentypus" (Schwering 2006, 360) münden.

Aus Aufklärung wird Anti-Aufklärung und Anti-Bildung der manipulierten Massen: „Der Gesamteffekt der Kulturindustrie ist der einer Anti-Aufklärung, in ihr wird [...] Aufklärung [...] zum Massenbetrug, zum Mittel der Fesselung des

Bewußtseins. Sie verhindert die Bildung autonomer, selbstständiger, bewußt urteilender und sich entscheidender Individuen" (Schwering 2006, 208). Maßstab dieses Urteils ist zweifellos das mündige Individuum, das eine wirklich demokratische Gesellschaft erst ermöglicht. Die Kulturindustrie trägt hingegen nicht nur dazu bei, dass die Massen unmündige Individuen hervorbringen, sondern an der Emanzipation gehindert und zum Konsum – und damit zum Kulturverfall – verführt werden.

Und schließlich lässt sich die Kulturindustrie als Medium der „Austreibung des Leibes" skizzieren, der eingeschnürt wird in das Korsett der Kulturindustrie und zum Reklameabziehbild verkommt. Hier wird jenes Körperbild des 21. Jahrhunderts vorweggenommen, das den Körper als Folie dynamischer Maßnahmen des *body upgrading* und *enhancement* vorführt. Horkheimer und Adorno gehen davon aus, dass der Körper, noch in der (Re-)Produktion des Sexuellen und in seiner massenhaften Inszenierung, abstirbt, in der „klinischen Friedhofsruhe" von Werbebildern jede Vitalität verdrängt, auch oder gerade wenn er sich mit „einer monströsen Renovierung des Körpers, d. h. mit einem Zwang zur Perfektion" (Schwering 2006, 361) verknüpft. Ausdruck dieser Reklame, die von Horkheimer und Adorno mit der faschistischen Propaganda gleichgesetzt wird, ist der Konsumdruck, der sich immer mehr verschärft.

Rezeption – Anschlüsse

In der Diskussion um die Massen- und Populärkultur spielt das Konzept der Kulturindustrie eine wichtige Rolle. Die kulturpessimistische Analyse der Kulturindustrie wurde breit rezipiert und diskutiert, sie ist teils mit Zustimmung, teils aber auch mit Kopfschütteln zur Kenntnis genommen worden.

V. a. von Seiten der britischen *Cultural Studies* wurde der Kulturindustrie-These vorgeworfen, das subversive Moment und Potential der Populärkultur zu vernachlässigen. Sie wiesen die negative Semantik sowohl des Massenbegriffs als auch des Begriffs der Kulturindustrie als elitär und undemokratisch zurück und ersetzten den Begriff der Masse und der Kulturindustrie/Massenkultur durch den des Populären und der Populärkultur.

Anschließend an das Konzept der Massen- und Populärkultur wie auch das der Kulturindustrie haben sich in der angelsächsischen Kultursoziologie spezifische Konzepte der *consumer culture* entwickelt, die in der Industrialisierung der Kultur zugleich betont, dass Massenkultur ein homogenes wie auch differenziertes, im Konsum egalitäres Warenuniversum produziert und kommerziell verbreitet. Zugleich wird betont, dass auch in dieser Industrialisierung der Kultur eine Kulturelite erhalten bleibt (vgl. Featherstone 1991; Dröge und Müller 1995).

Spezifische Merkmale dieser Kultur bilden die relative Klassenunabhängigkeit, da sie sich auf die Gesamtheit der Menschen kapitalistischer Industriestaaten bezieht, und, damit zusammenhängend, der Egalitarismus (Teilhabe der Masse der Bevölkerung, nicht nur bürgerlicher Bildungsschichten) sowie die ästhetische Erscheinungsform von Gebrauchsgütern, die neben ihrem Gebrauchswert auch einen symbolischen (Tausch-)Wert haben. Träger dieser industriell produzierten Kultur ist das kommerzielle Produktions- und Marktsystem der kapitalistischen Warenproduktion, das Kulturgüter in serieller Massenproduktion herstellt und zirkulieren lässt. Dabei rückt neben dem ökonomischen Aspekt der Vermarktung und Verwertung und dem technischen Aspekt der (Re-)Produktion der (Massen-)Kulturwaren v. a. auch der ästhetische Aspekt der Dinge in den Blick; er wird gewissermaßen zum Imperativ, zum strukturellen Zwang kapitalistischer Industrie- und Massenproduktion, „der mit seinen Gegenständen das Bedürfnis nach Ästhetisierung zugleich mitproduziert" (Dröge und Müller 1995, 30). Massenkultur und Universalisierung des Ästhetischen erscheinen so als zwei Seiten des kulturellen Prozesses.

In der Auseinandersetzung mit dem Konzept der Kulturindustrie gab es aber auch immer wieder Positionen, die am Begriff der Massenkultur festhielten, ihn aber anders füllten als die Vertreter der Kulturindustrie-These. So spricht Kaspar Maase anstelle von ‚Massenkultur' von ‚Massenkünsten' und versteht darunter eine Kultur, die spezifisches „Element der Demokratisierungsprozesse der Moderne" (Maase 1997, 16) ist, insofern sich ‚die Massen' mit ihrer Hilfe aus bürgerlicher Vormundschaft befreien. Modern und populär ist die Massenkultur nach Maase gerade dadurch, dass sie sich einer breiten Beliebtheit quer durch alle Klassen erfreut und damit auch Barrieren zwischen der ‚Hoch'- und der ‚Populärkultur' überwindet. Gerade weil hier das Gewinnmaximierungsprinzip, nicht das Erziehungsprinzip dominiert, ist die Massenkunst die „herrschende Kultur" der Massendemokratie, in der profane Genussorientierung und Unterhaltung an die Stelle eines hochkulturellen Bildungserbes treten. Dennoch ist auch sie, wie die ehemals bürgerliche Kultur, durch Abgrenzungsbestrebungen und Geschmackskämpfe bestimmt. Neu ist allerdings die „egalisierende Kraft der Massenkultur" (Maase 1997, 24). Maase zeichnet nach, wie sich die moderne Massenkultur als moderne „Massenkunst" entwickelt, in deren Zentrum nach 1900 die Freizeiterwartungen eines städtischen Publikums und ein System kommerzieller Populärkultur steht. Massenkultur entfaltet ihre sozialintegrative Kraft durch Konsum, nicht durch Arbeit und Pflichterfüllung. „Sie dient als kommunikativer Kitt der nachbürgerlichen kapitalistischen Industriegesellschaft" (Maase 1997, 25). Maase kritisiert die intellektuelle Infragestellung der Massen- und Populärkultur des – materiellen – Konsums, die fast immer an einer Ethik der Arbeit und Pflicht(erfüllung), der Askese oder zumindest des Konsumverzichts orientiert und damit gegen eine Kultur des ‚Hedonismus' und des Müßiggangs der Vielen gerichtet ist.

Darüber hinaus aber macht Maase darauf aufmerksam, dass die Massenkünste nicht nur ästhetische Erfahrungen im Alltag der ‚einfachen Leute' bereitstellt, sondern ein utopisches Potential beinhaltet, also etwas produziert, was den durchreglementierten Alltag und vorhandene Verhaltensmuster überschreitet – „ein[en] Bedeutungsüberschuss, den man zum Aufbau eines Horizonts utopischer, alternativer Hoffnungen nutzen" kann. Maase weist darauf hin, dass die populäre Kultur Wunschbilder produziert, die nicht im Massenbetrug und Kitsch aufgehen, sondern darüber hinaus wahrnehmbare und speicherbare Differenzen zum Alltag hervorbringen: „Bei aller notwendigen Kritik an zynischer Ideologie, an falschen Versprechungen und spießigen Phantasien von einer Belohnung der Angepaßten ist der unzerstörbare Rest an Traumenergien zu beachten" (Maase 1997, 36).

Auch wenn Maase der Meinung ist, die Autoren der *Dialektik der Aufklärung* und des Kulturindustrie-Kapitels hätten die Verdummungs- und Manipulationsthese nie so ausschließlich formuliert, wäre doch zu fragen, was dran ist an ihrer Diagnose der „Dekomposition der bürgerlichen Kultur" unter der Kulturindustrie wie auch an ihrer „hemmungslosen Vernunftsskepsis" (Habermas 1985, 156). Für den ehemaligen Adorno-Assistenten Jürgen Habermas ist die *Dialektik der Aufklärung* ein „merkwürdiges Buch", ja, „das schwärzeste Buch der kritischen Theorie, das dem vernünftigen Gehalt der kulturellen Moderne, ablesbar an den bürgerlichen Idealen, nicht gerecht werde" (Habermas 1985, 130) und dessen „Wirkungsgeschichte in einem kuriosen Verhältnis zur Zahl seiner Käufer" (Habermas 1985, 130) stehe.

Der Verblendungszusammenhang, den die Autoren der bürgerlichen Gesellschaft und der Kulturindustrie attestierten und den insbesondere Adorno düster ausmalte, lichtete sich, so schien es zumindest zeitweise, in der Zirkulation seiner Kulturkritik im „literarischen Supermarkt" der Taschenbücher und in seinen unzähligen Auftritten in den Massenmedien der 1960er Jahre. Melancholisch konstatierte Adorno in einer Glosse zur *Frankfurter Buchmesse* 1959 jedoch, und blieb sich damit treu, die Bücher sähen nicht mehr wie Bücher aus. „Der Umschlag, zu ‚Reklame' geworden, rücke dem Konsumenten, zu dem der Leser erniedrigt werde, auf den Leib. Die ‚Liquidation des Buches' kündige sich in ‚allzu intensiven und auffälligen Farben' an" (Felsch 2015, 35). Hier wird möglicherweise nicht nur „der apokalyptische Diskurs vom Tod des Buches" (Felsch 2015, 35) vorweggenommen, sondern hier zeigt sich die Dialektik der Theorie noch einmal in der kulturindustriellen Praxis.

3 Offene Fragen und Forschungsdesiderate

Eingeschränkt auf kulturindustrielle Phänomene der 1940er und 1950er Jahre müsste der Begriff gegenüber seiner Bestimmung von vor 60 Jahren, nicht zuletzt auch was die Autonomie des literarischen Feldes im Raum der Kunst, aber auch die gegenwärtige Erweiterung der Kulturindustrie betrifft, zweifellos aktualisiert werden. Schon Adorno ist davon ausgegangen, dass die Autonomie der Kunst – und so auch literarischer Kunstwerke – sich von Anfang an mit Heteronomie verschränkt; allerdings wird diese Seite durch die Kapitalisierung und warenästhetische Ausrichtung literarischer Produktionen sicherlich verstärkt. Jenseits der ausstehenden empirischen Konkretisierung dieser Verschränkung oder heteronomen Bestimmung von Literaturproduktionen sollte der Begriff der Kulturindustrie als kritisches Analyseinstrument für eine Reflexion der erweiterten Bewusstseins- und Kulturindustrie wiedergewonnen und geschärft werden. Hier wäre etwa an Formen der Selbstthematisierung und literarische Erzeugnisse wie Blogromane im Internet, aber auch an die Verallgemeinerung der Kulturindustrie zu neoliberalen Erscheinungsformen der Wissensgesellschaft zu denken.

Im Zeitalter globaler Informationstechnologien verändern sich die klassischen Massenproduktionsstrategien der Verlage; der Erwerb von Exklusivrechten durch globale Kulturindustrien impliziert sowohl ein Inhaltsmonopol auf literarische Produkte, die den Konsumenten mittels neuer Technologien in regelmäßigen Dosen verabreicht werden; globale Kulturindustrien setzen aber auch an den Informationstechnologien selbst an und steuern sowohl die Exklusivrechte auf geistiges Eigentum als auch die Seite der Kreativität. Dabei sollte aber auch die progressive Seite kulturindustrieller Ereignisse und Erzeugnisse nicht vernachlässigt werden, sondern stärker als bisher in den Fokus der Betrachtung rücken: Denn es werden in der Multimedia-Landschaft auch emanzipatorische Potentiale innerhalb einer kapitalistisch ausgerichteten Bewusstseins-Industrie genutzt, um autoritären Strukturen und exklusiven institutionellen Hierarchien, darunter u. a. der Errichtung von Bildungsbarrieren durch das institutionalisierte Bildungssystem, entgegenzuwirken. Ist die eine Seite kulturindustrieller Produktionsweisen also die zunehmende Undifferenziertheit von Inhalten und Informationstechnologien, so ist die andere Seite durch eine zunehmende Differenz kulturindustrieller Produktionen gekennzeichnet, die sich aus dem Mainstream der Kulturindustrie herauslöst. Auch hier erscheint es sinnvoll, das Verhältnis von kulturindustrieller Massenproduktion und kreativen Projekten neu zu bestimmen. Denn hier hat sich im neuen Medienzeitalter etwas Grundlegendes verändert: Kultur bezieht sich zwar auch auf die Aufführung und Darstellung kultureller und literarischer Produktionen gegenüber einem passiv konsumierenden Publikum, aber sie ist mehr und mehr Performanz des

Publikums selbst. Sie wird zunehmend zu etwas, das man nicht einfach liest, sieht oder hört, sondern das man selbst – als interaktives – Publikum tut (vgl. Lash und Urry 2008). Im 21. Jahrhundert werden Kulturformen nach dem Modell der digitalen Medien ausgerichtet; das gilt auch für den Literaturbetrieb. In interaktiven Foren sozialer Netzwerke findet ein Austausch über literarische Bestseller(listen) statt; Romane werden zuerst im Internet als Blogs veröffentlicht. Folgt man der Kulturindustrie-These, dann wurde die Kultur im globalen industriellen Produktionsprozess kultureller ‚Waren' zunehmend industriellen Fertigungsprozessen und seriellen Ähnlichkeitsstrukturen unterworfen. Zunehmend aber spielt das Design eine größere Rolle. Angesichts neuer unsicherer und spezialisierter Märkte verwendet die Fertigungsindustrie jetzt einen großen Anteil ihrer Mittel auf den Designprozess. (vgl. Lash 1998). Was das für den Literaturbetrieb und literarische Institutionen konkret bedeutet, ist eine offene Frage.

Weiterführende Literatur

Bublitz, Hannelore (2005). *In der Zerstreuung organisiert. Paradoxien und Phantasmen der Massenkultur.* Bielefeld.
Felsch, Philipp (2015). *Der lange Sommer der Theorie. Geschichte einer Revolte 1960–1990.* München.
Haug, Wolfgang Fritz (2009). *Kritik der Warenästhetik. Gefolgt von der Warenästhetik im High-Tech-Kapitalismus.* Frankfurt a. M.
Pias, Claus, Joseph Vogl, Lorenz Engell, Oliver Fahle und Britta Neitzel (Hg.) ([4]2004). *Kursbuch Medienkultur. Die maßgeblichen Theorien von Brecht bis Baudrillard.* Stuttgart.
Schröter, Jens, Gregor Schwering und Urs Stäheli (Hg.) (2006). *media Marx. Ein Handbuch.* Bielefeld.

Zitierte Literatur

Adorno, Theodor W. (1967 [1956]). „Masse". *Soziologische Exkurse.* Frankfurt a. M.: 70–82.
Adorno, Theodor W. ([5]2004 [1963]). „Résumé über Kulturindustrie". *Kursbuch Medienkultur. Die maßgeblichen Theorien von Brecht bis Baudrillard.* Hrsg. von Claus Pias, Joseph Vogl, Lorenz Engell, Oliver Fahle und Britta Neitzel. Stuttgart: 202–208.
Balke, Friedrich (2000). „Kulturindustrie". *Metzler Lexikon Kultur der Gegenwart. Themen und Theorien, Formen und Institutionen seit 1945.* Hrsg. von Ralf Schnell. Stuttgart und Weimar: 270–272.
Benjamin, Walter (1974 [1936]). „Das Kunstwerk im Zeitalter seiner technischen Reproduzierbarkeit". *Gesammelte Schriften.* Hrsg. von Rolf Tiedemann und Hermann Schweppenhäuser. Bd. I.2. Frankfurt a. M.: 431–508.

Bublitz, Hannelore (2005). *In der Zerstreuung organisiert. Paradoxien und Phantasmen der Massenkultur.* Bielefeld.
Bublitz, Hannelore (³2014). „Masse". *Wörterbuch der Soziologie.* Hrsg. von Günter Endruweit, Gisela Trommsdorf und Nicole Burzan. Konstanz und München: 284–285.
Enzensberger, Hans Magnus (1962). *Einzelheiten.* Frankfurt a. M.
Dröge, Franz und Michael Müller (1995). *Die Macht der Schönheit. Avantgarde und Faschismus oder Die Geburt der Massenkultur.* Hamburg.
Featherstone, Mike (1991). *Consumer Culture and Postmodernism.* London.
Felsch, Philipp (2015). *Der lange Sommer der Theorie. Geschichte einer Revolte 1960–1990.* München.
Habermas, Jürgen (1985). *Der philosophische Diskurs der Moderne.* Frankfurt a. M.
Horkheimer, Max und Theodor W. Adorno (1968 [1947]). *Dialektik der Aufklärung. Philosophische Fragmente.* Frankfurt a. M.
Lash, Scott (1998). „Wir leben im Zeitalter der globalen Kulturindustrie. Wenn alles eins wird". *Die ZEIT Archiv Online.* http://www.zeit.de/1998/10/thema.txt.19980226.xml (22. Mai 2015).
Lash, Scott und John Urry (2008). *Die globale Kulturindustrie.* Hrsg. von Ulrich Beck. Frankfurt a. M.
Maase, Kaspar (1997). *Grenzenloses Vergnügen. Der Aufstieg der Massenkultur 1850–1950.* Frankfurt a. M.
Müller-Doohm, Stefan (2003). *Theodor W. Adorno. Eine Biographie.* Frankfurt a. M.
Schwering, Gregor (2006). „Kulturindustrie". *media Marx. Ein Handbuch.* Hrsg. von Jens Schröter, Gregor Schwering und Urs Stäheli. Bielefeld: 357–366.

Jan Süselbeck
III.2.4 Literaturkritik

1 Definition

Nach Herbert Jaumanns Definition im *Reallexikon der deutschen Literaturwissenschaft* ist die Literaturkritik eine „Institution des literarischen Lebens, die literarische Texte, Autoren und andere Phänomene der Literatur kommentiert und bewertet". Es handele sich dabei um „jede Art kommentierende, urteilende, denunzierende, werbende, auch klassifizierend-orientierende Äußerung über Literatur, d. h. was jeweils als ‚Literatur' gilt" (Jaumann 2007 [2000], 463).

Das Wort ‚Kritik' und der lateinische Begriff *criticus* (kritischer Beurteiler) sind in der deutschen Sprache seit dem 17. Jahrhundert nachweisbar (vgl. Anz 2007b, 345). Die wichtigste Textform der Literaturkritik ist die Rezension. Nach dem lateinischen Verb „recensere" (mustern, prüfend besichtigen, erwägen), mit dem der Begriff seit dem 17. Jahrhundert assoziiert ist, akzentuiert die Rezension eine im Vergleich zur „Buchbesprechung" kritischere Bewertung (Anz 2013, 147). Der Begriff der Kritik wiederum kommt vom griechischen Wortstamm „krínein", was soviel wie „entscheiden", „unterscheiden", „teilen" oder „urteilen" heißt (Jaumann 2007 [2000], 463; Anz 2013, 146). Die Kritik braucht stets einleuchtende Vergleichswerte, um ihren Gegenstand angemessen bewerten zu können und dieses Urteil auch zu begründen.

Eine genauere Eingrenzung des weiten Bedeutungsfeldes der Literaturkritik scheitere jedoch an der Vielschichtigkeit der Disziplin in Geschichte und Gegenwart, urteilt Jaumann: „Weder die Ausdifferenzierung als autonome Kritik noch die formelle Institutionalisierung als Einrichtung des Literarischen Lebens noch die Geltung einer Vermittlungsfunktion zwischen Werk/Autor und Publikum sind notwendige Bedingungen für Literaturkritik. Auch Abgrenzungen der Literaturkritik von explizit begründender Zensur, von literaturbezogener Satire und Polemik sind grundsätzlich nicht möglich." (Jaumann 2007 [2000], 463)

Klar ist jedoch, dass sich die Literaturkritik von der Sphäre der Werbung für den Buchhandel, wie er im 18. Jahrhundert entstand und seither kontinuierlich wuchs, bei aller Komplexität unweigerlicher Verflechtungen (vgl. Anz 2004b, 206) möglichst distanzieren muss, um ihren Anspruch kritischen Wertens nicht aufzugeben und nicht der Bedeutungslosigkeit anheimzufallen. Anz fasst die heutige Literaturkritik daher im Unterschied zu Jaumann in diesem Kontext enger als „informierende, interpretierende und wertende Auseinandersetzung mit vorrangig neu erschienener Literatur und zeitgenössischen Autoren in den Massenmedien" (Anz 2004b, 194; ähnlich Albrecht 2001, IX).

Anz weist der Literaturkritik folgende Funktionen zu: 1. eine informierende Orientierungsfunktion angesichts der unüberschaubaren Menge an alljährlichen Neuerscheinungen, 2. eine Selektionsfunktion durch a) die Vorauswahl rezensionswürdiger Literatur und b) eine explizite Bewertung besprochener Bücher, 3. eine didaktisch-vermittelnde Funktion für das Publikum im Sinne der Wissensvermittlung darüber, wie innovative Texte, die Verständnisschwierigkeiten bereiten, zu lesen sein könnten, 4. eine didaktisch-vermittelnde Funktion für Literaturproduzenten (Autoren, Verlage), die eine Verbesserung der Buchproduktion dort anmahnt, wo qualitative Schwächen sichtbar werden, 5. eine reflexions- und kommunikationsstimulierende Funktion, die das Räsonnement über Literatur sowie selbstreflexive Prozesse innerhalb des Literatursystems fördert und 6. eine Unterhaltungsfunktion als zentraler Aspekt des Feuilletons, der zugleich eine Funktion des Gegenstands der Kritik, der Literatur, ist, den sich die Rezension zu eigen macht (vgl. Anz 2004b, 198–199).

2 Hauptaspekte des Themas

Die Literaturkritik ist ein Subsystem des Sozial- bzw. Kommunikationssystems Literatur, an dem u. a. auch Literaturhäuser, der Buchhandel und die Verlage Anteil haben. Auch die Literaturkritik ist also von Konkurrenzen, Machtgefällen und Methoden der Akkumulation „symbolischen Kapitals" (Pierre Bourdieu) geprägt. Bis heute gibt es in Deutschland zudem Prestigekämpfe und Aversionen zwischen der Literaturwissenschaft und der Literaturkritik, die in der angloamerikanischen Forschung weniger ins Gewicht fallen, wo man für beide Disziplinen gerne denselben Überbegriff des „literary criticism" verwendet (vgl. Jaumann 2007 [2000], 466).

Tatsächlich befruchten sich beide Ebenen literaturkritischer Kommunikation bei allen Konkurrenzen, Animositäten und Spannungen (vgl. Anz 2004b, 201) gegenseitig und haben vielfältige Formen kulturjournalistischen und literaturwissenschaftlichen Schreibens und Wertens in den Medien entstehen lassen (vgl. Anz 2004b, 203–204). Die Literaturkritik war und ist in erhöhtem Maß sowohl Auslöser als auch Gegenstand teils erhitzter Debatten in der Öffentlichkeit, und gleichzeitig tangiert sie damit nicht nur literarische und ästhetische Aspekte, sondern ist ein belebender Teil der politischen Streit- und Diskussionskultur. Sie kann in der Presse und anderen Medien wie dem Rundfunk, dem Fernsehen und auch im Internet von teils sehr großen Rezipientenkreisen wahrgenommen werden und ist damit oft in weitreichenderem Maße im Literaturbetrieb wirksam als etwa literarische Gesellschaften, die in den meisten Fällen nur ein überschaubares (Vereins-)Publikum adressieren und erreichen.

Seit ihrem Bestehen wähnte sich die Literaturkritik selbst immer wieder in existenzbedrohenden Krisen. Die Literaturkritiker sahen sich dabei jeweils gezwungen, grundsätzlich zu überlegen, inwiefern sich Wertungs- und Literaturbegriffe gewandelt hatten, mit denen sie operierten. Andererseits mussten sie ihr ambivalentes Verhältnis zu den politischen Systemen, in denen sie agierten, sowie ihre prekäre Nähe zur Ökonomie des Buchmarkts, also zur Werbung, immer wieder neu überdenken. Bei dieser Form der produktiven Selbstkritik handelt es sich jedoch um eine spezifische Qualität selbstreferentiellen Denkens, die im literaturgeschichtlichen, kulturkritischen und nicht zuletzt politischen Kontext begründet liegt, aus dem heraus die Literaturkritik entstanden ist und immer wieder neu hervorgeht. Die Bewertungen der Literaturkritik waren stets Teil einer öffentlichen Arbeit am Literaturbegriff und am Kanon, und die diesbezüglichen Kontroversen sind nicht zuletzt von politischen Wandlungen, den Folgen des Aufkommens neuer Medien bzw. Vermittlungsformen und ihren ökonomischen Implikationen beeinflusst.

3 Kurze Geschichte der Literaturkritik

Die Kritik der Literatur als Literatur hat es laut Jaumann schon in der Antike gegeben, als Aristophanes über Euripides schrieb. Bereits die frühen Erklärungen der Epen Homers hätten literaturkritische Funktion gehabt, „in hellenistischer Zeit in Verbindung mit dem ‚Wettkampf Homers und Hesiods', Schema eines agonalen Vergleichs, der ein beliebtes Verfahren der Literaturkritik bleibt und in der Frühen Neuzeit häufig genutzt" wurde. Im Mittelalter habe die Literaturkritik v. a. in der Kritik der Sprache, des Sachwissens und der Grammatik von Texten bestanden (Jaumann 2007 [2000], 464–465) – eine historische Dimension der Kritik, die sich auch in den Aufgaben der Sprachgesellschaften des 17. Jahrhunderts widerspiegelte.

Seit dieser Zeit trat über die Philosophie ein zunehmend gewandelter Kritikbegriff auf, der sich auf dem Weg zur Aufklärung im 18. Jahrhundert auch auf die Bewertung der Politik, der Vernunft und der Anthropologie bezog. Immer mehr deutschsprachige Zeitschriften entstanden – zwischen 1730 und 1790 waren es bereits über 3000 (vgl. Wittmann 1999 [1991], 115). Viel beachtete Publizisten der Zeit waren u. a. der bedeutendste Frühaufklärer Johann Christoph Gottsched mit seinem *Versuch einer Critischen Dichtkunst* (1729), laut Wellek eine allerdings eher „schwerfällige und pedantische deutsche Form des französischen Klassizismus" (Wellek 1959, 153), und Christoph Friedrich Nicolai, dessen *Allgemeine deutsche Bibliothek* zum zentralen Rezensionsorgan der Berliner Spätaufklärung avancierte, indem sie sich gegenüber dem Sturm und Drang, der Klassik und der Romantik kritisch positionierte (vgl. Baasner 2004, 35–36; Neuhaus 2009, 209–211).

Ähnlich wie die *Allgemeine deutsche Bibliothek* verfolgte auch die ab 1785 in Jena erscheinende *Allgemeine Literatur-Zeitung* den Anspruch, durch anonyme Rezensionen ausgewiesener Kenner aus verschiedensten Landesteilen eine möglichst umfassende bewertende und sortierende Berichterstattung über alle deutschsprachigen Neuerscheinungen zu bieten. Die *Allgemeine deutsche Literatur-Zeitung* war in diesem Sinn jedoch noch ambitionierter als Nicolais Vorbildprojekt, da sie u. a. auch medizinische Publikationen mit berücksichtigte. Der ehrgeizige Anspruch der Vollständigkeit konnte aufgrund der Explosion des Buchmarkts jedoch schon bald nicht mehr eingehalten werden (vgl. Wistoff 1992, 30–49).

Sucht man heute nach Zeitschriften, die in der Tradition dieser frühen Rezensionsorgane stehen, so kommt man auf die von Thomas Anz herausgegebene Online-Zeitschrift *literaturkritik.de*, die seit 1998 an der Philipps-Universität Marburg erscheint und in der alltäglich internationale Publikationen aus dem Bereich der Belletristik, aber auch Publikationen sämtlicher geisteswissenschaftlicher Disziplinen sehr breit berücksichtigt werden. Bei *literaturkritik.de* gibt es zwar keine anonym publizierten Rezensionen, und die Besprechungen orientieren sich am Stil von Kritiken, wie sie im Feuilleton der großen deutschen Tageszeitungen zu finden sind. Zudem werden z. B. medizinische Publikationen bei *literaturkritik.de* nicht berücksichtigt. Aber vom Umfang her ergeben sich dennoch Analogien zu den großen Rezensionszeitschriften des 18. Jahrhunderts, wobei die Quantität der erscheinenden Texte bei *literaturkritik.de* diese sogar noch weit übertrifft. In der Mitarbeiterkartei von *literaturkritik.de* sind derzeit über 2500 Rezensenten eingetragen. In den monatlichen, auch im Druck erscheinenden Ausgaben, die in die verschiedensten literarischen und wissenschaftlichen Interessengebiete unterteilt sind und jeweils einen zusätzlichen Themenschwerpunkt mit Essays und Aufsätzen bringen, erscheinen im Schnitt 100–140 Rezensionen mit einem Druckumfang von mittlerweile etwa 500 Seiten. Das Archiv von *literaturkritik.de* umfasst derzeit ca. 18.000 Rezensionen und Artikel, die frei zugänglich online stehen, und seit Gründung der Zeitschrift wurden etwa 20.000 Bücher rezensiert (Stand: August 2014). In Relation zum Vielfachen an jährlichen Neuerscheinungen ist dies allerdings immer noch eine verschwindend geringe Besprechungsquote, wollte man das Ziel einer umfassenden Dokumentation ins Auge fassen, die längst unmöglich geworden ist.

Jener Druck, möglichst schnell auf viele Buchneuheiten zu reagieren, der dazu geführt hat, dass auch *literaturkritik.de* seit ca. zehn Jahren nicht mehr nur monatlich, sondern täglich eine Vielzahl von Rezensionen online stellt, um möglichst aktuell zu bleiben, begann sich bereits mit der Entstehung des modernen Buchhandels im 18. Jahrhundert zu entwickeln. Die Kritik „der laufenden Literaturproduktion und marktförmigen literarischen Kommunikation" bekam in dieser Zeit eine ganz neue Bedeutung: „Die Begleitung der Aktualität wird durch die periodisch erscheinenden Journale organisiert – Literaturkritik wird im Prinzip Tageskritik. Es tritt eine Trennung gegenüber gelehrter Kritik, Philologie, später gegenüber Literaturwissenschaft und Literaturgeschichte, Textkritik und Ästhetik in Kraft." (Jaumann 2007 [2000], 464) Das Konstrukt dieser Aufgabenteilung von Literaturkritik und -wissenschaft ist seit dem 18. Jahrhundert, in dem sich die Literaturkritik durch das Engagement von Autoren wie Gotthold Ephraim Lessing erstmals in der Form durchzusetzen beginnt, wie wir sie heute kennen, im Prinzip bis in unsere Gegenwart in Kraft geblieben. An die Stelle rationalistischer Regelpoetik trat Lessings gesellschaftlich-moralische Wirkungspoetik, welche die spezifischen emotionalen und aufklärerischen Potentiale des einzelnen Kunstwerks in den Blick nahm, um das Leserpublikum zum Mitdenken zu befähigen. Lessing propagierte eine empfindungsgeleitete, diskursoffene, gleichzeitig aber streitbare und polemische Literaturkritik, die im Zeichen eines argumentativ untermauerten öffentlichen Meinungsaustauschs stand (vgl. Albrecht 2001, 102): „Der Rezensent braucht nicht besser machen zu können, was er tadelt", lautet einer der wichtigsten Grundsätze des Vaters der deutschen Literaturkritik. „Man ist nicht Herr von seinen Empfindungen! aber man ist Herr, was man empfindet zu sagen. Wenn einem Manne von Geschmack in einem Gedichte oder Gemälde etwas nicht gefällt, muß er erst hingehen, und selbst Dichter oder Maler werden, ehe er es hersagen darf: das gefällt mir nicht? Ich finde meine Suppe versalzen: darf ich sie nicht eher versalzen nennen, als bis ich selbst kochen kann?" (Zitiert nach Berghahn 1985, 39–40)

Eine Differenzierung der journalistischen Textformen, wie wir sie heute kennen, gab es im 18. Jahrhundert jedoch noch nicht. Mittlerweile sind die Funktionen und Kontextualisierungen von Textsorten wie denen des Essays, der Literatur-, Hörfunk-, Fernseh-, Theater- und Filmkritik, des Porträts, der Reportage, des Interviews, des Kommentars, des offenen Briefs, der Polemik, der Glosse oder anderer teils auch satirischer Formen der Bewertung ihrerseits gar nicht mehr immer genau voneinander abzugrenzen, zumal selbst literaturwissenschaftliche Texte viele dieser Elemente stets in irgendeiner Weise aufgreifen können, wenn sie damit auch keine primär unterhaltende Funktion wie die Literaturkritik anstreben (vgl. Neuhaus 2004, 134–135; Anz 2004b, 217–218).

Im 19. Jahrhundert wächst der Literaturbetrieb durch weitere Zeitschriftengründungen mit einem immer größeren und auch solventeren Leserkreis, der es sich leisten kann, solche Blätter zu abonnieren, massiv. Bei den Brüdern Schlegel spielt die Literatur- und Kunstkritik in der Romantik v. a. im Sinne der Poetik eine zentrale Rolle: „Kritik wird selbst zur Poesie, zur Poesie der Poesie, sie potenziert also in ihrer Betrachtung die poetischen Strukturen und nimmt eine eigene schöpferische Metaebene ein" (Baasner 2004, 53), was oftmals zu eher positiven Würdigungen führte. Grundsätzlich bietet sich damit in der Romantik ein ambivalentes Bild: Zwar wird die Bedeutung der von Lessing propagierten Polemik nach wie vor eingeräumt. Andererseits wird jedoch die Kritik von Neuerscheinungen aufgrund eines wachsenden Befremdens über die Entwicklung des modernen Buchmarktes gegen die „gesellschaftskritische Esoterik einer ästhetizistischen Praxis" eingetauscht (Schulte-Sasse 1985, 76). Dem romantischen Kritikbegriff fehlt damit letztlich „nicht nur der Bezug auf die konkrete, zeitgenössische Öffentlichkeit, sondern auch jede Neigung zu detaillierter Negation, zur argumentativ entfalteten Verurteilung". Das Ziel ist es damit v. a., positiv und aufbauend zu wirken, und der genialisch sich gebende „Kritiker wird damit aktiv in den Vollendungsprozeß der Kunst hineingezogen" (Schulte-Sasse 1985, 80).

Kritiker wie Ludwig Börne oder Heinrich Heine dagegen nutzen die Literaturkritik zur Zeit des Jungen Deutschland und des Vormärz zur Durchsetzung eines ganz neuen, streitbaren Stils im Literaturbetrieb. Dieser veränderte Habitus hat mit der gewandelten Rolle bzw. dem gesteigerten Selbstbewusstsein des Literaturkritikers in dieser Zeit zu tun: Erst Mitte des 19. Jahrhunderts schaffen es mehr als nur ein paar Autoren, als Literaturkritiker von ihren Publikationen auch leben zu können (vgl. Neuhaus 2004, 35).

Das professionalisierte Berufsbild des Redakteurs entsteht erst in dieser Zeit. Im Zuge dieser Entwicklungen werden nicht zuletzt populärere Besprechungsweisen im Feuilleton ersonnen. Im Kontext mit Phänomenen wie dem Jungen Deutschland – einer Autorengruppe, die mehr von der Literaturkritik konstruiert wurde als dass sie sich selbst konstituiert hätte – gelangen schärfere Töne in die Publizistik: Man greift Autoren *ad hominem* an, beleidigt und schmäht sie. Sowohl von reaktionärer (u. a. Wolfgang Menzel) als auch von liberaler Seite (u. a. Ludwig Börne, Heinrich Heine, Karl Gutzkow) wird die Literaturkritik zum Instrument politischer Publizistik zu Zeiten der Metternich'schen Zensur. Heinrich Heine und Ludwig Börne entwickeln einen ganz neuen ‚Journalstil', wie er bis heute zum guten Ton des Feuilletons gehört. Er ist geprägt von „Engagement, Aktualität, Zuspitzung, rhetorische[r] Eleganz, Meinungsstärke, Frechheit" (Zens 2004, 67).

Charakterisierungen von Autoren entwickeln sich zu einem ganz neuen politischen Diskurselement, das durch den Einsatz von Polemik öffentlichkeitswirksam wird: „Die Konzentration auf die Person des Autors ist immer da unvermeidlich, wo Gesinnungsfragen im Mittelpunkt stehen: der sittliche Gehalt eines Textes, seine politische Tendenz können zwar verworfen werden, haftbar gemacht werden für eine Gesinnung aber kann nur ein Mensch. [...] Die persönlichen Polemiken erstrecken sich auf die privaten Lebensumstände, Religionszugehörigkeit, sexuelle Präferenzen" (Zens 2004, 78). Solche Konflikte führen zu regelrechten Fehden, die im Feuilleton ausgetragen werden. Einerseits konnte dabei Zeittypisches an den Akteuren deutlich gemacht werden, andererseits konnten moralisierende und politisierende Kritiken aber auch im Sinne einer geforderten Zensur wirksam werden, wie sie im Fall des Jungen Deutschland denn auch massiv staatlich durchgesetzt wurde. Hier ist v. a. der reaktionäre Kritiker Wolfgang Menzel zu nennen, dessen Verrisse sogar mit dazu führten, dass der junge Autor Karl Gutzkow wegen seines skandalisierten Debüts *Wally, die Zweiflerin* (1835) inhaftiert und das aktuelle wie das zukünftige Werk *aller* zum Jungen Deutschland gezählten Autoren verboten wurde (vgl. Wabnegger 1987). 1853 notiert Gutzkow in einem Artikel über Zensur und Pressepolitik: „Gewisse Namen, wie Heine, Börne, Junges Deutschland, Herwegh, politische Lyrik" bräuchten „nur genannt zu werden", um Literaturhistoriker und Kritiker „in Harnisch zu bringen". „Mit Feuer und Schwert möchte man am liebsten ausrotten, was sich so regellos und aller Ueberlieferungen spottend bei uns entwickelt hat und noch entwickelt" (Gutzkow 2013 [1853], 94).

Wenn das Junge Deutschland auch als neue literaturgeschichtliche Phase nach der Romantik zäsursetzend wirkte, so vermutet Hohendahl doch insbesondere im Blick auf die zum Breitenphänomen werdende Literaturkritik der Zeit, dass hier von der Aufklärung bis zur Mitte des 19. Jahrhunderts die Kontinuitäten überwogen (Hohendahl 1985c, 130): „Die Literaturkritik des Jungen Deutschland bleibt zum guten Teil auf die klassisch-romantische Ästhetik angewiesen, auch wenn sie ihre Voraussetzungen nicht mehr teilt oder sie gar polemisch angreift." (Hohendahl 1985c, 149)

Hinzu kommt in jener Zeit eine stetig wachsende Bedeutung der Theaterkritik, die später, im 20. Jahrhundert, noch durch die Filmkritik um die Bewertung eines weiteren Mediums ergänzt wird. Es kommt zu einer zunehmenden Differenzierung der Gegenstände des Feuilletons und der Einschätzung ihrer öffentlichen und kulturellen Bedeutung für die Gesellschaft, in der nicht zuletzt patriotische bis nationalistische Ideen eine immer größere Rolle zu spielen beginnen. Dies ermöglicht die Einführung reaktionärer Wertmaßstäbe, die in der Jahrhundertmitte zu massiven Kontroversen im Umkreis der Definition der Ziele des Bürgerlichen bzw. Programmatischen Realismus führten. Hier taten sich etwa die Herausgeber der Zeitschrift *Die Grenzboten*, Gustav Freytag und Julian Schmidt, im Sinne des nationalliberalen Realismus hervor, wie er sich in Freytags Roman *Soll und Haben* (1855) mustergültig manifestierte.

Gegen Darstellungskonzepte des Vormärz oder auch des Jungen Deutschland, die sich einer poetischen Verklärung des prekären sozialen Status Quo im Zeitalter der beginnenden Industrialisierung widersetzten, beanspruchten Freytag und Schmidt ähnlich wie Menzel eine Bestimmungshoheit darüber, welche Literatur als ‚gesund' oder ‚krank' bzw. als ‚richtig' oder ‚falsch' zu bewerten sei (vgl. Zens 2004, 83–84). Sozialkritische Aspekte oder auch progressiv wirkende Behandlungen des Geschlechterthemas wie in Gutzkows Skandaldebüt *Wally, die Zweiflerin* galten aus dieser Perspektive als hässlich. Stattdessen sollte die Poesie in der Verklärung der Wirklichkeit entdeckt werden, was allerdings im Fall des antisemitischen Romans *Soll und Haben* nur unter weitgehender Ausblendung der modernisierten Industrien und ihrer negativen Auswirkungen auf die entstehende Arbeiterklasse möglich war.

Abermals fallen jedoch auch hier wieder Ähnlichkeiten zwischen seinerzeit verfeindeten publizistischen Lagern auf: Auch wenn sich Gutzkow und die Autoren der *Grenzboten* fulminante publizistische Gefechte lieferten, ist selbst bei Ersterem die Tendenz der literaturkritischen Einteilung der Literatur in ‚gesunde' und ‚kranke' Richtungen nachweisbar (vgl. Zens 2004, 83–84). Diese rigiden ideologischen Bewertungsmaßstäbe entwickelten in der zweiten Hälfte des 19. Jahrhunderts einen derartigen Einfluss, dass selbst ein jüdischer Literatur- und späterer zionistischer Antisemitismuskritiker wie Max Nordau in vielgelesenen, voluminösen Büchern wie *Entartung* (2 Bde., 1892–1893) die ästhetische Moderne als Hort der Dekadenz und der Degeneration, also als nicht nur kranke, sondern auch krankmachende Kunst geißeln konnte. In der Literaturkritik des Naturalismus werden derartige Wertungskategorien zudem durch Geschlechterstereotypen wie ‚männlich' und ‚weiblich' ergänzt, wobei die ‚Mannhaftigkeit' positiv besetzt und der nationalistische Ton noch martialischer wird. Er kann, so etwa bei den Münchner Naturalisten, sogar bereits Blut- und Boden-Ideologeme vorprägen (vgl. Pfohlmann 2004a, 96–99).

Im 20. Jahrhundert führt die literarische Moderne in Deutschland zunächst zu einer großen Vielfalt der Literaturkritik. Die beschriebenen reaktionären Tendenzen, die in die völkische Literaturkritik von erklärten Antisemiten wie Adolf Bartels münden, der im Sinne des Rassegedankens die ‚Seuche' der „Modernitis" bekämpfte (vgl. Pfohlmann 2004a, 108; Berman 1985, 256–258), werden durch die sozialdemokratische und zu Teilen auch durch die expressionistische Literaturkritik konterkariert, soweit diese im Ersten Weltkrieg unter den Augen der Zensur noch eine pazifistische Subversion verfolgte (vgl. Pfohlmann 2004a, 113). Rassistische, antisemitische und völkische Tendenzen in der Heimatkunstbewegung ab 1900 nehmen letztlich bereits Argumentationsmuster vorweg, wie sie die nationalsozialistische Literaturkritik der 1920er Jahre und das NS-Zensursystem der 1930er und 1940er Jahre erneut aufgriff, um sie in mörderischer Weise praktisch anzuwenden. Der marxistische und sozialdemokratische Widerstand gegen diese zunächst literaturkritische und sodann politisch umgesetzte Ideologie wurde 1933 endgültig gebrochen bzw. ins Exil vertrieben.

Im Ausland wurden viele Schriftsteller durch finanzielle Nöte und ein forciertes politisches Engagement zur literaturkritischen Tätigkeit gedrängt. Im Exil wurde allerdings teils auch bemängelt, dass in der überschaubaren Gemeinde zu viele Autoren über Freunde und Bekannte schrieben, so dass unabhängige Rezensionen zu selten wurden. Hinzu kamen weitere Schwierigkeiten, die den Aufbau alternativer Exil-Zeitschriften oder Foren der Kritik erschwerten: Zur räumlichen Trennung – vor dem Krieg gab es intellektuelle Exilanten u. a. in Frankreich, der Tschechoslowakei, der Sowjetunion und den USA – kamen vielfältige Existenznöte und politische Grabenkämpfe hinzu, die etwa in der Linken durch die radikalen Kurswechsel Stalins beeinflusst wurden (vgl. Albrecht 2001, 126–127). Unabhängiger denkende Exilanten wie Walter Benjamin sahen sich mit ihren alternativen Kritikkonzepten in dieser Zeit zusehends isoliert.

Wortmächtige Kritiker wie Karl Kraus, Alfred Kerr, Siegfried Kracauer oder auch Walter Benjamin gehörten jedoch bis 1933 zu den Vertretern eines kritischen, saloppen oder auch polemischen und betont kämpferischen Feuilletons. Ihre gleichermaßen umstrittene wie vielbeachtete Selbstdarstellung und hohe Selbsteinschätzung verwies auf eine abermals erhöhte Machtposition der Kritiker im 20. Jahrhundert: Kerr versuchte, die Literaturkritik zu einer eigenen Kunstform zu erheben und ihr damit zum „Prestige einer eigenständigen literarischen Gattung" zu verhelfen (Anz 2013, 151). Viele Hervorbringungen der Literaturkritik jener Zeit gingen in ihrer denkerischen und zeitdiagnostischen Tiefe sogar weit über die Bedeutung bloßen journalistischen Tagesgeschäfts hinaus: „Literaturkritik und politische Meinungsbildung gingen nunmehr fast ständig ineinander über", stellt Wolfgang Albrecht fest (Albrecht 2001, 123).

Auch wenn Benjamins berühmte Formulierungen in seiner „Technik des Kritikers in dreizehn Thesen" (1928), die den Kritiker als „Stratege[n] im Kulturkampf" vorstellen (Benjamin 1991 [1928], 108), heutigen Lesern drastisch erscheinen mögen, war dieser freie Kritiker als Polemiker ein Verfechter ästhetischer Toleranz und damit seiner Zeit weit voraus, wie Heinrich Kaulen unterstreicht: „Benjamin vertrat – im Gegensatz zu so unterschiedlichen Theoretikern wie Georg Lukács, Theodor W. Adorno oder Pierre Bourdieu – im Prinzip ein offenes, nicht-normatives Konzept der Moderne, in dem der Ästhetizismus eines Stéphane Mallarmé oder Paul Valéry ebenso Platz hatte wie die russische Revolutionskunst nach 1917, das epische Theater Brechts oder der amerikanische Stummfilm. Selbst die Dichotomie von Hoch- und Populärkultur, hermetischer Avantgarde und audiovisuellen Medien wurde bei ihm konzeptionell überwunden. Benjamin erkannte Pluralität und Heterogenität als konstitutive Elemente der Moderne grundsätzlich an; jede Verengung auf eine bestimmte Doktrin war ihm fremd." (Kaulen 2011, 997)

Trotz des einschneidenden Ereignisses des Ersten Weltkriegs, in dem sich Alfred Kerr z. B. zu propagandistischen Kriegsgedichten hinreißen ließ, während sich sein großer Feind Karl Kraus in seiner legendären Zeitschrift *Die Fackel* als einer der standhaftesten Kritiker der allgemeinen Kriegstreiberei jener Jahre hervortat, konnte sich der Einfluss solcher Autoren bis zum Ende der Weimarer Republik behaupten. Nicht nur in sozialistischen oder kommunistischen Organen wie der SPD-Zeitung *Vorwärts* oder der *Roten Fahne* ergriffen linke Kritiker wie Franz Mehring Partei, sondern auch Autoren aus liberaleren, demokratischen und bürgerlichen Kreisen urteilten betont unabhängig – so etwa Alfred Polgar oder Kurt Tucholsky, die für die in der Weimarer Republik maßgebliche Zeitschrift *Die Weltbühne* schrieben.

Dem gegenüber stand die rechtsradikale, faschistische Literaturkritik, vertreten in Foren wie dem 1920 gegründeten *Völkischen Beobachter* oder in Will Vespers Zeitschrift *Die schöne Literatur*, die ab 1923 erschien und ab 1931 *Die neue Literatur* hieß. Die extreme Hetze von Seiten der Rechten konnte bis 1933 aber nicht verhindern, dass die Weimarer Republik eine reichhaltige literaturkritische Kultur hervorbrachte. „Nie zuvor", konstatiert Oliver Pfohlmann, „war die Literaturkritik vielstimmiger, vielfältiger und anspruchsvoller, nie war ihre gesellschaftliche Bedeutung und Wirkung größer als in der Weimarer Republik." (Pfohlmann 2004b, 119)

Danach wurde das bürgerliche, moderne und weltoffene Feuilleton durch den Nationalsozialismus ausgelöscht – nicht zuletzt deshalb, weil viele der produktivsten und innovativsten Autoren jener Zeit, so wie auch die vier hier zuletzt genannten, jüdischer Herkunft waren. Im ‚Dritten Reich' galt die Literaturkritik aufgrund des regierenden antisemitischen Wahns ganz allgemein als ein ‚parasitäres', ‚undeutsches' und ‚jüdisches Prinzip' der ‚Zersetzung' und wurde deshalb 1936 sogar ganz verboten, um eine sogenannte Literatur- bzw. Kunstbetrachtung an ihre Stelle zu setzen. Tatsächlich monierte jedoch bald darauf sogar ein Rechenschaftsbericht für das NS-Propagandaministerium, dass durch die allgemeine Lobhudelei die „Urteilsfähigkeit des Publikums" beeinträchtigt worden sei und dass die „Kunstproduktion" die „Kunstbetrachtung" nunmehr oft nur noch als „eine Art Werbeinstitut" wahrnehme. Es könne nicht angehen, dass man dem Kunstbetrachter eine Rolle zumute, die „man im allgemeinen einem Reklamechef überträgt" (vgl. Strothmann 1960, 292–293; Zimmermann 1985, 284; Anz 2004a, 136).

Nach 1945 sprach Theodor W. Adorno im Blick auf das, was in seinen Augen seither im deutschen Feuilleton nachhaltig zerstört worden war, von einer anhaltenden „Krisis der Literaturkritik". Liberale Blätter wie die *Frankfurter Zeitung* oder das *Berliner Tageblatt*, in denen die Literaturkritik „das Recht auf freie Meinungsäußerung und das Vertrauen auf das ungebunden urteilende Individuum" vorausgesetzt und mit großer Autorität vertreten hatte, seien verschwunden: „Die Nationalsozialisten haben diesen Zusammenhang brutal erkannt, die Literaturkritik als ein wesentliches liberales Medium abgeschafft und durch ihre Art Kunstbetrachtung ersetzt. Heute, nach dem Sturz der Diktatur, sind nun aber die gesellschaftlichen Voraussetzungen der Literaturkritik durch den bloßen Wechsel des politischen Systems nicht wieder hergestellt. Weder gibt es jenen Typus des Publikums, der die liberalen Zeitungen las, noch die Menschen, die ihrer eigenen Beschaffenheit nach als autonom und begründet über die Dichtungen Urteilende aufzutreten vermöchten" (Adorno 1981 [1952/1953], 662).

Tatsächlich mussten die Literatur und die Literaturkritik nach dem Holocaust erst eine neue Sprache und einen ganz neuen Habitus zu finden versuchen, die nicht durch die zwölf Jahre während Diktatur des Nationalsozialismus kontaminiert waren. Im geteilten Deutschland war dies zunächst eine Geschichte vielfachen Scheiterns: In der DDR wurde die Rolle der Literaturkritik per Dekret im Sinne des Aufbaus einer sozialistischen Gesellschaft entgrenzt und „ungemein wichtig genommen" (Anz 2014, 210), indem ihre Bewertungen stets im Sinne des Sozialismus erzieherisch wirken sollten. Die Literaturkritik wurde zum „staatlichen Anliegen" zwecks „Höherentwicklung einer sozialistischen Nationalliteratur" erhoben, wobei der Kritiker idealerweise als ein „ideologischer Führer der Literatur" im Sinne des Marxismus-Leninismus agieren sollte (Albrecht 2001, 29–30). Dabei wurde das Rezensionswesen jedoch unter der Hand durch die Vor-Kritik akademischer Zensurinstanzen erneut entmachtet. Vorkritische Instanzen befanden in einem inoffiziellen Gutachterwesen darüber, ob ein Buch überhaupt veröffentlicht werden durfte: Jedwede Individualität wurde damit durch die Unterordnung des literaturkritischen Urteils unter parteipolitische Wertmaßstäbe diskreditiert und durch das Diktat des „Ensemblecharakters" kollektiver Kulturpolitik ersetzt (vgl. Pfohlmann 2004c, 144–159).

In der Bundesrepublik waren die literaturkritischen Debatten rund um die Werke der Autorinnen und Autoren der *Gruppe 47* wie auch die Paradigmenwechsel, die die Studentenbewegung von 1968 mit sich brachte, wichtig für die Suche nach alternativen Bewertungsmaßstäben nach dem ‚Dritten Reich'. Die *Gruppe 47* wurde zu einem Forum der Einübung einer demokratischen Debatten- und Streitkultur im Literaturbetrieb der Nachkriegszeit. Die mitunter scharfe Sofortkritik des Autoren- und Pressepublikums an den Lesungen während der Treffen der Gruppe waren der konservativen bis reaktionären Literaturkritik der 1950er und 1960er Jahre, u. a. vertreten durch den Ex-NS-Diplomaten und F. A. Z.-Literaturredaktionsleiter Friedrich Sieburg (vgl. Klee 2007, 569; Pfohlmann 2004d, 160–162) oder auch durch den seinerzeit tonangebenden Rezensenten Günter Blöcker, suspekt. Der Gruppe nahe standen dagegen teilnehmende Kritiker wie Walter Jens, Joachim Kaiser, Walter Höllerer, Reinhard Baumgart und Hans Mayer.

Mit Marcel Reich-Ranicki trat in der Gruppe ein singulärer Kritiker auf, der mit seiner Frau das Warschauer Ghetto überlebt hatte und im Land seiner Verfolger nach 1945 eine beispiellose Karriere machte: „Dass Reich-Ranicki in Deutschland der erfolgreichste, der wirkungsvollste und deshalb auch umstrittenste Literaturkritiker der Nachkriegszeit ist, steht außer Zweifel", schreibt sein Biograf Thomas Anz. „Mehr als er kann ein Kritiker wohl nicht erreichen." (Anz 2004c, 7) Nach seiner Arbeit für *Die Zeit* (ab 1960) und als Feuilletonleiter der *Frankfurter Allgemeinen Zeitung* (1973–1988), wo er 1974 die renommierte *Frankfurter Anthologie* begründete, schrieb Reich-Ranicki in seinem legendären *Literarischen Quartett* (1988–2001), einer regelmäßigen literaturkritischen Diskussionsrunde im ZDF, schließlich auch noch Fernsehgeschichte. Vorher hatte Reich-Ranicki bereits von 1977 bis 1987 die mündliche Sofortkritik der renommierten *Klagenfurter Tage der deutschsprachigen Literatur*, des Ingeborg-Bachmann-Wettbewerbs, der bis heute komplett live im Fernsehen übertragen wird und das Konzept der *Gruppe 47* zum Medienereignis macht, als Juror und Performer dominiert.

Reich-Ranicki avancierte zum Kritikerstar, zu einem gleichermaßen gefürchteten, gerühmten, gescholtenen wie verspotteten ‚Literaturpapst'. Auffällig an vielen der Karikaturen Reich-Ranickis, die bis zu Martin Walsers Roman *Tod eines Kritikers* (2002) reichen, ist ihr bewusst oder unbewusst hergestellter Bezug zur Tradition antisemitisch auffassbarer Schmähungen des Literaturkritikers als anmaßendem ‚jüdischem Nörgler' (vgl. die Illustrationen bei Anz 2004c, 153, Neuhaus 2004, 93–100 bzw. 118 sowie die allgemeinen Erörterungen zum Thema antisemitischer Verurteilungen der Literaturkritik bei Löffler 1999, 32–34).

Doch nicht nur aus dieser Perspektive unbewältigter Kontinuitäten von NS-Ressentiments nach 1945 attackierte man die Literaturkritik. 1968 wurden neue „Schmähungen und Bankrotterklärungen" (Albrecht 2001, 4) von Seiten der Linken laut. Nun wurde das Feuilleton im Zeichen marxistischer Agitation sowie der Kritischen Theorie Theodor W. Adornos und Max Horkheimers radikal als bloßer Multiplikator der „Kulturindustrie" und somit als Medium des bürgerlichen Establishments in Frage gestellt. Autoren wie Hans Magnus Enzensberger griffen den ‚Warencharakter' von Literatur und Kritik als Stabilisatoren einer kapitalistisch organisierten Gesellschaft an. Im zäsursetzenden *Kursbuch* 15 bescheinigte Walter Boehlich der Kritik gleich ihren Exitus (vgl. Pfohlmann 2004d, 170). Derartige Totsagungen und zeitweise aufgeregte Kontroversen änderten in den 1970er Jahren aber auf Dauer kaum etwas am Fortbestand des Betriebs (vgl. Pfohlmann 2004d, 175). Jörg Drews erblickte später um 1970 sogar die „fruchtbarste [Nachkriegs-]Phase" der Kritik (vgl. Albrecht 2001, 5). Die Literaturkritik öffnete sich damals nicht nur in wichtigen Tageszeitungen stärker einer „sozialhistorisch-ideologiekritischen Strömung", sondern fand auch in Zeitschriften wie dem zuvor konservativen *Merkur*, in feministischen Organen wie Alice Schwarzers *Emma* oder auch in dem linken Magazin *konkret* ihr Forum (Albrecht 2001, 44).

Seit den 1980er Jahren und der Einführung des Privatfernsehens in Deutschland wurden von den Literaturkritikern jedoch neue Probleme beobachtet: Die Massenkonsumkultur eines immer weniger an Literatur interessierten Publikums veränderte nicht nur die literaturkritischen Sendeformate im Radio und im Fernsehen, sondern auch die Wahrnehmung des Feuilletons in den Printmedien. Schwundformen und Surrogate der Literaturkritik wie Bestenlisten, Buchtipps oder persönliche Empfehlungen nicht dafür spezialisierter Prominenter wurden häufiger. Derartige bloße Leseempfehlungen, die man seither auch in einer großen Wochenzeitung wie der *Zeit* regelmäßig zu Anlässen wie Weihnachten, den Sommerferien etc. finden kann, propagieren eine Selbstreduktion der Kritik auf die „elementarste Vermittler- und Werbefunktion" (Albrecht 2001, 58–59). Es müsse ja kein Goebbels sein, der die ehrfürchtige Kunstbetrachtung erneut zur alleinig erlaubten Form des Feuilletons erhebe, sinnierte der Literaturkritiker Heinrich Vormweg 1988, als man von *Google* und *Amazon* noch nichts ahnte: „Es braucht hier nicht unbedingt eine doktrinäre Ideologie an der Macht zu sein. Es kann in glücklicheren Zeiten auch ein Verlag sein, der für das Seine nur noch Vermittlung, also Werbung für angemessen hält und so mächtig ist, das tendenziell auch durchzusetzen." (Vormweg 1988, 8)

Zugleich setzten bereits technische Neuerungen bei den Zeitungen ein, welche die Redakteure skeptisch beäugten. Der F. A. Z.-Redakteur Franz Josef Görtz etwa orakelte aufgrund der zunehmenden Automatisierung des Druckvorgangs über kommende technische Pannen ohne menschliches Zutun, wünschte sich zugleich aber auch schnellere Übertragungswege für Texte freier Autoren. So stellte er es sich doch „außerordentlich angenehm" vor, wenn der Verfasser „einen Personalcomputer mit Diskette" besäße und sich imstande sähe, „mit Hilfe eines Telefonmodems seinen Text in dreißig Sekunden von Stuttgart nach Frankfurt oder Heidelberg nach Hamburg zu übermitteln, so daß er innerhalb der nächsten dreißig Minuten gelesen, redigiert und ins Layout befördert werden könnte" (Görtz 1988, 5).

Mit dem Internet hat sich dieser Wunsch relativ schnell und letztlich noch viel umfassender erfüllt, als man es sich dies selbst noch Ende der 1990er Jahre hatte vorstellen können. Mehr noch: Die Möglichkeiten schnellen und unkomplizierten Publizierens im *World Wide Web* eröffneten freien Autoren, Bloggern, Laien-Rezensionsforen oder auch professionellen Portalen wie *literaturkritik. de* alternative Wege der Aufmerksamkeitserzeugung und Profilierung. Zudem entstanden neue Formen einer polemischen Debattenkultur wie etwa bei dem Theaterkritik-Forum *nachtkritik.de*. Die alltägliche journalistische Presseschau des u. a. von dem Journalisten Thierry Chervel im Jahr 2000 ins Leben gerufenen Internet-Kulturmagazins *perlentaucher.de* etablierte sich v. a. mit ihren nützlichen Zusammenfassungen und Kommentierungen von Kritiken aus den großen Tages- und Wochenzeitungen bzw. Magazinen als eines der wichtigsten und schnellsten Informations- und Rechercheforen für Autoren und Leser.

Parallel dazu wurden jedoch erneut Kassandra-Rufe laut. Sigrid Löffler beklagte in einer Podiumsdiskussion im *Literarischen Colloquium Berlin* (LCB), die 2002 in einer Sonderausgabe der Zeitschrift *Sprache im technischen Zeitalter* zum Thema „Positionen der Literaturkritik" dokumentiert wurde, an die Stelle des souveränen Kritikers sei der „allmächtige Konsument" mit seinem „Verbraucher-Netzwerk" getreten: „Die Konsumenten-Ideologie ersetzt auch im kritischen Diskurs die ästhetische Debatte. Nicht die ästhetische Qualität, sondern der ökonomische Erfolg entscheidet über das Sozialprestige und die journalistische Wertigkeit der Kulturwaren." (Miller und Stolz 2002, 170) Die Redaktionen und ihre Kritiker stünden in einem dienenden „Verhältnis zu den Verlagen – je größer und mächtiger das Verlagskonglomerat, je einflußreicher und betriebsamer die literarische Agentur, die ein Buch auf dem Markt lanciert, desto serviler die Rezensionspolitik der Medien" (Miller und Stolz 2002, 172). Die Kritik werde durch „Marketing-Journalism" ersetzt und vom „Chorgeschrei des Dienstleistungs-Journalismus" bedroht: „Bücher werden beklappentextet und betrailert, nicht besprochen." (Miller und Stolz 2002, 174)

Auch die Zeiten der Euphorie über das Internet als einer angeblich rein demokratischen Kultur im virtuellen Raum sind trotz der erwähnten publizistischen Errungenschaften vorbei. Der Prozess allumfassender Digitalisierungen und der Bereitstellung wachsender Datenmengen in der nach wie vor nur sehr schwer einschätz- und berechenbaren ‚Wolke' bzw. *Cloud* des Netzes beschleunigt sich immer mehr. Die Kehrseite dieser Entwicklung ist die genauso große Möglichkeit staatlicher oder markttechnischer Überwachung und also auch Zensur dieser Informationen.

Zugleich hat sich die Situation für die Literaturkritik aber auch ökonomisch massiv zugespitzt. Seit einigen Jahren mehren sich wieder einmal die Journalisten, die ihre Arbeit endgültig in der Bedeutungslosigkeit untergehen sehen. Hinzu kommt die Konkurrenz, welche die selten gewordenen festangestellten Redakteure oder die wenigen freien Autoren, die von ihrem Engagement für Printzeitungen überhaupt noch leben können, bei der sogenannten Laienkritik ausgemacht haben. Deren sprachlich oft mangelhafte Geschmacksäußerungen in Blogs oder auch gewinnorientierten Foren wie der Website des Konzerns *Amazon* bekommen zunehmend Aufmerksamkeit, ohne sich im Geringsten um die Usancen des sogenannten Qualitätsjournalismus zu scheren. In demonstrativer Distanz zur Professionalität und zum Elitebewusstsein der journalistischen und wissenschaftlichen

Literaturkritik äußern sich die Autoren bei *Amazon* in „Kundenrezensionen", auf die wiederum im Stil anderer sozialer Netzwerke wie *Facebook* oder viel frequentierter Online-Leserbriefspalten geantwortet werden kann. So können bei *Amazon* immerhin umfangreiche Diskussionen über bestimmte Wertungen entstehen. Zudem besteht dort die Möglichkeit, ein Klick-Votum zu einzelnen Rezensionen abzugeben. Damit werden wechselseitige Bewertungsakte konkretisiert, die in der Literaturkritik implizit schon immer virulent waren: Die Texte der „Kundenrezensenten" werden von Lesern danach bewertet, wie „hilfreich" sie seien. Neben der zu einem Buch geführten Diskussion und der daran ablesbaren Aufmerksamkeit, die eine Laienkritik in diesem Kontext bekommt, ist dies eine weitere, rein statistisch generierte Funktion, die dem User anzeigt, welches die jeweils „hilfreichste" negative oder positive Bewertung eines Buches sei.

Einerseits wollen die Autoren bei *Amazon*, die das Medium nutzen, genauso wie professionelle Kritiker Aufmerksamkeit für ihr eigenes Tun bekommen, um möglichst zu sogenannten Top-Rezensenten in der Statistik des Portals aufzusteigen – und andererseits hat der Konzern ein Interesse an ihrer Mitarbeit als *Prosumer*, also als gratis Gewinn generierende Konsumenten: Die Laienkritik hat Anteil an einer komplexen, rein marktorientierten Ökonomie der Aufmerksamkeit, in der es letztlich egal ist, ob ein Buch verrissen oder gelobt wird. Im Laienrezensenten-Kampf um den höchsten Rang in der quantitativen Statistik geschriebener Rezensionen kommt es dabei u. a. auch zu Plagiaten von Passagen bereits anderswo online stehender Besprechungen, die kaum noch jemand kontrolliert bzw. wahrnimmt. Damit wird der Unterschied zwischen einer professionell geschriebenen Kritik und einer reinen Geschmacksäußerung von *Amazon* gezielt verwischt bzw. eingeebnet. Dies verändert nicht zuletzt die Wahrnehmung der Leser und Nutzer solcher Portale, denen die Fähigkeit verloren zu gehen droht, gut geschriebene literaturkritische Texte um ihrer selbst willen zu goutieren, falls sie eine solche Form der Rezeption literaturkritischer Texte denn überhaupt jemals kennengelernt haben sollten. Was hier allein zählt, ist die Vielstimmigkeit der Wertungen, die bei Bestsellern auf diesem Portal in die Tausende gehen können und insgesamt ein Votum darüber abgeben sollen, wieviel Beachtung ein bestimmtes Buch verdient (vgl. Anz 2013, 147–148). Genutzt werden diese Informationen letztlich nur noch, um zu entscheiden, ob man Literatur als Ware kaufen soll oder nicht.

Auch wenn es sich prinzipiell verbietet, die Zensur im ‚Dritten Reich'", diejenige in der DDR und die globalisierten Verhältnisse des spätkapitalistischen Marktsystems gleichzusetzen, fallen partielle Analogien auf, wenn man die jeweiligen historischen Krisen der Literaturkritik in diesen unterschiedlichen Systemen analysiert: Die Vor-Zensur, die in den genannten Diktaturen bestimmte Publikationen bereits ‚aussortierte', bevor sie überhaupt erscheinen konnten, droht durch die Monopolstellung von *Google* und *Amazon* als Folge eines deregulierten Weltmarkts zurückzukehren: Wenn die genannten Konzerne den Buchhandel etwa durch gezielte Urheberrechtsverletzungen, erpresserische Rabattstrategien und künstlich verlängerte Lieferfristen derart dominieren (vgl. Platthaus 2014; Bahners 2014), dass Literatur, wenn überhaupt, bestenfalls nur noch dann erscheinen oder vorrätig gehalten werden kann, wenn sie einen Bestsellererfolg verspricht bzw. dauerhaft Gewinnmaximierung generiert, so wäre dies wohl erneut das gleichzeitige Ende unabhängiger Literaturkritik: „Wo die Nachfrage der Lesenden nach literarischen Texten nicht mehr im weichen Medium freier und öffentlicher Kommunikationsprozesse gesteuert wird", schreibt Thomas Anz im Blick auf die NS-Literaturpolitik, „verliert Literaturkritik ihre Funktion" (Anz 2014, 209).

Diese Regel ließe sich hypothetisch auf das skizzierte Buchhandelsszenario der nahen Zukunft anwenden: Die Inhaber des Marktmonopols könnten die einzige verbleibende *Gatekeeper*-Funktion übernehmen. Dadurch würden allerdings die Wertmaßstäbe und die Ethik einer unabhängigen Literaturkritik auf den Kopf gestellt. Würden dann doch nur noch solche ‚Produkte' zählen, die sich einer bestimmten Zielgruppe auch verkaufen lassen. Dieses Kriterium würde einer primär nach ästhetischen Maßstäben verfahrenden Selektionsfunktion der Literaturkritik zuvorkommen und Letztere zusammen mit den Verlagen obsolet machen, weil solche Bücher, die den Prinzipien des Marktes, die *Amazon* bestimmt, erfahrungsgemäß nicht entsprechen, auf Dauer gar nicht mehr erscheinen könnten.

Diese Marktmechanismen werden im Bereich der werbewirksam eingesetzten Laienkritik des Portals auf eher subtile Weise wirksam: Bei *Amazon* mag auf den ersten Blick nach wie vor eine weitgehend ‚unzensierte' Kritik stattfinden. Zudem sind die Laienrezensionen weit heterogener als diejenigen im professionellen Feuilleton und daher kaum über einen Kamm zu scheren: Rein subjektive Wertungen stehen hier direkt neben solchen Kritiken, die sich zumindest partiell an den Parametern der Profis orientieren können. Unzensiert bleiben dabei allerdings auch unzählige Gefälligkeits- oder Selbstrezensionen unter Pseudonym, oder gar gekaufte positive Bewertungen von Büchern auf diesem Portal, die einen beträchtlichen Prozentsatz aller der hier publizierten Texte ausmachen dürften (vgl. Pfohlmann 2004d, 190).

Gewiss: Gefälligkeitsrezensionen kommen seit jeher auch im ‚Qualitätsjournalismus' vor. So spiegelt die Laienkritik in der Tendenz, dass man dort nur noch als Lobender zum „Top-Rezensenten" zu avancieren vermag, letztlich selbst bei *Amazon* eine Problematik, die auch das Feuilleton betrifft. Diese Entwicklung begann bereits vor langer Zeit: Bereits in der zweiten Hälfte des 19. Jahrhunderts hatte sich das Pressewesen in ein kommerzielles Unternehmen gewandelt und mit dieser „Durchkapitalisierung der literarischen Öffentlichkeit" die Unabhängigkeit der Kritiker zu unterwandern begonnen, so dass die Literaturkritik zu einem „ideologischen Schein" zu verkommen drohte (Berman 1985, 205).

Das dem entgegengesetzte Ideal jedoch, Korruption redaktionell zu verhindern und nicht nur Publikumserfolge zu besprechen, sondern auch unbekannten Büchern bzw. innovativen, hermetischen Werken moderner oder postmoderner Literatur ein dezidiert unabhängiges Forum zu bieten, das seine Leser überraschen kann, droht auf Portalen wie *Amazon* in der gezielten Ökonomie der Aufmerksamkeit für das bei dem jeweiligen Kunden erwiesenermaßen gut Verkäufliche endgültig unterzugehen: Dies wird nicht zuletzt durch eine offensichtlich erfolgreiche Leserlenkung erreicht, die durch die digitalen Spuren generiert wird, welche diese bei ihrem Such- und Kaufverhalten im Netz und auf Portalen wie *Amazon* hinterlassen haben. Die Rede ist von jenen datenbasierten Algorithmen, mit denen den Lesern, die eine bestimmte Seite bei *Amazon* aufrufen, Angebote angezeigt werden, die ihnen „gefallen" könnten. Hinzu kommt der Hinweis: „Kunden, die diesen Artikel gekauft haben, kauften auch", woraufhin verschiedene weitere anklickbare Bücher oder Waren abgebildet werden.

Die Professorin für Kommunikationsmanagement Miriam Meckel kritisiert dieses Prinzip mit folgendem Argument: „Der Kunde kommt auch auf seine Kosten, denn er kriegt ja, was er will. Alle Unbekannten in dieser Gleichung werden von vornherein herausgerechnet, und so entsteht ein endloser gleichförmiger Fluss von Mainstreaminhalten, in dem alle mitschwimmen können. Varianz oder gar Aufklärung kommt so nicht in die Welt." (Meckel 2010) Tatsächlich ist es jedoch komplizierter: Zunächst einmal muss der Leser nicht unbedingt nur auf „Mainstreaminhalte" hingewiesen werden, da der Algorithmus ihm je nach persönlichem Interesse auch einen Weg zu von ihm favorisierten ‚Nischen'-Contents weiterweisen kann (vgl. Passig 2012). Trotzdem handelt es sich um eine technische Funktion, welche die scheinbare Offenheit des geposteten Kritikenspiegels bei *Amazon* unterläuft und den Leser effektvoll zu manipulieren versucht, indem diesem suggeriert wird, er sei an der Stelle besonders frei, seinen ureigensten Wünschen zu folgen. Eine zentrale *Gatekeeper*-Funktion kommt damit bei *Amazon* also dem rechnerisch funktionierenden Algorithmus-Prinzip zu, das die Interessen der User nach Maßgabe rein statistischer Werte zu lenken versucht. Das angeblich so offene ‚Aufklärungs'-Prinzip unzensiert geposteter „Kunderezensionen" wird für den einzelnen Besucher der Seite also insofern eingeschränkt, als das Portal versucht, seine Suche auf bestimmte Produkte zu fokussieren. Schließlich wird damit aber auch die Wahrnehmung von „Kundenrezensenten", die sich im soziokulturellen und medialen Rahmen von *Amazon* bewegen, durch dieses System potenziell in Bahnen gelenkt, die dem Konzept der Profitmaximierung des Konzerns und nicht mehr nur ihren eigenen Interessen dienen. Einer der „Top-Rezensenten" der letzten Jahre behauptete zudem in der F. A. Z., der Algorithmus sorge dafür, dass v. a. solche Vielschreiber, die in ihren Votings permanent fünf Sterne für Bücher vergäben, von *Amazon* im Besprechungsranking nach oben wanderten (vgl. Scheer 2012): Auch dies wäre als eine Form der verdeckten Manipulation bzw. der informellen Zensur der Laienkritik zu bewerten.

4 Erkenntnisstand und Forschungsdesiderate

Erste Studien zur Literaturkritik wurden in Deutschland in den 1920er Jahren geschrieben (vgl. die Hinweise bei Albrecht 2001, 131). Eine dezidiertere literaturwissenschaftliche Untersuchung des Phänomens der Literaturkritik setzte jedoch erst in den 1950er und 1960er Jahren ein (siehe u. a. die Hinweise bei Neuhaus 2004, 14–30). René Welleks achtbändiges und von 1955 bis 1992 erschienenes Standardwerk im Zeichen des *New Criticism* kam in deutscher Übersetzung ab 1959 in vier Bänden heraus und war stark von den Kriterien immanenter Kritik geprägt (vgl. Wellek 1959–1990). Mangels einer genaueren definitorischen Eingrenzung der Literaturkritik liest sich Welleks Werk zudem in weiten Passagen wie eine allgemein gehaltene literaturgeschichtliche Abhandlung über den Literaturbegriff seit 1750.

Anni Carlssons Geschichte der deutschen *Buchkritik von der Reformation bis zur Gegenwart* stellt den ersten größeren Forschungsbeitrag in der Bundesrepublik dar (vgl. Carlsson 1969), ist aber sogar noch stärker als Wellek von dem immanenten Interpretationsansatz beeinflusst (vgl. die Kritik bei Albrecht 2001, 133). In Deutschland kommen danach zunächst Ansätze zum Tragen, die Wertungsmodelle der Interpretation und auch der Literaturkritik beleuchten und dabei keine genauere Trennlinie zwischen den beiden Disziplinen ziehen (vgl. Müller-Seidel 1969 [1965]; Mecklenburg 1972). Mecklenburg möchte die Literaturkritik in Absetzung von den „nebulöse[n]", weil zu unkritischen und begrifflich zu unscharfen Ausführungen Müller-Seidels, von dem „Leerformel- und Ideologiecharakter" seiner jargonhaften Wertungskategorien (Mecklenburg 1972, 24), dezidierter als literaturwissenschaftliches Verfahren begreifen, „das auf kritisches Verstehen poetischer Texte zielt" (Mecklenburg 1972, 13). Im Blick auf die „allgemeine Kritikfeindschaft" in Deutschland, die sich durch das 19. und 20. Jahrhundert hindurch gezogen habe und mit der politischen Entwicklung des Landes zusammenhänge, möchte Mecklenburg Literaturwissenschaft und Literaturkritik also wieder zu einer produktiven Methode vereint wissen (Mecklenburg 1972, 14–16). Peter Uwe Hohendahls nach wie vor instruktiver Sammelband wiederum folgte dem sozialhistorischen Neuansatz einer genaueren Institutions- und Modellgeschichte der Literaturkritik (vgl. Hohendahl 1985a). Herbert Jaumann betont in seiner zehn Jahre später erschienenen Monografie die Vorgeschichte der Literaturkritik von Quintilian bis Thomasius, von einem alteuropäischen hin zu einem neuen Modell der literarischen Kritik in der Frühen Neuzeit (Jaumann 1995).

Bis heute ist der Ansatz, die Formen literarischer Wertung im Feld der Literaturkritik zu betrachten, weiter differenziert worden (vgl. Anz 1990; Winko und Heydebrand 1996; Anz 2004b, 208–217; Buck 2011). Sabine Buck hat in ihrer Dissertation belegt, dass ethische Wertmaßstäbe, von denen manche glauben mögen, das sie „der wissenschaftlichen Mottenkiste" entstammten, weil gesellschaftspolitische Wertungen in Rezensionen „nichts zu suchen hätten" (Neuhaus 2004, 137), sehr wohl nach wie vor zum Alltag der Literaturkritik gehören, bei dem es sich keineswegs um einen ‚moralfreien Raum' handele (vgl. Buck 2011, 380). Genauso wie im Fall der literarischen Gesellschaften gilt auch im Fall der Literaturkritik, dass praxeologische Ansätze zur Untersuchung der Rolle dieser literaturvermittelnden Instanz im Literaturbetrieb und für die Genese literarischer Texte wünschenswert erscheinen bzw. sehr viel detaillierter ausbaubar wären.

Sozialgeschichtliche Zugänge, wie sie in den 1970er und 1980er Jahren zentral waren, sind damit nicht erledigt. Peter Uwe Hohendahl fragte 1985: „Welchen Stellenwert hat die Literaturkritik innerhalb der Literaturverhältnisse? Welche spezifischen Aufgaben wurden ihr zugeschrieben? Welche Medien gelten als die angemessenen? Welche Verfahren werden entwickelt, um Literatur zu beschreiben und zu bewerten? Wer ist an der Kommunikation beteiligt? Gibt es z. B. soziale Gruppen oder Klassen, die das Gespräch dominieren, oder andere, die ausgeschlossen sind?" (Hohendahl 1985b, 3)

Festzustellen ist, dass wir uns an der Schwelle zu einem Zeitalter befinden, in dem auch literaturkritische Texte womöglich bald (fast) nur noch in digitaler Form publiziert werden. Dieser radikale Umbruch, dessen Folgen bis dato kaum erfasst und durchdrungen worden sind, berührt alle von Hohendahl gestellten Fragen. 1985 hätte sich wohl noch kein professioneller Kritiker vorstellen können, dass sich bereits zwei Jahrzehnte später wirklich jede gesellschaftliche Gruppe mittels weniger Mausklicks zu publizierenden Autoren von Literaturkritiken werde aufschwingen können: Heute wird in und durch die Neuen Medien mehr geschrieben und schriftlich kommuniziert denn je, und jeder, der Literatur kritisieren möchte, kann dies – weltweit sichtbar – jederzeit schnell und ohne große Probleme online realisieren, wo auch immer er sich gerade befindet.

Die Literaturwissenschaft hat auf diese regelrechte Revolution erst ansatzweise reagiert. Albrecht mahnte 2001 als Desiderat ein „dem heutigen Forschungsstand und Problembewusstsein sowie Methodendiskurs entsprechendes Handbuch" an, das „alle zum Themenbereich ‚institutionalisierte (journalistische)

Literaturkritik im Medienzeitalter' gehörigen relevanten Einzelheiten darlegt und die nötigen historischen Rückblicke einbezieht" (Albrecht 2001, 134). Ein solches einzelnes Handbuch fehlt zwar nach wie vor, doch liegen neben dem vorliegenden Band mittlerweile verschiedene Standardwerke vor, in denen zumindest Teile dessen, was Albrecht fordert, eingelöst worden sind (vgl. Anz 2007a; Rippl und Winko 2013). Die rasende technische Entwicklung wird in Zukunft jedoch noch sehr viel genauere und weitergehende Untersuchungen zum Status der Literaturkritik erfordern.

Weiterführende Literatur

Albrecht, Wolfgang (2001). *Literaturkritik*. Stuttgart und Weimar.
Anz, Thomas und Rainer Bassner (2004). *Literaturkritik. Geschichte, Theorie, Praxis*. Hrsg. von Thomas Anz und Rainer Baasner. München.
Barner, Wilfried (1990). *Literaturkritik – Anspruch und Wirklichkeit. DFG-Symposion 1989*. Hrsg. von Wilfried Barner. Stuttgart.
Hohendahl, Peter Uwe (Hg.) (1985a). *Geschichte der deutschen Literaturkritik (1730–1980)*. Mit Beiträgen von Klaus Berghahn, Russel A. Berman, Peter Uwe Hohendahl, Jochen Schulte-Sasse und Bernhard Zimmermann. Stuttgart.
Kaulen, Heinrich und Christina Gansel (Hg.) (2015). *Literaturkritik heute. Tendenzen – Traditionen – Vermittlung*. Göttingen.
Neuhaus, Stefan (2004). *Literaturkritik. Eine Einführung*. Göttingen.

Zitierte Literatur

Adorno, Theodor W. (1981 [1952/1953]). „Zur Krisis der Literaturkritik." *Noten zur Literatur*. Hrsg. von Rolf Tiedemann. Frankfurt a. M.: 661–664.
Albrecht, Wolfgang (2001). *Literaturkritik*. Stuttgart und Weimar.
Anz, Thomas (1990). „Literaturkritisches Argumentationsverhalten. Ansätze zu einer Analyse am Beispiel des Streits um Peter Handke und Botho Strauß". *Literaturkritik – Anspruch und Wirklichkeit. DFG-Symposion 1989*. Hrsg. von Wilfried Barner. Stuttgart: 415–430.
Anz, Thomas (2004a). „Literaturkritik unter dem NS-Regime und im Exil". *Literaturkritik. Geschichte, Theorie, Praxis*. Hrsg. von Thomas Anz und Rainer Baasner. München: 130–144.
Anz, Thomas (2004b). „Theorien und Analysen zur Literaturkritik und zur Wertung". *Literaturkritik. Geschichte, Theorie, Praxis*. Hrsg. von Thomas Anz und Rainer Baasner. München: 194–219.
Anz, Thomas (2004c). *Marcel Reich-Ranicki*. München.
Anz, Thomas (2007a). *Handbuch Literaturwissenschaft. Gegenstände – Konzepte – Institutionen*. 3. Bde. Stuttgart und Weimar.

Anz, Thomas (2007b). „Literaturkritik". *Handbuch Literaturwissenschaft. Gegenstände – Konzepte – Institutionen. Bd. I: Gegenstände und Grundbegriffe.* Hrsg. von Thomas Anz. Stuttgart und Weimar: 344–353.
Anz, Thomas (2013). „Rezensionswesen". *Handbuch Kanon und Wertung. Theorien, Instanzen, Geschichte.* Hrsg. von Gabriele Rippl und Simone Winko. Stuttgart und Weimar: 146–153.
Anz, Thomas (2014). „Literaturkritik und informelle Zensur". *Kunstfreiheit und Zensur in der Bundesrepublik Deutschland.* Hrsg. von York-Gothard Mix. Berlin und Boston, MA: 201–211.
Anz, Thomas und Rainer Baasner (Hg.) (2004). *Literaturkritik. Geschichte, Theorie, Praxis.* München.
Baasner, Rainer (2004). „Literaturkritik in der Zeit der Aufklärung". *Literaturkritik. Geschichte, Theorie, Praxis.* Hrsg. von Thomas Anz und Rainer Baasner. München: 27–36.
Bahners, Patrick (2014). „Amazons Bürgerkrieg. Wir brauchen Widerstand gegen die Invasion". *FAZ* vom 3. Juli 2014. http://www.faz.net/aktuell/feuilleton/buecher/themen/wir-brauchen-widerstand-gegen-amazons-invasion-13023459.html (7. Juli 2014).
Benjamin, Walter (1991 [1928]). „Die Technik des Kritikers in dreizehn Thesen". *Gesammelte Schriften.* Bd. IV, 1. Hrsg. von Tilmann Rexroth. Frankfurt a. Main: 108–109.
Berghahn, Klaus L. (1985). „Von der klassizistischen zur klassischen Literaturkritik 1730–1806". *Geschichte der deutschen Literaturkritik (1730–1980).* Mit Beiträgen von Klaus Berghahn, Russel A. Berman, Peter Uwe Hohendahl, Jochen Schulte-Sasse und Bernhard Zimmermann. Hrsg. von Peter Uwe Hohendahl. Stuttgart: 10–75.
Berman, Russell A. (1985). „Literaturkritik zwischen Reichsgründung und 1933". *Geschichte der deutschen Literaturkritik (1730–1980).* Mit Beiträgen von Klaus L. Berghahn, Russell A. Berman, Peter Uwe Hohendahl, Jochen Schulte-Sasse und Bernhard Zimmermann. Hrsg. von Peter Uwe Hohendahl. Stuttgart: 205–274.
Buck, Sabine (2011). *Literatur als moralfreier Raum? Zur zeitgenössischen Wertungspraxis deutschsprachiger Literaturkritik.* Paderborn.
Carlsson, Anni (1969). *Die deutsche Buchkritik von der Reformation bis zur Gegenwart.* Bern und München.
Görtz, Franz Josef (1988). „Wovon man nicht reden kann". *Sprache im technischen Zeitalter* 105 (1988): 3–6.
Gutzkow, Karl (2013 [1853]). „Der Ehrgeiz als Censor und eine Erziehung der Geister." *Unterhaltungen am häuslichen Herd,* Bd. I, Nr. 17, 21. Januar 1853. *Schriften zum Buchhandel und zur literarischen Praxis. Gutzkows Werke und Briefe. Schriften zur Literatur und zum Theater.* Bd. VII. Hrsg. von Christine Haug und Ute Schneider. Münster: 91–94.
Hohendahl, Peter Uwe (Hg.) (1985a). *Geschichte der deutschen Literaturkritik (1730–1980).* Mit Beiträgen von Klaus Berghahn, Russel A. Berman, Peter Uwe Hohendahl, Jochen Schulte-Sasse und Bernhard Zimmermann. Stuttgart.
Hohendahl, Peter Uwe (1985b). „Einleitung". *Geschichte der deutschen Literaturkritik (1730–1980).* Mit Beiträgen von Klaus Berghahn, Russel A. Berman, Peter Uwe Hohendahl, Jochen Schulte-Sasse und Bernhard Zimmermann. Hrsg. von Peter Uwe Hohendahl. Stuttgart: 1–9.
Hohendahl, Peter Uwe (1985c). „Literaturkritik in der Epoche des Liberalismus (1820–1870)". *Geschichte der deutschen Literaturkritik (1730–1980).* Mit Beiträgen von Klaus Berghahn, Russel A. Berman, Peter Uwe Hohendahl, Jochen Schulte-Sasse und Bernhard Zimmermann. Hrsg. von Peter Uwe Hohendahl. Stuttgart: 129–204.

Jaumann, Herbert (1995). *Critica. Untersuchungen zur Geschichte der Literaturkritik zwischen Quintilian und Thomasius*. Leiden, Köln und New York, NY.
Jaumann, Herbert (2007 [2000]). „Literaturkritik". *Reallexikon der deutschen Literaturwissenschaft*. Bd. II. Hrsg. von Harald Fricke et al. Berlin und New York, NY: 463–468.
Kaulen, Heinrich (2011). „Nachwort". *Walter Benjamin. Kritiken und Rezensionen*. Bd. 13.2. Herausgegeben von Heinrich Kaulen. Berlin: 972–1012.
Klee, Ernst (2007). *Das Kulturlexikon zum Dritten Reich. Wer war was vor und nach 1945*. Frankfurt a. M.
Kussin, Christiane (2013). „Literarische Gesellschaften". *Handbuch Kanon und Wertung. Theorien, Instanzen, Geschichte*. Hrsg. von Gabriele Rippl und Simone Winko. Stuttgart und Weimar: 221–225.
Löffler, Sigrid (1999): „Die versalzene Suppe und deren Köche. Über das Verhältnis von Literatur, Kritik und Öffentlichkeit". *Literaturkritik. Theorie und Praxis*. Hrsg. von Wendelin Schmidt-Dengler und Nicole Katja Streitler. Innsbruck und Wien: 27–39.
Meckel, Miriam (2010). „Geben wir dem Zufall eine Chance". *FAZ* vom 16. Mai 2010. http://www.faz.net/aktuell/feuilleton/debatten/digitales-denken/unser-berechnetes-dasein-geben-wir-dem-zufall-eine-chance-1978133.html?printPagedArticle=true#pageIndex_2 (16. Mai 2010).
Mecklenburg, Norbert (1972). *Kritisches Interpretieren. Untersuchungen zur Theorie der Literaturkritik*. München.
Miller, Norbert und Dieter Stolz (Hg.) (2002). *Positionen der Literaturkritik*. Sonderheft der Zeitschrift *Sprache im technischen Zeitalter*. Köln. [Daraus zitiert, ohne Autorangabe: „Die Kunst des Lesens – Positionen der Literaturkritik". *Podiumsdiskussion mit Reinhard Baumgart, Helmut Böttiger, Sigrid Löffler, Jörg Magenau, Joachim Scholl, Gustav Seibt (6. Februar 2002). Moderation: Norbert Miller und Dieter Stolz*, 159–203.]
Müller-Seidel, Walter (1969 [1965]). *Probleme der literarischen Wertung. Über die Wissenschaftlichkeit eines unwissenschaftlichen Themas*. Stuttgart.
Neuhaus, Stefan (2004). *Literaturkritik. Eine Einführung*. Göttingen.
Neuhaus, Stefan (2009). *Literaturvermittlung*. Konstanz.
Passig, Kathrin (2012). „Warum wurde mir ausgerechnet das empfohlen?". *Süddeutsche Zeitung* vom 10. Januar 2012. http://www.sueddeutsche.de/digital/zur-kritik-an-algorithmen-warum-wurde-mir-ausgerechnet-das-empfohlen-1.1253390 (13. Januar 2019).
Pfohlmann, Oliver (2004a). „Literaturkritik in der literarischen Moderne". *Literaturkritik. Geschichte, Theorie, Praxis*. Hrsg. von Thomas Anz und Rainer Baasner. München: 94–113.
Pfohlmann, Oliver (2004b). „Literaturkritik in der Weimarer Republik". *Literaturkritik. Geschichte, Theorie, Praxis*. Hrsg. von Thomas Anz und Rainer Baasner. München: 114–129.
Pfohlmann, Oliver (2004c). „Literaturkritik in der DDR". *Literaturkritik. Geschichte, Theorie, Praxis*. Hrsg. von Thomas Anz und Rainer Baasner. München: 144–159.
Pfohlmann, Oliver (2004d). „Literaturkritik in der Bundesrepublik". *Literaturkritik. Geschichte, Theorie, Praxis*. Hrsg. von Thomas Anz und Rainer Baasner. München: 160–191.
Platthaus, Andreas (2014). „Die Amazon-Gefahr. Warum unsere Buchverlage Angst haben müssen". *FAZ* vom 2. Juli 2014. http://www.faz.net/aktuell/feuilleton/buecher/die-amazon-gefahr-warum-unsere-buchverlage-angst-haben-muessen-13021089.html (7. Juli 2014).
Rippl, Gabriele und Simone Winko (Hg.) (2013). *Handbuch Kanon und Wertung. Theorien, Instanzen, Geschichte*. Stuttgart und Weimar.

Scheer, Ursula (2012). „Man benutzt Amazon und wird benutzt". *FAZ* vom 23. Mai 2012. http://www.faz.net/aktuell/feuilleton/top-rezensenten-man-benutzt-amazon-und-wird-benutzt-11761329.html (14. Juli 2014).

Schulte-Sasse, Jochen (1985). „Der Begriff der Literaturkritik in der Romantik". *Geschichte der deutschen Literaturkritik (1730–1980)*. Mit Beiträgen von Klaus Berghahn, Russel A. Berman, Peter Uwe Hohendahl, Jochen Schulte-Sasse und Bernhard Zimmermann. Hrsg. von Peter Uwe Hohendahl. Stuttgart: 76–128.

Strothmann, Dietrich (1960). *Nationalsozialistische Literaturpolitik. Ein Beitrag zur Publizistik im 3. Reich*. Bonn.

Vormweg, Heinrich (1988). „Wonach ich immer noch auf der Suche bin". *Literaturkritik oder Literaturvermittlung? Berliner Tage der Literaturkritik. Sprache im technischen Zeitalter* 105 (1988): 7–10.

Wabnegger, Erich (1987). *Literaturskandal. Studien zur Reaktion des öffentlichen Systems auf Karl Gutzkows Roman „Wally, die Zweiflerin" (1835–1848)*. Würzburg.

Wellek, René (1959–1990). *Geschichte der Literaturkritik (1750–1950)*. Bd. I Darmstadt, Berlin und Neuwied, Bd. II–IV Berlin und New York, NY.

Wellek, René (1959). *Geschichte der Literaturkritik 1750–1830*. Darmstadt, Berlin und Neuwied.

Winko, Simone und Renate von Heydebrand (1996). *Einführung in die Wertung von Literatur. Systematik – Geschichte – Legitimation*. Paderborn, München, Wien und Zürich.

Wistoff, Andreas (1992). *Die deutsche Romantik in der öffentlichen Literaturkritik. Die Rezensionen zur Romantik in der „Allgemeinen Literatur-Zeitung" und der „Jenaischen Allgemeinen Literatur-Zeitung" 1795–1812*. Bonn und Berlin.

Wittmann, Reinhard (1999 [1991]). *Geschichte des deutschen Buchhandels. Ein Überblick*. 2. durchgesehene und erweiterte Auflage. München.

Zens, Maria (2004). „Literaturkritik in der Zeit des Jungen Deutschland, des Biedermeier und des Vormärz". *Literaturkritik. Geschichte, Theorie, Praxis*. Hrsg. von Thomas Anz und Rainer Baasner. München: 65–79.

Zimmermann, Bernhard (1985). „Entwicklung der deutschen Literaturkritik von 1933 bis zur Gegenwart". *Geschichte der deutschen Literaturkritik (1730–1980)*. Mit Beiträgen von Klaus L. Berghahn, Russell A. Berman, Peter Uwe Hohendahl, Jochen Schulte-Sasse und Bernhard Zimmermann. Hrsg. von Peter Uwe Hohendahl. Stuttgart: 275–338.

Jost Schneider
III.2.5 Literaturgeschichtsschreibung und Literaturwissenschaft

1 Definition

Als „Literaturgeschichtsschreibung" bezeichnet man die Darstellung der historischen Entwicklung aller oder einiger auf Produktions-, Werk-, Distributions- und/ oder Rezeptionsebene am Prozess der literarischen Kommunikation beteiligten Akteure und Faktoren. Der Ausdruck „Literaturwissenschaft" bezeichnet eine Disziplin der Geistes- und Kulturwissenschaften, die sich mit der systematischmethodischen Erforschung aller am Prozess der literarischen Kommunikation beteiligten Akteure und Faktoren beschäftigt.

2 Hauptaspekte des Themas

Terminologie

Die Verwendung der Begriffe „Literatur", „Wissenschaft" und „Geschichtsschreibung" sowie der daraus gebildeten Komposita war und ist fortlaufend Veränderungen unterworfen, die einerseits auf Divergenzen zwischen inner- und außerwissenschaftlichen Diskursen bzw. Erkenntnisinteressen, andererseits auf interne methodologische Konflikte innerhalb der betroffenen *scientific communities* zurückzuführen sind. Neben deskriptiven fließen deshalb oftmals normative Aspekte in die Begriffsbildung und -verwendung mit ein (vgl. Rompeltien 1994).

Begriffsgeschichte

Der Ausdruck „Literaturgeschichte" in seiner heute üblichen Bedeutung setzt sich am Ende des 18. Jahrhunderts durch (Johann Jakob Rambach, *Versuch einer pragmatischen Literaturgeschichte*, 1770; Ludwig Wachler, *Versuch einer allgemeinen Geschichte der Literatur*, 3 Bde., 1792–96). Der ab dem 17. Jahrhundert übliche Vorläuferterminus „Litterärgeschichte" als deutsche Übersetzung des lateinischen, bis in die Antike zurück verfolgbaren *historia litteraria* meinte in allgemeinerem Sinne die Gesamtheit des ‚gelehrten', auf höherer Bildung basierenden Schrifttums (vgl. Schönert 2000, 456).

Der Begriff „Literaturwissenschaft" wird 1828 erstmals, in den folgenden Jahrzehnten gelegentlich und ab etwa 1880 regelmäßig verwendet (vgl. Danneberg et al. 2007, 73).

Hauptthemen und -fragen

Da die Literaturgeschichtsschreibung schon früh mit der Problematik einer Überfülle an potentiell relevantem Material konfrontiert war, benutzte und benutzt sie (sowohl deskriptive als auch normative) Auswahlkriterien, um jene am Prozess der literarischen Kommunikation beteiligten Akteure und Faktoren selektieren zu können, die der Überlieferung und Erforschung für würdig befunden werden. Innerhalb des selektierten Materials muss dann zusätzlich eine Gewichtung nach Relevanz erfolgen, d. h. es muss entschieden werden, in welchem Umfang bspw. die Gattungsgeschichte, die Biographie der Autoren, die Motivgeschichte, der sozialgeschichtliche Kontext, die medientechnischen Rahmenbedingungen usw. Berücksichtigung finden sollen. Zuletzt ist außerdem ein Kompositionsprinzip zu wählen, wobei anfangs katalogartige oder chronikalische Auflistungen dominieren und erst später ‚große Erzählungen' (Lyotard) entstehen, die den Entwicklungsgang der Literatur nach teleologischem Prinzip gestalten und bspw. als lineare Überbietungsgeschichte, als Geschichte eines Organismus (Entstehung, Blüte, Niedergang), als agonale Konfliktgeschichte (z. B. germanische versus romanische Kultur) oder auch als Geschichte einer netzwerkartigen Ausdifferenzierung darstellen. Im Anschluss an die diesbezüglichen Studien von Hayden White (v. a. *Metahistory. The Historical Imagination in Nineteenth Century Europe*, Baltimore et al. 1973 sowie *Tropics of Discourse. Essays in Cultural Criticism*, Baltimore 1978) vertreten heute nicht wenige Theoretiker die Auffassung, dass eine jede historische Darstellung bis zu einem gewissen Grad als literarisches Narrativ aufzufassen ist, dass also kein genuin historiographisches Kompositionsprinzip existiert, das eine völlig konstruktionsfreie, neutral-wissenschaftliche (Literatur-)Geschichtsschreibung ermöglichen könnte.

Die Literaturwissenschaft entsteht in ihren ersten Anfängen in der Antike aus dem Bedürfnis heraus, bestimmte besonders wichtige Texte in ihrem Wortlaut zu bewahren und ihre Auslegung zu kontrollieren. In Betracht kommen hierfür zunächst Texte aus dem Bereich des Rechtes (Gesetze, Urteile), der Diplomatie (z. B. Friedensschlüsse, Grenzfestlegungen), der Wirtschaft (Handelsverträge, Rechnungen), der Naturkunde (Kalender, medizinische Rezepturen), der Religion (geoffenbarte Schriften), der Geschichtsschreibung (Chroniken, exemplarische Viten) und manchmal auch der Literatur im engeren Sinne, insoweit sie als relevant für das kollektive Gedächtnis eines Stammes oder Volkes galt. In ihren ersten Ursprüngen reduziert sich die später sogenannte Literaturwissenschaft auf (1) die Editionsphilologie, die eine dauerhafte Fixierung des Wortlautes relevanter Texte anstrebt, (2) die Hermeneutik, die auf eine sichere Unterscheidung zwischen legitimen und illegitimen Textauslegungen abzielt, und (3) die Gattungslehre, die ein Repertoire an angemessenen Textformaten und Ausdrucksstilen für die verschiedenen Schreibanlässe und Gebrauchszusammenhänge zur Verfügung stellen will; die übrigen Arbeitsgebiete und Methoden wie z. B. Thematologie, Gender Studies, Sozialgeschichte, Rezeptionsforschung oder Narratologie treten erst im 19. und 20. Jahrhundert hinzu und konstituieren nach und nach das facettenreiche Feld jener modernen akademischen Disziplin, die wir als ‚Literaturwissenschaft' bezeichnen (vgl. Schneider 2009a, 3–11).

Ob Literaturwissenschaft und Literaturgeschichtsschreibung *per se* global anzulegen sind oder ob eine Unterteilung nach Sprachen bzw. nach Nationen vorzuziehen ist, gilt bis heute als umstritten. In der Praxis koexistieren alle drei Varianten, so dass bspw. bestimmte Texte gleichzeitig im Rahmen der Allgemeinen Literaturwissenschaft und der Germanistik oder einer anderen ‚Nationalphilologie' erforscht werden. Darüber hinaus gibt es historisch-kulturpolitisch bedingte Ausdifferenzierungen wie z. B. die der Romanistik in Frankoromanistik, Italianistik, Lusitanistik etc., die der Anglistik in Amerikanistik, Kanadistik, Chicano Studies usw. oder auch die der Germanistik in Austriazistik, Helvetistik, Skandinavistik u. a. m.

Ein weiteres Hauptproblem der Literaturwissenschaft und der Literaturgeschichtsschreibung resultiert aus dem forschungsgeschichtlich relativ spät realisierten Einbezug der *oral poetry*, also der (ursprünglich) rein mündlich tradierten literarischen Werke in schriftlosen oder schriftfernen Kulturen und Bildungsschichten. Erst im späten 20. Jahrhundert setzten sich auf breiter Front Literaturdefinitionen durch, die das Kriterium der schriftlichen Fixierung nur noch fakultativ als eines unter mehreren möglichen Kriterien beinhalteten (vgl. Schneider 2007, 2–7). Damit war eine der wesentlichen Voraussetzungen geschaffen, um die literarische Kultur sowohl der schriftlosen ‚Naturvölker' als auch der nicht-alphabetisierten, selbst in den ‚Kulturvölkern' bis weit in das 19. Jahrhundert hinein die große Mehrheit der Bevölkerung stellenden Literaturproduzenten und -rezipienten in die wissenschaftliche Analyse mit einzubeziehen.

Der *Rigveda*, ein im 2. Jahrtausend v. Chr. entstandener Sanskrit-Text, gilt als ältester im Wortlaut erhaltener, mündlich tradierter Text. Spezielle Memorierungs- und Rezitationstechniken, bei denen Wörter und Wortfolgen zur Kontrolle mehrfach wiederholt wurden, sicherten die weitestgehend originalgetreue Überlieferung dieser heiligen Schrift des Hinduismus. Auch im Judentum spielt die mündliche Tradierung neben der schriftlichen Überlieferung eine wesentliche Rolle; besonders die Tannaiten, jüdische Gesetzeslehrer des 1. und 2. Jahrhunderts n. Chr., lieferten durch ihre rein mündliche Weitergabe der *Mischna* eine im Verhältnis zur schriftlichen Überlieferung als gleichrangig geltende Form der wortgetreuen Wiedergabe heiliger Texte. In beiden Fällen kann von einer schriftlosen Editionsphilologie gesprochen werden, die Impulse und Qualitätsmaßstäbe für die Ausbildung der späteren schriftgestützten Philologie geliefert hat.

3 Kurze Geschichte der Literaturgeschichtsschreibung und Literaturwissenschaft

Frühgeschichte (bis 800): Schaffung wesentlicher Voraussetzungen

Die Entstehung der Literaturgeschichtsschreibung und Literaturwissenschaft war offenbar an das Vorhandensein umfassender Ressourcen geknüpft, wie sie anfangs nur in wenigen Hochkulturen zur Verfügung standen (vgl. Stein 2006). In der sumerischen Kultur scheint es ab der Mitte des 3. Jahrtausends v. Chr. bibliotheksartige Manuskriptsammlungen gegeben zu haben. Aus Ägypten sind uns seit dem 2. Jahrtausend v. Chr. Schul- und Lesebücher bekannt, die im Rahmen eines ausdifferenzierten, zehn Klassen umfassenden Schulsystems zur Unterweisung in Religion, Geographie, Mathematik, Staatskunde und anderen Unterrichtsfächern eingesetzt wurden, was eine philologisch-didaktische Textaufbereitung voraussetzt. Und im alten China ist spätestens in der Han-Dynastie (206 v. Chr. bis 220 n. Chr.) im Zuge der Erhebung des Konfuzianismus zur Staatsreligion eine Konjunktur der Schriftgelehrsamkeit zu registrieren.

In der griechischen Antike gibt es von den Homer-Interpreten und Rhapsoden des achten vorchristlichen Jahrhunderts (Xenophanes, Theagenes) über die Sophisten (Protagoras, Gorgias) und die im vierten vorchristlichen Jahrhundert entstandenen Werke von Platon (v. a. *Kratylos* und *Phaidros*) und Aristoteles (v. a. *Rhetorik* und *Poetik*) bis hin zu den Schriften des Cicero (v. a. *De oratore*; 55 v. Chr.), des Horaz (v. a. *De arte poetica*; ca. 15 v. Chr.) und des Pseudo-Longinus (1. Jahrhundert n. Chr.) eine Reihe von sehr wirkungsmächtigen editionsphilologischen, sprach- und kunstphilosophischen, hermeneutischen und gattungstheoretischen Publikationen, die zur Frühgeschichte der heutigen Literaturwissenschaft gerechnet werden können (vgl. Pfeiffer 1978, 18–112).

Als selbständige Wissenschaft oder Wissensdisziplin im engeren Sinne treten Literaturwissenschaft und Literaturgeschichtsschreibung zuerst im 3. Jahrhundert v. Chr. hervor, und zwar in Alexandria, wo unter der Patronage der Herrscher des damals zum griechischen Reich gehörenden Ägypten eine Forschungseinrichtung („Museum' mit angeschlossener Großbibliothek) gegründet wurde, die es einer Vielzahl namhafter Wissenschaftler, Künstler und Schriftsteller ermöglichte, unter sehr günstigen äußeren Rahmenbedingungen ihren Studien nachzugehen. Die Bedeutung dieser Einrichtung lässt sich u. a. daran ermessen, dass einige ihrer Leiter offiziell als Erzieher der Thronfolger fungierten. Obwohl nur eine Nebenstelle der Bibliothek archäologisch nachgewiesen werden kann, lässt sich aus antiken Quellen erschließen, dass für die sehr reich ausgestattete, mehrere Zigtausend oder sogar einige Hunderttausend Papyrusrollen umfassende Hauptbibliothek viele Texte in mehreren Abschriften unterschiedlicher Provenienz angeschafft (und teilweise auch auf halblegalem Wege besorgt) wurden. Dadurch ergab sich die Möglichkeit, anhand systematisch-textkritischer Vergleiche der Überlieferungsträger, in die teilweise auch Übersetzungen einbezogen wurden, standardisierte, als authentisch und verbindlich geltende Textfassungen zu erstellen. Da Papyrus ein wenig haltbarer Beschreibstoff ist, der nach 200 bis 300 Jahren zerfällt, und da die Bibliothek zudem offenbar von mehreren Bränden und Plünderungsaktionen betroffen war, ist keine einzige dieser Textfassungen in originaler Form erhalten geblieben. Gleichwohl ist durch antike Quellen dokumentiert, dass bedeutende Angehörige dieser Institution wie z. B. Kallimachos von Kyrene, Zenodotos von Ephesos, Apollonios von Rhodos, Eratosthenes von Kyrene, Aristophanes von Byzanz oder Aristarchos von Samothrake wesentliche Voraussetzungen für die Begründung einer wissenschaftlichen Philologie geschaffen haben, wobei allem Anschein nach hauptsächlich editionsphilologische, hermeneutische und gattungstheoretische Grundfragen formuliert und in ersten Ansätzen beantwortet wurden (Details bei Pfeiffer 1978, 102–285).

Zu den letzten wesentlichen Beiträgen der antiken, teilweise in das Frühmittelalter hineinreichenden Philologie zählen etwa die *Ars grammatica* des Diomedes (4. Jahrhundert n. Chr.), die Aristoteles- und Cicero-Kommentare des Marius Victorinus (4. Jahrhundert n. Chr.), die beiden lateinischen Grammatiken des Aelius Donatus (4. Jahrhundert n. Chr.), der Cicero-Kommentar des Macrobius (5. Jahrhundert n. Chr.), die enzyklopädische Schrift *De nuptiis Philologiae et Mercurii* des Martianus Capellus (5./6. Jahrhundert n. Chr.), die *Institutiones divinarum et saecularium litterarum* des Cassiodor (6. Jahrhundert n. Chr.) und die *Institutiones grammaticae* des Priscian (6. Jahrhundert n. Chr.).

In der Universalhistoriographie der Antike lässt sich bereits jene Dichotomie zwischen konstruierender und rekonstruierender Historiographie erkennen, die bis in die Gegenwart hinein auch die Literaturgeschichtsschreibung prägen wird. Dabei werden die überlieferten Quellen von den ‚konstruierenden' Historikern als Materialien aufgefasst, aus denen eine bestimmten rhetorisch-ästhetischen, politisch-ethischen, pädagogischen oder religiös-teleologischen Prämissen folgende Geschichtserzählung erstellt werden soll. Beispiele hierfür sind Herodots *Historien* (5. Jahrhundert v. Chr.), die wiederholt eigentlich unvereinbare Überlieferungen kommentarlos nebeneinanderstellen, um dadurch ein umso bunteres, interessanteres Geschichtspanorama liefern zu können, oder Catos *Origines* (2. Jahrhundert v. Chr.), die aus den widersprüchlichen Quellen in erster Linie das herausgreifen, was in politisch-ethischer Hinsicht als Vorbild für künftiges Handeln (*exemplum*) fungieren kann. Auf der anderen Seite stehen die ‚rekonstruierenden Historiker', die ein hinter den unterschiedlichen Überlieferungen liegendes, durch Quellenkritik und -vergleich zu identifizierendes historisches Faktum zu ermitteln versuchen. Das erste wichtige Beispiel für diese, dem Selbstverständnis der modernen Geschichtswissenschaft näher stehende Vorgehensweise findet sich bei Thukydides (*Der Peloponnesische Krieg*; 5. Jahrhundert v. Chr.), dem bedeutende Historiker der Antike wie Polybios, Sallust, Livius, Tacitus, Plutarch und Sueton in methodologischer Hinsicht zu folgen versuchen. Allerdings zeigt die moderne Fachgeschichtsschreibung der Historiographie, dass Konstruktion und Rekonstruktion niemals in reiner Form auftreten und dass z. B. Herodot in mancherlei Hinsicht faktengetreuer und zuverlässiger ist, als man zunächst glaubte. In der Literaturgeschichtsschreibung im engeren Sinne wird bis in die unmittelbare Gegenwart hinein die Diskussion über das Verhältnis zwischen der Konstruktivität und der Rekonstruktivität historischer Darstellungen fortgeführt, wobei in den letzten Jahren dem Aspekt der Konstruktivität wieder stärkere Beachtung geschenkt wird.

Feudalistisches Zeitalter (800 bis 1789): Heteronome Literaturgeschichtsschreibung und Literaturwissenschaft

Im Frühmittelalter wurden die antiken Ansätze zur Entwicklung einer in unserem heutigen Sinne wissenschaftlichen Philologie zwar von einigen wenigen Schriftgelehrten wie Boethius (6. Jahrhundert; Aristoteles-Übersetzungen und Kommentare), Adhelm (7. Jahrhundert; Verslehre), Isidor von Sevilla (7. Jahrhundert; Enzyklopädie) oder Beda Venerabilis (8. Jahrhundert; Verslehre und Grammatik) aufgegriffen, jedoch zunächst nicht bzw. nur in geringem Umfang weiter ausgebaut. Auch die Bildungsreform Karls des Großen führte nicht zu einer ‚Renaissance' im heute üblichen Sinne des Wortes, obwohl insbesondere Alkuin, seit 781 Leiter der Aachener Hofschule, für einige Jahrzehnte einen Kreis bedeutender

Gelehrter um sich zu scharen wusste, zu denen bspw. Hrabanus Maurus, Paulus Diaconus und Einhard gehörten und die mannigfaltige Aktivitäten im Bereich der Übersetzung, der Textkommentierung und der Enzyklopädistik entfalteten.

Stattdessen übernahm nun in der philologischen Forschung für einige Jahrhunderte die islamische Kultur eine führende Rolle, die aber nur im naturwissenschaftlichen Bereich unmittelbar an das gelehrte Schrifttum der Antike anknüpfte, während auf dem Gebiet der später sogenannten Geisteswissenschaften zahlreiche genuine Neuschöpfungen zu verzeichnen sind. Die wichtigsten Zentren islamischer Gelehrsamkeit waren einerseits im Osten Städte wie Bagdad, Damaskus und Aleppo, im Westen Sevilla, Toledo, Granada und Cordoba, wo im 10. Jahrhundert Kalif Al-Hakam II. erstmals wieder eine Bibliothek gründete, die sich in quantitativer wie qualitativer Hinsicht mit Alexandria messen konnte. Islamische Universalgelehrte wie Khalil ibn Achmed (8. Jahrhundert; Lexikographie und Metrik), Abu al-Rayhan Mohammed ibn Achmed al Biruni (10./11. Jahrhundert; Sprachwissenschaft und Geschichtsschreibung) oder Mohammed ibn Khallikan (13. Jahrhundert; Autorenbiographien) schufen zahlreiche Enzyklopädien, Grammatiken, Wörterbücher, Dichterbiographien und Bibliographien, die in ihren jeweiligen Disziplinen neue Standards setzten, die jedoch im Westen oft erst mit einer Verspätung von mehreren Jahrhunderten rezipiert wurden.

Neben den islamischen verdienen auch die byzantinischen Philologen gesonderte Erwähnung. Von Photios (9. Jahrhundert; Exzerpte und Textkommentare) und seinem Schüler Arethas (10. Jahrhundert; Textüberlieferung und -kommentierung) bis hin zu Manuel Moschopulos (14. Jahrhundert; Übersetzungen und Traktate) und Maximos Planudes (14. Jahrhundert; Anthologie, Grammatik und Texterläuterung) gab es in Konstantinopel, Thessaloniki, Trapezunt und anderen Zentren oströmisch-byzantinischer Gelehrsamkeit das ganze Mittelalter hindurch vielfältige philologische Aktivitäten, die sich insbesondere auf die Überlieferung und Kommentierung der altgriechischen und hellenistischen Literatur und Philosophie konzentrierten.

Auf dem Territorium des späteren ‚Deutschland' richteten sich die als ‚philologisch' anzusprechenden Aktivitäten der Gelehrten überwiegend auf die Überlieferung und Kommentierung der Bibel, der kanonischen Texte von Kirchenvätern wie Hieronymus, Augustinus und Gregor und – wenngleich in deutlich geringerem Umfang – der lateinischen Klassiker. Neben den Fürstenhöfen bilden von der Spätantike an für fast ein Jahrtausend die christlichen Klöster die wichtigsten Pflegestätten dieser christlichen Schriftgelehrsamkeit. Dabei ist zu bedenken, dass die Germanenmission nur langsam voranschritt und dass erst mit Bezug auf das Hochmittelalter von einer flächendeckenden Christianisierung gesprochen werden kann. Auf die frühen Niederlassungen wie Luxeuil (590), St. Gallen (614) oder Corbie (662) folgen erst in geraumem Abstand weitere Klostergründungen, wobei sich im Bereich des späteren ‚Deutschland' eine Ausbreitung von der geographischen Mitte (z. B. Echternach um 690, Fulda 744, Lorsch 764) bis in die Peripherie feststellen lässt (z. B. Lüneburg 973, Doberan 1171).

Die gelehrten Aktivitäten in den Skriptorien und Bibliotheken dieser Klöster konzentrierten sich in allererster Linie auf die Pflege der kanonischen Schriften des Christentums, die in der Regel in anderen Klöstern ausgeliehen und dann abgeschrieben wurden. Die Kopisten waren teilweise Analphabeten oder zumindest der Sprache des von ihnen kopierten Manuskriptes nicht mächtig, d. h. sie malten die einzelnen Buchstaben ihrer Vorlage ab, ohne selbst den Inhalt des Textes zu verstehen. Es gab jedoch in den allermeisten Klöstern auch einige Schriftkundige und -gelehrte im engeren Sinne, die Übersetzungen anfertigten, Kommentare zu den kopierten Manuskripten verfassten und v. a. in sehr reicher Zahl erläuternde Glossen einfügten, die an den Rand (Marginalglossen), zwischen die Zeilen (Interlinearglossen) oder in den fortlaufenden Text (Kontextglossen) geschrieben wurden (und manchmal nicht in lateinischer, sondern in alt- bzw. mittelhochdeutscher Sprache verfasst waren, was sie zu bedeutenden Quellen der Sprachgeschichtsschreibung macht). Da Manuskripte als wertvolle Raritäten galten, wurde das Kopieren mit größter Sorgfalt durchgeführt und der Text nicht selten mit reichem Buchstaben- und Bildschmuck verziert. Die Erstellung konnte so mehrere Monate, ja sogar Jahre in Anspruch nehmen, weshalb der Ausstoß der klösterlichen Skriptorien in quantitativer Hinsicht durchaus begrenzt blieb. Bis weit in das Spätmittelalter hinein bestand eine normale Klosterbibliothek keineswegs aus weitläufigen Zimmerfluchten mit bis zur Decke gestapelten Manuskripten, sondern aus zwei oder drei Schränken, in denen allenfalls einige Hundert Schriftwerke aufbewahrt wurden. Ein produktiver Universalgelehrter wie Notker III. von St. Gallen (10./11. Jahrhundert; Übersetzungen, Rhetorik, Hermeneutik) blieb unter solchen Voraussetzungen eine Einzelerscheinung, der zunächst keine nachhaltige Wirkung beschieden war.

In Spätmittelalter (13. bis 15. Jahrhundert) und Früher Neuzeit (16. bis 18. Jahrhundert) ändert sich diese Situation merklich. Konsolidierung und Ausbau des Feudalstaates, Produktivitätsfortschritte in der Agrarwirtschaft, territoriale Zugewinne, die Expansion des Handels, die Zunahme des Post- und Reiseverkehrs sowie der Aufbau eines geordneten Bildungssystems sind die wesentlichen Faktoren, die nach und nach zu einer Verfeinerung und Kultivierung des höfischen Lebens, zu einer Akademisierung der Geistlichkeit und zur Entstehung eines kulturinteressierten städtischen Patriziates führen. Auf diesem breiteren und reicheren Nährboden entfalten sich kulturelle und wissenschaftliche Aktivitäten in einer bis dahin in Deutschland nicht gekannten Vielfalt.

Auch die Philologie profitierte von dieser positiven Gesamtentwicklung. Hugo von Trimberg verfasste – um hier nur einige Beispiele zu nennen – im

13. Jahrhundert ein *Registrum multorum auctorum*, eine offenbar für den Schulgebrauch bestimmte Auflistung und Kurzbeschreibung wichtiger Autoren von der Antike bis zur Gegenwart. Im 14. Jahrhundert liefert Heinrich von Mügeln eine Reihe von gelehrten Übersetzungen und Kommentaren, die sogar auf eine Beschäftigung mit prominenten Werken der islamisch-arabischen Literatur- und Wissenschaftstradition schließen lassen. Und relevant für die Entwicklung der Philologie sind ferner die zahlreichen Bibel-Editionen, -Übersetzungen und -Kommentare, die in dieser Zeit entstehen; vor der berühmten Luther-Bibel waren bereits mehr als ein Dutzend deutschsprachige (sowie natürlich viele Dutzend lateinische) Vollbibeln gedruckt worden. Auch in der Jurisprudenz (Gesetzessammlungen) sowie in der Historiographie (Welt-, Landes- und Stadtchroniken) erscheinen in dieser Epoche – überwiegend in lateinischer, aber teilweise auch schon in deutscher Sprache – zahlreiche Veröffentlichungen, deren Erstellung auf eine routinierte Anwendung (editions-)philologischer Prinzipien schließen lässt, wenngleich eine explizite Thematisierung derartiger Prinzipien in aller Regel unterbleibt.

Dies ändert sich grundlegend mit der Entstehung des deutschen Frühhumanismus im 15. Jahrhundert. An den ab Mitte des 14. Jahrhunderts eingerichteten Universitäten in Städten wie Prag, Wien, Heidelberg, Köln, Erfurt u. a. unterrichten nunmehr Gelehrte eines neuen Typs, die zwar immer noch in vielfältiger Abhängigkeit von adeligen und kirchlichen Institutionen und Gönnern stehen, die in Forschung und Lehre jedoch eine partielle Unabhängigkeit erlangen können. Dies begünstigt eine systematischere, aus heutiger Sicht wissenschaftlichere, d. h. nicht in allen Einzelschritten heteronome bzw. ideologisch prädeterminierte Beschäftigung mit Theorie und Praxis der Textüberlieferung, -kommentierung und -auslegung. Während sich die Kultur der aristokratischen Machtelite weiterhin am Vorbild der französischen Hofkultur orientiert, wendet sich die neue Bildungselite dem italienischen Humanismus des 14./15. Jahrhunderts zu und entfaltet unter Anknüpfung an Vorbilder wie Francesco Petrarca, Coluccio Salutati und Enea Silvio Piccolomini eine Vielzahl ‚geisteswissenschaftlicher' Aktivitäten, die das Niveau der islamischen und byzantinischen Gelehrsamkeit erreichen und die als wesentlicher Meilenstein auf dem Weg zu einer im heutigen Sinne wissenschaftlichen Philologie bezeichnet werden können.

An erster Stelle sind hierbei die sehr zahlreichen Übersetzungen und Editionen griechischer, lateinischer und hebräischer Werke zu nennen, die zu einer neuen Sicht auf die antike Literatur führen und eine Synthese aus christlicher und heidnisch-antiker Kultur anstreben. Bedeutende Beispiele hierfür sind etwa Heinrich Schlüsselfelders *Decamerone*-Übersetzung (ca. 1472), Albrecht von Eybs *Margarita poetica* (1472), Niklas von Wyles *Translatzen* (1478) und Willibald Pirckheimers Ptolemäus-Übersetzung (1525) sowie die Tacitus-Ausgabe (1500) von Conrad Celtis oder die Plautus-Edition (1545–1558) von Joachim Camerarius. Nicht wenige dieser philologischen Arbeiten bildeten für mehrere Jahrhunderte die wichtigste und zuverlässigste Grundlage für eine weitergehende wissenschaftliche Beschäftigung mit den übersetzten bzw. edierten Autoren.

Von herausragender fachgeschichtlicher Bedeutung ist hierbei der Umstand, dass die neue philologische Praxis auf einer poetologisch begründeten Hochschätzung der Poesie basierte und damit die Etablierung der Philologie als einer genuinen, eigenständigen Wissenschaftsdisziplin begünstigte, wenn auch die diesbezüglichen Etablierungsversuche der Frühhumanisten (z. B. Celtis' Gründungen diverser gelehrter Gesellschaften) vorläufig im Sande verliefen und an den neu gegründeten Universitäten die alte scholastische Tradition, die noch keine eigenständige Philologie neben sich duldete, die dominierende Größe blieb. Gleichwohl waren Werke wie Johannes Reuchlins lateinisches Wörterbuch *Vocabularius breviloquus* (1475), Heinrich Steinhöwels Übersetzungstheorie (in seiner *Aesop*-Übersetzung von 1476), Rudolf Agricolas pädagogische Abhandlung *De formando studio* (1484) oder die kritische Ausgabe des Neuen Testamentes durch Erasmus von Rotterdam (1516) entscheidende Wegmarken auf dem langen Pfad zu einer selbstbewusst auftretenden Philologie, die in der Pflege sowohl der antiken als auch der christlichen Literatur eine der wichtigsten Aufgaben von Wissenschaft erblickte.

Und dies gilt nicht nur für die Entwicklung des philologischen Handwerkszeuges im engeren Sinne (Übersetzungen, Editionen, Kommentare), sondern auch für die Literaturgeschichtsschreibung und die Universalhistoriographie. So verfasst Johannes Trithemius in den Jahren vor 1495 ein erstes Autorenlexikon (*Catalogus illustrium virorum*), das über Leben und Werk der aus zeitgenössischer Sicht wichtigsten deutschen Schriftsteller informiert. Konrad Peutinger wird mit seiner Inschriftensammlung *Romanae vetustatis fragmenta in Augusta vindelicorum et eius diocesi* (1505) zu einem Wegbereiter der lateinischen Epigraphik in Deutschland. Joachim von Watt liefert 1518 in seinem Traktat *De poetica et carminis ratione liber* eine erste Geschichte der deutschen und europäischen Literatur in ihrem inneren Zusammenhang von der Antike bis zur Gegenwart. Philipp Melanchthons Programmrede *Encomion eloquentiae* (1523) beschreibt die bewusste und sorgfältige, im Umgang mit Poesie und Rhetorik zu schulende Sprachverwendung als unverzichtbare Voraussetzung für jede Art von höherer geistiger Betätigung, sei sie theologischer oder profan-wissenschaftlicher Art. Und Beatus Rhenanus trägt 1531 mit seiner Geschichte Deutschlands (*Rerum germanicarum libri tres*) maßgeblich zur Durchsetzung des Prinzips der Quellenkritik in der Historiographie bei.

Die deutschen Frühhumanisten und die ihnen folgenden Neulateiner wie Georg Fabricius (*De Re Poëtica libri septem*, 1565), Nicodemus Frischlin (*De studiis linguarum et liberalium artium*, 1575), Jacob Masen (*Palaestra eloquentiae ligatae*, 1654), Jacob Balde (*Dissertatio de studio poetico*, 1658) oder Daniel Georg Morhof (*Polyhistor literarius, philosophicus et practicus*, 1688–92) sind von hoher fachgeschichtlicher Bedeutung, entfalten aber noch keine ausgedehntere Wirkung, da sie ganz überwiegend in lateinischer Sprache publizieren und außerdem ein ausgeprägtes, durchaus elitäres Standesbewusstsein entwickeln, das auf einer zunächst nur innerhalb der Bildungselite und eines Teiles der höfischen Machtelite verbreiteten Hochschätzung des Wertes von Dichtung und Dichtertum beruht. Bis zum Ende des feudalistischen Zeitalters blieb es die Regel, dass an den Universitäten lateinisch gesprochen wurde, wenngleich einzelne Professoren auch schon im 16. und mehr noch im 17. Jahrhundert Vorlesungen in deutscher Sprache abhielten (vgl. Weimar 1989, 13–39). Erst ab den zwanziger Jahren des 18. Jahrhunderts ist eine signifikante Zunahme deutschsprachiger Universitätsveranstaltungen über deutsche Poesie und Rhetorik festzustellen; insgesamt werden bis zum Ende des Zeitalters jedoch kaum ein Dutzend Lehrstühle für dieses Fachgebiet eingerichtet, d. h. eine vollgültige Etablierung der deutschen Philologie im Kreis der akademischen Disziplinen lässt sich für diese Zeit noch nicht konstatieren (vgl. Weimar 1989, 40–90; Häfner 2001). Erst mit Werken wie Alexander Gottlieb Baumgartens *Aesthetica* (1750–58), Christian Fürchtegott Gellerts *Pro comoedia commovente* (1751) und Christian Adolph Klotz' *Opuscula philologica et oratoria* (1772) neigt sich die Epoche der lateinischen Gelehrsamkeit endgültig ihrem Ende zu.

Schon im Barockzeitalter war als Parallelerscheinung zur humanistisch-lateinischen Gelehrsamkeit eine nationalbewusste, gegenüber antiken und romanischen Vorbildern auf Gleichrangigkeit der deutschen Sprache und Literatur pochende deutsche Ästhetik, Poetik und Philologie entstanden, die zwar ebenfalls noch nicht zu einer Etablierung im Kanon der akademischen Disziplinen führte, die aber zu einem wichtigen Anknüpfungspunkt der wissenschaftlichen Philologie des bürgerlichen Zeitalters werden sollte. Zu den bedeutendsten Erzeugnissen dieser frühen deutschen Philologie zählen August Buchners *Anleitung zur Deutschen Poeterey* (1591), Martin Opitz' *Buch von der Deutschen Poeterey* (1624), Philipp von Zesens *Deütscher Helicon* (1640), Johann Klajs *Lobrede der Teutschen Poeterey* (1645), Georg Philipp Harsdörffers *Poetischer Trichter* (1647–1653), Justus Georg Schottelius' *Ausführliche Arbeit Von der Teutschen Haubt-Sprache* (1663), Sigmund von Birkens *Teutsche Rede-bind und Dicht-Kunst* (1679) sowie Christian Weises *Curiöse Gedancken von Deutschen Versen* (1691). Ebenfalls in diesem Kontext zu nennen sind die Sprachgesellschaften des 17. Jahrhunderts wie die *Fruchtbringende Gesellschaft* oder die *Deutschgesinnete Genossenschaft*, die für eine Pflege und Veredelung der deutschen Volkssprache eintraten und die hierbei insbesondere die Anfertigung zahlreicher Übersetzungen aus dem Lateinischen und Griechischen, aber auch aus dem Französischen, Spanischen und Italienischen initiierten.

Schon in den Bereich der (Früh-)Aufklärung fallen dann Werke wie Christian Wernickes *Uberschriffte Oder Epigrammata, In Kurtzen Satyren, Kurtzen Lob-Reden und Kurtzen Sitten-Lehren bestehend* (1697), Gottfried Wilhelm Leibniz' *Unvorgreiffliche gedancken, betreffend die ausuebung und verbesserung der teutschen sprache* (1717) sowie Johann Christoph Gottscheds *Versuch einer critischen Dichtkunst vor die Deutschen* (1729) sowie seine *Grundlegung einer Deutschen Sprachkunst* (1748). Bei aller Gelehrsamkeit, die von diesen Autoren entfaltet wird, unterscheiden sie sich durch ihre normative Grundausrichtung (Regelpoesie) und durch ihr geburts- oder berufsständisch bzw. poetologisch fundiertes Elitebewusstsein vom volksaufklärerisch gesonnenen wissenschaftlichen Experten des bürgerlichen Zeitalters. Die Philologen der feudalistischen Epoche verstanden sich ganz überwiegend als Universalgelehrte, deren *historia litteraria* eine umfassende Kenntnis nicht nur der schönen Literatur, sondern sämtlicher Künste und Wissenschaften implizierte (vgl. Rosenberg 2000).

Bürgerliches Zeitalter (1789 bis 1918): Autonome Literaturgeschichtsschreibung und Literaturwissenschaft

An der Wende vom 18. zum 19. Jahrhundert ereignet sich während der Industriellen Revolution ein tiefgreifender Epochenumbruch, in dessen Gefolge das Ständesystem der Feudalistischen Ära durch die neue Wirtschafts- und Gesellschaftsordnung des Bürgerlichen Zeitalters (,langes 19. Jahrhundert') ersetzt wird. Diese grundlegende Umwälzung erfasst auch und gerade das Bildungssystem und die Wissenschaften. An die Stelle des von wechselnden Gönnern und Auftraggebern aus Adel, Kirche und Patriziat abhängigen lateinischen Schriftgelehrten tritt nun der neue Typus des fest an einer Universität angestellten Philologen, der sich ein ganzes Leben lang berufsmäßig mit bestimmten ausgewählten Spezialgebieten einer Wissenschaft beschäftigt und dabei unter Berufung auf die staatlich garantierte Freiheit von Forschung und Lehre (Humboldt'sche Universitätsreform) das Ideal einer autonomen Bildung zu verwirklichen trachtet.

Auch wenn sich dieser Prozess über mehrere Jahrzehnte hinzieht und vielerorts erst in der zweiten Hälfte des 19. Jahrhunderts zu einem Abschluss gelangt, macht er sich doch in der Philologie schon vergleichsweise früh bemerkbar und führt zur Etablierung der Germanistik als einer eigenständigen wissenschaftlichen Disziplin. In ihren Anfängen ist diese neue Disziplin von einer methodologischen Ambivalenz geprägt. Einerseits knüpft sie an das Erbe der traditionsreichen, im Deutschland des späten 18. Jahrhunderts insbesondere von Christian

Gottlob Heyne und Friedrich August Wolf geprägten Altphilologie an und überträgt deren Kategorien und Prozeduren auf die Beschäftigung mit der deutschen Sprache und Literatur. Andererseits greift sie den schon in Humanismus und Barock entwickelten Topos von der Gleichrangigkeit oder gar Überlegenheit des Deutschen im Wettstreit der Nationen auf, der im Zeitalter der antinapoleonischen Kriege eine neue Konjunktur erfährt und die institutionelle Etablierung einer sich auf Herder, Arnim, Brentano, A. W. Schlegel, die Brüder Grimm, Arndt, Görres u. a. berufenden ‚deutschen' Philologie, die das Wesen der deutschen ‚Kulturnation' auf den Begriff zu bringen versucht, stark begünstigt (vgl. *Germanistik – eine deutsche Wissenschaft* 1967 und Ketelsen 2009).

Die erste Generation der hauptamtlichen Hochschulgermanisten ist in ihrem Werdegang und ihrem wissenschaftlichen Schaffen unverkennbar von dieser methodologischen Ambivalenz geprägt (vgl. Fohrmann und Voßkamp 1994). So hatte Friedrich Heinrich von der Hagen, 1810 zum außerordentlichen Professor für deutsche Sprache und Literatur in Berlin ernannt, während seiner Studienzeit in Halle bei Friedrich August Wolf gehört und dessen editionsphilologische Verfahren für seine Bearbeitung des Nibelungenliedes genutzt. Und Karl Lachmann, der bei Heynes Schüler Georg Friedrich Benecke studiert hatte und seit 1827 ordentlicher Professor für lateinische und deutsche Philologie an der Berliner Universität war, gilt als Begründer der modernen Textkritik und publizierte bedeutende Studien und Editionen sowohl zu Homer und Catull als auch zum *Nibelungenlied* und zum *Parzival*.

Obwohl Lachmann und seine Mitstreiter – teilweise in Frontstellung zu von der Hagen – eine politische Instrumentalisierung ihres jungen Faches ablehnten und betont wissenschaftlich-sachlich verfuhren, haftete der zunächst auch stark von nationalistisch-nationalphilologischem Denken geprägten Germanistik lange Zeit der Geruch des Tendenziös-Ideologischen an (vgl. Kolk 1990). Dabei lässt sich nicht immer sauber und personenscharf zwischen einerseits nationalistisch-ideologischen und andererseits autonomistisch-szientistischen Grundorientierungen unterscheiden. Das zeigte sich insbesondere bei den ersten beiden Germanistentagen, die 1846 in Frankfurt und 1847 in Lübeck stattfanden und die hauptsächlich über politisch-gesellschaftliche Themen diskutierten. Berühmte Repräsentanten beider Lager wie Georg Gottfried Gervinus oder Jacob Grimm kandidierten im Zuge der Märzrevolution von 1848 für das Paulskirchenparlament und traten in diversen halb wissenschaftlichen, halb politischen Publikationen für die nationalliberale Sache ein.

Viele der im 19. Jahrhundert entstandenen Literaturgeschichten sind von einer Neigung zur Konstruktion ‚großer Erzählungen' (Lyotard) geprägt, d. h. zur Präsentation von Literatur als einem wesentlichen Bestandteil einer in sich sinnvollen, einer bestimmten Richtung folgenden Entwicklung der Nations- oder Kulturgeschichte (vgl. Fohrmann 1989). So zeigen bspw. die umfassende *Geschichte der poetischen Nationalliteratur der Deutschen* (1835–1842) von Gervinus, die *Literaturgeschichte des 18. Jahrhunderts* (1856–1870) von Hermann Hettner und *Die romantische Schule* (1870) von Rudolf Haym ein solches Aufbauprinzip, demzufolge ein Entwicklungsstadium immer als sinnvolle, weiterführende Reaktion auf das vorherige Stadium erscheint, so dass die Masse der zu berücksichtigenden Texte und Phänomene im Sinne einer Überbietungsgeschichte strukturiert und als kohärente Erzählung ohne Brüche oder Lücken dargestellt werden kann. Im Prinzip hatten schon Werke wie Christoph Daniel Ebelings *Kurze Geschichte der deutschen Dichtkunst* (1767), Johann Gottfried Herders *Ueber die neuere Deutsche Literatur* (1767) oder August Wilhelm Schlegels *Geschichte der deutschen Dichtkunst* (1800) in bewusster Abgrenzung von den thesaurierenden Autoren- und Werkkatalogen des feudalistischen Zeitalters solche zusammenhängenden Geschichtsdarstellungen geboten (Details bei Weimar 1989, 125–147), doch hierbei handelte es sich um essayistische Überblicksstudien, d. h. es fehlte ihnen noch die wissenschaftlich-detaillierte, philologische Unterfütterung, wie sie Gervinus, Hettner, Haym und andere ‚Fachexperten' dann im Verlauf des 19. Jahrhunderts lieferten.

Eine nachhaltige Expansion erfuhr das bis dahin nur wenige Studierende anziehende Fach ab den 1860er Jahren, als eine Neuordnung der staatlichen Prüfungsbestimmungen zu einer ersten merklichen Aufwertung des Deutschunterrichtes im Kanon der Schulfächer führt. Fortan gibt es an fast jeder deutschen Hochschule die Möglichkeit, deutsche Philologie zu belegen. Die Institutionalisierung der Slawistik erfolgte im zweiten, die der Anglistik und Romanistik im letzten Drittel des 19. Jahrhunderts (vgl. Schaller 1985 und Zeil 1994 bzw. Finkenstaedt 1983 und Christmann 1985). Die neuphilologischen Literaturwissenschaften können von diesem Zeitpunkt an als vollgültige, fest im Universitätssystem etablierte Wissenschaftsdisziplinen bezeichnet werden.

Der Weg zum ‚Massenfach' erscheint erstmals vorgezeichnet, als in den 1890er Jahren im Zuge einer von Preußen ausgehenden Bildungsreform die traditionelle schulische Dominanz der Altphilologie gebrochen wird. Das Fach Deutsch wird nun noch stärker aufgewertet und steigt zu einem Hauptfach mit besonders hohen Anteilen im Stundenplan auf, während die Wochenstundenzahlen für den Unterricht im Lateinischen und Griechischen stark reduziert werden (vgl. Danneberg et al. 2007, 91–94). Wurde der Deutschunterricht bis dahin nicht selten fachfremd von Altphilologen oder anderen Lehrkräften erteilt, setzte sich nun die Vorstellung durch, dass die neuphilologischen Fächer von eigens dafür ausgebildeten Lehrern unterrichtet werden sollten. Auch der Englisch- und der Französisch-Unterricht profitieren von diesen Verschiebungen in der schulischen Stundentafel.

Neben der quantitativen lässt sich ab dem letzten Drittel des 19. Jahrhunderts auch eine qualitative Expansion des ab den 1860er Jahren vermehrt unter der Bezeichnung ‚Germanistik' firmierenden Faches registrieren, und zwar in Form einer organisatorischen Professionalisierung und methodologischen Ausdifferenzierung. So begegnet uns etwa 1877 in Gestalt des Berliner Ordinarius Wilhelm Scherer der Typus des modernen Großorganisators und Netzwerkers, der sich nicht nur als Experte in seinem Spezialgebiet betätigt, sondern *big science* macht, d. h. durch geschickte Kontaktpflege und gezielte Einflussnahme Wissenschaftsmanagement großen Stils betreibt. Die zeitweilige Dominanz der Scherer-Schule erzeugt Widerstände, die – durchaus irreführend (vgl. Kruckis 2009) – als Kritik an Scherers angeblichem ‚Positivismus' ausformuliert werden, im Grunde aber gegen seine professionelle strategische Instrumentalisierung institutioneller Macht, wie sie in der Ära nach Scherer insbesondere von dem Berliner Ordinarius Gustav Roethe praktiziert wurde, gerichtet sind. Neben der Scherer-Schule, zu der insbesondere Erich Schmidt (*Lessing. Geschichte seines Lebens und seiner Schriften*, 1884/1892), Jakob Minor (*Schiller. Sein Leben und seine Werke*, 1890) und Konrad Burdach (*Vom Mittelalter zur Reformation*, 1893) gehörten, etablieren sich deshalb verschiedenartige Forschungsrichtungen, die sich zum Teil stärker an die erklärenden Verfahren der Naturwissenschaften anlehnen wollen, zum Teil aber auch ganz im Gegenteil auf das verstehende Durchdringen großmaßstäblicher Kulturphänomene (Epochen, Gattungen, Stile) abzielen, wobei die Schriften von Wilhelm Dilthey (*Einleitung in die Geisteswissenschaften*, 1883; *Das Erlebnis und die Dichtung*, 1906) eine vielzitierte Begründung für eine solche Unterscheidung zwischen natur- und geisteswissenschaftlichen Vorgehensweisen lieferten (vgl. Danneberg et al. 2007, 92–94).

Zusammenfassend können wir die endgültige Etablierung und Autonomisierung von Literaturwissenschaft und Literaturgeschichtsschreibung im Bürgerlichen Zeitalter als Resultat eines Prozesses beschreiben, in dem sich drei Hauptströmungen phasenweise ergänzen und überlagern, phasenweise aber auch konterkarieren. Erstens ist dies eine streng szientistische, im engeren Sinne (editions-)philologische Literaturwissenschaft, die sich auf die reiche, von der Antike über Byzanz, die islamische Schriftgelehrsamkeit und den Humanismus bis zu den Neulateinern reichende Tradition der klassischen/Klassischen Philologie stützen kann und die etwa in den editionsphilologisch-bibliographischen Aktivitäten eines Jacob Grimm, eines Karl Lachmann oder eines Karl Goedeke (*Grundriß zur Geschichte der deutschen Dichtung*, 1857–1881) ihren Niederschlag findet. Zweitens ist phasenweise eine nationale, zuweilen sogar nationalistische oder chauvinistische Wissenschaftsströmung von Bedeutung, die bis auf den Kulturpatriotismus des Humanismus und des Barock zurückgeführt werden kann und die besonders in der Zeit der antinapoleonischen Kriege wesentlich dazu beiträgt, dass die ersten Lehrstühle für deutsche Sprache und Literatur eingerichtet werden. Und als dritter, ab den 1860er Jahren bemerkbarer und ab den 1890er Jahren prägender Faktor ist die Steigerung der Nachfrage nach Deutschlehrern anzuführen, in deren Gefolge die Anzahl der Hochschulphilologen massiv ansteigt und jener Methodenpluralismus entsteht, der das Erscheinungsbild der Literaturwissenschaften bis heute dominiert.

Demokratisches Zeitalter (ab 1918): Pluralistische Literaturgeschichtsschreibung und Literaturwissenschaft

Aus der seit den 1890er Jahren immer stärker pluralisierten wird im Verlauf des demokratischen Zeitalters eine pluralistische, d. h. die – im Prinzip *ab ovo* vorhandene – Pluralität nicht nur *nolens volens* hinnehmende, sondern bejahende und aktiv befördernde Philologie. Nicht anders als zu ihrer Autonomisierung bedurfte es aber auch zur Pluralisierung der Wissenschaft mehrerer Jahrzehnte. Nach vielversprechenden Anfängen in der Weimarer Republik kam es im Nationalsozialismus zu einem massiven Rückschritt, ehe dann – eher zögerlich in den 1950er und dann entschiedener in den 1960er Jahren – in einem zweiten Anlauf die Durchsetzung eines vollgültigen, als Bereicherung anerkannten wissenschaftlichen Pluralismus gelang.

In der Weimarer Republik treten zunächst die verschiedenen Spielarten der Geistes-, Ideen-, Stil-, Generationen- und Problemgeschichte auf den Plan. Die Anzahl der germanistischen Lehrstühle stieg zwischen 1910 und 1932 von 87 auf 196 an (vgl. Hermand 1994, 96–97). Wichtige Publikationen dieses Zeitraumes sind etwa Fritz Strichs *Deutsche Klassik und Romantik* (1922), Hermann August Korffs *Geist der Goethezeit* (1923–1940), Walther Rehms *Der Todesgedanke in der deutschen Dichtung vom Mittelalter bis zur Romantik* (1928) und Richard Alewyns *Das Problem der Generation in der Geschichte* (1929). In Gestalt von Sigmund von Lempickis Studie *Geschichte der deutschen Literaturwissenschaft bis zum Ende des 18. Jahrhunderts* entsteht 1920 eine erste umfassende Übersicht über die Fachgeschichte.

Literatursoziologie und -psychologie, Formalismus und Strukturalismus als weitere methodologische Optionen werden zwar ebenfalls zu dieser Zeit bereits entwickelt, finden jedoch in der Philologie zunächst nur geringen Widerhall. Stärkerer Beachtung erfreut sich hingegen, und zwar auch schon vor 1933, das breite Spektrum der nationalen und zunehmend antisemitischen bzw. chauvinistisch-rassistischen Ansätze, denen bspw. Publikationen wie die vierbändige *Literaturgeschichte der deutschen Stämme und Landschaften* (1912–1928) von Josef Nadler, *Lessing und die Juden* (1918) von Adolf Bartels, *Primitive Gemeinschafts-*

kultur (1921) von Hans Naumann oder *Deutschkunde als Mittelpunkt deutscher Erziehung* (1922) von Friedrich Panzer zuzuordnen sind. Auf den Germanistentagen in Düsseldorf 1925, in Danzig 1927 und in München 1930 dominierten bereits klar jene nationalistischen Töne, die dann ab 1933 alle anderen Stimmen übertönten und den wissenschaftlichen Pluralismus für einige Jahre wieder zu verdrängen trachteten.

In der Zeit des Nationalsozialismus bedurfte es deshalb aus der Sicht der neuen Machthaber keiner durchgreifenden inneren Erneuerung des Faches. Zwar wurde verschiedentlich das Ausbleiben einer genuin nationalsozialistischen Germanistik beklagt (vgl. Danneberg et al. 2007, 112–113), aber erstens war die nationalsozialistische Ideologie in sich zu widersprüchlich und zersplittert, als dass eine solche überhaupt zu entwickeln gewesen wäre, und zweitens kleideten fast alle Germanisten des Dritten Reiches ihre Publikationen in eine nationalistische, antisemitische und/oder militant-rassistische Rhetorik ein, die eine saubere Unterscheidung einer bloß vorgetäuschten von einer ‚echt'-nationalsozialistischem Gesinnung stark erschwerte.

Auch im Nachhinein ist es deshalb nicht immer leicht, zuverlässig zwischen Hauptakteuren und Mitläufern zu unterscheiden, wenngleich Publikationen wie Benno von Wieses *Dichtung und Volkstum* (1933), Gerhard Frickes Rede zur Göttinger Bücherverbrennung am 10. Mai 1933, Heinz Otto Burgers *Die rassischen Kräfte im deutschen Schrifttum* (1934) oder Franz Kochs *Goethe und die Juden* (1937) keinen Zweifel an der zumindest zeitweise linientreuen Gesinnung ihrer Verfasser aufkommen lassen. Ein kompletter Austausch des wissenschaftlichen Personals wurde jedenfalls nicht für erforderlich gehalten, d. h. das Regime entfernte zwar jüdische und oppositionelle Wissenschaftler wie Richard Alewyn, Eduard Berend, Käte Hamburger oder Richard Samuel aus dem Dienst bzw. verhinderte ihre Weiterbeschäftigung an der Universität, arrangierte sich jedoch ansonsten weitestgehend mit den etablierten Repräsentanten des Faches, die in vorauseilendem Gehorsam größtenteils auch schon vor 1933 nationalistische und rassistische oder antisemitische Töne angeschlagen hatten (vgl. König et al. 2000).

Sogar im Bereich der Editionsphilologie und allgemein der positivistisch-faktenorientierten Philologie war der Einfluss faschistischer Ideologie unverkennbar. Nur wenige Editionen wie z. B. Friedrich Beißners Große Stuttgarter Hölderlin-Ausgabe (1943–1985) oder Julius Petersens Schiller-Nationalausgabe (seit 1943, noch nicht abgeschlossen) können als wissenschaftlich weitestgehend unbedenklich gelten und sind bis heute zitierfähig. Typisch für die Textausgaben jener Zeit war vielmehr eine „bedenkenlose Ausschneidemethode" (Otto 1994, 21), die es bspw. Herausgebern wie Heinz Kindermann oder Josef Nadler ermöglichte, selbst Johann Gottfried Herder, Goethes ‚Bruder Humanus', in die

Ahnengalerie des Nationalsozialismus zu pressen, indem gezielt ausgewählte, aus ihrem Kontext gerissene Textstellen aus seinem umfangreichen Werk in irreführender Weise kombiniert und in Teilausgaben veröffentlicht wurden (vgl. Otto 1994, 27–28).

Nicht minder offensichtlich ist der Einfluss nationalistisch-rassistischen Denkens im Bereich der Deutschlehrerausbildung. In einer Flut diesbezüglicher Schriften wurde eine Neuorientierung des Unterrichtes im Hinblick auf eine Entintellektualisierung gefordert. Der nationalsozialistische Mensch sei im Sinne einer ganzheitlichen Erziehung immer zugleich an Körper, Geist und Seele anzusprechen und gleichsam in allen Dimensionen seiner Existenz zur Einnahme einer Partei-‚Haltung' zu erziehen, die sich gleichermaßen in der Körper- wie in der Geistes- und Sprechhaltung manifestieren müsse (Details bei Hopster und Nassen 1983). Der Deutschunterricht wurde zu einem zentralen Unterrichtsfach hochstilisiert, in dem nicht nur ein begrenztes Fachwissen, sondern eine allumfassende Lebenseinstellung vermittelt werden sollte.

Da das ‚Tausendjährige Reich' nur zwölf Jahre währte, kam es allerdings in vielen Bereichen und so auch im Kultur- und Bildungssystem nur zu relativ oberflächlichen Neuerungen auf der Ebene von Rhetorik und Symbolpolitik, während die angekündigte tiefgreifende Neuorganisation der Institutionen nur schleppend voranging. Nach 1945 begnügte man sich (auch) deshalb vielfach mit einer Beseitigung dieser Oberflächenphänomene und ließ die – zumeist schon vor 1933 etablierten – Organisationsstrukturen weiterbestehen. Viele Wissenschaftler blieben im Amt, und auch die methodologische Grundorientierung in Richtung Geistesgeschichte blieb häufig erhalten. Im historischen Längsschnitt kann deshalb unter institutionsgeschichtlichen Aspekten als wichtigstes Resultat der nationalsozialistischen Zwischenepoche festgehalten werden, dass jenes nationale/nationalistische Denken, das in der Etablierungsphase der Germanistik eine so bedeutende Rolle gespielt hatte, vollkommen diskreditiert wurde und aus dem Spektrum der im Fach vertretenen Ansätze endgültig ausschied.

Nach einer Phase der Vergangenheitsaufarbeitung, die auf dem Münchner Germanistentag von 1966 einen ersten Höhepunkt erreichte (vgl. *Germanistik – eine deutsche Wissenschaft*, 1967), kam es im zweiten Anlauf zu einer erfolgreichen Durchsetzung des für das demokratische Zeitalter in den verschiedensten Lebensbereichen charakteristischen Pluralismus, d. h. hier: der Bejahung und aktiven Beförderung einer Methodenvielfalt, die nicht als Symptom einer Wissenschaftskrise, sondern – ähnlich wie im Aufklärungszeitalter der cartesianische Selbstzweifel – als wichtiges und wesentliches Instrument der Erkenntnisgewinnung aufgefasst wird. In der SBZ/DDR verzögerte sich dieser Prozess um einige Jahre, setzte aber auch schon vor dem Mauerfall ein, was phasenweise zu repressiven staatlichen Gegenmaßnahmen führte (vgl. Boden 1997; Saadhoff 2006).

In der BRD erweitert sich um 1970 herum das Methodenspektrum um zahlreiche Ansätze, die in der internationalen Forschung teilweise schon seit Jahrzehnten präsent waren (Strukturalismus, Literatursoziologie, Narratologie, Rezeptionsforschung, Semiotik, Mentalitätsgeschichte u. a.) und teilweise mehr oder minder synchron in Deutschland und in anderen Ländern entwickelt wurden (Systemtheorie, Diskursanalyse, Gender Studies, Literarische Anthropologie, Kulturwissenschaft u. a.; vgl. Vietta und Kemper 2000). Typisch für die im Rahmen eines solchen Methodenpluralismus entstehenden Literaturgeschichten sind Werke, die von mehreren Autoren mit unterschiedlicher wissenschaftlicher Ausrichtung verfasst werden bzw. die schon in der Einleitung betonen, dass sie nur eine von mehreren möglichen Sichtweisen auf die historischen Geschehnisse vermitteln können und wollen. Nicht selten finden sich im Titel derartiger Werke Formulierungen wie „Eine Literaturgeschichte" oder „Auch eine Literaturgeschichte".

Neben jener umfassenden gesellschaftlichen Modernisierungsbewegung, die in der deutschen Geschichtsschreibung mit dem Phänomen der Studentenbewegung assoziiert wird, spielt die in den 1960er Jahren einsetzende Bildungsexpansion eine wesentliche Rolle bei der Durchsetzung des Pluralismus in den (Geistes-) Wissenschaften. Das 1969 eingeführte BAFöG befördert den weiteren Ausbau der neuphilologischen Universitätsdisziplinen bis hin zu von Zigtausenden studierten Massenfächern. Die Anzahl der germanistischen Professuren im Lauf der 1970er Jahre wird bspw. mehr als verdoppelt, wobei die Anzahl der Frauen, die ja erst um die Wende vom 19. zum 20. Jahrhundert herum zum Hochschulstudium zugelassen worden waren, nach und nach bis auf den heutigen Anteil von etwa einem Drittel ansteigt. Was Oskar Benda 1928 in seiner Schrift *Der gegenwärtige Stand der Literaturwissenschaft* noch mit Bedauern konstatierte, nämlich die Ausdifferenzierung des Faches in mehrere konkurrierende Methoden, ist heute eine Selbstverständlichkeit, die nicht mehr als Krisensymptom, sondern allenfalls als organisatorisch-pragmatisches Problem etwa im Hinblick auf Studienortwahl oder Studienorganisation wahrgenommen wird. Der zuletzt im Nationalsozialismus geträumte, schon damals (und zwar in allen Geistes- und Naturwissenschaften) obsolete Traum von einer einheitlichen, methodologisch auf eine einzige Linie gebrachten Wissenschaft gehört endgültig der Vergangenheit an.

4 Aktueller Sachstand

Die Neuphilologien, allen voran Germanistik und Anglistik, gehören heute zu den meiststudierten Universitätsfächern. Forschung, Lehre und Verwaltung vollziehen sich im Rahmen eines akademischen Massenbetriebes, dessen Organisation in erster Linie darauf ausgelegt ist, regelmäßig und störungsfrei große Mengen an Studienabschlüssen und Forschungspublikationen zu produzieren. Durch die Einführung kompetitiver Elemente und mit Hilfe verschärfter wechselseitiger Kontrolle (expandierendes Gutachterwesen) erhalten bei fortschreitender Ökonomisierung und Standardisierung diverse Institutsrankings, Exzellenzinitiativen, Forschungspreise und dergleichen die betriebsamkeitsfördernde Vorstellung am Leben, dass die feststellbaren Niveauunterschiede nicht primär auf äußere Zwänge und Zufälle (Einzugsgebiet, Ressourcenverteilung, Standortattraktivität, Hochschulrechtsänderungen usw.), sondern auf besondere eigene Leistungen zurückzuführen seien.

In den letzten Jahrzehnten hat die aktuelle Medienrevolution die Arbeitsbedingungen in den Philologien stark verändert. Tendenziell stehen jedermann alle forschungs- und lehrrelevanten Materialien via Internet überall und jederzeit zur Verfügung, so dass die einzelnen Ansätze oder Methoden nicht mehr an bestimmte Hochschulorte oder Bibliotheks- und Archivbestände gebunden sind. Darüber hinaus formiert sich im Internet eine ‚Graue Wissenschaft', die von engagierten Laien-Philologen betrieben wird und insbesondere das breite Spektrum der im Hochschulbereich weitgehend ignorierten Populärkultur thematisiert (Fanzines, Weblogs).

Eine systematische Erforschung der Fachgeschichte betreiben die 1972 gegründete *Arbeitsstelle für die Erforschung der Geschichte der Germanistik* im *Deutschen Literaturarchiv Marbach* (Homepage *Arbeitsstelle für die Erforschung der Geschichte der Germanistik*) sowie die 1994 etablierte *Arbeitsstelle Fachgeschichte* am Institut für Deutsche Literatur der Berliner Humboldt-Universität (Homepage *Arbeitsstelle Fachgeschichte*).

5 Offene Fragen/Forschungsdesiderate

Die Landkarte der Literaturwissenschaft ist noch immer ein großer weißer Fleck, in dem nur einige kleinere Inselchen akkurat und präzise eingezeichnet sind. Denn Gegenstand der Literaturwissenschaft und Literaturgeschichtsschreibung waren und sind ganz überwiegend jene anspruchsvollen, kanonfähigen Formen der Literatur, die den Rezeptionsneigungen der professionellen Philologen in besonderem Maße entsprechen (vgl. Schneider 2009b, 442–447). Das bedeutet unter den Bedingungen einer literarischen Massen- und Bestsellerkultur, wie sie in Deutschland seit dem letzten Drittel des 19. Jahrhunderts existiert, dass der allergrößte Teil der tatsächlich stattfindenden literarischen Kommunikation von der für ihre Erforschung zuständigen Universitätsdisziplin weitestgehend ignoriert wird. Es fehlt nicht nur an den elementaren Hilfsmitteln (Editionen, Bibliographien, Autorenlexika usw.), sondern auch an Fragestellungen und Arbeitsbegriffen, mit deren Hilfe das moderne Phänomen der massenhaften freiwilligen Freizeitlektüre (,Unterhaltungsliteratur') erschlossen werden könnte. Insbesondere bedarf die empirische Textwirkungsforschung nachhaltiger Förderung, damit zuverlässigere Aussagen darüber gewonnen werden können, weshalb und mit welchen Folgen Millionen von Literaturrezipienten mit Ausdauer jene Liebesromane, Krimis, Tiergeschichten, Dorfromane usw. lesen, die viele Literaturwissenschaftler fast nur vom Hörensagen kennen.

Aktuell sind Literaturwissenschaft und Literaturgeschichtsschreibung nicht darauf eingestellt, große Textmassen zu erfassen und zu verarbeiten. Die Erfahrungen aus anderen Wissenschaften, die massenhaft vorkommende Phänomene erforschen müssen, zeigen zwei Möglichkeiten eines sinnvollen Vorgehens, nämlich erstens eine koordinierte internationale Kooperation von Forschergruppen und zweitens den Einsatz von moderner Computertechnologie. Die Nutzung der erstgenannten Möglichkeit wird erst seit den 1990er Jahren – insbesondere durch veränderte Förderleitlinien der DFG – intensiver gefördert, beschränkt sich aber bisher auf einzelne Teilbereiche der Neuphilologien (vgl. Schönert 2015). Die Nutzung der Computertechnologie schreitet voran, konnte jedoch bisher die entscheidende Semantik-Hürde (automatisierte inhaltliche Textauswertung) nicht überwinden (vgl. Homepage *EADH*).

Die aktuelle Ausweitung der Germanistik und anderer Nationalphilologien zu einer komparatistisch und interdisziplinär angelegten Kulturwissenschaft lässt immer stärker das Fehlen einer Methodologie des fächerübergreifenden Arbeitens hervortreten (vgl. Homepage *Forschungsgruppe Inter-/Transdisziplinarität*). Die Neuphilologien schweben in der Gefahr, sich einem Universaldilettantismus zu verschreiben, der von der Biologie über die Jurisprudenz bis hin zur Wirtschaftswissenschaft alle im publizistisch-künstlerischen Diskurs aktuellen Fragestellungen aufgreift, ohne nach der dazu erforderlichen Fachkompetenz zu fragen oder sich eine solche ernsthaft zu erarbeiten.

Weiterführende Literatur

Danneberg, Lutz, Wolfgang Höppner, Ralf Klausnitzer und Dorit Müller (2007). „Geschichte der Literaturwissenschaft". *Handbuch Literaturwissenschaft*. Hrsg. von Thomas Anz. Stuttgart und Weimar: 1–190.
Hermand, Jost (1994). *Geschichte der Germanistik*. Reinbek bei Hamburg.
König, Christoph, Hans-Harald Müller und Werner Röcke (Hg.) (2000). *Wissenschaftsgeschichte der Germanistik in Porträts*. Berlin und New York, NY.

Kolk, Rainer (1990). *Berlin oder Leipzig? Eine Studie zur sozialen Organisation der Germanistik im ‚Nibelungenstreit'*. Tübingen.
Schneider, Jost (Hg.) (2009). *Methodengeschichte der Germanistik*. Unter redaktioneller Mitarbeit von Regina Grundmann. Berlin und New York, NY.
Weimar, Klaus (1989). *Geschichte der deutschen Literaturwissenschaft bis zum Ende des 19. Jahrhunderts*. München.

Zitierte Literatur

[Anonym]. Arbeitsstelle Fachgeschichte. https://www.literatur.hu-berlin.de/de/forschung/archive-forschungsstellen/arbeitsstelle-fachgeschichte (20.Oktober 2016).
[Anonym]. Arbeitsstelle für die Erforschung der Geschichte der Germanistik. https://www.dla-marbach.de/forschung/arbeitsstelle-fuer-die-erforschung-der-geschichte-der-germanistik/ (20.Oktober 2016).
[Anonym]. EADH. http://eadh.org/ [zuletzt 20.Oktober 2016].
[Anonym]. Forschungsgruppe Inter-/Transdisziplinarität. http://www.interdisciplinarity.ch/ (20. Oktober 2016).
Benda, Oskar (1928). *Der gegenwärtige Stand der Literaturwissenschaft. Eine erste Einführung in ihre Problemlage*. Wien und Leipzig.
Boden, Petra (1997). „‚Es geht ums Ganze!' Vergleichende Beobachtungen zur germanistischen Literaturwissenschaft in beiden deutschen Staaten 1945–1989". *Euphorion* 91 (1997): 247–275.
Christmann, Hans Helmut (1985). *Romanistik und Anglistik an der deutschen Universität im 19. Jahrhundert. Ihre Herausbildung als Fächer und ihr Verhältnis zu Germanistik und klassischer Philologie*. Stuttgart.
Danneberg, Lutz, Wolfgang Höppner, Ralf Klausnitzer und Dorit Müller (2007). „Geschichte der Literaturwissenschaft". *Handbuch Literaturwissenschaft*. Hrsg. von Thomas Anz. Stuttgart und Weimar: 1–190.
Finkenstaedt, Thomas (1983). *Kleine Geschichte der Anglistik in Deutschland. Eine Einführung*. Darmstadt.
Fohrmann, Jürgen (1989). *Das Projekt der deutschen Literaturgeschichte. Entstehung und Scheitern einer nationalen Poesiegeschichtsschreibung zwischen Humanismus und Deutschem Kaiserreich*. Stuttgart.
Fohrmann, Jürgen und Wilhelm Voßkamp (Hg.) (1994). *Wissenschaftsgeschichte der Germanistik im 19. Jahrhundert*. Weimar.
Germanistik – eine deutsche Wissenschaft (1967). Beiträge von Eberhard Lämmert, Walther Killy, Karl Otto Conrady und Peter von Polenz. Frankfurt a. M.
Häfner, Ralph (Hg.) (2001). *Philologie und Erkenntnis. Beiträge zu Begriff und Problem frühneuzeitlicher Philologie*. Tübingen.
Hermand, Jost (1994). *Geschichte der Germanistik*. Reinbek bei Hamburg.
Hopster, Norbert und Ulrich Nassen (1983). *Literatur und Erziehung im Nationalsozialismus. Deutschunterricht als Körperkultur*. Paderborn et al.
Ketelsen, Uwe-K. (2009). „Nationalistische und rassistische Germanistik". *Methodengeschichte der Germanistik*. Hrsg. von Jost Schneider. Unter redaktioneller Mitarbeit von Regina Grundmann. Berlin und New York, NY: 529–548.

König, Christoph, Hans-Harald Müller und Werner Röcke (Hg.) (2000). *Wissenschaftsgeschichte der Germanistik in Porträts*. Berlin und New York, NY.

Kolk, Rainer (1990). *Berlin oder Leipzig? Eine Studie zur sozialen Organisation der Germanistik im ‚Nibelungenstreit'*. Tübingen.

Kruckis, Hans-Martin (2009). „Positivismus/Biographismus". *Methodengeschichte der Germanistik*. Hrsg. von Jost Schneider. Unter redaktioneller Mitarbeit von Regina Grundmann. Berlin und New York, NY: 573–596.

Otto, Regine (1994). „Herder-Editionen 1933–1945". *Herder im ‚Dritten Reich'*. Hrsg. von Jost Schneider. Bielefeld: 19–36.

Pfeiffer, Rudolf (1978). *Geschichte der Klassischen Philologie. Von den Anfängen bis zum Ende des Hellenismus*. 2., durchgesehene Auflage. München [OA: *History of Classical Scholarship*. Oxford 1968].

Rompeltien, Bärbel (1994). *Germanistik als Wissenschaft. Zur Ausdifferenzierung und Integration einer Fachdisziplin*. Opladen [zugl. Diss. Univ. Essen].

Rosenberg, Rainer (2000). „Literaturgeschichtsschreibung". *Reallexikon der deutschen Literaturwissenschaft*. Bd. II: H-O. Hrsg. von Harald Fricke. Berlin und New York, NY: 458–463.

Saadhoff, Jens (2006). *Zwischen diktatorischer Praxis und Eigensinn: Germanistische Literaturwissenschaft in der SBZ/DDR*. Siegen [zugl. Diss.].

Schaller, Helmut (1985). „Geschichte der Slawistik in Deutschland und in der Bundesrepublik einschließlich Berlin (West)". *Beiträge zur Geschichte der Slawistik in nichtslawischen Ländern*. Hrsg. von Josef Hamm und Günther Wytrzens. Wien: 89–170.

Schneider, Jost (2007). „Literatur und Text". *Handbuch Literaturwissenschaft. Bd. 1: Gegenstände und Grundbegriffe*. Hrsg. von Thomas Anz. Stuttgart und Weimar: 1–23.

Schneider, Jost (Hg.) (2009a). *Methodengeschichte der Germanistik*. Unter redaktioneller Mitarbeit von Regina Grundmann. Berlin und New York, NY.

Schneider, Jost (2009b). „Die Sozialgeschichte des Lesens und der Begriff ‚Literatur'". *Grenzen der Literatur. Zu Begriff und Phänomen des Literarischen*. Hrsg. von Simone Winko, Jannidis Fotis und Gerhard Lauer. Berlin und New York, NY: 434–454.

Schönert, Jörg (2000). „Literaturgeschichte". *Reallexikon der deutschen Literaturwissenschaft. Bd. II: H-O*. Hrsg. von Harald Fricke. Berlin und New York, NY: 454–458.

Schönert, Jörg (2015). „Zu Nutz und Frommen kooperativer Praxis in der Literaturwissenschaft". *Ethos und Pathos der Geisteswissenschaften. Konfigurationen der wissenschaftlichen Persona seit 1750*. Hrsg. von Ralf Klausnitzer, Carlos Spoerhase und Dirk Werle. Berlin und Boston, MA: 295–320.

Stein, Peter (2006). *Schriftkultur. Eine Geschichte des Schreibens und Lesens*. Darmstadt.

Vietta, Silvio und Dirk Kemper (Hg.) (2000). *Germanistik der 70er Jahre. Zwischen Innovation und Ideologie*. München.

Weimar, Klaus (1989). *Geschichte der deutschen Literaturwissenschaft bis zum Ende des 19. Jahrhunderts*. München.

Zeil, Wilhelm (1994). *Slawistik in Deutschland. Forschungen und Informationen über die Sprachen, Literaturen und Volkskulturen slawischer Völker bis 1945*. Köln et al.

Leonhard Herrmann
III.2.6 Kanon und Kanonbildung als Vermittlungs- und Rezeptionsinstanzen

1 Definition

Mit dem Begriff Kanon bezeichnet die Literaturwissenschaft einen Korpus aus Texten, „die in einer sozialen Gruppe oder Institution als wertvoll gelten" (Worthmann 1998, 14) und an deren „Überlieferung eine Gesellschaft oder Kultur interessiert ist" (Winko 2002, 9).

Im literaturwissenschaftlichen Verständnis von Kanon hat sich im Lauf der 1990er Jahre ein bedeutender Paradigmenwechsel vollzogen: Anders als in den Jahrzehnten zuvor gilt Kanon nicht mehr nur als ein Machtinstrument, das die individuelle Auseinandersetzung mit literarischen Texten verhindert oder mit strategischen Interessen Dritter überlagert. Literarische Kanones werden heute vielmehr als zentrale Grundlagen moderner Gesellschaften betrachtet, die von einzelnen Institutionen und Akteuren diskursiv ausgehandelt werden und sich kontinuierlich wandeln (vgl. Heydebrand 1998).

Grundlegend für diese Auffassung ist ein funktionales Verständnis von Kanon (vgl. Stanitzek 2000): Er dient Gesellschaften und gesellschaftlichen Gruppen zur Identitätsbildung, zur Grundlegung und Absicherung der eigenen Werte, Normen und Vorstellungsmuster und der Abgrenzung nach außen. Nation und Identität, Bildung und Ökonomie (vgl. Starre 2013) sind dabei die wichtigsten sozialen Kontexte, innerhalb derer sich literarische Kanonbildung vollzieht.

2 Hauptaspekte des Themas

Von zentraler Bedeutung bei der Erforschung und theoretischen Beschreibung des Phänomens Kanon ist dessen Doppelrolle als Gegenstand und Instanz literarischer Kommunikation. Ein Kanon ist – so artikuliert es die gegenwärtige Kanon-Forschung – immer beides: ein Produkt sozialer Austauschprozesse und eine Größe, die die Produktion und Rezeption literarischer Texte mit beeinflusst.

Soziale Institutionen sind die zentralen Handlungsträger von Kanonisierungsprozessen. In unterschiedlicher Reichweite beanspruchen sie die kulturelle Repräsentanz für soziale Gruppen oder sogar ganze Gesellschaften und sehen sich zuständig für deren Kanones, die sie entsprechend ihrer eigenen Programmatik gestalten wollen (zu den verschiedenen Kanon-Institutionen vgl. Rippl und Winko 2013, 120–263).

Das gilt insbesondere für staatliche Bildungseinrichtungen: Durch behördlich festgelegte Lehrpläne und zentrale Prüfungsthemen, durch Schul- und Lesebücher sowie weitere Unterrichtsmedien (vgl. Stuck 2013b, 192) nimmt das Schulsystem sehr gezielt und mit großer Reichweite darauf Einfluss, welche Texte innerhalb einer Gesellschaft gelesen und für ‚wertvoll' gehalten werden. Die historische Erforschung schulischer Lektürepläne macht deutlich, dass unter unterschiedlichen politischen und ökonomischen Rahmenbedingungen und in Abhängigkeit von ideologischen Paradigmen und Bildungsprogrammen je unterschiedliche literarische Texte als kanonisch gelten und in der Schule vermittelt werden sollen.

Zugleich wandeln sich die Deutungsschemata und maßgeblichen Interpretationen kanonischer Texte. Dies gilt insbesondere in totalitären Gesellschaften, in denen kulturelle Bildung genutzt wird, um politische Ideologien zu verbreiten. Die Veränderung des Kanons selbst ist dazu nur eine Möglichkeit: Die Bildungspläne im Nationalsozialismus zeigen auf, dass in Schulen nicht etwa grundlegend andere Texte vermittelt worden sind, sondern der bestehende Kanon umgedeutet wurde, um einer verbrecherischen Ideologie zu dienen. 1938 werden reichseinheitliche Lehrpläne erlassen, die die „wenigen Werke jüdischer, liberaler und sozialistischer Schriftsteller aus dem Lektürekanon" (Kaiser 2013, 87) tilgen und die altgermanische und mittelalterliche Dichtung stärker berücksichtigen. Die Literatur der klassischen Moderne und der Weimarer Republik wurde aus dem Kanon verdrängt, ohne dass ein breitenwirksamer Gegenkanon erkennbar war. Entsprechend waren die Versuche einer nationalsozialistischen Kanonrevision nur bedingt erfolgreich: Eine vollständige und homogene Umdeutung des künstlerischen Feldes – und damit auch des literarischen Kanons – hat es bis zum Ende des Nationalsozialismus nicht gegeben (vgl. Kaiser 2013).

Neben Schulen besitzen auch akademische Lehr- und Forschungsprogramme einen großen Einfluss auf Kanonisierungsprozesse. Universitäten – insbesondere, aber nicht ausschließlich die an ihnen vertretenen Literaturwissenschaften – wirken einerseits direkt darauf ein, welche Texte innerhalb von Gesellschaften als kanonisch gelten, da akademische Forschungsergebnisse auch über die Universitäten hinaus rezipiert werden. Insbesondere die in wissenschaftlichen Literaturgeschichten behandelten Texte (vgl. Jannidis 2013, 159) werden in ihrer Relevanz langfristig aufgewertet, mit Bedeutungen und Funktionen versehen und auf dieser Basis zum Bestandteil des Kanons – ein Effekt, der in Deutschland mit der bürgerlichen Literaturgeschichtsschreibung des 19. Jahrhunderts einsetzt.

Auch die Editionsphilologie ist eine maßgebliche akademische Kanonisierungsinstanz (vgl. Rockenberger und Röcken 2013): In aller Regel sichert und steigert sie den Status von bereits kanonisierten Texten, indem sie diese langfristig zugänglich macht, kommentiert und ihre Genese erläutert. In Form von zuverlässigen Lektüreexemplaren und Studienausgaben ist die Editionsphilologie auch für die breite Verfügbarkeit literarischer Texte zuständig und liefert die Grundlage für deren langfristige Kanonizität. Diese Funktion wird zunehmend von Online-Plattformen wie *zeno.org* oder dem *Projekt Gutenberg* (*gutenberg.spiegel.de*) ausgefüllt, die zwar keine zuverlässigen Textfassungen zur Verfügung stellen, dafür aber kostenlos sind.

Auch durch ihre Lehrpraxis beeinflussen akademische Institutionen die gesellschaftliche Kanonbildung erheblich. In Form akademischer Curricula (vgl. Stuck 2013a) stehen für die akademische Lehre eigene Lektürekanones zur Verfügung, die Gegenstand kontinuierlicher Veränderung sind und im Wechselverhältnis zu den übrigen Kanon-Entwürfen anderer gesellschaftlicher Teilbereiche stehen. Nach außen wirken diese insbesondere deshalb, weil Studierende von ihnen geprägt werden, die später in anderen kanonrelevanten Institutionen – in der Schule, im Literatur- oder Kulturbetrieb – tätig sind. In der Gegenwart zeigen universitäre Lektürelisten eine deutliche Tendenz zur Flexibilisierung und ermöglichen den Studierenden individuelle Entscheidungen und Wahlmöglichkeiten; Kanon wandelt sich hier von einer eindimensionalen Richtschnur hin zu einem mehrdimensionalen Koordinatensystem, das die eigene Verortung möglich und nötig macht (vgl. Herrmann 2014).

Bildungsinstitutionen sind nicht die einzigen Instanzen für die Konstitution und Tradierung retrospektiver Kanones. Hinzu kommen literarische Museen und Gedenkstätten (vgl. Breuer 2013) sowie außerakademische Forschungseinrichtungen und literarische Gesellschaften, deren zentrale Mission die Kanonpflege darstellt: Ziel ist es, die von ihnen repräsentierten Epochen, Autorinnen und Autoren im öffentlichen Bewusstsein zu halten – ein entsprechendes Kanon-Programm ist fundamentaler Bestandteil ihres Selbstverständnisses. Durch die Präsentation ehemaliger Lebens- und Arbeitsstätten, ergänzt durch Dauer- und Wechselausstellungen, Archive und öffentliche Bibliotheken, durch Editions- und Forschungstätigkeiten sowie durch Preise und Stipendien soll die Rezeption von Schriftstellerinnen und Schriftstellern intensiviert und der Grad ihrer Kanonizität erhöht werden. Äußere Anlässe wie etwa Geburts- oder Todestage werden dabei immer wieder als Kommunikationsanlässe genutzt, um Autorinnen und Autoren in das kulturelle Gedächtnis zu rufen.

Ein angemessenes, von einer möglichst breiten Öffentlichkeit angenommenes Rezeptions- und Kanonisierungsangebot zu unterbreiten, liegt nicht nur im programmatischen, sondern auch im pragmatischen Interesse der jeweiligen Institution, die – häufig durch öffentliche Mittel gefördert – durch einen öffentlichen Bildungsauftrag ihre Existenz rechtfertigt. Dies involviert weitere Akteure des Literaturbetriebs, insbesondere Medien und Verlage (vgl. Anz 2013, 150). Literaturkritikerinnen und -kritiker sind für literarische Bildungseinrichtungen sehr wichtige Multiplikatoren, die sich etwa anlässlich von Ausstellungen, Gedenkjahren etc. mit literaturhistorischen Themen auseinandersetzen – sehr häufig unter dem impliziten Kriterium der ‚Aktualität'. Eine entsprechende Öffentlichkeitsarbeit ist für literarische Institutionen ein zentraler Bestandteil ihrer Tätigkeit, in deren Rahmen sie gezielt Einfluss auf das öffentliche Bild der von ihr repräsentierten Personen und/oder historischen Zeiträume nehmen wollen.

Ihren größten Einfluss besitzen die Instanzen und Akteure des Literaturbetriebs auf Kanonisierungsprozesse von aktuell erscheinenden literarischen Texten. Auch deren Rezeption erfolgt, indem sie zu ‚wertvoll' gehaltenen Corpora gruppiert werden (vgl. Herrmann und Horstkotte 2016). Historische Kanones nehmen dabei explizit oder implizit Einfluss auf die Bewerbung von Gegenwartsliteratur, indem sie langfristig die Vorstellungen von ‚guter' Literatur prägen.

Eine erste Kanonisierungsinstanz für aktuell erscheinende Titel stellen die Verlage dar (vgl. Beilein 2013, 120). Sie treffen nicht nur die Entscheidung darüber, ob ein literarischer Text überhaupt veröffentlicht und damit Bestandteil der literarischen Kommunikation wird, sondern sie beeinflussen auch die Produktion literarischer Texte – implizit bereits bevor Autorinnen und Autoren ein Manuskript einreichen. Durch Lektoratstätigkeiten bestimmen Verlage die konkrete Textgestalt mit und wirken durch Marketingmaßnahmen auf die Lektüreweisen von Leserinnen und Lesern ein. Schon vor seinem Erscheinen wird daher der prospektive Platz eines Textes im Kanon der Gegenwart gesteuert. Ob dem Lesepublikum ein Text als Hoch- oder Trivialliteratur, als ernsthaft, ironisch oder unterhaltend gilt, wird durch paratextuelle Steuerungen zuweilen entscheidend vorbereitet (nicht aber dauerhaft festgelegt, denn spätere Leserinnen und Leser können durchaus zu anderen Einschätzungen kommen als die Zeitgenossen eines Textes). Dies geschieht auch durch die komplexen programmatischen Profile von Verlagen, die die Auswahl und die Wirkungsweise der von ihnen veröffentlichten Texte beeinflussen.

Eine im deutschsprachigen Bereich vergleichsweise neue Größe ist die Literaturagentur, die – ursprünglich eine Vermittlungsinstanz zwischen Verlag und Autor oder Autorin – zunehmend auch Lektoratsleistungen übernimmt und Einfluss auf die Entstehung und Vermarktung literarischer Texte nimmt.

Eine nach wie vor entscheidende Größe für die Kanonisierung von Gegenwartsliteratur ist die professionelle Literaturkritik, verstanden als „die informierende, interpretierende und wertende Auseinandersetzung mit vorrangig neu erschienener Literatur und zeitgenössischen Autoren in den Massenmedien" (Anz 2013, 146). Am einflussreichsten darunter sind nach wie vor die großen überregionalen Tageszeitungen sowie deren Online-Angebote. Dabei kommen insbesondere Meta-Instanzen wie die Webplattform *perlentaucher.de* zum Tragen, die die Literaturkritiken von Tages- und Wochenzeitschriften vergleichend resümiert und auch weitere Online-Inhalte zur Bewertung von Literatur zugänglich macht. Ein nach wie vor einflussreiches Medium für professionelle Literaturkritik sind zudem die öffentlich-rechtlichen Kultursender im Radio. Das Fernsehen hingegen hat im Laufe der 2000er Jahre seine Rolle als Kanonisierungsinstanz für Literatur weitgehend eingebüßt.

Gegenüber der professionellen Literaturkritik ist der Einfluss von Laienrezensionen im Internet – für individuelle Kaufentscheidungen durchaus relevant – auf die Kanonizität von Gegenwartsliteratur schwer zu beurteilen. Nach einer Studie des *Börsenvereins des deutschen Buchhandels e. V.* ließen sich noch 2015 über die Hälfte der Buchkäuferinnen und -käufer in Deutschland von den Empfehlungen professioneller Rezensenten sowie durch den Buchhandel leiten, Empfehlungen aus dem Internet sind dem deutlich nachgeordnet (vgl. Herrmann und Horstkotte 2016, 197–210).

In engem Zusammenhang zur professionellen Literaturkritik stehen Bestsellerlisten, wie sie etwa das Nachrichtenmagazin *Der Spiegel* veröffentlicht. Analog zur Literaturkritik sind sie von großem Einfluss auf die Buchverkäufe und stellen einen in aller Regel kurzfristigen und sehr dynamischen Kanon aus Texten dar, die von einer breiten Leserschicht rezipiert werden.

Empfehlungslisten wie die SWR-Bestenliste oder Nominierten- und Vergabelisten für die nach der Jahrtausendwende immer wichtiger werdenden Buchpreise stellen demgegenüber Versuche einer expliziten Kanonisierung dar: Durch sie werden Texte ausgezeichnet, die von einer (überschaubaren) Gruppe aus Kritikerinnen und Kritikern für ‚wertvoll' gehalten werden. Preisverleihungen wirken sich zunächst auf die Buchverkäufe und damit auf die Reichweite eines Textes aus. Zugleich wirken die mit Preisen ausgezeichneten Texte zumindest implizit musterhaft für die Produktion weiterer Titel.

Dennoch ist zu konstatieren, dass auf lange Sicht immer wieder Werke kanonisch werden, die zur Zeit ihres Ersterscheinens nicht zu den bekanntesten oder am häufigsten gelesenen Texten zählten. Deutlich wird dies etwa am Klassiker-Kanon: Für dessen Konstitution erweisen sich andere, retrospektiv agierende Kanonisierungsinstanzen – insbesondere die Literaturgeschichtsschreibung des 19. Jahrhunderts – als wesentlich einflussreicher als die zeitgenössische Literaturkritik und Leserschaft. Ähnliches gilt auch für Autoren wie Kleist oder Kafka. Ihnen wies im Wesentlichen erst die retrospektive Literaturgeschichtsschreibung eine wegweisende Bedeutung zu, die auch (zuweilen gar überwiegend) auf Texten basiert, die zu Lebzeiten der Autoren nicht zugänglich waren.

Zwei weitere Faktoren lassen sich in ihren Einflüssen auf Kanonisierungsprozesse nur in Einzelfällen, nicht aber verallgemeinernd beschreiben: die Leserschaft (vgl. Schneider 2013) und die literarischen Texte selbst. Ein Text muss aufgrund seiner formalen wie semantischen Gegebenheiten auf Bedürfnisse einer Gesellschaft antworten können, um dauerhaft Bestandteil ihres Kanons zu sein. Darüber hinaus sind Kanonisierungsversuche sozialer Akteure nur dann erfolgreich, wenn Leserinnen und Leser die vorgeschlagenen Texte tatsächlich als ‚wertvoll' empfinden und ihre durch soziale Institutionen vorgeschlagenen Wertungen und Deutungen nachvollziehen können. Nur solange Leserinnen und Leser Kanones „akzeptieren und aktiv tradieren" (Heydebrand 1998, 621), besitzen sie jene kulturell prägende Macht, für die sie in den 1960er und 1970er Jahren so gefürchtet waren.

Trotz ihres grundlegenden Einflusses können soziale Institutionen und Akteure nicht vollkommen beliebig über Kanones verfügen. Langfristig ausgebildete Kanones sind nicht allein Gegenstände, sondern auch Einflussgrößen im Prozess literarischer Kommunikation, da sie die Vorstellungen von ‚guter' Literatur über längere Zeiträume überindividuell prägen. Im Laufe ihrer Entstehungsgeschichte entwickeln sich Kanones zu sich selbst erhaltenden Systemen (vgl. Herrmann 2007), die zwar auf Identitäts- und Stabilisierungsbedürfnissen von Gruppen, Akteuren und Institutionen basieren, durch diese jedoch nicht mehr beliebig verändert werden können.

Auch dies lässt sich am Klassiker-Kanon zeigen: Am Ende des 19. Jahrhunderts erweist sich dieser als ein relativ stabiles Korpus aus Texten, die bestimmten poetologischen Prinzipien und ästhetischen Programmen folgen. Das soziale Bedürfnis, einen bestimmten Text zum ‚Klassiker' werden zu lassen, ist damit wohl eine notwendige, aber nicht die alleinige Bedingung für eine erfolgreiche Klassiker-Integration eines Textes. Hinreichende Bedingung ist vielmehr dessen Anschlussfähigkeit an jene Texte, die bereits ‚Klassiker' sind. Mit ihren poetologischen Paradigmen sowie formalen und semantischen Strukturen muss ein zu rekanonisierender Text in Einklang zu bringen sein, wenn eine Kanonintegration kommunikativ erfolgreich sein soll. Ein Text, der zwar den Bedürfnissen der Zeitgenossen entspricht, aufgrund von dessen spezifischen Strukturen aber nicht mehr in den Kanon integriert werden kann, wird – die Rezeptionsgeschichte eines aus dem Klassiker-Kanon ausgeschlossenen Romans wie Wilhelm Heinses *Ardinghello* (1787) zeigt das exemplarisch (vgl. Herrmann 2010) – zum Bestandteil eines Gegenkanons.

Stabile, langfristig tradierte Kanones sind Rezeptionsbedingungen von Literatur, die soziale Akteure bei ihrer Kanonpolitik gezielt zu berücksichtigen wissen: Wer in Bezug auf eine Autorin oder einen Autor Kanonpflege betreiben will, wird sich bemühen, auf Gemeinsamkeiten, Parallelen und Übergänge zu bereits kanonisierten Texten hinzuweisen. Um etwa den zu Lebzeiten fast unbekannten Schriftsteller Robert Walser zu kanonisieren, wurde er durch Verweis auf seine Bezüge zu Kafka in die Debatten eingeführt (vgl. z. B. Ross 1960).

Soziale Institutionen und ihre Akteure haben demnach keine uneingeschränkte Verfügungsgewalt über die literarischen Kanones von Gesellschaften – zu diesem Ergebnis kommen verschiedene historische und systematische Studien zur Kanon-Forschung. Die Macht von Kanon-Instanzen endet bei der Macht des Kanons selbst, die bei der Realisierung der je eigenen Kanonprogramme zu berücksichtigen ist und Bestandteil der strategischen Überlegungen wie der praktischen Handlungen ist. In diesem Sinne lautet die entscheidende kanontheoretische Frage: „Wer oder was ‚macht' den Kanon [...], und wieviel Macht [...] ist Kanones und Kanonbildungsprozessen inhärent?" (Heydebrand 1998, 617) Sie hat zu unterschiedlichen Theorien und Modellen geführt, die allesamt betonen, dass die Urheberschaft eines Kanons eine kollektive ist und nicht auf einzelne Instanzen oder Akteure rückführbar ist (zu einzelnen Kanontheorien und -modellen vgl. Beilein 2013). So gilt Kanon als Form der „Geschichtsschreibung" (Küpper 1997) oder als „Text" (Hölter 1997), als „System" (Herrmann 2007) oder als Phänomen der „invisible hand" (Winko 2002), das von zahllosen Akteuren mitgestaltet wurde, ohne dass er in seiner konkreten Gestalt auf die Strategie und Intention einer einzelnen Institution zurückgeht.

Als literarische Instanzen stellen Kanones Leserinnen und Lesern gegenüber eine „Lektüremacht" (Worthmann 1998) dar, die die Wahl des Lesestoffs und die Art seiner Deutung zuweilen erheblich beeinflusst. Dies gilt insbesondere für Lektüren, die im Zuge der schulischen Bildung obligatorisch sind. Aber auch das freiwillige, auf eigenen Entscheidungen basierende Lesen literarischer Texte ist keine „völlig individuelle, spontane Rezeptionspraxis" (Schneider 2013, 260), sondern gesellschaftlich präfiguriert. Kanones stellen dabei die zentralen Muster bereit, mittels derer literarische Texte ausgewählt und rezipiert werden; soziale Akteure – Verlage, der Buchhandel, verschiedene Empfehlungspraktiken – kommunizieren diese Muster und lassen sie wirksam werden.

Dies gilt auch für die Literaturproduktion: Autorinnen und Autoren stehen beim Schreiben ihrer Texte – bewusst oder unbewusst – unter dem Eindruck literarischer Texte, die sie selbst bzw. die für sie relevanten gesellschaftlichen Gruppen für ‚wertvoll' halten und als positive oder negative Bezugspunkte nutzen. Texte literarischer Avantgarden brechen sehr gezielt mit weitverbreiteten Vorstellungen davon, wie ‚gute Literatur zu sein hat', um tradierten Textverfahren eine eigene, als neu markierte Schreibpraxis entgegenzuhalten; historische Avantgarden wirken dabei als positive Bezugspunkte und gegenkanonische Muster. Andererseits können kanonische Vorstellungen von ‚guter' Literatur auch gezielt aufgegriffen und fortgeschrieben werden. In paratextuellen Kommentaren werden die entsprechenden Vorbilder – in der Gegenwartsliteratur etwa kanonische Autoren des 20. Jahrhunderts wie Kafka oder Thomas Mann – immer wieder auch explizit benannt. Sowohl das Brechen mit als auch das Aufgreifen von kanonischen Normen ist in Bezug auf den eigenen Text eine Kanonisierungsstrategie: Wahlweise wird der eigene Text als Bestandteil des Kanons oder als Bestandteil eines zu schaffenden Gegenkanons inszeniert.

Dennoch ist die ‚Macht' eines Kanons in aller Regel nicht einseitig oktroyiert und nicht monolithisch. In einer pluralen, auf Partizipation gründenden Öffentlichkeit wirkt sie nicht einseitig von ‚oben' nach ‚unten', sondern verteilt sich „‚kapilar'" (Heydebrand 1998, 617). Selbst vermeintlich allmächtige „Normsender" im politischen System einer totalitären Gesellschaft können einen langfristig und über Generationen hinweg etablierten Kanon nicht unvermittelt auf Grundlage eigener politisch-ideologischer Vorstellungen umgestalten (Heydebrand 1998, 617). Vielmehr lassen sich literarisch-kulturelle Normen nur behutsam und sukzessive verändern. Dies zeigt sich exemplarisch am Umgang der DDR mit dem ‚klassischen Erbe': Der im 19. Jahrhundert ausgeprägte bürgerliche ‚Klassikerkanon' war nicht einfach zu negieren oder zu ignorieren, sondern musste in die eigene Ideologie integriert und entsprechend weitergepflegt werden. Der ‚Deutungskanon' – das Normsystem, das zur Konstitution eines Kanons genutzt wird – erweist sich dabei als flexibler als der materiale Kanon, der als langfristig etabliertes System aus Texten besteht, zwischen denen gegenseitige Beziehungen und Verweise existieren.

Einen ideologischen Missbrauch kanonischer Literatur verhindert das aber nur sehr bedingt: Langfristig etablierte kanonische Textkorpora sind zwar in ihrem Kernbestand nur langfristig zu verändern, stehen aber in ihrer Gesamtheit für die unterschiedlichsten Funktionalisierungen zur Verfügung. Der Grad der Polyvalenz der kanonischen Texte bestimmt dabei den Spielraum für Umdeutungen, wobei sich gerade polyvalente Texte langfristig im Kanon halten. Dennoch gibt es Plausibilitätsgrenzen, die bei Umdeutungen nicht überschritten werden dürfen. Leserschaften kommt dabei die Funktion von Korrektiven zu, denen gegenüber Umdeutungen plausibel gemacht werden müssen.

Diese Grenzen in der Bedeutungsvariabilität literarischer Texte sind der eigentliche Grund für Kanon-Dynamik: Veränderungen innerhalb des tradierten ‚materialen' Kanons treten dann auf, wenn die in ihm vertretenen Texte nicht mehr im Hinblick auf die Kanon-Bedürfnisse sozialer Akteure umdeutbar sind und Texte außerhalb des Kanons besser auf diese Bedürfnisse antworten. Sofern entsprechende Anschlussmöglichkeiten bestehen, verändert sich der Kanon, wobei jede erfolgte Veränderung neue Möglichkeiten für Ein- und Ausschlüsse schafft.

3 Kurze Geschichte des Phänomens und seiner Erforschung

Sowohl das Konzept als auch der Begriff Kanon sind antiken Ursprungs: Der Begriff bezeichnet im Altgriechischen ein als Maß- oder Richtstab verwendetes Schilfrohr. In der verschollenen, später als *Kanon* bezeichneten Schrift des Bildhauers Polyklet (5. Jahrhundert v. Chr.) bezeichnet das Wort die Lehre von den Proportionen des menschlichen Körpers. Die Vorstellung einer Sammlung oder Liste mustergültiger, besonders wertvoller literarischer Texte und Autoren geht ebenfalls auf die griechische Antike zurück, ohne dort mit dem Wort ‚Kanon' bezeichnet worden zu sein (vgl. Huber-Rebenich 2013, 264). Sie ist im Mindesten für alle literaten, in einem weiteren Sinne aber für viele (vermutlich gar: alle) Kulturen von zentraler Bedeutung. ‚Kultur' – die lateinische Wurzel des Wortes verweist auf die ‚Pflege' – basiert auf der Weitergabe vorgefundener, als wertvoll empfundener Gehalte und deren Deutung und Fortschreibung im Lichte aktueller Erfahrungen.

In religionsgeschichtlicher Hinsicht beschreibt Kanonbildung das Entstehen eines Korpus aus ‚heiligen' Texten (vgl. Assmann und Assmann 1987), wie es für alle Offenbarungs- oder Schriftreligionen zentral ist. Das Tradieren dieser Texte geschieht mit dem Ziel, aus ihnen kollektiv verbindliche Vorstellungswelten und Verhaltensnormen zu gewinnen. Literarische Kanonbildung gilt dabei als Epiphänomen religiöser Kanones: Sie werden in einem Zeitraum relevant, innerhalb dessen religiöse Vorstellungsmuster an Plausibilität verlieren (vgl. Auerochs 2001). Auch die gegenwärtige Ethik basiert auf der Vorstellung kollektiver Werte-Kanones, die steuern, welche Verhaltensweisen innerhalb einer Gesellschaft als erwünscht bzw. unerwünscht gelten. Schon in der Antike verbindet der Begriff Kanon Ethik, Ästhetik und Erkenntnistheorie (vgl. Ehrlich et al. 2007, 9). Der Begriff Kanon im philologischen Sinne findet sich erstmals in einer Schrift des Leidener Philologen David Ruhnken aus dem Jahr 1768 (vgl. Huber-Rebenich 2013, 264–265).

Doch die Vorstellung, dass es Texte gibt, die von besonderer Bedeutung und besonderem Wert sind, ist von der Antike an durch das Mittelalter hindurch bis in die Neuzeit präsent (zu den ‚Kanongeschichten' europäischer Kulturen vgl. Rippl und Winko 2013, 264–363). Die im Einzelnen überlieferten Kanones wandeln sich dabei erheblich, wobei insbesondere die Renaissance erhebliche Dynamiken freisetzt; die grundlegende Stabilisierungs- und Erinnerungsfunktion von Kanones bleibt jedoch erhalten.

Eine grundlegende Veränderung in der Funktion kultureller Traditionen für die eigene Zeit vollzieht sich im 18. Jahrhundert: Im Zuge von Genie- und Autonomieästhetik wird die Kunstproduktion weniger an kollektiv verbindliche Normen als vielmehr an individuelle Vorstellungen, Überzeugungen und Wahrnehmungen gebunden. Dies bedingt auch die Individualisierung von Vorbildern und Mustern, wenngleich sich auch hier überindividuelle Maßstäbe aufzeigen lassen. Shakespeare etwa entwickelt sich zu einem kanonischen Autor des Sturm und Drang. Kanon-kritisch verhalten sich in dieser Folge auch die Avantgarden des ausgehenden 19. und des gesamten 20. Jahrhunderts, die ihre eigene Innovativität insbesondere durch das Infragestellen und Aufbrechen kanonischer Vorstellungen dessen markieren, was bisher als besonders bewahrenswert galt.

Die literaturwissenschaftliche Forschungsdebatte um literarische Kanones, ihre Funktion, ‚Macht' und Bedeutung hat ihre Wurzeln in den Bildungs- und Reformdiskursen der ausgehenden 1960er Jahre. Die Vorstellung von Kanon als einem historischen, dynamischen und pluralen Phänomen ist das Ergebnis theorie- wie wissenschaftsgeschichtlicher Entwicklungen seit dieser Zeit. Pluralisiert und dynamisiert werden dabei nicht allein Vorstellungen von Kanon und seinen ästhetischen Normen, sondern auch Konzepte wie ‚Sinn' und ‚Bedeutung'. Auch die Interpretations- und Analysekategorie namens ‚Gesellschaft' veränderte sich und besaß unterschiedliche Funktionen: zunächst als aktiv zu gestaltende, später als sozial-, dann als kulturhistorisch zu beschreibende Größe.

Ursprung der gegenwärtigen Kanon-Debatten war die ideologiekritische Auseinandersetzung mit ‚dem' einen, als übermächtig und unverrückbar wahrgenommenen Kanon, den es abzuschaffen oder zumindest fundamental zu verändern galt, um einen gleichberechtigten und individuellen Zugang zur Literatur zu ermöglichen. Dies stand – insbesondere in Großbritannien und den USA – in engem Zusammenhang mit der Frauen- und Bürgerrechtsbewegung, die das Ziel einer diskriminierungsfreien sozialen und kulturellen Teilhabe aller Bürgerinnen und Bürger verfolgte. Dazu wurde auch der bisherige westliche Kanon infrage gestellt, der lediglich die Werke der einschlägigen *dead white males* repräsentiere und durch Werke zu ergänzen oder abzulösen sei, die feministische und postkoloniale Perspektiven eröffneten (vgl. Rippl und Straub 2013, 110). Im Zuge der Studentenbewegung, der ‚kritischen Literaturwissenschaft' sowie der Bildungs- und Reformdebatten der 1970er Jahre war ‚der' Kanon auch in der Bundesrepublik die zentrale Größe, die es aktiv zu verändern oder gar abzuschaffen galt, um einen macht- und herrschaftsfreien Diskurs (nicht allein über Literatur) zu stiften (vgl. dazu etwa Grimm und Hermand 1971 sowie Hermand 2005).

Kanondynamik ist hier als eigene, aktive Arbeit am Kanon konzeptualisiert, die einen zentralen Antrieb für die Umbrüche innerhalb der Literaturwissenschaften darstellte. Im Zusammenhang mit einem als überkommen wahrgenommenen Methodenkanon – etwa der werkimmanenten Interpretation oder einer Konzentration auf die Autorpersönlichkeit als eigentlichem Gegenstand – sollten

Texte untersucht werden, die emanzipatorisches Potenzial besitzen und die gesellschaftliche Entwicklung dynamisieren können. So verschob sich etwa das Interesse von der Klassik und Romantik auf den ‚Vormärz', der in sozialhistorisch ausgerichteten Literaturgeschichten deutlich breiteren Raum einnahm (vgl. Vietta 2000, 22–26), wobei die marxistische Gesellschafts- und Geschichtstheorie eine zentrale Rolle spielte. Alle drei Epochen wurden „am politischen Maßstab gemessen, nämlich als Formen der Reaktion auf die Französische Revolution" (Vietta 2000, 27). Auswertungen etwa der Lehrveranstaltungsverzeichnisse dieser Zeit lassen jedoch erkennen, dass die zentralen kanonischen Werke und Autoren weiterhin vertreten waren, sich aber deren Deutung veränderte (vgl. Vietta 2000, 51).

Von großer Bedeutung für die Entwicklung eines dynamischen Verständnisses von Kanon ist die Rezeptionsästhetik Hans Robert Jauß'. Sie begreift sich als Versuch, die Dichotomie zwischen konventionell-ästhetischer und sozialwissenschaftlich-marxistischer Literaturwissenschaft zu überbrücken, indem sie die (wechselnden) Effekte eines ästhetischen Werkes innerhalb von historischen Gesellschaftskonstellationen untersuchte. Eine Rezeptionsanalyse in diesem Sinne offenbart die ‚Bedeutung' eines Textes als historisch variierend und stellt die historischen Bedeutungsvarianten eines Textes einer eigenen (ebenfalls als historisch begriffenen) Deutung gegenüber. Diese Dynamisierung von ‚Bedeutung' hat ihre Quelle im russischen Formalismus, der lineare Vorstellungen von literarischer Tradition durch das Konzept eines Evolutionsprozesses ersetzt (vgl. Jauß 1970, 168), der auch die Erfahrungen gegenwärtiger Leser integriert.

Den weiteren Kontext für die Vorstellung von Kanon als dynamischem Phänomen stellen der Konstruktivismus und die Dekonstruktion dar, die Kanon in seiner diskursbeherrschenden Funktion infrage stellen. Gleich jeder Wirklichkeit gilt hier auch der literarische Kanon als ein diskursives Konstrukt und als Herrschaftsinstrument dessen, der ihn postuliert. Er ist lediglich als Zeuge von Diskursinteressen greifbar, nicht aber in seiner Substanz oder Struktur. Dynamisch ist er jedoch *per se*, da er sich von Verwendung zu Verwendung und in Abhängigkeit von seiner jeweiligen Funktion neu konstituiert.

Das Verfahren der Dekonstruktion begreift sich dabei einerseits als fundamentaler Angriff auf ‚den' Kanon, dem ein universell-flexibles Verstehen ohne jede Festschreibung entgegengesetzt wird, andererseits als eine Methode, um die dem Kanon eingeschriebenen Diskurs- und Machtstrukturen transparent zu machen (vgl. Becker 2011). Ziel der Dekonstruktion eines Kanons ist damit die Einsicht in seine diskursive Relativität, seine Herrschaftsfunktion und seine historische Dynamik. Zu beobachten ist dabei, dass sich auch die Dekonstruktion nicht vom Prinzip des Kanons lossagen kann – im Mindesten in dem Moment, in dem sie selbst Eingang in den Kanon beansprucht und erhält (vgl. Kleinschmidt 2007). In diesem Sinne kann auch die postmoderne Kanon-Kritik als ein Beleg für die These gelten, dass Kanon per se eine Bedingung kultureller Kommunikation darstellt (s. u.).

Eine weitere Wegmarke für Vorstellungen eines dynamischen Kanons ist die Theorie des „kulturellen Gedächtnisses", die zugleich die funktionale Perspektive auf Kanon (s. o.) eröffnet. Kanon gilt hier als die zentrale Erinnerungs- und Stabilisierungsfunktion einer Gesellschaft. Zunächst wird dabei von stabilen, religiösen Kanones ausgegangen: Diese sichern die für eine Gesellschaft ‚heiligen' Texte „in der Kopräsenz ewiger Gegenwart" gegen den „allseits herrschenden Trend des Vergessens oder Verstaubens" (Assmann und Assmann 1987, 8). Literarische Kanones – im Unterschied zu den „geschlossenen" religiösen Kanones als „offen" bezeichnet (Auerochs 2001, 72) – sind dagegen „grundsätzlich wandelbar" und verändern sich entsprechend ihrer eigenen Anschlussfähigkeit (Assmann 1992, 121). Basis für den kontinuierlichen Wandel von Kanon ist eine Text-Reserve innerhalb des kulturellen Gedächtnisses, die auch nicht-kanonisierte Texte tradiert und für spätere Kanonisierungsprozesse bereithält. Aleida Assmann prägt dafür den Begriff des Archivs, das als unstrukturiertes Arsenal bloß überlieferter Texte dem Kanon als geordnetem Speicher ‚wertvoller' Texte gegenübersteht (vgl. Assmann 2001, 16). Prozesse der De- und Rekanonisierung gelten damit als Austauschprozesse zwischen Kanon und Archiv.

4 Aktueller Sachstand

Im Zuge der oben geschilderten Entwicklungen ist Kanon in der gegenwärtigen Literaturwissenschaft nicht mehr Gegenstand normativer Debatten, sondern zu einem historischen Forschungsobjekt geworden, dessen Zusammensetzungen, Reichweiten und Dynamiken im Kontext wissens- und bildungsgeschichtlicher Analysen untersucht werden. Kanones und die sie konstituierenden Wertungshandlungen gelten als kulturgeschichtliche Quellen, anhand derer Aussagen über die kulturellen Muster und Vorstellungswelten zum Zeitpunkt ihres Zustandekommens getroffen werden können – über dominante Normen, Werte und Wertungsstrategien, über Literaturbegriffe, über Funktionen, die mit der Literatur und dem Umgang ihr verbunden werden, und darüber, welche Werke herangezogen worden sind, um diese Bedürfnisse zu befriedigen. Kanonbildung hat sich damit vom einem ‚Problem' der Literaturgeschichte zu ihrem Gegenstandsbereich gewandelt (vgl. Heydebrand 2003).

Literarische Kanones gelten dabei als grundlegend dynamische und plurale Phänomene: Sie wandeln sich historisch entsprechend der gesellschaftlichen Sinn- und Identitätsbedürfnisse, deren Ausdruck sie sind. Ein relativ stabiler

Kernbereich aus Texten, die über einen langen Zeitraum von vielen Menschen für wertvoll gehalten werden, lässt sich dabei von einem flexiblen Randbereich unterscheiden, der Texte umfasst, die relativ kurzfristig von einer Gruppe von Leserinnen und Lesern für wertvoll gehalten werden (vgl. Heydebrand 1993, 5). Zudem besitzen verschiedene gesellschaftliche Gruppen innerhalb eines identischen Zeitraums je unterschiedliche Kanones, mit denen je unterschiedliche Werte und Normen abgesichert werden und die je unterschiedliche Funktionen besitzen – dies zuweilen für die identische Gruppe oder Person: So existieren etwa Unterhaltungskanones parallel zu Bildungskanones, die wiederum zu differenzieren sind nach schulischen und akademischen Textkorpora mit je unterschiedlichen Zielgruppen und Verbindlichkeitsgraden. Auch Literaturwissenschaftlerinnen und Literaturwissenschaftler wissen einen Kanon aus privatim konsumierten Unterhaltungsromanen abzugrenzen von einem Kanon ihrer Forschungsgegenstände. Der Begriff Kanon sollte daher „nie ohne qualifizierende Attribute und auch nicht ohne Angabe seines Geltungsbereichs" (Heydebrand 1998, 612) gebraucht werden.

Weitestgehend aufgegeben wurde daher der Versuch, den Begriff Kanon für jene Texte zu reservieren, die für eine Gesellschaft als Ganze gleichermaßen und überzeitlich relevant sind. Kanon ist am ehesten greifbar in den kontinuierlichen Debatten darüber, welche Texte ‚Wert' für die je eigene Gemeinschaft besitzen und welche nicht. Er ist ein Effekt kontinuierlicher Aus- und Einschlüsse – der Dekanonisierung von Werken, deren Repräsentativität für die in Anspruch genommene Gruppe infrage gestellt wird, der Re-Kanonisierung von Texten, die zwar überliefert, aber aktuell nicht mehr als wertvoll gelten, und der Neu-Kanonisierung von Texten, die jüngst entstanden sind.

Für eine Analyse von Kanones in diesem Sinne hat die Literaturwissenschaft ein umfangreiches Begriffsrepertoire entwickelt (vgl. Heydebrand 1998; Korte 2002). Grundlegend dafür ist Renate von Heydebrands Differenzierung zwischen einem ‚materialen Kanon' und einem ‚Deutungskanon': Der materiale Kanon ist eine „geschlossene oder offene Liste von Autoren und Werken", denen Wert unterstellt wird. Der ‚Deutungskanon' umfasst die für dieses Korpus konstitutiven Wertungsmaßstäbe – er stellt jenes „Programm" dar, das der Kanon vertritt (Heydebrand 1998, 616). Ein „Negativkanon" stützt die im Kanon repräsentierten Texte und Werte durch negativ konnotierte Gegenbeispiele. Ein „Gegenkanon" wird von gesellschaftlichen Gruppen als Alternative zu einem herrschenden Kanon etabliert.

Mit der Einsicht in die Historizität, Pluralität und Dynamik von Kanonisierungsprozessen hat sich die grundlegende Skepsis gegenüber Kanones als Ausdrucksformen sozialer Machtinteressen relativiert. Kanonisierungsprozesse werden heute überwiegend als zwangsläufige Begleiterscheinungen der Rezeption von Literatur betrachtet. Soziale Kommunikation über Literatur kann sich nur auf eine Auswahl literarischer Texte beziehen, die innerhalb der Kommunikationsgemeinschaft als bekannt vorausgesetzt werden und denen ein größerer ‚Wert', eine größere ‚Bedeutung' oder ‚Qualität' zugemessen wird als anderen. In diesem weiten Verständnis gilt Kanon heute als „etwas höchst Notweniges, zumindest, vorsichtiger formuliert, funktional Sinnvolles", seine „Permanenz und Omnipräsenz" als legitim (Kaiser 2010, 161).

Je länger eine Debatte über eine bestimmte Menge literarischer Texte anhält, desto stabiler und häufig auch kleiner wird ihre Auswahl. Auch die literarische Kommunikation unterliegt damit Prozessen der Normalisierung (vgl. Link ^{5}2013): Sie handelt kontinuierlich aus, welche Auswahl literarischer Texte als mehrheits- oder konsensfähig gilt, und welche Normen für die entsprechenden Wertungsprozesse herangezogen werden.

5 Forschungsdesiderate

Die gegenwärtige Kanon-Forschung ist überwiegend systematisch ausgerichtet – sie fragt in theoretischer Perspektive nach der Bedeutung sozialer Akteure für das Zustandekommen literarischer Kanones und nach der Rolle, die diese im weiteren Prozess literarischer Kommunikation einnehmen können. Die historische Varianz von Kanones wird dabei zwar umfassend reflektiert und in Detailstudien auch nachgewiesen. Doch kulturgeschichtliche Studien, die auf breiter Material- und Quellenbasis anhand von Kanonisierungsgeschichten einzelner literarischer Texte oder anhand von Kanones einzelner sozialer Gruppen Varianz und Stabilität, Dynamik und Verbindlichkeit, Einflussmacht und Konstruktcharakter literarischer Kanones beschreiben, stehen hinter reflexiven Forschungsansätzen zurück. Dass sich literarische Kanonbildung innerhalb dieser Spannungsfelder bewegt, ist dabei kaum mehr fraglich. Doch wie sich diese in jenen zahllosen Einzelfällen, aus denen Kanonisierungsprozesse bestehen, genau ausgestalten, ist in vielen Fällen eine offene Frage. Empirische Kanon-Studien können dabei auch Effekte, Funktionen und Bedingungen von Kanonisierungsprozessen aufzeigen, die in der theoretischen Kanonforschung vernachlässigt oder gar unberücksichtigt geblieben sind. Eine Hilfe bei der Bewältigung großer rezeptions- und kanonisierungsgeschichtlicher Quellenbestände könnte deren digitale Erfassung und Auswertung darstellen.

Weiterführende Literatur

Arnold, Heinz Ludwig (Hg.) (2002). *Literarische Kanonbildung*. München.
Ehrlich, Lothar, Judith Schildt und Benjamin Specht (Hg.) (2007). *Die Bildung des Kanons. Textuelle Faktoren – Kulturelle Funktionen – Ethische Praxis*. Köln et al.
Heydebrand, Renate von (Hg.) (1998). *Kanon – Macht – Kultur. Theoretische, historische und soziale Aspekte ästhetischer Kanonbildungen*. Stuttgart und Weimar.
Kaiser, Gerhard R. und Stefan Matuschek (2001). *Begründungen und Funktionen des Kanons. Beiträge aus der Literatur- und Kunstwissenschaft, Philosophie und Theologie.* Heidelberg.
Moog-Grünewald, Maria (Hg.) (1997). *Kanon und Theorie*. Heidelberg.
Rippl, Gabriele und Simone Winko (Hg.) (2013). *Handbuch Kanon und Wertung. Theorien, Instanzen, Geschichte*. Stuttgart und Weimar.

Zitierte Literatur

Anz, Thomas (2013). „Literaturkritik und Rezensionskultur in Deutschland". *Handbuch Kanon und Wertung. Theorien, Instanzen, Geschichte*. Hrsg. von Gabriele Rippl und Simone Winko. Stuttgart und Weimar: 146–153.
Assmann, Aleida (2001). „Speichern oder Erinnern? Das kulturelle Gedächtnis zwischen Archiv und Kanon". *Speicher des Gedächtnisses. Bibliotheken, Museen, Archive, Teil 2: Die Erfindung des Ursprungs, die Systematisierung der Zeit*. Hrsg. von Moritz Csàky und Peter Stachel. Wien: 15–30.
Assmann, Aleida und Jan Assmann (1987). *Kanon und Zensur*. München.
Assmann, Jan (1992). *Das kulturelle Gedächtnis. Schrift, Erinnerung und politische Identität in frühen Hochkulturen*. München.
Auerochs, Bernd (2001). „Die Unsterblichkeit der Dichtung. Ein Problem der ‚heiligen Poesie' des 18. Jahrhunderts". *Begründungen und Funktionen des Kanons. Beiträge aus der Literatur- und Kunstwissenschaft, Philosophie und Theologie*. Hrsg. von Gerhard R. Kaiser und Stefan Matuschek. Heidelberg: 69–87.
Becker, Eve-Marie (2011). „Antike Textsammlungen in Konstruktion und Dekonstruktion. Eine Darstellung aus neutestamentlicher Sicht". *Kanon in Konstruktion und Dekonstruktion. Kanonisierungsprozesse religiöser Texte von der Antike bis zur Gegenwart. Ein Handbuch*. Hrsg. von Eve-Marie Becker und Stefan Scholz. Berlin: 1–32.
Beilein, Matthias (2013). „Verlagswesen und Buchhandel im deutschsprachigen Bereich". *Handbuch Kanon und Wertung. Theorien, Instanzen, Geschichte*. Hrsg. von Gabriele Rippl und Simone Winko. Stuttgart und Weimar: 120–128.
Breuer, Constanze (2013). „Literarische Museen und Gedenkstätten im deutschsprachigen Bereich". *Handbuch Kanon und Wertung. Theorien, Instanzen, Geschichte*. Hrsg. von Gabriele Rippl und Simone Winko. Stuttgart und Weimar: 209–211.
Ehrlich, Lothar, Judith Schildt und Benjamin Specht (2007). „Einleitung". *Die Bildung des Kanons. Textuelle Faktoren – Kulturelle Funktionen – Ethische Praxis*. Hrsg. von Lothar Ehrlich, Judith Schildt und Benjamin Specht. Köln et al.: 7–19.
Grimm, Reinhold und Jost Hermand (1971). *Die Klassik-Legende*. Frankfurt a. M.

Hermand, Jost (2005). „Die Kontroverse um die ‚Klassik-Legende'. Eine Episode aus der Zeit um 1970". *Pro und contra Goethe. Dichterische und germanistische Stellungnahmen zu seinen Werken.* Hrsg. von Jost Hermand. Oxford et al.: 177–190.

Herrmann, Leonhard (2007). „Kanon als System. Kanondebatte und Kanonmodelle in der Literaturwissenschaft". *Die Bildung des Kanons. Textuelle Faktoren – Kulturelle Funktionen – Ethische Praxis.* Hrsg. von Lothar Ehrlich, Judith Schildt und Benjamin Specht. Köln et al.: 21–42.

Herrmann, Leonhard (2010). *Klassiker jenseits der Klassik. Wilhelm Heinses Ardinghello – Individualitätskonzeption und Rezeptionsgeschichte.* Berlin und New York, NY.

Herrmann, Leonhard (2014). „Kanon und Gegenwart. Theorie und Praxis des literarischen Kanons im Zeichen von Historizität, Pluralität und Dynamik". *Kanon und Literaturgeschichte. Facetten einer Diskussion.* Hrsg. von Ina Karg und Barbara Jessen. Frankfurt a. M.: 15–34.

Herrmann, Leonhard und Silke Horstkotte (2016). *Gegenwartsliteratur. Eine Einführung.* Stuttgart und Weimar.

Heydebrand, Renate von (1993). „Probleme des ‚Kanons' – Probleme der Kultur- und Bildungspolitik". *Methodenkonkurrenz in der germanistischen Praxis. Vorträge des Augsburger Germanistentages 1991. Bd. IV.* Hrsg. von Johannes Janota. Tübingen: 3–22.

Heydebrand, Renate von (1998). „Kanon – Macht – Kultur. Versuch einer Zusammenfassung". *Kanon – Macht – Kultur. Theoretische, historische und soziale Aspekte ästhetischer Kanonbildungen.* Hrsg. von Renate von Heydebrand. Stuttgart und Weimar: 612–625.

Heydebrand, Renate von (2003). „Kanon und Kanonisierung als ‚Probleme' der Literaturgeschichtsschreibung – warum eigentlich?" *Kanon und Kanonisierung als Probleme der Literaturgeschichtsschreibung.* Hrsg. von Peter Wiesinger. Bern: 15–20.

Hölter, Achim (1997). „Kanon als Text". *Kanon und Theorie.* Hrsg. von Maria Moog-Grünewald. Heidelberg: 21–40.

Huber-Rebenich, Gerlinde (2013). „Antike Literaturen". *Handbuch Kanon und Wertung. Theorien, Instanzen, Geschichte.* Hrsg. von Gabriele Rippl und Simone Winko. Stuttgart und Weimar: 264–271.

Jannidis, Fotis (2013). „Literaturgeschichten". *Handbuch Kanon und Wertung. Theorien, Instanzen, Geschichte.* Hrsg. von Gabriele Rippl und Simone Winko. Stuttgart und Weimar: 159–167.

Jauß, Hans Robert (1970). *Literaturgeschichte als Provokation.* Frankfurt a. M.

Kaiser, Gerhard R. (2010). „Anthologie, Kanon, Literaturbegriff. Überlegungen zu ihrem Zusammenhang – auch in pragmatischer Hinsicht". *Der Begriff der Literatur. Transdisziplinäre Perspektiven.* Hrsg. von Jan Urbich und Alexander Löck. Berlin und New York, NY: 151–169.

Kaiser, Gerhard R. (2013). „Das Beispiel Nationalsozialismus". *Handbuch Kanon und Wertung. Theorien, Instanzen, Geschichte.* Hrsg. von Gabriele Rippl und Simone Winko. Stuttgart und Weimar: 85–89.

Kleinschmidt, Christoph (2007). „Der Kanon der Dekonstruktion. Die Auslese Derridas". *Die Bildung des Kanons. Textuelle Faktoren – Kulturelle Funktionen – Ethische Praxis.* Hrsg. von Lothar Ehrlich, Judith Schildt und Benjamin Specht. Köln et al.: 43–60.

Korte, Hermann (2002). „K wie Kanon und Kultur. Kleines Kanonglossar in 25 Stichwörtern". *Literarische Kanonbildung.* Hrsg. von Heinz Ludwig Arnold. München: 25–38.

Küpper, Joachim (1997). „Kanon als Historiographie – Überlegungen im Anschluß an Nietzsches Unzeitgemäße Betrachtungen, Zweites Stück." *Kanon und Theorie.* Hrsg. von Maria Moog-Grünewald. Heidelberg: 41–64.

Link, Jürgen (⁵2013). *Versuch über den Normalismus. Wie Normalität produziert wird.* Göttingen.
Rippl, Gabriele und Julia Straub (2013). „Zentrum und Peripherie: Kanon und Macht (Gender, Race, Postcolonialism)". *Handbuch Kanon und Wertung. Theorien, Instanzen, Geschichte.* Hrsg. von Gabriele Rippl und Simone Winko. Stuttgart und Weimar: 110–120.
Rippl, Gabriele und Simone Winko (2013). *Handbuch Kanon und Wertung. Theorien, Instanzen, Geschichte.* Stuttgart und Weimar.
Rockenberger, Antika und Per Röcken (2013). „Editionen". *Handbuch Kanon und Wertung. Theorien, Instanzen, Geschichte.* Hrsg. von Gabriele Rippl und Simone Winko. Stuttgart und Weimar: 167–169.
Ross, Werner (1960). „Kafkas kleiner Bruder. Robert Walser zwischen Romantik und Moderne." *Die Zeit* vom 11. November 1960. http://www.zeit.de/1960/46/kafkas-kleiner-bruder (2. August 2016).
Schneider, Jost (2013). „Leser, Hörer, Zuschauer". *Handbuch Kanon und Wertung. Theorien, Instanzen, Geschichte.* Hrsg. von Gabriele Rippl und Simone Winko. Stuttgart und Weimar: 259–263.
Stanitzek, Georg (2000). „Zwei Kanonbegriffe (zwei Rekurse auf Benjamin)". *Nach der Sozialgeschichte. Konzepte für eine Literaturwissenschaft zwischen Historischer Anthropologie, Kulturgeschichte und Medientheorie.* Hrsg. von Martin Huber und Gerhard Lauer. Berlin und New York, NY: 203–207.
Starre, Alexander (2013). „Kontextbezogene Modelle: Bildung, Ökonomie, Nation und Identität als Kanonisierungsfaktoren". *Handbuch Kanon und Wertung. Theorien, Instanzen, Geschichte.* Hrsg. von Gabriele Rippl und Simone Winko. Stuttgart und Weimar: 58–66.
Stuck, Elisabeth (2013a). „Universitäre Curricula". *Handbuch Kanon und Wertung. Theorien, Instanzen, Geschichte.* Hrsg. von Gabriele Rippl und Simone Winko. Stuttgart und Weimar: 169–172.
Stuck, Elisabeth (2013b). „Schule im deutschsprachigen Bereich". *Handbuch Kanon und Wertung. Theorien, Instanzen, Geschichte.* Hrsg. von Gabriele Rippl und Simone Winko. Stuttgart und Weimar: 188–193.
Vietta, Silvio (2000). „Kanon- und Theorieverwerfungen in der Germanistik der siebziger Jahre". *Germanistik der siebziger Jahre. Zwischen Innovation und Ideologie.* Hrsg. von Silvio Vietta und Dirk Kemper. München: 9–57.
Winko, Simone (2002). „Literatur-Kanon als invisible hand-Phänomen". *Literarische Kanonbildung.* Hrsg. von Heinz Ludwig Arnold. München: 9–24.
Worthmann, Friederike (1998). „Literarische Kanones als Lektüremacht. Systematische Überlegungen zum Verhältnis von Kanon(isierung) und Wert(ung)". *Kanon – Macht – Kultur. Theoretische, historische und soziale Aspekte ästhetischer Kanonbildungen.* Hrsg. von Renate von Heydebrand. Stuttgart: 9–29.

Uta Reuster-Jahn
III.2.7 Orale Kultur: Der Respondent („Antworter") in der afrikanischen Oratur

1 Definition

Mündliche Volkserzählungen als Teil der oralen Wortkunst in Afrika werden in Performanzen realisiert, die durch eine mehr oder weniger ausgeprägte Interaktion zwischen dem Erzähler bzw. der Erzählerin und den Zuhörern charakterisiert sind. Dabei wird das Publikum durch verschiedene kommunikative Mittel in das Erzählen einbezogen. Dazu gehören als Anruf und Erwiderung strukturierte Anfangs- und Schlussformeln sowie das gemeinsame Singen von Liedern, die Bestandteil sehr vieler Erzählungen sind. Darüber hinaus gehört zur Rolle des Publikums sehr häufig die Ermunterung der Erzähler zum Weitersprechen durch bestimmte verbale oder nonverbale Signale, die von Sprechpausen in der Erzählerrede stimuliert werden. Eine weitergehende, ungebundene Interaktion mit den Erzählern besteht in Zwischenrufen und Fragen, sowie in Äußerungen, die das Verhalten der Geschichtenfiguren moralisch bewerten. Durch die aktive Teilnahme kann das Publikum Einfluss auf die Entwicklung von Erzählungen ausüben und sie in gewissem Umfang mitgestalten. Die Interaktion charakterisiert in solchen Fällen den Modus sowohl der literarischen Produktion als auch der Rezeption. In vielen Erzählkulturen haben sich formale Muster der Publikumsbeteiligung entwickelt, vom Sprechen im Chor bis hin zur informellen Institution eines Respondenten oder „Antworters". Diese Rolle kann als ein Exponent des Publikums interpretiert werden. Respondenten begleiten die Erzählung durch verbale und nonverbale Äußerungen, Gesten, Mimik, Gesang und manchmal auch Tanz und können sogar punktuell die Rolle des Erzählers übernehmen. Durch ihre Beeinflussung von Produktion sowie Rezeption erfüllt diese informelle Institution in besonderer Weise die Funktion einer Vermittlerinstanz zwischen Erzähler und Publikum.

Die Erfahrung mündlicher Erzählkultur, die neben der Interaktion auch Formen der Dramatisierung von Geschichten sowie Mnemotechniken umfasst, wird heute weitgehend als eine Grundlage oder Wurzel moderner Schriftliteratur in Afrika betrachtet (vgl. Finnegan 2007, 1–2). Während sich Elemente der oralen Kultur im Stil afrikanischer literarischer Texte relativ einfach nachweisen lassen, verhält es sich hinsichtlich der Produktionsmodi schwieriger, da sie in der Regel undokumentiert bleiben. Für das in Tansania höchst populäre Format des Fortsetzungsromans in der Nationalsprache Swahili konnte gezeigt werden, dass die Interaktion zwischen Erzähler und Rezipienten an die neuen Medien angepasst und transformiert wird. Insbesondere bei der Publikation von Fortsetzungsromanen im Internet, wo die Kommentare der Leserinnen und Leser und ihre Interaktion untereinander und mit den Autoren für die Analyse zugänglich sind, lässt sich eine Verbindung zu Publikumsäußerungen beim oralen Erzählen zeigen, besonders zur Rolle des Respondenten. Damit stellen sich allgemeinere Fragen hinsichtlich von Produktions- und Rezeptionsmodi von fiktionaler erzählender Literatur in Afrika. Keinesfalls sollten daher bestehende Theorien unreflektiert zwischen den Kulturen übertragen werden.

2 Hauptaspekte des Themas

Publikumsbeteiligung beim oralen Geschichtenerzählen in Afrika

Dem Publikum kommt beim Erzählen von Volkserzählungen in Afrika eine essentielle Rolle zu, da es oftmals „directly involved in the actualization and creation of a piece of oral literature" ist, wie Ruth Finnegan bereits in ihrem Grundlagenwerk *Oral Literature in Africa* (Finnegan 1970, 10) bemerkt. Ein Geschichtenerzähler kann sich das Publikum für eine gelungene Performanz zunutze machen, wird aber auch selbst durch es beeinflusst. So entsteht eine Erzähl-Performanz nicht allein aus einem vorgefassten Plan des Erzählers heraus, sondern sie wird während des Ereignisses in der Interaktion der Teilnehmer entwickelt.

Die Interaktion zwischen einem Erzähler oder einer Erzählerin und dem Publikum wird üblicherweise mit einer Eröffnungsformel etabliert, die aus Anrede und Erwiderung besteht. Gleichzeitig handelt es sich bei der Anfangsformel um den Antrag des Erzählers auf das Rederecht, das ihm durch die formelhafte Erwiderung des Publikums erteilt wird. Durch die Schlussformel gibt der Erzähler das Rederecht wieder ab. Meist wechseln die Erzähler in einer Erzählrunde, so dass prinzipiell jeder Teilnehmer an einer Performanz in beiden Rollen agieren kann.

Die Interaktion zwischen Erzähler und Publikum wurde in einigen Fallstudien genauer untersucht. Bei den Xhosa in Südafrika unterstützt das Publikum den Erzähler bzw. die Erzählerin aktiv durch verbale und nonverbale Beiträge, Gesten und Körperbewegungen: „They move their bodies in harmony with the performer's, they clap, sing, express their approval, and are in physical and emotional accord with the artist and his creation" (Scheub 1971, 30). Aufgrund ihrer Kenntnis der Erzählstoffe füllen die Mitglieder des Publikums im Stillen für sich auch die Lücken, die einem Erzähler in der Darstellung eines Plots unterlaufen können (vgl. Scheub 1971, 29).

Doch die Rolle des Publikums besteht nicht nur in einer wohlwollenden Unterstützung des Erzählers und in bereitwilliger Kooperation, sondern auch in der Ausübung von Kritik. In Erzählperformanzen der Chokwe in der heutigen Demokratischen Republik Kongo tragen die Zuhörer zur Qualität der Performanz bei, indem sie den Erzähler durch ihre Beiträge nicht nur unterstützen, sondern auch kritisieren (vgl. Fretz 1987, xiii–xiv). Ihre Äußerungen lassen Rückschlüsse auf die Kriterien zu, nach denen die Zuhörer gutes und schlechtes Erzählen unterscheiden (vgl. Fretz 1987, 11–13). Dass das Publikum während der Performanz diese bewertet, setzt den Erzähler dem Risiko aus, die Kontrolle über das Erzählen zu verlieren (vgl. Yankah 1985, 135). Er ist den Reaktionen seines Publikums unmittelbar ausgesetzt, denn die Performanz und ihre Evaluierung durch das Publikum laufen gleichzeitig ab. Dadurch entsteht eine besondere Herausforderung für den Erzähler, denn bei seinem Versagen riskiert er eine Blamage. Andererseits besteht für ihn die Chance, durch eine gute Leistung die Kontrolle über das Publikum zu erlangen und sein Ansehen auch über die Erzählung hinaus zu erhöhen. Fehler oder Unzulänglichkeiten beim Erzählen betreffen nach Kwesi Yankah die expressiven Mittel, den Inhalt und die Erzählsituation. Die evaluativen Signale des Publikums sind teilweise genregebunden, teilweise werden sie genreübergreifend gebraucht. Letztere können abfällige Bemerkungen und Gesten, Buh-Rufe sein sowie expliziter Tadel oder Schweigen an Stellen, wo zustimmende Bemerkungen erwartet werden. Genrespezifisch ist bspw. das Bezahlen einer symbolischen Strafe bei Rätseln, wenn der Gefragte die Antwort nicht kennt. Yankah macht auf ein Paradox aufmerksam, das darin besteht, dass Stellen, an denen das Publikum Unmut und Unzufriedenheit mit dem „performer" äußert, durch ihre besondere Spannung vom Publikum geschätzt werden: „It is as if the audience says to the faulting performer, ‚we disapprove of your conduct of performance, yet we derive pleasure from the dramatic tension it builds.'" (Yankah 1985, 137)

Dies bedeutet, dass das Ideal, an dem der „performer" gemessen wird, gar nicht unbedingt erreicht werden muss, um das Publikum zu befriedigen. Eine Performanz mit kleinen Fehlern vergrößert das Vergnügen des Publikums. Hingegen wird die deutliche Inkompetenz eines „performers" nicht geschätzt. Einem solchen kann das Publikum das Rederecht entziehen (vgl. Yankah 1985, 144; Fretz 1987). Vermutlich stellt das Erzählen unter Kindern ein wichtiges Feld zum Erlernen und Einüben der entsprechenden Verhaltensweisen dar. Leider gibt es kaum Untersuchungen zum Erzählen bei Kindern in Afrika. Helen Nabasuta konnte zeigen, dass bei den Baganda Kinder sehr direkt auf subjektiv empfundene Fehler beim Erzählen eines Kindes aus ihrer Mitte reagieren. Sie weisen es bspw. auf Auslassungen, falsche Handlungsverläufe oder mangelnde Fähigkeit zur Imitation von Tierfiguren hin. Meist übernimmt dann ein anderes Kind, das von sich glaubt, es könne die betreffende Geschichte besser erzählen, die weitere Erzählung. In Nabasutas Studie reagierten die Kinder, deren Erzählweise kritisiert wurde oder auf keinen Beifall stieß, mit Weinen. Sie nahmen ihre Aufgabe also sehr ernst und empfanden ihren Misserfolg als persönliches Versagen (vgl. Nabasuta 1983, 47).

Auch professionelle Erzähler können mit ihrem Publikum interagieren. Die Performanz des *Ozidi-Epos* der Ijo in Nigeria bspw. ist Aufgabe eines Erzählspezialisten, der durch eine klare Demarkationslinie von seinem Publikum getrennt ist. In der Performanz des *Ozidi-Epos*, die sich über sieben Nächte erstreckt, befinden sich Publikum und Künstler nicht in einem harmonischen Gleichgewicht, weil durch das Herausgehobensein des Erzählers eine Atmosphäre der Konfrontation entsteht (vgl. Clark 1977). John Pepper Clark zeigt in seiner Analyse, dass diese Konfrontation für den Künstler einen Ansporn darstellt und auf das Publikum anregend wirkt. Isidore Okpewho, der ebenfalls Performanzen des *Ozidi-Epos* untersucht hat (1990), unterteilt die Publikumsäußerungen entsprechend ihrer Funktion in drei verschiedene Kategorien. Direktes Lob wird anerkennend durch Lachen und Trillern sowie den Zuruf von Preisnamen ausgedrückt. Die unterstützende Teilnahme des Publikums kann auch in der Übernahme von Rollen innerhalb des mythischen Dramas bestehen, wobei einzelne Teilnehmer für Momente in einen Dialog mit dem Erzähler treten. Solche Momente erhöhen die Spannung in der Performanz. Die dritte Funktion der Publikumsbeteiligung besteht in der Kontrolle der Geschwindigkeit und Breite des Erzählens. Mit einzelnen Zwischenrufen wird der Erzähler zu schnellerem Tempo ermahnt, bzw. dazu, eine bestimmte Episode zu erwähnen oder auszuschmücken. Ähnliche Publikumsäußerungen wurden bereits 1958 von Melville und Frances Herskovits für das Geschichtenerzählen in Dahomey beschrieben. Dort kann der Erzähler an bestimmten Stellen zur Temposteigerung aufgefordert werden, während an anderen durch inhaltliche Beiträge der Zuhörer mehr Breite erreicht wird, bspw. wenn sie die Beschreibung eines Vorgangs oder einer Figur ergänzen, wodurch die Erzählung neue Impulse erhalten kann (vgl. Herskovits und Herskovits 1958, 52). Für den europäischen Raum ist diese Funktion des Publikums für den Epenvortrag durch die Guslar im früheren Jugoslawien belegt (vgl. Lord 1968, 17).

Als Motiv hinter den Kommentaren, Beiträgen und Fragen der Zuhörer sieht Okpewho nicht zuletzt deren Wunsch, Aufmerksamkeit vom Künstler weg und auf sich zu lenken. Die Trennung des Vortragenden vom Publikum ermuntert zu einer, wenn auch meist höflich bleibenden, Konfrontation zwischen ihm und den Zuhörern. Zu welchem Austausch es auch immer tatsächlich kommen mag, er trägt in jedem Fall zur Anregung und Spannung bei (vgl. Okpewho 1990, 182–183).

Die genannten Beispiele machen deutlich, dass das Publikumsverhalten zwischen Kooperation und Kontrolle oszilliert. Einerseits unterstützt das Publikum den Erzähler, anderseits konfrontiert es ihn mit Ansprüchen und Erwartungen und bringt Kritik zum Ausdruck. Insgesamt arbeiten die Zuhörer zusammen mit dem Erzähler oder Vortragenden an der erfolgreichen Produktion eines Stückes ihrer gemeinsamen Oratur, denn sie teilen mit ihm die Verantwortung für das Gelingen. Darin besteht ihr vorrangiges Interesse, das zeitweilig durch Aspekte des Wettbewerbs mit dem Erzähler überlagert sein kann. Indem die Zuhörer ihre Beiträge leisten, werden sie persönlich in die erzählte Geschichte involviert, was seinen Ausdruck auch im Übernehmen von Rollen der Geschichtenfiguren findet. Das Publikum ist auch deshalb essentieller Bestandteil der literarischen Situation (vgl. Finnegan 1970, 10), weil die Inhalte der Erzählungen die Lebenserfahrung der Zuhörer ansprechen und sich ihre Botschaften direkt auf ihr Leben beziehen (vgl. Finnegan 2007; Barber 1997, 353–359).

Formen und Funktionen von Publikumsäußerungen

Die häufigsten Zuhöreräußerungen in der Performanz von Volkserzählungen in Afrika fallen in die Kategorie der verbalen und nonverbalen Rückmeldungs- oder Hörersignale. Diese wurden ursprünglich in der Konversationsanalyse hinsichtlich ihrer Funktion für die Steuerung des Sprecherwechsels und der Gesprächsorganisation untersucht (vgl. Duncan 1972, 1974). Als Kontinuationssignale zeigen sie dem jeweiligen Sprecher an, dass der Hörer ihm seine Aufmerksamkeit zuwendet und gerade nicht die Sprecherrolle beansprucht – der Sprecher also weitersprechen kann. In vielen afrikanischen Erzählkulturen werden Hörersignale auch beim Erzählen eingesetzt. Oftmals werden sie im Chor gesprochen, ein Modus, der u. a. für Malawi mehrfach belegt ist. Bereits zu Anfang des 20. Jahrhunderts fiel dies der Afrikanistin Alice Werner auf, die schreibt: „Another curious point is that, when a man is telling a story late at night [...] at every pause in his narrative the hearers exclaim in chorus, ‚We are all here!' As the tale goes on, the responses become fewer and fewer, and at last, when no one is left awake to answer, the recitation stops" (Werner 1906, 230).

Der malawische Wissenschaftler Steve Chimombo charakterisiert diese Form der Interaktion als einen „zweibahnigen Prozess" (Chimombo 1988, 88), der bereits durch die Einleitungsformeln etabliert wird. Der Erzähler spricht die Formel „padangotero" („es war einmal"), auf die die Zuhörer mit „tiri tonse" („wir sind zusammen") antworten. Damit bringen die Zuhörer zum Ausdruck, dass an der Performanz das Publikum genauso wie der Erzähler beteiligt sind (Chimombo 1988, 88). Der zweibahnige Modus wird in der formalisierten Wechselrede zwischen Erzähler und Publikum bis zum Ende durchgehalten: „It is no exaggeration to state that at almost every pause by the narrator the audience interjects *Tiri tonse* (Nyanja) or *go* (Yao ideophonic expression, an extension of which is *gogodela*)" (Chimombo 1988, 88).

Hier wird klar, dass eine wichtige Funktion der Höreräußerungen in der Aufrechterhaltung der Aufmerksamkeit besteht, da die Zuhörer den passenden Moment für ihre Äußerungen, nämlich die Redepausen des Erzählers, erkennen müssen. Bei Kubik et al. (1987) finden sich ausführliche Transkripte von Geschichten aus Malawi in der Sprache Nyanja, die sowohl Erzähler- als auch Zuhöreräußerungen wiedergeben und Chimombos Beschreibung eindrücklich illustrieren. Das Ende einer Erzählung wird normalerweise durch eine Schlussformel, manchmal jedoch auch durch ein Lied markiert. Beide Formen sind ebenfalls als „call and response" strukturiert (Chimombo 1988, 92–93).

Für die Shona in Simbabwe ist eine ähnliche Praxis dokumentiert (vgl. Hodza 1983; engl. Übersetzung Kileff 1987). In Hodzas Geschichtensammlung sind fünf Geschichten enthalten, in denen das Schema des Wechsels zwischen Äußerungen der Erzähler und des Publikums dokumentiert ist. Das Publikum äußert nach jeder kurzen Sinneinheit im Diskurs des Erzählers ein formelhaftes „dzepfunde" (in der engl. Übersetzung: „go on"). Dabei sind die Sinneinheiten in der Regel kleiner als Sätze, und ihre Grenzen werden durch Pausen des Sprechers markiert. Die Wechselrede wird von Anfang bis Ende einer Geschichte durchgehalten. Allerdings fehlen bei Hodza Angaben zur Performanz wie Situation, Anlass, Zusammensetzung des Publikums oder Person des Erzählers. Auch für die Tonga und Yao in Sambia ist die Zuhörerbeteiligung in Form von Äußerungen im Chor belegt (vgl. Frost 1980). Nach Mary Frost dienen diese Äußerungen neben der Aufmerksamkeitsversicherung auch der Herstellung und Aufrechterhaltung von Gemeinschaft beim Erzählen (vgl. Frost 1980, 87, 10).

Die informelle Institution des Respondenten

Für mehrere afrikanische Erzählkulturen wurde die informelle Institution eines Exponenten des Publikums beschrieben, der mit unterstützenden Äußerungen die Erzählerrede begleitet. Diese Institution der Vermittlung zwischen Produktion und Rezeption wird in der Forschungsliteratur unterschiedlich bezeichnet: als „replier" (Finnegan 1967), „answerer" (Finnegan 1967), „story-linguist" (Agovi 1973), „epicenter" (Galli 1983) und „Respondent" (Reuster-Jahn 2002). Hier soll der Begriff ‚Respondent' verwendet werden. Bei den Limba in Sierra Leone (Westafrika) wählt der jeweilige Erzähler (oder die Erzählerin) eine befreundete Person aus dem Publikum als „Erwiderer" oder Respondent aus, indem er sie bittet, ihm zu antworten. Die Aufgabe des Respondenten ist es dann „[...] to interject phrases like ‚yes' (*ndo*), ‚mmmm', ‚fancy that' (*woi*), ‚really!' (*ee*), at appropriate moments, and react quickly with laughter, exaggerated amusement, or dismay at the events related in the story. He often repeats the important points or proper names of the characters in an undertone to emphasize them, or interpolates clarifying words" (Finnegan 1967, 68).

In der Beschreibung dieser Praxis des „Erwiderns" durch Finnegan wird deutlich, dass die Äußerungen des „Erwiderers" über bloße Hörersignale hinausgehen und Beiträge zur Entwicklung der Erzählung einschließen. Eine weitere und allgemeinere Art der formalisierten Teilnahme des Publikums am Erzählen besteht bei den Limba darin, dass es als Chor den Refrain der Lieder singt, die fast immer Bestandteil von Erzählungen sind. Meistens werden sie vom Erzähler angestimmt und das Publikum übernimmt ad hoc den Part des Chors (vgl. Finnegan 1967, 68). Für das „Erwidern" und das Singen des Refrains im Chor gibt es in der Sprache der Limba nur einen Begriff, nämlich „me" [antworten, erwidern]. Finnegan weist darauf hin, dass diese Praxis des „Erwiderns" in vielen anderen Kontexten von Kommunikation bei den Limba von Bedeutung ist. Derselbe Begriff „me" „[...] is used of the required reply of greeting to greeting, and of the formal admission of guilt or liability, a necessary stage in certain law cases. It also refers to the actions of listeners when someone is making a formal speech" (Finnegan 1967, 68). Dieser Hinweis zeigt, dass das Konzept des „Erwiderns" bei den Limba in einen breiten kulturellen und kommunikativen Kontext eingebettet ist.

Finnegan weist aber auch darauf hin, dass das „Erwidern" sich auf die Geschichten als Produkte des Erzählens auswirkt, wenn sie schreibt, dass „[t]his contribution by the listening group is a necessary part of the drama of story-telling, one which must be understood in order to grasp the nature of Limba stories themselves" (Finnegan 1967, 69). So sind orale Erzählungen durch Variabilität charakterisiert (vgl. Finnegan 1970, 7–10). Diese ergibt sich daraus, dass Erzähler weder Geschichten neu erfinden, noch tradierte Geschichten wortgetreu wiedergeben. Erzähler kombinieren Tradition und Kreativität, wobei individuelle Versionen von Erzählungen entstehen, wie schon Henri-Alexandre Junod (vgl. Junod 1913, 198–202) hinsichtlich der Erzählungen der Thonga im südlichen Afrika bemerkte. Dabei schöpfen die Erzähler aus einem mit dem Publikum geteilten Fundus von Motiven und Typen von Erzählungen. Erzähler können Anspielungen auf reale Ereignisse und Personen einflechten, oder zwischen einem positiven oder negativen Ausgang einer Geschichte wählen, aber dies geschieht unter der Kontrolle des Publikums, welches den Erzähler unterstützt, solange es einverstanden ist mit seiner Darbietung, und ihn kritisiert und zur Ordnung ruft, wenn er seine Freiheit zu weit ausdehnt.

Die interaktive Erzählpraxis der Limba hat Entsprechungen in anderen, teilweise weit voneinander entfernten Regionen Afrikas. Die Erzählperformanzen der Mwera in Tansania (Ostafrika) weisen eine große Ähnlichkeit mit denen der westafrikanischen Limba auf. In einer typischen Erzählperformanz der Mwera in Südost-Tansania übernimmt ebenfalls eine Person aus dem Publikum die Rolle des „Respondenten", dessen Aufgabe es ist, am dialogischen Charakter der Erzählperformanz mitzuwirken (vgl. Reuster-Jahn 2002; 2005a; 2005b). Dies geschieht hauptsächlich durch nonverbale sowie gelegentliche kürzere oder längere verbale Äußerungen. In Mwera gibt es keine spezielle Bezeichnung für diese Rolle, aber die Aktivitäten des Respondenten werden als –*jiticia* bezeichnet, was „erwidern" bedeutet. Diejenige Person aus dem Publikum, die diese Rolle übernimmt, ist dafür verantwortlich, mit Hörersignalen auf die Äußerungen des Erzählers zu reagieren. Die Rückmeldungssignale, die in die Sprechpausen des Erzählers hinein gesprochen werden, bestehen überwiegend aus nonverbalen Äußerungen wie „nhn", „ehe", und daneben aus verbalen Äußerungen wie „ja", „tatsächlich" oder „genau". Hauptsächlich versichern sie den Sprecher der Aufmerksamkeit des Publikums und bestätigen seine Rolle als Sprecher. Gleichzeitig drücken sie im Zusammenhang der Erzählungen auch Zustimmung zum Inhalt der Erzähleräußerung aus und autorisieren sie somit. Die Rückmeldungssignale können grundsätzlich als Verstärkungen verstanden werden, die den Erzähleräußerungen einen besonderen Nachdruck verleihen. Gleichzeitig wirken sie wie ein Motor, der die Erzählung antreibt. Darüber hinaus enthalten die Hörersignale bei den Mwera evaluative Elemente, die durch Tonhöhe, Tonverlauf und Druckakzent ausgedrückt werden (vgl. Reuster-Jahn 2002, 218–221). Durch sie bringen die Respondenten ihre Bewertung der Handlungen der Geschichtenfiguren zum Ausdruck, wie bspw. Überraschung, Missbilligung oder Anerkennung, oder sie drücken emotionale Reaktionen wie Mitleid oder Schadenfreude aus.

An manchen Stellen gehen die Äußerungen der Respondenten allerdings über Rückmeldung und Kommentierung hinaus. Sie tragen dann direkt zum Text der Erzählung bei, entweder vorgreifend oder nachträglich ergänzend. Zusätzlich schlüpfen die Respondenten an manchen Stellen in die Rollen von Geschichtenfiguren. Da das Erzählen bei den Mwera, wie häufig für afrikanische Erzählpraxen beschrieben, stark dramatisierend geschieht, sprechen die Respondenten in solchen Fällen in der Rolle von Geschichtenfiguren und treten in einen Dialog mit dem Erzähler in der Rolle eines anderen Charakters der Erzählung. Es kann also gesagt werden, dass die Respondenten bei den Mwera punktuell zu Ko-Erzählern werden.

Eine ähnliche Konstellation wurde von Silvano Galli (1983) für die Anyi-Bona der Elfenbeinküste beschrieben. Hier übernimmt eine Person aus dem Publikum entweder spontan die Rolle, Höreräußerungen abzugeben, oder sie wird vom Erzähler bestimmt, zu dem sie in jedem Fall in einem freundschaftlichen Verhältnis steht. Wie bei den Mwera ist diese Rolle regelmäßiger Bestandteil einer Erzählperformanz. Die Anyi-Bona sprechen vom Erzähler als dem, der die Geschichte isst bzw. besitzt („ngoa difue"). Sein respondierender „Begleiter" wird „der auf die Geschichte erwidert" genannt („ngoa so kpenefue"). Galli nennt die Rolle des Respondenten das „Epizentrum" der Erzählung, dessen Funktion darin besteht, das Wort des Erzählers zu verstärken und kommentierend an das Publikum weiterzugeben. Praktisch besteht sein Beitrag zur Erzählung darin, in den Sprechpausen des Erzählers ein zustimmendes „hem" zu äußern oder auch kurze, verstärkende verbale Beiträge zu leisten. Im Laufe einer Erzählsitzung wechseln Erzähler und Respondent meist die Rollen. Galli betrachtet die Äußerungen des Erzählers und des Respondenten als komplementär, da die Äußerung des Erzählers mit einer Äußerung des „Epizentrums" zusammen eine Einheit bilde. Dabei habe die Äußerung des Erzählers vollen semantischen Gehalt und enthalte den wesentlichen Teil der Botschaft. Die „Antwort" des Respondenten sei semantisch ärmer, doch könne kein Teil ohne den anderen existieren (Galli 1983, 33). Galli weist auch auf die ästhetische Funktion des „Epizentrums" hin. Dessen kontrapunktische Äußerungen geben der Erzählung einen Rhythmus und dienen somit auch als mnemotechnisches Mittel, da sich rhythmische Texte leichter memorieren lassen als Texte ohne Rhythmus. Wie Finnegan bettet auch Galli das ‚Respondieren' in einen weiteren Kontext der Kommunikation und Rhetorik innerhalb der betreffenden Kultur ein, und interpretiert die Praxis als Ausdruck eines kulturellen Prinzips bei den Anyi-Bona, das jegliche öffentliche Rede betrifft: „The spoken word absolutely has to pass through this epicenter to reach the audience. [...] The spoken word manifests itself in a ternary circuit: emitted by the narrator, received by the epicenter, retransmitted to the audience" (Galli 1983, 32–33).

Eine ähnliche Erzählpraxis der Nzema in Ghana, bei der eine Person aus dem Publikum eine besonders aktive Rolle übernimmt, hat ebenfalls zu Überlegungen Anlass gegeben, diese Praxis in ein Konzept der literarischen Produktion zu integrieren. J. K. Agovi (1973) interpretiert den Respondenten als „story-linguist", dessen Rolle er wie folgt charakterisiert: „First he acts as the controlling medium of the narrator's imagination. He makes sure that the narrator does not sacrifice reality for too much fantasy or vice versa. [...] Secondly as a commentator on the action of the story the linguist adds dramatic intensity to certain situations and in this way always draws the attention of the audience to particular events in the story" (Agovi 1973, 128).

Leider sind in diesem Fall keine Erzählperformanzen dokumentiert, sondern werden von Agovi nur zusammenfassend beschrieben. Agovi gibt keinen Hinweis darauf, ob zur Aufgabe des „story-linguist" auch die systematische Äußerung von

Rückmeldungssignalen gehört. Die Funktion des „story-linguist" sieht Agovi v. a. in der Kontrolle des Erzählers und in einer besonderen Dramatisierung der Erzählung. Bei den Chokwe in der heutigen Republik Kongo beobachtete Rachel Fretz eine ähnliche unsystematische, nichtsdestotrotz für die Erzählung („chishima") wichtige Interaktion zwischen dem Erzähler und seinem Publikum, wobei sich hier jeder Teilnehmer beliebig mit Äußerungen beteiligen kann (Fretz 1987). Fretz benutzt für diese Aktivität von Mitgliedern des Publikums den Begriff des „Antwortens": „A narrator of a chishima is not a solo performer, but instead depends on the answering (kutayiza) responses of the listeners" (Fretz 1987, 18; Hervorhebung im Original).

Die in eine Erzählung eingestreuten Lieder stellen einen besonderen Bereich der Publikumsbeteiligung dar. Die Mitwirkung des Publikums ist hier viel offensichtlicher als bei den gesprochenen Passagen. Für die Erzählungen der Mende („domɛi") in Sierra Leone weist Donald Cosentino (1982) auf die strukturelle Ähnlichkeit zwischen Musik- und Erzählkultur hin, die besonders im Schema von „call-and-response" liegt: „Domɛi songs adhere to the leader/chorus or call-and-response organization common to musical cultures throughout Africa. Each song is characterized by three component parts: the introduction, the chorus, and the solo. This structure presents some interesting analogies to the overall structure of the domɛi, with strong functional similarities between the role of narrator and soloist on the one hand, and chorus and audience on the other" (Cosentino 1982, 100).

In einem „domɛi" werden die Lieder immer vom professionellen Erzähler eingeführt. Zunächst fragt er die Teilnehmer, ob sie das an einer bestimmten Stelle zu singende Lied kennen, was vom Publikum normalerweise verneint wird. Der Erzähler erwidert daraufhin: „Es seid ihr, die sagen müssen..." und singt dem Publikum den Part des Chors vor. Die strukturelle Einheit aus der Frage des Erzählers, Verneinung des Publikums und Erwiderung des Erzählers sieht Cosentino analog zu den Eröffnungsformeln am Anfang der Geschichte. Die Ähnlichkeit der Form findet ihre Parallele in einer Ähnlichkeit der Funktion. Während die Eröffnungsformeln den Übergang von der realen Welt in die Welt der Fiktion anzeigen, wird mit der Einleitung eines Liedes ein Bruch der Erzählzeit angezeigt. Der Fortgang der Geschichte wird während des Liedes angehalten. Damit wird den Teilnehmern Gelegenheit gegeben, den bisher erzählten Teil der Geschichte auf sich wirken zu lassen (vgl. auch Ben-Amos 1967, 55, für Erzählungen in Benin). Der Chor ist abhängig vom Solosänger, also dem Erzähler. Dieser gibt das Signal zum Beginnen des Liedes und er beendet es auch (vgl. Cosentino 1982, 101–102, vgl. auch Reuster-Jahn 2002, 175–176, für die Mwera in Tansania).

Die Fallstudien legen nahe, dass die Zuhörerbeteiligung beim Erzählen von traditionellen Geschichten in Afrika in wenige Typen differenziert ist. Als Träger der Zuhöreräußerungen können das Publikum gemeinsam, eine oder mehrere bestimmte Personen oder einzelne beliebige Personen aus dem Publikum auftreten. Die Äußerungen selbst sind in einigen Fällen festgelegt und formalisiert, in anderen variabel. Das Fehlen von Zuhörerbeteiligung beim Erzählen könnte als Typ 1 bezeichnet werden, der allerdings hypothetisch ist, da er nicht ausdrücklich belegt ist. In unzähligen Texteditionen, besonders in älteren, sind keine Äußerungen des Publikums vermerkt. Dies verwundert nicht, waren doch die frühen Sammler meist auf die Dokumentation der Texte und nicht des Erzählens aus. Daraus kann aber nicht geschlossen werden, dass es beim Erzählen keine Zuhöreräußerungen gab. Beim Typ 2 beteiligen sich verschiedene Mitglieder des Publikums einzeln mit gelegentlichen verbalen oder nonverbalen Äußerungen (Beispiele: Chokwe (Republik Kongo) – vgl. Fretz 1987; Temne (Sierra Leone) – vgl. Turay und Möhlig 1989). In den Typ 3 fällt die Beteiligung des Publikums mit Äußerungen, die systematisch durch die Pausen in der Rede des Erzählers ausgelöst werden. Dabei lassen sich zwei Untertypen identifizieren. Beim Typ 3a „antwortet" das gesamte Publikum im Chor (Beispiele: Nyanja [Malawi] – vgl. Chimombo 1988, Kubik et al. 1987, Werner 1906; Shona [Simbabwe] – vgl. Hodza 1983; Tonga und Yao [Sambia] – vgl. Frost 1980). Beim Typ 3b übernimmt ein Repräsentant des Publikums das Respondieren und in der Hauptsache auch das Kommentieren. Andere Teilnehmer können sich mit gelegentlichen Äußerungen beteiligen (Beispiele: Limba [Sierra Leone] – vgl. Finnegan 1967; Anyi-Bona [Elfenbeinküste] – vgl. Galli 1983; Mwera [Tansania] – vgl. Reuster-Jahn 2002; Nzema [Ghana] – vgl. Agovi 1973).

Hinsichtlich der geographischen Verbreitung der einzelnen Typen lässt sich aufgrund der insgesamt wenigen Belege kein bestimmtes Muster erkennen. Das Antworten im Chor scheint in einem größeren zusammenhängenden Gebiet im südlichen zentralen Afrika (Sambia, Simbabwe) vorzukommen. Doch der Typ 3b ist diskontinuierlich verbreitet. In Westafrika ist er für die Limba in Sierra Leone und die Anyi-Bona in Elfenbeinküste belegt, in Südostafrika bei den Mwera. Möglicherweise kommt er auch bei den Mwera benachbarten Ethnien, wie den Yao und Makua, vor. Die bisher vorliegenden Fallstudien lassen keine Vermutungen über determinierende Faktoren für das Auftreten bestimmter Typen zu.

Zur kulturellen Variation der Interaktionsformen beim Erzählen tritt die zwischen den literarischen Genres. So wehrt der Rezitator historischer Dichtung in Ruanda die Beteiligung des Publikums ab (vgl. Coupez und Kamanzi 1962, 8). Allerdings ist der Typ 3b für die Vorträge von Epen in Mali belegt, wo viele Barden von einem „namu-sayer" (Ja-Sager) begleitet auftreten (Bird 1974, xiii). Über Afrika hinaus ist eine lebhafte Interaktion zwischen Performer und Publikum dem Vortrag der Guslar auf dem Balkan eigen (vgl. Lord 1968; Merkel 2015, 115–119).

Das interaktive Erzählen im Fortsetzungsroman in der Zeitung und im Internet – das Beispiel Tansania

Die Einführung und darauf folgende Aneignung von Schriftlichkeit und Literatur hat in Afrika innerhalb relativ kurzer Zeit stattgefunden. Praktiken der Oralität wie das Erzählen von Geschichten blieben noch sehr lange bestehen, v. a. in ländlichen Gebieten. Erst in jüngster Zeit hat das Vordringen audiovisueller Medien, allen voran Video-Spielfilme, bis in abgelegene Dörfer zu einem deutlichen Rückgang der Performanz von Volkserzählungen geführt. Die Situation der Ko-Existenz oraler und literarischer Traditionen und Kulturen hat die Diskussion über die Wechselwirkung zwischen beiden Systemen, das sogenannte „oral-written interface" (Goody 1987; Ricard und Veit-Wild 2005) ausgelöst. Die Themen reichen hier von oralen Stilelementen in der Literatur bis hin zur Medialisierung oraler Genres auf Tonträgern oder in Videos.

Am Fortsetzungsroman in Tansania in der Sprache Swahili lässt sich eine weitere Wechselwirkung zwischen der mündlichen und der schriftlichen Kultur zeigen, die schließlich im Medium des Internets mit seinen interaktiven Möglichkeiten zu einer neuen Verbindung führt. Sie betrifft die Interaktion zwischen Erzähler und Publikum, die beim Format des Fortsetzungsromans in Zeitungen und Zeitschriften sowie schließlich im Internet neue Möglichkeiten und Formen gefunden hat (vgl. Reuster-Jahn 2013). Der interaktive Modus des Erzählens lässt sich auf Zeitungs-Fortsetzungsromane leicht übertragen, weil der serielle Produktionsprozess strukturelle Ähnlichkeiten mit dem mündlichen Erzählen aufweist. Autoren der in Tansania äußerst populären Fortsetzungsromane schreiben normalerweise aufgrund einer Skizze des Plots von Folge zu Folge. Sie ermuntern ihre Leser explizit dazu ihnen eine Rückmeldung und auch Rat zu geben. Das Publikum seinerseits nutzt gerne die ihm gebotene Gelegenheit sich einzubringen. Autoren gaben in Interviews ausnahmslos an, dass sie sehr viele Rückmeldungen ihrer Leser erhalten und den Austausch mit ihnen wünschen und für wichtig erachten. Er gibt ihnen Sicherheit und kann laut ihrer Aussage durchaus die Entwicklung des Geschichtenverlaufs beeinflussen.

Beim Übergang vom mündlichen zum schriftlichen Erzählen, v. a. im Fortsetzungsroman, haben sich die Kommunikationsmedien zwischen den Erzählern und ihren Rezipienten verändert. Der unmittelbaren räumlichen Nähe von Erzählern und Rezipienten beim mündlichen Erzählen folgte beim Serienroman zunächst die Kommunikation per Brief über die Adresse der jeweiligen Redaktion. Seit Ende der 1990er Jahre dient den Verfassern populärer Zeitungsromane und ihren Lesern und Leserinnen in Tansania vorwiegend das Mobiltelefon als Kommunikationsmedium. Daneben spielt die Kommunikation per E-Mail eine weitere, wenn auch untergeordnete Rolle. Die jüngste Entwicklung, seit 2007, besteht in der Veröffentlichung von Romanen im Internet, wobei die Leserkommentare dazu die Interaktivität der Internettechnologie nutzen, die durch die Kommentarfunktion eine Kommunikation der Leser untereinander und mit den Autoren erlaubt.

Die Untersuchung solcher Leserkommentare hat gezeigt, dass sie in die gleichen Kategorien fallen wie die Äußerungen der Respondenten beim Erzählen der Mwera und anderer ethnischer Gruppen in Afrika. Auch in der schriftlichen Erzählpraxis in Tansania hat die Interaktion zwischen Erzählern und Publikum demnach die Funktion der Verstärkung, Ermutigung, inhaltlichen Ergänzung, Erklärung, Bewertung, Vorwegnahme und Übernahme einer Figurenrolle. Zwar ist bei den mündlich vorgetragenen Volkserzählungen eine größere Unmittelbarkeit gegeben, und die Rezipienten teilen mit dem Erzähler das Wissen um wiederkehrende Erzähltypen und Motive. Dies ermöglicht es ihnen, Figurenrollen zu übernehmen oder Ergänzungen anzubieten. Fortsetzungsromane hingegen sind zwar Produkte individueller Autoren, doch die Konflikte und Konstellationen, die darin behandelt werden, entsprechen populären Mustern, die den Lesern ebenfalls geläufig sind. Hinzu kommt, dass sie meist schon andere swahilisprachige Romane gelesen haben und auch deshalb typische Konstellationen und Konflikte kennen.

Wie beim mündlichen Erzählen ist das Rezipientenverhalten von Lesern der Fortsetzungsromane von der Grundhaltung bestimmt, dass eine Erzählung in der Interaktion entsteht. Ebenso wie beim mündlichen Erzählen bringen die Rezipienten ihre moralische Bewertung der Handlungen von Geschichtenfiguren zum Ausdruck. Dabei repräsentieren sie Qualitäten von Intonation und Lautstärke durch typographische Mittel. So benutzen sie aneinandergereihte Ausrufezeichen für unterschiedliche Grade von Lautstärke, Großbuchstaben für besondere Druckakzente und Vokalreihung für Dehnung. Die Einnahme der Innenperspektive der Geschichte ist ebenfalls sowohl beim mündlichen Erzählen als auch beim interaktiven Rezipieren der Fortsetzungsromane zu beobachten. Ähnlich wie bei der Erzählperformanz sprechen die Leser nicht nur den Autor und andere Leser an, sondern treten quasi in die Geschichte ein und richten Äußerungen an bestimmte Geschichtenfiguren. So können sie diese zurechtweisen, sie warnen oder ihnen ihr Mitleid ausdrücken. Allerdings sprechen sie mit ihnen in ihrer eigenen Identität und nicht in der Rolle einer anderen Geschichtenfigur wie beim mündlichen Erzählen. Ein weiterer Unterschied betrifft die Äußerung von Kritik. Im direkten Gegenüber des Geschichtenerzählens wäre starke Kritik respektlos, während die Hemmung der Kritik in der anonymen Situation beim Lesen und Kommentieren eines Online-Romans vermindert ist. So scheuen sich Leser keineswegs, dem Autor neben viel Lob auch vernichtende Kritik mitzuteilen, wie bspw., dass er maßlos übertreibe oder dass eine Nebenhandlung völlig belanglos sei.

Eine Ähnlichkeit der Kommunikation, wie sie beim mündlichen Erzählen und den Fortsetzungsromanen im Internet in Tansania beobachtet wird, wurde von Michael Klemm (2000) für die Fernsehrezeption im vertrauten sozialen Kreis in Deutschland beschrieben. In den von ihm beobachteten Fernsehsituationen wurde Fernsehen zum Gruppenerlebnis, das mit bestimmten Sprechhandlungen verbunden ist. Nach Klemm lässt sich diese Zuschauerkommunikation in sieben kommunikative Handlungsfelder einteilen, nämlich Organisieren, Verarbeiten, Verständnissichern, Deuten, Bewerten, Übertragen, Einordnen und Sich-Vergnügen (vgl. Klemm 2000, 149). Alle diese Felder sind dem Ziel der kommunikativen Aneignung untergeordnet, worunter die sinnvolle Übertragung des Fernsehtextes auf das eigene Leben zu verstehen ist. Die von Klemm beobachteten kommunikativen Handlungsfelder lassen sich in Tansania sowohl beim mündlichen Erzählen als auch bei der Rezeption von Fortsetzungsromanen im Internet finden, vielleicht mit der Ausnahme von „Sich Vergnügen", das nur indirekt zum Ausdruck kommt. Hinzu tritt jedoch eine weitere Kategorie, nämlich die Kommunikation mit dem Autor, der ja als Teilnehmer von den Rezipienten zumindest imaginiert wird. Ob er tatsächlich alle Kommentare liest, können sie nicht wissen, aber sie nehmen es an. Jedenfalls wird in beiden Fällen die Rezeption eher als Aktivität einer Gruppe denn als individuelle Aufgabe verstanden. Wenn Leser ihre Einstellungen und Herangehensweisen aus dem mündlichen Erzählen auf ihre Rezeptionsverfahren in Bezug auf gedruckte Geschichten übertragen, dann bietet ihnen das Internet dafür passende Funktionen, die ihnen erlauben, nicht nur mit dem Autor, sondern auch mit anderen Lesern zu kommunizieren. Die Schriftsteller ihrerseits schätzen die Kommentare ihrer Leser und die Interaktion mit ihnen.

3 Kurze Geschichte des Phänomens und seiner Erforschung

Die Erforschung des Erzählens in Afrika als Prozess und Praxis folgte forschungsgeschichtlich auf die Erforschung der Erzähltexte als Produkte des Erzählens. Während diese schon früh gesammelt wurden und primär als Datengrundlage für die Erforschung afrikanischer Sprachen dienten, etablierte sich die afrikanistische Erzählforschung als Wissenschaft von den Bedingungen und Prozessen des mündlichen Erzählens erst später. In der Erzählforschung wird die Performanz, also die aktuelle Realisierung einer Erzählung, seit den späten 1960er Jahren als ein integraler Bestandteil von mündlicher Wortkunst oder Oratur betrachtet (vgl. Abrahams 1968; Bauman 1977; Ben-Amos und Goldstein 1975; Tedlock 1977). Nachdem sich zunächst das Forschungsinteresse auf die Erzähler als Hauptakteure von Performanzen konzentrierte, wurden seit den 1990er Jahren verstärkt Untersuchungen des Verhaltens und des Anteils des Publikums am Erzählen gefordert. So wies Ruth Finnegan darauf hin, dass „ [t]he performer-as-primary: audience-as-secondary model which has underpinned most recordings and publications of oral art/tradition is only one schema for performers can interact, overlap or even coincide with other participants in many differing ways. It may be near-impossible to distinguish ‚performer' clearly from ‚audience'" (Finnegan 1992, 96).

An gleicher Stelle übte sie Kritik daran, dass viele Studien dieses Problem einfach übergehen. Die von ihr angeregten Fallstudien blieben bis heute rar, was wesentlich daran liegt, dass die Erforschung dieser Interaktion mit größeren Schwierigkeiten verbunden ist. So ist es ein Grundproblem der Oraturforschung, dass Performanzen in Anwesenheit der Forscher nicht den natürlichen Kontext repräsentieren (vgl. Goldstein 1964), während der Aufwand einer genauen Transkription der Performanz, die nicht nur in den Äußerungen der Teilnehmer, sondern auch in ihren Gesten und Bewegungen besteht, nur selten in Kauf genommen wird (vgl. Okpewho 1990, 160). Dennoch wurde durch einige Studien die Interaktion zwischen Erzähler und Publikum dokumentiert und diskutiert, wobei die Aufgaben und die Funktion des Respondenten herausgearbeitet werden konnte.

4 Aktueller Erkenntnisstand

In ihrer Charakterisierung der oralen Performanz schreibt Ruth Finnegan: „A further essential factor is the audience, which, as is not the case with written forms, is often directly involved in the actualization and creation of a piece of oral literature. According to convention, genre, and personality, the artist may be more or less receptive to his listeners' reactions – but, with few exceptions, an audience of some kind is usually an essential part of the whole literary situation. There is no escape for the oral artist from a face-to-face confrontation with his audience, and this is something he can exploit as well as be influenced by" (Finnegan 1970, 10).

Die Beschreibung der Rückmeldungspraxis beim Fortsetzungsroman in Tansania durch die Leser hat gezeigt, dass der in diesem Zitat ausgedrückte Gegensatz zwischen mündlicher und schriftlicher Literatur hinsichtlich des Faktors ‚Publikum' nicht absolut ist. Die interaktive Rezeption, wie sie sich besonders in der Institution des Respondenten konzentriert, bestimmt offensichtlich auch die schriftliche Literaturproduktion und -rezeption in der Form des Fortsetzungsromans. Benötigt werden hier weitere Studien aus anderen afrikanischen Regionen und Sprachen. Weiteres Datenmaterial könnte zu einer Theorie der Produktion und Rezeption von Literatur in Afrika beitragen.

Weiterführende Literatur

Anyidoho, Kofi, Daniel Avorgbedor, Susan Domowitz und Eren Giray-Saul (Hg.) (1983). *Cross-Rhythms*. Bloomington, IN.
Barber, Karin (1997). „Preliminary Notes on Audiences in Africa". *Africa* 67.3 (1997): 347–362.
Bauman, Richard (1986). *Story, Performance, and Event*. Cambridge.
Finnegan, Ruth (2007). *The Oral and Beyond. Doing Things with Words in Africa*. Oxford.
Okpewho, Isidore (Hg.) (1990). *Oral Performance in Africa*. Ibadan.

Zitierte Literatur

Abrahams, Roger (1968). „Introductory remarks to a rhetorical theory of folklore". *Journal of American Folklore* 81 (1968): 43–58.
Agovi, J. K. (1973). „Preliminary observations on the modern short story and the African folktale tradition". *Research Review* 9 (1973): 123–129.
Barber, Karin (1997). „Preliminary Notes on Audiences in Africa". *Africa* 67.3 (1997): 347–362.
Bauman, Richard (1977). *Verbal Art as Performance*. Rowley, MA.
Ben-Amos, Dan (1967). „Story telling in Benin". *African Arts/Arts d'Afrique* 1 (1967): 54–56.
Ben-Amos, Dan und Kenneth S. Goldstein (1975). *Folklore: Performance and Communication*. Den Haag.
Bird, Charles S. (1974). *The Songs of Seydou Camara, Vol. 1: Kambili*. Bloomington, IN.
Chimombo, Steve (1988). *Malawian Oral Literature. The Aesthetics of Indigenous Arts*. Zomba.
Clark, John Pepper (1977). *The Ozidi Saga. Collected and Translated from the Ijo of Okabou Ojobolo*. Ibadan.
Cosentino, Donald (1982). *Defiant Maids and Stubborn Farmers. Tradition and Invention in Mende Story Performance*. Cambridge.
Coupez, André und Thomas Kamanzi (1962). *Récits historiques Rwanda*. Tervuren.
Duncan, Starkey Jr. (1972). „Some Signals and Rules for Taking Speaking Turns in Conversations". *Journal of Personality and Social Psychology* 23/2 (1972): 283–292.
Duncan, Starkey Jr. (1974). „On the Structure of Speaker – Auditor Interaction during Speaking Turns". *Language in Society* 3/2 (1974): 161–180.
Finnegan, Ruth (1967). *Limba Stories and Story-telling*. Oxford.
Finnegan, Ruth (1970). *Oral Literature in Africa*. Oxford.
Finnegan, Ruth (1992). *Oral Traditions and the Verbal Arts. A Guide to Research Practices*. London und New York, NY.
Finnegan, Ruth (2007). *The Oral and Beyond. Doing Things with Words in Africa*. Oxford.
Fretz, Rachel I. (1987). *Storytelling among the Chokwe in Zaire. Narrating Skill and Listener Responses*. Dissertation, University of California, CA.

Frost, Mary (1980). *Zambian Oral Narrative*. Lusaka.
Galli, Silvano (1983). „Storytelling among the Anyi-Bona". *Cross-Rhythms*. Hrsg. von Kofi Anyidoho, Daniel Avorgbedor, Susan Domowitz und Eren Giray-Saul. Bloomington, IN: 13–42.
Goldstein, Kenneth S. (1964). *A Guide for Fieldworkers in Folklore*. Hatboro and London.
Goody, Jack (1987). *The Interface Between the Written and the Oral*. Cambridge.
Herskovits, Melville J. und Frances S. Herskovits (1958). *Dahomean Narrative. A Cross-cultural Analysis*. Evanston.
Hodza, Aaron C. (1983). *Ngano Dzamatambidzanwa*. Gweru.
Junod, Henri-Alexandre (1913). *The Life of a South African Tribe*. Neuchâtel.
Kileff, Clive (1987). *Shona Folk Tales*. Collected by A. C. Hodza, Translated by O. C. Chiromo. Gweru.
Klemm, Michael (2000). *Zuschauerkommunikation. Formen und Funktionen der alltäglichen kommunikativen Fernsehaneignung*. Frankfurt a. M.
Kubik, Gerhard et al. (1987). „Genre Study V: Ntano (Chantefables) – a tradition of community-oriented oral literature incorporating song". *Malawian Music: A Framework for Analysis*. Hrsg. von Gerhard Kubik et al. Zomba: 55–70.
Lord, Albert (1968). *The Singer of Tales*. New York, NY.
Merkel, Johannes (2015). *Hören, Sehen, Staunen. Kulturgeschichte des mündlichen Erzählens*. Hildesheim, Zürich und New York, NY.
Nabasuta, Helen (1983). „The dynamics of the storytelling process: Kiganda prose narratives". *Cross-Rhythms*. Hrsg. von Kofi Anyidoho, Daniel Avorgbedor, Susan Domowitz und Eren Giray-Saul. Bloomington, IN: 43–67.
Okpewho, Isidore (1990). „The oral performer and his audience: a case study of the Ozidi saga". *Oral Performance in Africa*. Hrsg. von Isidore Okpewho. Ibadan: 160–184.
Ricard, Alain und Flora Veit-Wild (Hg.) (2005). *Interfaces Between the Oral and the Written: Versions and Sub-Versions in African Literatures* (Matatu 31–32). Amsterdam und New York, NY.
Reuster-Jahn, Uta (2002). *Erzählte Kultur und Erzählkultur bei den Mwera in Südost-Tansania*. Köln.
Reuster-Jahn, Uta (2005a). „Kooperation und Kontrolle bei der Performanz von Volkserzählungen der Mwera (Tansania)". *Sprach- und literaturwissenschaftliche Beiträge zum 16. Afrikanistentag, Leipzig, 25./26.9.2003*. Hrsg. von Gerald Heusing. Hamburg: 193–217.
Reuster-Jahn, Uta (2005b). „Interaction in Narration: The cooperative style of Mwera story telling (Tanzania)". *Oralité africaine et création*. Hrsg. von Anne-Marie Dauphin-Tinturier und Jean Derive. Paris: 161–182.
Reuster-Jahn, Uta (2013). „Vom mündlichen Erzählen zum Internetroman. Transmediale Kommunikation und Interaktion von Rezipienten in Tansania". *Medien – Erzählen – Gesellschaft. Transmediales Erzählen im Zeitalter der Medienkonvergenz*. Hrsg. von Karl N. Renner, Dagmar von Hoff und Matthias Krings. Berlin und Boston, MA: 163–187.
Scheub, Harold (1971). „Translation of African oral narrative-performances to the written word". *Yearbook of Comparative and General Literature* 20 (1971): 8–36.
Tedlock, Dennis (1977). *The Spoken Word and the Work of Interpretation*. Philadelphia, PA.
Turay, Abdul K. und Wilhelm J. G. Möhlig (1989). *Temne Stories*. Köln.
Werner, Alice (1906). *The Natives of British Central Africa*. London.
Yankah, Kwesi (1985). „Risks in verbal art performance". *Journal of Folklore Research* 22.2/3 (1985): 133–153.

Susanne Enderwitz
III.2.8 Schriftlichkeitskultur: Literarische Institutionen im arabisch-islamischen Mittelalter

1 Definition

Die uns geläufigen Epochenbezeichnungen sind aus der Geschichte Europas abgeleitet, und deshalb können sie beim Übertrag auf andere Kulturen nur mit Vorbehalt verwendet werden. Wenn im Folgenden vom ‚mittelalterlichen Islam' die Rede ist, so ist damit das halbe Jahrtausend zwischen der expansiven Phase des Islam im 7./8. Jahrhundert bis zur mongolischen Zerstörung Bagdads im 13. Jahrhundert gemeint. Der Komplex literarischer Institutionen in diesem mittelalterlichen Islam weist etliche Überschneidungen mit der europäischen Literaturgeschichte auf, allerdings auch einige charakteristische Unterschiede zu ihr.

Als Sprache des Islam fungierte das Arabische als eine Art *lingua franca* zwischen der Iberischen Halbinsel/Nordafrika und Zentral-/Südasien, also in einem Gebiet mit einer weit größeren Ausdehnung, als sie das Lateinische jemals besaß. Und mit einer deutlich größeren Tiefe: Als Sprache des Koran, der Tradition und der religiösen Wissenschaften (einschließlich der Sprachwissenschaften) verband das Arabische alle Muslime, als Sprache der Philosophie, der profanen (‚nichtarabischen') Wissenschaften und der Literatur die Muslime mit den Nichtmuslimen und als Sprache des Rechts alle Bewohner des „islamischen Hauses" (*dār al-islām*). Ungeachtet der Verbreitung verschiedener Rechtsschulen, regionalen Gewohnheitsrechts und individueller Auslegung galt das islamische Recht überall dort, wo ein muslimischer Herrscher die Macht innehatte, und dieser grundsätzliche Konsens überdauerte auch die politische Zersplitterung des ursprünglich und idealiter zentralistisch angelegten islamischen Staates.

Der Islam entwickelte sich nach seiner Formatierungsphase in Mekka und Medina unter Mohammed und den ersten vier Kalifen zu einem hochgradig zentralisierten und zugleich dynastischen politischen System mit einem Kalifen an der Spitze, der seinen Sitz während der ersten islamischen Dynastie der Umayyaden (661–750) in der alten Stadt Damaskus (Syrien) und unter der zweiten islamischen Dynastie der Abbasiden (750–1258) in der neu gegründeten Stadt Bagdad (Irak) hatte. Zwar begann schon in relativ früher Zeit das Abbasidenreich an seinen Rändern abzubröckeln, und die Herrschaft der Araber wurde von turk-, persisch- und später kurdischstämmigen Eliten auch im Inneren in Frage gestellt. Aber damit ging keine Abkehr vom Islam, von einer gemeinsamen islamischen

Kultur oder von der Vorstellung eines geeinten Rechts innerhalb des „islamischen Hauses" einher.

Im 8. Jahrhundert etablierten sich die Umayyaden auf der Iberischen Halbinsel (während sie im Osten der Abbasidenherrschaft weichen mussten), im 9. Jahrhundert die Samaniden in Transoxanien und Chorasan, im 10. Jahrhundert die Fatimiden in Ägypten, und auch im Zentrum des Reiches übernahmen turk- und persischstämmige Familien die Macht (verblieben allerdings *de jure* weiter unter der Abbasidenherrschaft). Im 10. Jahrhundert wurde diese Tendenz fast überall evident, aber insgesamt gesehen führte sie zu einer nie mehr erreichten Blüte der arabisch-islamischen Kultur. Wie im Bereich der materiellen Kultur (Kunsthandwerk, Architektur oder Buchmalerei), so verbreiteten sich auch auf dem Gebiet der Literatur (Dichtung, Wissenschaft oder literarische Prosa) neue Entwicklungen über zahlreiche Handelswege, Reiserouten und diplomatischen Gabentausch schnell und effizient über das ganze Herrschaftsgebiet des Islam hinweg (und auch bis nach Europa hinein).

Die Entstehung zweier Gegenkalifate (Ägypten, Iberische Halbinsel), die Etablierung zahlreicher Dynastien unter der Oberherrschaft des Kalifats sowie Umschichtungen im Zentrum des Kalifats selbst führten zur Herausbildung etlicher eigenständiger Zentren, die miteinander um kulturelle Repräsentation wetteiferten. Waren in der Umayyaden- und auch noch zu Beginn der Abbasidenzeit der Kalif und seine Entourage die wichtigsten Mäzene für die Dichtung, Wissenschaft, Prosa, Architektur und Musik, so vervielfachte die politische Zersplitterung der islamischen Welt in den darauf folgenden Jahrhunderten die Nachfrage nach Kultur und entsprechend das Angebot an Mäzenatentum. Wie in Europa, so war auch im Vorderen Orient die Förderung von Kunst und Kultur in hohem Maß vom Mäzenatentum abhängig. Das Mäzenatentum hatte eine lange Tradition in den Kulturen Mesopotamiens, Persiens und Ägyptens, und auch bei den Arabern reichte es bis in den Vorislam zurück. Schon an der Schwelle zum Islam lebten im 6. Jahrhundert Dichter davon, ihren Mäzenen Panegyriken zu widmen, und klagten andere Dichter darüber, dass ihre Kunst zu einer Einkommensquelle verkommen sei. In Zeiten des Islam und mit der Entwicklung der Städte verstärkte sich die Tendenz zu Panegyriken, so wie auch Prosawerke häufig einem Kalifen, einem Wesir, einem Militär oder einem anderen Mitglied der Eliten dediziert wurden.

Mäzenatentum und Stiftungswesen hingen miteinander zusammen, denn das eine befruchtete das andere und umgekehrt. Religion, Wissenschaft und Kunst sind institutionell oft gar nicht leicht voneinander zu trennen, weil es keine gesonderten Institutionen zu ihrer Förderung gab. Die Eliten investierten in den Bau von Moscheen, wie sie in Forschungsinstitutionen und Bibliotheken investierten. Aus der Freitagsmoschee als dem Treffpunkt aller an Religion, Tradition, Theologie, Sprache oder Dichtung interessierten Personen gingen etliche Gelehrte hervor, die später am Kalifenhof reüssierten. Umgekehrt unterhielten etliche Personen aus der Entourage des Kalifen rege Beziehungen zu Kunst und Kultur, wie sie in der Oberschicht der Städte zuhause war. Die Übergänge zwischen Hof und Stadt, Stadt und Land sowie zwischen Herrschaftsgebieten und Einflusszonen blieben fließend, und das gilt auch für die entsprechenden Institutionen.

‚Korporationen' wie die Universitäten im mittelalterlichen Europa seit der zweiten Hälfte des 12. Jahrhunderts entwickelten sich nicht, weder in rechtlicher noch in organisatorischer Hinsicht. Auch der Kalif, Sultan oder Wesir trat vor dem Gesetz als Stifter in eigener Person oder Sache an und gründete vielleicht eine Institution öffentlichen Wohls, aber keine Institution öffentlichen Rechts. Einen Autonomiestatus erlangten seine Stiftungen nicht, weshalb es auch keine Lehr- oder Bildungsinstitutionen im Sinn der *universitas magistrorum et scholarium* gab, die alle Wissenschaften – religiöse wie profane – vereint hätten. Der Unterschied mag in dem Umstand begründet sein, dass im europäischen Rahmen unterschiedliche Rechtssysteme herrschten. Gelehrte in den mittelalterlichen Städten (Paris, Bologna, Oxford) waren meist ‚Fremde', die anders als die ‚Einheimischen' keine ‚Bürgerrechte' hatten. Das islamische Recht hingegen gestand den Städten keinen Sonderstatus zu, so dass sich auch keine rechtlichen Subsysteme herausbildeten (vgl. Gätje 1987, 431–432; Makdisi 1981, 224–225).

2 Hauptaspekte des Themas

Auf ihrem Höhepunkt muss die Abbasidengesellschaft in Bagdad eine kosmopolitische Gesellschaft gewesen sein, deren arabisch-, persisch- und turkstämmige Eliten ein Volk regierten, das zusätzlich zu den Einheimischen arabischer und persischer Herkunft türkische und slawische Söldner, afrikanische Sklaven, indische und zentralasiatische Händler und viele andere umfasste, von den Juden, den (griechisch- und syrischsprachigen) Christen mit ihren zahlreichen Denominationen, der wachsenden Anzahl an Schiiten, den Bauern, den Oasenbewohnern und Beduinen gar nicht zu reden. Die arabisch-islamische Kultur des 9. und 10. Jahrhunderts war entsprechend vielfältig, aber dominierend waren der arabisch-islamische, der persisch-indische und der griechische Anteil.

Die Araber brachten von der Arabischen Halbinsel ihre Religion mit, aber auch ihre Dichtung, die sich in zahlreiche Genres (der Liebes-, Wein- oder Naturdichtung) verzweigte und besonders in Gestalt der Panegyrik florierte. Die Byzantiner und v. a. die Perser hatten dem aufstrebenden Kalifenstaat einen ausgedehnten Beamtenapparat hinterlassen, der seine eigenen literarischen Traditionen (Sentenzen, Maximen, Fürstenspiegel, Fabeln oder Episteln) in arabischer Übersetzung weiterreichte. Juden, Christen und ‚Sabier' (aus der Gegend um Harran im Südosten der heutigen Türkei) taten sich als Übersetzer aus dem Griechischen und Syrischen sowie als Mediziner und Astronomen/Astrologen hervor, so wie sie es auch schon im Hellenismus getan hatten. Aus der ethnisch gemischten Stadtbevölkerung schließlich gingen die arabischen Sprachwissenschaften und die religiösen Wissenschaften (Koranwissenschaft, Geschichte, Traditionswissenschaft, Recht und Theologie) hervor, die nach der Versöhnung des Hofes mit der islamischen ‚Orthodoxie' in der zweiten Hälfte des 9. Jahrhunderts auch dort eine zunehmende Rolle zu spielen begannen.

Aus der Pflege all dieser Künste und Wissenschaften innerhalb wie außerhalb des Abbasidenhofes entstand eine Kultur, die unter der genuin arabisch-islamischen Bezeichnung Adab (*adab*) geführt wird und grob mit „Bildung" übersetzt werden kann. Der Begriff verweist etymologisch auf „Gewohnheit", „Sitte" und „Erziehung" und umfasst in seiner konkreten Verwendung sowohl den sozialen Habitus (das ‚gute Benehmen') des Trägers von Adab (*adīb*, pl. *udabā'*) als auch die literarische Bildung, die diesem Habitus zugrunde liegt, sowie die Literatur selbst, aus der die betreffende Bildung stammt. Es gibt Überschneidungen mit dem Begriff der *urbanitas*, aber weder gab es in der arabisch-islamischen Kultur einen so dezidierten Gegensatz zum ‚Bäurischen' wie in den europäischen Kulturen noch fehlten dem Adab Elemente des Beduinischen, insbesondere auf dem Gebiet eines beduinisch-‚höfischen' Liebeskonzepts.

Der Adab geht ursächlich auf die persischstämmige Beamtenschicht zurück, weil sie ab der Mitte des 8. Jahrhunderts mit Übersetzungen aus dem persisch-indischen Kulturraum der arabischen Prosaliteratur einen ersten Impetus gab. An vorderster Stelle ist hier Ibn al-Muqaffaʿ (gest. 857) zu nennen, der die ursprünglich indische Sammlung *Pañcatantra* aus dem Mittelpersischen ins Arabische übersetzte, von wo aus sie unter dem Titel *Kalīla wa-Dimna* [Kalīla und Dimna] ihre Reise nach Westen fortsetzte. Es handelt sich weitgehend um (moralische) Tierfabeln, die lose durch das Brüderpaar der titelgebenden Schakale Kalīla und Dimna zusammengehalten und schon unter den persischen Sasaniden als ‚Fürstenspiegel' verwendet wurden, um die heranwachsenden Prinzen den Umgang mit Menschen, die Kunst der Verwaltung und die Beherrschung der Regierungsgeschäfte zu lehren. Ibn al-Muqaffaʿ verfasste im Dienst des Kalifen noch weitere Fürstenspiegelliteratur, fiel jedoch schon zu Beginn der Abbasidenzeit politisch in Ungnade und wurde (angeblich wegen ‚Manichäismus') hingerichtet.

Da die Fürstenspiegelliteratur zum Handwerk der Staatsbeamten gehörte und gleichzeitig *Kalīla wa-Dimna* als erstes Meisterwerk auf dem Gebiet arabischer Prosa gilt, trug der Adab von Anfang an das Signum einer berufspraktischen und -ethischen Handbuchliteratur in sich, wie sie später auch für andere Berufe wie Richter verfasst wurde. Auch entwickelte er sich zu einer islamisch fundierten Ratgeberliteratur weiter, die auf eine alltagstaugliche Lebenspraxis (Ehe, Koitus, Essen) abzielte. Aber Fürstenspiegel, Handbücher und Ratgeber waren nicht die einzigen Erzeugnisse, die unter dem Namen Adab firmierten. Vielmehr entwickelte sich der Adab immer mehr zu einer ungemein reichen anthologischen und enzyklopädischen Literatur weiter, die dem Ideal allgemeiner Bildung entsprach und nicht nur auf die vollkommene Beherrschung des Arabischen und seiner Dichtung, sondern auch auf eine zumindest oberflächliche Kenntnis des Koran, der Philosophie und Theologie, der Arithmetik, Astronomie und Astrologie, der Geschichte und der Geographie, von Sentenzen, Maximen und Anekdoten sowie der Verwaltungslehre zielte. Der Arabist Gustav E. von Grunebaum befand einmal: „Was die Einzelheiten seines Stoffgehalts auch immer sein mögen, *adab* ist v. a. eine Einstellung; es ist gewissermaßen ein Formprinzip, nicht eine Ordnung bestimmter Materialien" (Grunebaum 1963, 325).

Seine literarische Qualität erhielt der Adab durch die geschickte Auswahl der Materialien seitens seines Verfassers (oder Kompilators), durch eine ausgewogene Mischung aus Dichtung und Prosa (Anekdoten, Sentenzen oder Ereignisse) sowie durch das didaktische Prinzip einer Belehrung durch Unterhaltung einschließlich eines angemessenen Wechsels zwischen „Ernst und Scherz" (*al-ǧadd wa-l-hazl*). Seinem literarischen Wesen nach war der Adab eher auf profanes denn auf religiöses Wissen hin ausgerichtet und kommt in dieser Hinsicht der *humanitas* nahe, doch gleichzeitig war ihm derselbe „islamische Firnis" zu eigen, den Enno Littmann in seiner Übersetzung von *Alf laila wa-laila* [Tausendundeine Nacht] dieser berühmten Geschichtensammlung attestierte (vgl. Walther 1987, 12).

Heute wird das Wort Adab meist im Plural (*ādāb*) für das ganze Gebiet der Belletristik verwendet, und in dieser Funktion hat es auch zur Bezeichnung *kullīyat al-ādāb* [Literatur-Kolleg] für die Literaturfakultäten an den Universitäten geführt. Allerdings gilt *Alf laila wa-laila*, für einen europäischen Leser der Inbegriff mittelalterlicher arabischer Literatur, weder dem mittelalterlichen noch dem modernen arabischen Verständnis als Adab/Literatur. Die Zensoren der Gegenwart nehmen v. a. Anstoß an den erotischen Passagen und setzen das Werk deshalb regelmäßig auf den Index, aber es ist in arabischen Buchhandlungen ohnehin – wenn überhaupt – nur in einer gekürzten, ‚entschärften' und billigen ‚Volksausgabe' erhältlich. Die Gebildeten des Mittelalters hingegen hatten zwar gegen die erotischen Passagen keine Einwände und hätten auch den fiktionalen Charakter des Werks hingenommen, stießen sich aber am mangelnden didaktischen Anspruch. *Alf laila wa-laila* war für sie nur der Zuckerguss der Adab-Pille, der des bitteren und therapeutisch wirksamen Inhalts entbehrte. Dass keine ‚Lehre' aus den Geschichten zu ziehen sei, machte die Rezeption von *Alf laila wa-*

laila in ihren Augen zur Zeitverschwendung, der sich allenfalls Frauen, Kinder und Ungebildete hingaben.

Obwohl *Alf laila wa-laila* genau wie *Kalīla wa-Dimna* in seinem Kernbestand indischen Ursprungs ist und Einflüsse des *Pañcatranta* verrät, um das Jahr 500 herum ins Mittelpersische (*Hazār Afsān* – Tausend Erzählungen) übersetzt wurde und im 8. Jahrhundert in einer ersten arabischen Übersetzung (*Alf ḫurāfa* – Tausend Erzählungen) vorlag, erlebte es ein ganz anderes Schicksal als *Kalīla wa-Dimna*. Bei einem breiten Publikum scheint es auf große Resonanz gestoßen zu sein, und überdies hatte seine Textgestalt bereits bis zur Mitte des 9. Jahrhunderts (*Ḥadīṯ alf laila* – Die Geschichte der tausend Nächte) den ‚islamischen Firnis' angenommen (vgl. Walther 1987, 12–13; Marzolph 2009). Seine Anpassungsfähigkeit schützte es aber nicht davor, von den Gebildeten Bagdads mit abgrundtiefer Verachtung gestraft zu werden oder, wie der Kommentar eines Bagdader Buchhändlers aus dem 10. Jahrhundert lautet: „Es ist in der Tat ein anödendes Buch voll fader Geschichten" (Walther 1987, 23).

Alf laila wa-laila kann aber nicht nur als Gegenbeispiel zum anerkannten Adab im arabisch-islamischen Mittelalter dienen, sondern es kann diesen Adab darüber hinaus in seinen historischen Rahmenbedingungen situieren helfen. Einer der vielfach verwendeten Topoi in *Alf laila wa-laila* lautet nämlich: „Diese Geschichte ist so gut, dass sie in Büchern niedergeschrieben gehört" (Bloom 2001, 90) und verweist damit auf die überragende Bedeutung des Papiers für die Entstehung, Verbreitung und Rezeption des arabischen Adab vom 8. Jahrhundert an. Tatsächlich übersieht man über der Bedeutung des Wechsels vom Manuskript- zum typographischen Zeitalter, so Jonathan Bloom in *Paper before Print*, häufig die Bedeutung des Übergangs von einer oralen zu einer Schriftkultur (vgl. Bloom 2001, 122–123). Dieser Übergang fand allerdings nicht von einem Tag auf den anderen statt, sondern erstreckte sich über einen Zeitraum vom 6. bis zum 12. Jahrhundert. Das wichtigste Buch war natürlich der Koran, und unser Wissen über die mittelalterliche arabisch-islamische Buchproduktion ist in hohem Maß von Koranmanuskripten abgeleitet.

Die Vielzahl erhaltener Koranmanuskripte, die Bedeutung der arabischen Kalligraphie und die Qualität ihrer materiellen Ausstattung könnten den Eindruck erwecken, als sei das Arabische schon immer eine Schriftkultur gewesen, aber das ist nicht der Fall. Die vorislamische Kultur war eine orale Kultur, gerade in Form der arabischen Dichtung. Sie wurde durch den Dichter bzw. einen oder mehrere seiner „Tradenten" (*rāwī*) öffentlich vorgetragen. Auch die weithin verbreitete Annahme, die berühmtesten vorislamischen Gedichte seien bei der (seinerzeit noch nicht islamischen) alljährlichen Pilgerfahrt nach Mekka an der Kaaba aufgehängt worden, hat sich längst als textliches Missverständnis erwiesen (vgl. Schoeler 1992, 4, Anm. 13). Zwar war der Gebrauch der Schrift auf der

Arabischen Halbinsel seit langem bekannt, aber die ersten Inschriften auf Arabisch in arabischer Schrift gehen nicht weiter zurück als bis in die erste Hälfte des 6. Jahrhunderts und wurden in Syrien gefunden. Geschrieben wurde auf Palmblätter, Holz, Knochen und Tonscherben, aber auch auf Papyrus, Pergament und Leder. Die wahrscheinlich erste Offenbarung des Koran beginnt mit der Aufforderung „lies!" (*iqra'*, Kor. 96/3), aber damit ist nach aller textlichen Evidenz nicht automatisch ein Lesen vom Blatt, sondern ein „rezitiere!" gemeint. Die erste schriftliche Fixierung des Koran mag schon zu Lebzeiten Mohammeds (gest. 632) stattgefunden haben, aber die erste autoritative Version wurde unter dem dritten Kalif ʿUṯmān (reg. 644–656) erstellt. Die Offenbarungen wurden auf Pergamentblätter gleicher Größe (*ṣuḥuf*) übertragen, die dann zu einem Kodex (*muṣḥaf*) zusammengefügt und als Kopien in den Freitagsmoscheen der großen Städte verteilt wurden (vgl. Bloom 2001, 94–95).

Obwohl schon aus frühislamischer Zeit Bauinschriften, Münzen und Papyri mit arabischer Schrift überliefert sind, nahm die Produktion von Dokumenten erst mit der Urbanisierung des Islam spürbar zu, als sich allmählich auch die Verwaltung etablierte. Es waren weniger die Religionsgelehrten als die Staatsbeamten, die zur Verbreitung der Schrift beitrugen und neben ihrer beruflichen Tätigkeit im Finanz- und Verwaltungswesen die Kunst der ‚Epistel' oder des ‚Sendschreibens' übten, die der späteren literarischen Prosa als Grundlage dienen sollte. Von der Mitte des 8. Jahrhunderts an, als die in Ostasien beheimatete Papierherstellung – angeblich durch zwei chinesische Kriegsgefangene in Samarkand – bekannt wurde, stand überdies ein leicht herzustellender, ubiquitärer und billiger Schreibstoff zur Verfügung. 794 wurde in Bagdad die erste Papiermühle gegründet (vgl. Toorawa 2005, 56) und ermöglichte von nun an eine Kultur, die man wahlweise als „textbasiert" (*writerly*) oder „schriftbesessen" (*graphomaniac*) (Ghersetti 2012, 5) bezeichnet hat. Johann Pedersen wagte in seiner Untersuchung *The Arabic Book* sogar die Behauptung, in wohl keiner anderen Kultur als dem Islam habe das literarische Leben eine vergleichbare Rolle gespielt (vgl. Pedersen 1984, 37).

Für die Buchbegeisterung spricht eine Anekdote über den arabischen Universalgelehrten al-Ǧāḥiẓ (gest. 868), der sich jeweils für mehrere Tage bei den Bagdader Buchhändlern eingemietet haben soll, um ihre jeweiligen Neuerwerbungen zu lesen (vgl. Toorawa 2005, 25). Nach dieser Anekdote wurde er am Ende auch von einem umfallenden Bücherstapel erschlagen, während eine andere Anekdote – nicht weniger seinem Image als Wissensfanatiker geschuldet – seinen Tod mit einem diätetischen Selbstversuch in Verbindung bringt (in Wirklichkeit starb er als Greis an Hemiplegie). Al-Ǧāḥiẓ gehörte zu denjenigen arabischen Schriftstellern seiner Zeit, die euphorische Elogen auf das Buch verfassten, indem sie ihm die Eigenschaften eines besten Freundes, großzügigen Lehrers oder blühenden Gartens zuschrieben und v. a. seine Rolle für das kulturelle Gedächtnis hervorhoben (vgl. Günther 2006; Ghersetti 2012, 1; Webb 2012, 32–33). Seine eigene literarische Produktion war gewaltig, auch wenn man die unglaubwürdigen Zahlen nach unten korrigiert und ihm fälschlich zugeschriebene Bücher abzieht. Überlebt haben etwas weniger als dreißig seiner Werke, worunter sich Werke typischen Adab-Zuschnitts befinden, aber auch Schriften politischen Inhalts und Abhandlungen zur arabischen Sprachwissenschaft (vgl. Pellat 1967).

Al-Ǧāḥiẓ ist ein frühes Beispiel für die arabische Bibliophilie, obwohl er bereits über einen eigenen Kopisten verfügte, der Abschriften seiner zahlreichen Bücher anfertigte (vgl. Toorawa 2005, 57). Wenn in arabischen Quellen von „Buch" (*kitāb*, pl. *kutub*) die Rede ist, so kann das jedoch Missverständnisse hervorrufen, gerade in Bezug auf die erste Zeit nach der Einführung des Papiers. Häufig sind damit nur informelle Notizbücher gemeint, private Mitschriften, die dem eigenen Gedächtnis auf die Sprünge helfen sollten (vgl. Schoeler 1992, 29; Hirschler 2012, 225). Aber gegen Ende von al-Ǧāḥiẓ' Leben und nach seinem Tod nahm die kommerzielle Buchproduktion Fahrt auf, auch wenn Jonathan Bloom von einer „Wasserscheide" der Buchkultur erst im 12. Jahrhundert sprechen möchte (Bloom 2001, 123). Einen deutlichen Wandel in Bezug auf die verfüg-, bestell- und erwerbbaren Bücher (vgl. Toorawa 2005, 24) markiert jedoch schon der schiitische und möglicherweise persischstämmige Bagdader Buchhändler und Kalligraph Ibn an-Nadīm (gest. 995 oder 998), dem wir einen einmaligen „Katalog" (*fihrist*) von ihm selbst eingesehener arabischsprachiger Bücher bis zum Jahr 988 verdanken. Der *Fihrist* ist in zehn Rubriken unterteilt und enthält als Sammelgebiete 1. die heiligen Schriften der Muslime, Juden und Christen, 2. Werke zu Grammatik und Philologie, 3. Geschichte, Biographie und Genealogie, 4. Dichtung, 5. spekulative Theologie (*kalām*) sowie 6. Jurisprudenz (*fiqh*) und Prophetenüberlieferung (*ḥadīṯ*). Die restlichen vier Rubriken sind antiken, profanen oder jedenfalls nicht speziell islamischen Interessen gewidmet: 7. Philosophie und andere ‚nichtarabische' Wissenschaften, 8. Legenden, Fabeln und ‚Magie', 9. Schriften über andere Religionen (Manichäer, Hindus, Buddhisten etc.) und 10. Alchemie (vgl. Simon 2009b). Im Interesse seiner Kunden erwähnt Ibn an-Nadīm häufig den Umfang eines Buches, und so erfahren wir aus seiner Auflistung z. B. über den (sehr profilierten) Adab-Schriftsteller Muḥammad al-Marzubānī aus dem 10. Jahrhundert, dass er mehr als fünfzig Titel mit insgesamt über 45.000 Folios zu Papier gebracht haben soll (vgl. Sellheim 1991; eine etwas andere Zahl nennt Ghersetti 2012, 1).

Ibn an-Nadīms Bezeichnung als „Buchhändler" (*warrāq*) ist eine vom Wort für „Blatt", „Papier" (*waraqa*) abgeleitete Berufsangabe, die zugleich den Papierhändler, den Schriftsteller, den Kopisten, den Buchbinder wie den Buchverkäufer konnotierte und damit den gesamten Herstellungs- und Verwertungsprozess eines Buches vom textlichen Material über das fertige Produkt bis hin zu seiner kommerziellen Verwertung umriss. Sie weist auf eine Entwicklung hin, die zu al-Ǧāḥiẓ' Lebzeiten noch im Gange und frühestens gegen Ende des 9. Jahrhunderts, wahrscheinlich aber erst im 10. Jahrhundert weitgehend abgeschlossen war (vgl. Toorawa 2005, 56): die Etablierung des Bagdader ‚Buchhändler-Marktes' (sūq al-warrāqīn) mit mehr als hundert Werkstätten und Läden (dukkān oder ḥānūṭ). Von hier bezogen die Gebildeten das Material (Papier, Schreibrohr oder Tinte), das sie zur Verfertigung ihrer Texte benötigten, aber hier vollzogen sich auch die Transformation des Textes in ein Buch und der Umschlag dieses Buches auf dem Markt. An diesem Prozess waren viele „Buchleute" (aṣḥāb al-kutub) beteiligt, die weit höher spezialisierten Tätigkeiten nachgingen, als die Sammelbezeichnung „Buchhändler" vermuten lässt. Es gab den Papierzuschneider (qāṭiʿ), den Kopisten (nāsiḫ), den Kalligraphen (ḫaṭṭāṭ), den Vergolder (muḏahhib), den Buchbinder (muǧallid), den Buchmakler (dallāl) (vgl. Ghersetti 2012, 8, 14) und weitere Handwerker und Verbindungsleute, wobei die in späterer Zeit und besonders im persischen Raum florierende Buchmalerei noch ein ganz eigenes Gebiet darstellte. Die Tätigkeit der Kopisten, die ursprünglich als Kopisten des Koran und der Prophetentradition begonnen hatten, ihren Wirkungsbereich mit der Entwicklung von Wissenschaft und Literatur ausweiten konnten und nicht nur auf dem „Buchhändler-Markt", sondern auch am Hof, in den Kanzleien und den Bibliotheken ihr Auskommen fanden, standen insgesamt in einem nicht sehr hohen Ansehen. Ansehen und Bezahlung konnten wahrscheinlich je nach der Qualität, dem Schwierigkeitsgrad und der Ausstattung des betreffenden Buches ganz substantiell steigen, aber es sind auch immer wieder Klagen von Kopisten über ihre schlechte Bezahlung und fehlende Aufträge zu hören (vgl. Toorawa 2005, 57–59). Auf der anderen Seite bot gerade das Kopieren von Büchern solchen Intellektuellen einen wenn auch bescheidenen Lebensunterhalt, die entweder keinen Mäzen fanden, temporär ohne Gönner dastanden oder sich grundsätzlich nicht den Launen und Ansprüchen der Reichen ausliefern wollten.

Selbstverständlich wurde auch der Koran zunehmend kopiert, meist sogar mit einer besonderen Sorgfalt, den teuersten Materialien und reicher Ausstattung, und die zunehmende Vervielfältigung gilt ebenso sehr für die anderen Bücher der Religion, die sich in immer mehr Wissenschaften ausdifferenzierte. Trotzdem waren es v. a. religiöse Bedenken aus den Kreisen der Religionsgelehrten (ʿālim, pl. ʿulamāʾ), die dafür sorgten, dass die arabisch-islamische Schriftkultur den Bezug zur oralen Überlieferung niemals verlor. Religiöse Bedenken waren schon in islamischer Frühzeit gegen die Aufzeichnung der Prophetentradition erhoben worden (vgl. Cook 1997), und religiöse Bedenken führten dazu, dass auch in späteren Jahrhunderten die Lehre der religiösen Wissenschaften und die Pflege des islamischen Rechts in hohem Maß von der oralen Wissensvermittlung (vgl. Gätje 1987, 448) und Beglaubigung abhängig blieb. Überdies versuchten die

Religionsgelehrten, auch den „Buchhändler-Markt" auf einen ethischen Verhaltenscode zu verpflichten, und wirkten auf diese Weise auf die profane Buchproduktion zurück.

Aber dies alleine vermag keine Erklärung dafür zu bieten, warum buchorientierte Autodidakten fast immer Außenseiter blieben (vgl. Ali 2010, 38) und warum „Lektüre" (*qirā'a*) mit lautem Lesen (Vorlesen und/oder Rezitieren) gleichgesetzt wurde (vgl. Bloom 2001, 95). Dabei spielte sicher eine Rolle, dass die Diakritika und Vokalzeichen für die arabische Konsonantenschrift bis ins 10. Jahrhundert hinein nicht zweifelsfrei feststanden (vgl. Ali 2010, 41), ebenso wie der Umstand, dass die Zahl lesekundiger Personen auch im 10. Jahrhundert noch sehr klein gewesen sein muss. Über all das hinaus gilt jedoch der unübersehbare Tatbestand, dass dem ‚Lesen' ganz zentral eine soziale Dimension innewohnte, die Bücher zu mnemotechnischen Hilfsmitteln degradierte, dass man das Lesen für einen Abklatsch des Hörens hielt und dass infolgedessen nicht selten Analphabeten oder Blinde (aber nicht Taube) in den Kreis der ‚Literaten' aufgenommen wurden (vgl. Ali 2010, 45).

In späteren Jahrhunderten scheint das Vertrauen in die Autorität von Büchern gewachsen zu sein (vgl. Ghersetti 2012, 12), sogar und vielleicht besonders in religiösen Kreisen. Aber das Verständnis des Lesens als eines kommunikativen Akts zwischen Kompilator/Autor, (Vor-)Leser und Publikum erhielt sich bis in die Moderne hinein und mag dazu beigetragen haben, dass die arabisch-islamische Schriftkultur, die das Papier mehr als drei Jahrhunderte vor den Europäern zu nutzen verstand, ihnen beim Buchdruck um ebenfalls mehr als drei Jahrhunderte hinterherhinkte. Zwar experimentierte um 1720 herum schon der osmanische Sultan in Istanbul mit einer Druckerei für lexikographische Zwecke, und im selben Jahrhundert gründeten syrische und libanesische Christen Druckereien für ihre religiösen und liturgischen Texte. Doch erst Mohammed Ali, der Begründer des ‚modernen' Ägypten, richtete 1819 eine „nationale Druckerei" (*al-maṭbaʿa al-ahlīya*) ein, die später als „Druckerei von Bulaq" (*maṭbaʿat Būlāq*) in großem Stil Werke militärischen, technischen, wissenschaftlichen, edukativen und literarischen Inhalts veröffentlichte.

3 Kurze Geschichte des Phänomens

„Sucht nach Wissen, und sei es in China!" Auch wenn diese Sentenz nicht zum gesicherten Traditionsbestand Mohammeds gehört, fand sie im arabisch-islamischen Mittelalter weite Verbreitung und charakterisiert den allgemeinen Wissensdurst der Abbasidenzeit. Bagdad, die um das Jahr 760 herum gegründete

„Runde Stadt", verstand sich als Nabel der Welt und suchte aus allen Ländern und Quellen her Wissen anzuziehen. In erster Linie gilt das für die rege Übersetzungstätigkeit ins Arabische, die in der ersten Hälfte des 9. Jahrhunderts ihren Höhepunkt erlebte. Bereits während der Umayyadenherrschaft waren Institutionen aus hellenistischer Zeit wie die *Akademie von Gundischapur* im Südwesten Irans, die sich der Medizin in Forschung, Praxis und Übersetzung widmete, fortgeführt worden. Aber die meist christlichen oder nichtarabischen Übersetzer (Aramäer, Sabier, Perser, Nestorianer oder Chaldäer) sollten ihre große Zeit erst unter dem Abbasidenkalifen Hārūn ar-Rašīd (reg. 786–809), seinen Söhnen al-Maʾmūn (reg. 813–833) und al-Muʿtaṣim (reg. 833–842) sowie seinem Enkel al-Wāṯiq (reg. 842–847) erleben, bis die Versöhnung mit der sunnitischen ‚Orthodoxie' unter al-Mutawakkil (reg. 847–861) die arabisch-islamischen Wissenschaften stärker ins Zentrum rückte und die ‚nichtarabischen' Wissenschaften tendenziell ausschloss.

Hārūn hielt etwa den nestorianischen Katholikos als griechischen Übersetzer in hohen Ehren (vgl. Gätje 1987, 421), während seine persischstämmigen Wesire (die Familie Barmak) die Übertragung persisch-indischen Wissen favorisierten. Auch gründete Hārūn mit dem „Schatzhaus der Weisheit" (*ḫizānat al-ḥikma*) die erste größere Kalifenbibliothek, die al-Maʾmūn – nachdem ihm Aristoteles im Traum erschienen war – um die „Haus der Weisheit" (*bait al-ḥikma*) genannte Akademie erweiterte. Das *Haus der Weisheit* ist legendär, weil dort systematisch Übersetzungen insbesondere von Philosophie, Medizin und Astronomie/Astrologie aus dem Griechischen, Syrischen und Persischen angefertigt wurden. Selbst mit dem verfeindeten Byzanz hielt man zu diesem Zweck Kontakt: al-Maʾmūn schickte seinen philosophisch gebildeten Kurator nach Konstantinopel, um dort philosophische und wissenschaftliche Manuskripte zu erwerben. Auch soll er versucht haben, einen griechischen Universalgelehrten abzuwerben, was allerdings nur dessen byzantinische Karriere beförderte. Dennoch gelang es den Bagdader Gelehrten auf etlichen Wissensgebieten, griechische Texte nicht nur zu übersetzen und in die wissenschaftliche Praxis zu überführen, sondern die gewonnenen Erkenntnisse auch weiterzuentwickeln (vgl. Bloom 2001, 118).

Das *Haus der Weisheit* wurde wahrscheinlich unter al-Mutawakkil zerstört, weil es zu vielen ‚nichtarabischen' Wissenschaften ein Forum geboten hatte. Seine Tätigkeiten wurden allerdings durch die Schaffung etlicher Bibliotheken aufgewogen, die dank der Einführung des Papiers wie Pilze aus dem Boden schossen. Bibliotheken sammelten Bücher nämlich nicht nur, sondern engagierten sich auch bei ihrer Herstellung. Im Vergleich mit der ohnehin sehr begrenzten Anzahl europäischer Bibliotheken zur selben wie zu einer späteren Zeit und selbst noch im typographischen Zeitalter müssen die mittelalterlichen arabisch-islamischen Bibliotheken eindrucksvolle Zeugnisse einer weit verbreiteten Bibliomanie gewesen sein, auch wenn, wie in anderen Fällen, weit übertriebene Zahlen in Umlauf waren. Die größte Bibliothek im christlichen Europa, die Bibliothek der Sorbonne in Paris, soll im Jahr 1338 338 Bücher in ihren Lesesälen ausgelegt haben; weitere 1728 Bücher sollen in Magazinen für die Ausleihe bereitgestanden haben, aber 300 davon waren im Katalog bereits als verschollen vermerkt (vgl. Bloom 2001, 117).

Dagegen nahmen sich die Bibliotheken der Abbasidenzeit allein schon architektonisch eindrucksvoll aus, besonders während der Herrschaft der Buyiden, einer nordiranischen Söldnerfamilie, die im 10. Jahrhundert den Bagdader Kalifen unter ihren ‚Schutz' stellte. In Schiraz, der iranischen Hauptstadt der Buyiden, sah der Geograph al-Muqaddasī (gest. nach 1000) eine freistehende Bibliothek, die aus einer mit einem Gewölbe versehenen Halle bestand. An drei Seiten der Halle schlossen sich angeblich nicht weniger als 360 Räume an, und sowohl die Halle selbst als auch die Räume waren mit verschließbaren Regalen ausgestattet. Auf den Regalbrettern lagen die Bücher in Stapeln (vgl. Bloom 2001, 118–119), wobei je nach Bibliothek offenbar unterschiedliche Ordnungssysteme angewandt wurden. Das unter den Buyiden in Bagdad errichtete „Haus des Wissens" (*dār al-'ilm*) oder „Haus der Bücher" (*dār al-kutub*), das im Jahr 1055 bei der Eroberung der Stadt durch die Seldschuken verbrannte, soll mehr als 10.000 Bücher zu den unterschiedlichsten Wissensgebieten enthalten haben.

Die Rivalen des Bagdader Kalifen in Cordoba und Kairo bauten in noch größeren Dimensionen: Der Umayyadenkalif al-Ḥakam II. in Andalusien (reg. 961–976) gründete eine Bibliothek, die 400.000 Bücher enthalten haben soll (allein der Katalog beanspruchte 44 Bände à 20 Folios). Nach seinem Tod fielen die philosophischen und theologischen Werke jedoch einer Bücherverbrennung zum Opfer, und der Restbestand wurde in alle Winde verstreut. Die Fatimiden in Ägypten unterhielten ihr eigenes *Haus der Weisheit* (*dār al-ḥikma*) oder „Haus des Wissens" (*dār al-'ilm*), dessen Bibliothek nach einer Zählung im Jahr 1045 ‚nur' 6500 Bücher über unterschiedliche Gegenstände enthalten haben soll. In Berichten über das Jahr 1068, als meuternde Truppen den Fatimidenpalast plünderten, ist allerdings von sagenhaften Schätzen die Rede. Ein Raum soll 18000 Bände über antike Wissenschaft enthalten haben, ein anderer 2400 Koranmanuskripte, und ein Augenzeuge will 25 Kamele gesehen haben, die mit einer Bücherfracht im Wert von 100 000 Dinar gerade auf dem Weg zum Haus eines korrupten Wesirs waren. Unabhängig von solchen Plünderungen soll die Bibliothek des Fatimidenkalifen im Jahr 1171, als sich die Fatimiden der militärischen Übermacht Saladins ergeben mussten, allein 1200 Kopien von aṭ-Ṭabarīs (gest. 923) umfangreicher Weltgeschichte unter weiteren 1 600 000 Büchern enthalten haben. Saladin soll die Bücher versteigert haben, von denen allein 100 000 an die religiöse Hochschule (*madrasa*) gingen, die sein Berater al-Qāḍī al-Fāḍil (1135–1200) in Kairo

Schriftlichkeitskultur: Literarische Institutionen im arabisch-islamischen Mittelalter — 323

Abb. 1: „Die Bibliothek von Basra" aus *Die Maqamen des Hariri* (Pariser Nationalbibliothek, Ms Ar 5847 fol.5; © Bibliotheque Nationale, Paris / Archives Charmet / Bridgeman Images).

errichten ließ (vgl. Gätje 1987, 458; Bloom 2001, 121–122). Unter den heute noch verfügbaren mittelalterlichen arabischen Manuskripten stammt allerdings nur eines aus der Bibliothek von al-Ḥakam, und aus der Fatimidenbibliothek sind ebenfalls nicht mehr als zwei erhalten.

Im Fall der Fatimidenbibliothek hat der Historiker al-Maqrīzī (gest. 1442) während der 150 Jahre früheren Regierungszeit von al-Ḥākim bi-Amr Allāh (reg. 996–1020) eine Aufstellung der Ausgaben hinterlassen, die zu ihrer Aufrechterhaltung nötig waren. Es sind Zahlen, die eher zu der zurückhaltenden Schätzung von 6500 Büchern als zu der sicher weit übertriebenen Bezifferung mit anderthalb Millionen passen. Danach betrug das jährliche Budget 207 Dinare, von denen 90 allein für Papier ausgegeben wurden, das die Kopisten benötigten (eine Familie in bescheidenen Verhältnissen brauchte im selben Zeitraum etwa 24 Dinare zu ihrem Lebensunterhalt). 48 Dinare wurden für die Bezahlung des Bibliothekars benötigt, 15 Dinare für den Aufseher, je 12 Dinare für die Personen, die in der Materialausgabe und der Reparaturwerkstatt beschäftigt waren, je 10 Dinare für Bodenmatten und Trinkwasser, 5 bzw. 4 Dinare für zusätzliche Matten und Decken im Winter und 1 Dinar für die Instandhaltung der Vorhänge (vgl. Bloom 2001, 121–122).

Die Bibliothek al-Ḥākims galt als die bedeutendste ihrer Zeit, vielleicht des gesamten Mittelalters, aber sie stellte allenfalls aufgrund ihrer Größe eine Ausnahmeerscheinung dar. Vielleicht nicht einmal das, denn auch die Bibliothek eines Wesirs der Fatimiden soll eine halbe Million Bücher enthalten haben (vgl. Bloom 2001, 122). Auch andere Mächtige des Reichs gründeten Bibliotheken in den Hauptstädten Bagdad, Cordoba oder Kairo und in Provinzzentren wie Mosul, Hormuz oder Raiy (vgl. Gätje 1987, 448–449; Bloom 2001, 118; Osti 2012). Überdies unterhielten nicht wenige Privatleute wie Großkaufleute, Ärzte oder Astronomen Bibliotheken. Für das 11. Jahrhundert wird eine Zahl von vierzig Bibliotheken allein für Kairo genannt, und in anderen Hauptstädten sah es vor dem Mongolensturm nicht anders aus (vgl. Gätje 1987, 458–459). Es sind sogar Fälle bekannt, wonach ein Herrscher eine Privatbibliothek konfiszierte, weil er ihrer Attraktivität nicht widerstehen konnte (vgl. Gätje 1987, 449, 457).

Die Stiftungsbibliotheken waren im Prinzip öffentlich, boten aber trotzdem oft nur einen eingeschränkten Zutritt. Die Kalifenbibliothek in Bagdad stand den Ärzten und Astronomen oder Astrologen des „Hauses der Weisheit" offen, während anderen Personenkreisen kein unmittelbarer Zugang gewährt wurde. Andernorts scheint man den Zutritt freizügiger gehandhabt zu haben: Die Bibliothek von Kairo stand zumindest allen ansässigen Gelehrten zur Verfügung, und in Cordoba unterhielt man eine Art öffentliches Ausleihsystem. Darüber hinaus wurden in der Kairoer Bibliothek öffentliche Vorlesungen gehalten, und ein Lesesaal ermöglichte spontane Zusammenkünfte der Gelehrten (vgl. Gätje 1987, 449,

458; Bloom 2001, 117, 121). V. a. scheinen es jedoch Privatbibliotheken gewesen zu sein, die sich dem allgemeinen Publikum öffneten und zu einer gebildeten Öffentlichkeit beitrugen (vgl. Bloom 2001, 117–118).

Neben den Zentral- und Freitagsmoscheen, den Akademien und anderen Stiftungen sowie dem „Buchhändler-Markt" waren es besonders die Bibliotheken und dazugehörige Räumlichkeiten oder Gärten, in denen sich spätestens im 9. Jahrhundert eine Institution etablierte, die man als soziale Praxis des literarischen Adab bezeichnen kann: die „gesellige Sitzung" (*maǧlis, muǧālasa*, im Folgenden Mudschalasa), besser übersetzt mit „literarische Geselligkeit" oder sogar „literarischer Salon". Neben der „geselligen Sitzung" gab es noch andere Begriffe für ähnliche Anlässe: den „gemeinsamen Studierzirkel" (*ḥalqa*), den „literarischen Klub" (*nādī al-adab*) oder die „abendliche Unterhaltung" (*samar, musāmara*). Während am Kalifenhof eine strenge Etikette herrschte, traf man sich bei Privatleuten in zwanglosem Kreis, und dieser Unterschied kommt sogar sprachlich zum Ausdruck. Das Verbalsubstantiv des 3. Stammes (wie bei *muǧālasa*) bezieht bei der Bezeichnung einer Handlung das Objekt der Handlung mit ein und konnotierte deshalb über die unpersönliche „Sitzung" (*maǧlis*) hinaus, dass man mit einem anderen Menschen zusammensaß oder einer anderen Person Gesellschaft leistete. Ähnlich funktionierte die Differenzierung bei der „abendlichen Unterhaltung" (*samar, musāmara*) und weiteren Wortbildungen für gesellige Zusammenkünfte: dem gemeinsamen Erinnern oder Memorieren (*muḏākara*), dem geselligen Beisammensein (*muḥāḍara*) oder dem gemeinsamen Trinken (*munādama*) (vgl. Ali 2010, 17).

Die ‚Textgemeinschaften' (*textual communities*), die sich im Rahmen solcher Mudschalasa-Geselligkeit zusammen fanden, waren sowohl überschaubar als auch komplex. Überschaubar waren sie, weil sie sich auf die „Gebildeten" (*udabāʾ*) beschränkten, die den Adab beherrschten, beherrschen lernen und/ oder literarisch verwerten wollten. Samer Ali weist in seinem Buch über *Arabic Literary Salons* darauf hin, dass diese Salons sowohl eine Schule als auch eine Bühne und einen Markt boten, dank derer ein Eleve seine Eloquenz schärfen, seine Konkurrenten ausstechen und schließlich Triumphe feiern konnte (vgl. Ali 2010, 28, 32). Komplex waren die Textgemeinschaften, weil sie Menschen in sozialen Netzwerken (oder geradezu „ontologischen Seinsketten" [Ali 2010, 40]) miteinander verbanden, ohne dass ihre ethnische, religiöse oder auch nur soziale Zugehörigkeit eine besondere Rolle gespielt hätte. Der eloquente Nichtsnutz oder Mann aus dem Volk wurde (in der Nachfolge des eloquenten, obschon ebenso armen wie illiteraten Beduinen) vom 10. Jahrhundert an zur Standardfigur einer fiktionalen Sonderform des Adab, der sogenannten Makamen (*maqāma*), die von Badīʿ az-Zamān („das Wunder der Zeit") al-Hamaḏānī entwickelt wurden und über die Jahrhunderte hinweg bis ins 20. Jahrhundert hinein überall in der arabischsprachigen Welt Nachahmer fanden (vgl. Simon 2009a; Bosworth 1991).

Die religiösen Gelehrten (*'ulamā'*) waren von den geselligen Zusammenkünften keineswegs ausgeschlossen, sondern scheinen sogar selbst solche Zirkel unterhalten zu haben, wenn sie als Kaufleute oder auf anderem Weg zu Geld gekommen waren und einen entsprechenden Rahmen bieten konnten. Es ist alles andere als ungewöhnlich, dass in den mittelalterlichen Biographien oder biographischen Sammelwerken die Eigenschaften von „Gelehrtem" (*'ālim*), „Gebildetem" (*adīb*) oder (höfisch) „Elegantem" (*ẓarīf*) in einem Atemzug genannt werden. Aber tonangebend in diesen Zirkeln war nicht das Wissen, der Habitus oder die Ethik eines Religionsgelehrten, sondern eher die Bildung des „Staatsbeamten" (*kātib*) und die Vorlieben der Gebildeten in ihrer ganzen Bandbreite. Beliebt waren gerade jene Zirkel, die auf gravitätische Strenge verzichteten und einen gewissen Exzess zuließen. Das Motto „Zum Adab gehört der Verzicht auf Adab" (*min al-adab tark al-adab*) bezog sich auf Abende, die mit Banketten, Wein und Musik und der Anwesenheit von (Sänger-)Sklavinnen einen Verlauf nahmen, der Trunkenheit, Sex und Ekstase nicht ausschloss. Gerade die ekstatische Aufnahme (*ṭarab*) literarischer oder musikalischer Darbietungen ist ein besonderer Charakterzug der arabisch-islamischen Kultur und unterstreicht einmal mehr die Bedeutung, die ihren performativen Aspekten zukam. Das galt bis in die höchsten Kreise hinein: Etliche Berichte führen Kalifen, Prinzen und Wesire vor, wie sie bei solchen Gelegenheiten alle Gliedmaßen in die Luft streckten, auf dem Boden herumkrochen und Entzückensschreie ausstießen oder in ein unkontrollierbares Zittern verfielen (vgl. Ali 2010, 28–29).

Der berühmteste Mudschalasa-Salon der Abbasidenzeit in Bagdad ist mit dem Namen Yuḥannā b. Māsawaih (gest. 857) verbunden, einem Arzt aus der *Akademie von Gundischapur*, der nacheinander vier Kalifen als Leibarzt diente und sich darüber hinaus als Apotheker, Philosoph und Literat einen Namen machte. Ibn Māsawaih verkörperte den Prototyp des unabhängigen Gebildeten, der sich durch seinen Adab (*adab*), seine Eleganz (*ẓarf*) und seinen Witz (*du'āba*) auszeichnete (vgl. Ali 2010, 19). Andere gebildete Männer hielten bewusst Distanz zum Hof und den Mächtigen des Reiches, und waren dank des Buchmarktes auch dazu in der Lage, ohne ihre Unabhängigkeit mit bitterer Armut zu bezahlen. Als solch einen unabhängigen Geist stellt Shawkat M. Toorawa den *(N)inth Century Bookman* Aḥmad b. abī Ṭāhir Ṭaifūr (gest. 893) vor, der sich aus freiem Entschluss für eine Wohnung auf dem „Buchhändler-Markt" entschied. Dort stand er in stetem Austausch mit Autoren, Verlegern und Buchhändlern, und dort taten sich auch zahlreiche Möglichkeiten zum Gelderwerb rund um Erziehung, Bildung und Buchproduktion auf. Mit dieser seiner Lebensführung unterschied sich Ibn abī Ṭāhir deutlich von anderen Gebildeten wie seinem älteren Zeitgenossen al-Ǧāḥiẓ, die zumindest längere Perioden ihres Lebens in der Gefolgschaft eines Mäzens zubrachten (vgl. Toorawa 2005, 124–125).

Die Verbreitung des literarischen Adab führte zu einer differenzierten Wahrnehmung dessen, was ein Autor, eine Imitation, ein Plagiat, eine Fälschung und ein Publikum war und wie die Strategien beschaffen sein mussten, um sich zum eigenen Vorteil die Gesetze des Marktes zunutze zu machen und an Geld, Prestige und Einfluss zu kommen. Trotz des hohen Komplexitätsgrads im literarischen Leben fehlte es allerdings an institutionalisierten Formen literarischer Ausbildung, wie sie im 11. Jahrhundert im religiösen Bereich etabliert wurden. In diesem Jahrhundert entstand die Madrasa (*madrasa*), die der Ausbildung von Juristen (und Theologen) zumeist eines bestimmten sunnitischen Ritus diente und ein rechtlich-religiöses Curriculum mitsamt propädeutischer Ausbildung in arabischer Grammatik, Koran- und Traditionswissenschaft besaß, das ganz auf ihren Zweck hin ausgerichtet war. Auch die Ausbildung in Medizin sowie in Astronomie/Astrologie hatte einen weitgehend formalisierten Charakter (vgl. Gätje 1987, 432), nicht aber die Ausbildung im literarischen Adab (einschließlich des weiten Feldes der Geschichte) und nicht einmal für den Dienst der Staatsbeamten, der zweiten distinkten Bildungsschicht neben den Religionsgelehrten. Wer eine Laufbahn im Staatsdienst einschlagen wollte, musste vor Ort eine ‚Lehre' entweder in den Staatsfinanzen und der Steuerverwaltung oder in den Korrespondenzabteilungen, der Diplomatik oder dem Geheimdienst durchlaufen.

Ebenso wenig institutionalisiert waren die Berufsfelder, die der literarische Adab außerhalb des Staatsdienstes einem angehenden Literaten oder Gebildeten bot. Obwohl sich spätestens seit dem 9. Jahrhundert angehende oder auch bereits etablierte Literaten einen Brotberuf auf dem Papier-, Schreib- oder Buchmarkt und auch auf anderem Gebiet (etwa der Erziehung) suchen konnten, so wie vor der Einführung der Madrasa autodidaktische Religionsgelehrsamkeit v. a. im Kaufmannsmilieu beheimatet war, spielte das Mäzenatentum noch über Jahrhunderte hinweg eine tragende Rolle. Die Abhängigkeit von einem Mäzen bedeutete eine dreifach prekäre Existenz: Der Mäzen verlangte beständige Aufmerksamkeit und Schmeichelei, nutzte die Kenntnisse und Fähigkeiten seines Protegés aus und riss ihn bei seinem eigenen Bankrott oder Fall möglicherweise mit in den Abgrund. Die ambivalente Situation eines Adab-Schriftstellers führen vielleicht am besten das Leben und Werk vor Augen, wie es von Abū Ḥayyān at-Tauḥīdī (gest. 1023) überliefert ist. Zu Anfang seiner Karriere verdingte sich at-Tauḥīdī auf dem „Buchhändler-Markt" von Bagdad als Kopist, offensichtlich angeregt von einer Atmosphäre der Kultiviertheit, des Lernens und der Disputation (vgl. Gätje 1987, 451). Nachdem er sich dem Buyidenwesir Ibn 'Abbād angeschlossen hatte, begründete er seinen Wechsel in der Rückschau jedoch mit seinem früheren Hungerlohn (vgl. Toorawa 2005, 59). Dann zerstritt er sich mit Ibn 'Abbād und einem weiteren Buyidenwesir namens Ibn al-ʿAmīd, und am Ende seines Lebens soll er aus bitterer Enttäuschung über den Mangel an Aufmerksamkeit seine Bücher verbrannt haben (vgl. Enderwitz 2009).

Damit ist aber noch nicht das Ende von at-Tauḥīdīs Geschichte erreicht, denn seine Beteiligung an der Mudschalasa-Geselligkeit eines dritten Buyidenwesirs versorgte ihn mit dem Material für sein (erhaltenes) *Buch der Anregung und guten Gesellschaft* (*Kitāb al-imtāʿ wa-l-muʾānasa*). Dank dieses mehrteiligen Werks gilt at-Tauḥīdī heute als einer der bedeutendsten unter den zahlreichen arabischen Autoren, die die literarische Öffentlichkeit als Prätext für ihre literarischen Anthologien nutzten. Allein aus dem 10. Jahrhundert gehören dazu ferner aṣ-Ṣūlī (gest. 947) mit seinen *Anekdoten über al-Buḥturī und Appendix der Anekdoten* (*Aḫbār al-Buḥturī wa-dhayl al-aḫbār*), ad-Dīnawarī (gest. um 940) mit dem *Buch der Mudschalasa und Juwelen des Wissens* (*Kitāb al-muǧālasa wa-ǧawāhir al-ʿilm*) und at-Tanūḫī (gest. 994) mit seinen *Plaudereien beim geselligen Beisammensein und Anekdoten des gemeinsamen Erinnerns* (*Nišwār al-muḥāḍara wa-aḫbār al-muḏākara*). Diese literarische Praxis sollte in den folgenden Jahrhunderten zahlreiche Fortsetzungen finden, häufig mit Verweisen auf „Frühling" und „Garten" im Titel, die bevorzugte Zeit-Ort-Kombination für die Mudschalasa-Geselligkeit (vgl. Ali 2010, 18).

4 Aktueller Erkenntnisstand und offene Fragen

Nach einer (sehr vagen) Schätzung haben ungefähr 600.000 arabischsprachige Manuskripte aus der Zeit vor dem Buchdruck überlebt (vgl. Bloom 2001, 93), wobei sich der Begriff ‚Manuskript' sowohl auf Fragmente als auch auf mehrere Hundert Seiten oder etliche Bände beziehen kann. Während die Geschichte des gedruckten Buchs im arabischsprachigen Raum in den vergangenen Jahren relativ gut erforscht wurde, ist das bei den Manuskripten bisher nur rudimentär der Fall, von einer „Geschichte des arabischen Manuskripts" ganz zu schweigen (Ghersetti 2012, 2). Die Erforschung dieser Geschichte stellt aber die Grundbedingung für die Erforschung der literarischen Institutionen dar, nicht nur, weil die Manuskripte den wichtigsten historischen Zugang für die literarischen Institutionen bieten, sondern auch, weil sie zum materiellen Bestand der literarischen Institutionen gehörten.

Die Geschichte literarischer Institutionen im arabisch-islamischen Mittelalter muss also bei den arabischen Manuskripten selbst beginnen, deren Aufarbeitung noch sehr zu wünschen übrig lässt. Viele arabische Webseiten stellen inzwischen arabischsprachige Bücher ins Netz, häufig handelt es sich aber um die Faksimile-

Wiedergabe gedruckter Editionen, die nicht mehr auf dem Stand der neueren historisch-kritischen Forschung sind. Arabische (wissenschaftliche) Webseiten besonders aus der Golfregion präsentieren besonders Manuskripte, die durch ihre materielle Ausstattung herausragen, andere (wissenschaftliche) arabische Webseiten digitalisieren Texte, ohne ihnen einen historisch-kritischen Apparat (oder auch nur Seitenzahlen) beizufügen. Viele arabischsprachige Manuskripte lagern in europäischen Archiven (von Madrid bis St. Petersburg), aber auch diese sind nur zum Teil erschlossen. Wenn in Deutschland eine Bibliothek nicht dem langjährigen Projekt der KOHD („Katalogisierung orientalischer Handschriften in Deutschland") angeschlossen ist, sind ihre Bestände orientalischer Handschriften nach wie vor möglicherweise nur über Zettelkästen (und seien es Zettelkästen in digitalisierter Form) zu erschließen.

In den vergangenen Jahren hat die Erforschung arabischsprachiger Manuskripte zwar deutliche Fortschritte gemacht, und zwar sowohl in Bezug auf die historische Erforschung ihrer Produktion z. B. durch Adam Gaceks *The Arabic Manuscript Tradition* (2001; plus Supplement 2008) als auch in Bezug auf den praktischen Umgang mit den Manuskripten wiederum durch Adam Gaceks *Arabic Manuscripts: A Vademecum for Readers* (2009) oder François Deroches *Manuel de codicologie des manuscrits en écriture arabe* (2000). An gründlichen Untersuchungen der Manuskripte als Kommunikationsmittel und Instrument der Wissensverbreitung mangelt es jedoch nach wie vor, und das steht in engstem Zusammenhang mit einem allgemeinen Mangel an Studien zur arabisch-islamischen Sozialgeschichte.

Mittelalterliche Populärliteratur ist ein Gebiet, das bisher genauso wenig erforscht wurde wie mittelalterliche Sozialgeschichte, von den wegweisenden Untersuchungen Shlomo D. Goiteins (*A Mediterranean Society*, 1967–1988) oder Boaz Shoshans (*Popular Culture in Medieval Cairo*, 2002) und einiger anderer abgesehen. Ein Grund dafür liegt im Fehlen entsprechender Manuskripte, die häufig zum ‚Verbrauch' bestimmt waren und leichter im Müll landeten als andere Manuskripte oder einer Zweitverwertung und Wiederverwendung unterzogen wurden. Auch die Haltbarkeit ihrer Materialien konnte es nicht mit den Erzeugnissen der Hochkultur aufnehmen, so dass allein die schlechte Papierqualität und Tintenfraß überproportional viele Opfer auf diesem Gebiet forderten. Darüber hinaus spielt die Tatsache, dass populäre Literatur aus der Perspektive der Hochkultur keiner Erwähnung wert war, für den Mangel an Informationen aus zweiter und dritter Hand in anderen (erhaltenen) Manuskripten eine wichtige Rolle.

Manchmal hängt die Unkenntnis auch mit den epistemologischen Grundannahmen innerhalb der orientalistischen Fächer zusammen, wie erst jüngst Tamar El-Leithy zu zeigen versucht hat. Dass nur wenige mittelalterliche arabisch-islamische Archive vorhanden sind, hat seiner Ansicht nach zu der falschen Schlussfolgerung geführt, dass man im arabisch-islamischen Mittelalter an der Bewahrung archivalischer Dokumente kein Interesse gehabt und sie deshalb nach Gebrauch regelmäßig vernichtet habe. Er fordert stattdessen die systematische Durchführung von Fallstudien an individuellen oder Familienarchiven, um diese historische Fehlannahme zu korrigieren (vgl. El-Leithy 2011). Auf diesem Gebiet entsteht (allerdings mit dem Fokus auf dem 19./20. Jahrhundert) tatsächlich ein neuer Forschungszweig, für den stellvertretend hier nur auf das von der Europäischen Union geförderte Projekt unter der Leitung von Vincent Lemire, *Revealing Ordinary Jerusalem (1840–1940): New Archives and Perspectives on Urban Citizenship and Global Entanglements*, verwiesen werden soll.

Die Einrichtung von Sonderforschungsbereichen (SFBs), Exzellenzclustern und anderen interdisziplinären Forschungsverbünden hat viel dazu beigetragen, dass Grenzen zwischen etwa der Mediävistik und der Islamwissenschaft durchlässiger geworden sind. Einreißen wird man sie jedoch auch in näherer Zukunft nicht, da sich die sprachlichen Zugangsvoraussetzungen wesentlich unterscheiden und die disziplinäre Forschung nichts von ihrer Vordringlichkeit verloren hat. Für die Geschichte literarischer Institutionen entsteht auch hier ein neuer Forschungszweig, der sich mit der Biographie einzelner mittelalterlicher Literaten befasst. Der Versuch, die wissenschaftlich-literarischen Netzwerke solcher Biographien zu erforschen und sie zugleich in ihren sozialen, politischen, administrativen, religiösen und ökonomischen Rahmen einzubetten, verspricht tatsächlich eine bedeutende Erweiterung des Wissens über die literaten Schichten des arabisch-islamischen Mittelalters. Eine solche Forschung, die wegweisend von Charles Pellat schon vor über einem halben Jahrhundert (*Le milieu baṣrien et la formation de Ǧāḥiẓ*, 1953) angeregt wurde, hat erst in jüngster Zeit durch Studien wie Shawkat M. Toorawas *Ibn abī Ṭāhir Ṭayfūr and Arabic Writerly Culture* eine Fortsetzung gefunden. Forschungen am Orient-Institut Beirut und der Universität Münster gehen in eine ähnliche Richtung, und so ist für die nähere Zukunft auf einige Studien zu Literatenpersönlichkeiten aus dem arabisch-islamischen Mittelalter und ihr Umfeld zu hoffen.

Weiterführende Literatur

Bauer, Thomas (⁴2011). *Die Kultur der Ambiguität*. Berlin.
Berkel, Maaike van (2013). „The Bureaucracy". *Crisis and Continuity at the Abbasid Court. Formal and Informal Politics in the Caliphate of al-Muqtadir (295–320/908–932)*. Hrsg. von Maaike van Berkel et al. Leiden: 87–110.
Hirschler, Konrad (2010). *The Written Word in the Medieval Islamic Lands: A Social and Cultural History of Reading Practices*. Edinburgh.

Johann W. Fück-Kolloquium (1996). *Ibn an-Nadīm und die mittelalterliche arabische Literatur.* Beiträge zum ersten Johann W. Fück-Kolloquium (Halle 1987). Wiesbaden.

Reynolds, Dwight D. (Hg.) (2001). *Interpreting the Self. Autobiography in the Arabic Literary Tradition.* Los Angeles, CA und London.

Zitierte Literatur

Ali, Samer A. (2010). *Arabic Literary Salons in the Islamic Middle Ages. Poetry, Public Performance, and the Presentation of the Past.* Notre Dame.

Bloom, Jonathan (2001). *Paper before Print. The History and Impact of Paper in the Islamic World.* New Haven und London.

Bosworth, Clifford E. (1991). „Maḳāma". *The Encyclopaedia of Islam. New Edition.* Bd. VI. Hrsg. von Clifford E. Bosworth et al. Leiden: 107a–116a.

Cook, Michael (1997). „The Opponents of the Writing of Tradition in Early Islam". *Arabica* 44 (1997): 437–530.

Deroche, François (2000). *Manuel de codicologie des manuscrits en écriture arabe.* Paris.

El-Leithy, Tamar (2011). „Living Documents, Dying Archives: Towards a Historical Anthropology of Medieval Arabic Archives". *al-Qanṭara* 32.2 (2011): 389–434.

Enderwitz, Susanne (2009). „'Alī ibn Muḥammad ibn al-'Abbās Abū Ḥayyan at-Tauḥīdī". *Kindlers Literatur Lexikon.* 3., völlig neu bearbeitete Auflage. Bd. XVI. Hrsg. von Heinz-Ludwig Arnold. Stuttgart und Weimar: 118–119.

Gacek, Adam (2001). *The Arabic Manuscript Tradition: A Glossary of Technical Terms & Bibliography.* Leiden.

Gacek, Adam (2009). *Arabic Manuscripts: A Vademecum for Readers.* Leiden.

Gätje, Helmut (1987). *Grundriss der arabischen Philologie. Bd. II: Literaturwissenschaft.* Wiesbaden.

Ghersetti, Antonella (2012). „Editor's Introduction". *The Book in Fact and Fiction in Pre-Modern Arabic Literature.* Hrsg. von Antonella Ghersetti und Axel Metcalf: 1–15 [Sonderheft: *Journal of Islamic Studies* 12 (2012)].

Ghersetti, Antonella und Axel Metcalf (Hg.) (2012). *The Book in Fact and Fiction in Pre-Modern Arabic Literature* [Sonderheft: *Journal of Islamic Studies* 12 (2012)].

Goitein, Shlomo D. (1967–1988). *A Mediterranean Society: The Jewish Communities of the Arab World as portrayed in the Documents of the Cairo Geniza.* Los Angeles, CA.

Grunebaum, Gustav E. von (1963). *Der Islam im Mittelalter.* Zürich und Stuttgart.

Günther, Sebastian (2006). „Praise to the Book! Al-Jāḥiẓ and Ibn Qutayba on the Excellence of the Written Word in Medieval Islam". *Jerusalem Studies in Arabic and Islam* 32 (2006): 125–143.

Hirschler, Konrad (2012). „,Catching the Eel' – Documentary Evidence for Concepts of the Arabic Book in the Middle Period". *The Book in Fact and Fiction in Pre-Modern Arabic Literature.* Hrsg. von Antonella Ghersetti und Axel Metcalf: 224–234 [Sonderheft: *Journal of Islamic Studies* 12 (2012)].

Lemire, Vincent et al. (2016). *Revealing Ordinary Jerusalem (1840–1940): New Archives and Perspectives on Urban Citizenship and Global Entanglements.* http://openjlem.hypotheses.org (6. Januar 2016).

Makdisi, George (1981). *The Rise of Colleges. Institutions of Learning in Islam and the West*. Edinburgh.
Marzolph, Ulrich (2009). „Tausendundeine Nacht (Alf laila wa-laila)". *Kindlers Literatur Lexikon*. 3., völlig neu bearbeitete Auflage. Bd. XVI. Hrsg. von Heinz-Ludwig Arnold. Stuttgart und Weimar: 120–124.
Osti, Letizia (2012). „Notes on a private library in fouth/tenth-century Baghdad". *The Book in Fact and Fiction in Pre-Modern Arabic Literature*. Hrsg. von Antonella Ghersetti und Axel Metcalf: 215–223 [Sonderheft: *Journal of Islamic Studies* 12 (2012)].
Pedersen, Johann (1984). *The Arabic Book*. Princeton, NY [OT: *Den Arabiske Bok*, Kopenhagen 1946].
Pellat, Charles (1953). *Le milieu baṣrien et la formation de Ǧāḥiẓ*. Paris.
Pellat, Charles (1967). *Arabische Geisteswelt. Ausgewählte und übersetzte Texte von al-Ǧāḥiẓ (777–869)*. Zürich und Stuttgart.
Schoeler, Gregor (1992). „Schreiben und Veröffentlichen. Zur Verwendung und Funktion der Schrift in den ersten islamischen Jahrhunderten". *Der Islam* 69.1 (1992): 1–43.
Sellheim, Rudolph (1991). „al-Marzubānī". *Encyclopaedia of Islam, New Edition*, Bd. IV. Leiden: 634a–635b.
Shoshan, Boaz (2002). *Popular Culture in medieval Cairo*. Cambridge.
Simon, Udo (2009a). „Abu l-Faḍl Aḥmad Badīʿ az-Zamān al-Hamaḏānī". *Kindlers Literatur Lexikon*. 3., völlig neu bearbeitete Auflage. Bd. VII. Hrsg. von Heinz-Ludwig Arnold. Stuttgart und Weimar: 26–27.
Simon, Udo (2009b). „Abu l-Farağ Muḥammad Ibn an-Nadīm". *Kindlers Literatur Lexikon*. 3., völlig neu bearbeitete Auflage. Bd. VIII. Hrsg. von Heinz-Ludwig Arnold. Stuttgart und Weimar: 16–17.
Toorawa, Shawkat M. (2005). *Ibn abī Ṭāhir Ṭayfūr and Arabic Writerly Culture. A ninth century bookman in Baghdad*. London und New York, NY.
Walther, Wiebke (1987). *Tausend und eine Nacht*. München und Zürich.
Webb, Peter (2012). „,Foreign books' in Arabic Literature: Discourses on Books, Knowledge and Ethnicity in the Writings of al-Jahiz". *The Book in Fact and Fiction in Pre-Modern Arabic Literature*. Hrsg. von Antonella Ghersetti und Axel Metcalf: 16–55 [Sonderheft: *Journal of Islamic Studies* 12 (2012)].

III.3 **Werke: Distribution und Speicherung**

Walter Gödden
III.3.1 Arbeitsgemeinschaften und Kommissionen

1 Definition

Unter den Begriffen ‚Arbeitsgemeinschaften' und ‚Kommissionen' werden im Folgenden Institutionen verstanden, die außerhalb des universitären Rahmens Literaturförderung und Lobbyarbeit betreiben. Dabei stehen – je nach Ausrichtung, Anspruch und Profil – literarische, literaturwissenschaftliche, archivarische, aber auch literaturliebhaberische und literaturtouristische Aspekte im Vordergrund. Die Gegenwartsliteratur bildet dabei ebenso einen Fokus wie die literarische Vergangenheit (z. B. durch den Erhalt und Ausbau von Dichterstätten, Ausstellungen etc.). Es handelt sich bei Arbeitsgemeinschaften bzw. Literaturkommissionen in der Regel um Dachorganisationen, die eng mit ihren Mitgliedern/Mitgliedsgesellschaften kooperieren und häufig eine vereinsähnliche Struktur aufweisen (mit einem Vorsitzenden oder Sprecher an der Spitze sowie Vorstand, Beirat, Mitgliederversammlung). Oft sind diese Organisationen großen Bundes- oder Landesbehörden angegliedert oder Museen und Archiven, die eine zentrale, oft historisch gewachsene Stellung einnehmen wie bspw. das *Deutsche Literaturarchiv Marbach*. Diese Arbeitsgemeinschaften und Kommissionen bündeln ehrenamtliches Engagement und widmen sich Aufgabenbereichen, die von anderer Seite nicht oder nur unzureichend wahrgenommen werden können. Häufig geht diese Arbeit mit dem Versuch einher, Handlungsempfehlungen für politische Gremien zu entwickeln. Umgekehrt versichert sich die Politik des Sachverstandes entsprechender Fachleute. Gemeinsam ist all diesen Initiativen, dass sie dem literarischen Leben Impulse verleihen wollen, wobei das Spektrum von der Förderung von Autorenlesungen bis zur Ausstellungsgestaltung und literarischen Nachlasspflege reicht. Das hier vorgestellte Thema ist also weit gefasst. Nicht eingeschlossen in die Fragestellung sind einzelne Literaturgesellschaften und ihre Vorläufer, literarische Arbeits- und Forschungsstellen (einschließlich ihrer Editionsvorhaben), Autorengruppen und Autorenverbände (bspw. die *Gruppe 47*, *Gruppe 61*, der *Deutsche Schriftstellerverband* oder der *PEN*), Literaturinstitute (wie etwa das *Literarische Colloquium Berlin*), Literaturhäuser und Literaturbüros sowie Institutionen, die sich vorrangig der Schreibförderung (wie etwa die *Stiftung Lesen*) oder der Autorenförderung (wie der *Bödecker-Kreis*) widmen.

2 Hauptaspekte des Themas

Literaturfördernde Arbeitsgemeinschaften und Kommissionen des o. g. Zuschnitts sind verhältnismäßig jungen Datums. Als Erstes genannt sei die 1980 gegründete *Arbeitsstelle für literarische Museen, Archive und Gedenkstätten in Baden-Württemberg (alim)*. Die Unterabteilung des *Deutschen Literaturarchivs Marbach*, dessen zentrale Aufgabe in der Sammlung und Erschließung unikaler Schriftstücke der deutschsprachigen Literatur und Ideengeschichte seit dem 18. Jahrhundert und mit ihnen in Zusammenhang stehender Gegenstände und Objekte besteht, widmet sich der reichen literarischen Tradition des genannten Bundeslandes. Es findet eine Zusammenarbeit mit mittlerweile über 90 Einrichtungen statt. Diese werden literaturwissenschaftlich und museumsdidaktisch beraten und finanziell aus Mitteln des Landes unterstützt (z. B. durch Zuschüsse für Dauer- und Sonderausstellungen oder Veranstaltungen sowie bestandserhaltende und -erschließende Maßnahmen). Eine Klammer dieses Verbundes bildet die Internetplattform *www.literaturland-bw.de* mit den Rubriken „Neues aus dem Museen", „Neue Publikationen", „Sonderausstellungen" und „Veranstaltungshinweisen". Die Marbacher *Clearingstelle* präsentiert sich innovativ und publikationsfreudig. Zu nennen ist hier die Veröffentlichungsreihe *Spuren* mit inzwischen über 100 Themenheften mit einem Umfang von jeweils einem Druckbogen (16 Seiten). Sie widmen sich bekannten oder weniger bekannten literarischen Schauplätzen und Ereignissen in Baden-Württemberg wie bspw. Aufenthalten Samuel Becketts oder Arthur Rimbauds in Stuttgart. Ebenso abwechslungsreich ist die von derselben Arbeitsstelle herausgegebene Reihe *Per Pedal zur Poesie*, „die den deutschen Südwesten als vitale Literaturlandschaft erfahrbar" macht (Schulte 2011). Bei allen Publikationen stehen neben dem Inhalt auch ein besonderes Layout (jeweils 18-seitige Leporellos mit ausführlichem Text inklusive Routen-Karte) und eine originelle Themenvermittlung im Vordergrund.

Auf Bundesebene nimmt die 1986 ins Leben gerufene *Arbeitsgemeinschaft Literarischer Gesellschaften und Gedenkstätten e. V.* (ALG) mit Sitz in Berlin ähnliche Funktionen wahr. Sie wurde auch aus dem Motiv heraus gegründet, ehrenamtliche, gleichwohl professionelle Tätigkeit von Dichtergesellschaften zu unterstützen. Zurzeit gehören in Deutschland etwa 75.000 Mitglieder einer literarischen Gesellschaft an. Im Gründungsjahr zählte die ALG 26 Mitgliedsgesellschaften, 2014 waren es mit 236 fast zehn Mal so viele. Schon dieser Zahlensprung zeigt, für wie notwendig und sinnvoll ein solcher Zusammenschluss erachtet wurde und wird. Auch bei der ALG geht es um die Vernetzung und die Nutzung von Synergieeffekten, z. B. den Erfahrungs- und Informationsaustausch der Gesellschaften untereinander. Die ALG vergibt Zuschüsse für literarische Veranstaltungen, öffentliche Symposien, Ausstellungen und Publikationen. Gefördert werden „Projekte, die geeignet scheinen, die Wirkung eines historischen oder zeitgenössischen Autors oder eines literarischen Genres in der Öffentlichkeit zu verbreiten und zu vertiefen". Vorrangiges Kriterium ist dabei, ob das beantragte Projekt „eine breite literaturinteressierte Öffentlichkeit ansprechen kann" (Homepage *ALG*). Hinzu kommen vielfältige, von der ALG angebotene Serviceleistungen (umfassende Beratungstätigkeit, die zweimal jährlich erscheinende Info-Zeitschrift *ALG Umschau*, eigene Veröffentlichungen zu Spezialthemen etwa zum Komplex ‚Gestaltung von Literaturausstellungen' usw.). Außerdem vergibt sie in zweijährigem Turnus einen *Hartmut-Vogel-Preis* (benannt nach dem Gründungsmitglied der Vereinigung) in Höhe von 5000 Euro für besondere Leistungen im Bereich der Literaturvermittlung. Ihre Mittel erhält die ALG von der Bundesregierung („Angelegenheiten der Kultur und der Medien" – BKM) sowie vom Land Berlin. Auch die ALG nutzt das Internet in weitem Maße als Informationsplattform. Es werden u. a. aktuelle Veranstaltungen und Ausstellungsprojekte der Gesellschaften vorgestellt; ein Literaturkalender weist auf literarhistorisch relevante Stichtage hin. Außerdem bietet die ALG eigene Workshops an. Das übergeordnete Ziel der Vereinigung besteht darin, das Engagement literarischer Gesellschaften stärker in der Öffentlichkeit sichtbar zu machen. Dies geschieht u. a. durch eine umfassende Informationstätigkeit auf der *Leipziger* und *Frankfurter Buchmesse*. 1999 erweiterte die ALG ihren Aufgabenbereich und nennt sich seitdem *Arbeitsgemeinschaft Literarischer Gesellschaften und Gedenkstätten e. V. (ALG)*. Dies hat eine gewisse Zwangsläufigkeit. Das Wirkungsfeld literarischer Gesellschaften entwickelt sich häufig im Umfeld literarischer Gedenkstätten; oft werden literarische Gesellschaften eigens mit dem Ziel gegründet, den Erhalt bzw. die Unterhaltung entsprechender Dichterhäuser zu sichern, von denen es weit über 200 in Deutschland gibt.

3 Geschichtliche Entwicklung

Dem Muster solch bewährter Institutionen folgend, rief 1991 der LWL – *Landschaftsverband Westfalen-Lippe* – eine *Arbeitsgemeinschaft Literarischer Gesellschaften Westfalens* ins Leben. Ihr gehören 16 Literarische Gesellschaften Westfalens an, die regelmäßig zu einem Informations- und Meinungsaustausch zusammenkommen. Tagungspunkte sind u. a. das Einwerben von Fördergeldern oder die Außendarstellung der Gesellschaften z. B. im Internet. Es zeigt sich bei den Treffen, dass viele Gesellschaften mit den gleichen Problemen zu kämpfen haben und ein Meinungsaustausch weiterhelfen kann. V. a. jüngere Vereinigungen profitieren vom Know-how ‚alteingesessener' Partnergesellschaften. Ein großer Etat steht der ALG-Westfalen nicht zur Verfügung. Ihre Aufgabe liegt eher in der Vermittlung von Hilfestellungen wie der Herstellung von Kontakten zu potentiellen Förderern und Stiftungen. Zurzeit sind in Westfalen etwa 2500 Personen Mitglieder einer in der Region angesiedelten Literaturgesellschaft. Dabei kümmern sich einzelne Gesellschafen in der Regel um mehr als ihren Namenspatron: Das Jahrbuch der *Augustin-Wibbelt-Gesellschaft* etwa hat das gesamte niederdeutsche Schrifttum im Blick; die *Christine-Koch-Gesellschaft* versteht sich als Klammer für vielfältigste Bemühungen um die Literatur des Sauerlandes mit unmittelbarer Berücksichtigung der Gegenwartsliteratur – um nur zwei Beispiele zu nennen.

Für Westfalen ist zudem die *Literaturkommission für Westfalen* zu erwähnen. Es handelt sich um eine wissenschaftliche Einrichtung, die jedoch durch das von ihr betreute *Museum für Westfälische Literatur* auch in der Literaturvermittlung und durch das ebenfalls von ihr geleitete *Westfälische Literaturarchiv* im archivalischen Bereich tätig ist. Die Literaturkommission – als eine von sechs wissenschaftlichen Kommissionen des LWL – wurde 1998 gegründet. Ihr gehören Hochschullehrer (vornehmlich westfälischer Universitäten) und Literaturvermittler (WDR, Literaturbüros) an. Sie gibt eine eigene Schriftenreihe, das Periodikum *Literatur in Westfalen. Beiträge zur Forschung* sowie Hörbücher und DVDs heraus. Außerdem realisiert sie Ausstellungen, Workshops und Literaturveranstaltungen, wobei das Spektrum bis zur Performance oder zum Poetry Slam reicht. Ein weiterer Arbeitsschwerpunkt ist die Annette-von-Droste-Hülshoff-Forschung. Außerdem unterhält die Literaturkommission mehrere Online-Portale wie bspw. die Seite *www.literaturportal-westfalen.de*, auf der über 2000 westfälische Autorinnen und Autoren vorgestellt werden – neben Hauptwerken der westfälischen Literatur, literarischen Schauplätzen und einem Video-Interview-Portal. Die Literaturkommission kooperiert eng mit den westfälischen Literaturbüros Detmold, Unna und Gladbeck, dem Literaturhaus Dortmund sowie weiteren literarischen Einrichtungen der Region wie dem *Fritz-Hüser-Institut* (Dortmund). Der Terminus ‚Kommission' ist als Name einer Forschungseinrichtung eher ungewöhnlich; unter Literaturkommissionen versteht man in der Regel eher Arbeitsgruppen in Behörden oder Ministerien. So unterhält bspw. das Präsidialdepartement der Stadt Zürich eine eigene Literaturkommission. In diesem Sinn ist die einer Regionalbehörde unterstehende *Literaturkommission für Westfalen* eine singuläre Einrichtung.

Übergeordnete Interessenvertretungen stehen diesen auf Forschung, Vermittlung und Archivarbeit spezialisierten Einrichtungen zur Seite. Der seit 1995 bestehende *Deutsche Kulturrat e. V.* ist Ansprechpartner für kulturpolitische Angelegenheiten auf Bundes-, Länder- und EU-Ebene. Er rief die Dialogplattform *Kultur bildet. Das Portal für kulturelle Bildung* ins Leben, die sich als „Netzwerk zwischen Zivilgesellschaft, Stiftungen, Kirchen, Kommunen, Bund und Ländern"

(Homepage *Kultur bildet*) versteht. Die Belange der Literatur vertritt innerhalb des Kulturrats die *Deutsche Literaturkonferenz e. V.*, die am Sitz der *Deutschen Akademie für Sprache und Dichtung*, dem Darmstädter Glückert-Haus, aus der Taufe gehoben wurde. Es handelt sich um einen eingetragenen, 1991 gegründeten gemeinnützigen Verein mit Sitz in Berlin, der vorwiegend durch Mitgliedsbeiträge, projektgebundene Zuwendungen von Bund und Ländern, Spenden und Schenkungen finanziert wird. Er versteht sich als „gemeinsame Stimme der am literarischen Leben in Deutschland meistbeteiligten Verbände und Institutionen" und vertritt „die Belange der Literatur gemeinsam gegenüber der Öffentlichkeit sowie gegenüber Behörden und Institutionen" (Homepage *Deutsche Literaturkonferenz e. V.*). Vertreter und Vertreterinnen der Mitgliedsorganisationen treffen sich zwei- bis dreimal jährlich zu einem Meinungsaustausch. Die *Deutsche Literaturkonferenz e. V.* sieht es als ihr vorrangiges Ziel an, die Bedeutung von Literatur in der Gesellschaft zu stärken und zu ihrer Weiterentwicklung beizutragen. Im Fokus stehen dabei die Wahrung der Literaturfreiheit, Fragen des Urheberrechts sowie allgemein „die Förderung der zeitgenössischen Literatur und ihre Verbreitung, Übersetzungsförderung, Verbesserung der sozialen Situation von Autoren und Autorinnen einschließlich der Übersetzer und Übersetzerinnen" (Homepage *Deutsche Literaturkonferenz e. V.*). Hiermit sind die globalen Themen der regelmäßig begleitend stattfindenden Symposien benannt. Darüber hinaus gab bzw. gibt die Literaturkonferenz themenverwandte Publikationen heraus. Die jährlich anlässlich der *Leipziger Buchmesse* gehaltenen Kolloquiums-Beiträge der *Deutschen Literaturkonferenz e. V.* erscheinen als *ndl-extra* der Literaturzeitschrift *neue deutsche literatur (ndl)*. Von 1996 bis 2009 verlieh die *Deutsche Literaturkonferenz e. V.* jährlich am 24. Oktober, dem Tag der Bibliotheken, die undotierte *Karl-Preusker-Medaille* an Personen und Institutionen, die sich durch ihren Einsatz für das Bibliothekswesen hervorgetan haben.

Die *Deutsche Literaturkonferenz e. V.* ging aus dem Zusammenschluss des *Börsenvereins des Deutschen Buchhandels e. V.*, der *Deutschen Akademie für Sprache und Dichtung*, des *Deutschen Bibliotheksverbandes*, des *PEN.-Zentrums Bundesrepublik Deutschland* und des *Verbandes deutscher Schriftsteller* im Jahr 1986 hervor. Bereits in den 1970er Jahren hatte es Verhandlungen zwischen dem Börsenverein und dem Schriftstellerverband über die Gründung eines Dachverbands gegeben, deren Ergebnis zwischenzeitlich die *Kommission zum Schutze des Buches* mit ähnlicher Zielsetzung war. Durch die Wiedervereinigung 1989 sah sich die Literaturkonferenz mit neuen Aufgaben und Problemstellungen konfrontiert. Immer mehr Organisationen schlossen sich dem Dachverband an, der sich 1991 in *Deutsche Literaturkonferenz e. V.* umbenannte und zu einer eigenen Rechtspersönlichkeit wurde, die mit Bund, Ländern und Kommunen kooperiert. Mitte der 1990er Jahre erfolgte der Anschluss an den erwähnten *Deutschen Kul-*

turrat e. V. Weitere Verbände, die zuvor der Arbeitsgemeinschaft „Literatur" im *Deutschen Kulturrat e. V.* angehörten, traten daraufhin der *Deutschen Literaturkonferenz e. V.* bei. Diese besteht zurzeit aus 23 Verbänden und Institutionen, darunter eine *Arbeitsgemeinschaft der Literaturräte der Bundesrepublik*. In jener AG haben sich die Literaturräte mehrerer Bundesländer zusammengefunden. Die Literaturräte leisten ihrerseits Netzwerkarbeit. Sie setzen sich aus Vertretern von Vereinen, Verbänden, Archiven, Literaturgesellschaften, Verlagen sowie weiteren Institutionen zusammen, die auf regionaler Ebene Literaturförderung betreiben und eigene, übergreifende Projekte realisieren.

Der *Sächsische Literaturrat* widmet sich vorrangig der Gegenwartsliteratur (Gesprächsrunde *Bücherbörse*, Lesereihen und Preisträgerlesungen sächsischer Autoren, *Sächsischer Bücherkoffer*). Dem *Literaturrat Schleswig-Holstein* gehören zurzeit 24 Vereine und Verbände an. Die Geschäftsstelle des 1989 gegründeten Vereins befindet sich im *Literaturhaus Schleswig-Holstein* in Kiel. Der Verein wird institutionell aus Mitteln des Landes Schleswig-Holstein, der Landeshauptstadt Kiel sowie von Sponsoren gefördert. Zum Programm gehören die Veranstaltungsreihe *Literatursommer* und ein *Europäisches Festival des Debütromans*. Die Schriftenreihe *Littera Borealis* stellt Schriftsteller und Schriftstellerinnen sowie Übersetzerinnen und Übersetzer vor, die dem Bundesland verbunden sind. Darüber hinaus bietet die Geschäftsstelle in ihrer Funktion als Literaturbüro den Service einer Autorendatenbank, Beratung für Literaturschaffende und Informationen über Neuerscheinungen. Das *Junge Literaturhaus* organisiert ein eigenständiges Programm für Kinder und Jugendliche. Der Schwerpunkt liegt hier auf der Förderung der Lesekompetenz und kulturellen Bildung.

Der *Thüringer Literaturrat* wurde 2006 gegründet und besteht seit 2012 als eingetragener Verein, dem gegenwärtig 27 Mitglieder angehören, die sich die Förderung und Vermittlung von Literatur der Region zum Ziel gesetzt haben. Auch er betreibt ein fortlaufend aktualisiertes Literaturportal mit Autorenlexikon und Audiobibliothek. Für Literaturschaffende besteht die Möglichkeit der Autorenberatung. Verschiedene Ausstellungen, Lesungen, das Projekt *Literaturland Thüringen* sowie eine Präsentation von Verlagen und Editionen widmen sich explizit der Literatur Thüringens. Außerdem widmet sich der Verein verstärkt der Leseförderung.

Das 1983 gegründete *Bremer Literaturkontor* fördert den literarischen Nachwuchs durch Workshops und Schreibwerkstätten. Verschiedene Lesungen und Veranstaltungsreihen wie die Lesereihe *Vorsaison* stellen v. a. junge regionale Autoren und Autorinnen der Öffentlichkeit vor. Zudem vergibt das Literaturkontor in Kooperation mit der Universität Bremen pro Semester zwei Lehraufträge im Bereich *Literarisches Schreiben* an Bremer Autoren und Autorinnen. Hinzu kommen seit 2007 Veröffentlichungen des Vereins über die Literatur der Region.

Der *Hessische Literaturrat* ging aus einer 2003 von literarischen Institutionen und Vertretern der Politik gegründeten Arbeitsgemeinschaft hervor. Innerhalb eines Jahres wurde die AG von über 60 Gesellschaften und Institutionen unterstützt, sodass sich im August 2004 der *Hessische Literaturrat* als eingetragener Verein mit Sitz im Wiesbadener *Literaturhaus Villa Clementine* gründete. Zu seinen Projektschwerpunkten zählt u. a. der Austausch mit den hessischen Partnerregionen in Frankreich, Italien und Polen, der auch Gegenstand eines eigenen Literaturstipendiums ist. Der *Hessische Literaturrat* ist zudem Partner und Mitglied des Projekts *Literaturland Hessen*, das sich mit zahlreichen Veranstaltungen, Ausstellungen und Publikationen der Literatur des Bundeslandes widmet. Jährliche Tagungen mit Kooperationspartnern, ein digitales hessisches Autorenverzeichnis sowie ein Überblick über die wichtigsten Kultur- und Literaturveranstaltungen Hessens komplettieren das Angebot.

Der *LiteraturRat Mecklenburg-Vorpommern* gründete sich 1999 im Neubrandenburger *Brigitte-Reimann-Literaturhaus*. Seit 2003 befindet sich die Geschäftsstelle im *Literaturhaus Rostock*. Auch dieser Literaturrat ist eine landesweite Arbeitsgemeinschaft von Vereinen, Verbänden und Institutionen und verfolgt das Ziel, die Literatur Mecklenburg-Vorpommerns nachhaltig zu stärken.

Auf ähnliche Weise leistet auch der *LiteraturRat NRW* Netzwerkarbeit. Er versteht sich als Bindeglied zur Landesregierung und zu Stiftungen. Zu seinen Mitgliedern gehören u. a. die vier nordrhein-westfälischen Literaturbüros, Literaturhäuser, große und kleine literarische Gesellschaften, Literaturinstitute, Stadtbüchereien, Verlage, Autorenverbände, literarische Archive, der Börsenverein (NRW) sowie das *Europäische Übersetzer-Kollegium Straelen*. Der *LiteraturRat NRW* unterstützte in der Vergangenheit zahlreiche Initiativen im Bereich literarischer Archivierung. Seit 2013 veranstaltet er einen *Literarischen Salon NRW* auf der *Leipziger Buchmesse*. Außerdem vergibt er einen *Literaturtaler* für besondere Verdienste auf dem Gebiet der nordrhein-westfälischen Literaturforschung bzw. -vermittlung.

Literarische Arbeitsgemeinschaften und Kommissionen unternahmen im letzten Jahrzehnt außerdem bedeutende Anstrengungen auf dem Gebiet der Literaturarchivierung. Hier steht vermehrt die digitale Erfassung von Archivbeständen im Vordergrund. Auch in diesem Bereich setzte man auf Kooperation. Um einen Informationstransfer zwischen den besitzenden Institutionen herzustellen bzw. zu verbessern, entstand – auf Initiative des Literaturarchivs der *Österreichischen Nationalbibliothek* und der *Wienerbibliothek im Rathaus* 2008 *KOOPLITERA*. Es handelt sich um ein unabhängiges Netzwerk, dem Institutionen aus Deutschland, Luxemburg, Österreich und der Schweiz sowie weitere assoziierte Länder angehören, die literarisches Nachlassgut erwerben, verwahren, erschließen und der Öffentlichkeit zugänglich machen. Das Portal bietet kommentierte

Informationen über Archivportale, fachliche Standards und einschlägige Publikationen. „Ziel war und ist weiterhin der Aufbau und die Koordination eines Netzwerks zwischen Institutionen, die Nachlässe und Autographen erwerben, erschließen" (Homepage *KOOP-LITERA*). Selbstdefinierte Aufgabe ist somit der Austausch von Erfahrungen bei der Bearbeitung und Präsentation von Nachlässen unter Berücksichtigung nationaler und internationaler Standards in den für Nachlassbearbeitung typischen Schnittfeldern Archiv, Bibliothek und Museum. Die ‚nationalen' Mitglieder von *KOOP-LITERA* treffen sich regelmäßig auf Tagungen zu einem Meinungs- und Informationsaustausch. Darüber hinaus sollen in drei- bis vierjährigem Turnus internationale Kongresse stattfinden (erstmals 2011 in Luxemburg). Wesentlich getragen wird das Netzwerk vom Literaturarchiv der *Akademie der Künste Berlin*, der Abteilung Handschriften und alte Drucke der *Bayerischen Staatsbibliothek München*, dem *Deutschen Exilarchiv* der *Deutschen Nationalbibliothek Frankfurt am Main*, der Handschriftensammlung der *Staatsbibliothek zu Berlin*, dem *Centre national de littérature/Luxemburger Literaturarchiv*, dem Literaturarchiv der *Österreichischen Nationalbibliothek Wien*, der Handschriftensammlung der *Wienbibliothek* im Rathaus und dem *Schweizerischen Literaturarchiv* der *Schweizerischen Nationalbibliothek*. Die Webseite von *KOOP-LITERA* führt zu den nationalen und internationalen Partnerinstitutionen der Arbeitsgemeinschaft. Eine Link-Liste informiert über nationale und internationale Archive, Bibliotheken, Dokumentationszentren, Museen usw., die moderne Nachlässe und Autographen bzw. damit in Verbindung stehende audiovisuelle oder digitale Dokumente verwalten. Kurzbeschreibungen verweisen auf Status, Geschichte, Aufgabenbereich und ausgewählte Bestände der jeweiligen Institution. Neben Hinweisen zu WWW-Katalogen und -Verzeichnissen mit Bestandsnachweisen finden sich Informationen über wichtige Regelwerke, Datenformate, Metadatenformate usw. Unter „Archivpraxis" werden relevante Institutionen, Informationen zur Bestandserhaltung, Datenbanken zur Nachlass- und Autographenkatalogisierung, Ausbildungsprogramme und Publikationen genannt. Hingewiesen wird weiterhin auf fachspezifische Projekte und auf Termine von Fachveranstaltungen. Zudem besteht die Möglichkeit, eine themenspezifische Mailingliste zu subskribieren. Sehr hilfreich ist der Hinweis auf alphabetisch sortierte übergreifende Sammelschwerpunkte (Architektur, Autobiographie, Bergbau, Biografie etc.). In diesem Zusammenhang kommt dem von der *Deutschen Forschungsgemeinschaft* (DFG) geförderten Portal *Kalliope* enorme Bedeutung zu. Es entstand als internetgestütztes Informationssystem für Nachlässe und Autographen in Bibliotheken, Archiven und Museen. Insgesamt sind etwa 500 von ihnen aus Deutschland und aus mehreren anderen Ländern Projektpartner. Die Datenbank umfasste Anfang 2012 ca. 1,6 Mio. Autographen von über 500.000 Personen aus ca. 28.000 Beständen.

4 Forschungsstand

Der Informationsstand über die beschriebenen Institutionen kann als gut bezeichnet werden. Die Literaturgesellschaften, Literaturräte und weitere Institutionen bilden feste Größen im literarischen Leben der BRD und tragen wesentlich zu dessen Belebung und Strukturierung bei. Die föderalen politischen Strukturen erweisen sich dabei nicht als hemmend. Sie eröffnen vielmehr im regionalen Spektrum sehr konkrete Fördermöglichkeiten und Veranstaltungsformen, die dann, auf überregionalen Konferenzen vorgestellt, dem allgemeinen Meinungs- und Informationsaustausch zugutekommen und gegebenenfalls als Modelle übernommen werden. Man wird deshalb von einer Literaturbewegung sprechen können, die sich zu weiten Teilen selbst generiert und dabei auf bewährte Organisationsformen zurückgreifen kann, die zwischen Ehrenamt und professioneller Lobbyarbeit angesiedelt sind. Der Umstand, dass die genannten Institutionen den Weg in die Öffentlichkeit suchen, impliziert eine wirksame Außendarstellung. Hier hat sich das Internet als hilfreiches Informationsmedium etabliert.

Weiterführende Literatur

Arbeitsgemeinschaft Literarischer Gesellschaften und Gedenkstätten e. V. (Hg.). *ALG-Umschau*. Berlin. [Regelmäßig erscheinendes Periodikum.]
Arbeitsgemeinschaft Literarischer Gesellschaften und Gedenkstätten e. V. (Hg.) (2007). *Literarische Gesellschaften, Literaturmuseen und literarische Gedenkstätten. Namen, Zahlen, Hinweise zu 350 Einrichtungen*. Berlin.
Arbeitsgemeinschaft Literarischer Gesellschaften und Gedenkstätten e. V. (Hg.) (2007). *Herkunft und Zukunft literarischer Gesellschaften*. Bielefeld.
Arbeitsgemeinschaft Literarischer Gesellschaften und Gedenkstätten e. V. (Hg.) (2009). *Panorama und Perspektive. Literarische Gesellschaften und Literaturmuseen in Europa*. Berlin.
Kussin, Christiane (Hg.) (2001). *Dichterhäuser im Wandel: wie sehen Literaturmuseen und Literaturausstellungen der Zukunft aus?* Im Auftrag der Arbeitsgemeinschaft Literarischer Gesellschaften und Gedenkstätten e. V. Berlin.
Kussin, Christiane und Claudia Zippan (Hg.) (2000). *Literarische Veranstaltungen – wer fördert was?: Adressen und Hinweise zu Möglichkeiten der Förderung und der Zusammenarbeit für Veranstalter literarischer Projekte*. Im Auftrag der Arbeitsgemeinschaft Literarischer Gesellschaften und Gedenkstätten e. V. Berlin.

Zitierte Literatur

[Anonym]. *ALG online. Das Portal Literarischer Gesellschaften und Literaturmuseen*. http://www.alg.de/ (17. September 2014).

[Anonym]. *Arbeitsgemeinschaft der Literaturräte der Bundesrepublik und Mitglieder*. http://www.kultur-bildet.de/akteur/ag-literaturraete-der-bundesrepublik-deutschland (17. September 2014).

[Anonym]. *Deutsche Literaturkonferenz e. V*. http://www.literaturkonferenz.de/home.html (17. September 2014).

[Anonym]. „Förderung". *ALG online. Das Portal Literarischer Gesellschaften und Literaturmuseen*. http://www.alg.de/de/foerderung.html (1. Juni 2016).

[Anonym]. „Geschichte des Vereins". *Deutsche Literaturkonferenz e. V*. http://www.literaturkonferenz.de/geschichte-des-vereins/ (1. Juni 2016).

[Anonym]. *KOOP-LITERA*. http://www.onb.ac.at/koop-litera/ (17. September 2014).

[Anonym]. *Kultur bildet. Das Portal für kulturelle Bildung*. http://www.kultur-bildet.de/kultur-bildet-0 (1. Juni 2016).

[Anonym]. *LWL-Literaturkommission für Westfalen*. http://www.lwl.org/LWL/Kultur/liko (17. September 2014).

[Anonym]. „Mitgliedertafeln". *ALG online. Das Portal Literarischer Gesellschaften und Literaturmuseen*. http://www.alg.de/level9_cms/download_user/Mitgliedertafeln-2013-1_16012013.pdf (17. September 2014).

[Anonym]. „Ziele und Aufgaben". *Deutsche Literaturkonferenz e. V*. http://www.literaturkonferenz.de/ziele-und-aufgaben/ (1. Juni 2016).

Arbeitsgemeinschaft Literarischer Gesellschaften und Gedenkstätten e. V. (Hg.) (2007). *Literarische Gesellschaften, Literaturmuseen und literarische Gedenkstätten. Namen, Zahlen, Hinweise zu 350 Einrichtungen*. Berlin.

Arbeitsgemeinschaft Literarischer Gesellschaften und Gedenkstätten e. V. (Hg.) (2009). *Panorama und Perspektive. Literarische Gesellschaften und Literaturmuseen in Europa*. Berlin.

Schulte, Bettina (2011). „Thomas Schmidt über den Sinn des Dichter-Gedenkens". *Badische Zeitung* vom 4. August 2011. http://www.badische-zeitung.de/literatur-1/thomas-schmidt-ueber-den-sinn-des-dichter-gedenkens--48188198.html (1. Juni 2016).

Wülfing, Wulf, Karin Bruns und Rolf Parr (Hg.) (1998). *Handbuch literarisch-kultureller Vereine, Gruppen und Bünde 1825–1933*. Stuttgart und Weimar.

Bodo Plachta
III.3.2 Literaturzeitschriften

1 Definition

Der Typus der Literaturzeitschrift ist eine periodisch erscheinende Publikationsform, die sich im weitesten Sinn mit Literatur beschäftigt. Ein weit gefasster Literaturbegriff zählt auch solche Produkte zu den Literaturzeitschriften, die sich mit Theater, Kinder- und Jugendliteratur oder bibliophilen Themen beschäftigen (bibliografische Übersicht: King 1974; Dietzel und Hügel 1988; Fischer und Dietzel 1992). Literaturzeitschriften helfen, regelmäßig das literarische Angebot, den Buchmarkt und den Literaturbetrieb überschaubar zu machen und zu beurteilen. Ihre kommunikative Funktion ist zum einen die eines ‚Transportmittels' und zum anderen die der Beurteilung oder einer ‚Einordnungshilfe', wodurch in zweierlei Hinsicht die literarische Rezeption, aber auch der Komplex von Produktion – Distribution – Rezeption als Ganzes gesteuert werden.

Die Zeitschrift ist das traditionelle und älteste Medium, dessen sich die Literaturvermittlung im Allgemeinen und die Literaturkritik im Besonderen bedienen. Literaturzeitschriften berichten nicht nur kritisch über Literatur, sondern veröffentlichen auch literarische Texte. Nadine van Holt (2009, 251) unterscheidet sie mit den Begriffen „Reflexionsorgane" und „Entdeckerzeitschriften", obwohl sich in der Realität häufig beide Typen mischen. Alfred Estermann favorisiert die Begriffe „Produktionszeitschriften" bzw. „Rezeptionszeitschriften" (Estermann 1996, Bd. 3, 2004). Die Unterscheidung zwischen Literatur- und Kulturzeitschriften wird außerdem wegen nicht eindeutiger Trennschärfe als Argument herangezogen, um das Phänomen Literaturzeitschrift insgesamt als „diffus" zu charakterisieren (Meyer-Gosau 2005, 248). Literaturzeitschriften gelten aber auch deshalb als schwierig einzuschätzendes Phänomen, weil Periodika naturgemäß ständig in Bewegung und einem rigorosen (Verdrängungs-)Wettbewerb ausgesetzt sind: Wir haben es nicht nur immer wieder mit Neugründungen von Zeitschriften zu tun, sondern Zeitschriften stellen ebenso häufig aus unterschiedlichsten, überwiegend jedoch aus finanziellen Gründen oder Mangel an Lesern ihr Erscheinen wieder ein. Kein Medium sonst ist so kurzlebig wie die Zeitschrift. Vielfach wechseln die verantwortlichen Herausgeber, wodurch sich die inhaltliche Ausrichtung bzw. die ‚Politik' einer Zeitschrift schnell verändern kann. Unübersichtlich ist der Komplex der Literaturzeitschriften durch die mannigfaltigen Erscheinungsformen, die unterschiedlichen Reichweiten, Umfänge, Auflagenhöhen, Publikationsrhythmen und Distributionswege. Ebenso disparat ist das adressierte Publikum: Die Leserschaft ist zwischen ambitioniertem Literaturfreund und

Spezialisten angesiedelt. Der Wunsch nach Unterhaltung und Information dürfte gleichermaßen zentrale Lesemotivation sein. Die Intensität der Beiträge variiert zudem zwischen knapper Information über die Buchtitel bis zu tiefgreifender kritischer Analyse oder übergreifenden Aufsätzen.

Literaturzeitschriften gelten – ob gedruckt oder online – als offen für neue Entwicklungen, Autoren und Werke und sind – lässt man einmal die sogenannten Publikumszeitschriften (s. u.) außer Acht – nicht nur am Markt und an hohen Absatzzahlen orientiert. Zeitschriften bieten wegen dieser Unabhängigkeit ideale Bedingungen für Debatten und Kontroversen. Die Bereitschaft, verlegerische Risiken einzugehen, keine inhaltlichen Kompromisse zu machen und das persönliche Engagement höher zu bewerten als jede Form von Rentabilität, zeichnet viele Zeitschriften aus und umschreibt das wirtschaftliche Risiko, das zwangsläufig über allen Zeitschriften wie ein Damoklesschwert zu hängen scheint; nur selten werden Literaturzeitschriften öffentlich subventioniert. Vielleicht gerade deshalb sind sie Indikatoren für „Marktentwicklungen, Marktwerte und Karrieren" (Meyer-Gosau 2005, 249) und Seismographen für neue Themen, Schreibweisen und ganze literarische Richtungen. Derzeit (Stand: März 2016) ist im deutschsprachigen Raum von rund 150 bis 300 Zeitschriften auszugehen, die sich mit Literatur befassen oder literarische Texte veröffentlichen, darunter namhafte Zeitschriften mit großer Tradition und Reichweite sowie hoher Auflage, aber auch viele kurzlebige ‚Eintagsfliegen' (vgl. Uschtrin und Hinrichs 2010, 190; van Holt 2009, 260). Zeitschriften kommt daher noch immer das große Verdienst zu, der Literatur eine Plattform zu geben, das literarische Feld zu ordnen, Anregungen zu geben, Orientierung für Leser, Verleger und Lektoren zu bieten, jungen Autoren als Sprungbrett in den Literaturbetrieb zu dienen oder kontroverse Debatten auszulösen oder zu befeuern.

2 Geschichtliche Entwicklung

Mit dem im 18. Jahrhundert entstehenden Zeitschriftenwesen bildeten sich spezielle Zeitschriften heraus, die als Rezensionsorgane die ‚schöne' Literatur, aber auch Sach- und Fachpublikationen besprachen und zu ästhetischen oder poetologischen Fragen Stellung bezogen. „Nutzen" und „Vergnügen" waren aufklärungsgemäße Ziele dieser Periodika. Mit Hilfe von Zeitschriften wurden das Lesebedürfnis und die Lesekompetenz sowie damit zusammenhängend die Nachfrage nach Lektüre stimuliert. Des Weiteren wurde der Literaturbetrieb strukturiert, wodurch sich die in ihm tätigen Akteure entsprechend positionierten. Diese seit dem 18. Jahrhundert geläufige Funktion von Literaturzeitschriften ist aber von den jeweiligen historischen Koordinaten abhängig und im Einzelfall jeweils zu prüfen oder differenziert zu beurteilen. Insgesamt haben sich Zeitschriften im Laufe der Zeit zu einem riesigen Informationsreservoir zur Beurteilung der historischen Entwicklung des Literaturbetriebs entwickelt. Johann Christoph Gottscheds *Beiträge zur critischen Historie der deutschen Sprache, Poetik und Beredsamkeit* (1732–1744) und Friedrich Nicolais *Allgemeine Deutsche Bibliothek* (1765–1806) waren solche Organe von Rang, übten Einfluss aus und strukturierten in vieler Hinsicht mit einem enormen enzyklopädischen Anspruch den damaligen Buchmarkt. Christoph Martin Wieland gründete 1773 den *Teutschen Merkur*, der wegen seiner Rezensionen weite Anerkennung fand. Daneben entwickelten sich zahlreiche Unterhaltungszeitschriften, in denen die aktuelle Literatur eine bedeutende Rolle spielte. Als Prototyp dieses Zeitschriftenformats ist das *Journal des Luxus und der Moden* (1786–1827) anzusehen. Schillers *Horen* (1795–1797), Goethes *Propyläen* (1798–1800) oder August Wilhelm und Friedrich Schlegels *Athenäum* (1798–1800) zählen zu den großen Zeitschriftenprojekten, die federführend klassische und romantische Programme propagierten und literarische Schreibweisen präformierten. Wer in welcher Zeitschrift publizierte, machte öffentlich, zu welcher ‚Schule' er sich gehörig fühlte. Kurz nach 1800 erschien mit dem *Morgenblatt für gebildete Stände* (später: *Leser*) eine Zeitung mit einer ausgesprochen wirksamen Literaturbeilage und seit 1875 brach die Familienzeitschrift *Die Gartenlaube* nicht zuletzt wegen ihrer gern gelesenen Literaturkritiken Auflagenrekorde (zeitweise 382.000 Exemplare). Aber auch die Verbreitung von Literatur durch die Zeitschriften selbst nahm in dieser Zeit durch neue Produktionsmöglichkeiten und Vertriebswege an Fahrt auf, profilierte dadurch literarische Strömungen wie den Realismus und Naturalismus und machte die Unterhaltungsliteratur für alle Leserschichten ‚salonfähig'. Begleitet wurde diese Entwicklung durch die Veröffentlichung von hochwertigen literarhistorischen und literaturkritischen Aufsätzen in Literaturzeitschriften, die eine enge Verknüpfung zwischen den Literaturproduzenten, -kritikern und dem Publikum schufen. Im 20. Jahrhundert differenzierte sich der Typus der Literaturzeitschrift weiter aus, reine „Produktionszeitschriften" – nicht selten in enger Kooperation mit den bildenden Künsten – standen neben einer Vielzahl von „weltanschaulich gebundenen kulturellen Zeitschriften" (Estermann 1996, Bd. 3, 2016), unter denen *Pan* (1895–1900), *Jugend* (1896–1940), *Der Sturm* (1910–1932), *Die Fackel* (1899–1936) oder *Die Weltbühne* (1905–1933) herausragten. Daneben existierte eine Reihe von Blättern, die sich der Literatur aus allgemeinerer Perspektive zuwandten. Parallel zum Aufschwung der Literaturzeitschrift etablierte sich die ‚Feuilletonisierung' der Literaturkritik, wie sie etwa die ersten ‚Berufskritiker' Ludwig Börne oder Heinrich Heine favorisierten und propagierten. Seit Mitte des 19. Jahrhunderts hat die deutschsprachige Literaturkritik ihren festen Platz auch im Feuilleton, also dem Teil der Tagespresse, der über kulturelle Entwicklungen berichtet oder der Unterhaltung des Lesers dienen will. Noch heute gelten die Feuilletons der großen überregionalen (Tages- und Wochen-)Zeitungen, wie z. B. der *Frankfurter Allgemeinen Zeitung*, der *Süddeutschen Zeitung*, der *Frankfurter Rundschau*, der *Neuen Zürcher Zeitung*, der *Welt*, der *Zeit* oder der *taz* als (durchweg) angesehene Orte für die kritische Rezension von Büchern und als Kommentatoren des Literaturbetriebs. Allerdings fehlen im deutschen Sprachraum journalistische Rezensionsorgane vom Format des englischen *Times Literary Supplement* oder des amerikanischen *New York Review of Books*. Rezensionen, die in diesen Zeitungen erscheinen, haben in qualitativer Hinsicht eine große Bedeutung und setzen nach wie vor Standards für die Literaturkritik. Das Angebot an Zeitschriften mit einem literarischen Anteil ist dementsprechend vielfältig: Es haben sich im Laufe der Zeit zahlreiche Zeitschriften entwickelt, die regelmäßig literaturkritische Beiträge enthalten oder sich vollständig auf die Literaturkritik konzentrieren, andere Zeitschriften publizieren auch oder sogar schwerpunktmäßig Primärtexte. Literaturzeitschriften erscheinen heutzutage nicht mehr nur in gedruckter Version, häufig sind sie parallel im Internet verfügbar oder erscheinen ausschließlich online. Literaturzeitschriften nutzen alle denkbaren Vertriebswege. Man kann sie in der Buchhandlung oder am Kiosk kaufen, sie im Abonnement über einen Verlag beziehen oder direkt bei den Zeitschriftenredaktionen bzw. ihren Trägern bestellen. Einzelne Literaturzeitschriften haben sogar das Experiment gewagt, als kostenloses Printmagazin zu erscheinen, mussten dann meistens jedoch ihre Aktivitäten ins Internet verlagern. Inzwischen arbeiten viele kleinere, regional begrenzte oder auf bestimmte literarische Sparten spezialisierte Zeitschriftenprojekte zusammen, koordinieren ihr Marketing etwa durch gemeinsame Stände auf Buchmessen und mit abgestimmten Teilnahmen an Literaturfestivals oder durch vernetzte Webauftritte (vgl. Homepage *kulturzeitschriften.net*).

Zeitschriftenprofile nach 1945

Wenn der Verleger, Autor und Zeitschriftenherausgeber Michael Krüger davon spricht, dass Literaturzeitschriften „eines der letzten Urzeittiere" (Promotionskolleg „Wertung und Kanon" 2010, 87) sind, dann bezieht er sich auf deren große Tradition in den Jahrzehnten nach 1945. Literaturzeitschriften spielten in dieser Zeit eine herausragende Rolle, als es darum ging, der deutschsprachigen Literatur nach Jahren ideologischer Vereinnahmung wieder eine öffentliche Plattform zu geben, aber auch am literarischen, intellektuellen und kulturellen Wiederaufbau entschieden Anteil zu nehmen. Viele Zeitschriften, wie etwa die 1946 als „Unabhängige Blätter der jungen Generation" von Alfred Andersch gegründete

Zeitschrift *Der Ruf*, wurden von Autoren herausgegeben und redigiert, denen im Rückblick eine prägende Bedeutung für die deutschsprachige Nachkriegsliteratur zukommt. Michael Krüger betont diese Neuorientierung deshalb, weil sie vielfach mit einem enthusiastischen Willen zum Neuanfang einherging: „Die Entscheidung, eine Zeitschrift zu machen, war typisch für die Nachkriegszeit. Zeitschriften haben nach dem Krieg eine enorme Rolle gespielt, man lebte mit Zeitschriften und erkannte Menschen daran, was für Zeitschriften sie lasen. Damals spielten die Zeitschriften aber v. a. eine große Rolle im intellektuellen Austausch" (Promotionskolleg „Wertung und Kanon" 2010, 86). Auch wenn – so Krüger – viele dieser Zeitschriften ihre Funktion als „Hauptinformations- und Diskursmedium" etwa an das in den 1950er Jahren aufkommende Taschenbuch verloren haben und der Elan vieler Herausgeber und Redakteure nicht zuletzt auch aufgrund der politischen Zeitumstände (Orientierung am ökonomischen Aufbau, Ost-West-Konflikt) erlahmte, blieb die Literaturzeitschrift doch der Ort, wo man „das Schöne feiern" und über das „Kunstschöne" debattieren konnte, wo man aber auch über neue literarische Entwicklungen, besonders diejenigen in der anglo-amerikanischen Literaturszene, informiert wurde. Auch der Essay wurde in diesen Periodika als literarische Form gepflegt. Literaturzeitschriften wurden zunehmend internationaler und fungierten in dem Maße als „Weltarchiv der Poesie", in dem die aufkommende Massenkultur auch den Typus der Literaturzeitschrift in Frage stellte (Promotionskolleg „Wertung und Kanon" 2010, 87). Diese Aspekte waren nicht nur verantwortlich für die immer wieder herausgestellte Blütezeit der deutschsprachigen Literaturzeitschriften, sondern sie prägten auch wesentlich deren Profile. Aber auch institutionelle Rahmenbedingungen, etwa die enge Bindung von *Sprache im technischen Zeitalter* an das *Literarische Colloquium Berlin* oder die der *Neuen Rundschau* an den S. Fischer Verlag oder von *Akzente* an den Hanser-Verlag zählen zu den markanten Profilen von Literaturzeitschriften.

Zu den Flaggschiffen der Literaturzeitschriften gehören die 1954 gegründeten *Akzente* (seit 1956), *Manuskripte* (seit 1960), *Sprache im technischen Zeitalter* (seit 1961), *TEXT+KRITIK* (seit 1962), *Literatur und Kritik* (seit 1966), *Wespennest* (seit 1969) oder die von Johannes R. Becher und Paul Wiegler 1949 gegründete Zeitschrift *Sinn und Form*. Neben der vom *Schriftstellerverband der DDR* herausgegebenen Zeitschrift *neue deutsche literatur* (1953–2004) ist *Sinn und Form* die einzige renommierte Literatur- und Kulturzeitschrift der DDR, die 1989 die ‚Wende' überstand und sich heute in der Trägerschaft der Berliner *Akademie der Künste* befindet.

Der eigentliche kultur-politische Diskurs wurde aber bald schon in anderen Zeitschriften geführt, was jedoch nicht bedeutet, dass etablierte Periodika wie *Die Neue Rundschau* (seit 1945), *Neue deutsche Hefte* (seit 1954), *Frankfurter Hefte* (seit 1946), *Merkur* (seit 1947) oder die 1970er Jahre Gründungen *Freibeuter*,

Kursbuch und *Spuren* der Literatur einen untergeordneten Stellenwert zuweisen würden, das Gegenteil ist vielmehr der Fall. Allerdings veränderten sich Ziele und Intentionen im Laufe der Zeit im Kontext ideologischer Debatten, wobei auch die Veränderung des Kulturbegriffs überhaupt zu neuen Perspektiven und dementsprechend zu offeneren Konzeptionen und inhaltlichen Schwerpunkten beitrug, die sich etwa an der Zeitschrift *Ästhetik und Kommunikation* (seit 1970) bereits am Titel ablesen lassen. *Manuskripte* konzentriert sich schwerpunktmäßig auf österreichische Literatur und gab anfangs insbesondere der Avantgarde ein Publikationsforum, während heute in dieser Zeitschrift generationenübergreifend junge und ältere Autoren nebeneinander publizieren. Die Konzentration auf genuin österreichische Literatur stand jedoch nie zur Debatte.

Die Orientierung an Zielgruppen ist bei der Profilierung vieler Literaturzeitschriften ein nicht unerhebliches Alleinstellungsmerkmal. Zeitschriften als Plattform für junge Autoren zeigen diese Profilierung am deutlichsten, wenn sie sich als Ort der Entdeckung neuer Talente präsentieren und gleichzeitig Institutionen verpflichtet sind, die auf dem Gebiet literarischen Schreibens ausbildend tätig sind. Die Literaturzeitschrift *Edit* (Selbstcharakterisierung auf www.editonline. de: „Komplizierter Spaß") erscheint zwar seit 1993 in der Trägerschaft eines speziell gegründeten Vereins, der aber im Umfeld des *Deutschen Literaturinstituts* in Leipzig anzusiedeln ist. Die 2001 gegründete Zeitschrift *Bella Triste* bezog anfangs ihr Autoren-Potenzial vornehmlich aus den Studierenden/Absolventen der einschlägigen Studiengänge zu Kulturjournalismus und Kreativem Schreiben an der Universität Hildesheim. Dies betraf auch ihre redaktionelle Kompetenz. Die Nähe zur Hochschule besteht nach wie vor, auch wenn *Bella Triste* ebenso wie *Edit* heute ausgesprochen selbstständig in der Literaturszene agieren. Sowohl für den Fortbestand von *Edit* als auch für den von *Bella Triste* scheint es wichtig, dass sich Autoren diesen Literaturzeitschriften als Publikationsmedien bewusst zuordnen und damit so etwas wie eine *corporate identity* unter jungen Autoren generiert wird, aber auch Leserbindungen gepflegt werden.

Die Verbindung zwischen Literatur und Wissenschaft zu fördern, hat sich die *Kritische Ausgabe* (Untertitel: *Zeitschrift für Germanistik & Literatur*) seit 1997 auf die Fahnen geschrieben. Unter den Literaturzeitschriften scheint sie damit eine Ausnahmeposition einzunehmen, aber der fachwissenschaftliche Aspekt dominiert keineswegs, hat vielmehr dazu geführt, das viele Mitarbeiter aus den Literatur- und Kulturwissenschaften für eine Mitarbeit – sowohl als Textproduzenten als auch als Herausgeber/Redaktoren – gewonnen werden konnten. Die *Kritische Ausgabe*, die inzwischen um ein Online-Magazin mit mehr feuilletonistischem Zuschnitt erweitert wurde, hat sich durch ein breites inhaltliches Spektrum, abwechslungsreiche Textsorten (Literaturpräsentation, Berichte, Autoreninterviews, Besprechungen, Musik- und Theaterkritiken) und hohe Seriosität zu einem „eigenständigen Organ in der Zeitschriftenszene entwickelt" (van Holt 2009, 259). Die explizit kulturwissenschaftliche Perspektive hat sich als bereichernd herausgestellt, ohne dass das Magazin dadurch einen rein akademischen Anstrich erhalten hätte. Der Kultur vermittelnde Anspruch trägt und die Leserschaft ist breit.

Die Szene der ‚jungen' Literaturzeitschriften ist ausgesprochen lebendig, auch wenn viele Zeitschriften kurzlebig sind. Es gibt Zeitschriften, die sich der literarischen Übersetzung widmen (*La mer gelée*) oder sich auf die Verbindung von Sprache/Text und Bild/Grafik konzentrieren (*sprachgebunden, plumbum*). Allen Zeitschriften ist das Anliegen gemeinsam, dass sie Aufmerksamkeit für Literatur erzeugen, Autoren Publikationsmöglichkeiten bieten und Impulse für die Literaturvermittlung geben wollen. Sicherlich finden nicht alle Autoren, Beiträger oder Rezensenten, die in diesen Zeitschriften veröffentlichen, den Weg in die großen Buch- und Zeitungsverlage, aber ohne diese Zeitschriften hätten sie nie die Möglichkeit erhalten, sich dem Publikum zu präsentieren und Publikationserfahrungen zu sammeln. Weiterhin ist zu beobachten, dass verschiedene Herausgeber und Redakteure in eben diesen kleinen Literaturzeitschriften ihr Handwerk gelernt haben, bevor sie Aufgaben in größeren Zusammenhängen übernommen und Karriere gemacht haben.

Publikumszeitschriften

Im Jahr 2000 wurde mit der Zeitschrift *Literaturen* ein Periodikum gegründet, das auflagenstark zwischen einem Fachpublikum und einem breiteren literarisch interessierten Publikum zu vermitteln versuchte. Der Verleger und Theaterkritiker Michael Merschmeier bezeichnet diesen Typus als „Spagatzeitschrift", der seine Existenz der Einsicht verdankt, dass die „alten, kritischen Zeitschriften an einen Endpunkt" gekommen waren. Ein neuer Zeitschriftentypus war für eine veränderte Öffentlichkeit und für ein Publikum mit anderen Bildungsvoraussetzungen notwendig geworden, der „nicht nur bewerten und einordnen, sondern auch informieren, veranschaulichen und vermitteln" konnte, denn heutige Leser – so Merschmeier – suchten vorwiegend nach „Orientierung" (Promotionskolleg „Wertung und Kanon" 2010, 150–151, 154). Herausgegeben wurde diese Zeitschrift von Sigrid Löffler, die einem breiten Publikum als streitbare Teilnehmerin in der Fernsehsendung *Literarisches Quartett* bekannt geworden war. Dass die Zeitschrift *Literaturen* einen hohen Popularitätsgrad hatte und sich schnell auf dem Markt etablieren konnte, hing sicherlich auch damit zusammen, dass ihr erstes Erscheinen mit dem Ausscheiden Löfflers aus dem *Literarischen Quartett* nach heftigem Streit mit Marcel Reich-Ranicki öffentlichkeitswirksam zusammenfiel. Themenschwerpunkte, Autorenportraits und Rezensionen aktueller Neuerscheinungen waren das inhaltliche Markenzeichen von *Literaturen*, die heute nur noch mit wenigen Seiten Umfang innerhalb der Zeitschrift *Cicero* fortbesteht. Ergänzt wurde dieses Konzept eines „klassischen Kulturjournalismus" (Richter 2011, 101) von einem optisch ansprechenden Layout und Bildkonzept sowie hoher Druckqualität, die zusammen genommen den Magazincharakter der Zeitschrift unterstrichen.

2002 folgte als weitere Publikumszeitschrift *VOLLTEXT*, die alle zwei Monate in hoher Auflage (50.000 Exemplare) erscheint und deren niedriger Verkaufspreis zweifellos den Erfolg begünstigt hat (vgl. van Holt 2009, 254). Die originelle Aufmachung im Format klassischer Tageszeitungen und der Preis signalisieren, dass die ‚Macher' von *VOLLTEXT* ein breites Publikum ansprechen wollen. Die Zeitschrift veröffentlicht neben Rezensionen, Interviews, Autorenportraits und beliebten Kolumnen auch literarische Texte als Originalbeiträge oder als Vorabdrucke; in unregelmäßigem Abstand erscheinen Sonderhefte mit Schwerpunkten zu Autoren oder literarischen Ereignissen wie dem Klagenfurter Wettbewerb um den *Ingeborg-Bachmann-Preis*.

Beide Zeitschriften haben Vorläufer, etwa die Zeitschriften *Du* und *Lettre International*, die sicherlich eher als Kulturzeitschriften zu bezeichnen sind, aber das Magazinformat für die Berichterstattung über Literatur und Kultur geprägt haben. *Du* erschien erstmals 1941 im Monatsrhythmus ausdrücklich als Kulturzeitschrift mit dem programmatischen, schon durch den Titel plakativ formulierten Ziel, gerade in Kriegszeiten zwischenmenschliche Beziehungen und daraus resultierende Perspektiven ernst zu nehmen. Kultur wird in dieser Zeitschrift als Teil einer humanen Zivilisation begriffen und entsprechend groß ist der inhaltliche Radius. Namhafte Künstler gestalteten regelmäßig die Titelblätter, auch das Layout orientiert sich an künstlerischen Gesichtspunkten. Die Zeitschrift wird in der Schweiz inzwischen als erhaltenswertes Kulturgut anerkannt. *Lettre International* ist ursprünglich eine vierteljährlich erscheinende französische Kulturzeitschrift (gegründet 1984), die seit 1988 auch als selbstständige deutschsprachige Ausgabe angeboten wird (es gibt weitere Ableger in verschiedenen europäischen Sprachen, wobei neben der deutschen noch italienische, rumänische, spanische und ungarische Ausgaben regelmäßig erscheinen, die russische Ausgabe wird nur online publiziert). Die Zeitschrift versteht sich als internationales Forum für den intellektuellen Austausch, entsprechend Kulturen überschreitend sind die Zielsetzung und Ausrichtung des Themenspektrums sowie Formen der Berichterstattung oder Kritik. Für alle Ausgaben von *Lettre International* gilt als Primat Internationalität und Interdisziplinarität, eine Ausrichtung an einer spezifischen politischen Programmatik ist nicht erwünscht. Ebenso wie bei *Du* gestalten renommierte Künstler exklusiv Titelblätter und Innenteil, wodurch die einzelnen landessprachlichen Ausgaben ihr jeweiliges Profil betonen. Ein künstlerischer Schwerpunkt liegt auf der Fotografie. Die deutschsprachige Ausgabe räumt der Literatur breiten Raum ein. Literarische Texte erscheinen ausnahmslos als Erstveröffentlichungen; fremdsprachige Autoren wurden durch Übersetzungen häufig einem deutschsprachigen Publikum erstmals bekannt gemacht. Ausgaben mit Themenschwerpunkten zum Zeitgeschehen fanden in der Vergangenheit regelmäßig große Beachtung, auch ansonsten erhält die Zeitschrift gute Noten, was die Genauigkeit der Recherche und die Tiefe der Hintergrundberichterstattung angeht.

Online-Zeitschriften und Internetplattformen

Der mediale Wandel hat auch vor den Literaturzeitschriften wie vor der gesamten Buchbranche nicht Halt gemacht. Einzelne Periodika sind diesem Wandel, der einen ersten Höhepunkt in den späten 1990er Jahren hatte, zum Opfer gefallen, andere haben ihr Angebot ins Netz verlagert und wieder andere haben sich als Online-Gründungen profiliert, um von der schier ubiquitären Verbreitung des Internet zu profitieren. Wie die traditionelle Vermittlungsarbeit von Literaturzeitschriften im bzw. durch das Internet funktioniert, welche (qualitativen?) Veränderungen mit dem Medienwechsel einhergehen, inwiefern neue netzaffine Publikationsformen entstehen, wie sich Lektüreweisen verändern und welche Kosten zukünftig auf die Leser von Online-Publikationen zukommen, ist derzeit nicht absehbar und auch nur äußerst vage beschreibbar. Erkennbar ist jedoch, dass Literaturzeitschriften ebenso wie literarische Texte selbst Teil einer digitalen Kultur und Kommunikation geworden sind, wobei allerdings festzustellen ist, dass das Internet derzeit vorwiegend als komfortabler Publikations- und Verbreitungsort genutzt wird, aber noch keine Projekte entwickelt wurden, die neue, medienadäquate Formen der Internetvermittlung nutzen und darüber hinaus kollaborative Kommunikationsstrukturen verfolgen. Literaturzeitschriften im Internet sind nach wie vor weitgehend digitalisierte Medien und noch keine konsequent digitalen Medien.

2009 ging mit *kultiversum* die erste große Kulturplattform im deutschsprachigen Raum an den Start, auf der Zeitschriften wie *Theater heute*, *Opernwelt*, *Tanz* und die *Bühnentechnische Rundschau* ihre Auftritte im Internet koordinierten. Printausgaben und Internetplattform sind dem Leserwunsch entsprechend unabhängig von einander zu nutzen, die genannten Zeitschriften sind aber auch auf der Plattform als Ganzes zu rezipieren. Eigentlich ist dies nur die „Verdoppelung' der ursprünglichen Offline-Welt im Online Universum" (Richter 2011, 106). *kultiversum* hat sowohl kostenfreie als auch kostenpflichtige Teile, bietet als Serviceleistung einen regelmäßig aktualisierten Veranstaltungskalender an und ergänzt das Textangebot der Zeitschriften um einen ‚Nachrichtendienst' sowie um spezielle Artikel zu Schwerpunktthemen.

Eine Berichterstattung über Literatur und Literaturkritik findet inzwischen in verschiedenen Internetforen und -portalen statt. Aktualität sowie mediengerechte Präsentation und weite Verbreitung der Informationen haben die traditionelle Vermittlungsfunktion von Literaturkritik damit um eine neue, innovative Dimension erweitert. Hinzu kommt, dass das Medium Internet gleichzeitig als Archiv fungiert, in dem man ohne größeren Aufwand nach entsprechenden Texten suchen kann (vgl. z. B. das *Innsbrucker Zeitungsarchiv*, das – soweit urheberrechtlich zulässig bzw. Lizenzen vorhanden sind – Rezensionen aus ausgewählten deutsch- und fremdsprachigen Zeitungen digital verfügbar hält; www.iza.uibk.ac.at). Viele Portale und Foren haben dabei nur eine begrenzte Lebensdauer, wie etwa das zwischen 1998 und 2006 erscheinende *Berliner Zimmer*, mit dem Untertitel „der salon im Netz", ein seinerzeit innovatives Projekt, das jedoch nur noch als Archiv existiert und nicht mehr redaktionell gepflegt wird. Erfolgreicher war das Forum *TITEL kulturmagazin*, das 2000 als digitales Literaturmagazin begann, inzwischen ein breiteres („kritisches") Publikum informieren und – so das Selbstverständnis – auch unterhalten will. Seit Januar 1999 erscheint monatlich *literaturkritik.de*, das bislang anspruchsvollste und renommierteste Online-„Rezensionsforum" (Untertitel), das vom Institut für Neuere deutsche Literatur und Medien der Universität Marburg und weiteren universitären Partnern betreut wird. *literaturkritik.de* arbeitet mit Themenschwerpunkten und bietet auch thematische Artikel (z. B. Geburtstage von Autoren, literarische/kulturelle Ereignisse/Entwicklungen). Ein weiteres Online-Magazin, *Perlentaucher* (www.perlentaucher.de), erscheint seit Herbst 1999, verfolgt jedoch eine andere Strategie, indem es täglich die Feuilletons und Literaturbeilagen führender deutschsprachiger Zeitungen auswertet und dort erschienene Rezensionen bzw. Artikel kurz zusammenfasst. Einmal in der Woche ‚durchstreift' der *Perlentaucher* die deutschen und internationalen Kultur- und Nachrichtenmagazine und legt – soweit rechtlich möglich – entsprechende Links zu Originalartikeln. Seit 2005 hatte der *Perlentaucher* mit *signandsight.com* eine englischsprachige Schwestersite, die neben einer Feuilletonschau ausgewählte Artikel in Übersetzung bot und darüber hinaus mit Themen-Artikeln einem internationalen Publikum Einblick in das aktuelle deutsche Kulturleben und seine Debatten gab; 2012 wurde das Erscheinen eingestellt, das Archiv ist allerdings weiterhin verfügbar. Für alle hier vorgestellten Online-Magazine gilt, dass es ausführliche Suchmöglichkeiten im jeweiligen Archiv gibt, womit die Basis für eine ausbaufähige Dokumentation der deutschsprachigen Literaturkritik gelegt worden ist.

Ergänzt wird dieses Angebot um eine Vielzahl privater Weblogs zu literarischen Themen, die das traditionelle oder digitale Zeitschriftenangebot vielfältig ergänzen, deren Lebensdauer jedoch begrenzt ist, die aber inzwischen einen wichtigen Teil der literarischen Infrastruktur ausmachen.

3 Forschungsstand

Die Geschichte der Literaturzeitschriften ist gut erforscht und in mehreren Kompendien und Nachschlagewerken dokumentiert (u. a. Dietzel und Hügel 1988; Estermann 1989; Fischer und Dietzel 1992; Leidig und Bacia 2001). Der sich schnell entwickelnde Markt gegenwärtiger Literaturzeitschriften wird im Internet in verschiedenen Listen abgebildet. Als besonders hilfreich erweist sich hier das seit Januar 2016 verfügbare Recherchetool für deutschsprachige Literaturzeitschriften auf der Seite *Literaturport* des *Literarischen Colloquiums Berlin*.

Weiterführende Literatur

Arnold, Heinz Ludwig und Matthias Beilein (Hg.) (2009). *Literaturbetrieb in Deutschland*. 3. Auflage. Neufassung. München.
Holt, Nadine van (2009). „Goldsucher und Trüffelschweine: Deutschsprachige Literaturzeitschriften zwischen Existenznot und Entdeckerreichtum". *Literaturbetrieb in Deutschland*. 3. Auflage. Neufassung. Hrsg. von Heinz Ludwig Arnold und Matthias Beilein. München: 250–262.
Neuhaus, Stefan (2009). *Literaturvermittlung*. Wien.
Plachta, Bodo (2008). *Literaturbetrieb*. Paderborn.
Richter, Steffen (2011). *Der Literaturbetrieb. Eine Einführung. Text – Märkte – Medien*. Darmstadt.
Schütz, Erhard (Hg.) (2005). *Das BuchMarktBuch. Der Literaturbetrieb in Grundbegriffen*. Zusammen mit Silke Bittkow, David Oels, Stephan Porombka und Thomas Wegmann. Reinbek bei Hamburg.

Zitierte Literatur

Arnold, Heinz Ludwig und Matthias Beilein (Hg.) (2009). *Literaturbetrieb in Deutschland*. 3. Auflage. Neufassung. München.
Dietzel, Thomas und Hans-Otto Hügel (1988). *Deutsche literarische Zeitschriften 1880–1945. Ein Repertorium*. 5 Bde. München, New York, London und Paris.
Estermann, Alfred (1989): *Die deutschen Literatur-Zeitschriften 1850–1880. Bibliographien, Programme*. 5 Bde. München.
Fischer, Bernhard und Thomas Dietzel (1992). *Deutsche literarische Zeitschriften 1945–1970. Ein Repertorium*. 4 Bde. München, London, New York und Paris.

King, Janet K. (1974). *Literarische Zeitschriften 1945–1970*. Stuttgart.
Leidig, Dorothée und Jürgen Bacia (Hg.) (2001). *Handbuch deutschsprachiger Literaturzeitschriften*. Duisburg.
Meyer-Gosau, Frauke (2005). „Literaturzeitschriften". *Das BuchMarktBuch. Der Literaturbetrieb in Grundbegriffen*. Hrsg. von Erhard Schütz zusammen mit Silke Bittkow, David Oels, Stephan Porombka und Thomas Wegmann. Reinbek bei Hamburg: 248–251.
Neuhaus, Stefan (2009). *Literaturvermittlung*. Wien.
Plachta, Bodo (2008). *Literaturbetrieb*. Paderborn.
Promotionskolleg „Wertung und Kanon" der Universität Göttingen [Redaktion: Katrin Blumenkamp] (2010). *Bücher/Menschen. Der Literaturbetrieb im Gespräch*. Salzhemmendorf.
Richter, Steffen (2011). *Der Literaturbetrieb. Eine Einführung. Text – Märkte – Medien*. Darmstadt.
Ricklefs, Ulfert (1996). *Das Fischer Lexikon. Literatur*. 3 Bde. Frankfurt a. M.
Schütz, Erhard (Hg.) (2005). *Das BuchMarktBuch. Der Literaturbetrieb in Grundbegriffen*. Zusammen mit Silke Bittkow, David Oels, Stephan Porombka und Thomas Wegmann. Reinbek bei Hamburg.
Uschtrin, Sandra und Heribert Hinrichs (Hg.) (2010). *Handbuch für Autorinnen und Autoren. Informationen und Adressen aus dem deutschen Literaturbetrieb und der Medienbranche*. 7., völlig überarbeitete und erweiterte Auflage. München.

Ute Schneider
III.3.3 Verlagswesen

1 Definition und Hauptaspekte

Der Begriff ‚Verlag' leitet sich vom Geschäftsmodell der Vorfinanzierung („vorlegen") von Gebrauchsgütern ab, deren Verkauf erst den Kapitalrückfluss erwirkt. Verlage produzieren neben den traditionellen Medien wie gedruckten Büchern, Zeitschriften und Zeitungen entsprechende elektronische Medien wie Hörbücher, E-Books und Online-Ausgaben von Periodika. Im dreistufigen deutschen Buchhandelssystem verkörpern Verlage den herstellenden Buchhandel, der literarische, wissenschaftliche und künstlerische Werke sowie Musikwerke veröffentlicht. Die beiden anderen Handelsstufen bilden der Zwischenbuchhandel (Barsortiment, Kommissionsbuchhandel, Grossobuchhandel) sowie der vertreibende Bucheinzelhandel. Geregelt ist der buchhändlerische Geschäftsverkehr dieser drei Sparten untereinander durch die am 31. August 1989 vom Börsenverein verabschiedete *Verkehrsordnung im Buchhandel*, die erstmals für alle drei Wirtschaftsstufen formuliert wurde und u. a. die Bezugsbedingungen, Remissionsregeln und die Abrechnungsmodalitäten vorschreibt. Juristisch bleibt die *Verkehrsordnung* eine „unverbindliche Konditionenempfehlung", deren Regelungen in Verbindung mit den Bestimmungen der Preisbindung, den *Wettbewerbsregeln* und dem Spartenpapier als *Verhaltensgrundsätze des Buchhandels* zu verstehen sind. In der Präambel des im April 2007 vom *Börsenverein des deutschen Buchhandels e. V.* beschlossenen Grundlagenpapiers wurden als gemeinsame kulturelle Aufgabe von Verlag, Sortiment und Zwischenbuchhandel vier Ziele festgeschrieben: (1) die Garantie der Vielfalt von Autoren und Inhalten; (2) die landesweite Verfügbarkeit dieser Inhalte; (3) eine qualifizierte Auswahl von Titeln durch den verbreitenden Buchhandel und (4) die umfassende Information und Beratung des Lesepublikums. Diese Ziele beschreiben in erster Linie kulturelle Aufgaben, keine wirtschaftlichen.

Über seine wirtschaftliche Bedeutung hinaus obliegt dem Buchhandel eine herausgehobene sozialkulturelle Verantwortung, denn sein Handelsgegenstand, das Medium Buch, ist geistiges Gut und kommerzielle Ware zugleich. Kulturpolitisch wirkmächtig gestützt wird die Handelsware Buch durch besondere, gegenüber anderen Waren distinkte Wirtschaftsvorteile: erstens durch die in Deutschland 1888 eingeführte, nicht erst in den letzten Jahren kontrovers diskutierte Buchpreisbindung, zu deren verbindlicher Einhaltung der Buchhandel verpflichtet ist, und zweitens unterliegen Bücher einem reduzierten Mehrwertsteuersatz, der ansonsten Lebensmitteln vorbehalten ist.

2 Kurze Geschichte des Verlagswesens

Verlage als literarische Institutionen

Auf dem Weg, den ein Text vom Autor zum Leser nimmt, ist – sofern es sich nicht um den Weg des *Selfpublishing* handelt – grundsätzlich der Verlag als herstellende und vermittelnde Institution zwischengeschaltet. Unter den Institutionen mit literatur- und kulturvermittelnden Aufgaben wirken Verlage als kommerziell agierende Wirtschaftsunternehmen zunächst etwas fremd, da literarisch-ästhetische und ökonomische Werte als bipolare Elemente im literarischen Feld aufgefasst werden können (vgl. Bourdieu 1999). Dennoch sind klassisch-traditionelle buchwissenschaftliche Überlegungen davon ausgegangen, dem Verlag bzw. dem Verleger primär eine Vermittlungsfunktion im Kommunikationsprozess zwischen Autor und Lese- oder Käuferpublikum zuzuweisen. Neuere buchwissenschaftliche Theorien sehen in dieser Zuweisung eine unzulässige Reduktion des Verlags auf eine reine Vermittlerrolle und erweitern seine Funktion dahingehend, dass der Verlag als Institution begriffen wird, die kulturelle Werte in das Wirtschaftssystem, in Geld, konvertiert (vgl. Jäger 1995). Andererseits wird erwirtschaftetes Geld im Verlag wiederum eingesetzt, um kulturelle Werte zu konstituieren oder zu stabilisieren, denn ein Verleger muss zwar betriebswirtschaftliche Überlegungen bei Publikationsentscheidungen anstellen, er kann jedoch auch kulturelle Aspekte in seine ökonomischen Entscheidungsprozesse einfließen lassen. In dieser Wechselbeziehung erarbeitet ein Buchverlag sowohl ökonomisches als auch kulturelles Kapital (vgl. Bourdieu 1983). Der Verlag besetzt durch die Tatsache, dass er eben ‚neben' seiner Vermittlungsfunktion kulturelle Werte in Geld konvertiert und damit den Publikationsprozess erst möglich macht, eine wirkungsvolle Machtposition gegenüber potentiellen Autoren und auf dem Buchmarkt. Als literarische Institution und Instanz der Literaturvermittlung kann der Verlag traditionell folgende Hauptfunktionen übernehmen: (1) Beförderung und Unterstützung literarischer Strömungen durch literarische Wertung und Selektion; (2) Sichtbarmachung von Autoren auf dem Markt und im Programmprofil durch besondere Publikationsformen wie z. B. Gesammelte Werke; (3) zielgruppengerechte Produktaufbereitung und Preisgestaltung.

Diese drei Hauptfunktionen sind die Folge von Buchmarktentwicklungen und professionellen Ausdifferenzierungsprozessen seit dem ausgehenden 18. Jahrhundert. Die frühen Buchhandelsunternehmer seit Gutenbergs Erfindung des Buchdrucks mit beweglichen Metalltypen in der Mitte des 15. Jahrhunderts waren Drucker und Verleger in Personalunion. Sie orientierten sich v. a. am Bedarf der Gelehrten, und bis weit in die Frühe Neuzeit war der Absatzmarkt durch die vorwiegend lateinsprachigen Publikationen gesamteuropäisch, erst nach dem Dreißigjährigen Krieg wurden die nationalen, durch die Volkssprachen dominierten Buchmärkte bedeutender. Die Trennung von Druckerei und Verlag datiert bereits aus dem frühen 16. Jahrhundert, gängige Unternehmensform wird dann das Verlagsgeschäft mit Sortimentsbuchhandlung. Dies war nötig, um am buchhändlerischen Geschäftsverkehr zu partizipieren, denn der bis ins 18. Jahrhundert vorherrschende Tauschhandel, der umständliche Umrechnungen verschiedener Geldwährungen vermied, erforderte eine Eigenproduktion, um Produkte zum Tausch vorrätig zu haben. Erst im letzten Drittel des 18. Jahrhunderts entstanden mehr und mehr reine Verlage ohne Sortiment als Unternehmensform. Es existierten auch im 19. Jahrhundert noch große Gesamtbetriebe mit Druckerei und Verlag, aber dies war aus strukturellen Gründen nach Abschaffung des Tauschverkehrs und Einführung des Konditionssystems nicht mehr zwingend erforderlich. Solche Großbetriebe, z. B. Brockhaus oder Teubner in Leipzig, waren verlagsintern bereits hochprofessionell in verschiedene Abteilungen strukturiert, was sich im rein literarischen Verlag erst gegen Ende des 19. und im ersten Drittel des 20. Jahrhunderts je nach Verlagsgröße und Produktionsvolumen verstärkt durchgesetzt hat.

Verlagsorganisatorisch übernimmt der Verleger oder Geschäftsführer die unternehmerische Verantwortung, wobei diese Aufgabe auch die inhaltliche Gestaltung des Verlagsprogramms umfassen kann, aber nicht muss (vgl. Lucius ²2007). In personell kleinen Verlagen hat der Verleger bis heute die maßgebliche Position für sämtliche Belange des Verlags inne. In größeren Verlagen, die organisatorisch in verschiedene Abteilungen gegliedert sind, ist das Lektorat – meist in enger Absprache mit der Verlagsleitung und dem Vertrieb – für die inhaltliche Ausrichtung des Verlagsprogramms zuständig. Ende des 19. Jahrhunderts wurden erste Lektoren zur Unterstützung des Verlegers im literarischen Verlag eingestellt (vgl. Schneider 2005). Die zunehmende verlegerische Spezialisierung und die Titelexpansion machten die Entlastung des Verlegers erforderlich. Die bis ins letzte Drittel des 20. Jahrhunderts dominierenden Tätigkeiten des Lektors waren die Sondierung des literarischen Marktes nach Autoren und geeigneten Manuskripten, die dann folgende Manuskriptarbeit mit dem Autor, dessen intensive persönliche Betreuung sowie die Pflege eines möglichst homogenen Verlagsprogramms. Hinzugekommen ist eine weitreichende organisatorische Arbeit, die durch einen erhöhten Kommunikationsbedarf in der Branche verlagsintern und -extern charakterisiert ist (vgl. Hömberg 2010 und Schneider 2005). Immer größeren Einfluss auf dem deutschen Buchmarkt haben seit den 1990er Jahren die literarischen Agenten (vgl. Fischer 2001), die bisweilen ein dem Verlag vorgeschaltetes Lektorat übernehmen und durch die organisatorische Betreuung und Beratung von Autoren eine relevante Instanz im Kommunikationsprozess zwischen Autor und Verlag geworden sind.

Verlage als Repräsentanten literarischer Strömungen in der Moderne

Der Buchhandel der Moderne begann im ausgehenden 18. Jahrhundert, als sich das Konditionssystem im buchhändlerischen Geschäftsverkehr durchsetzte und die allmähliche Loslösung des Sortimentsgeschäfts vom Verlag einsetzte. Für die Entwicklungsprozesse im Buchhandel im 19. Jahrhundert sind zwei Aspekte entscheidend: (1) Buchhandelsreformen wie z. B. die Gründung einer Interessenvertretung – des *Börsenvereins der deutschen Buchhändler zu Leipzig* 1825 – zur Professionalisierung der Branche vor dem Hintergrund eines expandierenden Marktes mit einem rapiden Anstieg von Marktteilnehmern und (2) die Idee der Verwirklichung einer Kultureinheit Deutschlands durch ein leistungsfähiges Buchhandelsnetz und eine identitätsstiftende deutsche Literatur. Letzteres wurde im 19. Jahrhundert zum wesentlichen Bestandteil in der Selbstwahrnehmung und Selbstvergewisserung der deutschen Buchhändler und Verleger. Die programmatische Schrift des Hamburger Buchhändlers Friedrich Perthes von 1816, also unmittelbar nach dem Wiener Kongress publiziert, trägt diesen Anspruch bereits im Titel: *Der deutsche Buchhandel als Bedingung des Daseyns einer deutschen Literatur*.

Dieser zweite Aspekt bildete das Fundament, auf dem der deutsche Verlagsbuchhandel bis weit ins 20. Jahrhundert hinein agierte. Es entwickelten sich in der Buchbranche ein stolzes Standesbewusstsein und idealisiertes Selbstbild, das v. a. nach den Napoleonischen Kriegen von den Branchenmitgliedern besonders gepflegt und zum Ausdruck gebracht wurde: die Entwicklung des Buchhandels vom Kaufmannsstand im Dienste der Gelehrsamkeit zum Förderer der literarischen Kultur und Initiator mit programmatischen Ambitionen (vgl. Estermann und Jäger 2001). Dabei spielt die Verlegerpersönlichkeit eine wesentliche Rolle, was in der Verlagsgeschichtsschreibung dazu führte, dass weniger die Unternehmensgeschichte als vielmehr die Verlegerpersönlichkeiten ins Blickfeld gerückt wurden. Die individuellen Interessen und Vorlieben eines Verlegers bestimmten in der Moderne zunehmend die strategische Ausrichtung des Verlagsprogramms.

Nach Einführung der Gewerbefreiheit 1869 und nach der Reichsgründung 1871 erlebte der deutsche Buchmarkt eine bis dahin kaum gekannte Blütezeit. Während des Kaiserreichs herrschte positive Aufbruchsstimmung in der Verlagsbranche, die zu einer stetig steigenden Anzahl von Buchhandelsunternehmen und zu einer expandierenden Titelproduktion führte. Durch eine Schärfung des Verlagsprofils konnte ein Verleger leichter die Aufmerksamkeit des Publikums und v. a. des Sortimentsbuchhandels erlangen. Eine auf gemeinsamen kulturellen Werten basierende Identifikationsmöglichkeit für Verleger, Autoren und Leser war in diesem Prozess ein geeignetes Instrument, was bis in die heutige Zeit hineinwirkt: In Deutschland ist homogenes Werteverständnis zwischen Verleger und Autor typisch und gegen ausländische Märkte abgrenzbar. Innerhalb ökonomischer Kontexte wurden literarisch-ästhetische und kulturelle Werte von den Verlegern sichtbar gemacht, indem sie sich als geistige und kulturelle Mittelpunkte etablierten. Die ersten Verlagshäuser, deren Namen heute mit einer spezifischen Literaturepoche verbunden werden, findet man bereits im ausgehenden 18. Jahrhundert, in der Zeit, als die Genieästhetik die Dominanz der Rhetorik ablöste und die ästhetische Autonomie zur literarischen Norm erhob. Dafür stehen die Verlagsprogramme der deutschen Klassik und im frühen 19. Jahrhundert findet man Verlagshäuser, die vorwiegend die Literatur des Jungen Deutschland vertraten.

Drei dieser frühen Verleger, die eine spezifische Epoche präsentieren, sind Georg Joachim Göschen, Johann Friedrich Cotta und Julius Campe. Der Leipziger Verleger Georg Joachim Göschen versammelte in seinem Programm diejenigen zeitgenössischen Schriftsteller, die sich dem neuen ästhetischen Kunstverständnis verpflichteten (vgl. Füssel 1996, 1998 und 1999). Göschen veranstaltete 1787 bis 1790 die erste Ausgabe von Goethes Gesammelten Schriften. Er verlegte auch Klopstock und Schiller und v. a. Wielands Werke, dessen 42-bändige Gesamtausgabe u. a. Göschen zum größten Verleger der deutschen Klassik vor Cotta machte. Bereits hier lässt sich – vertreten durch diese weithin bekannten Autoren – ein spezifisches literarisches Profil im ansonsten universalen Gesamtprogramm des Verlags erkennen.

Zum überzeugenden Repräsentanten einer deutschen Nationalliteratur wurde dann allerdings Johann Friedrich Cotta, der am Ende des 18. Jahrhunderts bis ins erste Drittel des 19. Jahrhunderts von der buchhändlerischen Peripherie in Tübingen, dann von Stuttgart aus Kontakte zu den norddeutschen Branchenkollegen, v. a. aber zu Autoren, suchte (vgl. Fischer 2014). Seine Attribuierung als „Bonaparte der Buchhändler" ist auf seine vielfältigen Beziehungen, aber auch auf seine Klassikerpflege zurückzuführen (Fischer 2014, 9). Sie wird u. a. sichtbar in den Werkausgaben Herders (1827–1830), Schillers (1822–1826), Goethes (1806) und Johannes von Müllers (1810–1819, 1831–1835). Rückblickend tritt dem Betrachter der Verlag als ein Medienunternehmen entgegen, das durch seine wirkmächtigen Periodika wie der *Allgemeinen Zeitung* und dem *Morgenblatt für gebildete Stände* sowie seinen Almanachen die ‚Literatur der Goethezeit' einem Leserkreis bekannt machte, der sich gerade erst als bürgerlich literarisches Publikum formiert hatte und im 19. Jahrhundert als kulturelle Elite auch politischen Einfluss einforderte.

Im Vormärz werden dann die Autoren und Werke des Jungen Deutschland vorwiegend im Hamburger Verlag Julius Campes versammelt, der als Verleger Heinrich Heines die schmale Gratwanderung zwischen Zensur und funktionstüchtigem Verlag unternehmen musste. Heinrich Heine, Ludwig Börne, Karl

Gutzkow und 1834 die *Ästhetischen Feldzüge* Ludolf Wienbargs erschienen bei Campe, Anfang der vierziger Jahre dann flankiert von Heinrich Hoffmann von Fallerslebens *Unpolitischen Liedern*. Auch im Hamburger Verlag lässt sich innerhalb des noch universalen Gesamtprogramms ein literarischer Schwerpunkt ausmachen, der hier auf politischer Lyrik lag.

Sowohl Göschen als auch Cotta wie später Hoffmann und Campe waren trotz aller Profilierungstendenzen noch Universalverleger, die literarische Werke neben Sachbüchern und wissenschaftlicher Literatur publizierten. Diese Verlagsstrategie änderte sich ab der zweiten Hälfte des 19. Jahrhunderts angesichts der Industrialisierung sämtlicher Bereiche des Buchgewerbes radikal. Der strukturelle Wandel des Verlagswesens und des Buchhandels war bestimmt durch die Wechselwirkung einer gestiegenen Nachfrage nach literarischen Stoffen vor dem Hintergrund einer Vollalphabetisierung der Gesellschaft und den nun möglichen Massenauflagen von Büchern und Periodika durch technische Innovationen. Die Anzahl konkurrierender Unternehmen macht eine inhaltliche Spezialisierung zur vernünftigen Strategie. Vorwiegend in den Metropolen (Berlin, München und Wien), die sich um 1900 als literarische und journalistische Zentren herauskristallisiert hatten, entstanden Verlage, die sich durch eine solche Spezialisierung auszeichneten: 1886 Samuel Fischer in Berlin, 1895 Albert Langen in München (schon 1893 in Paris), 1896 Eugen Diederichs in Jena, 1898 Bruno und Paul Cassirer in Berlin, 1903 Georg Müller in München, 1904 Reinhard Piper in München, 1906 Wilhelm Langewiesche-Brandt in Düsseldorf (ab 1907 Ebenhausen bei München), 1910 Ernst Rowohlt und Kurt Wolff in Leipzig. Gemeinsames Merkmal dieser Verleger war ihr besonderes Engagement in der Profilierung eines individuellen Verlagsprogramms (vgl. Schneider 2004).

Diese meist noch jungen, hochmotivierten Verleger entwickelten ein Selbstverständnis, das seinen Ausdruck in dem Prinzip fand, nicht Bücher, sondern Autoren und ihr Œuvre zu verlegen. Das primäre Movens war nicht die Profitmaximierung, sondern ihr kultureller Wirkungswille (vgl. Kuhbandner 2008). Die besondere Autorenpflege mit dem Anspruch, den Schriftstellern Freund und kompetenter literarischer Berater und unterstützender Partner zu sein, war charakterisiert durch enge persönliche Beziehungen zwischen Verlegern und Schriftstellern. Mit diesem ideellen Anspruch programmatisch verbunden war ihre Konzentration auf die Publikation von Werken der jeweiligen Gegenwartsautoren. In diesen Verlagshäusern erschien die Literatur der Moderne, die Literatur der Avantgarde. Das jeweilige Verlagsprofil wurde durch das kulturpolitische Selbstverständnis der Verlegerpersönlichkeit geprägt, und diese jungen Verleger gingen den Weg vom Verlagsprogramm zum Programmverlag.

Um 1900 hatte ein Verleger relativ gute Chancen, einen Käuferkreis an sich zu binden und tatsächlich aktiv einen Markt zu schaffen. Die kulturtragende

Elite, das Bildungsbürgertum des 19. Jahrhunderts, das den klassischen Lektürekanon zum identitätsstiftenden Diskurs erhoben hatte, verlor gegen Ende des Jahrhunderts seine kulturelle Führungsfunktion. Die zunehmende Heterogenität des Käuferpublikums, gerade in den Großstädten, und die Vielfalt der literarischen Strömungen nach dem Auftakt der literarischen Moderne führten zwar nur allmählich, aber doch stetig zu einem Konsensverlust über den Wert literarischer Werke. Die Rückbindung literarischer Werte an einen feststehenden Kanon von Wertmaßstäben, der sich an den Vorstellungen des traditionellen Bildungsbürgertums orientierte, wurde nicht mehr allgemein anerkannt. Hier konnten die Verlage mit ihren Lektoren literarisch-ästhetisch wie auch wertvermittelnd wirksam werden.

Gesammelte Werke als Marketingkonzept und Instrument der Rezeptionslenkung in der Moderne

Im klassischen Kulturverlag sind nicht nur literarische Strömungen benannt, stabilisiert und gepflegt worden, sondern durch die enge Verlagsbindung sind auch Autoren systematisch aufgebaut worden. Die Methode des Verlegers, der Rezeption eines Autors, der bereits mehrere Werke über etliche Jahre bei ihm publiziert hat, Kontinuität zu verleihen, ist die Komposition von Gesammelten Werken oder einer Gesamtausgabe als Publikationsform. Die Herausgabe einer Gesamtausgabe oder von Gesammelten Werken eines Schriftstellers unternahm der Verlag nicht selten in der Hoffnung, entweder eine neue Epoche in der Wirkungsgeschichte des Autors einzuleiten oder die schon bestehende Rezeption zu verstärken: „The phenomenon of the collected edition has made a vital contribution to the construction of authorship, the history of reputation, and the formation of the canon" (Nash 2003, 1).

Gesamtausgaben und Gesammelte Werke wurden während des 19. Jahrhunderts zu einer sehr populären Publikationsform auf dem deutschen Buchmarkt. Zwei Impulse können für die Konjunktur der Werkausgaben festgestellt werden: Erstens dienten die Werkausgaben der Klassiker Goethe und Wieland als Vorbild für die Präsentation anderer, noch lebender Autoren. Wieland hatte sich in einem durchaus Aufsehen erregenden Prozess gegen seine Verlagsbuchhandlung Weidmann durchgesetzt, um seine Gesammelten Werke 1794 bis 1802 bei Georg Joachim Göschen, dem ersten großen Klassikverleger vor Cotta, drucken zu lassen. Das noch kaum existierende Urheberrecht, das in erster Linie das ewige Verlagsrecht begünstigte, gereichte zum Vorteil der Verleger. Aber Gesammelte Werke und Gesamtausgaben wurden nicht nur aus Sicht des Autors, sondern auch aus juristischer Sicht schon im ausgehenden 18. Jahrhundert als eine ganz besondere Publikationsform angesehen, für deren Zusammenstellung nicht automatisch auch der Verleger berechtigt war, der die Einzelwerke im Programm hatte. Göschen gab ab 1811 auch Moritz August Thümmels *Sämmtliche Werke* heraus. Für das 19. Jahrhundert lassen sich zahlreiche Beispiele finden für Werkausgaben nicht nur der im bildungsbürgerlichen Kanon vertretenen Autoren; 1881 erschienen Körners *Gesammelte Schriften* in Leipzig bei Grunow, ab 1885 Klopstocks *Gesammelte Werke* bei Cotta in Stuttgart. 1830 waren schon Wilhelm Hauffs *Sämtliche Schriften* im Stuttgarter Verlag Brodhag erschienen. Es ließen sich noch etliche weitere Beispiele nennen. Das Beispiel Hauffs, dessen Werke in Stuttgart, einem Zentrum des spekulativen Buchhandels mit literarischer Überproduktion, herauskamen, verweist auf die im ersten Drittel des 19. Jahrhunderts entstehende und bis weit ins 20. Jahrhundert hinein existierende Mode der Gesammelten Schriften oder Werke.

Besonders ‚Gesammelte Werke in Einzelausgaben' eignen sich zur buchhändlerischen Vermarktung, können sie doch jederzeit unproblematisch ergänzt werden. Nicht nur den Vertretern der sogenannten Hochkultur wurden Gesamtausgaben oder Gesammelte Werke zuteil, sondern – im Gegenteil – gerade von Schriftstellerinnen und Schriftstellern der populären Lesestoffe wurden und werden Werkausgaben auf dem Markt gebracht. Hierfür kam der Impuls aus England. Als zweites Vorbild neben den deutschen Klassikern können die Ausgaben der zeitgenössischen englischen Schriftsteller angesehen werden, deren ‚Works' auf dem deutschen Markt nicht nur zur Kenntnis genommen wurden, sondern auch eilig übersetzt. Von Vorteil für die Verleger war das fehlende internationale Urheberrecht, sodass Autorenhonorare eingespart und nur die Übersetzer entlohnt wurden. Zeitgenössisch sprach man auch von sogenannten „Übersetzungsfabriken" in den deutschen Verlagen (Gutzkow [1839] 2013, 101–107). In England erschienen 1829 bis 1833 in 50 Bänden die *Waverley Novels* von Walter Scott, der der erste englische Schriftsteller war, dem während seiner Lebenszeit Gesammelte Werke zuteilwurden. Auf dem deutschen Buchmarkt wurde Scott in acht unterschiedlichen Werkausgaben gleichzeitig auf dem Markt gehandelt.

Der Kulturverleger Samuel Fischer erhob um die Wende vom 19. zum 20. Jahrhundert die Publikationsform ‚Gesammelte Werke' zum Editionsprinzip für die Prosa und Lyrik seiner Hausautoren. Gerade sein Beispiel zeigt, wie mit Werkausgaben das Ziel erreicht werden konnte, „das Revolutionäre ins Klassische münden zu lassen", wie Thomas Mann später diese Vorgehensweise seines Verlegers interpretiert hat (in seinem Nachruf auf Fischer am 28. Oktober 1934 im Sonntagsblatt der *Basler Nachrichten*). Nach dem Vorbild der Cotta'schen Klassikerausgaben präsentierte der S. Fischer Verlag nun Gegenwartsautoren und verlieh ihnen dadurch Klassikerrang. Bereits ab 1889 veröffentlichte Fischer, angeregt durch Paul Schlenther, der gerade Kritiker bei der *Vossischen Zeitung* in Berlin geworden war, die Werke Ibsens in einer vierbändigen Gesamtausgabe. 1898 folgten dann Ibsens Sämtliche Werke in zehn Bänden. 1895 trat Arthur Schnitzler in den S. Fischer Verlag ein und 1912 erschienen seine Gesammelten Werke. 1906 war auch die erste Gesamtausgabe Gerhart Hauptmanns publiziert worden und 1912, in dem Jahr, in dem Hauptmann der Literaturnobelpreis zugesprochen wurde, folgte die Volksausgabe. Diese Strategie ließ den S. Fischer Verlag auch für andere Autoren überaus attraktiv werden. Richard Dehmel, der seine Werke in verschiedenen Verlagen publiziert hatte, wandte sich 1905 mit einem von ihm selbst konzipierten Plan für die Gesamtausgabe seiner bisherigen Werke an Samuel Fischer. Sie erschien 1906, ebenfalls in zehn Bänden. Fischer vermittelte dem Publikum und auch dem Sortimentsbuchhandel auf diese Weise den Überblick über das Gesamtwerk eines Autors, repräsentierte seine literarische Persönlichkeit und positionierte ihn längerfristig auf dem Buchmarkt, was sein primäres Ziel sein musste. Andere Kulturverleger gingen ähnlich vor. Bei Kurt Wolff erschien 1917 bspw. die erste kompakte zehnbändige Edition der *Gesammelten Romane und Novellen* von Heinrich Mann.

Die Strategie der Präsentation eines Autors in einer Gesamtausgabe wird vom Verlag oft flankiert durch Materialienbände zu Leben und Werk des Autors. Es schließen sich Gedenk- und Jubiläumsausgaben an, die oft um Briefsammlungen erweitert werden. Diesen fruchtbaren Kontext herzustellen, ist Aufgabe des Verlags. Ein Verlagsprogramm, in das ein Werk vom Verleger gestellt wird, bildet mit seiner entsprechenden Leser- und Käuferschicht eine hervorragende Ausgangsbasis, um einen Autor und sein Werk lebendig werden zu lassen. Wie stark die Rezeption durch die geeignete Publikationsform gelenkt werden kann und damit in einem ersten Schritt auch Kanonisierungsprozesse eingeleitet werden können, zeigt ein Beispiel: 1986 bis 1988 erschienen im Verlag Zweitausendeins die *Gesammelten Werke* Max Herrmann-Neißes in zehn Bänden, herausgegeben von Klaus Völker. Max Herrmann-Neiße, geboren 1886 im Jahr der Verlagsgründung S. Fischers in der schlesischen Provinz, hat bis zu seinem Tod 1941 mehr als 20 Bücher mit Gedichten, Erzählungen und Theaterstücken publiziert. Sie erschienen ab 1914 völlig verstreut in unterschiedlichen Verlagen, darunter renommierten Kulturverlagen wie S. Fischer, Kurt Wolff und Die Schmiede. Herrmann-Neiße war es anscheinend zu Lebzeiten nicht gelungen, sein Gesamtwerk in einem einzigen Verlag herauszubringen und dauerhafte Aufmerksamkeit für seine Werke hervorzurufen. Für seine Lyrik erhielt er 1924 den *Joseph-Freiherr-von-Eichendorff-Preis*, 1927 den *Gerhart-Hauptmann-Preis*. Dennoch war Herrmann-Neiße kaum auf dem Buchmarkt präsent. Ein kleiner Gedichtband, der 1945 und 1946 immerhin drei Auflagen im Aufbau Verlag erreichte, und eine Reprintausgabe einiger seiner Werke 1973 konnten so gut wie keine Resonanz in der literaturgeschichtlichen Forschung hervorrufen: „Max Herrmann-Neiße blieb ein Ausgestoßener, bis heute. Kaum ein Lexikon kennt seinen Namen, kaum ein Repertorium unserer Tage kennt seine Werke, und die Literaturgeschichten verzeichnen ihn nur ausnahmsweise. Wer in Bibliotheken nach ihm stöbert, wird selten fündig, wer im Buchhandel nach ihm fragt, kümmerlich genug beschieden: ein Lyrikband, ein Ausstellungskatalog (Anlass: George Grosz), eine betagte Monographie." (Schnell 1987, 9–10). Als die Gesamtausgabe zum attraktiven Preis von 200 DM herauskam, waren das Interesse und die Bewertung durch die feuilletonistische Literaturkritik überwältigend gut. Die *Neue Zürcher Zeitung*, die *Frankfurter Allgemeine Zeitung*, fast alle großen überregionalen Tageszeitungen haben die Gesamtausgabe gewürdigt.

Im Falle Herrmann-Neißes ist der Blick auf den verlegerischen Kontext, auf das symbolische Kapital des Verlags, das die literarische Vermittlung unterstützt, besonders lohnend: Was heißt es, wenn ein kaum wahrgenommener Schriftsteller bei Zweitausendeins eine Gesamtausgabe bekommt? Zunächst fällt als ein wichtiger verlegerischer Paratext die vergleichsweise spektakulär bunte Einbandgestaltung auf, die von Johannes Grützke stammt. Zwischen zwei solchen Deckeln kann nur ein ‚buntscheckiges' Werk stecken, das sicher nicht ein langweiliges, sondern das ‚pralle' Leben beschreibt. Ein Lesebändchen und die typographisch gediegene Ausstattung von Hannes Jähn machen die Bände zu einer bibliophilen Ausgabe. Und noch dazu handelte es sich um eine sehr preiswerte Ausgabe.

Der Publikationsort und die auffallende Ausstattung signalisierten, dass man es mit einem unangepassten Autor, einer diskussionswürdigen Literatur zu tun hatte. Mit Autoren wie Bernward Vesper, Günter Wallraff, Robert Gernhardt, Eckhard Henscheid, aber auch Charles Bukowski wurde Zweitausendeins zum Symbol einer alternativen Buchkultur. Die Aufmerksamkeit, die dem Werk Herrmann-Neißes nach Erscheinen der Ausgabe zuteilwurde, war beachtlich: 1991 wurde eine Ausstellung anlässlich seines 50. Todestages in Ratingen veranstaltet, 1996 kam eine Dissertation zum Druck, es folgten weitere Monographien und Sammelbände und 2003 dann schließlich die Publikation seines Briefwechsels mit George Grosz (vgl. Grosz und Herrmann-Neiße 2003).

Herrmann-Neißes Gesamtausgabe bei Zweitausendeins erlebte 1990, schon kurz nach Erscheinen, eine zweite Auflage, was als verlegerischer Erfolg gewertet werden kann – und als Erfolg einer gelungenen Literaturvermittlung. Im Medialisierungsprozess wurde das Werk in einen passenden Kontext gestellt, mit augenfälligen verlegerischen Paratexten versehen, und gelangte so als vermitteltes Werk in den literaturwissenschaftlichen Blick.

Werkausgaben und Gesammelte Werke als Medialisierungsformen von Texten sind multifunktional angelegt: (1) Sie dienen der Positionierung eines noch lebenden Schriftstellers (der Hochkultur) im zeitgenössischen literarischen Feld und vielleicht auch in der zukünftigen Literaturgeschichtsschreibung. Damit kann ein

Kanonisierungsprozess eingeleitet werden. (2) Dies kann auch für einen bereits verstorbenen Schriftsteller geleistet werden, wenn die Werkausgabe der Wiederbelebung eines vergessenen Werkes dient, eine erneute Rezeption einleitet oder eine erste Rezeption auslöst. Der Werkbegriff im Kontext einer Werkausgabe wird damit zum Instrument der Rezeptionslenkung. (3) Es gibt keine empirische Erhebung zum buchhändlerischen Erfolg von Werkausgaben, zu vermuten ist aber, dass ihr symbolisches Kapital höher eingeschätzt werden muss als ihr ökonomisches. Sie dienen mehr der Profilbildung eines Verlagsprogramms als der pekuniären Ausbeutung. Da ein Verlag auch daran Interesse haben wird, symbolisches Kapital anzuhäufen, lässt sich die Werkausgabe im weitesten Sinn im Kontext der verlegerischen Profilbildung auch als ein Marketingkonzept in einem Bündel etlicher anderer begreifen. (4) In der Ausdifferenzierung unterschiedlich gestalteter, aber textidentischer Ausgaben für verschiedene Märkte tragen Werkausgaben dazu bei, literarische Stoffe in ganz unterschiedlichen Leser- und Käuferschichten bekannt zu machen. (5) Zu bestimmten Zeiten der Buchhandels- und Literaturgeschichte sind sie eine Modeerscheinung gewesen, die sich am symbolischen Kapital der Klassikerausgaben orientierte.

3 Aktuelle Herausforderungen für die Verlagsbranche

Die traditionellen verlegerischen Strategien zur Positionierung von Autoren und Werken auf dem Markt und/oder in der zukünftigen Literaturgeschichtsschreibung sind im 21. Jahrhundert nur noch bedingt von Erfolg gekrönt. Dieser Wandel hat verschiedene Gründe: das quantitative Anwachsen der lieferbaren Titel, die Forderungen des Publikums nach erlebnisreichen Events, die Möglichkeit der verlagsunabhängigen Publikation für Autoren und die Vielfalt der medialen Unterhaltungsmöglichkeiten.

Die Quantitäten auf dem Markt liefern ein eindeutiges Bild: Seit 2008 werden jährlich weit mehr als 80.000 Neuerscheinungen auf dem Buchmarkt herausgebracht (vgl. *Buch und Buchhandel in Zahlen* 2018). Das Titelvolumen umfasst nur einen Teil der publizierten E-Books. Den größten Anteil an der Produktion hat die Belletristik mit ca. 19,7 %. Der Gesamtumsatz auf dem deutschen Buchmarkt macht ca. 9,1 Milliarden Euro jährlich aus, was die geringe volkswirtschaftliche Bedeutung des Buchmarkts deutlich werden lässt. 2017 wurden 47,1 % des Gesamtumsatzes durch den Sortimentsbuchhandel erwirtschaftet, der damit nach wie vor den wichtigsten Vertriebsweg für Bücher darstellt, allerdings seit der Jahrtausendwende stetig rückläufige Anteile verbuchen muss. Auf Platz zwei ist der Direktvertrieb durch Verlage mit 21,3 % (2017), in den letzten Jahren stetig gewachsen, was auf das Online-Geschäft zurückzuführen ist. Deutliche Zuwächse sind im Versandbuchhandel (einschließlich Internet) zu verzeichnen (2017: 20,2 %). Eine eher untergeordnete Bedeutung haben hingegen die Vertriebswege ‚Warenhäuser' (2017: 1,4 % des Gesamtumsatzes, Tendenz sinkend) und ‚Buchgemeinschaften' (2017: 0,3 % des Gesamtumsatzes, ebenfalls sinkend). Traditionsgemäß (aufgrund des jahrhundertelang fehlenden geistigen und politischen Zentrums) existiert in Deutschland aktuell noch ein flächendeckend dichtes Netz von Buchhandlungen. Ca. 6000 stationäre Buchhandlungen versorgen neben den bekannten Versandunternehmen das Käuferpublikum. Die Sortimentsbuchhandlungen halten von den lieferbaren Titeln allerdings einen immer kleiner werdenden Bruchteil vor. Umfangreiche Lagerhaltung ist aus Kostengründen nicht möglich. Findet ein Titel nicht den Weg in die Buchhandlung, sinken seine Chancen, vom Käuferpublikum wahrgenommen zu werden, rapide. Für den einzelnen Verlag ist es ebenfalls aus Kostengründen kaum möglich, langfristig eine Backlist zu pflegen. Beides führt dazu, dass die Umschlagsgeschwindigkeit auf dem Markt erhöht wird und die Titel immer kurzlebiger werden.

Die Vermittlungsfunktion eines Verlags als literarische Instanz konzentriert sich aktuell daher darauf, für einen Titel, einen Autor, seltener für eine Reihe oder gar ein komplettes literarisches Programm Aufmerksamkeit zu erregen, indem ‚literarische Events' bedient oder selbst veranstaltet werden. Die Teilnahme an Literaturfestivals u. Ä. gehören bereits zu den etablierten Marketingstrategien. Die Nutzung von Inszenierungsmöglichkeiten und medialen Präsentationsorten sind branchenweit üblich. Der möglichst medienkompatible Autor wirbt in Talkshows und ähnlichen Formaten mit seiner Person für sein Buch. Die Medienpräsenz eines Autors unterstützt und verstärkt die Absatzchancen seiner Werke.

Die langwierige verlegerische Arbeit, einen Autor vom literarischen Debut bis zum etablierten Schriftsteller zu begleiten und auch bei ökonomischem Misserfolg an seine Durchsetzung zu glauben, ist zugunsten des ‚literarischen Events' in den Hintergrund gerückt. Dies geschieht auf vielfältige Art und Weise, dazu gehören literarische Wettbewerbe oder Lese-Festivals. Schließlich werden soziale Netzwerke wie Facebook genutzt, um auf Autoren und Bücher aufmerksam zu machen. Repräsentative, empirisch gesicherte Erkenntnisse, ob und wie die Präsenz in Social-Media-Plattformen kommerziell wirksam ist, existieren bisher nicht. Wesentlich ist jedoch die Ausnutzung sämtlicher medialen Kanäle, um die Aufmerksamkeit des potentiellen Käuferpublikums auf Autoren und Titel zu lenken (vgl. Keuschnigg 2011).

Der Verlag als etablierte literarische Instanz bekommt zunehmende Konkurrenz durch Publikationsmodelle, die verlagsunabhängig funktionieren. Ein noch recht neuer Weg zur Publikation von Manuskripten insbesondere im Unterhaltungsbereich ist das Selfpublishing im Online-Vertrieb, um die Verlagsbranche zu vermeiden. Die Idee des Selbstverlags unter Umgehung des professionellen Buchhandels ist keineswegs neu, bereits Lessing, Wieland und Klopstock haben dieses Prinzip erprobt. Heute scheint die Wagnisschwelle zum Eigenverlag besonders niedrig, denn angesichts der Möglichkeiten, die das Internet bietet, kann potentiell ein riesiges, globales Publikum erreicht werden und die Publikationskosten sind überschaubar niedrig. Es sind vereinzelt bereits recht beachtliche kommerzielle Erfolge erzielt worden: Die Roman-Trilogie *Shades of Grey* (2011–2012) von E. L. James ist sicherlich das prominenteste Beispiel für ein durchschlagendes Debut als E-Book im Selbstverlag. Neueste Erhebungen zeigen (alle Zahlen nach *BoD-Selfpublishing-Studie* 2013 und 2014), dass in Deutschland die Hobby-Autoren unter den Selfpublishern 2014 mit mehr als 42 % noch die größte Gruppe stellen, allerdings mit deutlich abnehmender Tendenz (2013 waren es noch über 70 %). Verdoppelt hat sich der Anteil der Berufsautoren, für die die schriftstellerische Tätigkeit Haupteinnahmequelle für ihren Lebensunterhalt ist (2013: 17,4 %, 2014: 36,5 %). Autoren für Sach- und Fachbücher sind mit ca. 21 % vertreten. Ähnliches gilt für den gesamteuropäischen Markt. Mittlerweile bieten spezielle, professionell und kommerziell geführte Plattformen den Autorinnen und Autoren Unterstützungsleistungen bei der formalen Fertigstellung (Gestaltung, Korrekturarbeiten etc.) und dem Vertrieb ihrer Arbeiten an. Dass der Weg aus der Nische bereits geschafft ist, zeigt die Präsenz der Selfpublisher auf der internationalen Buchmesse in Frankfurt am Main, die ihnen ein Kommunikationsforum zur Verfügung stellt.

Weiterführende Literatur

Buch und Buchhandel in Zahlen 2018 (2018). Hrsg. vom Börsenverein des Deutschen Buchhandels e. V. Frankfurt a. M.
Fischer, Ernst (Hg.) (2001). *Literarische Agenturen – die heimlichen Herrscher im Literaturbetrieb?* Wiesbaden.
Jäger, Georg (1995). „Keine Kulturtheorie ohne Geldtheorie. Grundlegung einer Theorie des Buchverlags". *Empirische Literatur- und Medienforschung*. Hrsg. von Siegfried J. Schmidt. Siegen: 23–40.
Kuhbandner, Birgit (2008). *Unternehmer zwischen Markt und Moderne. Verleger und die zeitgenössische Literatur an der Schwelle zum 20. Jahrhundert.* Wiesbaden.
Schneider, Ute (2005). *Die Berufsgeschichte des Lektors im literarischen Verlag.* Göttingen.

Zitierte Literatur

BoD-Selfpublishing-Studie 2014. Entwicklung und Professionalisierung. Self-Publisher im internationalen Vergleich (2014). Norderstedt.

BoD-Selfpublishing-Studie 2013. Motive und Motivation. Self-Publisher im internationalen Vergleich (2013). Norderstedt.

Bourdieu, Pierre (1983). „Ökonomisches Kapitel, kulturelles Kapital, soziales Kapital". *Soziale Ungleichheiten*. Hrsg. von Reinhard Kreckel. Göttingen: 183–198.

Bourdieu, Pierre (1999). *Die Regeln der Kunst*. Frankfurt a. M.

Buch und Buchhandel in Zahlen 2018 (2018). Hrsg. vom Börsenverein des Deutschen Buchhandels e. V. Frankfurt a. M.

Estermann, Monika und Georg Jäger (2001). „Selbstverständnis und Selbstbild". *Geschichte des Deutschen Buchhandels im 19. und 20. Jahrhundert*. Bd. 1: Das Kaiserreich 1870–1918. Hrsg. von Georg Jäger. Frankfurt a. M.: 34–37.

Fischer, Bernhard (2014). *Johann Friedrich Cotta. Verleger – Entrepreneur – Politiker*. Göttingen.

Fischer, Ernst (Hg.) (2001). *Literarische Agenturen – die heimlichen Herrscher im Literaturbetrieb?* Wiesbaden.

Füssel, Stephan (1996–1999). *Georg Joachim Göschen, ein Verleger der Spätaufklärung und der Klassik*. Bd. 1: Studien zur Verlagsgeschichte und Verlegertypologie der Goethezeit (1999); Bd. 2: Verlagsbibliographie Göschen 1785–1838 (1998); Bd. 3: Repertorium der Verlagskorrespondenz (1783–1828) (1996). Berlin.

Grosz, George und Max Herrmann-Neiße (2003). *„Ist schon doll das Leben". Der Briefwechsel*. Hrsg. von Klaus Völker. Berlin.

Gutzkow, Karl ([1839] 2013). „Die deutschen Übersetzungsfabriken". *Karl Gutzkow. Schriften zum Buchhandel und zur literarischen Praxis*. Hrsg. von Christine Haug und Ute Schneider. Münster: 101–107.

Hömberg, Walter (2010). *Der Lektor im Buchverlag. Repräsentative Studie über einen unbekannten Kommunikationsberuf*. Konstanz.

Jäger, Georg (1995). „Keine Kulturtheorie ohne Geldtheorie. Grundlegung einer Theorie des Buchverlags". *Empirische Literatur- und Medienforschung*. Hrsg. von Siegfried J. Schmidt. Siegen: 23–40.

Keuschnigg, Marc (2011). *Das Bestseller-Phänomen. Die Entstehung von Nachfragekonzentration im Buchmarkt*. Wiesbaden.

Kuhbandner, Birgit (2008). *Unternehmer zwischen Markt und Moderne. Verleger und die zeitgenössische Literatur an der Schwelle zum 20. Jahrhundert*. Wiesbaden.

Lucius, Wulf. D. (^{2}2007). *Verlagswirtschaft*. Konstanz.

Nash, Andrew (Hg.) (2003). *The Culture of Collected Editions*. Published in Association with the Institute of English Studies, School of Advanced Study, University of London. Hampshire, NY.

Schneider, Ute (2004). „Profilierung auf dem Markt – der Kulturverleger um 1900". *Zeitdiskurse. Reflexionen zum 19. und 20. Jahrhundert*. Hrsg. von Roland Berbig, Martina Lauster und Rolf Parr. Heidelberg: 349–362.

Schneider, Ute (2005). *Die Berufsgeschichte des Lektors im literarischen Verlag*. Göttingen.

Schnell, Ralf (1987). „‚Mir bleibt mein Lied, was auch geschieht'. Zu einer Neuausgabe der Werke von Max Herrmann-Neiße". *Die Zeit* vom 6. November 1987.

Spartenpapier *Verhaltensgrundsätze des Buchhandels* (1985). Frankfurt a. M.

Claude D. Conter
III.3.4 Literaturarchive und Literaturmuseen als Speicherinstitutionen und Forschungsstätten

1 Definition

Literaturarchive sind „Institutionen des literarischen Erinnerns und Gedenkens – Gedächtnisorte der Literatur. Sie sammeln und horten Werkmanuskripte und Briefe, Gegenstände, Sammelstücke und Lebensdokumente, auch Zeitungsausschnitte, Rezensionen, Belegexemplare, oft ganze Bibliotheken von Schriftstellerinnen und Schriftstellern, von Verlagen und anderen literarischen Institutionen." (*Schweizerisches Literaturarchiv* 2011, 7) Sie sind Einrichtungen, in denen Vor- und Nachlässe von Schriftstellern sowie Sammlungen (Fotos, Postkarten, Bilder, Ex-Libris usw.) erworben, aufbewahrt, katalogisiert und vermittelt werden. Literaturarchive befinden sich meist in öffentlicher Hand und beherbergen je nach Größe eine Archivabteilung sowie eine Bibliothek, ein Medienarchiv, eine Bildabteilung und eine Dokumentationsstelle, damit Literatur in all ihren Erscheinungsformen gesammelt werden kann (vgl. Berbig 2005, 220).

Die Idee zu eigenständigen Literaturarchiven entstand erst gegen Ende des 19. Jahrhunderts. Während für kanonisierte Autoren anfangs ein eigenes Archiv eingerichtet wurde, nicht selten in Verbindung mit einer literarischen Gedenkstätte, einem Museum oder einer Forschungseinrichtung, umfassen Literaturarchive heute überwiegend eine Vielzahl von Vor- und Nachlässen von Autoren und literarischen Institutionen, so dass „Literatur als Kontinuum, nicht nur als Summe von Einzelbeständen" (Ott 1999, 35) dokumentiert und erforscht werden kann. Gegenwärtig gibt es etwa in Deutschland, in Österreich, in der Schweiz und in Luxemburg eine differenzierte und dynamische Literaturarchivlandschaft, was sowohl an den zahlreichen Neugründungen in den letzten dreißig Jahren als auch an der zunehmenden Vielseitigkeit der Tätigkeitsfelder von Literaturarchiven erkennbar wird.

Die Aufgaben reichen vom Sammeln, Ordnen, Erschließen und Verzeichnen überwiegend von Unikaten literarischer Provenienz über deren lokale oder durch Digitalisierung zeit- und raumunabhängige Nutzbarmachung bis hin zur Aufbereitung und Auswertung, wissenschaftlichen Erforschung und Vermittlung literarischer Texte, Dokumente und Objekte an unterschiedliche Zielgruppen durch Veranstaltungen, Vorträge, Tagungen, Ausstellungen und Publikationen. Literaturarchive, die Nachlässe und Autographen erwerben, erschließen, aufbewahren und der Öffentlichkeit zugänglich machen, haben sich im Netzwerk KOOP-LITERA vereint (KOOP-LITERA-Portal).

2 Hauptaspekte des Themas

Aufgaben des Literaturarchivs

Der Wiener Literaturhistoriker Jacob Minor hat in einem in der Zeitschrift *Euphorion* 1894 veröffentlichten Beitrag „Centralanstalten für die literaturgeschichtlichen Hilfsarbeiten" die Aufgabe von Literaturarchiven auf die Tätigkeiten des Sammelns und des Inventarisierens eingegrenzt: „Register zu den sämtlichen Werken der Dichter. Chronologische Verzeichnisse der Werke. Verzeichnisse der Briefe von und an. Regesten zu den Briefwechseln und Memoirenwerken. Zeugnisse und erläuternde Exkurse zu der Entstehungsgeschichte der einzelnen Dichtungen. Verzeichnis der historischen und sagenhaften Stoffe (Lexikon der dichterischen Stoffe). Verzeichnis der metrischen Formen. Verzeichnis des Wortschatzes usw." (Minor 1894, 20) Auch heute noch gehören viele der von Minor genannten Aufgaben zum Kerngeschäft von Literaturarchiven. Die Sammeltätigkeit, insbesondere der Erwerb von Vor- und Nachlässen (vgl. Kaukoreit 2005) sowie deren fachmännische Aufbewahrung, und die Zentralisierung von literarischen Dokumenten sind neben der Erschließung (vgl. Schmid 1996) durch Kataloge, Verzeichnisse und Inventare die gängigen Hauptaufgaben, die zugleich die Komponenten einer Minimaldefinition der Arbeitsfelder von Literaturarchiven darstellen.

Im „ABC" des *Deutschen Literaturarchivs* in Marbach (DLA), in dem sich das Archiv in 24 Stichworten vorstellt, ist unter dem Eintrag „Kerngeschäft" zu lesen: „Das deutsche Literaturarchiv Marbach sammelt, bewahrt und präsentiert, was immer mit Literatur zu tun hat. Eine der wichtigsten Aufgaben besteht darin, dem wissenschaftlich arbeitenden Benutzer die Bestände zu erschließen." (Druffner et al. 2005, 25) Sammeln (Erwerben), Bewahren (Erhalten) und Präsentieren, wozu die Erschließung gehört, klingt nach dem klassischen Dreischritt einer Hilfswissenschaft, zumal als Beispiel für die Präsentation Inventare und Verzeichnisse genannt werden (vgl. Weber 1999). Auch erinnert diese Beschreibung stark an die von Wilhelm Dilthey, demzufolge die Aufgaben der Literaturarchive das Zusammenlegen der Handschriften, das systematische Ordnen und das „vorsichtige Öffnen" seien (Dilhey 1889, 367). Doch in diesem ‚vorsichtigen Öffnen' und in dem von den Marbachern verwendeten Begriff der ‚Präsentation' schwingen noch andere Vorstellungen mit, die heute umgangssprachlich mit Literaturvermittlung in Verbindung gebracht werden und die den Aufgabenbereich von Literaturarchiven wesentlich ergänzen (vgl. Conter 2011; Hochkirchen und Kollar 2015). So werden stellvertretend auch für andere Literaturarchive im Marbacher „ABC" Ausstellungen, Tagungen, Publikationen sowie Kinder- und Jugendprogramme erwähnt, u. a. unter dem Stichwort „Voyeure". Der Blick durchs Schlüsselloch in die Archivmagazine scheint demnach ein literaturvermittelndes Versprechen der Literaturarchive zu verkünden, das über eine Sammel- und Ordnungstätigkeit hinausgeht. Die klassische Dreiteilung ist um eine weitere Kategorie zu ergänzen, die auf die Auf- und Auswertung von Archivdokumenten, auf die Popularisierung, d. h. zunächst die Sichtbarwerdung und das Öffentlichmachen durch einzelne Maßnahmen zielt.

Archive und akademische Forschung

Literaturarchive übernehmen seit den 1990er Jahren eine zunehmend wichtige Funktion im akademischen Wissenschaftsbetrieb (vgl. König und Seifert 1996). Während manche Literaturarchive dezidiert auch als Forschungseinrichtungen gegründet (v. a. in Österreich) und an Universitäten angeschlossen wurden, stehen die meisten zumindest in einem engen Dialog mit akademischen Einrichtungen, insofern als große Editionsprojekte gemeinsam geplant und durchgeführt werden. Literaturarchive haben sich in der Vergangenheit nicht selten als Impulsgeber für Literaturwissenschaftler erwiesen, sei es, dass neue Dokumente Forschungsergebnisse revidieren oder präzisieren, sei es, dass der literaturgeschichtliche Kanon durch die Verfügbarkeit weniger umfassend erschlossener Werke und Autorenbiographien erheblich erweitert wird, sei es, dass die Quellen, um das literarische Leben zu beschreiben, fast nur in Archiven zugänglich sind, sei es, dass neue Fragestellungen und neue Forschungsgebiete erst aufgrund von Archivmaterial entstehen. Zudem fungieren zahlreiche Archive als eigenständige Forschungseinrichtungen oder organisieren Forschung durch Stipendienangebote oder Stellen bei durch Drittmittel finanzierten Projekten; schließlich lehren zahlreiche Archivmitarbeiter auch an Hochschulen.

Literaturarchive, die zu einer „aktiven Publikationspolitik verpflichtet sind" (Ott 1999, 34), verfügen zumeist über eigene Veröffentlichungsreihen. Außer Ausstellungskatalogen und Forschungsreihen sind beispielshalber zu nennen: *Profile*, die Magazinreihe des *Österreichischen Literaturarchivs*, *Sichtungen*, das Jahrbuch des *Österreichischen Literaturarchivs* und der *Wienbibliothek im Rathaus*, *Quarto*, die Zeitschrift des *Schweizerischen Literaturarchivs*, *Fundstücke – Trouvailles*, das Jahrbuch des *Luxemburger Literaturarchivs*, sowie die Publikationsreihen des *Deutschen Literaturarchivs* in Marbach: *Marbacher Magazine*,

Marbacher Kataloge, Marbacher Bibliothek, Aus dem Archiv, Marbacher Schriften sowie *Spuren*-Hefte und das *Jahrbuch der deutschen Schillergesellschaft.*

Literaturvermittlung

Literaturarchive sind neben Literaturhäusern und Literaturmuseen sowie literarischen Gedenkstätten und Bibliotheken zentrale Vermittlungsinstitutionen zwischen Autoren, Verlagen und Lesern (vgl. Kölbl 2009). Von Literaturmuseen und Dichterhäusern unterscheiden sie sich insofern, als Letztere zumeist in historisch verbürgten Geburts- oder Wohnhäusern der jeweiligen Schriftsteller untergebracht sind (vgl. Wißkirchen 2002; Autsch et al. 2005; Kussin 2007; Plachta 2011; Kahl 2010). Nur wenige Literaturmuseen, wie das 2006 eröffnete *Literaturmuseum der Moderne* (vgl. Gfrereis und Raulff 2015), das gemeinsam mit dem *Schiller-Nationalmuseum* (vgl. Gfrereis und Raulff 2009) Teil der Literaturmuseen des *Deutschen Literaturarchivs* in Marbach ist, und das 2015 eröffnete *Literaturmuseum der Österreichischen Nationalbibliothek Wien* (vgl. Fetz 2015), verfolgen einen zeit-, raum- und autorenübergreifenden Ansatz und präsentieren die Vielfalt der Literatur anhand von Büchern, Manuskripten, Briefen, Zeichnungen, Fotos und Schaustücken. Auch wenn manche Literaturmuseen Nachlässe von Autoren beherbergen und gelegentlich sogar Forschungsstätten sind (*Günter-Grass-Haus* in Lübeck, *Bertolt-Brecht-* und *Helene-Weigel-Archiv* in Berlin), so beziehen die meisten ihre Legitimation überwiegend aus der Zurschaustellung von Objekten und geben Einblick in das Leben und Werk eines Autors, wobei ein möglichst getreuer und zum Nachempfinden einladender Ausstellungsansatz verfolgt wird. Die meisten Literaturmuseen funktionieren als kleinteilige, regional begrenzte literarische Gedenkstätten (mehr als 300 in Deutschland, ca. 100 in Österreich). Ein wesentlicher, funktionaler Unterschied zwischen Literaturarchiv und -museum besteht darin, dass Archive sich eher der Forschung zuwenden und Museen dem Publikum; Literaturmuseen haben als Literaturvermittler eine stärker pädagogische Aufgabe, darunter die Förderung des Lesens (vgl. Wißkirchen 1999); auch fungieren sie als Orte der Begegnung und der kulturellen Bildung (vgl. Dücker und Schmidt 2011; Gfrereis et al. 2015).

Funktionsweisen des Literaturarchivs

In Literaturarchiven wird zwischen personenbezogenen Beständen (Vor- und Nachlass) oder Beständen institutioneller Provenienz unterschieden (vgl. Kaukoreit und Weber 2010); personenbezogene Bestände sind solche von Schriftstellern, Kritikern, Verlegern, Schauspielern u.a; unterschieden wird zwischen dem Vor- und dem Nachlass eines Autors, je nachdem, ob die Dokumente bereits zu Lebzeiten der bestandsbildenden Person oder nach ihrem Tod dem Archiv übergeben werden. Unter Beständen institutioneller Provenienz versteht man die Summe aller Materialien, die im Zusammenhang mit der Tätigkeit von Verlagen, Literaturzeitschriften und -zeitungen, Literaturpreisen, Autorenvereinigungen, Berufsverbänden und anderen Institutionen, Dichtergesellschaften, Theatern usw. überliefert werden.

Die Akquise durch ein Literaturarchiv erfolgt über ein Depot (Lagerung von Archivmaterial, das indes noch im Besitz des Autors oder des Rechteinhabers bleibt), eine Schenkung oder den Ankauf, wobei im letzteren Fall zwischen dem Erwerb von Archivmaterial über Auktionshäuser oder über den Autor/Nachlasser unterschieden wird; Antiquariate fungieren nicht selten als Agenten zwischen Autor/Familie und Literaturarchiv. Der Erwerb von Beständen hat in den letzten Jahrzehnten einen Markt entstehen lassen, der Literaturarchive auch zu Konkurrenten macht: Autoren und Nachlassverwalter erzielen mit dem Verkauf von Manuskripten, Typoskripten, Briefen und Lebensdokumenten teils hohe Summen, und der Erwerb einzelner Manuskripte oder von Teil- und Gesamtnachlässen ist zudem mit Prestige oder mit finanziellen Zuwendungen durch private und öffentliche Geldgeber verbunden. Dies setzt eine proaktive Akquisestrategie von Archiven voraus, die sowohl ein entsprechendes Erwerbsbudget als auch vertrauensbildende Maßnahmen (Veranstaltungen, Editions- und Ausstellungsprojekte) umfasst. Die Vorlasspraktik hat den Aufgabenbereich von Literaturarchiven in den letzten Jahrzehnten verändert, indem der Erwerb eines Vorlasses eng an die Vermittlungsaufgaben eines Archivs gekoppelt wird. Verstärkt in den Blickpunkt beim Erwerbungsvorgang geraten die Autorenbibliotheken und die persönlichen Gegenstände. Bei Autorenbibliotheken (vgl. *Schweizerisches Literaturarchiv* 2010) ragen Widmungsbücher (vgl. Atze et al. 2006; Conter 2013) und sogenannte Hand- und Arbeitsexemplare (vgl. Atze und Kaukoreit 2010) in den Mittelpunkt, da sie neben Korrespondenzen aufschlussreich für die Rekonstruktion von literarischen Netzwerken und Freundschaften einerseits und das Verständnis von Arbeitsprozessen oder Entstehungszusammenhängen andererseits sind.

Nach dem Erwerb erfolgt in einem weiteren Schritt die archivarische ‚Erschließung' eines Bestandes. Überwiegend wird Archivmaterial von Personen- und Institutionsbeständen nach dem Provenienzprinzip, d. h. nach der Herkunft und den Entstehungszusammenhängen als geschlossene Einheit geordnet und gegliedert. Auch wenn manche Literaturarchive, wie z. B. das DLA, sich einem eigenen Regelwerk verpflichtet haben, so haben sich im deutschsprachigen Raum überwiegend die von der *Staatsbibliothek zu Berlin – Preußischer Kultur-*

besitz und der *Österreichischen Nationalbibliothek Wien* betreuten *Regeln zur Erschließung von Nachlässen und Autographen* (RNA) durchgesetzt. Die RNA verstehen sich als Regelwerk, das den Rahmen für die Bearbeitung von Beständen definiert und Empfehlungen zur Ordnung und Verzeichnung von Beständen sowie zu möglichen Erschließungstiefen gibt. „Ziel der Erschließung eines Bestands ist es, seine Teile zu identifizieren, sie in eine adäquate Gliederung zu bringen und zu verzeichnen." (Kaukoreit und Weber 2010, 9) RNA zufolge muss jeder einzelne Bestand eine nachvollziehbare Gliederung aufweisen: „Vorgefundene Gliederungen sind auf ihre Brauchbarkeit hin zu prüfen und gegebenenfalls unverändert zu übernehmen oder zu dokumentieren. Liegt keine befriedigende Gliederung vor, wird empfohlen, den Bestand grob nach einem formalen und/oder sachlichen Gliederungsschema zu systematisieren. Die Gliederungsgruppen Werke, Korrespondenzen, Lebensdokumente und Sammlungen haben sich in der Praxis als sinnvoll erwiesen." (Kaukoreit und Weber 2010, 11) Als Werk gelten alle privat oder beruflich verfassten oder geschaffenen Aufzeichnungen, Skizzen und Entwürfe, unabhängig von der Form, in der sie überliefert sind, und davon, ob sie abgeschlossen oder unvollendet sind. Als Korrespondenzen gelten Briefe, Karten, Telegramme usw. Als Lebensdokumente gelten, der RNA zufolge, Materialien der beruflichen und privaten Lebensführung des Bestandsbildners, wie z. B. Ausweise, Verträge, Urkunden, Reiseunterlagen, Tagebücher, Notizhefte, Personalpapiere, Lebensläufe, Belege der Schulzeit und des Universitätsstudiums oder Privatfotos. Als Sammlungen gelten innerhalb eines Bestandes alle vom Bestandsbildner zusammengetragenen Materialien wie Werkmanuskripte anderer Autoren, Zeitungsausschnitte, Arbeitsbibliothek und Widmungsexemplare.

Die Bestände werden in Findbüchern und öffentlich zugänglichen ‚Katalogen', zumeist in browsergestützten Präsentationen, nach internationalen Standards verzeichnet. Diese Vezeichnungsstandards ermöglichen die Erschließung und Recherche von Dokumenten zu Beständen und Verzeichnungselementen mittels Metadaten, also standardisierter Konventionen zur Beschreibung von Dokumenten: Es handelt sich um Daten zur Identifizierung eines Dokuments (Titel, Schlagwort, Beschreibung des Inhalts usw.) und des Autors (Name, Pseudonym, Provenienz usw.).

Eine besondere Herausforderung für Literaturarchive stellt die ‚Digitalisierung' und ‚Langzeitarchivierung' dar (vgl. Brenner-Wilczek und Stahl 2006; Kamzelak 2013; Weisbrod 2015). Unter Digitalisierung in Literaturarchiven sind vier Formen zu unterscheiden: Erstens wurde in den meisten Literaturarchiven mit der Retrokonversion von analogen Findbüchern und Zettelkästen begonnen, so dass Verzeichnisse nunmehr über Online-Kataloge zugänglich sind. Zweitens versteht man unter Digitalisierung die Konvertierung analoger Archivalien in archivtaugliche digitale Formate (unkomprimiert bzw. verlustfrei komprimiert, weit verbreitet, nicht-proprietär) mit angereicherten Metadaten inhaltlicher, technischer und prozeduraler Art, wobei Archiv- und Bildsignatur gleich zu halten sind. Drittens ist damit die Archivierung digital nativer Dokumente gemeint. Zu den Beständen gehört daher zunehmend auch die Hardware (Disketten, Computer u. Ä.) von Schriftstellern. Die systematische Archivierung von Blogs, Homepages oder Tweets von Autoren, aber auch von literarischen Hypertexten und Online-Literaturzeitungen steht zurzeit noch in ihren Anfängen (vgl. Neuhaus et al. 2010). *Harvesting-Tools* und *Webcrawler* sind Instrumente, die Link-Tiefe und die automatisierte Extrahierung von Metadaten und Volltexten ermöglichen (vgl. Renz 2015). Viertens ist mit Digitalisierung auch der Zugang zu den Digitalisaten in Katalogen und Portalen gemeint, die je nach infrastruktureller, personeller und budgetärer Voraussetzung in den Literaturarchiven entstehen. Solche Projekte zählen zum neuen Feld der Digital Humanities, wobei wiederum Editionsprojekte an erster Stelle stehen.

Literaturarchive werden bezüglich der Nutzung der Bestände und ihrer Auswertung in Publikationen und Ausstellungen mit ‚rechtlichen' Fragen konfrontiert (vgl. Heydenreuther 1988; Götting und Lauber-Rönsberg 2006; Waitz 2009; Bullinger et al. 2010; Taylor 2014). Die Europäische Datenschutz-Grundverordnung sichert individuelle Datenschutzrechte, wie das Recht auf Vergessenwerden (Löschung), das Recht auf Berichtigung (Korrektur), informationelle Selbstbestimmung (Schutz der personenbezogenen Daten); sie definiert damit den Rahmen für die Auskunftserteilung sowie die Datenbenutzung und -weitergabe und verweist auf den Allgemeinnutzen von Informationen für wissenschaftliche Zwecke. In Literaturarchiven können die Rechte in Bezug auf Datenbearbeitung, -benutzung und -vermittlung unterschiedlich ausgelegt werden. Persönlichkeits- und Urheberrechte können die Veröffentlichung von Archivalien erschweren, da Verwertungs- und Persönlichkeitsrechte beim Bestandsbildner/Rechteinhaber bleiben, auch wenn dessen Dokumente vom Archiv erworben wurden. Jegliche Form der Veröffentlichung (Ausstellung, Buchpublikation, öffentlich zugängliche Digitalisierungsdatenbanken und -portale) von Archivalien ist innerhalb der rechtlich festgelegten Fristen genehmigungspflichtig. Oftmals ist die Recherche nach den Rechteinhabern zeitaufwändig, nicht selten muss die Provenienz über Zugangsbücher, Inventare, Autopsie der Objekte, Aktenstudie, Auktions- und Antiquariatskataloge, Sekundärliteratur oder Provenienzmerkmale wie Stempel, Ex Libris, Etiketten, Eintragungen, Vermerke und Kennzeichen eruiert werden (vgl. Haufe et al. 2014).

3 Kurze Geschichte der Literaturarchive

19. Jahrhundert – Wilhelm Dilthey und die Entstehung des Literaturarchivs

Wilhelm Dilthey stellte am 16. Januar 1889 bei der Gründungsversammlung der *Gesellschaft für deutsche Literatur* in Berlin in seinem Vortrag *Archive für Literatur* erstmals die Idee für die Einrichtung eigenständiger Literaturarchive vor. In diesem Beitrag, der 1889 in der *Deutschen Rundschau* erschien und der sich als ein „Gründungsmanifest[ ] moderner Literaturarchive" (Fetz 2009, 142) und als „wissenschaftliche Geburtsurkunde für die Relevanz des modernen Literaturarchivs" (Golz 1996, 19) herausstellen sollte, formulierte er, in Abgrenzung zu den Aufgaben der Bibliotheken, zwei Ziele, die er von der Idee des Staatsarchivs ableitete: „Erstens die Überführung von sich in Privatbesitz befindlichen Materialien in dafür einzurichtende Literaturarchive. Zweitens die Einrichtung von Archiven der Literatur mit thematischen Sammlungsschwerpunkten. Darüber hinaus forderte er eine Registrierung aller bekannten literarischen Bestände" (Thaler 2011, 364). Dilthey definierte den Aufgabenbereich einer Institutionalisierung literaturarchivarischen Sammelns und forderte die „Erhaltung, Sammlung und zweckentsprechende Eröffnung der Quellen" (Dilthey 1889, 362) sowie das „Zusammenlegen des Zusammengehörigen, Ordnen und mit Vorsicht Aufschließen" (Dilthey 1889, 367) ein: „Nur Archive ermöglichen die Erhaltung der Handschriften, ihre angemessene Vereinigung und ihre richtige Bewerthung" (Dilthey 1889, 366). Für Dilthey bilden nicht nur Nachlässe von Schriftstellern „ersten Ranges" (Dilthey 1889, 369), sondern auch von Autoren „zweiten und dritten Ranges" (Dilthey 1889, 369) den Sammlungsgegenstand; unter Quellen verstand Dilthey nicht nur die Bücher, sondern auch „ungedruckte[ ] Bestandtheile" (Dilthey 1889, 363), Handschriften, Briefe und Tagebücher, Entwürfe und Aufzeichnungen sowie Büsten und Porträts; entstehen soll ein großes Literaturarchiv aus Familienarchiven (Schriftstellernachlässe), Privatsammlungen und Beständen in Bibliotheken. Dilthey beschrieb das Literaturarchiv als „selbständige[ ], von den Bibliotheken getrennte[ ] Anstalt[ ]" (Dilthey 1889, 367), in der Denken und Wirken der Schriftsteller bewahrt wird. Seine Vorstellung, wie sie bereits im Werk *Einleitung in die Geisteswissenschaften* (1883) ausgeführt wurde, ist wesentlich von der Sichtweise geprägt, dass es einen engen Zusammenhang zwischen der Biographie des Autors und des Werkes gibt, wobei Dilthey die Dichterhandschriften als Dokument der Schriftstellerpersönlichkeit las: Handschriften sind für ihn eine Quelle, die Autorintention und die Individualität des Autors zu verstehen. „Ohne solche handschriftliche Hülfsmittel kann die Beziehung von Werken aufeinander in dem

Kopfe des Autors immer nur hypothetisch, und in vielen Fällen gar nicht verstanden werden" (Dilthey 1889, 364).

Über das hermeneutische Programm hinaus sollte Diltheys Vorstellung in der Hinsicht maßgeblich sein, dass er sich für eine umfassende Archivierung eines Werkes aussprach, das sich nicht nur auf Handschriften beschränkt. Für ihn ist die Archivierung von Dokumenten unterschiedlicher Art eine zentrale Voraussetzung für die Rekonstruktion und das Verständnis der Werkentstehung sowie für eine entwicklungsgeschichtliche Kontextualisierung eines Werkes, die jeglicher editorischer und biographischer Arbeit zugrunde liegen solle. Demnach ist ein Archiv aus Diltheys Sicht als Speicherinstitution konzipiert, die ein geschichtliches Verständnis eines Werkes und einer Person durch eine quellengestützte und hermeneutische Auswertung einer möglichst großen Hinterlassenschaft erzeugt. Bis heute beziehen Literaturarchive ihre Legitimation in der Öffentlichkeit und ihre Attraktivität aus der Ermöglichung der Benutzung von Vor- und Nachlässen für Editionsprojekte (vgl. Roloff 1998, Grésillon 1999, Kastberger 2006), Biographien (vgl. Fetz 2006) und Literaturgeschichten (vgl. Hahn 1991), die Dilthey als „Causalzusammenhang geistiger Bewegungen" (Dilthey 1889, 365) verstand.

Diltheys Beitrag ist in anderer Hinsicht für die Entstehung moderner Literaturarchive bedeutsam, insofern er eine staatliche Trägerschaft einforderte und die geisteswissenschaftliche Arbeit institutionalisiert wissen wollte. Bis heute erfolgt die Einrichtung von Literaturarchiven in Europa überwiegend durch staatliche Institutionen (das *Deutsche Literaturarchiv* in Marbach ist hingegen eine privatrechtlich organisierte Institution), zumindest aber funktionieren sie mit Hilfe von Subventionen durch die öffentliche Hand (auch Marbach), während Literaturmuseen nicht selten von Organisationen und Vereinen getragen werden. Das erste Literaturarchiv entstand aus dem von der Familie verwalteten *Goethe-Archiv* nach dem Tod des letzten Nachfahren Goethes, Walther Wolfgang, als dieses in den Besitz der Großherzogin Sophie von Sachsen-Weimar-Eisenach überging und am 8. August 1885 in Form einer Stiftung in dem neugegründeten *Goethe-Nationalmuseum* untergebracht wurde.

Deutschsprachige Literaturarchivlandschaft

Deutschland

Das 1955 gegründete *Deutsche Literaturarchiv Marbach* (DLA) vereinigt ca. 1400 Nachlässe und Sammlungen von Schriftstellern, Gelehrten und literarischen Verlagen der Literatur- und Geistesgeschichte von 1750 bis zur Gegenwart sowie über 300.000 bildliche und gegenständliche Stücke. Dazu gehören auch

Autoren- und Sammlerbibliotheken sowie das jüngst gegründete *Literaturmuseum der Moderne*. Das Archiv der Berliner *Akademie der Künste* ist interdisziplinär angelegt und umfasst, entsprechend der Mitgliederstruktur der Akademie, Sammlungen zu Literatur, Film, Theater, Bildender Kunst und Kultur seit 1900 im deutschen Sprachraum. Es betreut zudem die musealen Einrichtungen der *Brecht-Weigel-* und der *Anna-Seghers-Gedenkstätte*. Aufgrund der Föderalstruktur in Deutschland ist die Literaturarchivlandschaft breit angelegt. Das DLA, das Archiv der *Akademie der Künste* in Berlin, aber auch die *Staatsbibliothek zu Berlin* sind aufgrund ihrer Größe und Organisation strukturrelevante und in Bezug auf die Gegenwartsliteratur auch miteinander konkurrierende Institutionen. Die *Bayerische Staatsbibliothek* sammelt seit 1558 Nachlässe und Autographen, wobei das Sammelgebiet gemäß ihrem Auftrag über die Literatur hinausgeht.

Daneben gibt es eine Vielzahl von kleineren Literaturarchiven. Manche Institutionen haben einen eher regionalen Sammelauftrag. Die *Berlin-Brandenburgische Akademie der Wissenschaften* etwa verwahrt die von der Literaturarchiv-Gesellschaft 1944 übernommenen literarischen Nachlässe von Ernst Moritz Arndt, Helmina von Chézy, Paul Lindau, Friedrich von Sallet und Ernst von Wildenbruch, während die *Monacensia* in München mit rund 300 (Teil-)Nachlässen und Konvoluten die Nachlässe von Ludwig Thoma, Ludwig Ganghofer und die Nachlässe der Autoren der Münchner Bohème um 1900 (wie Franziska Gräfin zu Reventlow, Otto Julius Bierbaum, Frank Wedekind, Max Halbe) sowie des Exils (wie Klaus und Erika Mann, Hermann Kesten, Grete Weil, Annette Kolb) umfasst. Andere Literaturarchive mit einem regionalen Sammelauftrag sind das 1985 entstandene und 1996 in die *Saarländische Universitäts- und Landesbibliothek* integrierte *Literaturarchiv Saar-Lor-Lux-Elsaß* oder das 1977 gegründete *Literaturarchiv Sulzbach-Rosenberg*, das auf eine Schenkung von Walter Höllerer zurückgeht. Wiederum andere Literaturarchive haben eine spezifisch inhaltliche Ausrichtung. Auf das Theater spezialisiert sind etwa die *Theaterwissenschaftliche Sammlung* der Universität Köln und das *Deutsche Theatermuseum* in München; einem anderen Genre ist das 1998 in Emmendingen gegründete *Deutsche Tagebucharchiv* gewidmet. Wiederum andere Literaturarchive sind personenorientiert und widmen sich dem Werk und Leben eines einzigen Autors. Manche Archive funktionieren zugleich als Gedenkstätte, etwa das *Theodor-Fontane-Archiv* in Potsdam, das *Gleimhaus* in Halberstadt oder das *Wolfgang-Koeppen-Archiv* in Greifswald.

Österreich

In Österreich ist die Literaturlandschaft föderal angelegt, wobei die sich in Wien befindenden Literaturarchive strukturrelevant sind. Die 1905 als eigenständige

Handschriftensammlung der *Wienbibliothek im Rathaus* entstandene Abteilung ist eine über die Literatur hinausgehende, Vor- und Nachlässe aus unterschiedlichen Wissenschafts- und Kulturgebieten (Musik, Kunst, Schauspiel) umfassende Sammlung, deren literarischer Schwerpunkt auf der österreichischen Literatur des 19. und 20. Jahrhunderts liegt (Franz Grillparzer, Ferdinand Raimund, Johann Nestroy, Ludwig Anzengruber, Marie von Ebner-Eschenbach, Ferdinand von Saar, Franz Theodor Csokor, Friedrich Torberg, Hans Weigel, Karl Kraus). Das 1989 gegründete, aber erst 1996 in Betrieb genommene Literaturarchiv der *Österreichischen Nationalbibliothek Wien* sammelt überwiegend Literatur nach 1945 (Heimito von Doderer, Albert Drach, Erich Fried, Peter Henisch, Ödön von Horváth, Ernst Jandl, Theodor Kramer, Gerhard Roth, Ernst Schönwiese, Manès Sperber und Hilde Spiel). 2014 wurde das *Österreichische Literaturmuseum* angeschlossen. In Wien gibt es zudem das *Österreichische Theatermuseum* sowie die Sammlungen der *Österreichischen Exilbibliothek* im *Literaturhaus Wien*. Jedes Bundesland hat ein eigenes Literaturarchiv mit einem überwiegend regionalen Sammelauftrag, z. B. das *Brenner-Archiv* der Universität Innsbruck, das sich mit der Literaturlandschaft in Tirol beschäftigt, das 1991 entstandene *Robert-Musil-Institut für Literaturforschung/Kärntner Literaturarchiv*, das die Grundlagen des literarischen Lebens im Raum Kärnten – Slowenien – Friaul erschließt; zu nennen sind das 1950 gegründete *Adalbert-Stifter-Institut* des Landes Oberösterreich, das 1983 zur Forschungsstelle für die oberösterreichische Literatur ausgebaut wurde, die 1989 entstandene *Dokumentationsstelle für Literatur* in St. Pölten zur Erforschung der niederösterreichischen Literatur, das 1990 gegründete *Franz-Nabl-Institut für Literaturforschung* in Graz mit einem Schwerpunkt für steirische Schriftsteller, die Handschriftensammlung der *Steiermärkischen Landesbibliothek* (u. a. Robert Hamerling, Paul Anton Keller, Peter Rosegger und Julius Franz Schütz), das 2009 gegründete *Archiv der Zeitgenossen* in Krems, das *Franz-Michael-Felder-Archiv* der *Vorarlberger Landesbibliothek*, das nebst dem Namensgeber auch das literarische Leben in Vorarlberg und des Bodenseeraums dokumentiert. Das Land Salzburg umfasst die 1973 eingerichtete *Georg-Trakl-Forschungs- und Gedenkstätte* und das *Salzburger Literaturarchiv*.

Schweiz

Das 1991 gegründete *Schweizerische Literaturarchiv* ist als Abteilung in der *Schweizerischen Nationalbibliothek* in Bern untergebracht und hat den breiten Sammelauftrag, die viersprachige Literatur in der Schweiz (Deutsch inklusive Schwyzerdeutsch, Französisch, Italienisch, Rätoromanisch) und die Dokumente mit Bezug zur Schweiz zu erschließen. Trotz dieser stärkeren Zentralisierung mit

100 größeren Nach- bzw. Vorlässen und über 120 Teilnachlässen und Sammlungen (u. a. Friedrich Dürrenmatt, Hugo Ball, Peter Bichsel, Hermann Burger, Friedrich Glauser, Hugo Loetscher, Gerhard Meier, Adolf Muschg, Annemarie Schwarzenbach, Carl Spitteler oder Hermann Hesse, Rainer Maria Rilke, Ulrich Becher, Rolf Hochhuth und Golo Mann) gibt es in der Schweiz auch einzelne stadt- und kantonsbezogene Literaturarchive, die zumeist Autorenarchive darstellen. Zu nennen sind das 1973 gegründete *Robert-Walser-Archiv* in Bern, das *Max-Frisch-Archiv* sowie das *Thomas-Mann-Archiv* an der ETH in Zürich, das *Dichter- und Stadtmuseum* in Liestal mit dem Nachlass von Georg und Emma Herwegh, oder die *Burgerbibliothek* Bern, die die Nachlässe von Jeremias Gotthelf und Albrecht von Haller umfasst. Zudem gibt es in den meisten Handschriftenabteilungen der verschiedenen Kantons- und Universitätsbibliotheken in der Schweiz viele literarische Bestände von nationaler und teilweise regionaler Bedeutung, wie etwa die *Kantonsbibliothek Zürich*, die *Bibliothèque cantonale et universitaire Lausanne*, die *Bibliothèque de Genève* oder die *Universitätsbibliothek Basel*, deren Sammelauftrag sich allerdings nicht ausschließlich auf literarische Bestände beschränkt.

Luxemburg

In Luxemburg wurde 1995 nach dem Marbacher Modell das *Centre national de littérature/Lëtzebuerger Literaturarchiv* gegründet, in dem die mehrsprachige Literatur (auf Luxemburgisch, Deutsch, Französisch u. a.) aufbewahrt wird.

4 Sachstand

Literaturarchive und Literaturmuseen sind erst in jüngster Zeit zum Gegenstand der Forschung geworden. Ein Schwerpunkt der Forschung über Literaturarchive und -museen liegt eindeutig auf der Visualisierung von Dokumenten und auf der Inszenierung von Literatur in Ausstellungen (vgl. Lange-Greve 1995; Seemann und Valk 2012; Kroucheva und Schaff 2014), wobei zunehmend, wie in den Literaturmuseen in Marbach und in Wien vorgeführt, Einzelobjekte in den Mittelpunkt gestellt werden.

In Fachorganen, wie etwa der Zeitschrift *Archivar*, sowie in Fachkommissionen wie – im deutschsprachigen Raum – der Kommission für Nachlassbearbeitung der *Vereinigung Österreichischer Bibliothekarinnen und Bibliothekare*, dem Gesprächskreis Nachlässe und Autographen oder der *Arbeitsgemeinschaft Handschriften und Alte Drucke* im *Deutschen Bibliotheksverband e. V.* (DBV), und in internationalen Organisationen wie der *International Federation of Library Associations and Institutions* (IFLA), dem *International Council on Archives* (ICA) oder dem *Consortium of European Research Libraries* (CERL) werden v. a. technische Diskussionen geführt. Dabei geht es um die Standardisierung der Erschließung und die Möglichkeiten einer EDV-gestützten Aufnahme, um die Diskussion über Datenformate wie EAD (*Encoded Archival Description*), MARC (*Machine-Readable Cataloging*) oder MODS (*Metadata Object Description Schema*) sowie um Regelwerke zur formalen und Sach-/Inhalts-Erschließung und zum Auffinden von Materialien wie etwa Dublin Core, RDA (*Resource Description and Access*) oder RNA im Rahmen von internationalen Vereinheitlichungsprozessen. Insbesondere im Kompetenz-Netzwerk für Nachlässe *KOOP-LITERA* werden für Literaturarchive spezifische Fragestellungen diskutiert; die Ergebnisse werden zumeist in Form von Empfehlungen veröffentlicht, z. B. zum Erwerb von Nachlässen, zu Aspekten des Urheberrechts, zu rechtlichen und praktischen Aspekten der Benutzung von Nachlässen, zum Leihverkehr (Leihgaben für Ausstellungen und Fernleihen), zur Nutzung von Nachlässen in Editionen, Ausstellungen und Seminaren, zu einem verbindlichen Metadatenformat für die Präsentation digitalisierter Nachlässe sowie zur Herstellung, Verwaltung und Bereitstellung von Digitalisaten.

Jüngst ist zudem der Archivbegriff in einem metaphorischen und poststrukturalistischen Sinne in den Kulturwissenschaften diskutiert worden (vgl. Ebeling und Günzel 2009). Als Ausgangstexte fungieren dabei die Archivvorstellungen von Jacques Derrida und Michel Foucault, wobei zu unterstreichen ist, dass Foucault unter Archiv eben nicht die Archivalien und die Speicherinstitutionen begreift, sondern ein allgemeines System der Formation und der Transformation von Aussagen (vgl. Ruf 2011). Dietmar Schenk, Leiter des Archivs der *Universität der Künste Berlin*, schlägt eine Brücke zwischen Archivistik und Geschichtstheorie, kritisiert Berufsarchivare wegen ihrer defensiven Position im Umgang mit dem kulturwissenschaftlichen Archivbegriff und ergänzt die klassische Trias von Archiv als ‚Institution, Gebäude und Bestand' um das Archiv als „Struktur" (Schenk 2014, 63–66). Archiv wird zudem häufig auch in Abgrenzung zu Begriffen wie ‚Museum' und ‚Sammlung' diskutiert (vgl. Groys 1997; Sommer 2002).

5 Offene Fragen und Forschungsdesiderate

Die Akteure in Literaturarchiven diskutieren gegenwärtig sowohl grundsätzliche Überlegungen zur ‚Organisation' von Vor- und Nachlässen sowie Einzelprobleme. Die Zunahme an kleineren und regionalen Literaturarchiven hat die Archivlandschaft grundlegend verändert. Daraus ergeben sich aufgrund der Zersplitterung von Beständen Probleme auf der Ebene der Akquise und der Zugänglichkeit. Mit der Zunahme an kleinen und regionalen Literaturarchiven entstehen Ulrich Ott, dem Leiter des *Deutschen Literaturarchivs* in Marbach und des *Schiller-Nationalmuseums* zwischen 1985 und 2004, zufolge die Probleme der Zersplitterung und Zerstreuung von Nachlässen (vgl. Ott 1999, 37). Der von Ott beobachtete und befürchtete „Hang zu Einzelarchiven" erschwere die Erforschung von thematischen Zusammenhängen. Hinzu kommt die sich zunehmend als akutes Problem erweisende „Überbietung in finanzieller Hinsicht bei der Bestandserwerbung", die einerseits von den Literaturarchiven ausgeht, die aus Gründen der Bestandskohärenz und des Prestiges ihre Sammlungen um bedeutende Vor- und Nachlässe ergänzen wollen und bereit sind, hohe Preise zu zahlen. Andererseits betrachten Autoren ihren Vorlass zunehmend als Einkommen und Alterssicherung. Zugleich bestehen zwischen den meisten Literaturarchiven aber auch Erwerbsabsprachen. Die Zentralisierung der Vor- und Nachlässe in großen, finanzstarken Literaturarchiven hat eine Gegenbewegung hervorgerufen, der zufolge einzelne Autoren sich in regionalen Archiven besser aufgehoben fühlen, da sich Mitarbeiter dort intensiver mit der Erforschung beschäftigen können: So gab Heinrich Böll seinen Bestand als Sonderarchiv in das Stadtarchiv in Köln. Verstärkt wird diese Bewegung durch die Wirkung der Kanondiskussion in den letzten Jahrzehnten: Literaturarchive bewirken eine Verbreiterung des Kanons, indem Bestände von Autoren zweiten und dritten Ranges, von denen bereits Wilhelm Dilthey sprach, aufbewahrt werden. Letztlich ist die Bestandssicherung ein Zusammenspiel aus zentralen und regionalen Prinzipien und aus öffentlichen und privaten Interessen (vgl. Kruse 1999, 58–67).

Eher technischer Natur sind die gegenwärtig diskutierten Probleme auf der Ebene der Erschließung von Beständen. V. a. die Fülle an Dokumenten, etwa beim Erwerb von Nachlässen institutioneller Provenienz (z. B. Verlagsarchive) oder von Autorenbibliotheken, führt dazu, dass das Ideal der Tiefenerschließung und der Einzelkatalogisierung aufgegeben werden muss. Bei der Übernahme und Aufbereitung solcher Bestände, die zusammengehalten und als eigene Einheit aufgestellt werden sollen, ist das Archiv nebst einem Mangel an Arbeitskräften mit der Dublettenanhäufung und Raumproblemen konfrontiert. Einen Sonderfall bei der Erschließung stellt die ‚Kassation/Skartierung' dar, d. h. die Vernichtung von Teilen eines Bestands, die keinen Beitrag zu Tätigkeit, Werk und Biographie des Bestandsbildners bieten. Was gängige Praxis ist, gilt zugleich auch als Tabu (vgl. Willems 2013). Dabei geht es darum, die Archivwürdigkeit einzuschätzen: Während Kopien und Mehrfachabschriften von Dokumenten in der Gliederungsgruppe „Werke" bedenkenlos entsorgt werden, liegt es im Ermessen des Archivars, in seiner Bewertungskompetenz und der dem Bestandsbildner zugewiesenen Bedeutung im Literaturbetrieb, in der Gliederungsgruppe „Lebensdokumente" Materialien zu vernichten. Ob etwa Einkaufszettel, Haushaltsbelege oder Steuerunterlagen aufbewahrt werden müssen, ist umstritten.

Mit der Digitalisierung als größter Herausforderung gehen auch Probleme auf unterschiedlichen Ebenen einher. Für die Handschriftendigitalisierung gibt es noch kein einheitliches Datenformat, insbesondere da literarische Nachlässe sich nicht nur in Literaturarchiven, sondern auch in Bibliotheken, Museen sowie städtischen und staatlichen Archiven befinden, die nach unterschiedlichen Verzeichnislogiken arbeiten. In Bezug auf die Archivierung spielen Unterschiede zwischen digitalisierten und nativen elektronischen Formaten keine Rolle mehr. Erwerbs-, Erschließung-, Nutzungs- und Verwertungsprobleme sind zur Zeit noch nicht absehbar. Praktiken des Erwerbs von digitalen Vorlässen sind noch nicht verbreitet und die Diskussion befindet sich überwiegend noch in einer konzeptionellen Phase (vgl. Hertling 2012), wobei präkustodiale Interventionen durch die Einrichtung einer Literaturarchiv-*Cloud* auf nationaler und deutschsprachiger Ebene durch einen Literaturarchiv-Verbund bereits konkret angedacht sind (vgl. Weisbrod 2015). E-Mails werden nur bedingt von Autoren aufbewahrt, obgleich der größte Teil der Berufskorrespondenz mit Agenturen, Verlegern, Kritikern und Organisatoren elektronisch erfolgt. Und in Bezug auf die Texterstellung und das Versenden von Texten in Anhängen müssen sich Literaturarchive von der für sie grundlegenden Idee des Originals verabschieden, da es kein digitales Original mehr gibt. Unabsehbar sind auch die Folgen für den Auktions- und Antiquariatsmarkt und die finanzielle Bewertung von Beständen (Vor- und Nachlass), da das Unikat, die bislang wichtigste Archivwährung, neu interpretiert werden muss. Trotz solcher Unwägbarkeiten sind die Digitalisierung und die Verfügbarkeit von Digitalisaten in öffentlichen Datenbanken zu einer zentralen Aufgabe von Archiven geworden, die neben der Bestandssicherung die von Ort und Zeit unabhängige, bestandsschonende Nutzung von Dokumenten zum Ziel hat, die ansonsten in Ausstellungen und Publikationen nur in geringer Zahl und unter den notwendig einschränkenden Konservierungsbedingungen gezeigt werden können. Der wissenschaftliche, kulturelle und didaktische Nutzen von Digitalisaten wird gelegentlich dem auratischen Erlebnis beim Betrachten von Originalen entgegengestellt (vgl. Kamzelak 2013, 307; Conter 2014).

Weiterführende Literatur

Busch, Angelika und Hans-Peter Burmeister (1999). *Literaturarchive und Literaturmuseen der Zukunft. Bestandsaufnahme und Perspektiven.* Rehburg-Loccum.
Dücker, Burckhard und Thomas Schmidt (2011). *Lernort Literaturmuseum. Beiträge zur kulturellen Bildung.* Göttingen.

Kahl, Paul (2010). „Museum – Gedenkstätte – Literaturmuseum. Versuch einer Begriffserklärung am Beispiel von Schillers Marbacher Geburtshaus 1859–2009". *Jahrbuch des Freien Deutschen Hochstifts* (2010): 339–360.

Kaukoreit, Volker und Jutta Weber (2010). *Regeln zur Erschließung von Nachlässen und Autographen (RNA)*. Betreut von der Staatsbibliothek zu Berlin – Preußischer Kulturbesitz und der Österreichischen Nationalbibliothek Wien. Berlin und Wien. http://www.onb.ac.at/koop-litera/standards/ (1. Juni 2016).

König, Christoph und Siegfried Seifert (1996). *Literaturarchiv und Literaturforschung. Aspekte neuer Zusammenarbeit*. München et al.

KOOP-LITERA. *Kompetenznetzwerk für Nachlässe*. http://www.onb.ac.at/koop-litera/ (1. Juni 2016).

Plachta, Bodo (2011). *Dichterhäuser in Deutschland, Österreich und der Schweiz*. Stuttgart.

Schweizerisches Literaturarchiv (Hg.) (2011). „Literaturarchive". *Quarto. Zeitschrift des Schweizerischen Literaturarchivs* 33/34 (2011) [Sonderheft].

Weisbrod, Dirk (2015). *Die präkustodiale Intervention als Baustein der Langzeitarchivierung digitaler Schriftstellernachlässe*. Berlin.

Zitierte Literatur

Atze, Marcel, Michael Hansel und Volker Kaukoreit (2006). *‚Aus meiner Hand dies Buch…' Zum Phänomen der Widmung*. Wien [Sonderheft: *Sichtungen*. Archiv – Bibliothek – Literaturwissenschaft 8/9 (2005/2006)].

Atze, Marcel und Volker Kaukoreit (2010). *Lesespuren – Spurenlesen oder Wie kommt die Handschrift ins Buch?*. Wien [Sonderheft: *Sichtungen*. Archiv – Bibliothek – Literaturwissenschaft 12/13 (2009/2010)].

Autsch, Sabiene, Michael Grisko und Peter Seibert (2005). *Atelier und Dichterzimmer in neuen Medienwelten. Zur aktuellen Situation von Künstler- und Literaturhäusern*. Bielefeld.

Berbig, Roland (2005). „Literaturarchiv". *Das BuchMarktBuch. Der Literaturbetrieb in Grundbegriffen*. Hrsg. von Erhard Schütz et al. Reinbek bei Hamburg: 220–222.

Brenner-Wilczek, Sabine und Enno Stahl (2006). „Sammeln und bewahren im elektronischen Zeitalter – die Neudefinition der Literatur- und Kulturarchive". *Archive und Öffentlichkeit. 76. Deutscher Archivtag 2006 in Essen*. Hrsg. von Heiner Schmitt. Essen: 93–101.

Bullinger, Winfried, Markus Bretzel und Jörg Schmalfuß (2010). *Urheberrechte in Museen und Archiven*. Baden-Baden.

Conter, Claude D. (2011). „Literaturvermittlung in Literaturarchiven. Herausforderungen und Probleme". *Perspektiven der Literaturvermittlung*. Hrsg. von Stefan Neuhaus und Oliver Ruf. Innsbruck: 276–291.

Conter, Claude D. (2013). *Die Widmung. Von der Vielfalt handschriftlicher und gedruckter Widmungen in Büchern*. Mersch.

Conter, Claude D. (2014). „Des Dichters Locke. Organisierte Auratisierungslust zwischen Archivaufgaben und Theorieanspruch". *Vor der Theorie. Immersion – Materialität – Intensität*. Hrsg. von Mario Grizelj, Oliver Jahraus und Tanja Prokić. Würzburg: 375–394.

Dilthey, Wilhelm (1889). „Archive für Literatur". *Deutsche Rundschau* 58 (1889): 360–375.

Druffner, Frank, Heike Gfrereis, Dietmar Jaegle und Ulrich Raulff (2005). *Literatur ist ein aus der Ordnung gebrachtes Alphabet*. Marbach am Neckar.
Dücker, Burckhard und Thomas Schmidt (2011). *Lernort Literaturmuseum. Beiträge zur kulturellen Bildung*. Göttingen.
Ebeling, Knut und Stephan Günzel (2009). *Archivologie. Theorien des Archivs in Philosophie, Medien und Künsten. Exterioritäten des Wissens in Philosophie, Medien und Künsten*. Berlin.
Fetz, Bernhard (2006). „Authors' last choice. Die Geschichte des Ernst-Jandl-Nachlasses und seine Bedeutung als biographische Quelle". *Österreichisches Literaturarchiv. Die ersten 10 Jahre*. Hrsg. im Auftrag des Österreichischen Literaturarchivs der Österreichischen Nationalbibliothek von Michael Hansel und Martin Wedl. Wien: 51–64.
Fetz, Bernhard (2009). „Der Stoff, aus dem das (Nach)Leben ist. Zum Status biographischer Quellen". *Die Biographie – zur Grundlegung ihrer Theorie*. Hrsg. von Bernhard Fetz. Berlin: 103–156.
Fetz, Bernhard (2015): *Das Literaturmuseum – 101 Objekte und Geschichten. Katalog zur Dauerausstellung im Literaturmuseum der Österreichischen Nationalbibliothek*. Salzburg.
Gfrereis, Heike und Ulrich Raulff (2009). *Unterm Parnass. Das Schiller-Nationalmuseum*. Marbach am Neckar.
Gfrereis, Heike und Ulrich Raulff (2015). *Die Seele. Die Dauerausstellung im Literaturmuseum der Moderne*. Marbach am Neckar.
Gfrereis, Heike, Thomas Thiemeyer und Bernhard Tschofen (2015). *Museen verstehen. Begriffe der Theorie und Praxis*. Marbach am Neckar.
Golz, Jochen (1996). „Das Goethe- und Schillerarchiv in Geschichte und Gegenwart". *Das Goethe- und Schiller-Archiv 1896–1996. Beiträge zu dem ältesten deutschen Literaturarchiv*. Hrsg. von Jochen Golz. Weimar: 13–70.
Götting, Horst-Peter und Anne Lauber-Rönsberg (2006). *Der Schutz nachgelassener Werke unter besonderer Berücksichtigung der Verwertung von Handschriften durch Bibliotheken*. Baden-Baden.
Grésillon, Allmuth (1999). *Literarische Handschriften. Einführung in die „critique génétique"*. Bern et al.
Groys, Boris (1997). *Logik der Sammlung. Am Ende des musealen Zeitalters. Essays*. München.
Hahn, Karl-Heinz (1991). *Im Vorfeld der Literatur. Vom Wert archivalischer Überlieferung für das Verständnis von Literatur und ihrer Geschichte. Studien*. Weimar.
Haufe, Rüdiger, Heike Krokowski und Peter Prölss (2014). „Museen, Archiv und Bibliothek. Provenienzforschung in der Klassik Stiftung Weimar". *Bibliotheksdienst. Organ der Bibliothek & Information Deutschland (BID)* 48.8/9 (2014): 682–692.
Hertling, Anke (2012). „Nachlassverwaltung der Zukunft: Das Konzept eines ‚digitalen Vorlass-Systems'". *Zeitschrift für Bibliothekwesen und Bibliographie* 59 (2012): 5–11.
Heydenreuther, Reinhard (1988). „Der Rechtsfall. Die Archivierung von literarischen Nachlässen". *Der Archivar* 41 (1988): 667–671.
Hochkirchen, Britta und Elke Kollar (2015). *Zwischen Materialität und Ereignis. Literaturvermittlung in Ausstellungen, Museen und Archiven*. Bielefeld.
Kahl, Paul (2010). „Museum – Gedenkstätte – Literaturmuseum. Versuch einer Begriffserklärung am Beispiel von Schillers Marbacher Geburtshaus 1859–2009". *Jahrbuch des Freien Deutschen Hochstifts* (2010): 339–360.
Kamzelak, Roland S. (2013). „Digitalisierung in Literaturarchiven". *Literatur und Digitalisierung*. Hrsg. von Christine Grond-Rigler. Berlin: 297–309.

Kastberger, Klaus (2006). „Edition und Interpretation. Literaturwissenschaftliche Forschung am Beispiel Ödön von Horváth". *Österreichisches Literaturarchiv. Die ersten 10 Jahre*. Hrsg. im Auftrag des Österreichischen Literaturarchivs der Österreichischen Nationalbibliothek von Michael Hansel und Martin Wedl. Wien: 31–50.

Kaukoreit, Volker (2005). „Empfehlungen für einen Geschäftsgang ‚Erwerbung von Nachlässen und Autographen'". *Mitteilungen der Vereinigung Österreichischer Bibliothekarinnen und Bibliothekare* 58 (2005): 59–60.

Kaukoreit, Volker und Jutta Weber (2010). *Regeln zur Erschließung von Nachlässen und Autographen (RNA)*. Betreut von der Staatsbibliothek zu Berlin – Preußischer Kulturbesitz und der Österreichischen Nationalbibliothek Wien. Berlin und Wien. http://www.onb.ac.at/koop-litera/standards/ (1. Juni 2016).

Kölbl, Andrea Pia (2009). „Der Ort der Literaturarchive in Deutschland zwischen Bibliotheken und Archiven". *Archivalische Zeitschrift* 91 (2009): 351–376.

König, Christoph und Siegfried Seifert (1996). *Literaturarchiv und Literaturforschung. Aspekte neuer Zusammenarbeit*. München et al.

Kroucheva, Katerina und Barbara Schaff (2014). *Kafkas Gabel. Überlegungen zum Ausstellen von Literatur*. Bielefeld.

Kruse, Joseph A. (1999). „Woher und Wohin – Nachlaßsammlungen nach dem Zufallsprinzip?". *Literaturarchive und Literaturmuseen der Zukunft. Bestandsaufnahme und Perspektiven*. Hrsg. von Angelika Busch und Hans-Peter Burmeister. Rehburg-Loccum: 49–67.

Kussin, Christiane (2007). *Literarische Gesellschaften, Literaturmuseen und literarische Gedenkstätten. Namen, Zahlen, Hinweise zu 350 Einrichtungen*. Berlin.

Lange-Greve, Susanne (1995). *Die kulturelle Bedeutung von Literaturausstellungen. Konzepte, Analysen und Wirkungen literaturmusealer Präsentation*. Zürich.

Minor, Jacob (1894). „Centralanstalten für die literaturgeschichtlichen Hilfsarbeiten". *Euphorion* 1 (1894): 17–26.

Neuhaus, Stefan, Renate Giacomuzzi und Christiane Zintzen (2010). *Digitale Literaturvermittlung. Praxis, Forschung und Archivierung*. Innsbruck.

Ott, Ulrich (1999). „Probleme der Literaturarchive und -museen". *Literaturarchive und Literaturmuseen der Zukunft. Bestandsaufnahme und Perspektiven*. Hrsg. von Angelika Busch und Hans-Peter Burmeister. Rehburg-Loccum: 30–48.

Plachta, Bodo (2011). *Dichterhäuser in Deutschland, Österreich und der Schweiz*. Stuttgart.

Renz, Johannes (2015). „Wir nennen es Archivierung. Sicherung von Blogs für die historische Überlieferung". *Archivar. Zeitschrift für Archivwesen* 68.1 (2015): 44–49.

Roloff, Hans-Gert (1998). *Wissenschaftliche Briefeditionen und ihre Probleme*. Berlin.

Ruf, Oliver (2011). „Archiv und System. Zur Philosophie des literarischen Feldes (Foucault, Derrida, Freud, Bourdieu)". *Perspektiven der Literaturvermittlung*. Hrsg. von Stefan Neuhaus und Oliver Ruf. Innsbruck: 261–275.

Schenk, Dietmar (2014). *Kleine Theorie des Archivs*. 2., überarbeitete Auflage. Stuttgart.

Schmid, Gerhard (1996). *Bestandserschließung im Literaturarchiv. Arbeitsgrundsätze des Goethe- und Schiller-Archivs in Weimar*. München et al.

Seemann, Hellmut T. und Thorsten Valk (2012). *Literatur ausstellen. Museale Inszenierungen der Weimarer Klassik*. Göttingen.

Schweizerisches Literaturarchiv (Hg.) (2010). *Autorenbibliotheken*. Genf [Sonderheft: *Quarto*. Zeitschrift des Schweizerischen Literaturarchivs 30/31 (2010)].

Schweizerisches Literaturarchiv (2011). „Editorial". *Literaturarchive*. Genf: 7–8 [Sonderheft: *Quarto*. Zeitschrift des Schweizerischen Literaturarchivs 33/34 (2011)].

Sommer, Manfred (2002). *Sammeln. Ein philosophischer Versuch*. Frankfurt a. M.
Taylor, Isabel (2014). „Archive und die Entwicklung der Europäischen Datenschutz-Grundverordnung". *Archivar. Zeitschrift für Archivwesen* 67.1 (2014): 32–39.
Thaler, Jürgen (2011). „Zur Geschichte des Literaturarchivs. Wilhelm Diltheys Archive für Literatur im Kontext". *Jahrbuch der deutschen Schillergesellschaft* 55 (2011): 361–374.
Waitz, Clemens (2009). *Die Ausstellung als urheberrechtlich geschütztes Werk*. Baden-Baden.
Weber, Jutta (1999). „Bibliotheken, Archive und Literaturmuseen als Beteiligte der Kulturpolitik. Konservieren, präsentieren und vermitteln". *Literaturarchive und Literaturmuseen der Zukunft. Bestandsaufnahme und Perspektiven*. Hrsg. von Angelika Busch und Hans-Peter Burmeister. Rehburg-Loccum: 109–118.
Weisbrod, Dirk (2015). *Die präkustodiale Intervention als Baustein der Langzeitarchivierung digitaler Schriftstellernachlässe*. Berlin.
Willems, Martin (2013). „Kassation im Literaturarchiv. Praxis oder Tabu?". *Archivar. Zeitschrift für Archivwesen* 66.2 (2013): 165–168.
Wißkirchen, Hans (1999). „Das Literaturmuseum – Mehr als ein Ort für tote Dichter". *Literaturarchive und Literaturmuseen der Zukunft. Bestandsaufnahme und Perspektiven*. Hrsg. von Angelika Busch und Hans-Peter Burmeister. Rehburg-Loccum: 97–108.
Wißkirchen, Hans (2002). *Dichter und ihre Häuser. Die Zukunft der Vergangenheit*. Lübeck.

Andreas Brandtner
III.3.5 Bibliotheken

1 Definition

Bibliotheken sind Infrastruktureinrichtungen für Information und Kommunikation. Als öffentliche Institutionen haben sie sich in Neuzeit und Moderne funktional ausdifferenziert und sind Dienstleister unterschiedlicher gesellschaftlicher Bereiche (v. a. Bildung, Kultur, Politik, Verwaltung, Wirtschaft und Wissenschaft). Dabei schaffen sie zielgerichtet und kurz- bis langfristig Zugang zu analoger und digitaler Information. Um dieser allgemein gesellschaftlich und spezifisch institutionell vermittelten Aufgabe zu entsprechen, erwerben bzw. lizenzieren sie Medien systematisch oder bedarfsorientiert, erschließen diese standardisiert, stellen sie für die allgemeine Öffentlichkeit bzw. für einen speziellen Nutzerkreis bereit und bewahren sie kurz- bis langfristig auf. Im Unterschied zu Archiven handelt es sich bei der Information, für die Bibliotheken zuständig sind, in der Regel um publizierte Daten. Zudem stellen sie physische sowie virtuelle Informations- und Kommunikationsräume bereit, die allgemein oder eingeschränkt zugänglich sind. Schließlich professionalisieren sie den Umgang mit Information, indem sie ihren Nutzerinnen und Nutzern Informations- und Medienkompetenz vermitteln. Aktuell entwickeln und erproben sie neue Produkte und Services, die aus den Informationsbedarfen ihrer Nutzergruppen oder aus technologischen Innovationen abgeleitet werden. Fungieren Bibliotheken als Forschungseinrichtungen, widmen sie sich der wissenschaftlichen Erschließung ihrer Bestände. Bibliotheken sind Teil des Literaturbetriebs, wenn sie konkret als Institutionen in die Aktionsfelder der literarischen Kommunikation involviert sind und die Prozesse der Produktion, Distribution und Rezeption von Literatur unterstützen.

Vom Spätmittelalter bis in die Moderne fungieren Bibliotheken als maßgebliche Einrichtungen der Informationsspeicherung und -versorgung. In dieser Welt der Gutenberg-Galaxis verantworten sie zusehends gesamtgesellschaftlich die Erwerbung, Erschließung, Bereitstellung und Bewahrung von veröffentlichter Information. Somit sind Bibliotheken eine entscheidende Instanz für die Entwicklung der Buchkultur und spielen insofern auch eine wichtige Rolle bei der Beförderung des buchaffinen literarischen Diskurses. Doch mit der elektronischen Medienrevolution setzt die digitale Transformation des Informationsmarkts ein, und das alteuropäische Leitmedium Buch wird nachhaltig relativiert. Die Bibliotheken verlieren ihre Quasi-Monopolstellung als Informationsanbieter und fokussieren vermehrt auf digitale Medien, um sich den geänderten Umweltbedingungen anzupassen und sich weiterhin erfolgreich am Markt zu behaupten. Sie diversifizieren ihre Aktivitäten am Informationsmarkt und folgen neuen Geschäftsmodellen. Die bibliothekarischen Kernkompetenzen und Aufgabenfelder lockern und verschieben sich. Eine Vielzahl von Bibliotheken verallgemeinert ihren Kompetenzbereich und richtet ihr Augenmerk nun explizit an Information und nicht mehr an Literatur aus. Da der digitale Wandel in den gesellschaftlichen Teilbereichen und Diskursen sowie in den wissenschaftlichen Disziplinen unterschiedlich weit vorangeschritten ist und auch unterschiedlich rasch verläuft, agieren die meisten Bibliotheken heute hybrid und bedienen eine analoge und digitale Informationsversorgung. Gegenwärtig erscheint es ungewiss, inwieweit Bibliotheken zukünftig reüssieren werden.

2 Kurze Geschichte des Phänomens und seiner Erforschung

Die Voraussetzungen für die moderne Bibliothek wurden während der Epochenschwelle zwischen Mittelalter und Neuzeit gelegt, als sich Literalität als gesellschaftliche Norm über sozial-, medien- und diskurshistorische Prozesse durchzusetzen begann. In weiterer Konsequenz entwickelte sich die Bibliothek in der Moderne zu einer gesamtgesellschaftlich funktionalen Institution der Informationsspeicherung und -versorgung. In der postmodernen Informationsgesellschaft wird dieser Geltungsanspruch mit dem Entstehen eines digitalen Informationsmarkts relativiert, auf dem die Bibliotheken ihr Informationsmonopol angesichts ausgeprägter Konkurrenz verloren haben.

In sozialhistorischer Perspektive war die mittelalterliche Stadtentwicklung die entscheidende Bedingung für die gesellschaftliche Integration der Bibliothek. Die Städte prosperierten zu politischen sowie wirtschaftlichen Zentren und übernahmen die Bildungs- und Wissenschaftstradition von den meist abgeschieden gelegenen Klöstern. Die Ausbreitung der Schriftlichkeit in Bildung, Politik, Recht, Verwaltung und Wirtschaft verlangte nach einer geregelten Informationsverwaltung, die sich in Bibliotheken institutionalisierte. In medienhistorischer Betrachtung war der Aufschwung der Schriftlichkeit mit der Erfindung des Buchdrucks mit beweglichen Lettern um 1450 gekoppelt. Zudem löste das Papier das teurere Pergament als Schriftträger ab. Diese technischen Innovationen professionalisierten die Buchproduktion und ermöglichten es, eine zunehmend größere Menge Drucke preiswerter mechanisch zu produzieren und rascher zu distribuieren. In diskurshistorischer Hinsicht verstärkte der Buchdruck den sich seit dem 14. Jahrhundert europaweit ausbreitenden Renaissance-Humanismus. Die Auseinandersetzung mit der griechischen und römischen Antike erfolgte auf der Basis philologisch edierter Texte, die einen neuen weltlich und anthropozentrisch ausgerichteten Diskurs konstituierten. Dabei initiierte die von Gelehrten getragene Bewegung philologisch-editorische Praktiken, um textidentische Ausgaben antiker Literatur herzustellen, und verlangte nach Institutionen, die in der Lage waren, diese gesichert verfügbar zu halten.

Im Rahmen der frühneuzeitlichen Medienrevolution, die den Übergang von der Hand- zur Druckschrift bezeichnet, differenzierten sich die Bibliotheken in den neuen gesellschaftlichen Funktionszusammenhängen aus. In der Dynamik von Privatheit und Öffentlichkeit bewegten sie sich dabei vorerst zwischen individuellem Buchbesitz und institutionalisierter Bibliothek. So entstanden in der Frühen Neuzeit zusätzlich zu den mittelalterlich begründeten Kloster- und Universitätsbibliotheken vermehrt städtische und fürstliche Sammlungen sowie Privatbibliotheken von Adeligen und Gelehrten. Die allgemeine Öffentlichkeit einer Bibliothek setzte sich ab dem späten 18. Jahrhundert durch. Diese Öffnung beförderten auch die Nationalbibliotheken, deren Genese ins 16. Jahrhundert zurückreicht und die mit dem 19. Jahrhundert zu zentralen Einrichtungen der nationalen Selbstverständigung wurden. Für den literarischen Diskurs erbrachte diese systematische Erwerbung eine tendenziell vollständige Zusammenstellung der literarischen Produktion einer Nation unter dem Signum der Nationalliteratur. Zudem verzeichneten die staatlichen Bibliotheken ab dem späten 18. Jahrhundert enorme Zuwächse, die aus Übernahmen von säkularisierten Klosterbibliotheken, einer durch technische Neuerungen industrialisierten Buchproduktion und dem erweiterten Bildungs- und Informationsbedürfnis größerer Leserkreise resultierten. Die Bestandsübernahmen aus den aufgelassenen Klöstern beinhalteten zudem größere Mengen mittelalterlicher Handschriften und frühneuzeitlicher Drucke, die in den staatlichen Bibliotheken leichter zugänglich waren und prominenter wurden. Diese bessere Verfügbarkeit früher literarischer Quellen förderte auch den Konstitutionsprozess z. B. der Germanistik.

Dem erhöhten Aufgabendruck wurde mit einer Professionalisierung des gesamten Bibliothekswesens begegnet. Zudem entstand im 19. Jahrhundert neben den wissenschaftlich-gelehrten Bibliotheken mit der öffentlichen Bibliothek ein Bibliothekstyp, der das Lektürebedürfnis des neuen breiten Lesepublikums abdeckte. Hierin konnte das öffentliche Bibliothekswesen auf die Initiativen der im 18. Jahrhundert tätigen Vorläuferinstitutionen von Lesegesellschaften, Leihbibliotheken und Volksbibliotheken rekurrieren und erfuhr in der ersten Hälfte des 19. Jahrhunderts entscheidende Impulse von der Einrichtung der *Public Libraries* in Großbritannien und in den USA. Hatten sich in den Lesegesellschaften auf das Bürgertum ausgerichtete literarische Zirkel etabliert, so versorgten die Leih- und Volksbibliotheken breitere Bevölkerungssegmente mit Unterhaltungsliteratur. Damit wurden die Vorgänger der öffentlichen Bibliothek die entscheidenden institutionellen Träger der mit dem späten 18. Jahrhundert einsetzenden ersten Leserevolution. Die öffentliche Bibliothek selbst stützte die zweite Leserevolution im letzten Drittel des 19. Jahrhunderts, indem die belletristischen Neuerscheinungen fester Bestandteil ihres Bestandsaufbaus wurden.

Die wissenschaftliche Informationsversorgung entwickelte sich im 19./20. Jahrhundert weitgehend unabhängig von den öffentlichen Bibliotheken. Die Diversifizierung der Wissenschaften bei erhöhtem Informationsbedarf beschleunigte die Differenzierung der Bibliotheken, die von ihrem Anspruch, universal zu sammeln, abrückten. Vielmehr bildeten sich Spezialbibliotheken aus, die ihren Informationsversorgungsauftrag auf einzelne Disziplinen oder Institutionen fokussierten. Um diese Fragmentierung zu kompensieren, wurden seit dem 19. Jahrhundert auf nationaler und internationaler Ebene funktionsteilige Kooperationen zwischen Bibliotheken erarbeitet. Bei der Informationsversorgung der Philologien konzentrierten sich die wissenschaftlichen Bibliotheken zunächst exklusiv auf die Höhenkammliteratur, da die Literaturwissenschaften vorerst nur den historischen literarischen Kanon als Objektbereich adressierten. Erst mit der Ausweitung der Philologien auf die jeweilige Gegenwartsliteratur ab dem zweiten Drittel des 20. Jahrhunderts nahmen auch wissenschaftliche Bibliotheken aktuelle fiktionale Texte in ihren Sammelauftrag auf.

Das heutige Bibliothekssystem zeichnet sich durch seine ausgeprägte funktionale Differenzierung aus, die traditionell als Bibliothekstypologie dargestellt wird und verschiedenen Kriterien folgt. In Bezug auf die Zuständigkeit wird grundsätzlich zwischen öffentlichen Bibliotheken, die sich an die allgemeine Öffentlichkeit wenden, und wissenschaftlichen Bibliotheken, die für die wissenschaftliche Informationsversorgung zuständig sind, unterschieden. In lokaler Ausrichtung haben sich Stadt-, Landes-, Staats- und Nationalbibliotheken – zumeist mit dem spezifischen Pflichtexemplarrecht versehen – ausgeprägt. Bestimmten Trägerinstitutionen zugeordnet sind Amtsbibliotheken, Behördenbibliotheken, Unternehmensbibliotheken, Kirchenbibliotheken, Schul-, Hochschul- sowie Universitätsbibliotheken usw. Je nach Bestandsaufstellung lassen sich Magazinbibliotheken, die in der Regel als Ausleihbibliotheken geführt werden, und Freihandbibliotheken, die häufig Präsenzbibliotheken sind, unterscheiden. Aufgestellt sind die Bestände dann nach *Numerus Currens* oder nach Klassifikation. Für die dauerhafte Überlieferung des kulturellen Erbes und für Bestandserhaltung zeichnen sich Archivbibliotheken verantwortlich, Gebrauchsbibliotheken hingegen orientieren sich an den Bedarfen der Nutzergruppen und sondern nicht mehr erforderliche Bestände aus. Als hybrid werden Bibliotheken bezeichnet, die sowohl analoge als auch digitale Bestände vorhalten (vgl. Rusbridge 1998).

Die systematische Erforschung des Phänomens Bibliothek setzte mit der Institutionalisierung und Professionalisierung des Bibliothekswesens im Verlauf des

19. Jahrhunderts ein. In der Folge wurde mit bibliothekswissenschaftlichen Fachpublikationen, Kongressen und Lehrstühlen ein eigener disziplinärer Diskurs konstituiert. Da sich eine konsequent theoriegeleitete Bibliothekswissenschaft im deutschsprachigen Bereich nie etabliert hat, entwickelte sich der Diskurs hochgradig praxisorientiert und mit dem Anspruch, die Arbeit der Bibliotheken reflexiv zu begleiten und ihre erfolgreiche Positionierung zu unterstützen. Eine Sonderstellung nimmt die mittlerweile kulturwissenschaftlich-interdisziplinär angelegte Bibliotheksforschung bzw. Bibliotheksgeschichte ein, die nicht zweckgebunden ausgerichtet und stärker akademisch verankert ist.

3 Aktueller Sachstand

Seit dem späten 20. Jahrhundert transformieren die elektronische Datenverarbeitung, das Internet und seine mobile Verfügbarkeit den Informations- und Kommunikationsmarkt. Information ist heute vermehrt digital zeit- und ortsunabhängig zugänglich, das alteuropäische Leitmedium Buch wird grundlegend relativiert. Dieser informationstechnologisch motivierte Medienbruch von analog zu digital stellt die Bibliotheken und das Bibliothekswesen vor gänzlich neue Herausforderungen. Besetzten die Bibliotheken bislang ein Quasi-Monopol als Informationsspeicher und -versorger, befinden sie sich nun in einer Marktsituation, die sich durch disruptive Innovation, harte Konkurrenz und hochgradige Rasanz auszeichnet. Der Medienwandel von analog zu digital erfolgt allerdings disziplin- und diskursspezifisch abgestuft und mit unterschiedlichen Geschwindigkeiten. Sind die Naturwissenschaften fast vollständig zur digitalen Informationsversorgung fortgeschritten, stehen die Produktion und Kommunikation der Geistes- bzw. Kulturwissenschaften noch deutlich im Zeichen gedruckter Medien. Auch die aktuelle Belletristik wird primär in Form gedruckter Bücher vertrieben. Mit E-Book und E-Book-Reader ist ihre Digitalisierung bereits eingeleitet.

Die posttypographische Medienrevolution mitsamt ihren Folgen stellt die Bibliotheken in allgemeiner und grundsätzlicher Hinsicht vor die Herausforderung, eine Übergangssituation zu bewältigen. So bedingt der digitale Wandel einerseits, dass sich die klassischen Kernaufgaben von Bibliotheken, nämlich das Erwerben (Bestandsaufbau), Erschließen (Bestandsbearbeitung und -nachweis), Bereitstellen (Bestandsnutzung) und Bewahren (Bestandserhaltung) von Medien, grundlegend verändern und dass sich Bibliotheken neue Aufgabenfelder eröffnen. Andererseits verlangt die analoge Beharrlichkeit bestimmter Diskurse und Fachkulturen weiterhin nach einer Informationsversorgung mit gedruckten Medien. Die Digitalisierung des Informationsmarkts führt nunmehr dazu, dass v. a. wissenschaftliche Bibliotheken ihr Erwerbungsinteresse zunehmend auf digitale Medien verlagern und dabei einer *E-preferred*- bzw. *E-only*-Strategie folgen. Im Vordergrund steht nicht mehr die gezielte Einzelerwerbung von gedruckten Monographien, Schriftenreihen und Zeitschriften, sondern die paketweise erfolgende Zugänglichmachung von *E-Ressourcen* (Datenbanken, E-Books, E-Journals). Dabei verbleiben die *E-Ressourcen* häufig auf den Servern der Verlage, und die Bibliotheken lizenzieren – normalerweise im Verbund von Kaufgemeinschaften, sogenannten Konsortien – den Zugriff auf die Volltexte. Perspektivisch wird es zu einer der Hauptaufgaben zahlreicher Gebrauchsbibliotheken, punktuell bedarfsorientiert Zugang zu Information zu schaffen (*just-in-time*), statt systematisch bestandsorientiert Informationsmedien als Besitz bzw. Eigentum zu erwerben (*just-in-case*).

Da der literarische Diskurs und seine literaturwissenschaftliche Reflexion vorwiegend in gedruckter Form vorgelegt werden, haben Bibliotheken in diesen Feldern dem alten analogen Paradigma zu folgen. Die Publikationen werden entsprechend gedruckt erworben, bereitgestellt und aufbewahrt. Die Erwerbungsvorgänge werden in der Regel über individuelle Selektionsprozesse der Fachreferentinnen und Fachreferenten gesteuert. Insofern die Kaufentscheidung bei der analogen Einzelerwerbung subjektiv reguliert wird, kann noch von einem Akt der Kanonisierung gesprochen werden, der die einzelne Monographie in den Bestand der Bibliothek hebt. Die angesichts des digitalen Wandels auch in diesem Bereich in Aussicht stehende Umstellung auf massenhafte Erwerbung von E-Books in Paketen wird freilich maschinell prozessiert und lässt diese bewussten Valorisierungen hinter sich. Die individuellen Entscheidungen betreffen dann nur mehr die Festlegung allgemeiner Kriterien (z. B. maximaler Kaufpreis, Erscheinungszeitraum, Verlage). Der Umstieg auf solche Verfahren löst die Bibliotheken auch aus ihren engeren Verbindungen zum stationären Buchhandel, der zusehends von Großlieferanten und Aggregatoren ersetzt wird.

Die starke Ausrichtung der literarischen Überlieferung auf analoge Medien hat freilich dazu geführt, dass sich hervorragende Sammlungen von Druckwerken ausgeprägt haben, die den historischen Buchbestand als kulturelles Erbe tradieren. Für den deutschsprachigen Bereich ist hier vorrangig die Sammlung Deutscher Drucke zu nennen, mit der ein Nationalarchiv gedruckter Texte geschaffen wurde. Seit 1989 sammeln sechs Bibliotheken im kooperativen Verbund das gesamte deutschsprachige gedruckte Schrifttum aus der Zeit von 1450 bis heute: *Bayerische Staatsbibliothek München* (1450–1600), *Herzog August Bibliothek Wolfenbüttel* (1601–1700), *Niedersächsische Staats- und Universitätsbibliothek Göttingen* (1701–1800), *Universitätsbibliothek Johann Christian Senckenberg Frankfurt am Main* (1801–1870), *Staatsbibliothek zu Berlin* (1871–1912) und *Deutsche Nationalbibliothek* (ab 1913). Diese verteilte Nationalbibliothek wird von einer Reihe von Forschungsbibliotheken unterstützt, die über bedeutende Alt- oder wichtige Spezialbestände verfügen, so etwa die Herzogin Anna Amalia Bibliothek in Weimar mit ihrem Schwerpunkt auf der deutschen Literatur um 1800. Über diese Spezialeinrichtungen wird das Buch als Exemplar und nicht nur als Text gesichert, um die materielle Seite der literarischen Produktion, Distribution und Rezeption auch nachvollziehbar zu halten. Für die wissenschaftliche Beschäftigung mit Literatur kommt auch dem Fachinformationsdienst (FID) Germanistik besondere Relevanz zu, das an der Universitätsbibliothek Frankfurt am Main angesiedelt ist.

Neben dem Erhalt der physischen Bestände und der wachsenden Ausrichtung auf originär digitale Publikationen (*born digital*) retrodigitalisieren Bibliotheken ihre Druckwerke und machen sie online zeit- und ortsunabhängig zugänglich, sofern dies das Urheberrecht zulässt. Hier sind sowohl private als auch öffentliche Initiativen aktiv. Besonders prominent sind dabei die *Public Private Partnerships*, die *Google* für sein *Books Library Project* mit zahlreichen, äußerst bestandsstarken Bibliotheken abgeschlossen hat. Für den deutschsprachigen Raum sind hier zwei bedeutende Altbestandsbibliotheken zu nennen: die *Bayerische Staatsbibliothek München*, deren Buchbestand vom 17. bis zum späten 19. Jahrhundert digitalisiert wird (ca. 1 Million Titel), und die *Österreichische Nationalbibliothek Wien* mit ihren Druckwerken vom 16. bis in die zweite Hälfte des 19. Jahrhunderts (ca. 600.000 Titel). Als öffentlich finanzierte Projekte ragen die Verzeichnisse der im deutschen Sprachraum erschienenen Drucke des 16., des 17. und des 18. Jahrhunderts hervor (VD 16, VD 17, VD 18). All diese Vorhaben zielen langfristig darauf ab, den historischen Druckbestand online komplett bibliographisch nachzuweisen und nach Möglichkeit im Volltext verfügbar zu machen.

Der bibliothekarische Bestandsaufbau selbst ist mit einem massiven Budgetproblem konfrontiert. Seit der sogenannten Zeitschriftenkrise der 1990er Jahre stellen die horrenden Preissteigerungen der digitalen Medien bei tendenziell gleichbleibenden Medienetats die Bibliotheken vor ausgeprägte finanzielle Schwierigkeiten bei der Lizenzierung von digitalen Informationsressourcen. Da manche Verlage aus Quasi-Monopolstellungen agieren, sind die Verhandlungsspielräume der Bibliotheken bzw. Konsortien stark eingeschränkt. Diese Konstellation führt dazu, dass Bibliotheken aufgrund ihrer finanziellen Limitierung teilweise nicht mehr in der Lage sind, eine bedarfsorientierte Informationsversorgung zu gewährleisten. Im Gegenzug haben die Konsequenzen aus der Zeitschriftenkrise auch die Entwicklung der *Open-Access*-Bewegung begünstigt. Ziel von *Open Access* ist es, wissenschaftliche Information im Internet kostenfrei und öffentlich zugänglich zu machen. In der Programmatik und Praxis von *Open Access* werden zwei Wege unterschieden: Der goldene Weg (*Golden Road*) meint die Erstveröffentlichung von wissenschaftlichen Beiträgen in *Open-Access*-Publikationen, der grüne Weg (*Green Road*) bezeichnet die zeitgleiche oder nachträgliche Archivierung digitaler Inhalte auf einem institutionellen oder disziplinären *Open-Access*-Dokumentenserver. Da der goldene Weg mittlerweile von gewinnorientierten Verlagen als Geschäftsmodell eingesetzt wird, fallen auch hier häufig Kosten für die Veröffentlichung von Artikeln an. Diese Publikationsgebühren (*Article Processing Charges*/APCs) sind von den Autoren zu tragen und werden in der Regel von den Institutionen, denen sie angehören (z. B. Universitäten), übernommen. Tendenziell wird damit die Belastung des Medienetats von Bibliotheken von der Lizenzierung elektronischer Medien zur Bezahlung von Publikationsgebühren für in der Folge frei verfügbare *E-Ressourcen* verschoben.

Bestandsbearbeitung und Bestandsnachweis wurden ab den 1960er Jahren automatisiert und auf integrierte Datenbanksysteme umgestellt. Sukzessive wurden auch die konventionellen Bestandsnachweise – in der Regel Zettelkataloge, die später auch mikroverfilmt bereitgestellt wurden – retrokatalogisiert bzw. retrokonvertiert und damit in maschinenlesbare Form überführt. Ab der Mitte der 1990er Jahre wurden sie als Online-(Verbund-)Kataloge im *World Wide Web* (WWW) orts- und zeitunabhängig zugänglich gemacht. Aktuell lösen sogenannte *Discovery*-Systeme diesen *Online Public Access Catalogue* (OPAC) ab, um die Vielzahl der bislang unterschiedlich nachgewiesenen elektronischen Ressourcen einheitlich in die Recherche zu integrieren. Dabei imitieren die Bibliotheken die quasi-monopolistische Suchmaschine *Google* und referieren nicht mehr direkt auf ihren Bibliotheksbestand, sondern tendenziell in die global online verfügbare Informationswelt. Digital zugänglich sind somit nicht nur die Katalogisate als Metadaten, sondern – soweit verfügbar – die Volltexte bzw. zumindest die wichtigen Paratexte (z. B. Titelblatt, Inhaltsverzeichnis, Register), die im Sinn einer Kataloganreicherung in die Nachweissysteme eingespielt werden.

Die Bestandsnutzung hat sich v. a. im Bereich der Gebrauchsbibliotheken von einer Bestandsorientierung, die den Bestandsschutz priorisierte, auf eine Kundenorientierung, die die Nutzerinteressen favorisiert, umorientiert. In diesem Rahmen versuchen Bibliotheken vermehrt, die Sichtweisen und Ansprüche ihrer Nutzerinnen und Nutzer in ihre Produkt- und Serviceerstellung mitaufzunehmen. Insofern gilt es, Nutzerforschung als wichtiges Aufgabenfeld an bzw. für Bibliotheken einzuführen und zu praktizieren, um die Nutzerbedarfe und -interessen kontinuierlich und systematisch zu ermitteln. Freilich bezieht sich die Kundenorientierung sowohl auf die analoge als auch auf die digitale Bibliothek, sodass gleichermaßen physische und virtuelle Räume attraktiv für die Nutzerinnen und Nutzer bereitgestellt werden sollen. Um den Zugriff auf den physischen Bestand unmittelbar und rasch zu gestalten, wird dieser nach Möglichkeit in einer Freihandaufstellung präsentiert. Angesichts der zunehmenden digitalen Verfügbarkeit der Medien verliert jedoch hier die systematische Aufstellung an Relevanz, da sie nicht mehr beanspruchen kann, das jeweilige Fach repräsentativ oder gar vollständig wiederzugeben. Der direkte Weg zum Regal führt nur mehr zu einem Teil des Bestands und muss um den Blick in den Katalog zumindest ergänzt werden. Insofern ist die hinsichtlich Bearbeitung und Raumeinsatz deutlich ökonomischere Aufstellung nach *Numerus Currens* auch für die Freihandbestände funktional. Für die Nutzung der digitalen Ressourcen erweisen sich die jeweiligen Bestimmungen des Urheberrechts tendenziell als einschränkend. Die Nutzungsrechte werden mittels Lizenzen geregelt und etwa auf einen bestimmten Nutzerkreis oder auf bestimmte Nutzerarbeitsplätze eingeschränkt. Unabhängig von der analogen oder digitalen Verfügbarkeit der Medien unterstützen Bibliotheken die literarische Sozialisation und die unterschiedlichen Formen professioneller und fachlich nicht weiter vorinformierter Lektüre.

Die Bestandserhaltung ist ebenfalls sowohl für die analogen als auch für die digitalen Medien zu einer zentralen Herausforderung geworden, deren Bewältigung weder für die gedruckten noch für die elektronischen Medien hinreichend gesichert ist. Die Gefährdung historischer Print-Bestände durch den Zerfall säurehaltigen Papiers, durch Tintenfraß, Feuchtigkeit und Schimmelpilze, aber auch aufgrund gestiegener Nutzungsfrequenzen hat dramatische Ausmaße angenommen. Die notwendigen Verfahren zur nachhaltigen Sicherung des betroffenen Bibliotheksguts sind weitgehend bekannt, würden allerdings einen immensen Koordinations- und Finanzaufwand erfordern. Die Sicherung des Originals und seine nachfolgende Digitalisierung gehören heute zusammen, um den physischen Bestand weitgehend seiner potentiell gefährdenden Nutzung zu entziehen. Da zusehends mehr relevante Information in digitaler Form entsteht und vorliegt, werden *Hosting* und Langzeitarchivierung digitaler Ressourcen zu wesentlichen Grundbedingungen der Informationsgesellschaft. Aufgrund der Komplexität dieser Aufgabenstellungen ist es evident, dass *Hosting* und Langzeitarchivierung digitaler Daten nicht von einem Institutionstyp allein getragen werden können, sondern kollaborativ erarbeitet werden müssen.

Neben der Erwerbung, Erschließung, Bereitstellung und Bewahrung von Medien gehören Öffentlichkeitsarbeit und Veranstaltungsmanagement ebenfalls zu den klassischen Aufgaben von Bibliotheken. Bibliothekarische Öffentlichkeitsarbeit hat grundlegend die Funktion, die Bibliothek mit ihren Beständen und Räumen zielgruppenspezifisch zu vermitteln und für eine entsprechende Nachfrage interessant zu machen. Angesichts der zunehmenden Konkurrenz am Informationsmarkt wird diese Aufgabe weiterhin an Bedeutung gewinnen. Um Bibliotheken am Informationsmarkt entsprechend zu positionieren, wird es notwendig sein, die tendenziell reduktionistische Sicht der Öffentlichkeitsarbeit auf die holistische Perspektive eines Bibliotheksmarketings zu heben. Aufgrund der inhaltlich sehr breiten und prinzipiell offenen Ausrichtung von Bibliotheken ist die Durchführung von Veranstaltungen thematisch kaum begrenzt, naheliegend dann aber an die primären Nutzergruppen der Bibliothek gebunden. Bibliotheken betätigen sich auch folglich als Veranstalter von Lesungen, Konzerten, Konferenzen sowie Vorträgen usw. und organisieren und präsentieren Ausstellungen.

Bibliotheken reorganisieren nicht nur ihre traditionellen Aufgaben, sondern versuchen auch, am Informationsmarkt mit neuen Geschäftsmodellen zu reüssieren. So konzentrieren sich Bibliotheken bereits seit längerer Zeit auf den Auf- und Ausbau ihrer physischen Raumangebote, die für die unterschiedlichen Nutzungsszenarien wie etwa Lesen, Schreiben, Lernen und Diskutieren möglichst attraktiv gestaltet werden. Dabei werden die Räume so segmentiert, dass jede Nutzungssituation von individuell und leise bis zu kollektiv und laut angeboten werden kann. Diese Akzentuierung der Bibliothek als Ort wird durch einen noch immer anhaltenden Boom an Bibliotheksneubauten getragen, die oftmals architektonisch prominent und spektakulär umgesetzt werden. Ebenfalls seit geraumer Zeit wird die Bereitstellung von Information und Informationsinfrastrukturen um Vermittlungs- und Beratungsangebote erweitert. Unter dem Begriff der *Teaching Library* fördern Bibliotheken ihre Nutzerinnen und Nutzer beim Auf- und Ausbau ihrer Informations- sowie Medienkompetenz. Damit soll der kompetente Umgang mit Information und Medien als eine der erfolgskritischen Schlüsselqualifikationen der Informationsgesellschaft geschult und eingeübt werden. Neben traditionellen Formaten wie Führungen und Schulungen setzen Bibliotheken dabei verstärkt auf *E-Learning* sowie *Blended Learning*. An den Universitätsbibliotheken sind bisweilen universitäre Serviceeinrichtungen wie Schreibwerkstätten situiert.

Neben der Mitarbeit in der universitären Lehre wenden sich wissenschaftliche Bibliotheken neuerdings verstärkt der Forschungsunterstützung zu und agieren dabei auf der Basis ihrer Kernkompetenz des Datenmanagements. V. a. an Universitäten ist deklariertes Ziel, in Kooperation mit den Rechenzentren den gesamten wissenschaftlichen Wertschöpfungszyklus von der Generierung der Ideen bis zur Publikation der Forschungsergebnisse zu begleiten. Angedacht sind hier die Einrichtung und Betreuung von virtuellen Forschungsumgebungen, die als digitale Infrastrukturen den kooperativen und kollaborativen Forschungsprozess zeit- und ortsunabhängig unterstützen sollen. Im Bereich der Geisteswissenschaften etablieren sich aktuell die Digital Humanities, die EDV-gestützte Verfahren auf digitale Ressourcen anwenden. Für die Literaturwissenschaften auszubauende Arbeits- und Forschungsfelder liegen hier etwa in der Editionswissenschaft und in der quantitativen Textanalyse. In den Kontext der virtuellen Forschungsinfrastruktur fällt auch das Forschungs(primär)datenmanagement, das Forschungsdaten strukturiert und langfristig verfügbar halten soll. Außerdem versuchen Bibliotheken, den wissenschaftlichen Publikationsprozess zu unterstützen. Zum einen veröffentlichen sie *Pre-* und *Postprints* auf von ihnen betriebenen Repositorien, zum anderen übernehmen sie Verlagsfunktionen und betreiben entweder eigene Verlage – v. a. Universitätsverlage – oder koordinieren die Zusammenarbeit mit kommerziellen Verlagshäusern. Bibliotheken an Universitäten und anderen wissenschaftlichen Einrichtungen beteiligen sich mehr oder weniger intensiv an der Einrichtung und an dem Betrieb von Forschungsinformationssystemen, die die Forschungsergebnisse dokumentieren, messen und evaluieren. In diesem Zusammenhang ist auch zu erwähnen, dass Bibliotheken bibliometrische Verfahren als Dienstleistung zur Messung und Evaluation wissenschaftlicher Leistung anbieten.

Angesichts der zunehmend dominierenden Rolle der Informationstechnologie für Infrastruktureinrichtungen und der Neuordnung ihrer Aufgaben stellt sich v. a. an Universitäten die Frage nach der organisatorischen Verortung der Bibliotheken. So wurde vor geraumer Zeit eine Diskussion über die Konvergenz von Bibliotheken, Medien- und Rechenzentren begonnen. In der Folge wurden diese Einrichtungen an manchen – zumeist kleineren – Universitäten zusammengeführt, ohne dass sich diese Konvergenzbestrebungen im deutschsprachigen Bereich bislang durchgesetzt haben.

4 Offene Fragen und Forschungsdesiderate

Die digitale Transformation hat die Bibliotheken in eine Phase des radikalen Umbruchs geführt. Ihre klassischen Geschäftsmodelle sind gefährdet bzw. rückläufig und ihre Portfolioerweiterungen noch nicht ausreichend praxiserprobt, um gesichert in die Zukunft zeigen zu können. Die Herausforderungen erweisen sich als vielgestaltig. Aktuell stellt sich grundlegend die Frage, in welcher Weise die bibliothekarischen Funktionen weitergeführt werden und welche Organisationsformen sich dafür als Träger geeignet bewähren werden. Ein Schlaglicht auf die Brisanz der aktuellen Konstellation mag ein Blick auf das *Mission Statement* des Suchmaschinen-Betreibers und Weltkonzerns *Google* werfen, des derzeit wohl einflussreichsten *Players* am globalen Informationsmarkt: „Das Ziel von Google ist es, die Informationen der Welt zu organisieren und für alle zu jeder Zeit zugänglich und nutzbar zu machen." (Homepage *Google*). Damit erhebt die im Jahr 1998 gegründete Internet-Firma einen Anspruch, der direkt dem Selbstverständnis der jahrhundertealten Traditionsunternehmung Bibliothek entnommen scheint.

Angesichts der Umwälzungen am Informationsmarkt ist es derzeit offen, ob der Organisationstyp ‚Bibliothek' als Informationsinfrastruktureinrichtung langfristig reüssieren wird. Es scheint, dass mit der digitalen Transformation eine Reihe bibliothekarischer Aufgaben als Funktionen am Informationsmarkt von anderen Anbietern substituiert werden können. Hier zeigt sich die scheinbar paradoxe Situation, dass die Entwicklung hin zur Wissensgesellschaft keinesfalls den Organisationstyp Bibliothek automatisch begünstigt, obwohl die bibliothekarische Gemeinschaft konform zu den Grundwerten der Wissensgesellschaft agiert. Mittlerweile haben zahlreiche Bibliotheken die Gefährdung ihrer Existenzgrundlagen erkannt und Gegensteuerungen eingeleitet. Dennoch werden manche von ihnen in ihrer Innovation und ihrem Wandel zu langsam sein, um langfristig zu überleben.

Die Feststellung der tiefgreifenden Krise des Bibliothekswesens setzt sich in der Regel entweder rein empirisch in Einzelbeobachtungen fort oder schlägt metaphysisch in einen apokalyptischen Diskurs um, der sich in seiner rhetorischen Emphase jeder wissenschaftlichen Reflexion entzieht. Diese beiden Verfahren vergegenwärtigen die beunruhigenden – weil (selbst-)destruktiven – Konsequenzen des dringendsten Forschungsdesiderats. Es resultiert aus der Tatsache, dass zwar sämtliche Phänomene des Bibliothekswesens in zahlreichen Beiträgen jeweils am State of the Art dargestellt werden, doch der Hang zu ihrer punktuellen und zweckgebundenen Aufarbeitung tentativ dazu führt, ihre Verortung in den übergreifenden diskurshistorischen und soziokulturellen Kontexten zu vernachlässigen. Einerseits generiert der genuin bibliothekarische Diskurs insofern bloße Innenansichten, als er idiosynkratisch vom Bibliothekswesen bzw. von seinen technologischen Rahmenbedingungen ausgehend auf sich selbst blickt und die jeweils relevanten gesellschaftlichen Umwelten entweder gar nicht oder nur dilettierend in den Blick bekommt. Andererseits gelingen den übergeordneten kultur- und sozialwissenschaftlichen Diskursen insofern keine überzeugenden Außenansichten, als das Phänomen Bibliothek entweder gar nicht oder bloß stereotyp wahrgenommen wird.

Ein zweites grundsätzliches Desiderat stellt die übergreifende Zusammenschau der Gedächtnisinstitutionen Archiv, Bibliothek und Museum unter der gemeinsamen Perspektive des kulturellen Erbes dar. Für eine synoptische Betrachtung wirken sich die getrennte Organisation des Archiv-, Bibliotheks- und Museumswesens und die daraus folgende institutionelle Abgeschlossenheit der drei Bereiche hinderlich aus. Historisch gesehen haben Archive, Bibliotheken und Museen Aufbau, Erschließung, Präsentation und Bewahrung ihrer Bestände seit dem 19. Jahrhundert weitgehend unabhängig voneinander betrieben. Dies ging mit der institutionellen Ausprägung dieser Einrichtungen einher und führte zu ihrer branchenbezogenen Professionalisierung und gegenseitigen Abschottung. Hier könnte eine Zusammenschau einen wertvollen Beitrag zu einer gesamtsystemischen Sicht leisten, um die Bedingungen der gesellschaftlichen Integration von Archiv, Bibliothek und Museum unter den Bedingungen der digitalen Transformation neu denken zu können.

Weiterführende Literatur

Alker, Stefan und Achim Hölter (Hg.) (2015). *Literaturwissenschaft und Bibliotheken*. Göttingen.
Brandtner, Andreas (2013). „Bibliothek: Neuzeit/Moderne". *Handbuch Medien der Literatur*. Hrsg. von Natalie Binczek, Till Dembeck und Jörgen Schäfer. Berlin und Boston, MA: 560–568.
Gradmann, Stefan und Konrad Umlauf (Hg.) (2011–2013). *Lexikon der Bibliotheks- und Informationswissenschaft*. 2 Bde. Stuttgart.
Gradmann, Stefan und Konrad Umlauf (Hg.) (2012). *Handbuch Bibliothek. Geschichte, Aufgaben, Perspektiven*. Stuttgart und Weimar.
Griebel, Rolf, Hildegard Schäffler und Konstanze Söllner (Hg.) (2015). *Praxishandbuch Bibliotheksmanagement*. 2. Bde. Berlin.
Nerdinger, Winfried (Hg.) (2011). *Die Weisheit baut sich ein Haus. Architektur und Geschichte von Bibliotheken*. In Zusammenarbeit mit Werner Oechslin, Markus Eisen und Irene Meissner. München, London und New York, NY.
Plassmann, Engelbert, Hermann Rösch, Jürgen Seefeldt und Konrad Umlauf (2011). *Bibliotheken und Informationsgesellschaft in Deutschland. Eine Einführung*. 2., gründlich überarbeitete und erweiterte Auflage. Wiesbaden.

Zitierte Literatur

[Anonym]. Google. https://www.google.de/intl/de/about/ (10. November 2016).
Rusbridge, Chris (1998). „Towards the Hybrid Library". *D-Lib Magazine* 4 (1998). http://www.dlib.org/dlib/july98/rusbridge/07rusbridge.html (16. Juni 2016).

IV **Interdisziplinäre Implikationen**

Jörn Glasenapp
IV.1 Literatur und Medien

1 Definition

Eine a-mediale Literatur kann es nicht geben – und dies nicht etwa nur aus dem Grund, dass man die Literatur selbst als ein Medium begreifen könnte (vgl. Jahraus 2003), sondern weil sie uns stets in einer bestimmten medialen Form entgegentritt. Als ein alles andere als neutrales Kommunikationsdispositiv sorgt der jeweilige mediale Kanal dafür, dass die durch ihn vermittelte Literatur im Sinne Vilém Flussers ‚informiert‘, d. h. in Form gebracht wird (vgl. Flusser 2000 [1985], 22–23, passim). „Wenn Medien *Form* sind", folgert hieraus Hartmut Winkler, „dann macht diese Form bestimmte Inhalte möglich und andere unmöglich oder unwahrscheinlich." (Winkler 2008, 140) Man denke bspw. an Szenen mit mehreren Dutzend Figuren: Diese mögen auf der Theaterbühne problemlos zu realisieren sein, auf der auditiven ‚Bühne‘ des Hörspiels sind sie es ob der „Blindheit" (Arnheim 2001 [1936], 86, passim) bzw. „Nurhörbarkeit" (Frank 1981, 147) des Hörfunks nicht. Doch wäre es verfehlt, Medien in diesem Zusammenhang allein auf ihre materielle technische Kanalbeschaffenheit zu reduzieren, gehören zu ihnen doch auch andere Faktoren, u. a. die je spezifischen Codes, Praktiken und Institutionen. Am Beispiel argumentiert: Das Fernsehen wäre als ein audiovisuelles Medium vom technischen Standpunkt aus durchaus dazu in der Lage, eine mehrstündige Romanlesung am Stück zu senden. Trotzdem kommt es nicht dazu, denn nicht zuletzt die eingespielten bzw. eingeübten Fernsehpraktiken, die zu langen Aufmerksamkeitsspannen in scharfem Kontrast stehen (vgl. Postman 1998 [1985], 123–140), verhindern dies.

2 Hauptaspekte des Themas

Die Tatsache, dass „[a]lles Kommunizierte […] eine bestimmte Form annehmen [muss], damit es durch die Kanäle passt" (Winkler 2008, 135), d. h. dass Medien Grenzen haben, wird v. a. dann augenfällig, wenn es gilt, Inhalte von einem Medium ins andere zu transferieren. Übersetzungsarbeit ist die *conditio sine qua non* des Medienwechsels, der, neben den intermedialen Bezügen einerseits und der Medienkombination andererseits, als Kernbereich dessen zu betrachten ist, was gemeinhin unter dem Begriff ‚Intermedialität‘ subsumiert wird. Folglich umfasst dieser „die Gesamtheit aller Mediengrenzen überschreitenden Phänomene [...], also all *der* Phänomene, die, dem Präfix ‚inter' entsprechend, in irgendeiner Weise *zwischen* Medien anzusiedeln sind." (Rajewsky 2002, 12)

Stellt man nun in Rechnung, dass der Begriff ‚Medium' das durch ihn Bezeichnete bereits als ‚Mittleres', ‚Vermittelndes' bzw. ‚Dazwischenstehendes' definiert, so wird offensichtlich, dass intermediale Phänomene mit einer Semantik des gedoppelten ‚Dazwischen' aufwarten. D. h. Intermedialität „can very literally be described as *between the between*" (Herzogenrath 2012, 2; vgl. auch Rippl 2015, 10), wobei es nun gerade ihre Zwischenposition ist, die intermediale Phänomene dazu prädestiniert, auch und v. a. als ausgezeichnete Orte der Reflexion ihrer eigenen medialen Verfasstheit zu fungieren (vgl. Robert 2014, 28, passim). Zur Verdeutlichung ein weiteres Beispiel: Wer über die Beziehung nachdenkt, die John Hustons Film *Moby Dick* (1956) zu Herman Melvilles Roman unterhält, kommt schwerlich umhin, sich darüber hinaus über die Vermittlungsmodalitäten des Mediums Film und damit die grundsätzlichen Schwierigkeiten des Transfers eines literarischen Textes auf die Leinwand zu verständigen.

Bei einem solchen Transfer sprechen wir von einer intermedialen Adaption, bei der im vorliegenden Fall an die Stelle des *telling mode*, der auf die Immersion via Imagination einer sprachlich vermittelten Diegese setzt, der über die Wahrnehmung des Audiovisuellen immersiv werdende *showing mode* tritt (vgl. Hutcheon 2013 [2006], 22–23, passim). Als Adaption ist Hustons *Moby Dick*, wie jede andere Adaption auch, ihrerseits Resultat einer Adaption – gemäß der Definition des vom lateinischen Verb „adaptare" (= anpassen) abgeleiteten Begriffs, unter dem der Prozess ebenso wie dessen Produkt firmiert. Folgt man Linda Hutcheons einschlägigen Ausführungen, so lässt sich eine Adaption über drei Kernmerkmale erfassen: Es handelt sich bei ihr um, erstens, eine „acknowledged transposition of a recognizable other work or works", zweitens, einen „creative *and* [...] interpretive act of appropriation/salvaging" sowie, drittens, ein „extended intertextual engagement with the adapted work" (Hutcheon 2013 [2006], 8). Dass die Adaption keineswegs Mediengrenzen überschreitend sein muss – man denke etwa an literarische *Rewriting*- und Recyclingprozesse (vgl. Bloom 1995 [1973] sowie Sanders 2006) –, versteht sich von selbst.

Bekanntlich erfuhr die Adaption lange Zeit eine gehörige Ablehnung, die immer wieder im Zeichen der Priorisierung des ‚Originals' erfolgte. Gegenüber diesem, so das übliche Argument, sei die Adaptation derivativ, d. h. durch Ableitung entstanden, wenn nicht gar schlichtweg parasitär. Dafür, dass eine derartige, gern in ein Verlustnarrativ gekleidete Position, wiewohl man ihr nach wie vor begegnet, mittlerweile als gänzlich überholt gelten darf, hat u. a. das poststrukturalistische, dekonstruktivistische und postkoloniale Theoriearsenal gesorgt, das dem Glauben an Ursprünglichkeit und Originalität eine konsequente Absage erteilt und entsprechend keinen Zweifel daran lässt, „that to be second is not to be secondary or inferior; likewise, to be first is not to be originary or authoritative." (Hutcheon 2013 [2006], xv; vgl. auch Bohnenkamp 2005, 11) Zudem hat es dem lange Zeit prominentesten Bewertungskriterium bei der Auseinandersetzung mit Adaptionen, jenem der ‚Werktreue', den theoretischen Boden restlos entzogen. In aller Kürze: Da es eine ‚richtige' Lesart von Melvilles Roman nicht geben kann, ist eine sinnvolle Diskussion darüber, ob Hustons Film diesem gerecht werde oder nicht, nicht führbar. Folglich handelt es sich bei dem ‚Werktreueansatz', dem der so genannte *fidelity criticism* verpflichtet ist, von vornherein um „a doomed enterprise" (McFarlane 1996, 9; vgl. auch Aragay 2005, 21–24). Doch gilt ebendies letztlich natürlich auch für all jene Positionen, die – in genau genommen nur vermeintlicher Abgrenzung zum *fidelity criticism* – die ‚Untreue' gegenüber der Vorlage als Qualitätskriterium einer Adaption honorieren (vgl. etwa Sanders 2006, 20, und Hutcheon 2013 [2006], 20–21). In der ‚Untreue' manifestiere sich die Eigenständigkeit des Nachfolgewerks, das speziell durch seine Devianz ein neues Licht auf das Ursprungswerk zu werfen imstande sei. So gesehen, ist die Adaption „a mutually transforming rather than a one-way process" (Elliott 2005, 4; vgl. auch Straumann 2015, 250–251) – eine kaum zu leugnende Tatsache, die allerdings keineswegs immer positiv bewertet wird: Man denke hier bspw. an die oft gehörte Klage, die Rezeption der Filmadaption eines literarischen Werkes ‚überschreibe' die über die Lektüre generierten Vorstellungen und Bilder des Rezipienten bzw. determiniere die anschließende Lektüre derart, dass der Imagination kein nennenswerter Spielraum mehr gegeben ist.

Immer wieder wird der bewahrende Aspekt der Adaption herausgestellt; d. h. es wird behauptet, Letztere trage dazu bei, der jeweiligen Vorlage bzw. deren ‚Story-Kern' ein ‚Überleben' zu sichern, indem sie diese den neuen historischen bzw. kulturellen Umgebungen anpasst. Rekurriert wird in diesem Zusammenhang mitunter auf Charles Darwins Evolutionstheorie („survival of the fittest") bzw. deren Ausweitung auf kulturelle Phänomene, wie sie etwa Richard Dawkins mit seiner Vorstellung von den sogenannten Memen vorgenommen hat (vgl. Hutcheon 2013 [2006], 31–32). Nicht nur aus dieser Perspektive handelt es sich bei der Adaption, die stets medial gebunden operiert, ihrerseits um nichts anderes als ein Medium, das das Vermittelte – etwa die Geschichte von Kapitän Ahabs Kampf gegen den weißen Wal – niemals ‚neutral' kommuniziert, sondern stattdessen im Akt der Vermittlung Veränderungen unterzieht.

3 Kurze Geschichte der Literaturverfilmung, aktueller Erkenntnisstand und Forschungsdesiderate

Selbstredend gibt es intermediale Adaptionen jedweder Couleur. Doch beileibe nicht alle haben die Aufmerksamkeit von Forschung und Kritik in gleicher Weise auf sich gezogen. Diesbezüglich führend ist seit geraumer Zeit der Film, dessen bereits ausgiebig aufgearbeitete Adaptionsgeschichte ausgesprochen früh beginnt. Dies überrascht nicht angesichts des in vielfacher Hinsicht engen Verhältnisses zwischen Film und Literatur, das bereits wenige Jahre nach der ‚Geburt' des Kinos im Jahre 1895 – und zwar sowohl von Seiten der Schriftsteller als auch von Seiten der Filmemacher – intensiv reflektiert wird. Dies bestätigen u. a. zwei Statements aus dem Jahr 1908, von denen das eine vom US-amerikanischen Filmpionier David Wark Griffith, das andere vom russischen Romancier Lew Tolstoi stammt: Während Ersterer betont, die so offenkundige ‚Literarisierung' seiner Filme verdanke sich seiner Lektüreerfahrung mit den bürgerlichen Romanen des 19. Jahrhunderts, allen voran mit jenen Charles Dickens', dessen Technik, parallele Handlungsstränge nebeneinanderlaufen zu lassen, er für den Film übernommen habe (vgl. Paech 1997 [1988], 122), prophezeit Letzterer – und zwar ohne jedes Bedauern –, „daß dieser kleine klickende Apparat mit der Kurbel eine Revolution in unserem Leben bewirken wird – im Leben der Schriftsteller. Das ist ein direkter Angriff auf unsere alten Methoden literarischer Kunst. Wir werden uns an die Leinwand mit ihren Schatten und die kalte Maschine anpassen müssen." (zit. nach Paech 1997 [1988], 122) Die Behauptung Tolstois bestätigt schon bald eine Vielzahl von Schriftstellern, Alfred Döblin etwa oder Franz Kafka, ein „Autor, der beim Kino in die Schule geht" (Alt 2009, 84), was die in medialer Hinsicht zusehends sensibilisierte Kafka-Forschung seit einigen Jahren auch anhand der literarischen Arbeiten des Pragers mit einigem Erfolg nachzuweisen sucht (vgl. Alt 2009 und Robert 2014, 133–140, kritisch hierzu Kaul 2015).

Wie wir seinen autobiografischen Schriften entnehmen können, währte Kafkas Kinoleidenschaft von ca. 1908 bis 1913, d. h. sie fiel exakt in jene Zeit, in der sich das Kino entscheidend wandelte – und zwar vom sogenannten *cinema of attraction*, das zumal auf Schauwerte setzt, die narrative Integration bzw. das kausale Zusammengehen der einzelnen Elemente hingegen zurückstellt, hin zu einem Erzählkino, das komplexe Geschichten zu kommunizieren in der Lage ist (vgl. Gunning 1990 [1986]). Dieser Wandel ist in direktem Zusammenhang mit dem Bemühen zu sehen, auch die zahlungskräftigeren bürgerlichen Bevölkerungsschichten, jene also, die zumal das Theater und die Oper frequentierten, als Zuschauer für das neue Medium zu gewinnen. Ebendies wiederum konnte nur erreicht werden, wenn es gelang, das Kino als ‚siebte Kunst' zu etablieren und damit vom Makel der Trivialität bzw. des Schundhaften zu befreien. Die Orientierung an der Literatur bzw. die ‚Literarisierung' des Films war hierfür das probate Mittel. „Der Film mußte ein allgemeinverständliches Medium fiktionalen Erzählens werden und sich damit als Film und als Kino der Rolle von Literatur und Theater annähern. Der Film fand sich in diese Rolle, indem er primär die Struktur literarischen Erzählens [...] adaptierte." (Paech 1997 [1988], 86) Nicht zuletzt Griffiths Filme belegen dies unmissverständlich.

Die ‚Literarisierung' des Films, die für diesen den erhofften enormen Seriositätsschub mit sich brachte, wurde auf vielen Ebenen konsequent vorangetrieben: Man stellte als Drehbuchschreiber renommierte Schriftsteller ein, für die die Arbeit fürs Kino durchaus attraktiv, da einträglich war, rekrutierte bekannte Theaterschauspieler für die Leinwand und investierte in Kinobauten – man denke an das 1912/1913 fertiggestellte Marmorhaus in Berlin –, deren unmissverständlich an Theatern und Opernhäusern orientierte Opulenz es vergessen machte, dass das Wanderkino noch wenige Jahre zuvor, d. h. bis etwa 1908, die dominante Auswertungsform des neuen Mediums war. Vor allen Dingen aber entwickelte das Kino einen kaum zu stillenden literarischen ‚Stoffhunger', wobei man konsequent auf Literaturadaptionen setzte, wie bspw. im Fall der Doppelgänger-Studie *Der Andere* (Regie: Max Mack, 1913), die auf dem gleichnamigen Theaterstück Paul Lindaus basierte, welcher auch für das Drehbuch verantwortlich zeichnete. Die Verfilmung, in dem der Theaterstar Albert Bassermann die Hauptrolle spielte, darf neben der etwa zeitgleich uraufgeführten Produktion *Der Student von Prag* (Regie: Stellan Rye, 1913), in der Paul Wegener brillierte, als Beginn des künstlerisch ambitionierten Films in Deutschland gelten.

Kann aus heutiger Sicht die eminente Bedeutung der Literaturverfilmung sowohl für den Film als auch für die Literatur schwerlich in Zweifel gezogen werden, so galt sie lange Zeit (und gilt sie bisweilen noch heute) als eine hochgradig suspekte Form, der mit großen Vorbehalten zu begegnen sei. Diese wurden ihr von grundsätzlich zwei Seiten aus entgegengebracht: Während Wortführer der Literatur der Adaption unterstellten, diese würde, erstens, das ‚Original' verfälschen bzw. simplifizieren, d. h. dem Kriterium ‚Werktreue' nicht genügen, und, zweitens, den Zuschauer, den das symbolische, d. h. ‚übersetzungsbedürftige' Zeichensystem des Sprachkunstwerks notwendig aktiviere, aufgrund ihres ikonischen Zeichenarsenals passivisieren, behaupteten Wortführer des Films, die literarische ‚Fundierung' der Verfilmung führe notwendig die Verfehlung des ‚Wesens' des Kinematografischen bzw. der spezifischen Sprache des Films im Gepäck. Kurz: Literaturverfilmungen seien *ab ovo* ‚unfilmisch'. Argumentativ munitionierte man sich hierbei zumal über die sogenannte *politique des auteurs*, die seit Mitte der 1950er Jahre von den jungen Filmkritikern und späteren Regieprotagonisten der *Nouvelle Vague* wie etwa François Truffaut, Jean-Luc Godard und Eric Rohmer vertreten wurde und ausgesprochen rasch auch international für Furore sorgen sollte. Als ihr Gründungsdokument kann *Une certaine tendance du cinéma français* gelten, ein 1954 erschienener Artikel Truffauts, in dem dieser argumentativ gegen eine ‚gewisse Tendenz' im französischen Gegenwartskino zu Felde zieht, die er provokant als „Tradition der Qualität" (Truffaut 1999 [1954], passim) bezeichnet und mustergültig in Prestigeproduktionen wie *La symphonie pastorale* (Jean Delannoy, 1946) oder *Le rouge et le noir* (Claude Autant-Lara, 1954) repräsentiert sieht. Diese würden versuchen, vom Renommee der adaptierten literarischen Vorlagen zu profitieren, seien ganz und gar drehbuchdominiert und würden eine filmspezifische Ästhetik bzw. *écriture filmique*, wie sie Alexandre Astruc bereits 1948 propagierte (vgl. Astruc 1992 [1948]), ebenso wenig erkennen lassen wie eine persönliche Handschrift ihrer damals hoch angesehenen Regisseure. Ebendies wog in den Augen Truffauts und der anderen ‚Auteuristen' insofern schwer, als ein distinkter und wiedererkennbarer (Regie-)Stil und eine in ihm zum Ausdruck gebrachte individuelle Weltsicht ihnen als *conditio sine qua non* filmischer Exzellenz und Signum von Autorschaft galt. Letztere wiederum adelte den Regisseur zum Genius hinter den Bildern bzw. zum Künstler, auf den nun ebenjene Topoi des schöpferischen Subjekts übertragen wurden, die in den alten Künsten seit Jahrhunderten gebräuchlich waren – auch und v. a. in der Literatur. D. h. die Hochschätzung filmischer Autorschaft, die noch heute einen zentralen Grundpfeiler des Filmbetriebs, der Filmwissenschaft und der Cinéphilie markiert, stellt eine unverkennbare Annäherung an Konventionen der Schriftkultur bzw. textbasierten Literatur dar, wobei sie gewöhnlich – und geradezu notgedrungen – mit einer Ablehnung der Literaturadaption einhergeht (vgl. Aragay 2005, 15). Als ein dies bestätigendes Beispiel mag John Fords Steinbeck-Verfilmung *The Grapes of Wrath* (1940) gelten, die seit jeher nicht den gleichen Zuspruch wie andere Werke des Filmemachers erhält, weil man meint, als Adaption eines literarischen ‚Klassikers' sei der Film als Ausdruck der ingeniösen Fordschen Autorschaft gleichsam weniger ‚rein' (vgl. Banita 2016, 88).

Nicht zufällig setzt die theoretisch-wissenschaftliche Auseinandersetzung mit der Filmadaption in den 1950er Jahren ein, etwa zu der Zeit also, in der die *politique des auteurs* Kontur gewinnt. Insbesondere zwei der Pioniertexte sollten sich in diesem Zusammenhang als in vielerlei Hinsicht wegweisend herausstellen: zum einen André Bazins 1952 erschienenes Plädoyer für die Literaturverfilmung, in dem der Autor das von ihm als solches bezeichnete „unreine Kino" (Bazin 2004 [1952]) gegen dessen Kritiker verteidigt, zum anderen George Bluestones Monografie *Novels into Film* (1957). Deren Titel verweist bereits implizit auf die Tatsache, dass es – mögen Shakespeares Dramen auch seit jeher die bei weitem meist-adaptierten Texte überhaupt sein – zumal Texte aus dem Bereich der Epik und zumal Romane sind, die verfilmt werden (vgl. Bohnenkamp 2005, 29). Hierfür einen Grund zu geben, versucht u. a. Thomas Mann, in dessen späten, 1955 publizierten Essay *Film und Roman* der Autor behauptet, er „glaube nicht daran, daß ein guter Roman durch die Verfilmung notwendig in Grund und Boden verdorben werden muß. Dazu ist das Wesen des Films demjenigen der Erzählung zu verwandt. Er steht der Erzählung viel näher als dem Drama. Er ist geschaute Erzählung – ein Genre, das man sich nicht nur gefallen lassen, sondern in dessen Zukunft man schöne Hoffnungen setzen kann." (zit. n. Bohnenkamp 2005, 28) U. a. seiner Schriftstellerkollegin Virginia Woolf tritt Mann mit seinen Worten entgegen, hatte diese doch in ihrem viel zitierten Essay *The Movies and Reality* (1926) reichlich polemisch gegen die Literaturverfilmung Partei ergriffen und den adaptierenden Film in diesem Zusammenhang als „parasite", den adaptierten Text hingegen als „prey" und „victim" tituliert (Woolf 1926, 309). Nicht zufällig ist es vor allen Dingen das – in der Tat nicht ernsthaft hinweg zu diskutierende – Defizit des zumal der „äußeren Wirklichkeit" (Kracauer 1985 [1960]) zugewandten Films bei der Darstellung der Figurenpsychologie, an dem die für ihre komplexen Auslotungen des menschlichen Bewusstseins so sehr geschätzte Autorin Anstoß nimmt. Berief man sich in der Diskussion um verfilmte Literatur über Jahrzehnte hinweg immer wieder auf Woolfs so entschieden für die ‚Werktreue' eintretende Ausführungen, so sind sie für den Adaptionsdiskurs mittlerweile weitgehend nur mehr von historischem Interesse.

Nach wie vor beschäftigt sich der Adaptionsdiskurs, wenn es um den Medienwechsel von Literatur und Film geht, nahezu ausschließlich mit der Verfilmung – und vergisst darüber, dass der umgekehrte Weg, d. h. der Transfer vom Film zum Buch, genauer: Roman, längst derart geläufig ist, dass Hutcheons Rede von der „,novelization' industry" (Hutcheon 2013 [2006], 38) durchaus ihre Berechtigung hat. U. a. die unzähligen ‚novelizations' von George Lucas' *Star Wars*-Saga bestätigen dies eindrucksvoll. Doch so einträglich das Geschäft mit dem ‚Buch zum Film' mitunter sein mag: Reputationsgewinne sind auf diesem Adaptionsweg zumindest bislang noch nicht zu erwarten (vgl. Hutcheon 2013 [2006], 88).

4 Kurze Geschichte des Literaturcomics, aktueller Erkenntnisstand und Forschungsdesiderate

Konnte man vor nicht allzu langer Zeit noch behaupten, eine substanzielle wissenschaftliche Auseinandersetzung mit Comics (und Graphic Novels) sei nicht wirklich existent, so ginge eine derartige Behauptung aus heutiger Sicht eindeutig an der Realität vorbei. Denn die Comicforschung boomt, wofür zahlreiche

Gründe verantwortlich zeichnen: die allgemeine Aufwertung populärkultureller Artefakte und das gesteigerte Interesse an Visualität und Text-Bild-Beziehungen im Zuge des *pictorial* bzw. *intermedial turn* ebenso wie der Vorstoß des Comics in die Sphäre der sogenannten *high culture* (vgl. Schmitz-Emans 2012, 20–21). Dieser Vorstoß wurde durch Werke wie Art Spiegelmans *Maus* (1991) und Chris Wares *Jimmy Corrigan* (2000) vollzogen, deren ambitionierte thematische, bildästhetische und narrative Anlage den Status des Comics als ‚neunte Kunst' (vgl. Lacassin 1971) nachdrücklich unter Beweis stellte und nicht zuletzt durch den Erhalt literarischer Preise gewürdigt wurde. Was der Schriftsteller H. C. Artmann bereits 1964 konstatierte – dass es „an der zeit [sic] [sei], sich bei uns zu bequemen, Comic Writing als das anzuerkennen, was es schon längst geworden ist, nämlich Literatur" (zit. nach Schmitz-Emans 2012, 5) –, hat der Literaturbetrieb mittlerweile zur Kenntnis genommen, wovon auch und v. a. die Tatsache zeugt, dass Comics heutzutage wie selbstverständlich auch in ‚normalen' Buchhandlungen verkauft werden und fester Bestandteil der Literaturkritik sind. Der mit der bereits 1978 von dem Comiczeichner Will Eisner in Umlauf gebrachten und seit den 1990er Jahren weithin durchgesetzten Begriffsbildung ‚Graphic Novel' verbundene Wunsch, die lange Zeit als ästhetisch inferior geltenden Comics mögen als Literatur angesehen und dadurch nobilitiert werden (vgl. Kukkonen 2013, 84–85), ging zweifellos in Erfüllung.

Hat sich der Film bereits sehr früh im großen Stil aufs Adaptieren literarischer Texte verlegt, um Seriositätsgewinne einzufahren, gilt dies für den Comic nicht im vergleichbaren Maße. Der Literaturcomic, der sich „auf einen literarischen Text (oder mehrere) in einer Weise bezieht, die der Beziehung zwischen Hypertext und Hypotext im Sinne Gérard Genettes analog ist" (Schmitz-Emans 2012, 11–12), ist eine Erscheinung, die sich in nennenswertem Maße erst durchsetzte, nachdem Comics in den 1930er Jahren der für ihre Weiterentwicklung so entscheidende Sprung aus den Tageszeitungen hinaus gelungen war, sie also auch in Heftformat erschienen. Zu nennen ist in diesem Zusammenhang zuvorderst die ebenso auflagenstarke wie langlebige Reihe *Classics Illustrated*, die, 1941 von Albert Kanter begründet und einsetzend mit einer Version von Alexandre Dumas' *Les trois mousquetaires*, Comicadaptionen klassischer Werke der Weltliteratur bereitstellt und sich zumal an junge Leser richtet, und zwar mit dem didaktischen Impetus, ihnen die ‚hohe' Literatur nahezubringen (vgl. Jones, 2002 und Kukkonen 2013, 83–84). Dieser wurde seit 1950 durch die folgende, am Ende der Hefte platzierte Wendung an den Rezipienten explizit gemacht: „Now that you have read the *Classics Illustrated* edition, don't miss the added enjoyment of reading the original, obtainable at your school or public library." (zit. nach Baetens und Frey 2015, 39) Es versteht sich von selbst, dass diese Worte nicht zuletzt auch im Kontext der damals heftig geführten Debatte um die angeblich jugendgefährdende Wirkung von Comics zu lesen sind, denen man u. a. vorwarf, für die ‚Analphabetisierung' und Verdummung der Jugend sowie den Anstieg juveniler Delinquenz mitverantwortlich zu sein. Namhaftester Vertreter derartiger Behauptungen war der Psychologe Fredric Wertham mit seinem 1954 erstmals erschienenen, auch in Deutschland breit rezipierten Buch *The Seduction of the Innocent* (vgl. Kukkonen 2013, 110–113).

In der *Classics Illustrated*-Reihe, die erst 1971 eingestellt wurde, deren Hefte aber nach wie vor lieferbar sind, versteht sich der Comic dezidiert als ‚sekundär', als ein von der Literatur abgeleitetes, ihr dienendes und erneut auf sie hinführendes Medium. Monika Schmitz-Emans' These, dass sich der Comic „[d]urch seine Kontaktaufnahme mit der Literatur […] als Kunstform [profiliert]" (Schmitz-Emans 2012, 12), greift in diesem Fall demnach noch nicht, erweist sich aber hinsichtlich der Comicentwicklung der letzten beiden Jahrzehnte als durchaus zutreffend. Denn Literaturcomics erleben seit geraumer Zeit einen enormen Aufschwung, wobei sie in verstärktem Maße als eigenständige Kunstwerke neben der Vorlage Beachtung finden. Als ein Initialwerk dieser Tendenz wird gern Paul Karasiks und David Mazzucchellis *City of Glass* (1995), die Adaption des gleichnamigen, 1985 erschienenen Kurzromans von Paul Auster, genannt, welche als erster Band der ambitionierten, von Spiegelman und Bob Callahan herausgegebenen Reihe *Neon Lit* verlegt wurde. Daran, dass man diese nicht zuletzt als einen Gegenentwurf zu Kanters *Classics Illustrated*-Reihe und dem mit ihr verbundenen ganz und gar defensiven Adaptionsverständnis begriff, lässt das von Spiegelman verfasste Vorwort von *City of Glass* keinen Zweifel: Die Reihe sei mit dem Ziel ins Leben gerufen worden, „keine stumpfsinnigen ‚Illustrierten Klassiker'" zu publizieren, „sondern visuelle ‚Übersetzungen' – tatsächlich lesenswert für ein erwachsenes Publikum." (Spiegelman 2004 [1995], 4) Im Einklang hierzu befindet sich der vielfach ausgezeichnete Comiczeichner Flix, der u. a. mit Adaptionen von Johann Wolfgang von Goethes *Faust* und Miguel de Cervantes' *Don Quijote* für Furore sorgte und diese dezidiert als „Neuinszenierungen" verstanden wissen will (vgl. Stuhlfauth-Trabert und Trabert 2015, 11). Dass sich ihr Reiz auch und v. a. aus dem intermedialen Spannungsverhältnis zur jeweiligen Vorlage ergibt, deren zumindest rudimentäre Kenntnis, anders als im Falle der *Classics-Illustrated*-Reihe, beim Leser vorausgesetzt wird, liegt auf der Hand.

Überhaupt ist es ein Trend, dass es – anders als im Filmbereich, wo Adaptionen zeitgenössischer Texte quantitativ eindeutig überwiegen – zumal die ‚Klassiker' der Weltliteratur sind, die als Comic bzw. Graphic Novel adaptiert werden. Hierbei mag man es als Ausweis des beachtlichen künstlerischen Selbstbewusstseins der Comiczeichner und -autoren begreifen, dass ihnen immer wieder auch solche Texte als Vorlage dienen, deren Adaption als Bildgeschichte *prima facie* mit größten Transferschwierigkeiten behaftet, wenn nicht gar gänzlich unmöglich erscheint (vgl. hierzu Stuhlfauth-Trabert und Trabert 2015, 10). Erinnert sei in diesem Zusammenhang bspw. an Laurence Sternes *Tristram Shandy*, Marcel Prousts *À la recherche du temps perdu*, Robert Musils *Der Mann ohne Eigenschaften* oder T. S. Eliots *The Waste Land*, die mittlerweile allesamt als Graphic Novel vorliegen. Man könnte aber auch ganz anders, und zwar analog zu Truffaut und den anderen ‚Auteuristen' im Bereich Film, argumentieren und Literaturcomics grundsätzlich skeptisch gegenüberstehen – und zwar nicht etwa, weil sie den literarischen Vorlagen nicht gerecht werden, sondern weil mit ihnen stets die Gefahr verbunden ist, dass sie ihre eigene, wie auch immer geartete mediale Spezifität als Comics aus dem Blick verlieren. Auch eine solche Position wäre Ausdruck des Selbstbewusstseins als ‚neunte Kunst'.

5 Kurze Geschichte einer medialen Gegnerschaft: Fernsehen und Literatur; aktueller Erkenntnisstand und Forschungsdesiderate

„Das Fernsehen [...] hat mit Literatur nichts, aber auch gar nichts zu tun. Es ist ein Massenmedium, das zur Verdummung des Menschen führt und zu einer Kritiklosigkeit, die ihresgleichen in der abendländischen Gesellschaft sucht." (zit. nach Mühlfeld 2006, 200) Die Tatsache, dass es sich bei demjenigen, der diese Worte im Jahr 1993 äußerte, um den Literaturkritiker Marcel Reich-Ranicki handelt, mag auf den ersten Blick überraschen. Schließlich leitete dieser zum Zeitpunkt seiner Äußerung mit *Das literarische Quartett* die bei weitem bedeutendste TV-Literatursendung des deutschen Fernsehens. Auf den zweiten Blick darf die Äußerung aber natürlich als ganz und gar konventionell bzw. erwartungskonform bezeichnet werden, definiert sich das literarische Feld – und als Vertreter (und Anwalt) desselben wollte der Kritiker mit seiner Diskreditierung des Fernsehens verstanden werden – doch seit jeher, v. a. aber seit der in der Bundesrepublik Mitte der 1980er Jahre erfolgten Zulassung privater Sender bzw. Einführung des sogenannten Neofernsehens, über eine offensiv betriebene Abgrenzung vom Televisuellen, dem wahlweise die Manipulation, Entpolitisierung, Passivisierung oder schlicht Verblödung des Rezipienten vorgeworfen wird. Zur selben Zeit wie Reich-Ranicki tat dies bspw. auch – und noch dazu ausgesprochen prominent – der Schriftsteller Botho Strauß, in dessen damals aufsehenerregendem Essay *Anschwellender Bocksgesang* (1993) das Fernsehen kurzerhand als „Kloake" (Strauß 1993, 207) diffamiert wurde, die die ungebildeten Massen von einer elitären (und belesenen) Minderheit trennt. Fünf Jahre zuvor hatte Hans Magnus Enzensberger das Fernsehen bereits zum inhaltslosen „Nullmedium" erklärt, das man bloß anschalte, „um abzuschalten" (Enzensberger 1988, 244).

Literatursoziologisch sind derlei Einlassungen natürlich insofern interessant, als sie sich als geradezu mustergültige Abwehrreflexe des literarischen Feldes deuten lassen, dessen Macht- und Bedeutungsverlust im letzten Jahrzehnt des 20. Jahrhundert eklatante Formen angenommen hatte, angesichts derer der Literaturkritiker Hubert Winkels den Literaturschaffenden empfahl, sich mit der Einbuße ihrer symbolischen Hoheitsfunktion und ihrer medialen Nachrangigkeit endlich zu arrangieren und aus peripherer Position heraus „so etwas wie die Rolle eines unbeobachteten Beobachters [zu] entwickeln." (Winkels 1997, 25) Von medienwissenschaftlicher bzw. -theoretischer Warte aus ist dagegen historisch entschieden weiter auszugreifen, um die, so Winkels, „grundsätzliche Fremdheit und [die] daraus resultierende gestörte, verkrampfte, letztlich unglückliche Beziehung" (Winkels 1997, 40) zwischen Literatur und Fernsehen zu verstehen. Auch wird man die Dichotomie zunächst etwas verlagern und statt des Gegenübers von Literatur und Fernsehen jenes von Typografie bzw. Buchdruck und Fernsehen in den Blick nehmen müssen.

Konkurrenzlos wirkmächtig hat sich Marshall McLuhan hierzu geäußert, insbesondere in seinen beiden Anfang der 1960er Jahre publizierten Hauptwerken *The Gutenberg-Galaxy* (1962) und *Understanding Media* (1964). McLuhan zufolge sind die linear operierende Ratio sowie reflektierende Distanznahme, denen sich die moderne Wissenschaft mit all ihren Konsequenzen verdankt, als Effekte allein der Typografie zu begreifen. Durch deren symbolisches Gitterwerk muss die Welt gleichsam hindurch, um zu uns zu gelangen, wohingegen sie uns das neue Leitmedium Fernsehen unmittelbar auf den Leib rückt, indem es uns – via Live-Schaltung – in eine zeitliche Gegenwart zum gesendeten Geschehen setzt. Dass er das Ende der Gutenberg-Galaxis bzw. den Niedergang des u. a. als „Baumeister des Nationalismus" (McLuhan 1995 [1964], 261) apostrophierten gedruckten Wortes guthieß, das zur damaligen Zeit vielfach kritisierte, vom Architekten Frank Lloyd Wright als bloßes „chewing gum for the eyes" (zit. nach Stephens 1998, 26) abgekanzelte Fernsehen dagegen als ein zutiefst auf Partizipation ausgerichtetes Medium des Miteinanders und ‚Hauptbaumeister des *global village*' begrüßte, unterscheidet McLuhan vom Gros der Kultur- und Medienkritiker, und zwar auch jenen, die in seinem Fahrwasser argumentierten wie bspw. der Medienökologe Neil Postman. Durch und durch ikonophob, legte dieser mit *Amusing Ourselves to Death* (1985) eine – auch in der Bundesrepublik zum Bestseller avancierte – Fernseh-Philippika vor, in der er die Mediengeschichte der vergangenen 500 Jahre als gigantische Verlusterzählung fasst. Fluchtpunkt derselben ist das Absinken in die grenzenlose Trivialität, das dem Niedergang des Buchdruck- bzw. Aufstieg des Fernseh-Zeitalters geschuldet ist. Während nämlich das gedruckte

Wort als das zentrale Medium des Urteilsvermögens fungierte und als solches, so Postman, „eine Definition von Intelligenz hervor[brachte], die dem objektiven, rationalen Gebrauch des Verstandes Vorrang gab und gleichzeitig Formen eines öffentlichen Diskurses mit ernsthaftem, logisch geordnetem Inhalt förderte" (Postman 1998 [1985], 69), profiliert sich das von Postman (wie von McLuhan) als bildbestimmt begriffene Fernsehen als unversöhnlicher Gegner der Typografie, indem es der Enthistorisierung, Simplifizierung sowie Fragmentarisierung bzw. Atomisierung der Wirklichkeit Vorschub leistet, Letztere aber v. a. unter das Joch der Unterhaltung zwingt. Denn „[d]as Entertainment ist die Superideologie des gesamten Fernsehdiskurses" (Postman 1998 [1995], 110), dessen Logik ob der kaum zu überschätzenden Bedeutung, die ihm zuerkannt wird, auf alle Bereiche des gesellschaftlichen Lebens (Politik, Religion, Bildung etc.) ausgreift.

Gibt sich Postman hinsichtlich des Fernsehens keinerlei Verbesserungsillusionen hin, hält er also den Glauben an ein potenziell ‚gutes' bzw. ‚seriöses' Fernsehen aufgrund der, wenn man so will, Kanalbeschaffenheit desselben für gänzlich verfehlt, so liegt der Fall bei Pierre Bourdieu und dessen feldsoziologisch argumentierender Institutionenkritik am Fernsehen anders. Ihr zufolge hätte das Medium nämlich durchaus „ein hervorragendes Instrument direkter Demokratie [...] werden können" (Bourdieu 1998 [1996], 13), doch stattdessen sei es, zumal aufgrund des auf ihm lastenden ökonomischen Drucks bzw. der es beherrschenden „Einschaltquotenmentalität" (Bourdieu 1998 [1996], 37), zu einer ernsten Gefahr für die Gesellschaft avanciert, da die für das Fernsehen geltende Markt-Gesetzlichkeit zunehmend auch für die anderen Felder der kulturellen Produktion Gültigkeit beanspruche und deren Autonomie somit nachhaltig bedroht werde. In diesem Zusammenhang kommt Bourdieu u. a. auch auf die mit dem Fernsehen kollaborierenden Medienintellektuellen zu sprechen, die, angepasst an die Notwendigkeiten des unterm Unterhaltungsdiktat stehenden, die Artikulation von komplexeren Gedanken nicht eben begünstigenden TV-Diskurses, als telegene *fast-thinkers* und „Spezialisten des Wegwerfdenkens" (Bourdieu 1998 [1996], 49) allein den Austausch von Gemeinplätzen pflegen. Dass über sie – als Trojanische Pferde – Heteronomie in das durch sie vertretene Feld, sei es das der Literatur oder der Wissenschaft, Einzug hält, mahnt Bourdieu an, der seine fernsehkritischen Einlassungen – nach dem Motto ‚im Fernsehen gegen das Fernsehen' – in zwei vom französischen Privatsender *Paris Première* ausgestrahlten Vorträgen präsentierte (vgl. Bourdieu 1998 [1996], 11–12 sowie Ziemann 2006, 54–55).

In welch hohem Maße nicht zuletzt Literatursendungen, also solche, die Hinweise auf bzw. die Rede über Literatur und Schriftsteller bieten, Postmans und Bourdieus Befunde zu bestätigen vermögen, belegt besonders eindrücklich das *Literarische Quartett*, in dem vier Kritiker (neben Reich-Ranicki Hellmuth Karasek, Sigrid Löffler und ein wechselnder Gast) belletristische Neuerscheinung diskutierten. Von 1988 bis 2001 im ZDF ausgestrahlt, wurde das *Literarische Quartett* von durchschnittlich 600.000 bis 900.000 Zuschauern verfolgt (vgl. Mühlfeld 2006, 184) – ein außerordentlicher Erfolg, der sich letzten Endes zuvorderst dem über die Jahre zunehmend konsequenter betriebenen Dispens von den traditionell der Literatur und ihrer Rezeption zugeschriebenen (in der Sendung aber fortwährend glorifizierten) Merkmalen verdankt haben dürfte, der Tatsache also, dass Literatur hier ausgesprochen fernsehgerecht vermittelt bzw. über diese ausgesprochen fernsehgerecht gestritten wurde. Entsprechend avancierten die Teilnehmer zu Kombattanten, die, ganz im Sinne der Bourdieuschen *fast-thinkers*, ihre Ad-Hoc-Eloquenz und Performance-Qualitäten unter Beweis stellten, um sich gegenüber den anderen zu behaupten. „Griffige Formeln, eingespielte Metaphern und Rede-Wendungen, klischierte Urteilssätze, ein standardisiertes Set literarischer Zitate und biographische Aperçus bilde[te]n zusammen mit Geistesgegenwart und Schlagfertigkeit als spezifischen situativen Kompetenzen ein ganz anderes Schema des Umgangs mit literarischen Texten aus, als es die schriftliche Tradition der Kritik oder des Essays bereitstellt." (Winkels 1997, 48; vgl. auch Schwering 2013, 326) Der notwendigerweise simplifizierende Dialog wurde – als ganz auf Unterhaltung abgestellte Unterhaltung – zentral (und zudem vorwiegend agonal) mit den Mitkritikern geführt, nicht aber, wie in der schriftlichen Kritik, mit dem jeweils besprochenen Buch, das mitunter zur bloßen Nebensache geriet. Dass man der Sendung vorwarf, die besprochenen Sachverhalte zu simplifizieren, zu reduzieren und in unlauterer Weise zu entertainisieren, man ihr demnach unterstellte, was üblicherweise dem Fernsehen generell angekreidet wird, überrascht ebenso wenig wie der Konter der Verteidiger. Sie erklärten die auf Unterhaltung abzielenden Strategien zum in Kauf zu nehmenden Übel der Literaturbehandlung im Fernsehen, die schon allein deswegen grundsätzlich gutzuheißen sei, weil sie für die Popularisierung anspruchsvoller Lektüre sorge und, noch entscheidender, für die zumal vom Fernsehen bedrohte Kulturpraxis Lesen werbe.

In diesem Zusammenhang ist auch die vom ZDF als eine Art von Ersatz des *Literarischen Quartetts* lancierte Sendung *Lesen!* (2003–2008) zu betrachten, die von der auch (und v. a.) außerhalb des literarischen Feldes außerordentlich beliebten Elke Heidenreich moderiert wurde, noch entschieden telegener und populistischer ausgerichtet war als ihre Vorgängerin und deren Zuschauerquote sogar noch übertraf. Ob die durch den Imperativ-Titel der Sendung bereits unmissverständlich angezeigte Mission, Menschen zum Lesen zu bringen, erfolgreich war, sei dahingestellt; Tatsache ist, dass sich die Wirkung von *Lesen!* – und Selbiges galt schon fürs *Literarischen Quartett* – nicht zuletzt in den Absatzzahlen der Bücher bzw. Bestsellerlisten deutlich niederschlug. Folglich forderten die Chefs von mehr als einem Dutzend Verlagen das ZDF in einem offenen Brief auf, die 2008 erfolgte Entscheidung zur Absetzung der Sendung zu revidieren. Der Sender sah sich hierzu genötigt, nachdem Heidenreich die als Eklat wahrgenommene Ablehnung des Deutschen Fernsehpreises durch Reich-Ranicki zum Anlass genommen hatte, in der *Frankfurter Allgemeinen Zeitung* eine Generalabrechnung mit dem von ihr als kulturlos gescholtenen Fernsehen zu lancieren (Heidenreich 2008) – und damit wie kurz zuvor Reich-Ranicki das Verhältnis von Literatur und Fernsehen einmal mehr als ein ausgesprochen gespanntes auszuweisen. Seit Oktober 2015 ist das *Literarische Quartett* in neuer Besetzung wieder auf Sendung.

Weiterführende Literatur

Hutcheon, Linda (2013 [2006]). *A Theory of Adaptation*. London und New York, NY.
Kukkonen, Karin (2013). *Studying Comics and Graphic Novels*. Malden.
Paech, Joachim (1997 [1988]). *Film und Literatur*. Stuttgart und Weimar.
Rajewsky, Irina O. (2002). *Intermedialität*. Tübingen und Basel.
Winkler, Hartmut (2008). *Basiswissen Medien*. Frankfurt a. M.

Zitierte Literatur

Alt, Peter-André (2009). *Kafka und der Film: Über kinematographisches Erzählen*. München.
Aragay, Mireia (2005). „Reflection to Refraction: Adaptation Studies Then and Now". *Books in Motion: Adaptation, Intertextuality, Authorship*. Hrsg. von Mireia Aragay. Amsterdam und New York, NY: 11–34.
Arnheim, Rudolf (2001 [1936]). „Rundfunk als Hörkunst". Arnheim, Rudolf. *Rundfunk als Hörkunst und weitere Aufsätze zum Hörfunk*. Frankfurt a. M.: 7–178.
Astruc, Alexandre (1992 [1948]). „Die Geburt einer neuen Avantgarde: Die Kamera als Federhalter". *Schreiben Bilder Sprechen. Texte zum essayistischen Film*. Hrsg. von Christa Blümlinger und Constantin Wulff. Wien: 199–204.
Baetens, Jan und Hugo Frey (2015). *The Graphic Novel. An Introduction*. New York, NY.
Banita, Georgiana (2016). „Fords Flüchtlingsepos: Zur Aktualität der Verfilmung von Steinbecks *Grapes of Wrath*". *Weltliteratur des Kinos*. Hrsg. von Jörn Glasenapp. Paderborn: 81–113.
Bazin, André (2004 [1952]). „Für ein unreines Kino. Plädoyer für die Literaturverfilmung". André Bazin. *Was ist Film?* Berlin: 110–138.
Bloom, Harold (1995 [1973]). *Einflußangst: Eine Theorie der Dichtung*. Basel.
Bohnenkamp, Anne (2005). „Vorwort: Literaturverfilmungen als intermediale Herausforderung". *Interpretationen: Literaturverfilmungen*. Hrsg. von Anne Bohnenkamp. Stuttgart: 9–38.
Bourdieu, Pierre (1998 [1996]). *Über das Fernsehen*. Frankfurt a. M.
Elliott, Kamilla (2005). „Adaptation". *Routledge Encyclopedia of Narrative Theory*. Hrsg. von David Herman, Manfred Jahn und Marie-Laure Ryan. London und New York, NY: 3–4.

Enzensberger, Hans Magnus (1988). „Die vollkommene Leere: Das Nullmedium Oder Warum alle Klagen über das Fernsehen gegenstandslos sind". *Der Spiegel* 20 (1988): 234–244.
Flusser, Vilém (2000 [1985]). *Ins Universum der technischen Bilder*. Göttingen.
Frank, Armin Paul (1981). *Das englische und amerikanische Hörspiel*. München.
Gunning, Tom (1990 [1986]). „Cinema of Attractions: Early Film, Its Spectator and the Avant-Garde". *Early Cinema: Space, Frame, Narrative*. Hrsg. von Thomas Elsaesser. London: 56–62.
Heidenreich, Elke (2008). „Reich-Ranickis gerechter Zorn". *FAZ* vom 12. Oktober 2008. http://www.faz.net/aktuell/feuilleton/medien/elke-heidenreich-reich-ranickis-gerechter-zorn-1715340.html (1. September 2015).
Herzogenrath, Bernd (2012). „Travels in Intermedia(lity): An Introduction". *ReBlurring the Boundaries*. Hrsg. von Bernd Herzogenrath. Hanover: 1–14.
Hutcheon, Linda (2013 [2006]). *A Theory of Adaptation*. London und New York, NY.
Jahraus, Oliver (2003). *Literatur als Medium. Sinnkonstitution und Subjekterfahrung zwischen Bewußtsein und Kommunikation*. Weilerswist.
Jones, William B. Jr. (2002). *Classics Illustrated: A Cultural History, with Illustrations*. Jefferson.
Kaul, Susanne (2015). „Kinematographisches Erzählen bei Kafka und Dickens?" *Medienkollisionen und Medienprothesen: Literatur – Comic – Film – Kunst – Fotografie – Musik – Theater – Internet*. Hrsg. von Gudrun Heidemann und Susanne Kaul. Frankfurt a. M.: 55–67.
Kracauer, Siegfried (1985 [1960]). *Theorie des Films: Die Errettung der äußeren Wirklichkeit*. Frankfurt a. M.
Kukkonen, Karin (2013). *Studying Comics and Graphic Novels*. Malden.
Lacassin, Francis (1971). *Pour un neuvième art: La bande dessinée*. Paris.
McFarlane, Brian (1996). *Novel to Film: An Introduction to the Theory of Adaptation*. Oxford.
McLuhan, Marshall (1995 [1964]). *Die magischen Kanäle: Understanding Media*. Dresden und Basel.
Mühlfeld, Emily (2006). *Literaturkritik im Fernsehen*. Wien und Münster.
Paech, Joachim (1997 [1988]). *Film und Literatur*. Stuttgart und Weimar.
Postman, Neil (1998 [1985]). *Wir amüsieren uns zu Tode: Urteilsbildung im Zeitalter der Unterhaltungsindustrie*. Frankfurt a. M.
Rajewsky, Irina O. (2002). *Intermedialität*. Tübingen und Basel.
Rippl, Gabriele (2015). „Introduction". *Handbook of Intermediality: Literature – Image – Sound – Music*. Hrsg. von Gabriele Rippl. Berlin und Boston, MA: 1–31.
Robert, Jörg (2014). *Einführung in die Intermedialität*. Darmstadt.
Sanders, Julie (2006). *Adaptation and Appropriation*. London und New York, NY.
Schmitz-Emans, Monika (2012). *Literatur-Comics. Adaptationen und Transformationen der Weltliteratur*. Berlin und Boston, MA.
Schwering, Gregor (2013). „Literatur im Fernsehen/Fernsehliteratur". *Handbuch Medien und Literatur*. Hrsg. von Natalie Binczek, Till Dembeck und Jörgen Schäfer. Berlin und Boston, MA: 323–332.
Spiegelman, Art (2004 [1995]). „Stadt aus Bildern statt aus Worten: *Stadt aus Glas*". Paul Karasik und David Mazzucchelli. *Paul Asters Stadt aus Glas*. Berlin: 3–5.
Stephens, Mitchell (1998). *The Rise of the Image, the Fall of the Word*. New York, NY, und Oxford.
Straumann, Barbara (2015). „Adaptation – Remediation – Transmediality". *Handbook of Intermediality. Literature – Image – Sound – Music*. Hrsg. von Gabriele Rippl. Berlin: 249–267.

Strauß, Botho (1993). „Anschwellender Bocksgesang". *Der Spiegel* 6 (1993): 202–207.
Stuhlfauth-Trabert, Mara und Florian Trabert (2015). „Vorwort: Graphisches Erzählen in Literaturcomics". *Graphisches Erzählen: Neue Perspektiven auf Literaturcomics*. Hrsg. von Florian Trabert, Maria Stuhlfauth-Trabert und Johannes Wassmer. Bielefeld: 9–16.
Truffaut, François (1999 [1954]). „Eine gewisse Tendenz im französischen Film". François Truffaut. *Die Lust am Sehen*. Frankfurt a. M.: 295–313.
Winkels, Hubert (1997). *Leselust und Bildermacht: Literatur, Fernsehen und Neue Medien*. Köln.
Winkler, Hartmut (2008). *Basiswissen Medien*. Frankfurt a. M.
Woolf, Virginia (1926). „The Movies and Reality". *New Republic* 47 (1926): 308–310.
Ziemann, Andreas (2006). *Soziologie der Medien*. Bielefeld.

Peter W. Marx
IV.2 Theater als literarische Institution

1 Definition: Theater als literarische Institution

Wenn im Folgenden von Theater die Rede ist, dann fokussieren die Überlegungen auf das europäische Theater bzw. auf die sich auf das europäische Theater beziehenden Modelle. Spätestens seit dem 18. Jahrhundert wird das sogenannte Sprechtheater als in entscheidender Weise durch den Bezug auf eine literarische Vorlage verstanden. Ungeachtet der unterschiedlichen Reform- und Überwindungsversuche des Dramas, von denen v. a. die Theaterentwicklung des 20. und 21. Jahrhunderts geprägt ist, handelt es sich hierbei um eine historische Konvention, die im geistesgeschichtlichen Kontext der Aufklärung und im sozialgeschichtlichen Horizont der Etablierung der bürgerlichen Gesellschaft entsteht und sich mittlerweile bis zu einer ‚Nulllinie' theatraler Praktik entwickelt hat. Dabei steht im Hintergrund dieses Verhältnisses die Frage, ob das Theater mit seinen spezifischen semiotischen Bedingungen als eine eigenständige Kunstform zu betrachten ist oder ob es als literarische Institution notwendigerweise dem Diskurs des Textuellen nachgeordnet ist. Im Folgenden sollen die zentralen historischen Entwicklungslinien dargestellt werden, aber auch die Verknappungs- oder Disziplinierungsstrategien des Diskurses nachgezeichnet werden.

2 Hauptaspekte des Themas

Eine Annäherung an das Theater als literarische Institution fordert eine Betrachtung unterschiedlicher Aspekte heraus. Zum einen handelt es sich dabei um semiotische Fragen (wie ist das Verhältnis von Text und Theater bzw. Aufführung in semiotischer Hinsicht zu definieren und welche Überlegungen ergeben sich daraus?), zum anderen um solche theoretischer und dramaturgischer Art (wie wird das Verhältnis von Text und Theater bzw. Aufführung konzeptualisiert und begrifflich gefasst?).

Semiotische Aspekte

Während traditionelle Definitionen des Dramas eine essenzielle Bestimmung wie etwa den Konflikt oder den Dialog ins Zentrum stellen (vgl. Marx 2012a,

2–4), hat die neuere Forschung v. a. die semiotische Differenz zwischen Text und Aufführung ins Zentrum der Überlegungen gestellt. Als richtungsweisend muss hier die bereits 1977 erschienene Studie *Das Drama. Theorie und Analyse* von Manfred Pfister gelten. Pfister, der mit seiner einflussreichen Arbeit ein grundlegendes Modell zur semiotischen Analyse von Theatertexten entwickelt hat, geht von einer kategorialen Differenz zwischen dem Text und seiner Aufführung aus. So schreibt er: „Der dramatische Text als ein ‚aufgeführter' Text bedient sich, im Gegensatz zu rein literarischen Texten, nicht nur sprachlicher, sondern auch außer-sprachlich-akustischer und optischer Codes; er ist ein synästhetischer Text" (Pfister ⁷1988, 24–25). Pfister spricht in diesem Zusammenhang von der „Plurimedialität der Textpräsentation". Korrespondierend hatte Erika Fischer-Lichte bereits in ihrer *Semiotik des Theaters* (1983) die semiotische Differenz zwischen den Zeichensystemen des Theaters (u. a. der Raum, die gestischen, mimischen und Bewegungszeichen des Schauspielers, seine paralinguistischen Zeichen etc.) als kategorialen Unterschied zwischen Text und Aufführung ausgewiesen. Ausgehend von ihren Überlegungen zur Performativität hat Fischer-Lichte jüngst diese Differenz noch schärfer gefasst und negiert jegliche prägende Bedeutung des Textes, indem sie das Drama nur noch als eines der möglichen Materialien der Aufführung bestimmt (vgl. Fischer-Lichte 2010, 93–100).

Eine abweichende Position hierzu, die stärker die Interdependenz von Text und Aufführung fokussiert, entwickelte sich überraschenderweise aus den US-amerikanischen *Performance Studies*: So hat Richard Schechner eine kategoriale Differenzierung eingeführt, die auf der einen Seite zwischen *script* und *drama* unterscheidet, auf der anderen Seite zwischen *theatre* und *performance*. Schechner will damit darauf hinweisen, dass jegliche Aufführung einen bestimmten Ablauf (*script*) hat, auch wenn dieser keineswegs notwendigerweise als (literarischer) Text schriftlich vorliegen muss. So wie *performance* (Aufführung) und *theatre* nicht zusammenfallen, so müssen auch *script* und *drama* nicht deckungsgleich sein. Damit gelingt es Schechner grundsätzlich, die Aufwertung der Aufführung nicht nur als eine historische Überwindung des Dramas zu begreifen – eine Perspektive, die Fischer-Lichte mit ihrem von der historischen Avantgarde entliehenen Begriffspaar von ‚Entliterarisierung' und ‚Retheatralisierung' eingenommen hat –, sondern auch historische Formen, die ohne eine literarische Vorlage auskommen, zu bestimmen (vgl. Schechner 2003, 68–72, sowie Marx 2012b).

William Worthen hat solche Überlegungen weitergeführt, wenn er das Verhältnis von Text und Aufführung als eine gleichwertige, produktive Wechselbeziehung bestimmt: „A stage performance is not determined by the internal ‚meanings' of the text, but is a site where the text is put into production, gains meaning in a different mode of production through the labor of its agents and the regimes of performance they use to refashion it as performance material." (Worthen 2003, 23)

In *Drama. Between Poetry and Performance* (2010) hat er für diese Wechselbeziehung den Begriff der *agency* eingeführt, den man – trotz seiner Vieldeutigkeit im Englischen – wohl am ehesten als „Handlungshorizont" übersetzen kann. Jedem Text, so Worthen, eignet eine spezifische *agency*, die im Moment der Aufführung aktualisiert/realisiert werden kann oder auch nicht – wobei selbst dem Nicht-Aktualisieren eine signifikante Bedeutung zukommt, weil es als Leerstelle erkennbar wird (vgl. Marx 2012b, 164–165). Diese semiotische Relation zwischen Text und Aufführung ist für den hier zur Rede stehenden Zusammenhang von Bedeutung, weil an ihr deutlich wird, dass das literarische Theater, das Theater des Dramas, eben keineswegs eine Zwangsläufigkeit der theatralischen Darstellung, sondern eine historisch gewachsene Konvention ist.

Theoretische und dramaturgische Überlegungen

Kaum ein Text bestimmt das westliche Denken über Theater und Drama so sehr wie Aristoteles' *Poetik*. Seit der ‚Wiederentdeckung' des Textes in der Renaissance haben sich Aristoteles' Überlegungen zu einem festen Katalog von Formelementen entwickelt, die das Verhältnis von Text und Aufführung – mithin also auch das Verständnis vom Theater als eigenständiger Kunstform oder als ‚literarischer Institution' – bestimmen. Dabei ist Aristoteles selbst eindeutig in seiner Hierarchisierung: In der Auflistung der Elemente einer Tragödie bezeichnet er die *opsis* (von Fuhrmann vereindeutigend und aktualisierend als „Inszenierung" übersetzt) als „das Kunstloseste und [das, was] am wenigsten etwas mit der Dichtkunst zu tun" hat (Aristoteles 1994, 25/1450b, 6). Schließlich, so führt er weiter aus, müsse die Wirkung der Tragödie auch gänzlich ohne den Apparat des Theaters zu erzielen sein: „Denn die Handlung muß so zusammengefügt sein, daß jemand, der nur hört und nicht auch sieht, wie die Geschehnisse sich vollziehen, bei den Vorfällen Schaudern und Jammer empfindet." (Aristoteles 1994, 41–43./1453b, 14)

Aristoteles' Verdikt gegen das Theater und seine spektakuläre Dimension, das man auch als eine Wende gegen die Dominanz des Auges zugunsten des Ohres lesen kann, gewinnt in der europäischen Dramen- und Theatergeschichte, wie sich nachstehend zeigen wird, große Bedeutung. Mit der Formulierung der *doctrine classique* in Frankreich wird sein Modell eines literarisch dominierten Theaters zum Standard und zum Zielpunkt erklärt – ungeachtet der Realität der theatralen Praxis.

Hans-Thies Lehmann entwirft in seiner Studie *Postdramatisches Theater* (1999) ein Periodisierungsmodell, das zwischen dem prä-dramatischen Theater, das er in der Antike verordnet (vgl. Lehmann 1991), dem Theater des Dramas und dem postdramatischen Theater unterscheidet. Sein Begriff des Theaters des Dramas orientiert sich an Peter Szondis *Theorie des modernen Dramas* (1959). Szondi entwickelt hier eingangs eine Bestimmung des Dramas, die er mit dem Begriff der Absolutheit des Dramas (vgl. Boenisch 2012) zu fokussieren sucht. Dabei – und dies ist für unseren Zusammenhang von entscheidender Bedeutung – nimmt Szondi auch eine Bestimmung des Theaters vor, die eine klare Hierarchisierung von Text und Aufführung vornimmt: „Das Drama ist absolut. [...] Es kennt nichts außer sich." (Szondi 1963, 15) Der Text müsse dem Zuschauer ohne jegliche Vermittlung gegenübertreten, so als werde er stummer (und unadressierter) Zeuge einer Welt, die für sich besteht: „Die Relation Schauspieler-Rolle darf keineswegs sichtbar sein, vielmehr müssen sich Schauspieler und Dramengestalt zum dramatischen Menschen vereinen." (Szondi 1963, 16) Während sich für Szondis Modell kaum empirische Belege finden lassen, weil seine Strenge von zahlreichen beliebten Konventionen unterlaufen wird, man denke nur etwa an Pro- und Epiloge, hat es auf die Diskussion um das Verhältnis von Text und Aufführung einen entscheidenden Einfluss gehabt. Lehmann wiederum kann dank des Bezugs auf Szondi mit seinem Begriff des postdramatischen Theaters gleichermaßen ein ästhetisches Profil wie auch eine historisierende Einordnung entwerfen: „Das Adjektiv ‚postdramatisch' benennt ein Theater, das sich veranlaßt sieht, jenseits des Dramas zu operieren, in einer Zeit ‚nach' der Geltung des Paradigmas des Drama im Theater. Nicht gemeint ist: abstrakte Negation, bloßes Wegsehen von der Drama-Tradition. ‚Nach' dem Drama heißt, daß es als – wie immer geschwächte, abgewirtschaftete – Struktur des ‚normalen' Theaters fortlebt: als Erwartung großer Teile seines Publikums, als Grundlage vieler seiner Darstellungsweisen, als quasi automatisch funktionierende Norm seiner Dramaturgie." (Lehmann 1999, 30)

Lehmann reklamiert den Begriff des Postdramatischen bewusst nicht als einen empirischen, sondern als einen programmatischen. Selbstverständlich gebe es auch in Zeiten des postdramatischen Theaters noch dramatische Strukturen, allerdings seien diese durch die sie umgebende ästhetische Praxis als potenziell anachronistisch („abgestorbenes Material") gekennzeichnet (vgl. Lehmann 1999, 31).

Die vorstehende Beschreibung zweier unterschiedlicher Modelle, die beide im jüngeren Diskurs der Literatur- und Theaterwissenschaft als ausgesprochen einflussreich zu gelten haben, soll im Folgenden dazu dienen, den historischen Abriss zu grundieren und Entwicklungen in ihm zu kennzeichnen.

3 Die Entwicklung des Theaters als literarische Institution – eine historische Perspektive

Die Geschichte des europäischen Theaters scheint seit der Antike in enger Vernetzung mit der literarischen Produktion von Theatertexten zu stehen. Wird immer wieder die attische Tragödie als ‚Geburtsstunde' des europäischen Theaters zitiert, so erscheint diese unmittelbar verbunden mit dem Dichterwettstreit (*agon*) um die beste Tragödie (vgl. einführend Hose 2012). Gleichzeitig aber produziert diese Form der Geschichtsschreibung Lücken und Leerstellen, weil performative und theatrale Praktiken, die nicht auf eine literarische Vorlage bezogen waren, außer Acht gelassen werden. Zu Recht diskutiert Kotte (2013) ausführlich mittelalterliche Bußpraktiken, um den *grand récit* einer „Wiederentdeckung" des Theaters im Mittelalter bzw. in der Frühen Neuzeit zu konterkarieren (vgl. Kotte 2013, 79–139). Tatsächlich ist eines der bedeutendsten Theater-Dokumente der Frühen Neuzeit kein Drama, sondern ein notarieller Vertrag aus Padua im Jahr 1545, der die Existenz einer professionellen Truppe belegt. Hundert Jahre früher, um 1445, beginnt Johannes Gutenberg in Mainz den Buchdruck mit beweglichen Lettern – eine technische Entwicklung, die das Verhältnis von Text bzw. das Verständnis von Textualität grundlegend änderte. Daher soll im Folgenden an exemplarischen Stationen das Verhältnis von Text (Drama) und Theater als sich jeweils historisch formierende Entwicklung beschrieben werden.

Das Elisabethanische Theater: Theaterszene und Buchmarkt

Als im Jahr 1623 *Mr. William Shakespeare's Comedies, Histories, & Tragedies* mit dem legendären Porträt erscheinen, ist der Autor der 36 enthaltenen Stücke bereits seit sieben Jahren tot und seine großen Bühnenerfolge liegen schon einige Jahre zurück. Programmatisch heißt es in dem Widmungsgedicht, das sich in dem von John Heminges und Henry Condell – beide ehemalige Schauspielerkollegen – herausgegebenen Text findet: „To the Reader./This Figure, that thou here seest put, It was for gentle Shakespeare cut: [...] Reader, looke Not on his picture, but his Booke" (B.I. 1623). Gezielt richtet sich das Buch an den Leser und nicht mehr – wie die Texte es in ihrer ursprünglichen Erscheinungsform taten – an den Theaterzuschauer. Den entscheidenden Hinweis zum Status des Buchs gibt schon das Format: Es handelt sich um eine Folio-Ausgabe (daher auch das heute übliche Kürzel: *First Folio*), d. h. um das größte seinerzeit übliche Druckformat (etwa 40 cm hoch). Während frühere Drucke von Shakespeare-Stücken im sogenannten Quarto-Format (ca. 26 cm hoch) erschienen, markierte diese posthum zusammengestellte Ausgabe den kulturgeschichtlichen Übergang von Theatertexten, die für ein körperlich anwesendes Publikum konzipiert waren, an den Leser. Damit werden die Texte zu Literatur, gleichzeitig aber ‚verlieren' sie den unmittelbaren Bezug zur theatralen Darstellung.

Um diesen Übergang, der auch ein ökonomischer ist – weil die Ökonomie eines professionellen, kommerziellen Theaters andere Renditen erzeugt als der Druck eines Buches –, richtig zu verstehen, muss man sich die kulturgeschichtliche Dimension des Elisabethanischen Theaters vergegenwärtigen: Wie Robert Weimann in einer Reihe von Studien gezeigt hat (vgl. Weimann 1967; Weimann und Bruster 2008), ist das Elisabethanische Theater noch geprägt von den Residuen einer Praxis geistlicher Spiele, die durch die Loslösung von der römischen Kirche 1534 nach und nach abgelöst bzw. verboten wurden. Weimann identifiziert hier zwei unterschiedliche Darstellungsmodi, nämlich einen performativ geprägten, den er den geistlichen Spielen zurechnet, und einen literarischen Modus. Beide Formen finden sich, so Weimann, in Shakespeares Stücken nebeneinander bzw. werden programmatisch genutzt, um unterschiedliche Ausdrucksformen zu erzeugen. So schreiben Weimann und Bruster 2008: „Shakespeare's stage was spacious enough to comprehend, but also to qualify both these traditions. The altogether unequal degree of qualification in either of these modes of performance meant that, intriguingly, boundaries between the verbal signs of language and the visible signs of the body became as porous as they were contingent. For Shakespeare, therefore, the familiar opposition of ‚performance versus text' (or vice versa) would be entirely unhelpful." (Weimann und Bruster 2008, 9)

Die aus heutiger Sicht so zentrale Differenz von *performance* vs. *text* erscheint aus kulturgeschichtlicher Perspektive irrelevant, weil sie das historische Mediengefüge nicht trifft; für Shakespeare waren es unterschiedliche Register, deren jeweilige Nutzung vom ästhetischen Kontext und Ziel abhing und nicht von einer inhärenten Wertigkeit.

Flankiert wird diese Vielstimmigkeit von einer ökonomischen Relation: Während sich mit der Inszenierung von Theaterstücken in vergleichsweise kurzer Zeit hohe Einnahmen erzielen ließen, war der Druck von Büchern kostspielig – besonders wenn es in einem prestigeträchtigen Format war, dessen Preis aber auch den Kundenstamm einschränkte – und eine Rendite war nur in mittlerer bis langer Frist zu erwarten. Frühere Ausgaben im Quarto-Format waren zwar erschwinglich, aber da es kein funktionierendes Urheberrecht gab, das einem Autor mögliche Tantiemen bei Aufführungen zusprach, handelt es sich meist um unautorisierte Drucke. Denn Shakespeare (wie auch seine Dramatikerkollegen) konnte eigentlich kein (wirtschaftliches) Interesse an der Verbreitung seiner Stücke in Buchform haben. Erst Ben Jonson, dessen Selbstverständnis auch deutlich literarische Ansprüche artikuliert, veröffentlichte eine Gesamtausgabe seiner Stücke im Folio-Format im Todesjahr Shakespeares 1616 – in der programmatischen Absicht, sich als Dramatiker auch als literarische Figur zu etablieren.

Ein kurzer Blick in den deutschsprachigen Raum: Vom angeblichen Fehlen eines Theaters

Traditioneller Weise geht die Theatergeschichte immer noch davon aus, dass das 16. Jahrhundert kaum ein nennenswertes deutschsprachiges Theater sah. Wohl waren zahlreiche Wandertruppen aus Italien und England zu Gast, aber dauerhafte Strukturen scheint es – auf den ersten Blick – nicht gegeben zu haben. Diese Einschätzung beruht zu einem nicht geringen Teil auf dem Umstand, dass die Existenz einer Theaterkultur parametrisiert wird durch literarische Texte, hauptberuflich-professionelle Truppen und stehende Theaterbauten. V. a. vor dem Hintergrund des letzten Kriteriums wird der deutschsprachige Raum nachgerade ‚unsichtbar' – die Theatergeschichte von Brockett und Hildy (^{9}2003, 138), immerhin eine der bekanntesten im US-amerikanischen Raum, führt Deutschland bzw. den deutschsprachigen Raum nicht einmal auf.

Dieser Befund irritiert, weil er ein nationalsprachlich orientiertes Konzept von Literaturgeschichte fortschreibt. Da an dieser Stelle eine ausführliche Auseinandersetzung nicht erfolgen kann, sollen hier nur einige Hinweise gegeben werden, die für die weitere Forschung von Bedeutung sein können: Zwar ist es richtig, dass erst 1605 mit dem *Kasseler Ottoneum* ein für diesen Zweck gebautes Theaterhaus entsteht, aber auch die bis dahin genutzten Spielstätten boten eine hinreichend große Infrastruktur, auch wenn sie nur temporär waren. Ähnliches gilt für die Spielpraxis: Es gibt keinen Hinweis auf hauptberuflich-professionelle Truppen, aber immer wieder Indizien für eine konstante Spielpraxis, die durchaus auch kommerzielle Aspekte zeigte.

Hinsichtlich der Präsenz von Dramen ist es bemerkenswert, dass zwischen 1558 und 1579 Hans Sachs' gesammelte Werke in einer fünfhändigen Folio-Ausgabe erscheinen. Zwar wird hier der generische Obertitel „Reime" verwandt und nur im Untertitel ist dann von „Comedi und Tragedi" die Rede, aber die auf mehrere Jahre angelegte Ausgabe, deren Publikation noch zu Lebzeiten des Dichters (1494–1576) begann, deutet darauf hin, dass es hier ein anderes Verständnis vom literarischen Charakter des Spieltextes gab. Bemerkenswert ist dies auch, weil seit 1593 Auftritte englischer Wandertruppen in Nürnberg belegt sind. Literarisch hat dies Spuren hinterlassen, etwa in den Werken von Jacob Ayrer, dessen posthum 1618 erschienenes *Opus Theatricum* 69 seiner insgesamt 109 Dramen überliefert. Angesichts des intensiven Austauschs der Nürnberger Theaterkultur mit den englischen Komödianten ist hier die Frage zu stellen, ob der Austausch tatsächlich nur in eine Richtung verlief: Müsste man nicht die Formierung des Verhältnisses von Textualität und Performativität/Theatralität in der Frühen Neuzeit konsequent in einer international vergleichenden Perspektive betrachten? Und ist es in einer solchen Perspektive plausibel anzunehmen, dass der aufwändige Druck von Dramen auf dem Festland in England unbeachtet blieb?

Für die Situation der englischen Komödianten und ihre Wirkung ist auch noch in Betracht zu ziehen, dass 1620 ein Band mit „Englischen Comoedien und Tragödien" erscheint, der schon 1624 eine zweite Auflage erlebt und in dessen Vorwort explizit von Nachahmern gesprochen wird (vgl. Creizenach 1967, lxx), denen die Stücke zur Anregung und Vorlage empfohlen werden. Diese Elemente der Theaterpraxis aber scheinen im literarischen Diskurs nicht auf: Martin Opitz erwähnt in seinem *Buch von der deutschen Poeterey* (1624) die englischen Komödianten und den Einfluss ihrer Spieltexte mit keinem Wort, so dass die traditionelle Dramengeschichte oftmals erst mit dem 17. Jahrhundert einsetzt – eine Lücke, die aber den Parametern der Beschreibung mehr geschuldet ist als der künstlerischen und kulturellen Praxis.

Die Formierung des Theaters als bürgerlich-literarische Institution

In Frankreich besteht seit 1634 mit der Gründung der *Académie française* eine staatlich sanktionierte Institution, die sich um die Etablierung und Durchsetzung einer formalisierten Regelpoetik bemüht (vgl. Pfahl 2012). Das sich durchsetzende Modell erhob nicht allein die Tragödie zur Leitgattung (zulasten der Komödie und aller volkstümlichen Formen), sondern entwarf auch unter Bezug auf Aristoteles' *Poetik* einen Regelkanon (Einheit von Ort, Zeit und Handlung) , der dann mit den Mitteln der Literatur- und Theaterkritik durchgesetzt wurde. Für den deutschsprachigen Raum ist es v. a. der in Leipzig lehrende Johann Christoph Gottsched, der sich um die Formierung eines deutschen Dramas und Theaters nach französischem Vorbild einsetzt. Gottsched nimmt dabei nicht nur das Theater radikal für die Ziele der Aufklärung und des Rationalismus in die Pflicht, sondern inszeniert 1737 in Leipzig gemeinsam mit Friederike Caroline Neuber („Neuberin") die symbolische Vertreibung des Hanswurst von der deutschen Bühne, um dem Stegreif- und Improvisationsspiel ein Ende zu bereiten. Gottscheds Programm, das er sowohl in theoretischen Schriften (*Versuch einer Critischen Dichtkunst vor die Deutschen*, 1729) als auch in eigenen dramatischen Werken (*Sterbender Cato*, UA 1731) entfaltete, muss als ein umfassender Formierungsversuch des Theaters gesehen werden: Gottsched will nicht allein die theatrale und die dramatische Praxis nach dem Vorbild der französischen Klassik verändern, er möchte damit auch den sozialen Status von Theater reformieren. Programmatisch erhebt er den Anspruch, nicht bloß allgemeinbildend zu wirken, sondern betont die Aufgabe der Fürstenerziehung: „Die Musen allein erkühnen sich's, euch auf euren Thronen zu lehren, wenn sich euer ganzes Hofgesinde in Schmeichler verwandelt hat. Die Wahrheit, welche in ihrer natürlichen Gestalt durch eure Leibwächter und Trabanten nicht durchdringen kann, sieht sich genötiget, von der göttlichen Melpomene ihr tragisches Kleid zu erborgen. Da tritt sie denn, in Gestalt alter Helden, auf die Schaubühne. Da prediget sie euch mit Nachdruck von der wahren Größe der Prinzen". (Gottsched 1972, 8)

Allein schon die Wortwahl („lehren" und „predigen") lässt erkennen, dass Gottsched dem Theater hier eine Rolle zuschreibt, die vormals den Kirchen zukam. Bei allen Kontroversen, die Gottsched mit seinen teilweise sehr starren und rigiden Regeln ausgelöst hat, dieser Anspruch des sich formierenden Theaters – zumeist zitiert in Schillers Fassung von der *Schaubühne als eine moralische Anstalt betrachtet* (1784) – prägt das Theaterverständnis in weiten Teilen bis heute.

Wie sehr Gottsched hier von einem literarisch geprägten Theater ausgeht, läßt sich auch an seiner herausgeberischen Tätigkeit erkennen: 1740 veröffentlicht er in sechs Bänden *Die Deutsche Schaubühne*, eine Sammlung von ihm als vorbildlich erachteter Theatertexte, mit denen er einen Kanon des deutschsprachigen Theaters in seinem Sinne etablieren will. Gottsched geht nicht nur davon aus, dass am Beginn des dramatischen Schreibens der „lehrreiche moralische Satz" (Gottsched 1962, 161) stehen soll, sondern er begreift das Theater auch als explizit dem Literarischen nachgeordnet. Diese Hierarchisierung hat mit der moralischen Verpflichtung – die wiederum den sozialen Status von Theater begründet – zu tun: Nur wenn das Ganze der Ordnung des rationalen, moralischen Lehrsatzes untergeordnet wird, kann es als Äquivalent zur kirchlichen Unterweisung funktionieren. Das Theater als moralische Anstalt, so könnte man verkürzend festhalten, ist also im bürgerlichen Verständnis notwendigerweise eine literarische Institution – alle anderen Spielformen werden verdrängt oder doch wenigstens marginalisiert.

Gotthold Ephraim Lessing setzt sich zwar von Gottscheds Fixierung auf das französische Theater ab (vgl. Lessing 1982a, 623–624), aber in der grundsätzlichen Ausrichtung sowohl der semiotisch-ästhetischen Zentralsetzung des Literarischen als auch in der moralischen Beauftragung des Theaters ist er ihm dem Grundsatz nach nahe. Als 1767 das Unternehmen eines *Hamburgischen Nationaltheaters* durch den Prinzipal Konrad Ernst Ackermann gegründet wird, beteiligt sich Lessing nicht als Dramatiker, sondern als Dramaturg an dem Unternehmen, für das er öffentliche Stellungnahmen zu einzelnen Stücken und Aufführungen schreibt. Seine *Hamburgische Dramaturgie* (Lessing 1982b) erscheint in Einzelveröffentlichungen und rezensiert Dramen und Schauspielerinnen und Schauspieler gleichermaßen. Aufgrund interner Zerwürfnisse kommt es 1769 schon zu einer Auflösung der Nationaltheater-Enterprise.

Vereinzelt werden diese literarischen Formierungsversuche durch die Gründung von Schauspieler-Akademien ergänzt, so etwa durch Konrad Ekhof 1753 bei der Schönemann'schen Gesellschaft. Ekhof strebt dabei auf die Entwicklung eines Ehrenkodexes hin, der die Schauspieler als Mitglieder einer bürgerlich-literarischen Institution mit dem vollen Bürgerrecht ausstattet: „Ehre ist das Zuckerbrot, das Ekhof den Schauspielern verheißt, die Peitsche der Pflicht schwingt er in jeder seiner Ansprachen." (Heeg 2000, 184) So ist es nur konsequent, dass unter dem Diktum der ‚Natürlichkeit' sich ein Darstellungsstil entwickelt, der alle früheren Spielformen zur Seite schiebt und marginalisiert.

Das Theater als literarische Institution im Horizont gesellschaftlicher Modernisierung

Das 19. Jahrhundert ist v. a. durch die großen gesellschaftlichen, wirtschaftlichen und epistemologischen Prozesse gekennzeichnet, die oftmals unter dem Begriff der Modernisierung mit Nebenbegriffen wie Industrialisierung, Urbanisierung etc. beschrieben werden. Ausgehend von einem Konzept von Theater, wie es sich im 18. Jahrhundert entfaltet hatte, wird das Theater nun auch als Institution der gesellschaftlichen Modernisierung wahrgenommen. Dabei ist der Primat der Literatur völlig unbestritten.

Diese klare Zuordnung lässt sich für das 19. Jahrhundert auch an der Organisationsstruktur und den unterschiedlichen Berufsfeldern, die sich um das Theater herum bilden, erkennen: Innerhalb der Betriebsabläufe ist es der Dramaturg, der als „Anwalt des Dramas" die Produktionsabläufe organisiert. Obgleich immer wieder Lessing als der erste Dramaturg der Theatergeschichte bezeichnet wird, dauert es tatsächlich bis weit ins 19. Jahrhundert, bis sich das Berufsbild als eigenständige Profession etabliert. Als 1889 die *Freie Bühne* in Berlin gegründet wird, um dank „geschlossener Vorstellungen", d. h. Aufführungen ohne Freiverkauf, die Zensur naturalistischer Dramen zu umgehen, wird nicht allein ein Verein zur Inszenierung naturalistischer Dramen gegründet, sondern gleichzeitig auch eine Zeitschrift gleichen Namens. Theater- und literarisches Ereignis amalgamieren hier zu einer Einheit.

Anfang des 20. Jahrhunderts engagiert Max Reinhardt für sein Theaterunternehmen eine Reihe von Dramaturgen, die im Laufe der Zeit auch publizistisch in Erscheinung treten. Am bekanntesten sind Arthur Kahane (Kahane 1930), Felix Hollaender (Hollaender 1932) sowie Heinz Herald (Herald 1915). Alle drei nahmen nicht nur unterschiedliche Aufgaben innerhalb des Theaterapparats wahr, sondern haben durch ihre publizistische Tätigkeit auch zur öffentlichen Wahrnehmung und Deutung des Reinhardt'schen Unternehmens beigetragen. Darüber hinaus hat Reinhardt – in verschiedenen Positionen – immer wieder direkt Schriftsteller unter Vertrag genommen, die er entweder unmittelbar mit dem Verfertigen von Dramen beschäftigte (Hugo von Hofmannsthal oder Carl Vollmoeller) oder von denen er potenziell sich Dramen wünschte (am bekanntesten vermutlich Bertolt Brecht und Carl Zuckmayer).

Auch der umgekehrte Weg ist für das 20. Jahrhundert vielfach belegt: inszenierende Schriftsteller. So etwa Gerhart Hauptmann, der immer wieder, wenn auch ohne großen Erfolg, inszenierte (u. a. *Wilhelm Tell*, 1913, oder *Hamlet*, 1927). Die enge Verbindung von literarischem Schaffen und theatraler Praxis findet sich auch bei Autoren wie Bertolt Brecht oder Curt Goetz.

Einen besonderen Aspekt bilden in diesem Zusammenhang auch die Theaterkritiker: Mit dem Wachstum der Presselandschaft im 19. Jahrhundert und dem Entstehen einer spezifisch urbanen Publikationskultur professionalisiert sich das Kritikerwesen und wird vom Publikum zunehmend als eine eigenständige literarische Form wahrgenommen. Der später als Dramatiker populärer Bühnenwerke (*Das weiße Rössel*, UA 1896) erfolgreiche Oscar Blumenthal hatte sich als Kritiker den Beinamen „der blutige Oscar" erworben und hatte damit eigene Berühmtheit erlangt. So lassen sich für diese frühe Phase der professionellen Theaterkritik eine Reihe von Autoren identifizieren, deren schriftstellerisches Schaffen auch Prosa und dramatische Werke umfasste, genannt seien hier nur Theodor Fontane (Kritiker für die *Vossische Zeitung*, 1870–1889), Alfred Kerr (u. a. für *Berliner Tageblatt*) oder Schriftsteller, die eigene Zeitschriften unterhielten, wie Maximilian Harden (*Die Zukunft*, 1892–1922), Siegfried Jacobson (*Die Schaubühne*, 1905–1918, später *Die Weltbühne*, 1918–1933) oder Karl Kraus (*Die Fackel*, 1899–1936) (vgl. hierzu Adamski 2004).

Von der Theateravantgarde zum postdramatischen Theater

Obschon Erika Fischer-Lichte die Theaterreformbewegungen des 20. Jahrhunderts v. a. von den Schlagworten „Entliterarisierung" und „Retheatralisierung" geprägt sieht (vgl. etwa Fischer-Lichte 1990, 163–191), gibt es in der ersten Hälfte des 20. Jahrhunderts v. a. durch den literarischen Diskurs eine Reihe von Reformimpulsen für die theatrale Praxis: So kann man Brechts Bemühen um ein episches Theater, das ja nicht allein auf eine Reform des dramatischen Schreibens, sondern auch der Darstellungs- und Inszenierungspraxis zielt, durchaus als exemplarisch begreifen. Dies gilt besonders für seine Versuche, andere Medien, wie das Radio, in sein Schreiben und sein Denken über theatrale Prozesse einzubinden – hier entsteht eine Entwicklung, die sowohl die theatrale Darstellung als auch das szenische Schreiben neu denkt.

Während bis in die 1960er Jahre hinein auch im internationalen Austausch v. a. das Theater des Dramas im Vordergrund stand – auch mit einem Konzept von Regie, das am Leitbild des Autors orientiert war und die Ebenbürtigkeit des theatralen Kunstwerks über den Vergleich mit dem Text belegen sollte, verändern sich ab diesem Zeitpunkt die Produktions- und Wahrnehmungsweisen von Theater. Lehmanns Konzept des postdramatischen Theaters ist hier historisch anzusiedeln; Fischer-Lichte diagnostiziert sogar das Entstehen eines neuen ästhetischen Paradigmas, das sich mit traditionellen Kategorien von Verstehen und Interpretation nicht mehr erfassen lässt: „In den frühen sechziger Jahren setzte in den Künsten der westlichen Kultur generell und unübersehbar eine performative Wende ein, die nicht nur in den einzelnen Künsten einen Performativierungsschub erbrachte, sondern auch zur Herausbildung einer neuen Kunstgattung geführt hat, der sogenannten Aktions- und Performancekunst." (Fischer-Lichte 2004, 22)

Bis in die 1990er Jahre führte dies zu einer Kluft zwischen dem etablierten Stadt- und Staatstheatersystem auf der einen Seite und dem sogenannten Freien Theater auf der anderen Seite. Die institutionellen Bühnen pflegen ihr Profil als literarische Institution, auch dann, wenn sie Autoren und Autorinnen fördern, deren Arbeiten gezielt die Grenzbereiche der textuellen Ordnung ausloten. Beispielhaft hierfür seien die Arbeiten von Elfriede Jelinek (*Ein Sportstück*, 1998) oder Rainald Goetz (*Jeff Koons*, 1998) genannt. Die Performance-Kunst – oftmals in internationalen Kooperationen organisiert – hingegen findet vornehmlich in den Spielstätten der Freien Szene statt. Dies hat sich mittlerweile nachhaltig geändert: Zunehmend vergeben Theater nicht allein Aufträge für eine Texterstellung, sondern ermöglichen offene Produktionsprozesse. So hat die Durchlässigkeit zwischen den beiden ehemaligen Polen zugenommen. Festivals und Preise – ebenso wie Studiengänge, in denen Szenisches Schreiben unterrichtet wird, wie derjenige an der *Universität der Künste* in Berlin – markieren nicht allein eine vitale kulturelle Praxis, sondern stellen auch den programmatischen Versuch der Pflege dieser Praxis dar. Im Sinne Bourdieus kann man hier von einer gezielten Schaffung von kulturellem Kapital sprechen, die dem Feld zugeordnet wird (vgl. Bourdieu 1992).

4 Aktueller Erkenntnisstand

Bei allen Reform- und Veränderungsprozessen bleibt für das deutschsprachige Theater das Konzept eines sich auf einen literarischen Text beziehenden Sprechtheaters immer noch prägend. Dabei wäre es zu einfach, dies auf das Beharrungsvermögen eines staatlich subventionierten Apparats zurückführen zu wollen. Vielmehr artikuliert sich hier eine grundsätzliche, tief verankerte Wertschätzung für die Tradition des Theaters des Dramas, deren Reform- und Innovationspotenzial auch immer noch groß genug zu sein scheint, um in vielen Fällen auf die Bedürfnisse des Publikums zu reagieren. Einer der Motoren dieser Entwicklung ist sicherlich das Konzept des Regietheaters, das den Regisseur nicht nur theoretisch dem Autor gleichsetzt, sondern der Inszenierung auch den Rang einer eigenständigen Aktualisierung zuschreibt. So hat sich der im 19. Jahrhundert bildende Repertoire-Begriff (vgl. hierzu innovativ Davis 2012) deutlich verschoben und begreift – im Gegensatz zu älteren Auffassungen, die unter dem Rubrum der ‚Werktreue' von einer inneren Konstanz der Texte ausgingen (vgl. hierzu kritisch Marx 2013, 204–205) – die Inszenierung nicht als ‚Umsetzung' eines literarischen Textes, sondern als ein Kunstwerk *sui generis*.

Auf der anderen Seite lässt sich eine veränderte Spielplanpolitik der Theater erkennen: So sind auf der einen Seite nach wie vor Auftragswerke zu finden (etwa Jelineks *Ein Sturz*, 2010 für das Schauspiel Köln), auf der anderen Seite haben sich die Produktionsstrukturen der Theater insofern verändert, als nun auch Künstler und Künstlerinnen und Ensembles der Freien Szene hier inszenieren und arbeiten können. Eine besondere Akzentuierung als literarische Institution erfahren viele Theater im Moment durch die seit einigen Jahren anhaltende Welle von Romanadaptionen. So weist der *Deutsche Bühnenverein* in seiner Spielplanstatistik für das Jahr 2014/15 nach, dass die Dramatisierung des Romans *Tschick* nach Wolfgang Herrndorf mit 52 Inszenierungen und 1156 gespielten Aufführungen das meistgespielte Stück des deutschsprachigen Theaters in dieser Spielzeit war. Das Beispiel macht auch nochmals deutlich, dass für die kulturelle Positionierung nicht allein künstlerische Prozesse, sondern auch das gesellschaftliche und ökonomische Umfeld eine entscheidende Rolle spielen: Der Erfolg der Romanadaption ist sicherlich auch damit zu erklären, dass der Text in vielen deutschen Bundesländern in den Katalog der Lektüren für die gymnasiale Oberstufe aufgenommen wurde. Hier kooperieren – ohne dass es programmatisch ausgeflaggt würde – zwei literarische Institutionen miteinander, auf der Basis eines Konzepts von Theater, das sich im 18. Jahrhundert mit dem Primat der Literatur und der Inanspruchnahme als „moralische Anstalt" gebildet hatte.

Darüber hinaus hat sich längst auch eine breite Szene von Festivals und Förderpreisen gebildet, die das Schreiben für das Theater fokussieren: Von besonderer Bedeutung sind hier die *Mülheimer Theatertage*, die seit ihrer Gründung 1976 ein viel beachtetes Forum für Gegenwartsdramatik bieten. Zu nennen sind weiterhin der *Heidelberger Stückemarkt* (gegründet 1984), der sich explizit als „Uraufführungsfestival" begreift, sowie *Neue Stücke aus Europa* (heute in Mainz/

Wiesbaden, gegründet 1992 in Bonn), das Gegenwartsdramatik aus dem europäischen Raum präsentiert. Ergänzt werden diese Foren durch eine Reihe von Literaturpreisen, die explizit für Theatertexte vergeben werden – etwa der *Mülheimer Dramatikpreis*, der *Preis der Welti-Stiftung für das Drama* (Schweiz), der *Else-Lasker-Schüler-Dramatikerpreis* oder der *Christian-Dietrich-Grabbe-Preis*.

5 Forschungsdesiderate

Für den weiteren Forschungsdiskurs lassen sich unterschiedliche Perspektiven und Fragestellungen ausweisen. Diese sollen im Folgenden nur kursorisch angesprochen werden:
- In historischer Perspektive erscheint v. a. das Verhältnis von theatraler und schriftstellerischer Praxis vor dem 18. Jahrhundert nach wie vor ein großes Desiderat zu sein. So sind zum einen die entsprechenden Prozesse für den deutschsprachigen Raum noch nicht hinreichend untersucht – eine Reihe von Quellen und Phänomenen sind bislang auch noch kaum wirklich ins Licht der Diskussion gerückt worden –, zum anderen aber wäre hier konsequent eine europäische Perspektive zu entwickeln. Dabei könnte das Konzept von *intertheatricality* hilfreich sein: Dieser Begriff, der von Jacky Bratton geprägt wurde (vgl. Bratton 2003, 37–38), bezeichnet die Möglichkeit, Theater und seine künstlerischen Produkte im Spannungs- und Wechselfeld mit anderen performativen Praktiken zu lesen: „understanding theatre as made out of other performances", wie William West (2013, 154) es ausgedrückt hat. Dabei wird nicht einfach nur der Begriff der Intertextualität auf eine andere Kunstform übertragen, sondern es wird eine Zirkulationsbewegung beschreibbar, bei der literarische Elemente nur einen Teilaspekt darstellen. Eine solche Perspektive würde es erlauben, Zirkulationen auch über Sprachräume und -grenzen hinweg zu untersuchen. Gerade für historische Perspektiven erscheint dies ausgesprochen vielversprechend.
- Während die Formierungsphase des Theaters des Dramas in der Literatur breite Beachtung findet, ist die Expansion dieser Entwicklung im 19. Jahrhundert bislang noch weitgehend undiskutiert. Während aus dem Blickwinkel einer auf ‚Höhenkamm' und Innovation gerichteten Perspektive das 19. Jahrhundert weitgehend als epigonal gilt, wäre einer kulturhistorischen Perspektive dieses Material besonders wertvoll, weil es gerade in der wechselseitigen Bezugnahme zwischen dem Feld der Literatur und des Theaters – verbunden im Prisma bürgerlicher Öffentlichkeit – eine bedeutende Rolle spielt. Tracy

Davis' Fassung des Repertoire-Begriffs (s. o.) lädt zu einer solchen Perspektive ein.
- Für die jüngere Literatur- und Theatergeschichte ist die Frage des Wechselverhältnisses von Theater und Literatur immer noch weitgehend unerforscht: Während sich die Theaterwissenschaft für lange Zeit auf Fragen der Performativität fokussiert und dabei programmatisch den Theatertext als reines ‚Material' der Aufführung definiert hat, fehlen auch aus literaturwissenschaftlicher Perspektive Ansätze für eine konsequente Betrachtung auch der kulturellen bzw. kulturhistorischen Parameter dieser Entwicklung. So entwickelt sich in anderen Feldern eine teilweise sehr hitzige und polemische Diskussion über die Folgen des deutschen Subventionswesens – ohne das Konzepte wie literarische Institution kaum denkbar wären –, aber Modelle etwa für die unterschiedlichen Wechselwirkungen literarischer und kulturpolitischer Institutionen fehlen weitgehend. Prozesse wie Kanonisierung oder auch Formierung von Produktions- und ästhetischen Prozessen fehlen weiterhin. Hier sei nur auf die breite Wechselwirkung von Schulcurricula und Theaterspielplänen hingewiesen. Im Sinne einer umfassenden kulturwissenschaftlichen Betrachtung sind hier dringend weitergehende Forschungen anzustellen.

Weiterführende Literatur

Kafitz, Dieter (²1989). *Grundzüge einer Geschichte des deutschen Dramas von Lessing bis zum Naturalismus*. Frankfurt a. M.
Marx, Peter W. (Hg.) (2012). *Handbuch Drama. Theorie, Analyse, Geschichte*. Stuttgart und Weimar.
Szondi, Peter (1963 [1959]). *Theorie des modernen Dramas (1880–1950)*. Frankfurt a. M.
Tigges, Stefan (2008). „Dramatische Transformationen. Zur Einführung". *Dramatische Transformationen. Zu gegenwärtigen Schreib- und Aufführungsstrategien im deutschsprachigen Theater*. Hrsg. von Stefan Tigges. Bielefeld: 9–27.
Worthen, William B. (2010). *Drama. Between Poetry and Performance*. Chichester.

Zitierte Literatur

Adamski, Heike (2004). *Diener, Schulmeister und Visionäre. Studien zur Berliner Theaterkritik der Weimarer Republik*. Frankfurt a. M.
Aristoteles (1994). *Poetik*. Griechisch/Deutsch. Übersetzt und hrsg. von Manfred Fuhrmann. Bibliographisch ergänzte Ausgabe. Stuttgart.

B.I. (1623). „To the Reader". William Shakespeare: Mr. William Shakespeare's Comedies, Histories, & Tragedies. Hrsg. von John Heminge und Henry Condell. London.
Boenisch, Peter M. (2012). „Die ‚Absolutheit des Dramas' (Szondi) als analytisches Modell". *Handbuch Drama. Theorie, Analyse, Geschichte.* Hrsg. von Peter W. Marx. Stuttgart und Weimar: 157–161.
Bourdieu, Pierre (1992). *Die verborgenen Mechanismen der Macht.* Hamburg.
Bratton, Jacky (2003). *New Readings in Theatre History.* Cambridge und New York, NY.
Brockett, Oscar. G. und Franklin J. Hildy (⁹2003). *History of the World Theatre.* Boston, MA.
Creizenach, Wilhelm (1967). „Einleitung". *Die Schauspiele der englischen Komödianten.* Hrsg. von Wilhelm Creizenach. Darmstadt: I–CXVIII.
Davis, Tracy C. (2012). „Introduction: Repertoire". *The Broadview Anthology of Nineteenth-Century British Performance.* Hrsg. von Tracy C. Davis. Peterborough: 13–26.
Fischer-Lichte, Erika (1990). *Geschichte des Dramas. Bd. II: Von der Romantik bis zur Gegenwart.* Tübingen.
Fischer-Lichte, Erika (2004). *Ästhetik des Performativen.* Frankfurt a. M.
Fischer-Lichte, Erika (2010). *Theaterwissenschaft. Eine Einführung in die Grundlagen des Fachs.* Tübingen.
Freytag, Gustav (2003). *Die Technik des Dramas.* Berlin.
Gottsched, Johann C. (1962). *Versuch einer Critischen Dichtkunst.* Unveränderter photomechanischer Nachdruck der 4. vermehrten Auflage Leipzig 1751. Darmstadt.
Gottsched, Johann C. (1972). „Die Schauspiele und besonders die Tragödien sind aus einer wohlbestellten Republik nicht zu verbannen". Ders. *Schriften zur Literatur.* Hrsg. von Horst Steinmetz. Stuttgart: 3–11.
Heeg, Günther (2000). *Das Phantasma der natürlichen Gestalt. Körper, Sprache und Bild im Theater des 18. Jahrhunderts.* Frankfurt a. M.
Herald, Heinz (1915). *Max Reinhardt. Ein Versuch über das Wesen der modernen Regie.* Berlin.
Hollaender, Felix (1932). *Lebendiges Theater. Eine Berliner Dramaturgie.* Berlin.
Hose, Martin (2012). „Antike". *Handbuch Drama. Theorie, Analyse, Geschichte.* Hrsg. von Peter W. Marx. Stuttgart und Weimar: 173–190.
Kahane, Arthur (1930). *Theater. Aus dem Tagebuch des Theatermannes.* Berlin.
Kotte, Andreas (2013). *Theatergeschichte. Eine Einführung.* Köln.
Lehmann, Hans-Thies (1991). *Theater und Mythos. Die Konstitution des Subjekts im Diskurs der antiken Tragödie.* Stuttgart.
Lehmann, Hans-Thies (1999). *Postdramatisches Theater.* Frankfurt a. M.
Lessing, Gotthold E. (1982a). „Briefe, die neueste Literatur betreffend". Ders. *Werke in drei Bänden.* Hrsg. von Herbert G. Göpfer. Bd. II. München und Wien: 615–701.
Lessing, Gotthold E. (1982b). „Hamburgische Dramaturgie". Ders. *Werke in drei Bänden.* Hrsg. von Herbert G. Göpfer. Bd. II. München und Wien: 29–506.
Marx, Peter W. (2012a). „Dramentheorie". *Handbuch Drama. Theorie, Analyse, Geschichte.* Hrsg. von Peter W. Marx. Stuttgart und Weimar: 1–11.
Marx, Peter W. (2012b). „Drama und Performativität". *Handbuch Drama. Theorie, Analyse, Geschichte.* Hrsg. von Peter W. Marx. Stuttgart und Weimar: 162–165.
Marx, Peter W. (2013). „Theater: Spielpläne und ‚Klassiker'-Inszenierungen". *Handbuch Kanon und Wertung. Theorien, Instanzen, Geschichte.* Hrsg. von Gabriele Rippl und Simone Winko. Stuttgart und Weimar: 200–205.
Pfahl, Julia (2012). „Französische Klassik". *Handbuch Drama. Theorie, Analyse, Geschichte.* Hrsg. von Peter W. Marx. Stuttgart und Weimar: 244–250.

Pfister, Manfred (⁷1988). *Das Drama. Theorie und Analyse*. München.
Schechner, Richard (2003). *Performance Theory*. London und New York, NY.
Schiller, Friedrich (1992): „Was kann eine gute stehende Schaubühne eigentlich wirken? (Die Schaubühne als eine moralische Anstalt betrachtet)". Ders. *Werke und Briefe in zwölf Bänden*. Bd. VIII. Hrsg. von Rolf-Peter Janz. Frankfurt a. M.: 185–200.
Szondi, Peter (1963). *Theorie des modernen Dramas (1880–1950)*. Frankfurt a. M.
Weimann, Robert (1967). *Shakespeare und die Tradition des Volkstheaters. Soziologie, Dramaturgie, Gestaltung*. Berlin.
Weimann, Robert und Douglas Bruster (2008). *Shakespeare and the Power of Performance. Stage and Page in the Elizabethan Theatre*. Cambridge.
West, William N. (2013). „Chapter 8: Intertheatricality". *Early Modern Theatricality*. Hrsg. von Henry S. Turner. Oxford: 151–172.
Worthen, William B. (2003). *Shakespeare and the Force of Modern Performance*. Cambridge.
Worthen, William B. (2010). *Drama. Between Poetry and Performance*. Chichester.

Hannelore Bublitz
IV.3 Literatursoziologie

1 Definition, Gegenstand und zentrale Dimensionen

Literatursoziologie ist eine Teildisziplin der Kultursoziologie, die literarische Erzeugnisse und Produktionsweisen mitsamt ihren Institutionen auf ihre gesellschaftlichen Bedingungen zurückführt. Sie geht von einer grundlegend gesellschaftlichen Verfasstheit literarischer Werke aus. Eine systematisch betriebene Literatursoziologie bildet sich nach einigen Vorläufern im Laufe der zweiten Hälfte des 19. Jahrhunderts heraus (vgl. Vogt ³2014, 274). In diesem historischen Kontext findet auch die Entwicklung eines literarischen ‚Universums' als relativ ‚autonomes' Feld und seine Lösung von der Bevormundung durch staatliche Institutionen statt.

Unter Literatur wird in der Regel der Bereich sprachlicher Texte verstanden, der fiktional und ästhetisch gestaltet ist. Das Gebiet der Literatursoziologie umfasst alle Fragestellungen und Theorien, die sich auf die sozialen Bedingungen und die soziale Funktion von Literatur beziehen. Die Literatursoziologie untersucht das komplexe Verhältnis zwischen literarischer und gesellschaftlicher Wirklichkeit; sie betrachtet ihren Gegenstand – Literatur – in seiner sozialen und kulturellen Einbettung. Die literatursoziologische Analyse richtet sich zum einen auf die literarische Konstruktion sozialer Wirklichkeit, die als das ‚Andere' der ‚normalen' Realitätssicht erscheint. Zum anderen richtet sich der Fokus auf die sozialen Bedingungen der Textproduktion, -distribution und -rezeption wie auch auf die institutionellen und ökonomischen Rahmenbedingungen. Die Rezeption von Literatur erscheint als soziale Praxis, von der angenommen wird, dass sie durch soziale Einflussfaktoren und Rahmenbedingungen (soziale Herkunft, Geschlecht, Bildungskarrieren und [Lese-]Sozialisation der Rezipienten) beeinflusst wird.

Der Fokus der literatursoziologischen Betrachtung richtet sich v. a. auf diejenigen Dimensionen und Konzepte, in denen das Verhältnis von Autor, Text und gesellschaftlicher Wirklichkeit sowie die Funktion des Autors problematisiert werden; zum anderen richtet sich der Blick auf die Genese und die Struktur des literarischen Feldes sowie die feldinternen Kämpfe um die anerkannte symbolische Macht über die legitime Bezeichnung des Literarischen. Insbesondere neuere Ansätze der Literatursoziologie thematisieren die historisch dimensionierte gesellschaftliche Funktion und die (System-)Autonomie von Literatur, die den erzählenden Künsten und der Literatur systematisch die Möglichkeit bietet, fiktionale Realitäten durchzuspielen (vgl. u. a. Bourdieu 1999; Foucault 1991 [1974]; Luhmann 2008).

Literarische Produktion und Rezeption sind, mit wenigen Ausnahmen, sozial markiert; sie werden in Sozialisationsprozessen ausgebildet und institutionell – über klassenspezifisch strukturierte Bildungsinstitutionen – geformt. Gleichzeitig wirken sie an der Zementierung sozialer Grenzen mit. Der – souveräne – Umgang mit kulturellen Gütern wie literarischen Texten festigt, über Prozesse der Distinktion und Abgrenzung, gesellschaftliche und kulturelle Hierarchien. Er verweist auf die soziale Position der Produzenten und Rezipienten literarischer Texte; was Autor und Leser aus einem Text machen, hängt wesentlich von der kulturellen Sozialisation und literarischen Bildung ab. Literatursoziologische Untersuchungen verweisen auf den ‚Zeitgeist', auf die verschiedenen Strömungen, Schulen sowie die Autoren und Autorinnen einer spezifischen Epoche, denen die Regeln und die ‚Logik' eines Textes, die Autoren und Autorinnen und die literarischen Institutionen folgen oder die sich in mehr oder weniger sublimierter Form in den Werken ausdrücken. Angesprochen sind hiermit die Frage des Autors und die Infragestellung der (All-)Macht des Autors als schöpferisches Genie.

Eine zentrale, wenn auch umstrittene Frage ist, ob die ästhetische Gestaltung literarischer Texte eher hochkulturellen oder populären Mustern folgt. Folgt man der normativ ausgerichteten Einteilung in eine ‚hohe' Elitenkultur und ‚niedrige' Populärkultur, dann strukturiert sich das literarische Feld in eine Dichotomie von literarischen Werken, denen ein hoher literarisch-symbolischer Wert zugeschrieben wird, und massenpopulären Produkten, deren Unterhaltungswert und kommerzieller Erfolg im Vordergrund stehen. Dieser Klassifikation korrespondiert die des Publikums; so gibt es eine literarische Öffentlichkeit, in der sich die literarisch Gebildeten, vermittelt über Bildungsinstitutionen, Formen der kulturellen Sozialisation und literarische (Lese- und Interpretations-)Kompetenzen, über sich selbst sowie über das legitime Verständnis von Literatur und entsprechende Ausdrucksformen, Stilmittel und literarische Einordnungen verständigen. Dieser öffentlich geführte Diskurs über Literatur schließt sich mit den Klassifikationen des literarischen Feldes und den dort ausgetragenen Kämpfen um das, was unter Literatur zu verstehen ist, zusammen. Kommerzieller Massenerfolg ist hier nicht das Kriterium der symbolischen Anerkennung; vielmehr geht es dabei um institutionell beglaubigte ‚Weihen', wie sie durch – öffentlich-medial zirkulierende – Lesungen und Preisverleihungen auf Buchmessen und Literaturtagen verliehen werden. Die Auszeichnung mit einem – oft eher symbolischen – Preis steht hier im übertragenen Sinne für den Glauben an das Werk und die Wertschätzung und -schöpfung, die ihm verliehen wird. Ganz anders im massenkulturellen Betrieb der Kulturindustrie: Hier sind Absatzzahlen und kommerzielle Reichweite sowie serielle Nutzung entscheidende Zeichen kulturellen Erfolgs; zugleich zählen hier aber durchaus auch die widerständige und kreative Aneignung und Umformung literarischer – und medialer – Texte, wie die Position der Cultural Studies deutlich macht.

2 Hauptaspekte des Themas

Historische Perspektiven

Im Zuge des strukturellen Wandels – insbesondere der Entstehung eines umfassenden Waren- und Nachrichtenverkehrs – bildet sich in der bürgerlichen Gesellschaft des 19. Jahrhunderts nach und nach ein eigenständiger Bereich heraus, in dem das literarisch gebildete Bürgertum sich zum Publikum versammelt und sich gegen obrigkeitsstaatliche Bevormundung wendet (vgl. Habermas ³1968). Literatur nimmt im Kontext dieser publikumsbezogenen bürgerlichen Subjektivität, die sich familiär ausbildet und sich öffentlich mit und über sich selbst verständigt, einen zentralen Stellenwert ein. Die Kritik der obrigkeitlich reglementierten Öffentlichkeit vollzieht sich als „Umfunktionierung der schon mit Einrichtungen des Publikums und Plattformen der Diskussion ausgestatteten literarischen Öffentlichkeit" (Habermas ³1968, 63). Literatur und literarische Öffentlichkeit gehen zu dieser Zeit aber nicht nur eine enge Verbindung mit der bürgerlich-politischen Öffentlichkeit ein. Die Sphäre des – literarisch gebildeten – Publikums entsteht in den breiteren Schichten des Bürgertums vielmehr zunächst als Erweiterung der Sphäre privater familialer Intimität; sie konstituiert sich von Anfang an als „literarisch vermittelte Intimität" (Habermas ³1968, 63). Und dies hat auch wieder Rückwirkungen auf die Literatur: Nicht nur richtet sich das bildungsbürgerliche Publikum an in der Literatur vorgezeichneten Beziehungsmustern aus, sondern, indem es öffentlich über das Gelesene streitet, ergibt sich das, was als literarisch definiert, anerkannt und bestätigt wird, aus dem ‚kritischen Räsonnement' eines literarisch gebildeten Publikums, dessen literarische Bühnen neben den Salons und Kaffeehäusern längst aus dem Boden schießende Buchclubs, Lesezirkel und öffentliche Büchereien sind. Habermas zeichnet die baldige Aushöhlung dieser kritischen literarischen Öffentlichkeit durch eine marktorientierte Waren- und Freizeitindustrie bereits für das Ende des 19. Jahrhunderts, auf jeden Fall aber im 20. Jahrhundert nach. Diese bewirkt anstelle aufklärerischer Reflexion des Gelesenen den zunehmend massenmedial erschlossenen Bereich des Kulturkonsums und entfaltet den Zerfall öffentlicher Kommunikation „in die wie auch immer gleichförmig geprägten Akte vereinzelter Rezipienten" (Habermas ³1968, 177). Nun greift die Gesellschaft unmittelbar auf den Einzelnen zu; an die Stelle der Familie als literarischem ‚Propagandakreis' und Schauplatz einer publizitätsbezogenen Innerlichkeit wie auch einer kritischen, literarisch-politischen Öffentlichkeit tritt nun ein auf den privaten Konsum ausgerichtetes Massenpublikum. Damit sind, neben den historischen Dimensionen des Verhältnisses von sozialer Wirklichkeit und Literatur, von ökonomischer Struktur und Kultur, auch spezifische Aspekte der Produktions- und Rezeptionsweisen und der Binnenstruktur des literarischen Feldes angesprochen.

Materialistisch-marxistische Ansätze

Im 20. Jahrhundert dominieren zunächst marxistisch inspirierte Konzepte die literatursoziologischen Betrachtungen. Zentral sind klassenanalytische Verfahren wie auch Fragen des Verhältnisses von ökonomischer Basis, sozialen Trägern und kulturellem Überbau sowie von ideologischen Gesetzmäßigkeiten in ästhetisch-literarischen Werken. Der materialistische Ansatz begründet seine Theorie nicht auf dem einzelnen handelnden Subjekt, sondern auf vom subjektiven Willen unabhängigen gesellschaftlichen Verhältnissen. Die Literatur gehört demnach, wie Kultur überhaupt, zu den ideologischen Formen der Gesellschaft; sie erfüllt eine ideologische Funktion. Diese ist Gegenstand der Literatursoziologie. Dabei geht es jedoch nicht um krude Versionen der Basis-Überbau-Metapher, die, einem ökonomischen Determinismus folgend, literarische Werke auf einfache Weise als durch ‚die Basis' bestimmt sieht. Literatursoziologische Abhandlungen, die sich auf vulgärmaterialistische Varianten beziehen, wonach Literatur nach dem Basis-Überbau-Schema als bloß ideologische Widerspiegelung der ökonomischen Basis erscheint, verkürzen komplexe Relationen auf monokausale, mechanische Abbildrelationen (vgl. Fügen ²1971). Solchen Varianten, die den Marxismus in bloß „läppisch-karikierender Form" (Link und Link-Heer 1980, 19) darstellen, widersprechen systematisch angelegte literatursoziologische Konzeptionen. Gegen den Kurzschluss vulgärmarxistischer Denkfiguren, die „Himmel und Erde nur durch ideelle Fallschirme kurzschließen", das Verhältnis von Basis und Überbau also im Sinne „einer direkten, zweistelligen Abbildrelation verstehen" (Link und Link-Heer 1980, 21), gerichtet, ist es vielmehr Aufgabe der Literatursoziologie, „die Nahtstellen zu beschreiben, an denen und durch die z. B. ideologische und ideologieneutrale ästhetische Gesetzmäßigkeiten in literarischen Texten integriert werden" (Link und Link-Heer 1980, 18). Es geht darum, dass Literatur eine Funktion der sie tragenden Gesellschaft ist und nicht frei über ihr in der Luft schwebt (vgl. Link und Link-Heer 1980, 22). Über den affirmativ-ideologischen Charakter hinaus hat Literatur, besonders im Ansatz der Kritischen

Theorie (etwa bei Adorno und Marcuse), kritische und utopische, die ideologischen Verhältnisse der Gesellschaft überschreitende Dimensionen. Eine besondere Bedeutung hat in diesem Zusammenhang die Literaturtheorie Adornos, der davon ausgeht, dass literarische Kunst zugleich gesellschaftlich bestimmt als auch affirmativ autonom-widerständig, den gesellschaftlichen Zwängen enthoben sein kann (vgl. Adorno 1958).

Die strukturalistische Position

Im Zuge der Entwicklung der Sprachwissenschaft wird der ‚Strukturalismus' in der Linguistik, die in den Sozialwissenschaften in der zweiten Hälfte des 20. Jahrhunderts gewissermaßen den Ton angibt und zur führenden Wissenschaft wird, zum „Bannerträger der Modernen" (Dosse 1996, 10). Der Strukturbegriff ist Inbegriff eines Gründungsprogramms, das sich zunächst auf die architektonische Bedeutung und Konstruktion der Gesellschaft und der Sprache erstreckt (Spencer, Durkheim, Marx) und sich in der zweiten Hälfte des 20. Jahrhunderts auf die Beschreibung eines strukturalen Rasters erweitert, mit dem ein komplexes Ganzes beschrieben werden kann. Der Suche nach neuen Modellen korrespondiert das strukturalistische Programm als Protest und Gegenkultur und zugleich die Ablehnung zentraler Aspekte der abendländischen Kultur, v. a. der Vorrangstellung des souveränen, willentlich handelnden Subjekts als Urheber aller Dinge und welt- sowie sprachkonstituierender Kraft, der Metaphysik der ‚großen Erzählungen' und Meta-Narrationen („die Geschichte des Abendlandes") und der Repräsentationsfunktion der Sprache. Mit der Abkehr von der Metaphysik der Historie und dem Subjekt-Paradigma verbunden ist zum einen die Zuwendung zur Kehrseite des manifesten Sinns, zum anderen aber auch eine gewisse Tendenz zur „Ontologisierung der Struktur" (Dosse 1996, 11). Doch überwindet der Strukturbegriff und mit ihm der Zeichenbegriff, der auf andere Zeichen, nicht auf eine zeichenhaft abgebildete Realität, verweist, im Poststrukturalismus den Gedanken eines allgemeinen Ordnungsprinzips.

Die Funktion des Autors

Einschlägig für den strukturalistischen Bruch mit der Tradition ist der literaturtheoretische Ansatz des französischen Semiotikers Roland Barthes, dessen Aufsatz *Der Tod des Autors* (1967) nicht nur mit der Tradition der Korrespondenz zwischen Autorbiografie und Werkbedeutung (wie dies etwa im Biographismus, bei dem die Erklärung eines Werkes immer um die Person zentriert ist, die es geschaffen hat, der Fall war) bricht, sondern darüber hinaus die Bedeutung des Autors überhaupt dekonstruiert. Im Mittelpunkt steht die Ablösung der Erzählung von der Intention des Autors und des Autors von der Schrift.

Barthes' Text ist grundlegend für die – seit Ende der 60er Jahre des 20. Jahrhunderts in der Literaturwissenschaft dominierende – Annahme, dass der Sinn eines Textes keineswegs vom Autor, sondern vom Leser erzeugt wird und dass das Schreiben der Raum ist, in dem der Autor verschwindet. Die strukturale Linguistik entsakralisiert das Bild des Autors, insofern hier die ‚automatische Schreibweise' (*écriture automatique*) und die Äußerung (*énoncé*) als reibungsloser und sinnentleerter Vorgang erscheinen, die nicht mit einer sinnstiftenden Autorenfigur aufgefüllt werden (müssen). „Der *Autor* wird zu einer Nebenfigur am Rande der literarischen Bühne reduziert" (Barthes 2000 [1967], 189), der Text erscheint als Erzeuger des Autors und nicht umgekehrt; „er ist in keiner Hinsicht das Subjekt, dessen Prädikat sein Buch wäre" (Barthes 2000 [1967], 189). Letztlich geht es um eine Emanzipation des Schreibens vom Autor. Das Schreiben erzeugt den Autor und nicht umgekehrt; was dem Autor vorausgeht, ist ein Text, ein multidimensionaler Raum, ein intertextuelles Gewebe aus Zitaten, das keine Originalität besitzt. Damit verschwindet zum einen die Autonomie der künstlerischen Kreativität, zum anderen verschwindet auch die Dechiffrierung und hermeneutische Auslegung des Textes. Der Text ergibt keinen Sinn und erst recht keinen, der ursprünglich vom Autor intendiert war. An seine Stelle tritt ein multiples Schreiben, dem man keinen originären Sinn mehr zuordnen kann. Der Autor wird zum Schreiber vorgegebenen Sprachmaterials. Die Einheit eines Textes oder Werkes entsteht, wenn überhaupt, allenfalls im Leser, nicht aus der Figur des Autors. Um den intertextuellen Charakter literarischer Texte angemessen zu erfassen, ist eine neue Art der Rezeption nötig. Texte sollen nicht hermeneutisch im Hinblick auf einen richtigen und endgültigen Sinn ‚entziffert' werden; stattdessen sind ihre diffusen Sinngebungsstrategien zu entziffern. Es geht darum, „die Lektüre literarischer Texte von dem Autor als Bezugspunkt der Interpretation zu befreien, damit sie zur *écriture* werden kann" (Jannidis et al. 2000, 182).

Michel Foucault setzt sich kritisch mit dieser strukturalistischen Position von Barthes explizit auseinander, ohne ihn zu nennen. Er wirft ihm vor, mit der Proklamation, der Autor sei tot, zu weit zu gehen, gleichzeitig aber Werk und Text dann doch wieder mit zahlreichen Attributen des Autors auszustatten. Noch im Gestus des Schreibens sieht Foucault die „transzendentale Anonymität" (Foucault 2001 [1969], 1011) des Autors am Werk und stellt die zentrale These auf, dass der Autor für die Existenz-, Verbreitungs- und Funktionsweise bestimmter Diskurse in der Gesellschaft charakteristisch ist. Er untersucht die Funktion, die der Autor in den Diskursen einnimmt. Dabei ist diese Funktion historisch kontingent, diskursiv und institutionell gebunden. Für Foucault ist nicht der Autor als sprechendes Individuum bestimmend, sondern die Regeln und die Funktionsprinzipien diskursiver Praktiken: Es geht „um den Autor als Prinzip der Gruppierung von Diskursen, als Einheit und Ursprung ihrer Bedeutungen, als Mittelpunkt ihres Zusammenhalts" (Foucault 1991 [1974], 19). Foucaults Anliegen ist es, der Veränderung der ‚Autorfunktion' in der Geschichte nachzugehen. Er betont, dass der Status des Autors im literarischen Diskurs in der historischen Entwicklung ein anderer ist als im wissenschaftlichen Diskurs; während er sich hier abschwächt, nimmt er dort zu; „all die Erzählungen, Gedichte, Dramen oder Komödien, die man im Mittelalter mehr oder weniger anonym zirkulieren ließ, werden nun danach befragt [...], woher sie kommen, wer sie geschrieben hat" (Foucault 1991 [1974], 19; vgl. auch Foucault 2001 [1969]).

Eine wesentliche Funktion des Autors besteht für Foucault darin, Diskursivitätsbegründer zu sein, ein epistemologisches Feld oder diskursive Schichten umzuarbeiten, zu modifizieren oder zu transformieren – und damit einerseits „eine unbegrenzte Möglichkeit zum Diskurs geschaffen" (Foucault 2001 [1969], 1022) zu haben, andererseits aber, entgegen der landläufigen Annahme, Autoren seien unbegrenzte Schöpfer fiktiver Ideen, die Fiktion zu bannen: Der Autor ist aus dieser Perspektive eine ideologische Figur, die dazu dient, ‚das Wuchern' der Diskurse einzudämmen; er ist „das Prinzip der Ökonomie in der Verbreitung des Sinns" (Foucault 2001 [1969], 1029–1030).

Foucault nimmt darüber hinaus jedoch an, dass Diskursivität zwar auf das Werk bestimmter Autoren „als primäre Koordinaten" (Foucault 2001 [1969], 1025) zurückgeführt werden kann, geht aber davon aus, dass Diskursen zugleich ein „wesentliches und konstitutives Vergessen" (Foucault 2001 [1969], 1028) eingeschrieben ist, eine „Sperre des Vergessens", die „nicht von außen hinzugefügt worden" ist, sondern einen „Teil der in Frage stehenden Diskursivität [bildet]; sie gibt ihr ihr Gesetz" (Foucault 2001 [1969], 1026). Diese Sperre des Vergessens, die nur durch Rekonstruktion, durch Rückkehr zu jenem Begründungsakt" (Foucault 2001 [1969], 1026), aufgebrochen werden kann, ist, so Foucault, verankert in der Diskursivitätsbegründung selbst.

Gegen die ihm immer wieder unterstellte Auffassung, es ginge ihm um das Verschwinden oder den Tod des Autors, wendet Foucault ein, seine Position bestehe vielmehr darin, dass der Autor hinter spezifische Formen des Diskurses zurücktreten solle. Aus dieser Position könnte man sich der Frage zuwenden, welche Funktion der Autor als Subjekt eines Diskurses hat und auf welche Weise und nach welchen Regeln das Konzept des Autors funktioniert, kurz, es geht um die „Entdeckung des Spiels der Autor-Funktion" (Foucault 2001 [1969], 1037), nicht um die Nicht-Existenz des Autors. Der Autor ist nach Foucault nur eine mögliche Spezifikation der Subjekt-Funktion, deren Verschwinden als Regulator von Fiktion(en) allerdings nur schwer vorstellbar sei.

3 Aktueller Erkenntnisstand: Soziologie des literarischen Feldes

Regeln und symbolische Praktiken der Kunst (Bourdieu)

Sowohl die Produktion als auch die Lektüre literarischer Texte werden soziologisch als kulturelle und soziale Praxis betrachtet, die durch gesellschaftliche – geschlechts- und klassenspezifische – Bedingungen kultureller Kontexte, soziale Herkunft, Bildungskarrieren, Lesesozialisation beeinflusst wird. Aber auch die Lektüre und Rezeption von Literatur hat Einfluss auf soziale Wirklichkeit(en); Gegenstand der Untersuchung ist zum einen das strukturelle Verhältnis von Literatur und außertextlicher Realität, von fiktional entworfener und realer Wirklichkeit, zum anderen stehen die Regeln und die Strukturen im Mittelpunkt literatursoziologischer Analysen.

Die Regeln des literarischen Feldes und die Logik literarischer Texte und Werke sind aus dieser Perspektive nicht als Ausdruck einer ästhetischen Autonomie oder als bloßes Abbild gesellschaftlicher Verhältnisse interpretierbar, sondern folgen eigenen Gesetzmäßigkeiten. Zentraler Aspekt sind Positionskämpfe im literarischen Feld. Dabei stehen die Akteure und die Institutionen in wechselseitiger Wirkung, Einflussnahme und Abhängigkeit voneinander, nehmen aber dynamisch wechselnde Positionen im literarischen Feld ein.

Insbesondere neuere Ansätze der Literatursoziologie nehmen die verschiedenen Aspekte des Gesellschaftsbezugs von Literatur in den Blick. Sie gehen davon aus, dass die Produzenten literarischer Texte zwar einerseits durch die kulturelle Ordnung der Gesellschaft und die dort eingeschriebene Matrix kultureller Denkmuster bestimmt werden, andererseits aber in gewisser Hinsicht relativ autonom sind; dennoch ist zu bedenken, und davon gehen insbesondere Bourdieus Überlegungen zur Genese und Struktur des literarischen Feldes aus, dass die Hervorbringungen in diesem Feld alles andere als autonom sind; vielmehr ist anzunehmen, dass die *Regeln der Kunst* (Bourdieu 1999) einerseits Regeln der literarischen Produktion, des Schreibens, sind, aber andererseits auch der Illusion unterliegen, dass sie, abgetrennt von der Funktionsweise sozialer Praktiken und Distinktionen, eine eigenständige Logik ausbilden.

Bourdieus *Theorie des literarischen Feldes* sieht dessen Interaktionsgeflecht als strukturellen Zusammenhang zwischen dem literarischen Werk, den Wahrnehmungsmustern der Autoren und Autorinnen, ihrer sozialen Position und Sozialisation sowie den Kämpfen um legitime Benennungsmacht und Zugehörigkeit zum literarischen Feld. Diese Macht- und Einflussfaktoren greifen nach Bourdieu bereits in die Produktionsbedingungen des literarischen Werks ein. Die aktuellen

Machtpositionen der Autoren und Autorinnen, Verleger und Verlegerinnen sowie Kritiker und Kritikerinnen sind demnach das Produkt vorangegangener Interaktionsprozesse; sie bilden die ‚symbolische Machtbasis' der Einordnung des Werks. Ein literarischer Text wird also nicht einfach durch den Akt des Schreibens zum ‚Kunstwerk', sondern durch die Interaktionsprozesse auf dem Feld. Bourdieu (1999) spricht von ‚symbolischer Alchemie' bzw., in Anlehnung an den religiösen Diskurs, vom ‚Wunder der Transsubstantiation', das aus einem profanen einen heiligen Text, aus einem Manuskript ein Kunstwerk mache (Vogt ³2014, 275). Das Interesse der Akteure im literarischen Feld ist daher auf symbolisches Kapital und symbolische Macht gerichtet. „Im Unterschied zu Foucault geht Bourdieu von einer Korrespondenz von mentalen und sozialen Diskursstrukturen und Positionen aus" (Jurt 2009, 370). Bourdieu postuliert eine Homologie zwischen den Positionen der Akteure im literarischen Feld, ihrem spezifischen kulturellen Kapital und den Stilen, Stellungnahmen bzw. literarischen Manifestationen im Feld. Er versteht die formalen Aspekte der literarischen Werke aus der Struktur des literarischen Feldes und der Position der literarischen Produzenten im Feld. Entscheidend sind die feldinternen Kämpfe: „Wenn es das Ziel der feldinternen literarischen Kämpfe ist, das Monopol zu erreichen, mit Autorität zu sagen, was Literatur ist, so wird von der Definition der literarischen Legitimität eine symbolische Hierarchie der literarischen Gattungen abgeleitet, die mitgeprägt wird durch den spezifischen oder nicht-spezifischen Charakter der Rezipienten dieser oder jener Kategorie von Literaturproduzenten" (Jurt 2009, 370).

Den Positionen im Feld der literarischen Produktion (Gattungswahl, soziale Herkunft etc.) entsprechen die literarisch-künstlerischen Formen. „Der Stil und die Form sind in den Augen Bourdieus ebenso soziale Phänomene wie die Autorenrechte, die Beziehungen der Autoren zu den Verlegern oder anderen Schriftstellern" (Jurt 2009, 370).

In den *Regeln der Kunst* (1999) entfaltet Bourdieu die Genese und Struktur des literarischen Feldes; er geht von historischen (Ein-)Schnitten aus, in denen es zu einer sukzessiven Ausbildung des (relativ) autonomen literarischen Feldes kommt. Dadurch gelingt es ihm erstens, den Blick auf die Genese/Geschichtlichkeit und die spezifische Struktur des literarischen Feldes und den damit verbundenen Prozess der Autonomisierung des literarischen Feldes zu richten, und zweitens, das literarische Feld als Geflecht relationaler Beziehungen und Konfiguration von objektiven Relationen zwischen den Akteuren zu betrachten.

Der historische Aspekt erlaubt nicht nur die Einordnung der literarischen Werke in den historischen Kontext, sondern er ermöglicht aus dem Werk heraus, die Strukturen des Feldes und darüber hinaus die Struktur der sozialen Welt zu erkennen. Dabei geht es hier nicht um die Abbildung der sozialen Wirklichkeit im Literarischen, sondern das literarische Werk vermag „durch seine Singularität, die über sich hinausweist" (Jurt 2009, 371), vielmehr verborgene soziale Strukturen in kondensierter Form zum Sprechen zu bringen, während wissenschaftliche Analysen diese diskursiv entfalten müssten.

Bourdieu nimmt an, dass die Produzenten einer bestimmten Epoche durch ihre Position im kulturellen Raum des Möglichen und durch den historischen Zeitpunkt determiniert „und zugleich, was die direkten Determinierungen durch das ökonomische und soziale Umfeld angeht, relativ autonom sind" (Bourdieu 1998, 55). Um aber die Optionen kultureller Produktionen zu verstehen, muss man sich, so Bourdieu, auf die Geschichte (des Theaters) beziehen. Analog dem Begriff der Episteme bei Foucault, dem historischen Apriori (im Sinne der Bedingung des in einer bestimmten Epoche Denkmöglichen und Sagbaren), spricht Bourdieu von einem in Bezug auf die einzelnen Akteure gewissermaßen transzendenten Raum des Möglichen, der „nach Art eines gemeinsamen Koordinatensystems" fungiere und bewirke, dass die zeitgenössischen Akteure, auch wenn sie sich nicht bewusst aufeinander bezögen, „objektiv durch ihr Verhältnis zueinander bestimmt sind" (Bourdieu 1998, 55). Bourdieu nimmt an, dass dies auch für die Literatur gelte. Theoretisch untermauert er diese Annahme mit der strukturalistischen Hermeneutik, in der der Autor quasi bedeutungslos geworden ist und die Bedeutung des Textes von der Sprache her erschlossen wird. Im Gegensatz zur Hermeneutik, die einen immanenten, vom Leser eindeutig identifizierbaren Textsinn annimmt, behandelt Bourdieu die Texte „als strukturierte Strukturen ohne strukturierendes Subjekt, die, wie Saussures Sprache, besondere historische Realisierungen darstellen und daher als solche dechiffriert werden müssen" (Bourdieu 1998, 57).

Was die Leserinnen und Leser aus dem Text machen, ist Ausdruck ihrer kulturellen Sozialisation und literarischen Bildung. Literarische Kompetenz ist klassenabhängig und wirkt ihrerseits stabilisierend auf soziale Grenzziehungen. Der literarische Text ist einerseits Mittel der Distinktion, aber seinerseits auch spezifischer Ausdruck der Konstruktion sozialer Wirklichkeit. Während des Lesens nehmen die Leserinnen und Leser ein neues Arrangement der den Text bildenden sprachlichen Zeichen vor. Auf Grundlage des individuellen psycho-sozialen Hintergrunds, der z. B. Bildung, kulturelle Prägung, Lebenserfahrungen und Milieu umfasst, rezipiert jeder Lesende einen Text anders, was folglich zu ganz unterschiedlichen Interpretationen führen kann.

Autonomie des literarischen Feldes

Foucault führt in seinem textanalytischen Verfahren der Diskursanalyse strukturalistische Methoden der Textanalyse weiter. Texte werden hier nicht nach der Absicht des Autors oder anderer bedeutungsgebender Instanzen befragt, sondern daraufhin, welche Themen in welcher Weise behandelt und welche Themen und Methoden ausgeschlossen werden. Foucaults besonderes Interesse gilt den Voraussetzungen, die in einer historischen Epoche von allen Diskursen geteilt werden und sie ermöglichen (das Archiv, die Episteme), und den Ausschließungen, die sie hervorbringen, und den Mechanismen, die ihre Ausschließung regulieren. Sein Verdienst ist es, so Bourdieu, das strukturalistische Primat der Relationen erkannt zu haben; „wohl wissend, dass kein Werk aus sich heraus existiert, d. h. unabhängig von den Interdependenzbeziehungen, die es mit anderen Werken verbinden, schlägt Michel Foucault vor, das ‚Regelsystem von Unterschied und Streuung', dem sich jedes einzelne Werk zuweisen läßt, ein ‚Feld strategischer Möglichkeiten' zu nennen" (Bourdieu 1998, 57). Aber dieses Möglichkeitsfeld, diese Episteme, bezieht sich, so Bourdieus Vorwurf, ausschließlich auf die ‚Ordnung des Diskurses', auf die Verteilung der Wahlmöglichkeiten innerhalb des diskursiv-kulturellen Feldes und des Beziehungsnetzes zwischen den Texten selbst, auf die intertextuellen Bezüge zwischen den Texten, nicht auf gemeinsame Interessen und mentale Gewohnheiten der Kulturproduzenten. Bourdieus Kritik richtet sich gegen Foucaults Annahme der absoluten Autonomie des diskursiven Feldes (als Raum der Möglichkeiten; vgl. Bourdieu 1998, 58); er wirft ihm vor, die Beziehungen zwischen Produzenten und Rezipienten in den „Ideenhimmel" zu verlegen; Bourdieu bestreitet nicht die spezifischen Determinationen des literarisch-künstlerischen Feldes, schränkt dessen Autonomie aber ein: „Es ist nicht möglich, das Kulturelle, die *Episteme*, als ein vollkommen autonomes System zu behandeln" (Bourdieu 1998, 58). Und er kritisiert, Foucault meine, beim Konstruieren des diskursiven Möglichkeitsraumes dessen soziale Dimensionen, deren Ausdruck auch das literarische Feld sei, ausklammern zu müssen (vgl. Bourdieu 1998, 63). Auch die externe Analyse des kulturell-literarischen Feldes hält Bourdieu für unzureichend, wenn sie nicht die Logik, nach der die Felder funktionieren, selbst in die Analyse einbezieht, denn, so Bourdieu, „das Feld bewirkt eine *Brechung*" (Bourdieu 1998, 62); es funktioniert nach eigenen Gesetzen und operiert nach eigenen Regeln (Bourdieu spricht hier sogar von einem „Brechungskoeffizienten", der den „Grad der Autonomie" des Feldes angibt). Was Bourdieu meint, macht er in der Analyse des kulturellen Feldes deutlich; hier geht er von der „*Korrespondenz zwischen zwei homologen Strukturen*", nämlich zum einen „der Struktur der Werke (d. h. der Gattungen, aber auch der *Formen*, Stile, Themen usw.)" und auf der anderen Seite „der Struktur des literarischen [...] Felds, eines Kraftfelds, das immer zugleich auch ein Feld von Kämpfen ist" (Bourdieu 1998, 64), aus. Und er macht – gegen den russischen werkimmanenten Formalismus, aber auch gegen Foucaults epistemologische Autonomie – geltend, dass die Triebkraft des Wandels der kulturellen Werke und der Literatur aus den Kämpfen im literarischen Feld und den spezifischen Positionen der Akteure und deren symbolischen Ressourcen (feldinterne Anerkennung, externe Berühmtheit) resultiert (vgl. Bourdieu 1998, 65). Nach Bourdieu gibt es keinen mechanischen Determinismus zwischen den Positionen im literarischen Feld als Raum der Möglichkeiten und der von Produzenten eingenommenen Position, wohl aber bestimmt sich die literarische Position nur unter den „strukturierten Zwängen des Felds" (Bourdieu 1998, 65), die ihm eine bestimmte Schreibweise oder Form ‚aufzwingen' oder besser: ermöglichen. Veränderungen im literarischen Feld wären nach Bourdieu dann immer vermittelt über die Spannungen und ausgetragenen Kämpfe im literarischen Feld – aber wie autonom dieses auch immer sein mag, sie wären niemals vollkommen unabhängig von feld-externen Faktoren (vgl. Bourdieu 1998, 68).

Cultural Studies

Die Position der Cultural Studies problematisiert den Kulturbegriff und mit ihm die Einteilung in die Werke der Hochkultur und die Hervorbringungen der Populärkultur. Ausgehend von den literaturwissenschaftlichen Analysen von R. Hoggart und R. Williams hat sich seit den 1960er Jahren durch das u. a. an Formen der Arbeiter- und Erwachsenenbildung ausgerichtete CCCS (*Centre for Contemporary Cultural Studies* in Birmingham, GB) ein komplexer Forschungs- und Diskussionszusammenhang entwickelt, der literarische Texte als Teil kultureller (Alltags-)Praktiken analysiert und den Rezipienten kreative Formen der Aneignung und De-Kodierung von Texten zuordnet. Hier wird das Konzept von Kultur selbst demokratisiert und gesellschaftlich reflektiert. Kunstwerke, zu denen auch die Werke der Literatur gehören, erscheinen nicht länger als „Summe des Besten, was je gedacht und geschrieben wurde" (Hall 1999a [1980], 17). Sie sind nicht der Maßstab für Kultiviertheit und Distinktion, sondern erscheinen als Bestandteil allgemeiner gesellschaftlicher Praktiken (vgl. Hall 1999a [1980] und 1999b [1980]).

Offener Horizont – die Posthistoire

Was sich im (Post-)Strukturalismus schon andeutete: die Abkehr vom souveränen Schöpfersubjekt und von der Metaphysik der Geschichte, zeigt sich in der Postmoderne als neue Qualität von Kultur, die u. a. die traditionelle Aufteilung von Hoch- und Unterhaltungskultur, aber auch die gesellschaftlichen Widersprüche hinter sich lässt. Während die Postmoderne, deren Kritik der Moderne sich gegen eine bestimmte Auffassung von Geschichte richtet und sich von Geschichte als linearem Fortschrittsmodell und den Großen Erzählungen verabschiedet (vgl. Lyotard 1999), rufen die Vertreter der Posthistoire das Ende der Geschichte aus (vgl. u. a. Fukuyama 1992). Demnach ändert sich historisch nichts Wesentliches mehr, da es keine gesellschaftlichen und historischen Umbrüche mehr gibt. Die demokratische Gesellschaft, die liberale Demokratie oder der demokratische Kapitalismus wären dann zugleich das Ende der Geschichte, nach denen es keine Entwicklung mehr gäbe. Damit wäre auch die Literatur – in ihrer Kritik der gesellschaftlichen Verhältnisse – und die Ästhetik der erzählerischen Künste gewissermaßen an ihr Ende gekommen. Als Ersatz für die Kritik gesellschaftlicher Antagonismen blieben dann nur noch die serielle Aufführung des Spektakels und die endlose Simulation von Narrativen.

4 Forschungsdesiderate

Es scheint, als fehle es an einer Theorie der Gegenwartsliteratur, an schlüssigen Hinweisen darauf, wer oder was den Literaturbetrieb steuert. Neuere Praxistheorien, insbesondere praxeologisch ausgerichtete Ansätze, stellen die Frage nach den Entstehungsbedingungen von Literatur, indem sie die Literatur und Produktion literarischer Texte weder ausschließlich als diskursive Effekte noch als bloße Effekte des literarischen Feldes sehen, sondern auf die komplexen Praktiken verweisen, in denen Literatur als Handlungsprozess auf der Schnittstelle von Subjekten und Strukturen entsteht (vgl. Bierwirth et al. 2012, 12). Sie schließen an Bourdieus Untersuchungen zum literarischen Feld an und verstehen Literatur als ‚doing literature'. Literatur entsteht und wirkt demnach im Zusammenspiel verschiedener Akteure, Praktiken und Materialitäten. Im Kern geht es dabei um das explizite und implizite Wissen der (Gegenwarts-)Literatur. Im Fokus der Untersuchungen stehen Prozesse des Machens von Literatur. Wie dies funktioniert, muss Gegenstand konkreter gegenwartsliterarischer Analysen sein, die, über die Analysen des literarischen Feldes und die Inszenierung des Autors wie auch des Werks in medialen Kontexten hinaus, das Machen der Texte selbst und die Ebene der Literaturproduktion, des Autors und des Literaturbetriebs aufeinander beziehen (vgl. Bierwirth et al. 2012, 13–14). Die Untersuchung des ‚Machens' von (Gegenwarts-)Literatur setzt voraus, dass die epistemischen Denk- und Handlungsmuster, die praktisch ausgehandelt und wirksam werden, wissenschaftstheoretisch und literatursoziologisch hinreichend reflektiert und aufeinander sowie auf die institutionellen Rahmenbedingungen bezogen werden. Dabei bildet die Rückkoppelung von Text, Kanonbildung und Wertung ein wichtiges Forschungsfeld, das insbesondere die epistemologischen Prämissen und die methodischen Verfahren der Beobachtung und der Bewertung von (Gegenwarts-)Literatur einer kritischen Reflexion unterzieht (vgl. Eke 2012). Die hier angedeutete Perspektive betrachtet Literatur als kulturelle Performanz. In diesem Kontext spielt die Frage literarischer Moden und (Reproduktions-)Zyklen literarischer Produktion eine zentrale Rolle, in denen temporäre „Ballungen des Gleichartigen [...] im Strom der Diskurse" (Zeman 2015, 35) zu verzeichnen sind, die durch das – ungeplante – Zusammenwirken vieler Akteure, durch Umschriften und Reinszenierungen einer Vielzahl von Literaturproduzenten entstehen. Sie sind „Teil temporärer ‚communities of practice', die den Lebenszyklus einer Literaturmode mitbestimmen" (Zeman 2015, 35). Sie bewirken Strukturierungen und Entstrukturierungen, Stabilisierungen und Metamorphosen von Literaturmoden.

Darüber hinaus geht es um die Frage, „wie Wissen in einer Literaturgesellschaft produziert wird, die sich von der bildungsbürgerlichen Funktion, die Identität dieser Gesellschaft zu stiften und abzusichern, auf eine ‚Informatisierung und Telemediatisierung' umgestellt hat" (Braun 2013). Hier gibt es u. a. neue, „dingzyklographische" (Braun 2013, 37) Varianten der Rezeption und des Konsums von Literatur, die als Gegentrend zur Ökonomisierung von Literatur gelesen werden können. Dieser gesamte Bereich des *social reading* ist noch ein offenes Forschungsfeld; es fehlt bisher an ausreichend theoretisch fundierten und methodisch reflektierten konkreten Untersuchungen zu Phänomenen netzmedialer Formen des Schreibens und des Literaturkonsums.

Weiterführende Literatur

Bierwirth, Maik, Anja Johannsen und Mirna Zeman (Hg.) (2012). *Doing Contemporary Literature. Praktiken, Wertungen, Automatismen.* München.
Bourdieu, Pierre (2002). *Die Regeln der Kunst. Genese und Struktur des literarischen Feldes.* Frankfurt a. M.
Dörner, Andreas und Ludger Vogt (²2013). *Literatursoziologie. Eine Einführung in zentrale Positionen – von Marx bis Bourdieu, von der Systemtheorie bis zu den British Cultural Studies.* Heidelberg.
Jurt, Josef (2009). „Literatur". *Bourdieu-Handbuch. Leben – Werk – Wirkung.* Hrsg. von Gerhard Fröhlich und Boike Rehbein. Stuttgart und Weimar: 369–371.
Zeman, Mirna (2015). „Zyklographie der Literatur. Materialistische Variante". Zyklen/Moden. *KultuRRevolution* 68 (2015): 32–39.

Zitierte Literatur

Adorno, Theodor W. (1958). *Noten zur Literatur*. Hrsg. von Rolf Tiedemann. Frankfurt a. M.
Barthes, Roland (2000 [1967]). „Der Tod des Autors". *Texte zur Theorie der Autorschaft*. Hrsg. von Fotis Jannidis, Gerhard Lauer, Matias Martinez und Simone Winko. Stuttgart:185–193.
Bierwirth, Maik, Anja Johannsen und Mirna Zeman (Hg.) (2012). *Doing Contemporary Literature. Praktiken, Wertungen, Automatismen*. München.
Bourdieu, Pierre (1998). *Praktische Vernunft. Zur Theorie des Handelns*. Frankfurt a. M.
Bourdieu, Pierre (1999). *Die Regeln der Kunst. Genese und Struktur des literarischen Feldes*. Frankfurt a. M.
Braun, Michael (2013). *Weg vom Schreibtisch, Weg zum Schreibtisch. Kultur als Praxis: Ein Sammelband untersucht, wie der Literaturbetrieb den Autor macht und dieser den Betrieb steuert*. http://www.literaturkritik.de/public/rezension.php?rez_id=17729 (22. Mai 2015).
Dosse, François (1996). *Geschichte des Strukturalismus*. Bd. 1. Das Feld des Zeichens. 1945–1966. Hamburg.
Eke, Norbert Otto (2012). „Beobachtungen beobachten. Beiläufiges aus germanistischer Sicht zum Umgang mit einer Literatur der Gegenwärtigkeit". *Doing Contemporary Literature. Praktiken, Wertungen, Automatismen. München*. Hrsg. von Maik Bierwirth, Anja Johannsen und Mirna Zeman. München: 23–40.
Engelmann, Jan (1999). *Die Kleinen Unterschiede. Der Cultural Studies-Reader*. Frankfurt a. M.
Foucault, Michel (1991[1974]). *Die Ordnung des Diskurses*. Frankfurt a. M.
Foucault, Michel (2001[1969]). „Was ist ein Autor?". *Dits et Écrits*. Schriften Bd. 1: 1954–1969. Hrsg. von Daniel Defert und François Ewald. Frankfurt a. M.: 1003–1041.
Fügen, Hans Norbert ([2]1971). *Wege der Literatursoziologie*. Neuwied und Berlin.
Fukuyama, Francis (1992). *Das Ende der Geschichte. Wo stehen wir?* München.
Habermas, Jürgen ([3]1968). *Strukturwandel der Öffentlichkeit. Untersuchungen zu einer Kategorie der bürgerlichen Gesellschaft*. Neuwied.
Hall, Stuart (1999a [1980]). „Die zwei Paradigmen der Cultural Studies". *Widerspenstige Kulturen. Cultural Studies als Herausforderung*. Hrsg. von Karl H. Hörning und Rainer Winter. Frankfurt a. M.: 13–42.
Hall, Stuart (1999b [1980]). „Kodieren/Dekodieren". *Cultural Studies. Grundlagentexte zur Einführung*. Hrsg. von Roger Bromley, Udo Göttlich und Rainer Winter. Hamburg: 92–110.
Jannidis, Fotis et. al (2000). „Barthes, Roland (2000 [1967]). ‚Der Tod des Autors'". *Texte zur Theorie der Autorschaft*. Hrsg. von Fotis Jannidis, Gerhard Lauer, Matias Martinez und Simone Winko. Stuttgart:185–193.
Jurt, Josef (2009). „Literatur". *Bourdieu-Handbuch. Leben – Werk – Wirkung*. Hrsg. von Gerhard Fröhlich und Boike Rehbein. Stuttgart und Weimar: 369–371.
Link, Jürgen und Ursula Link-Heer (Hg.) (1980). *Literatursoziologisches Propädeutikum*. München.
Luhmann, Niklas (2008). *Schriften zu Kunst und Literatur*. Frankfurt a. M.
Lyotard, Jean-François (1999). *Das postmoderne Wissen*. Wien.
Vogt, Ludgera ([3]2014). „Literatursoziologie". *Wörterbuch der Soziologie*. Hrsg. von Günter Endruweit, Gisela Trommsdorf und Nicole Burzan. Konstanz und München: 273–277.
Zeman, Mirna (2015): „Zyklographie der Literatur. Materialistische Variante". *Zyklen/Moden. KultuRRevolution* 68 (2015): 32–39.

Thomas Wegmann
IV.4 Literaturbetrieb und literarischer Markt

1 Definition

‚Literaturbetrieb' und ‚Markt' sind für den Umgang mit Literatur keine *a priori* gegebenen Größen, sondern Bestandteile neuerer Entwicklungen. Ein literarischer Markt als systematische Zusammenführung von Angebot und Nachfrage entsteht in nennenswertem Ausmaß erst in der zweiten Hälfte des 18. Jahrhunderts und ist nur als komplexes Zusammenspiel von Veränderungen auf juristischem, ökonomischem und ästhetischem Gebiet zu begreifen. Denn dass z. B. auch Symbolisches bzw. Immaterielles zu einem ökonomischen Gut und damit zu einer markt- und eigentumsfähigen Ware werden kann, war lange Zeit undenkbar, juristisch und volkswirtschaftlich jedenfalls ohne Relevanz. Noch jünger ist die Rede vom ‚Literaturbetrieb', ein anfänglich wertfrei, zwischenzeitlich aber häufig pejorativ gebrauchtes Kompositum, das sich zwar bis Mitte des 20. Jahrhunderts in keinem der einschlägigen Nachschlagewerke findet, sich aber dennoch in den 1840er Jahren allmählich etablierte (vgl. Simons 2013). Mittlerweile fungiert der Terminus nicht selten als negativ konnotiertes Synonym zum literarischen Leben, etwa im *Metzler Lexikon Literatur* von 1990: „Literarisches Leben, traditionell auch: lit. Öffentlichkeit; funktionalistisch: Literatursystem; eher abfällig: Literaturbetrieb" (Burdorf et al. ³2007, 442). Bleibt das Gemeinte hier weitgehend im Dunkel, hat sich Steffen Richter zumindest um eine knappe Definition bemüht: „Der ‚Literaturbetrieb' soll hier verstanden werden als die Gesamtheit der Institutionen, Instanzen und Personen sowie ihrer Beziehungen untereinander, die Rahmenbedingungen für die Produktion, Distribution und Rezeption literarischer Texte bilden." (Richter 2011, 8)

Damit erweist sich der ‚Literaturbetrieb' wie jeder Betrieb nicht nur als „Einheit von zusammenwirkenden Personen und Produktionsmitteln zur Hervorbringung von Gütern und Leistungen" (Theisohn und Weder 2013, 9), sondern auch als feuilletontaugliches Pendant zum literatursoziologischen Konzept des literarischen Feldes, mit dem Pierre Bourdieu (2001) die Gesamtheit aller auf Literatur bezogenen Akteure und ihrer Handlungen beschreibt: Autoren, Literaturkritik, Buchhandel, Bibliotheken, Verlage, Leser, Literaturvermittler etc. Ebenso wie die Entstehung eines Literatur- oder Buchmarkts und damit eng verbunden erfolgt auch die Genese eines eigengesetzlichen literarischen Feldes während der Sattelzeit – in Teilen Deutschlands früher als in Frankreich – und basiert auf drei Voraussetzungen: 1. auf der Professionalisierung und Differenzierung von Produzenten und Händlern symbolischer Güter; 2. auf der Entstehung eines sozial differenzierten Publikums von Konsumenten bzw. Lesern, das die Produzenten symbolischer Güter nicht nur alimentiert, sondern auch für ein Prinzip konkurrierender Legitimation sorgt; 3. auf der Multiplikation und Diversifikation von auszeichnenden und räsonierenden Instanzen (wie etwa Literaturzeitschriften, Akademien oder Salons) sowie von Vermittlungsinstanzen (wie Verlagshäuser oder Theater), deren Auswahl aus den angebotenen Werken diesen ebenfalls eine künstlerische Legitimität verleiht.

2 Kurze Geschichte des Phänomens und seiner Erforschung

Die damit eng zusammenhängenden ökonomischen wie mentalitätsgeschichtlichen Veränderungen des 18. Jahrhunderts im Umgang mit Literatur hat aus Sicht der Produzenten Johann Wolfgang Goethe in *Dichtung und Wahrheit* rückblickend skizziert: „Die Produktion von poetischen Schriften [...] wurde als etwas Heiliges angesehn, und man hielt es beinah für Simonie, ein Honorar zu nehmen oder zu steigern. [...] Demungeachtet war unter den deutschen Autoren eine allgemeine Bewegung entstanden. Sie verglichen ihren eignen, sehr mäßigen, wo nicht ärmlichen Zustand mit dem Reichtum der angesehenen Buchhändler, sie betrachteten, wie groß der Ruhm eines Gellert, eines Rabener sei, und in welcher häuslichen Enge ein allgemein beliebter deutscher Schriftsteller sich behelfen müsse, wenn er sich nicht durch sonst irgend einen Erwerb das Leben erleichterte." (Goethe [14]1996, 517–518) Wiewohl auch Goethe in Weimar ein finanziell einträgliches Amt innehatte, situiert er sich offenbar in einer anderen historischen Phase als den deutlich älteren, seit 1745 eine Professur für Poesie, Beredsamkeit und Moral bekleidenden Gellert – und das aus zwei, von Goethe nicht explizit genannten Gründen: Zum einen konnten sich deutsche Schriftsteller seit der Goethezeit als Genies inszenieren, zum anderen selbstbewusster höhere Honorare einklagen. Beides hat Goethe zumindest zeitweise getan, und beides hängt eng miteinander zusammen, sodass man von einer Ko-Evolution ästhetischer, ökonomischer und schließlich auch juristischer Prozesse sprechen kann.

Friedrich Gottlieb Klopstock war einer der ersten Autoren der jüngeren Generation, der ebenso nachhaltig wie zeitgemäß an der Aufhebung des alten Gegensatzes von Geld und Geist arbeitete und „sich für die Heiligkeit und die Wirtschaftlichkeit der Poesie gleichermaßen" (Bosse 1981, 81) engagierte. Sein Aufruf zur Subskription der *Deutschen Gelehrtenrepublik* signalisierte 1773 den neuen Anspruch der Autoren, an den Gewinnen des literarischen Marktes stärker partizipieren zu wollen: „Meine Absicht ist, zu versuchen, ob es möglich sei, daß die Gelehrten durch so eingerichtete Subskriptionen Eigentümer ihrer Schriften werden. Denn jetzt sind sie dies nur dem Scheine nach; die Buchhändler sind die wirklichen Eigentümer, weil ihnen die Gelehrten ihre Schriften, sollen sie anders gedruckt werden, wohl überlassen müssen." (Klopstock 1982 [1773], 132–133) Der Subskribent verpflichtete sich vor Erscheinen eines Werkes lediglich zu dessen Abnahme, während der Kunde bei der Pränumeration bereits im Voraus den Buchpreis entrichten musste. Was Klopstock mit seinem Subskriptionsplan *de facto* bewirkte, war eine Verbindung von Honorar und Absatz, damals alles andere als eine Selbstverständlichkeit. Noch 1735 hatte *Zedlers Universal-Lexicon* definiert: „Honorarium heisset Erkenntlichkeit, oder Vergeltung, Verehrung, *Discretion*, Besoldung, bestehet in einer freyen Willkühr und hat keine *Proportion* oder Gleichheit gegen die geleisteten Dienste" (Zedler 1735, 382). Weniger was die verlegerische Praxis, wohl aber was die Modalität der Honorierung betrifft, hat Klopstock mit seinem Subskriptionsmodell auch langfristig ein Exempel statuiert. Das Absatzhonorar, welches über die Vermittlung des Verlegers das Publikum, d. h. die zahlende literarische Öffentlichkeit einbezieht, wird mehr und mehr zum Normalfall schriftstellerischer Entlohnung – mit allen Chancen und Risiken: „Indem sich der Schriftsteller den Absatz seines Produkts zueignet, ist er zugleich der Nachfrage seiner Ware preisgegeben." (Bosse 1981, 93)

Damit formieren sich einige für moderne Literatur konstitutive Widersprüche: Seitdem Schriftsteller ihre Artefakte gewinnbringend über den Markt verkaufen können, können sie ebenso gewinnbringend über die Kommerzialisierung der Literatur sowie den schlechten Geschmack des (meist das Falsche) lesenden Publikums klagen. Zudem gehen die Freiheiten des freien, d. h. hauptberuflichen und zumindest *per definitionem* vom Mäzenatentum jedweder Couleur unabhängigen Schriftstellers einher mit neuen Abhängigkeiten. Das Schreiben wird zur ökonomischen Notwendigkeit und diese zum ästhetischen Verdachtsmoment. Gotthold Ephraim Lessings Briefen an seinen Bruder Karl etwa ist diese Diskrepanz ebenso eingeschrieben wie dessen langjährigen und desillusionierenden Bemühungen, sich als freier Schriftsteller zu etablieren und dabei die Balance zu halten zwischen ästhetischem Anspruch und ökonomischer Notwendigkeit. Johann Gottfried Herder verurteilt dagegen 1781 in seiner Preisschrift *Von der Würkung der Dichtkunst in neueren Zeiten* die Kommerzialisierung und Professionalisierung der Literatur aufs Schärfste: „Und schreibts [das Genie] nun gar dieses traurigen Gewinnst wegen, zerret, feilschet, verkauft, veranstaltet Subscriptionen und Pränumerationen; der Dichter der Nation ist Letternkrämer geworden, er muß schreiben, Genie und Würkung ist verhandelt." (Herder 1892, 428–429) In jener Phase, in der sich Literatur mit Kunstanspruch über den Markt potenziell an alle und nicht mehr nur an einen kleinen Kreis von Gelehrten oder Gönnern wendet, beginnt sie auch, den Markt zu pejorisieren und sich von der damit verbundenen Warenförmigkeit zu distanzieren.

Diese ambivalente Stellung findet sich auch, wenn der Markt selbst zum Topos in literarischen Texten wird, wobei Literatur immer weniger in der Lage ist, Märkte und Marktgeschehen teilnahmslos zu beobachten oder allgemein als Allegorie auf die Wechselfälle und Eitelkeiten menschlichen Lebens zu bedichten, wie dies noch im Barock mit dem Topos des Jahrmarkts geschah. *In nuce* lässt sich das einer Gelegenheitsdichtung des jungen Goethe ablesen: Die erste Fassung, 1774 unter dem Titel *Das Jahrmarkts-Fest zu Plundersweilern* erschienen, mehr noch die zweite, 1781 unter dem Titel *Das Neueste von Plundersweilern* erarbeitete Fassung greifen das tradierte Jahrmarkt-Motiv zwar auf, wandeln es aber nicht von ungefähr zu einer Satire auf den zeitgenössischen Literaturbetrieb ab. Die allgemeinen Eitelkeiten des Jahrmarkts werden so – von der ersten zur zweiten Fassung nachhaltig gesteigert – zu einem ganz speziellen Jahrmarkt der Eitelkeiten, nämlich dem der Literatur und des Literaturbetriebs. Dabei wird der Markt nicht mit dem Literaturbetrieb in eins gesetzt, doch dient er diesem immer häufiger als spottender Spiegel oder mahnende Abgrenzungsgröße. Literatur beobachtet den Markt – und ist selbst Teil des Marktes geworden, wie auch in E. T. A. Hoffmanns Erzählung *Des Vetters Eckfenster* (1822), die ihre Ästhetik nicht zufällig mit Hilfe der Zufälle eines Marktgeschehens entwickelt.

So gibt es neben den programmatischen Verwerfungen auch Schnittstellen von Ästhetik und Ökonomie: Die Effekte sowohl der marktwirtschaftlichen wie der genieästhetischen Argumentation laufen auf eine Individualisierung von Rede hinaus, die nunmehr persönlichen Ursprungs ist. Und diese Vorstellung ist für die Entstehung des geistigen Eigentums und damit für ein den literarischen Markt bis heute regelndes juristisches Paradigma konstitutiv. Denn der künstlerische Autonomiegedanke, der im Sturm und Drang seinen Höhepunkt im Geniebegriff erreichte, war nicht vereinbar mit Existenzbedingungen, die den Autor gleich in mehrerer Hinsicht in Abhängigkeit hielten. Um sich aus solchen Abhängigkeiten befreien zu können, musste ein Autorentypus generiert werden, der nicht aus externen Regelpoetiken, sondern ganz aus sich selbst heraus schafft. Ein bekannter Passus aus dem 16. Buch von Goethes *Dichtung und Wahrheit* verdeutlicht das, inszeniert er doch geradezu idealtypisch alle für genialisches Dichten notwendigen Paradigmen: „Ich war dazu gelangt, das mir inwohnende dichterische Talent ganz als Natur zu betrachten, um so mehr, als ich darauf gewiesen war, die äußere Natur als den Gegenstand desselben anzusehen. Die Ausübung dieser Dichtergabe konnte zwar durch Veranlassung erregt und bestimmt werden; aber am freudigsten und reichlichsten trat sie unwillkürlich, ja wider Willen hervor. [...] Auch beim nächtlichen Erwachen trat derselbe Fall ein, und ich hatte oft Lust, [...] das, was unvermutet hervorbrach, zu fixieren.

Ich war so gewohnt, mir ein Liedchen vorzusagen, ohne es wieder zusammen finden zu können, daß ich einigemale an den Pult rannte und mir nicht die Zeit nahm, einen querliegenden Bogen zurecht zu rücken, sondern das Gedicht von Anfang bis zu Ende, ohne mich von der Stelle zu rühren, in der Diagonale herunterschrieb. In eben diesem Sinne griff ich weit lieber zu dem Bleistift, welcher williger die Züge hergab: denn es war mir einigemal begegnet, daß das Schnarren und Spritzen der Feder mich aus meinem nachtwandlerischen Dichten aufweckte, mich zerstreute und ein kleines Produkt in der Geburt erstickte. Für solche Poesien hatte ich eine besondere Ehrfurcht, weil ich mich doch ohngefähr gegen dieselben verhielt, wie die Henne gegen die Küchlein, die sie ausgebrütet um sich her piepsen sieht. Meine frühere Lust, diese Dinge nur durch Vorlesungen mitzuteilen, erneute sich wieder, sie aber gegen Geld umzutauschen schien mir abscheulich." (Goethe ¹⁴1996, 80–81.)

Ohne oder gar gegen den Willen des Autors fixiert der Fluss der Handschrift, die hier gleichsam als Körpersekret situiert ist, die Natur des Dichters und die Dichtung der Natur. Dabei entstehen Texte, die sich ihre Textualität, ihr Gemachtsein nicht anmerken lassen dürfen, müssen sie sich doch in zwei Richtungen abgrenzen: zum einen gegen die ältere Regelpoetik, zum anderen gegen jene ökonomische Produktivität, die ganz auf die Tauschverhältnisse am Markt gerichtet ist. Zum einen verweist der Wille zu dichten noch auf jene Zeiten, in denen dieser noch gelohnt haben könnte, weil schon die aktive Beherrschung der rhetorischen Figuren ein Kunstprodukt zumindest wahrscheinlich machen konnte. Zum anderen inszeniert der Passus eine Ästhetik, deren Produktivität sich als gegenläufig zu der aus Arbeit und Handel bekannten ausgibt und so erst den Bereich der Kunst überhaupt als einen autonomen entwerfen kann. Entsprechend tritt dann die Dichtergabe am „freudigsten und reichlichsten […] unwillkürlich, ja wider Willen hervor." (Goethe ¹⁴1996, 80–81)

Das willentlich hervorgebrachte Produkt dagegen läuft immer Gefahr, funktionalisiert und instrumentalisiert zu werden, und steht ständig im Ruf, allein zu Tauschzwecken hergestellt worden zu sein. Ausgerechnet der wachsende und sich ausdifferenzierende Markt zwingt Literatur also dazu, sich als nicht nur für den Markt geschriebene auszugeben und die Spuren ihrer Warenförmigkeit möglichst zu beseitigen, will sie weiter ernst heißen und ernst genommen werden. Um solche Verdachtsmomente von vornherein auszuschließen, verwebt der Genie-Diskurs zumindest auf Seiten der Genies immer wieder die Dichtung des Dichters mit der Schöpfung des Schöpfers und gibt beide so natürlich wie unwillkürlich aus. Das garantiert dem Geschriebenen in höchster Plausibilität, dass es unbeeinflusst von jedweder Regelpoetik und ökonomischer Zweckrationalität geschrieben wurde. Erst der Schlaf von Kalkül und Vernunft ermöglicht eine Dichtung, die keine Konstruktion, sondern nurmehr genialische Natur ist – oder sich als solche zumindest ausgibt. Gerade an Goethes Frühwerk lässt sich exemplarisch ablesen, wie sich mit dem breiten Spektrum genialischen Schreibens eine Ästhetik begründen lässt, die sich sowohl von tradierten Autoritäten, zu denen althergebrachte Vorbilder genauso gehören wie regelpoetische Vorschriften, als auch von den Gesetzen des Marktes emanzipiert, obwohl dieser zunehmende Relevanz für die Produktion, Distribution und Rezeption von Literatur gewinnt.

Dabei war es nicht zuletzt die Schrift eines englischen Autors, die in der zweiten Hälfte des 18. Jahrhunderts einen nicht unerheblichen Einfluss auf das Genieverständnis im Sturm und Drang ausübte: Edward Youngs *Conjectures on Original Composition* (1759), die unter dem Titel *Gedanken über die Originalwerke* 1760 in deutscher Sprache erschien. Young begründet darin für das Dichten eine Abkehr von der regelgeleiteten Orientierung an klassischen Modellen und stellt dem in organischer Bildlichkeit das vitale und spontan schöpfende Genie gegenüber. Statt Nachahmung von ästhetischen Vorbildern postuliert er einzig die Orientierung an der (eigenen) Natur. So hat er „den in den Auseinandersetzungen dieser Zeit so zentralen Gegensatz von ‚Nachahmern' und ‚Original-Scribenten' zu präzisieren versucht. Auffallend häufig benutzt er zu diesem Zweck Formulierungen juristischer Herkunft, die sich auf den Sektor des Eigentums beziehen und mittels der Opposition ‚eigentümlich' / ‚erborgt' jene Differenz zwischen Originalschriftstellern und Nachahmern kennzeichnen sollen. [...] ‚Erborgt' sind die Werke des ‚Nachahmers' in der Argumentation Youngs deshalb, weil sie gemäß konventionellen Regeln, die juristisch ausgedrückt ‚Gemeingut' wären, ‚aus Materialien, die nicht ihr eigen sind, und schon vorher da waren', produziert werden. Demgegenüber fordert Young den ‚Original-Scribenten' auf, seinen eigenen Kräften zu vertrauen und fremde ‚Reichthümer' zu verschmähen. ‚Der welcher auf diese Art für sich Achtung hat, wird bald gewahr werden, daß die Welt in ihrer Achtung der seinigen folgt. Seine Werke werden stets ein unterscheidendes Merkmal an sich tragen! Ihm allein wird das Eigenthum darüber zugehören; und nur dieses Eigenthum kann allein den edlen Titul des Autors uns geben.'" (Plumpe 1981, 179)

Das Eigentümliche an Youngs Text war somit, dass er ‚Eigentum' sowohl ästhetisch als auch juristisch zu fassen suchte. Weil dem Werk die Individualität – im Sinne von Eigentümlichkeit und Einzigartigkeit – seines Urhebers ästhetisch eingeschrieben ist, lässt sich auch der Eigentumsanspruch des Autors ökonomisch und juristisch legitimieren: Niemand sonst hätte den Text so schreiben können, wie er dann kraft einer genialischen Natur geschrieben wurde. Und so begründet dann erst und ausgerechnet eine als unaustauschbar konstituierte Dichtung den eigentümlichen Tauschwert von Dichtung, also das Spezifische einer Ware namens Dichtung. Diese reüssiert erfolgreich auf dem Markt, indem sie sich erkennbar als nicht für den Markt produziert ausgibt.

Darüber hinaus finden sich in Youngs Schrift all jene Topoi, die der Geniediskurs um 1770 unermüdlich postulieren wird: der Shakespeare-Kult, die Ablehnung der Nachahmung, das Insistieren auf Originalität und Neuheit einer Dichtung, die weder lehr- noch lernbar ist, das Bild des Autors als selbstmächtiger Schöpfer und personifizierte Natur. Zahlreichen literaturtheoretischen Schriften aus dem Umfeld des Sturm und Drang liefert er so ein argumentatives Schema, auch wenn diese dann weniger juristisch als vielmehr in säkularisierten Topoi der christlichen Religion formulieren. Doch ob Heinrich Wilhelm von Gerstenbergs *Briefe über Merkwürdigkeiten der Litteratur* (1766/1967), der die wahre Poesie ausschließlich für das poetische Genie reklamiert, Goethes wegweisender Aufsatz *Von deutscher Baukunst* (1772), der vom „gottgleichen Genius" spricht (Goethe 1998, 13), die von Johann Gottfried Herder herausgegebenen Blätter *Von deutscher Art und Kunst* (1773): Sie alle postulieren eine Abkehr von der traditionellen Regelpoetik, der bloßen Nachahmung ästhetischer Vorbilder, und fordern das Aufschreiben der eigenen Natur: eine Produktions- bzw. Schöpfungsästhetik, in deren Zentrum der Begriff des Genies steht. Nicht mehr allein das literarische Ergebnis, welches in Form des Manuskripts einmalig an einen Verleger veräußert wurde, steht im Zentrum der Literatur reflektierenden Aufmerksamkeit, sondern der Akt des Dichtens selbst wird – indem ihn Allgemeinplätze besondern und individualisieren – zum wesentlichen Bestandteil von Dichtung. Dennoch bleibt angesichts eines expandierenden, kompetitiv organisierten Kreativmarkts festzuhalten: „Als Produzent ist der Autor, auch wenn er mit seinem Herzblut schreibt, in einen wirtschaftlichen Kreislauf eingetreten, wo er für seine öffentliche Leistung mit der Gegenleistung der Öffentlichkeit rechnet." (Bosse 1981, 98)

Das sollte auch die Rolle des Autors in juristischer und ökonomischer Hinsicht radikal verändern – und damit seine Stellung gegenüber dem Verleger und dem Publikum. Die für diese Veränderung entscheidende Argumentation richtete sich zunächst gegen die im 18. Jahrhundert ubiquitäre Praxis des Nachdruckens und beginnt mit der Behauptung, dass der (legitime) Verleger (!), der ein Buch verkauft, nicht alles verkauft, sondern ein Recht am Buch zurückbehält. Eingedämmt werden sollte damit die Flut der unerlaubten Nachdrucke. Doch im Verlauf der Diskussion wird das Prinzip der unvollständigen Veräußerung auf den Autor übertragen. Dabei verbleibt das Eigentum an der Form der Gedanken unveräußerlich auf Seiten des Autors, was auch immer mit dem konkreten Manuskript geschieht. Folglich wird der Verleger durch den Kontrakt mit dem Autor nicht länger zum Eigentümer der Werke, sondern erwirbt lediglich eine vertraglich festgelegte Lizenz zum Drucken, Vertreiben und Verkaufen. Formuliert ist mit solchen Überlegungen, an denen der Philosoph und Rechtsgelehrte Johann Gottlieb Fichte entscheidenden Anteil hatte, nichts weniger als das bis dato unbekannte Paradigma eines geistigen Eigentums. Erst mit der genialischen

Orientierung an schöpferischer Eigentümlichkeit und der Entstehung einer bürgerlichen Öffentlichkeit wandelt sich die Enklave gelehrter Literalität allmählich in moderne Autorschaft um.

Dabei trägt die Entkoppelung von ökonomischem Erfolg und ästhetischer Qualität noch mit einem weiteren Aspekt zur Relativierung des Marktes bei: Was als literarisch wertvoll nobilitiert und Jahrzehnte später noch gelesen wird, muss zur Entstehungszeit am Markt nicht zwangsläufig erfolgreich sein – und umgekehrt. Der literatursoziologische Ansatz Bourdieus unterscheidet diesbezüglich ein Subfeld der Massenproduktion, welches nachfrageorientiert operiert und primär an ökonomischem Kapital interessiert ist, von einem Subfeld der eingeschränkten Produktion, welches v. a. an symbolischem Kapital und Kanonisierungsprozessen ausgerichtet ist, mithin einen kollektiv geteilten Glauben an den andauernden Wert der Werke zu etablieren sucht, der sich mit einmaliger Lektüre nicht abschöpfen lässt. Gerade das Subfeld der eingeschränkten Produktion entwickelt somit einen eigenen Markt, der durch eine immaterielle Ökonomie der Aufmerksamkeit gekennzeichnet ist. Dabei bezeichnet Aufmerksamkeit einen Selektionsprozess, der nach dem Schema von Inklusion und Exklusion verläuft. Mehr noch: Als Teil neuronaler Wahrnehmungsprozesse wie der psychischen Ökonomie ist Aufmerksamkeit das zentrale Vermögen zur Selektion und verfügt in dieser Eigenschaft über wertende, nämlich wertschätzende und wertschöpfende Fähigkeiten, wie sie v. a. Georg Franck (1998; 2005) betont. Als eine solche Acht gebende und Beachtung (ungleich) verteilende Instanz stellt Aufmerksamkeit ein Kapital dar, das für medialisierte Märkte wie für das literarische Feld gleichermaßen relevant und unter bestimmten Bedingungen auch in ökonomisches Kapital konvertierbar ist: In beiden Bereichen kann man Aufmerksamkeit bzw. Beachtung einnehmen, aber auch Aufmerksamkeit ausgeben – ein Grundprinzip des „mentalen Kapitalismus" (Franck 2005). Für Literatur geht es dabei um Konsekration (etwa in Form von Literaturpreisen), um Beachtung und Prämierung durch Konkurrenten, Institutionen und Sachverständige. Doch auch die Autorität der Sachverständigen ist wiederum eine autopoietisch, nämlich ihrerseits durch Beachtung erzeugte, wobei es bei der Akkumulation von Beachtung im Subfeld der eingeschränkten Produktion nicht auf das Quantum, sondern auf die Quelle der Beachtung ankommt. Nicht eine möglichst große Zahl von Lesern ist hier ausschlaggebend, sondern die differenzierte und lang anhaltende Auseinandersetzung in den Reihen literarischer Produzenten sowie im Bereich der Literaturkritik und -wissenschaft.

Die Differenz zwischen den beiden Subfeldern vermag auch ein Blick auf die Rolle des Buchmarkts zu verdeutlichen: Als Segment des ökonomischen Feldes gehorcht der Buchmarkt dem wirtschaftlichen Kalkül; zugleich ist in ihm in seiner Eigenschaft als Segment des literarischen Feldes dessen anti-ökonomischer Legitimationstyp wirksam. Der Buchmarkt ist im Kräftegefüge des literarischen Feldes mithin einerseits ein Faktor heteronomer Hierarchisierung, indem er die literarische Produktion dem (feldexternen) ökonomischen Prinzip der Profitmaximierung unterwirft. Andererseits aber werden auf ihm mit Büchern nicht nur ökonomische, sondern in besonderer Weise auch symbolische Werte verhandelt, weshalb die symbolische Legitimation eine zur ökonomischen Wertschöpfung gegenläufige Logik entfaltet. Dieser Hiatus des Buches zwischen Kulturgut und Warenförmigkeit manifestiert sich auch in der Buchpreisbindung, die in einigen europäischen Ländern als Instrument der Marktregulierung fungiert und in Deutschland 1888 durch den Börsenverein der Deutschen Buchhändler eingeführt wurde, zunächst rein vereinsrechtlich, ab 1927 auch mit einer vertragsrechtlichen Komponente. Die Ware Buch wird durch die Buchpreisbindung als Kulturgut definiert, bleibt so vor dem freien Spiel der Marktmechanismen zumindest partiell geschützt und wird zudem mit einem ermäßigten Umsatzsteuersatz belegt.

Für die Fokussierung von Aufmerksamkeit wiederum steht dem modernen Literaturmarkt bzw. -betrieb ein ausdifferenziertes Instrumentarium zur Verfügung: Das beginnt mit der Buchgestaltung, genauer: mit jenem paratextuellen Apparat auf dem Umschlag, mit dem versucht wird, das Interesse auf ein bestimmtes Buch zu lenken. Die wichtigste Information ist dabei – zumindest für literarische Texte – der Name des Autors, der als Label fungiert und „Hinweise über den Wert (etwa das latente symbolische Kapital) eines Textes gibt; er vermittelt ein Image und verspricht eine bestimmte Qualität." (Niefanger 2002, 526) Insofern steht Autorschaft in der Medienmoderne eben nicht nur für eine Diskurse bündelnde und adressierende Größe, sondern auch für die Bildung einer Marke im Literaturbetrieb, die, wie jede öffentlich kommunizierte Marke, nicht nur wertet, sondern auch wirbt. Dem Prinzip der Markenbildung gehorchte bspw. jene Strategie, die der Verlag Philipp Reclam jun. für seine 1927 gestartete Prosa-Reihe „Junge Deutsche" einschlug (vgl. Brandt 2005). Diese zeigt zum einen, wie moderne, bildgestützte Marketingmethoden Ende der 1920er Jahre bereits Einzug in den Literaturbetrieb gehalten haben, und zum anderen nicht nur, dass der Markt in der Lage ist, Literatur an eine allgemeine bürgerliche Öffentlichkeit zu vermitteln, sondern auch, dass und wie durch Marketing dieser Markt wieder segmentiert, also nach bestimmten Produkten und Zielgruppen, Generationen z. B., aufgeteilt wird. Reihen- und Buchtitel versuchen ebenfalls Aufmerksamkeit zu fokussieren, auch wenn sie nicht unbedingt vom Autor, sondern mitunter auch vom Verleger stammen können, wie etwa im Fall von Erich Kästners Roman *Fabian* (1932).

Literaturpreise wiederum dienen nicht nur der Konsekration von literarischen Texten, sondern können auch über verkaufsfördernde Wirkung und damit ökonomische Relevanz verfügen. Das gilt in besonderem Maße für den *Deutschen Buchpreis*, mit dem der *Börsenverein des Deutschen Buchhandels e. V.* seit 2005 zum Auftakt der *Frankfurter Buchmesse* nach eigenen Angaben „den besten Roman in deutscher Sprache" auszeichnet. In einem mehrstufigen, von zahlreichen Medienberichten und Veranstaltungen begleiteten Auswahlverfahren wählt eine jährlich wechselnde Jury – zumeist bestehend aus zwei Schriftstellern, vier Journalisten und einem Buchhändler – zunächst 20 aktuelle Titel für die sogenannte *Longlist*, einige Wochen später dann sechs für die *Shortlist* aus, bevor einen Tag vor Beginn der Messe der preisgekrönte Roman in Anwesenheit der für die *Shortlist* nominierten Autoren bekannt gegeben wird. Über die literarische Qualität der ausgezeichneten Texte wird nicht nur in den Feuilletons kontrovers diskutiert; vielmehr waren bisher alle Gewinner-Romane auch mehrere Wochen lang in den oberen Rängen der Bestsellerlisten vertreten – ein Literaturpreis also mit deutlichen und intendierten Auswirkungen auf den literarischen Markt.

3 Aktueller Forschungsstand

Angesichts derartiger Verstrickungen von Markt bzw. Marketing und Literatur, von Warenförmigkeit und Kunstanspruch scheint es nur folgerichtig, wenn 2007 im *Jahrbuch der deutschen Schillergesellschaft* mit der Frage „Verdirbt der Literaturbetrieb die Literatur?" eine Diskussion eröffnet wurde, an der sich im *Jahrbuch* 2008 dann Autoren und Veranstalter, Kritiker und Wissenschaftler mit ambivalenten Einschätzungen bezüglich der Rolle und Funktion des Betriebs beteiligten, in dem der Markt eine wichtige Rolle spielt. Angestoßen wurde die Debatte von Jens Jessen, dem damaligen Ressortleiter des Feuilletons der *Zeit*, mit der provokativen Feststellung, dass „der Literaturbetrieb [...] eine ökonomische Wahrheit ans Licht" bringe, „die dem Verständnis und Selbstverständnis, der Würde und dem kulturellen Rang von Literatur abträglich" erscheine. Auf diese Weise würden Werke auf Waren reduziert und die für das literarische Schaffen unabdingbare Autonomie-Illusion beschädigt. Was den Literaturbetrieb interessiere, seien dagegen „die Geselligkeiten, das Geplapper, die Küsschen, der Klatsch, und am liebsten hat er den Künstler, der darin eine gute Figur macht [...]. Es ist ja nichts als ein Vorurteil, dass er den autonomen, wie versteinert in der Ecke stehenden Dichter schätzt." (Jessen 2007, 12–13) Spätestens an dieser Stelle drängt sich die Frage auf, ob derartige Typisierungen nicht auch Effekte des Literaturbetriebs darstellen und ob Literatur ohne Betrieb, Feld oder System überhaupt denkbar und möglich ist. In jedem Fall ist der Betrieb spätestens seit den 1990er Jahren in einem zuvor nicht gekannten Ausmaß omnipräsent – und mit ihm die zahlreichen, immer differenzierter werdenden und zumeist von der öffentlichen Hand finanzierten Instrumente der Literaturförderung, die ein ganzes Schriftstellerleben umfassen können: Das beginnt mit den sogenannten Schreibschulen, also dem *Deutschen Literaturinstitut* Leipzig und dem Studiengang ‚Kreatives Schreiben und Kulturjournalismus' an der Universität Hildesheim, wo professionelle Schriftsteller ausgebildet werden. Es folgen zahlreiche Arbeits- und Aufenthaltsstipendien mit unterschiedlicher Dauer und Dotierung, die zumeist „zeitlich begrenzte Arbeitsvorhaben oder die Fortführung bzw. Vollendung bestimmter Arbeiten" (Berliner Senatskanzlei 2016) fördern, die ohne diese Förderung womöglich gar nicht geschrieben würden, was wiederum – so jedenfalls kritische Stimmen – nicht unbedingt ein Verlust gewesen wäre. Schließlich ist in diesem Zusammenhang der immer häufiger anzutreffende Erwerb von Vorlässen prominenter Autoren zu Lebzeiten durch archivierende Institutionen wie das *Deutsche Literaturarchiv Marbach*, die *Akademie der Künste Berlin* oder das *Brenner-Archiv* Innsbruck zu erwähnen. Sorgte schon das „Nachlassbewusstsein" dafür, dass ein imaginierter Archivar dem Schriftsteller beim Schreiben über die Schulter blickt (vgl. Sina und Spoerhase 2013; Kastberger 2014), wird eine solche auf die Nachwelt und das Archiv zielende Werkpolitik durch die Praxis des Vorlasses noch einmal verstärkt.

Was das Verhältnis von Literatur und Betrieb betrifft, hat sich in den letzten Jahren eine häufig literatursoziologisch perspektivierte Forschung etabliert, die in verschiedenen Arbeiten so unbefangen wie systematisch die Ordnungen und Mechanismen dieses Verhältnisses zu beschreiben versucht (vgl. Grau 2006; Heinrichs 2006; Plachta 2008; Arnold 2009; Richter 2011). Über alle Unterschiede hinweg kann dabei als Konsens zumindest ausgemacht werden, dass „zwischen der Literatur als Kunstform und ihrer betrieblichen Prozessualisierung ein komplexes Beziehungsgeflecht entstanden [ist], das es verunmöglicht, die eine Seite von der anderen zu trennen oder die eine mit der anderen zu identifizieren." (Theisohn und Weder 2013, 10) Dieser Befund lässt sich anschaulich an einem in den letzten Jahren häufig anzutreffenden Genre verdichten, das sich als ‚Literaturbetriebsroman' bezeichnen lässt und das auf häufig raffinierte und keineswegs unkritische Weise eine Fiktionalisierung des Literaturbetriebs durch die Literatur betreibt. Wolf Haas' *Das Wetter vor 15 Jahren* (2006), Thomas Glavinics *Das bin doch ich* (2007) oder Marlene Streeruwitz' *Nachkommen* (2014), um nur drei prominente Beispiele zu nennen, machen den realen Betrieb gleichermaßen zum Stoff eines ästhetischen Spiels wie zum Gegenstand literarischer Selbstverhandlung. Dabei greift Wolf Haas bspw. auf ein im Literaturbetrieb beliebtes Format zurück: Sein Roman besteht zur Gänze aus einem Interview, das eine ‚Literaturbeilage' genannte Figur mit einem Romanautor namens Wolf Haas führt, der als fiktionale Figur jedoch nicht nur den Namen mit seinem realen Autor teilt. Thema ist dessen gerade erschienener Roman, der eine Liebesgeschichte erzählt, dessen *histoire* und Erzählweise die Leser des *Wetters* jedoch ausschließlich über dieses Interview erfahren. Gerade durch die permanente Verschränkung von Fakt und Fiktion in einem Roman, der einem vermeintlichen Paratext Werk- und einer faktualen Textsorte Fiktionscharakter verleiht, wird jener *pact of authenticity*, auf dem Schriftstellerinterviews beruhen, als eine lediglich situativ zu bestimmende Konvention dekuvriert. Haas' Text, der sich einzig einer im Literaturbetrieb üblichen Wechselrede über einen vermeintlich anderen Text verdankt, durchbricht die idealistisch wie sozialgeschichtlich motivierbare Trennung zwischen künstlerischer Produktionsästhetik und ihren institutionellen Rahmenbedingungen. Literatur und Betrieb werden dabei so in Szene gesetzt, dass ein Zusammenspiel deutlich wird, durch das hindurch das literarische Werk überhaupt erst erscheinen kann – nämlich als literarisches Werk im literarischen Feld.

Weiterführende Literatur

Arnold, Heinz Ludwig (Hg.) (2009). *Literaturbetrieb in Deutschland*. München.
Bourdieu, Pierre (2001). *Die Regeln der Kunst. Genese und Struktur des literarischen Feldes*. Frankfurt a. M.
Franck, Georg (2005). *Mentaler Kapitalismus. Eine politische Ökonomie des Geistes*. München und Wien.
Plachta, Bodo (2008). *Literaturbetrieb*. Paderborn.
Theisohn, Philipp und Christine Weder (Hg.) (2013). *Literaturbetrieb: zur Poetik einer Produktionsgemeinschaft*. München.

Zitierte Literatur

[Anonym] (2016). *Arbeitsstipendium*. Berliner Senatskanzlei. http://www.berlin.de/sen/kultur/foerderung/foerderprogramme/literatur/artikel.82132.php (4. Juli 2016).
Arnold, Heinz Ludwig (Hg.) (2009). *Literaturbetrieb in Deutschland*. München.
Bosse, Heinrich (1981). *Autorschaft ist Werkherrschaft. Über die Entstehung des Urheberrechts aus dem Geist der Goethezeit*. Paderborn et. al.
Bourdieu, Pierre (2001). *Die Regeln der Kunst. Genese und Struktur des literarischen Feldes*. Frankfurt a. M.
Brandt, Jan (2005). „Springende Fohlen. Die junge Generation um 1930 als Marketingkonzept." *Markt literarisch*. Hrsg. von Thomas Wegmann. Bern et. al.: 151–170.
Burdorf, Dieter, Christoph Fasbender und Burkhard Moennighoff (^{3}2007). *Metzler Lexikon Literatur: Begriffe und Definitionen*. Stuttgart.
Franck, Georg (1998). *Ökonomie der Aufmerksamkeit. Ein Entwurf*. München und Wien.
Franck, Georg (2005). *Mentaler Kapitalismus. Eine politische Ökonomie des Geistes*. München und Wien.

Goethe, Johann Wolfgang von (¹⁴1996): *Werke*. Hamburger Ausgabe. Gesamtredaktion Erich Trunz. München.

Goethe, Johann Wolfgang von (1998). „Von deutscher Baukunst". *Werke*. Hamburger Ausgabe. Hrsg. von Erich Trunz. Bd. XII. Hamburg: 7–15.

Grau, Renate (2006). *Die Verbreitung belletristischer Titel im Literaturbetrieb. Soziale Strategien und Praktiken zur Werk- und Wertschöpfung fiktionaler Bücher*. [zugl. Diss.] St. Gallen.

Haas, Wolf (2006). *Das Wetter vor 15 Jahren*. Hamburg.

Heinrichs, Wolfgang (2006). *Der Kulturbetrieb. Bildende Kunst – Musik – Literatur – Theater – Film*. Bielefeld.

Herder, Johann Gottfried von (1773). *Von deutscher Art und Kunst. Einige fliegende Blätter*. Hamburg.

Herder, Johann Gottfried von (1892). „Über die Wirkung der Dichtkunst auf die Sitten der Völker in alten und neuen Zeiten". *Herders Sämmtliche Werke*. Hrsg. von Bernhard Suphan. Bd. VIII. Berlin: 334–436.

Jessen, Jens (2007). „Verdirbt der Literaturbetrieb die Literatur? Vorbemerkung zu einer Diskussion". *Jahrbuch der deutschen Schillergesellschaft* 51 (2007): 11–14.

Kastberger, Klaus (2014). „Nachlassbewusstsein, Vorlass-Chaos und die Gesetze des Archivs". *Recherche. Zeitung für Wissenschaft* 1 (2014): 22–26

Klopstock, Friedrich Gottlieb (1982). „Subskriptionsplan zur ‚Deutschen Gelehrtenrepublik'" (1773). *Gelehrsamkeit ein Handwerk? Bücherschreiben ein Gewerbe?* Hrsg. von Evi Rietzschel. Leipzig: 132–136.

Niefanger, Dirk (2002). „Der Autor und sein Label. Überlegungen zur *fonction classificatoire* Foucaults (mit Fallstudien zu Langbehn und Kracauer)." *Autorschaft. Positionen und Revisionen*. Hrsg. von Heinrich Detering. Stuttgart: 520–539.

Plachta, Bodo (2008). *Literaturbetrieb*. Paderborn.

Plumpe, Gerhard (1981). „Der Autor als Rechtssubjekt". *Literaturwissenschaft. Ein Grundkurs*. Hrsg. von Helmut Brackert und Jörn Stückrath. Bd. II. Reinbek bei Hamburg: 179–193.

Richter, Steffen (2011). *Der Literaturbetrieb. Eine Einführung: Texte – Märkte – Medien*. Darmstadt.

Simons, Olaf (2013). „Literaturbetrieb – ein Konzept staatsnaher Auseinandersetzung mit Literatur?". *Literaturbetrieb: zur Poetik einer Produktionsgemeinschaft*. Hrsg. von Philipp Theisohn und Christine Weder. München: 115–132.

Sina, Kai und Carlos Spoerhase (2013). „Nachlassbewusstsein. Zur literaturwissenschaftlichen Erforschung seiner Entstehung und Entwicklung". *Zeitschrift für Germanistik* 3 (2013): 607-623.

Theisohn, Philipp und Christine Weder (Hg.) (2013). *Literaturbetrieb: zur Poetik einer Produktionsgemeinschaft*. München.

Zedler, Johann Heinrich (1735). *Grosses vollständiges Universal-Lexicon Aller Wissenschafften und Künste*. Bd. XIII. Leipzig.

Kai Bremer
IV.5 Aufmerksamkeitsökonomie und Autorinszenierungen

1 Definition

Seit sich die Literaturwissenschaften mit Bourdieus Überlegungen zum ‚literarischen Feld' (Bourdieu 2001) auseinandersetzen, ist ‚Aufmerksamkeit' (vgl. Assmann und Assmann 2001) zu einer zentralen Kategorie geworden. Mit diesem Begriff wird ein potentiell zirkuläres Prinzip beschrieben, das davon ausgeht, dass beim Rezipienten ‚Aufmerksamkeit' erregt wird, um beim Autor das „Einkommen an Aufmerksamkeit" (Franck 1998, 19) zu steigern, was wiederum erneut die Aufmerksamkeit des Rezipienten steigern kann. Das monetäre Einkommen des Autors steigert sich in der Folge dieser Dynamik in der Regel auch.

Diese Dynamiken des literarischen Feldes mit ökonomischen Begriffen und Metaphern zu beschreiben, ist jedoch nicht selbstverständlich, denn ‚Aufmerksamkeit' ist zunächst ein Begriff der Psychologie. Sie gilt als eine bestimmte Form der Wahrnehmung, die mittels Ausschließung zu einer Konzentration auf andere Teile des Wahrgenommenen führt (vgl. Seebert 2012). Wenn Franck von einer „Ökonomie der Aufmerksamkeit" ausgeht, betont das die gezielte Aufmerksamkeitssteuerung des Rezipienten zugunsten des symbolischen und monetären ‚Einkommens' des Autors sowie der an seinem Einkommen partizipierenden Institutionen (Verlage, der Buchhandel usw.). Es ist dementsprechend nur folgerichtig, wenn sich die Forschung ergänzend der ‚Inszenierung' des Autors zugewandt hat (vgl. Jürgensen und Kaiser 2011). Damit ist zunächst gemeint, dass die Aufmerksamkeit des Rezipienten im Hinblick auf seine Wahrnehmung eines ‚Autors' bzw. von dessen ‚Werk' gezielt beeinflusst wird. Dabei muss allerdings vor dem Hintergrund verschiedener historischer Marktentwicklungen, Resonanzstrategien und Inszenierungspraktiken fundamental zwischen Fremd- und Selbstinszenierungen unterschieden werden (vgl. Bremer 2011), selbst wenn dies angesichts meist enger Kooperationen etwa zwischen Verleger und Autor sowie Buchhandel nicht immer leichtfällt.

2 Hauptaspekte des Themas

Bei den Forschungen zu Aufmerksamkeitsökonomie und Autorinszenierungen wird vorausgesetzt, dass dies nicht zuletzt aus ökonomischen Gründen, also zur

Steigerung des Buchverkaufs geschieht. Diese Einschätzung erfolgt vor dem Hintergrund eines entstehenden „Marktes" für literarische Erzeugnisse (im Sinne der Weberschen „Marktgemeinschaft", vgl. Weber 2009, 54–57). Ein solcher entwickelt sich allmählich in der Sattelzeit zum „Literaturbetrieb" (vgl. Luhmann 1997, 112–113 sowie 434–437). Auch wenn die diesen Markt maßgeblich beeinflussenden Autoren keinen eigenständigen „Stand" im Sinne Webers ausbilden, finden sich bei ihnen doch nun zentrale Standeseigenschaften wie die Ehre (vgl. Weber 2009, 82–83). Deswegen ist es ergänzend geboten, Autorinszenierungen nicht nur im Hinblick auf ihre kurzfristige Auswirkung auf Verkaufszahlen zu untersuchen, sondern auch im Hinblick auf die langfristige Wahrnehmung eines Autors als Akt seiner sozialen Etablierung bzw. dann Durchsetzung innerhalb des literarischen Kanons – einerseits, um auch seinen mittelfristigen ökonomischen Erfolg zu sichern, und andererseits, um dadurch auch das Ansehen von Autor und Verlag zu wahren oder sogar auszubauen. Franck spricht deswegen von der Aufmerksamkeit als der „neuen Währung" (Franck 1998, 72–74), die verschiedene Formen „rentierlichen Reichtums" (Franck 1998, 118) zeitigen – allen voran „Ruhm" (dazu vgl. grundlegend Werle 2014).

Die zu dessen Förderung genutzten Inszenierungspraktiken differenzieren sich im Verlauf der Neuzeit jedoch nicht nur immer mehr aus. Zugleich werden sie von den Autoren auch reflektiert, was zur Herausbildung des modernen Urheberrechts und zu dem führt, was in der Forschung zunächst auf den Begriff der „Werkherrschaft" (Bosse 1981) gebracht und zuletzt dahingehend erweitert wurde, dass neben dem Autor professionelle Leser (besonders Kritiker und Philologen) als Akteure der „Werkpolitik" in den Blick genommen wurden (vgl. Martus 2007, 8–9). Dass dieser Begriff von Martus freilich gerade gegen die Akzentuierung des Ökonomischen beim Erlangen der Aufmerksamkeit eingeführt wurde, um die Dimension des Entscheidens zu betonen (vgl. Martus 2007), wird in der Forschung aktuell nur bedingt berücksichtigt. Weiterhin wird der Schriftsteller primär als substantieller Bestandteil des literarischen Marktes begriffen, auf dem er sich inszeniert (bzw. inszeniert wird), um Aufmerksamkeit zu erlangen und um sich/ihn so gegebenenfalls sogar als profitable ‚Marke' zu profilieren. Diese Dynamiken wurden zuletzt zumal für den Literaturbetrieb der Gegenwart untersucht (vgl. Joch et al. 2009; Bierwirth et al. 2012). Nicht-ökonomische bzw. nur indirekt ökonomische Gründe für die Autorinszenierung wie die angesprochene Ansehenssteigerung bzw. -stabilisierung werden hingegen seltener erforscht, was auch daran liegen mag, dass sie empirisch kaum zu fassen sind und dass die Verlage in der Regel keine Auskunft über ihre Vermarktungsstrategien geben, was daran liegen dürfte, dass diese gerade bei prominenten Autoren sehr individuell entwickelt werden.

Diese Hinweise führen zugleich vor, dass die Forschungen zur ‚Aufmerksamkeitsökonomie' und zur ‚Autorinszenierung' sich insbesondere mit Peri- und Epitexten befassen, während Strategien der Aufmerksamkeitssteuerung innerliterarisch weit seltener untersucht werden. Das ist einerseits verständlich, weil eine solche Interpretation notwendig immer mutmaßend bleiben muss, so sie nicht erneut durch Para- oder Epitexte abgesichert werden kann. Das ist andererseits aber auch zu problematisieren, weil dadurch potentielle Anschlussmöglichkeiten etwa an die Rhetorik-Forschung bisher ungenutzt bleiben.

Schließlich denkt nicht nur die Werbeindustrie (historisch etwa mittels der sogenannten AIDA-Formel: Attention, Interest, Desire, Action), sondern bereits die antike Rhetorik seit Aristoteles darüber nach, wie die Aufmerksamkeit des Publikums gewonnen werden kann (*attentum parare* bzw. *facere*, vgl. Wessel 1992). Das macht sie ausdrücklich nicht nur bei politischen Reden und in der Gerichtsrede, sondern auch in der Literatur. Zudem sind Überlegungen, wie die Aufmerksamkeit der Rezipienten erlangt werden kann, noch in den Rhetoriken der Aufklärung zu finden, so dass derartige Techniken bei der Darstellung des Gegenstands mitberücksichtigt werden müssen (vgl. Baumeister ²1760, § 132). So widmen sich zahlreiche literaturwissenschaftliche Studien zur Publikumsansprache und -lenkung etwa in der Aufklärung faktisch auch der Aufmerksamkeitsökonomie mittels Autorinszenierung. Es bietet sich deswegen an, ‚Autorinszenierung' einmal als innerliterarisches und ergänzend als paratextuell zu greifendes Phänomen zu beschreiben. Wenn man dies macht, gilt es freilich, Dynamiken der Aufmerksamkeitsökonomie und Autorinszenierung bereits vor der Entwicklung des literarischen Marktes im 18. Jahrhundert in den Blick zu nehmen.

3 Kurze Geschichte des Phänomens und seiner Erforschung

Während also das direkte Erlangen der Aufmerksamkeit der Rezipienten eine bereits in der Antike reflektierte rhetorisch-literarische Technik ist, setzt ‚Aufmerksamkeitsökonomie' zunächst voraus, dass Bücher nicht nur verfasst werden, sondern zudem auf einem nicht durch individuelle Beziehungen geprägten Markt verkauft werden. Das ist in Deutschland spätestens zu Beginn der Frühen Neuzeit mit dem Beginn des Buchdrucks der Fall. Deswegen finden sich hier bereits Autorinszenierungen. Das muss betont werden, weil der literarische Markt der Frühen Neuzeit gleichwohl noch nicht als ‚Literaturbetrieb' begriffen werden kann, denn dieser Markt ist nicht überregional oder gar ‚national' (was freilich im Hinblick auf den deutschen Buchmarkt bis heute ein problematischer Begriff ist), sondern lokal organisiert. Außerdem und v. a. ist der literarische Markt der Frühen Neuzeit Literaturbetrieb im von Thomas Wegmann skizzierten Sinne (vgl.

den Beitrag von Wegmann, „Literaturbetrieb und literarischer Markt", im vorliegenden Handbuch). Denn dieser Markt hat kein sozial differenziertes Publikum, um dessen Aufmerksamkeit verschiedene Autoren konkurrieren, noch kennt er unabhängige und kritische Vermittlungsinstanzen (Zeitschriften etwa) und Vermittlungsinstitutionen wie unabhängige Theater oder Literaturhäuser.

Dies berücksichtigend, überrascht es nicht, dass sich schriftstellerische Selbstinszenierungen im Spätmittelalter und der Frühen Neuzeit bevorzugt in literarischen Zeugnissen finden, die stark rhetorisch normiert sind und die auf noch recht konkrete Vorstellungen vom Publikum schließen lassen. Bekannt sind bspw. Schreiben in Briefgestalt, die nicht an einzelne Adressaten gerichtet waren, sondern an Gruppen, wie Episteln aus kirchenreformerischen Kreisen des Spätmittelalters. In ihnen können schriftstellerische Tätigkeiten nicht nur ausdrücklich thematisiert werden, sie kennen zudem klar benennbare „Inszenierungsgesten", die auf „allmähliche ‚Öffnungen' und Erweiterungen" des „monastischen Resonanzraumes" zielten (Seebald 2011, 50). Mit dem Aufkommen des Buchdrucks entwickelte sich dann, wie erwähnt, sowohl ein umfangreicherer Buchmarkt als auch die Möglichkeit, um die Aufmerksamkeit des Publikums in nie geahntem Maße zu werben. Das wird in der Reformation mehr als deutlich.

In der kirchenhistorischen Forschung wird die Position vertreten, dass Luther der erste schreibende „Medienstar" (Leppin 2006, 151–164) in Deutschland war. Diese Einschätzung drängt freilich an den Rand, wie umfassend Luthers aufmerksamkeitsökonomisches Engagement war. Er sprach seine Leser mittels seiner Schriften vielfach direkt an. Der Lektüre seiner Bücher war damit ein Präsenz-Moment eigen, das aus dem in der Reformationszeit dominierenden lauten Lesen resultierte (vgl. Zedelmaier 2001). Ergänzend nutzte er bevorzugt publikumsorientierte Textsorten wie den Sendbrief und gestaltete seine Schriften trotz ihrer theologisch-akademischen Anliegen vielfach humorvoll, wodurch er sich von anderen Autoren seiner Zeit unterschied und sich so profilierte (vgl. Stolt 2000, 147–172). Zudem finden sich bei Luther Selbstinszenierungen mittels autobiographischer Texte mit aufmerksamkeitsökonomischen Anliegen sowie Fremdinszenierungen etwa in der zeitgenössischen Bildpublizistik (vgl. Bremer 2011).

Schon das Beispiel Luthers führt vor, wie differenziert Autorinszenierungen bereits zu Beginn der Neuzeit waren. Indirekt bedeutend für die weitere Entwicklung der Autorinszenierung dürfte – grundlegende Forschungen zu diesem Zusammenhang liegen bisher nicht vor – die theoretische Ausdifferenzierung der Literatur mittels Poetiken im 17. Jahrhundert gewesen sein. Da sie in den meisten Fällen Regelpoetiken waren, wurden sie nicht nur indirekt zur Voraussetzung literarischen Urteilens (vgl. Heudecker 2005). Zugleich wurde in den Poetiken auch das antike Gattungsspektrum reformuliert und später ausdifferenziert, was zusätzliche Möglichkeiten bot, sich als Autor zu inszenieren. Sehr gut kann das bereits an Martin Opitz gezeigt werden. Zunächst entwickelte er in seinem *Buch von der deutschen Poeterey* (1624) eine an der Renaissance-Poetik geschulte Gattungshierarchie. Im Anschluss legte er zu zahlreichen der dort vorgestellten Gattungen eigene Muster-Texte bzw. Übersetzungen antiker Beispiele vor. Auf diese Weise gelang es ihm, sich nicht mehr nur als Literatur-Theoretiker, sondern auch als praktischer Literaturreformer darzustellen. Wie überzeugend dies gelang, belegt umfassend seine Wirkungsgeschichte (vgl. Garber 1976). Allerdings muss man sich klarmachen, dass die Autorinszenierungen der Frühen Neuzeit noch nicht vor dem Hintergrund eines literarischen Marktes stattfanden und dementsprechend auf andere Publika als die seit der Aufklärung zielten. Da frühneuzeitliche Literatur substantiell durch Höfe und andere Einzelförderer alimentiert wurde und da sie – wie die Poetiken zeigen – gelehrt-akademisch fundiert war, kann bspw. ein Phänomen wie Konkurrenz nicht mit ökonomischen Kategorien beschrieben werden, sondern primär mit politisch-symbolischen (vgl. Sittig 2010).

Das ändert sich allmählich mit der Entstehung des literarischen Marktes im 18. Jahrhundert. Die Forschung geht als Vorform des ‚freien' Schriftstellers vom sogenannten „ständischen Schriftsteller" (Wittmann 1999, 155) aus, der zwar durch den Buchverkauf Einkünfte erzielt, jedoch von einem anderen Hauptberuf oder von Privatvermögen lebt. Besonders typisch für diesen Dichtertypus sind Akademiker wie Gottsched und Gellert in Leipzig oder Bodmer und Breitinger in Zürich. Diese Namen (außer Gellert) führen zugleich vor, dass mit dem ständischen Schriftsteller auch der Literaturstreit aufkommt bzw. sich aus dem gelehrten Streit entwickelt. In ihm sind verschiedene Momente zu fassen, die entschieden in die Moderne weisen. Zunächst: Die komplexen Literaturstreite werden entschieden genutzt, um die Aufmerksamkeit des Publikums zu erlangen und um zugleich das symbolische Einkommen des Autors zu steigern; so ist Ehre eine zentrale Kategorie in den Literaturstreiten (vgl. Hemmerling 2015, 140–141). Dann: Das korrespondiert mit intensiver Selbstreflexion über das Dichtertum in den Literaturstreiten nicht zuletzt auch im Hinblick auf die Funktion und Bedeutung der sich entwickelnden Literaturkritik (vgl. Nebrig 2011). Schließlich: Der Literaturstreit bietet nicht nur die Gelegenheit, die Aufmerksamkeit des Publikums zu erlangen und über die Marktsituation zu reflektieren. Er ist zugleich und wohl auch zuvörderst ein ideales Instrument zur Autorinszenierung – und zwar sowohl eigener wie auch fremder Autorschaft (vgl. Deupmann 2011).

Angesichts dieser Phänomene läge die Vermutung nahe, vor dem Hintergrund der sich formierenden bürgerlichen Öffentlichkeit inklusive des literarischen Marktes samt der Herausbildung des modernen, ‚freien' Schriftstellers die weitere Entwicklung der Aufmerksamkeitsökonomie und der Autorinszenierungen nicht nur neutral als Ausdifferenzierung, sondern sogar positiv als Techniken zur Sicherung künstlerischer Autonomie zu begreifen. Das ist aber nicht der Fall. Jürgensen und Kaiser haben die These aufgestellt, dass die Zeit vom späten 18. Jahrhundert bis zur Gegenwart vielmehr durch einen zunehmenden „Inszenierungsdruck" geprägt ist, der dem Schriftsteller jedoch nicht zum Vorteil gereicht, sondern zu „Ernüchterung", so dass sie die Entwicklung der schriftstellerischen Inszenierungspraktiken als *„Ernüchterungsgeschichte"* begreifen (Jürgensen und Kaiser 2011, 16).

Substantielle Ursache für diese Entwicklung ist nach ihrer Meinung ein Ineinander verschiedener Dynamiken. Für die Aufmerksamkeitsökonomie nicht unerheblich ist zunächst die Genieästhetik, die ein neues Autor-Bild hervorbringt. Es wird im Verlauf des 19. Jahrhunderts nicht nur historisiert und institutionell abgesichert (vgl. Ziolkowski 1994), sondern auch zum ästhetischen *non plus ultra.* Goethe selbst befördert diese Entwicklung, indem er in *Dichtung und Wahrheit* die Diskontinuität zwischen der Aufklärung einerseits und seiner eigenen Literatur inszeniert (vgl. Barner 1989). Verfestigt wird diese Entwicklung durch das Aufkommen der Nationalphilologie, die mittels der Literaturgeschichtsschreibung und der Edition jüngerer, zunehmend kanonischer ‚Klassiker' (editionshistorisch wie epochal allen voran: Lessing) beginnt, als neuer Akteur im literarischen Feld zu handeln. Für die Aufmerksamkeitsökonomie ist insbesondere die Editorik mit ihren immer umfangreicheren, auf Werktotalität zielenden Ausgaben von Bedeutung. Denn die Existenz bspw. einer Gesamtausgabe ist für die Aufmerksamkeit des Publikums an sich ein erheblicher Faktor. Zugleich aber führt die Totalität der Editionsprojekte zu einer Ausdehnung des literarischen Werks, die die Leseökonomie der Rezipienten schlicht überfordert. Martus hat das als „selektionslose Aufmerksamkeit" (Martus 2007, 467–476) bezeichnet, die sich in zahlreichen Editionsprojekten des 19. Jahrhunderts Bahn bricht (und zum Teil bis heute anhält). Infolge dieser Entwicklung entsteht ein neuer Dichtertyp. Er steht in der Tradition des frühneuzeitlichen *poeta doctus*, ist als „studierter Dichter" gleichwohl aber nicht nur einer, der die Tradition kennt und sich dazu verhält, sondern beim Schreiben aktuelle Dynamiken der Philologie berücksichtigt und auf deren Aufmerksamkeit zielt (vgl. Dehrmann 2015).

Neben der zunehmenden Bedeutung der Philologie für die Aufmerksamkeitsökonomie des literarischen Schreibens sind aber selbstverständlich auch weitere mediale Veränderungen zu nennen, die sich auf schriftstellerische Inszenierungspraktiken auswirken. Das gilt insbesondere im Hinblick auf die Literaturkritik und die Blütezeit der Zeitung als sogenannter Massenpresse seit dem letzten Drittel des 19. Jahrhunderts. Beide sind für die Aufmerksamkeitsökonomie der Schriftsteller von besonderer Bedeutung, weil die Kritik entscheidende Instanz für die Anerkennung als zeitgenössischer Schriftsteller ist und die Zeitungen neben den Buchverlagen bedeutende Auftraggeber für die Autoren werden.

Dieses Ineinander verkörpert mutmaßlich kein Autor besser als Theodor Fontane, der nicht nur der vielleicht bedeutendste Romancier seiner Zeit, sondern ehedem auch bedeutender Theaterkritiker und Kulturjournalist war. Die Bedeutung für das literarische Schreiben bezeugt ebenso der Erzähler in Theodor Storms *Schimmelreiter* (1888). Er ist „Zeitungsleser", was im Hinblick auf Storms „Dichterinszenierung" als „perspektivische Relativierungen von Auktorialität" und somit als „Reflexion auf den Status einer Zeitschriftenpublikation" (Scherer 2011, 246) zu deuten ist. Schriftstellerinszenierung müssen freilich nicht zwingend affirmativ sein, sondern können sich gegenüber der Massenpresse auch distanziert geben. Eine solche Form der Inszenierung ist die „Dichterauratisierung" Stefan Georges (Scherer 2011, 247). Bei Gottfried Benn wird diese Selbstinszenierung gar ins „Pathos der Distanz" gesteigert, das sich schließlich bei ihm in den 1950er Jahren angesichts seiner Präsenz in der Öffentlichkeit bis zur „Pose" verkehrt (Kampmann 2011, 267). Die hinter diesen Selbstinszenierungen als auratischer Dichter stehende „Verhaltenslehre der Kälte" (Lethen 1994) ist freilich eine, die typisch für die Literatur nach 1900 ist. Diese Lehre geht auf das jesuitisch-rhetorische Konzept Graciáns zurück, was den rückblickenden Eindruck ihrer (freilich bisher nicht näher erforschten) Inszeniertheit erklärt.

Die hier nur eben skizzierten unterschiedlichen Beispiele, wie Aufmerksamkeit auf dem literarischen Markt erlangt wird und wie man sich als Autor inszenieren kann, dürfen freilich nicht als Bemühen begriffen werden, ein Sukzessionsmodell für die literarische Aufmerksamkeitsökonomie vorzulegen. Vielmehr handelt es sich um einen Versuch, die Entwicklungen als Pluralisierung der Autorinszenierungen und Differenzierung der Aufmerksamkeitsökonomie zu beschreiben. Ältere Formen werden nicht abgelöst, sondern durch neue ergänzt. Das wird zumal unter den Voraussetzungen der beiden deutschen Diktaturen deutlich. Im Nationalsozialismus können bestimmte Formen der Autorinszenierung schlicht fortgeführt werden, wenn sie mit dem herrschenden Literaturverständnis einhergehen – Ernst Jünger etwa pflegt die Maske der ‚kalten *persona*' auch nach 1933. Andere Inszenierungen wie die des ‚studierten Dichters' stehen nicht hoch im Kurs, was aber nicht zu ihrem Verschwinden führt, wie die bundesdeutsche Literatur nach 1945 und dann die Gegenwartsliteratur zeigen werden. In der DDR wird eine Ambivalenz von Fremd- und Selbstinszenierung deutlich, die zudem davon geprägt ist, dass hier besonders viele Schriftsteller ihre „Repräsentanzfunktion" inszenieren (Emmerich 2011, 312). Insgesamt aber gibt es dazu bisher kaum Untersuchungen, so dass sich differenzierte Aussagen verbieten. Das gilt besonders für die Aufmerksamkeitsökonomie im Nationalsozialismus, zu der grundlegende Forschungen fehlen.

Das muss deswegen betont werden, weil die kaum vorliegenden Studien zur Aufmerksamkeitsökonomie im Nationalsozialismus und die nur wenigen, freilich sehr zuverlässigen zur DDR-Literatur im deutlichen Kontrast zu den Forschungen zur Aufmerksamkeitsökonomie der bundesrepublikanischen Literatur bis 1989 und dann zur Gegenwartsliteratur stehen. Die Forschungen dazu sind in den letzten Jahren regelrecht explodiert. Untersucht wurden u. a. mediale Formen und Voraussetzungen der Autorinszenierung (Interview, Literaturkritik im Rundfunk und im Fernsehen, Autorschaft im Internet, Poetry Slam). Die Aufmerksamkeit galt Autoren, die durch mediale Präsenz ihr Bild etwa als ‚Repräsentant' bestimmter gesellschaftlicher Gruppen (Heinrich Böll, Heiner Müller) oder aber als Außenseiter des Betriebs (Walter Kempowski, Botho Strauß nach 1990) zu inszenieren versuchten und dadurch Aufmerksamkeit erlangten. Auch inszenierten sich (oder wurden inszeniert) zahlreiche Schriftsteller als Aktualisierung etablierter Schriftstellertypen (Durs Grünbein als *poeta doctus*, Moritz Rinke als ‚Zeitungsschriftsteller').

Schon diese wenigen Beispiele führen vor, wie sehr die Selbstdarstellungen und Versuche, Aufmerksamkeit im literarischen Feld zu erlangen, den literarischen Markt und die Bedingungen des Literaturbetriebs reflektieren und Auswirkungen nicht nur auf die Inszenierung des Autors in der interessierten Öffentlichkeit haben, sondern wie sehr sie auch die literarische Produktion berühren. Wie sich immer mehr abzeichnet, ist für die Aufmerksamkeitsökonomie dabei nicht nur die kurzfristige mediale Aufmerksamkeit eine wichtige Größe, sondern auch weiterhin die historisch-nachhaltige. Das veranschaulicht vielleicht kein Umstand besser als die Gründung des *Schweizerischen Literaturarchivs*. Es wurde 1991 nicht etwa aufgrund einer kulturpolitischen Initiative gegründet, sondern weil der 1990 verstorbene Friedrich Dürrenmatt in seinem Testament verfügt hatte, dass sein Nachlass nur der Schweiz überlassen wird, wenn diese ein Literaturarchiv gründet. Das im späten 18. Jahrhundert einsetzende „Nachlassbewusstsein" (Sina und Spoerhase 2013) ist also ein wesentlicher Motor der Aufmerksamkeitsökonomie. Es führt zugleich vor, dass Studien, die Aufmerksamkeitsökonomie ausschließlich im Hinblick auf die monetäre Dimension betrachten, zu kurz greifen, da dies die symbolische Dimension unterschlägt.

Wie differenziert Autoren dies wahrnehmen und wie sehr sie diese Dynamiken nutzen, um sich selbstreflektiert zu verorten und sich dadurch zugleich zu inszenieren, mag ein Beispiel aus dem 2015 erschienen *Künstlerroman* von Gerhard Henschel veranschaulichen, der in den späten 1980er Jahren spielt. Gegen Ende des autobiografischen Romans berichtet die Hauptfigur Martin Schlosser, der gerade entschieden hat, freier Schriftsteller zu werden, aber noch keine müde Mark mit seinem Schreiben verdient hat, Folgendes:

> „Seit Andrea mir keine Briefe mehr schrieb, sammelte ich ihre Zettelchen.
> *Liebster!*
> *Tschuldige das Chaos, ich hab'nen Job gekriegt ...*
> *Bis später – Deine Andrjuschkula*
> Die Mitarbeiter des Marbacher Literaturarchivs würden mir dereinst sehr dankbar sein. ‚Ja, da brate uns doch einer einen Storch! Das haben Sie alles aufbewahrt, Herr Schlosser?'
> ‚In weiser Voraussicht.'
> ‚Auf dem Autographenmarkt könnten Sie damit Unsummen verdienen!'
> ‚Mag sein. Aber diese Papiere sollten der Forschung zugänglich bleiben. Und jetzt entschuldigen Sie mich bitte, ich erwarte einen Anruf aus Stockholm...'" (Henschel 2015, 492)

Diese Szene fasst *in nuce* die Dynamik der Aufmerksamkeitsökonomie zusammen: Schlosser entwirft eine knappe Zukunftsfantasie über einen Moment, da er als einst etablierter Schriftsteller seinen Vorlass dem Deutschen Literaturarchiv am Neckar überlässt. Gewürdigt wird Schlosser in dieser Schlosser-Fantasie von den Archivaren doppelt: zum einen angesichts seines Nachlassbewusstseins und zum anderen angesichts des Umstands, dass er auf kurzfristige Gewinnmaximierung verzichtet. Dass dies freilich nicht uneigennützig ist und sich rechnet, signalisiert die kokette Erwartung des Anrufs vom Nobelpreiskommitee: Schlossers Nachlassbewusstsein zahlt sich in Gestalt von Ruhm und Preisgeld aus. Die grundsätzliche Komik dieser Szene entsteht nicht aus der pointierten Beschreibung der Aufmerksamkeitsökonomie, sondern aus dem Wissen der Leser, dass Martin Schlosser zwar noch nichts geschrieben hat, aber ein durchaus selbstironisches Kerlchen ist, das sich darüber klar ist, dass ihm die Geste des gesetzten, höchstetablierten Schriftstellers schlecht zu Gesicht steht. Schlosser ironisiert mittels dieser Szene das zeitgenössische Schriftstellertum, indem er aufmerksamkeitsökonomische Mechanismen bloßlegt. Besonders pointiert ist diese Szene außerdem durch den Umstand, dass Schlosser das *alter ego* des empirischen Autors Gerhard Henschel ist. Mit dieser Szene inszeniert sich Henschel also zugleich selbst als Autor, der nicht nur in der Lage ist, die aufmerksamkeitsökonomischen Dynamiken literarisch zu beschreiben, sondern auch dazu, gemeinsam mit den Lesern darüber zu lachen.

4 Aktueller Forschungsstand

Das Beispiel aus Henschels *Künstlerroman* führt vor, warum Aufmerksamkeitsökonomie und Autorinszenierungen besonders oft bei Autoren der bundesrepublikanischen Nachkriegsliteratur und der Gegenwartsliteratur untersucht werden. Zu kritisieren ist freilich, dass dies bisher v. a. exemplarisch und autorzentriert erfolgt. Umfassende Forschungen, zumal empirisch unterstützt, wie sie sich anbieten würden, fehlen hingegen weitgehend. Auch suchen die bisherigen Forschungen kaum den Anschluss zu Untersuchungsfeldern, die sich für weiterführende Analysen anbieten würden – etwa zu den großen Literaturstreiten bspw. der Aufklärung oder nach 1990. Das dürfte auch daran liegen, dass in der literaturwissenschaftlichen Forschung bisher kein zuverlässiges Verständnis von Aufmerksamkeitsökonomie entwickelt wurde. Außerdem wird der Begriff der ‚Inszenierung' mal eher soziologisch als ‚Rolle' oder ‚Typ' und mal eher performativ begriffen, so dass in den einschlägigen Studien immer wieder terminologischer Klärungsbedarf besteht. Da die Forschungen andererseits aber zeigen, welche ungemein differenzierten Einblicke in den Literaturbetrieb die Untersuchung von und Reflexion über ‚Aufmerksamkeitsökonomie' und ‚Autorinszenierung' erlauben, ist zu hoffen, dass die theoretischen Überlegungen dazu präzisiert werden und der historische Untersuchungsbereich entschieden ausgeweitet wird.

Weiterführende Literatur

Arnold, Heinz Ludwig (Hg.) (2009). *Literaturbetrieb in Deutschland*. München.
Assmann, David-Christopher (2014). *Poetologien des Literaturbetriebs. Szenen bei Kirchhoff, Maier, Gstrein und Händler*. Berlin, Boston.
Assmann, David-Christopher (Hg.) (2015). *Literaturbetriebspraktiken*. Frankfurt/Main.
Heinrichs, Wolfgang (2006). *Der Kulturbetrieb. Bildende Kunst – Musik – Literatur – Theater – Film*. Bielefeld.
Plachta, Bodo (2008). *Literaturbetrieb*. Paderborn.
Richter, Steffen (2011). *Der Literaturbetrieb. Eine Einführung: Texte – Märkte – Medien*. Darmstadt.

Zitierte Literatur

Assmann, Aleida und Jan Assmann (Hg.) (2001). *Aufmerksamkeiten. Archäologie der literarischen Kommunikation VII*. München.
Barner, Wilfried (1989). „Goethes Bild von der deutschen Literatur der Aufklärung. Zum Siebenten Buch von *Dichtung und Wahrheit*". *Zwischen Aufklärung und Restauration. Sozialer Wandel in der deutschen Literatur (1700–1848)*. Hrsg. von Wolfgang Frühwald und Alberto Martino. Tübingen: 283–305.
Baumeister, Friedrich Christian (^{2}1760). *Anfangsgründe der Redekunst*. Leipzig.
Bierwirth, Maik, Anja Johannsen und Mirna Zeman (Hg.) (2012). *Doing Contemporary Literature. Praktiken, Wertungen, Automatismen*. München.
Bosse, Heinrich (1981). *Autorschaft ist Werkherrschaft. Über die Entstehung des Urheberrechts aus dem Geist der Goethezeit*. Paderborn et al.

Bourdieu, Pierre (2001). *Die Regeln der Kunst. Genese und Struktur des literarischen Feldes*. Frankfurt a. M.
Bremer, Kai (2011). „Reformatorische Resonanzstrategien und Inszenierungspraktiken. Luthers Brief an den Vater 1521". *Schriftstellerische Inszenierungspraktiken – Typologie und Geschichte*. Hrsg. von Christoph Jürgensen und Gerhard Kaiser. Heidelberg: 55–67.
Dehrmann, Mark-Georg (2015). *Studierte Dichter. Zum Spannungsverhältnis von Dichtung und philologisch-historischen Wissenschaften im 19. Jahrhundert*. Berlin und Boston.
Deupmann, Christoph (2011). „Der Leipzig-Zürcher Literaturstreit: G***d, die ‚Schweizer' und die Dichterkrönung Christoph Otto von Schönaichs". *Schriftstellerische Inszenierungspraktiken – Typologie und Geschichte*. Hrsg. von Christoph Jürgensen und Gerhard Kaiser. Heidelberg: 69–88.
Emmerich, Wolfgang (2011). „Autonomie? Heteronomie? DDR-Autoren zwischen Fremd- und Selbstinszenierung". *Schriftstellerische Inszenierungspraktiken – Typologie und Geschichte*. Hrsg. von Christoph Jürgensen und Gerhard Kaiser. Heidelberg: 293–312.
Franck, Georg (1998). *Ökonomie der Aufmerksamkeit. Ein Entwurf*. München und Wien.
Garber, Klaus (1976). *Martin Opitz – „der Vater der deutschen Dichtung". Eine kritische Studie zur Wissenschaftsgeschichte der Germanistik*. Stuttgart.
Hemmerling, Wiebke (2015). „Schönaichs Schmähungen. Formen der Polemik im deutsch-schweizerischen Literaturstreit". In: *„Theologisch-polemisch-poetische Sachen". Gelehrte Polemik im 18. Jahrhundert*. Hrsg. von Kai Bremer und Carlos Spoerhase. Frankfurt a. M.: 135–148.
Henschel, Gerhard (2015). *Künstlerroman*. Hamburg.
Heudecker, Sylvia (2005). *Modelle literaturkritischen Schreibens. Dialog, Apologie, Satire vom späten 17. Jahrhundert bis zur Mitte des 18. Jahrhunderts*. Tübingen.
Joch, Markus, York-Gothart Mix und Norbert Christian Wolf (Hg.) (2009). *Mediale Erregungen? Autonomie und Aufmerksamkeit im Literatur- und Kulturbetrieb der Gegenwart*. Berlin.
Jürgensen, Christoph und Gerhard Kaiser (2011). „Schriftstellerische Inszenierungspraktiken – Heuristische Typologie und Genese". *Schriftstellerische Inszenierungspraktiken – Typologie und Geschichte*. Hrsg. von Christoph Jürgensen und Gerhard Kaiser. Heidelberg: 9–30.
Kampmann, Elisabeth (2011). „Selbstinszenierung im Dilemma – Gottfried Benns ‚Pathos der Distanz' und der späte Ruhm". *Schriftstellerische Inszenierungspraktiken – Typologie und Geschichte*. Hrsg. von Christoph Jürgensen und Gerhard Kaiser. Heidelberg: 253–267.
Leppin, Volker (2006). *Martin Luther*. Darmstadt.
Lethen, Helmut (1994). *Verhaltenslehre der Kälte. Lebensversuche zwischen den Kriegen*. Frankfurt a. M.
Luhmann, Niklas (1997). *Die Kunst der Gesellschaft*. Frankfurt a. M.
Martus, Steffen (2007). *Werkpolitik. Zur Literaturgeschichte kritischer Kommunikation vom 17. bis ins 20. Jahrhundert mit Studien zu Klopstock, Tieck, Goethe und George*. Berlin.
Nebrig, Alexander (2011). „Der deutsche Dichterkrieg und die agonale Selbstreflexion der Literaturkritik im Jahr 1741". *Gelehrte Polemik: Intellektuelle Konfliktverschärfungen um 1700*. Hrsg. von Kai Bremer und Carlos Spoerhase. Frankfurt a. M.: 388–403.
Scherer, Stefan (2011). „Dichterinszenierungen in der Massenpresse. Autorpraktiken in populären Zeitschriften des Realismus – Storm (C. F. Meyer)". *Schriftstellerische Inszenierungspraktiken – Typologie und Geschichte*. Hrsg. von Christoph Jürgensen und Gerhard Kaiser. Heidelberg: 229–249.
Seebald, Christian (2011). „Schreiben für die Reform. Reflexion von Autorschaft in den Schriften des Dominikaners Johannes Meyer". *Schriftstellerische Inszenierungspraktiken –*

Typologie und Geschichte. Hrsg. von Christoph Jürgensen und Gerhard Kaiser. Heidelberg: 33–53.
Seebert, Daniel (2012). „Aufmerksamkeit". *Historisches Wörterbuch der Rhetorik.* Bd. 10: Nachträge A–Z. Hrsg. von Gert Ueding. Tübingen: 59–69.
Sina, Kai und Carlos Spoerhase (2013). „Nachlassbewusstsein. Zur literaturwissenschaftlichen Erforschung seiner Entstehung und Entwicklung". *Zeitschrift für Germanistik* N. F. 23.3 (2013): 607–623.
Sittig, Claudius (2010). *Kulturelle Konkurrenzen. Studien zu Semiotik und Ästhetik adeligen Wetteifers um 1600.* Berlin.
Stolt, Birgit (2000). *Martin Luthers Rhetorik des Herzens.* Tübingen.
Weber, Max (2009). *Wirtschaft und Gesellschaft. Gemeinschaften. Studienausgabe.* Hrsg. v. Wolfgang J. Mommsen. Tübingen.
Werle, Dirk (2014). *Ruhm und Moderne. Eine Ideengeschichte (1750–1930).* Frankfurt a. M.
Wessel, Burkhard (1992). „Attentum parare, facere". *Historisches Wörterbuch der Rhetorik.* Bd. 1. Hrsg. v. Gert Ueding. Tübingen: 1161–1163.
Wittmann, Reinhard (1999). *Geschichte des deutschen Buchhandels. Ein Überblick.* 2. durchgesehene und erweiterte Auflage. München.
Zedelmaier, Helmut (2001). „Lesetechniken. Die Praktiken der Lektüre in der Neuzeit". *Die Praktiken der Gelehrsamkeit in der Frühen Neuzeit.* Hrsg. von Helmut Zedelmaier und Martin Mulsow. Tübingen: 11–30.
Ziolkowski, Theodore (1994). *Das Amt der Poeten. Die deutsche Romantik und ihre Institutionen.* München.

Thomas Keiderling
IV.6 Buchgeschichte

1 Definition

Buchgeschichte als Teilgebiet der Buchwissenschaft, seltener der Medienwissenschaft, beschäftigt sich im weitesten Sinne mit der Materialität und Medialität des Buches von der Tafel über die Rolle, den Codex bis hin zu den ersten elektronischen bzw. digitalen Formen ebenso wie mit den sozialen, ökonomischen, kulturellen, rechtlichen und institutionellen Rahmenbedingungen der Buchherstellung, -verbreitung und -rezeption in der Vergangenheit. Somit ermöglicht die Buchgeschichte Vergleiche zur Gegenwart und lässt mit gewissen Einschränkungen Prognosen über die weitere Entwicklung des Mediums und des Umgangs mit ihm zu.

2 Hauptaspekte

Genese einzelner Buchformen – der Produktion, Verbreitung und Rezeption des Buches

Während die Geschichte der Schrift in Vorläufern gut 40.000 Jahre alt ist, und in Höhlen der Altsteinzeit Zeichnungen und Malereien (Petroglyphen) auf verschiedenen Kontinenten gefunden wurden, ist die Geschichte des Buches deutlich jünger. Es kommt bei dem zunächst abstrakten Begriff ‚Buch' darauf an zu definieren und zu unterscheiden, was man hierunter versteht. Eine frühe Form des Buches könnte die Tontafel gewesen sein. Sie ist bereits vor ca. dem 5.–4. Jahrtausend v. Chr. nachgewiesen, als in Mesopotamien in Keilschrift auf Tontafeln meist kultische oder literarische Texte aufgezeichnet wurden. Die größte erhaltene Tontafelsammlung ist die *Bibliothek des Assurbanipal* (um 650 v. Chr.). Während dieser Zeit wurden auch schon zwei Tafeln oder mehr (Diptychon, Triptychon, Polyptychon) auf einer Seite durch Ringe zusammengehalten, ein Ideengeber für den späteren Codex.

Das Buch in Form der Rolle aus Papyrus oder Pergament wird jedoch in der Forschung als die eigentliche Frühform angenommen. Die Rolle gewann bei den Ägyptern, Griechen und Römern, aber auch in Indien und China eine hohe Bedeutung. In Fernostasien existierten bereits vor der Zeitenwende Bücher auf Palmblättern, Bambus- und Holzstreifen. Ein Problem der Buchforschung besteht darin, dass wir über den frühen Umgang mit den Buchrollen aufgrund einer äußerst komplizierten Quellenlage kaum unterrichtet sind, allenfalls Vermutungen anstellen können. Es gibt zumeist fragmentarische Überlieferungen von Buchrollen, bildliche Darstellungen von Büchern, die etwas zum Umgang mit ihnen aussagen (Buch-Ikonografie) und darüber hinaus Beschreibungen des Buches in überlieferten antiken Texten. Im klassischen Griechenland und Rom gehörten Papyrus-Schriften (Rollenform) zu einer wichtigen medialen Vermittlungs- und Speicherform. Man bewahrte sie in Verwaltungseinrichtungen, privaten Sammlungen, aber auch schon in öffentlichen Bibliotheken auf. Letztere nahmen seit der frühen Kaiserzeit des Römischen Reiches (um 27 v. Chr.) einen stetigen Aufschwung. Uneins ist die Forschung auch darüber, ob es schon so etwas wie einen professionellen Handel mit Büchern (Manuskripthandel) in der Antike gegeben hat.

Im Abendland löste im 2. Jahrhundert der Codex, d. h. die an einer Seite gebundene Buchform, die Rolle ab. Es handelte sich um den ersten, einschneidenden Gestaltwandel des Mediums, der belegt ist. Der Codex ist deutlich leistungsfähiger als die ältere Buchrolle. Hier begegnete dem Leser bereits die heute vertraute Seitenbildung, die zum Blättern auffordert, während die Rolle aus einer fortlaufenden Bahn bestand, die zum Konsultieren einer bestimmten Stelle auf- und abgerollt werden musste. Buchseiten eignen sich auch deshalb besser zur gezielten Orientierung, weil sie durchnummeriert werden können. Zudem besaß der Codex einen festen Einband aus Holz, um die einzelnen Seiten besser zu schützen.

Nach dem Untergang des Römischen Reiches im 5. Jahrhundert gingen Teile der einstmals hohen Schriftkultur verloren. Drei Jahrhunderte später entstand eine neue Schreibkultur im Fränkischen Reich. Geschrieben wurde nunmehr auf dem viel kostenintensiveren Beschreibstoff Pergament. Dabei handelte es sich um gegerbte und getrocknete Tierhaut, vornehmlich der Schafe, Ziegen, Kälber, aber auch Esel. Für mehrere Jahrhunderte pflegten v. a. Mönche in klösterlichen Scriptorien die Schreibarbeit. Sie arbeiteten stehend oder sitzend an Pulten und übertrugen die Texte Seite um Seite per Hand. Ein verstehendes Lesen der antiken Schriften war keine Voraussetzung für das Abschreiben und Vervielfältigen. In Klöstern und an Bischofssitzen wurden seit dem fränkisch-karolingischen Reich (Ende 5. Jahrhundert – Anfang 10. Jahrhundert) altgriechische und lateinische theologische Schriften und Texte für den täglichen Gebrauch abgeschrieben. Hinzu kamen antike Klassikerschriften. Auf diese Weise rettete man wichtige Kanon-Schriften vor dem Verfall.

Die entstehenden weltlichen Universitäten Europas etablierten seit dem 13. Jahrhundert eigene Formen des Kopierens. Lehrwerke wurden auf mehrere Hefte – sogenannte *peciae* – übertragen. Dabei handelte es sich um einen zur

Lage gefalteten Pergamentbogen von acht Seiten, der doppelseitig beschrieben wurde. Die Universität bestellte Schreiber, die das Original übertrugen. Diese *peciae* wurden von Universitätslehrern auf Originaltreue überprüft und die autorisierten Exemplare dem Stationarius, einem Handschriftenmakler, übergeben. Bei ihm konnten die Magister (Dozenten) und Studenten die Kopien gegen Gebühr entleihen oder selbst abschreiben. Das System ermöglichte das Vervielfältigen in vergleichsweise kurzer Zeit.

Eine andere Möglichkeit des Zugriffs auf Literatur boten die Bibliotheken der Universitäten und Kathedralschulen des Mittelalters. In kleinen bis mittelgroßen Lesesälen lagen die Bücher nach den damaligen wissenschaftlichen Sachgebieten unterteilt, also nach der medizinischen, juristischen, philosophischen oder theologischen Fakultät. Um die Ordnung zu wahren und die Bücher vor Diebstahl zu schützen, legte man sie an die Kette (Kettenbücher). Die Kettenlänge erlaubte ein Benutzen des Buches am Pultplatz. Falls erforderlich, konnte es der Bibliothekar mit einem Schlüssel lösen. Um die Nutzung zu erleichtern, verzichtete man bald auf solche Barrieren. Auch nahm die Größe des Buchformats ab, so dass sukzessive handlichere und lesefreundlichere Formate aufkamen (vgl. Janzin und Güntner 2007).

Bis zur Erfindung des Buchdrucks (Hochdruckverfahren; mit beweglichen Lettern) durch Johannes Gutenberg (ca. 1400–1468) um 1450 war das Buch als Handschrift eine Rarität, einmalig und unverwechselbar. Nur in Einzelfällen spricht die Forschung von einer massenhaften Herstellung textgleicher Bücher durch wiederholtes Abschreiben (vgl. Neddermeyer 1998, 551–552). Nannte man den Buchdruck zunächst eine geheime ‚schwarze Kunst' oder ein ‚Geschenk Gottes', wurde man bald gewahr, dass es sich um eine Revolution der medialen Vermittlung handelte. Er veränderte die Buchkultur, befriedigte einerseits besser das wachsende Interesse an literarischen Texten und bewirkte andererseits eine gesteigerte Nachfrage nach gedruckten Büchern. Allein in der zweiten Hälfte des 15. Jahrhunderts wurden schätzungsweise mehr als 15 Mio. Bücher auf den Markt gebracht. Hergestellt wurden sie in ca. 1100 Druckereien an 255 europäischen Orten. Während man zunächst häufig nachgefragte Handschriften nachdruckte und diesen Markt bald erschöpfte, wurden nach 1480 zunehmend neue Verlagsvorhaben durch eine neue Berufsgruppe initiiert: den Verlegern. Ihnen oblagen die Tätigkeiten, neue Buchprojekte anzuregen, die Gestaltung, Ausstattung und Auflagenhöhe zu bestimmen, den gesamten Geschäftsvorgang zu kalkulieren (Verlagskalkulation) – d. h. auch, das Geld vorzulegen (daher die Bezeichnung ‚Verleger') und den Verkaufspreis festzulegen, für die Herstellung selbst zu sorgen (Drucker-Verleger) oder sie zu veranlassen und schließlich die Bewerbung wie den Vertrieb zu organisieren. Einer von ihnen, Anton Koberger (1440–1513) aus Nürnberg, verfügte bald über einen regelrechten Großbetrieb, unterhielt

24 Pressen und beschäftigte über 100 spezialisierte Arbeitskräfte wie Setzer, Drucker, Korrektoren, Schriftschneider, Schriftgießer, Illuminatoren, Buchbinder und andere Handwerker. Nun wurde das Buch zur Ware. Identische Texte konnten in großer Zahl hergestellt werden. Auch die äußere Gestalt des Buches veränderte sich. Die vielfach großformatigen Codices des Mittelalters (Folianten, Riesenbibeln) wurden im 16. Jahrhundert bereits überwiegend von Büchern im Quartformat abgelöst.

Die Technik der Druckherstellung ermöglichte eine bislang nicht gekannte Verbreitung von Texten und Ideen. Folglich wurden bald herrschaftliche Kontrollinstanzen geschaffen, die diesen Vorgang überwachen sollten. Zunächst etablierte die katholische Kirche 1559 den vatikanischen *Index librorum prohibitorum*. Zehn Jahre später nahmen zeitgleich an den wichtigen Buchmessen Frankfurt am Main und Leipzig die weltlichen Bücherkommissionen ihre Tätigkeit auf. Sie sollten eine inhaltliche Kontrolle vor der Verbreitung der Druckerzeugnisse gewährleisten und waren Instrumente der Zensur.

Noch waren große Bevölkerungsteile nicht des Lesens mächtig. Für das Mittelalter liegen kaum verlässliche Zahlen für die Lesefähigkeit vor. Um 1500 wird die deutsche Leserschaft bei einer Bevölkerung von 13 Mio. Menschen grob auf 75.000 geschätzt: Dies wären gerade einmal 0,6 %. Bis 1600 fand eine allmähliche Verdopplung der Leserzahl statt. Wiederum nur wenige davon kamen als Käufer in Frage, denn die Bücherpreise waren hoch. Die Buchhändler waren bei diesen widrigen Rahmenbedingungen zu hoher Mobilität gezwungen, um an die potenziellen Käufer heranzukommen. Es dominierte der Wander- und Messebuchhandel. Im Zuge der Reformation entwickelte die protestantische Kirche ein besonderes Verhältnis zum Buch, eine neue Lesebegeisterung, ‚Buchgläubigkeit', und bewirkte somit einen weiteren Aufschwung des Buchgewerbes. Die Zeit des Dreißigjährigen Krieges (1618–1648) stellte die Produktion und Verbreitung des Buches vor große Probleme. Viele Städte in Mitteleuropa wurden geplündert und verwüstet, ganze Landstriche unbewohnbar. Nach heutigen Erkenntnissen kostete der Krieg etwa drei bis vier Mio. Menschenleben bei einer Gesamtbevölkerung im Reichsgebiet von rund 17 Mio. Auf wirtschaftlichem Gebiet brach die Geldzirkulation zusammen und die unsicheren Verhältnisse sorgten dafür, dass der überregionale Handel – so auch der Handel mit gedruckten Büchern – völlig neu organisiert werden musste. Es setzte eine Rückentwicklung im Buchhandel ein. Aufgrund mangelnden Bargelds und unsicherer Straßenverhältnisse ging man vom Geldgeschäft zum Tauschhandel von Büchern über. Das hatte zur Folge, dass die bereits vorhandenen Spezialisierungen zugunsten einer buchhändlerischen Universalfunktion aufgegeben wurden. Man konnte ja nur bargeldlos tauschen, was man zuvor durch eigene Arbeit hergestellt hatte. Es gab Drucker-Verleger und sogar Druck-Verleger-Sortimenter, die es schwer hatten, ihre Waren zu veräußern.

Im 17. und 18. Jahrhundert erlangte die deutsche Sprache die Hoheit in der Buchproduktion. Man kann diesen Wandel nur noch anhand der Titelstatistiken der Messekataloge nachvollziehen. Sie lassen die Breite der Produktion erahnen, aber keine Aussagen zu den Auflagenhöhen – also zur Anzahl der hergestellten Vervielfältigungsstücke – sowie den tatsächlich verkauften Exemplaren zu. Um 1600 wurden 71 % der in Deutschland neu erscheinenden Titel in lateinischer und 29 % in deutscher Sprache veröffentlicht. Um 1700 verhielten sich beide Sprachen im Verhältnis von 38 % zu 62 % und um 1800 von 4 % zu 96 %. Im Verlauf zweier Jahrhunderte war eine völlig neuartige Situation entstanden. Der kontinentale lateinische Buchmarkt der Gelehrten und Geistlichen wich vielen nationalsprachlichen Einzelmärkten.

Im letzten Drittel des 18. Jahrhunderts fand eine qualitative, sogenannte erste Leserevolution in Deutschland statt, die man aufgrund der geringen Beteiligung der Bevölkerung und des vergleichsweise langen Zeitraums auch als ‚Leser-Evolution' interpretieren kann (vgl. Engelsing 1970). Bis dato war das intensive und wiederholende Lesen weit verbreitet. Das Buch wurde verehrt und vererbt, besaß zeitlose Autorität. Gelesen wurde zumeist laut und in größerer Gemeinschaft. Man versprach sich davon etwa eine Reproduktion vorgegebener Inhalte oder eine Rückversicherung vertrauter Orientierungsmuster. Ganz oben auf der Liste standen religiöse Textbücher: der Katechismus, das Erbauungsbuch, die Bibel. Aber auch politische Traktate und Kalender wurden mit einbezogen. Nun wurden infolge der ersten Leserevolution Texte einmalig und extensiv gelesen. Exemplarisch muss die Zeitungslektüre genannt werden, bei der man die jeweils aktuelle Ausgabe mit höchstem Interesse rezipiert, während das eigentliche Medium – die Zeitung – schon nach der Aufnahme uninteressant geworden ist. Man reichte sie im Freundes- und Bekanntenkreis weiter und am anderen Tag wiederholte sich das Procedere. Aber nicht nur die Zeitung, auch neue Buchgattungen rückten in den Fokus des veränderten Leseverhaltens: die Belletristik des Sturm und Drang, aufklärerische Schriften und Lexika. Verbunden wurde diese „Lesewut", wie es zeitgenössisch hieß (Messerli 2010, 460), mit einer intensiven Konversation über das Gelesene, zumeist innerhalb der Salons, Lesegesellschaften, Logen und Caféhäuser. Träger der qualitativen Leserevolution waren adelige und bildungsbürgerliche Kreise, bei denen Frauen eine besondere Rolle spielten. Insgesamt handelte es sich um vielleicht 2–3 % der Bevölkerung. Am Ende war ein veränderter Umgang mit dem Buch, ein neuer Typus der bürgerlichen Öffentlichkeit, ein anonymes Publikum und eine neue Autorenschaft entstanden. Kritisch ließe sich gegen den Begriff der ersten Leserevolution einwenden, dass es auch schon zuvor einschneidende Veränderungen im Leseverhalten gegeben hat (u. a. den erwähnten Wechsel von der Buchrolle zum Codex im 2. Jahrhundert oder die Reformation am Beginn des 16. Jahrhunderts, die einen Aufschwung deutscher Bücher bei einer Reduktion lateinischer Texte mit sich brachte). Auch spielten Zeitungen seit dem ausgehenden 17. Jahrhundert eine zunehmende Rolle (vgl. Schenda ³1988).

Im 19. Jahrhundert stieg die Zahl der Alphabeten in Deutschland durch den nun in vielen Ländern obligatorischen Schulbesuch deutlich an, so dass nach 1870 nach groben Schätzungen 90 % der Bevölkerung lesefähig war. In der zweiten Jahrhunderthälfte sorgte eine sogenannte zweite Leserevolution, eine quantitative, für eine zunehmende Verbreitung von bürgerlichen Lesestoffen in ärmeren Schichten, vorrangig des Arbeiter- und Bauernmilieus. Haustürverkäufer drangen in die Arbeiterviertel vor und boten preiswerte Lieferungsausgaben, sogenannte Kolportageromane, aber auch Klassikerliteratur und Lexika an. Mit Verkürzung der Arbeitszeiten für Arbeiter konnte das moderne Lesen einen Teil der neu entstandenen Freizeit ergreifen. Zeitgleich schossen Volksbildungsvereine, Arbeiterbibliotheken und Volksbüchereien der erstarkenden Sozialdemokratie wie Pilze aus dem Boden. Kleinbürgerliche Vertreter prangerten das ihrer Meinung nach geringe Niveau einiger Kolportageschriften mit abwertenden Begriffen wie Schmutz und Schund an. Sie forderten, man möge die nach 1848 infolge des Kampfes für Presse- und Meinungsfreiheit deutlich abgeschwächte staatliche Zensur durch eine stärkere Kontrolle dieser Schriften wieder intensivieren.

An der Entwicklung des deutschen Buchhandels lässt sich der Aufschwung der literarischen Produktion und der wachsenden Publikumsnachfrage nachvollziehen. Noch um 1800 gab es im deutschsprachigen Raum kaum mehr als 470 Buchhandlungen, die zum Teil erhebliche Probleme hatten, ihre Druckwerke abzusetzen. Während der Hochindustrialisierung um 1900 war die Situation wie ausgewechselt. Allein auf dem Gebiet des Deutschen Reiches arbeiten nun mit 9360 Buchhandlungen fast zwanzigmal so viel Firmen. Einige davon waren zu Großbetrieben herangewachsen und beschäftigten bis zu 2000 Mitarbeiter. Die Titelproduktion steigerte sich von 1805 mit 4181 Novitäten bis 1900 mit 24.792 Novitäten um das Sechsfache. Gleichfalls wurde im 19. Jahrhundert die Herstellung des Buches durch neue industrielle Druck- und Setzverfahren rationalisiert. Zunächst sorgte die Schnellpresse von Friedrich Koenig (Patente 1810–1814) für eine Mechanisierung und Beschleunigung des Druckvorgangs. In den 1840er Jahren wurde das industrielle Binden der Bücher durch Drahtheftmaschinen revolutioniert. Während der Hochindustrialisierung erfolgte nochmals eine Beschleunigung des Setzvorgangs, seit 1886 durch die Zeilensetz- und Zeilengießmaschine Linotype von Ottmar Mergenthaler (1854–1899) und seit 1897 durch die Monotype des amerikanischen Ingenieurs Tolbert Lanston (1844–1913). Schließlich wurde es aufgrund neuer Druckverfahren immer einfacher, Abbildungen in den Druck einzustellen. Im 20. Jahrhundert setzte ein Siegeszug des Offsetdruckverfahrens ein, ein indirektes Flachdruckverfahren, das eine hohe Auflage bei guter Qualität ermöglicht. Das Buch wurde folgerichtig zum Industrie- und Massenprodukt (Groschenroman,

Taschenbuch). Seit Ende des 19. Jahrhunderts verstärkten sich wieder die Bestrebungen zum qualitätsvollen, schön gestalteten Buch (Privatpressen, bibliophile Gesellschaften, einzelne Verlage, Förderung durch den Buchhandel).

Eine Besonderheit des deutschen Buchhandels bestand darin, nach einer längeren brancheninternen Diskussion um die Schleuderei infolge der Kröner'schen Reform 1888 eine Ladenpreisbindung für Bücher eingerichtet zu haben. Sie schützt seitdem v. a. den verbreitenden mittelständischen Sortimentsbuchhandel. Zahlreiche Nationalstaaten folgten diesem Modell. Allerdings gehen seit den 1990er Jahren viele Länder – u. a. Schweden, Großbritannien und die Schweiz – aufgrund veränderter Marktbedingungen wieder von dem Konzept der Ladenpreisbindung ab. Die besondere Wertschätzung des Buches wird derzeit neben der Ladenpreisbindung auch durch einen verringerten Mehrwertsteuersatz für Bücher (in Deutschland derzeit 7 % anstatt der vollen 19 %) zum Ausdruck gebracht. Die Buchproduktion stagniert in Deutschland derzeit auf sehr hohem Niveau. Es werden trotz der Konkurrenz digitaler audiovisueller Medienformen jährlich bis zu 100.000 neue Buchtitel vorgelegt. Das *Verzeichnis Lieferbarer Bücher* (VLB) umfasst derzeit 2,5 Mio. deutschsprachige und teilweise auch fremdsprachige Titel mit bibliographischen Angaben aus 21.000 Verlagen.

Seit den 1990er Jahren findet ein Medienwandel vom gedruckten Codex-Buch, das umgangssprachlich mit *dem* Buch gleichgesetzt wird, zu elektronischen Formen statt. Es handelt sich bei Letzteren um das lesbare visuelle E-Book online und offline sowie das nicht lesbare Hörbuch als Sonderform des E-Book, das man nicht lesen kann und somit von einigen Buchwissenschaftlern nicht als ‚Buch' angesehen wird. Ca. 93 % der deutschsprachigen Buchproduktion (nach Umsatz) bestehen heute aus der Codex-Form, wobei die neueren Formen auf niedrigem Niveau langsam an Bedeutung gewinnen. Es zeigt sich in der Praxis, dass dieser mediale Wechsel in einigen Bereichen schneller vor sich geht. So werden z. B. Nachschlagewerke oder Datenbanken in der elektronischen Buchform durch Volltext-Suchfunktionen in ihrem Nutzen aufgewertet. Bei der Belletristik spielt dies noch keine große Rolle.

Genese des Fachansatzes – Institutionalisierung der Buchforschung

Reflektionen über das Buch sind so alt wie das Medium selbst und spiegeln sich in literarischen Texten ebenso wider wie in bildlichen Darstellungen der Malerei und Buchillustration (Buch-Ikonografie). Das Forschungs- und Interessenfeld entwickelte sich erst im Verlauf des 18. bis 20. Jahrhunderts, wobei es heute von vielen Disziplinen betrieben wird, u. a. der Buchwissenschaft, Medienwissenschaft, Literaturwissenschaft und Germanistik, Geschichte, Soziologie, Philosophie, Theologie und weiterer Fächer.

Die Anfänge der deutschen Buchgeschichte gehen auf die bibliografische Forschung und die sogenannte Litterärgeschichte des 18. Jahrhunderts zurück. Sie beschäftigte sich mit der Erschließung, Beschreibung und kommunikativen Vermittlung von Druckwerken durch entsprechende alphabetische, chronologische oder systematische Listen. Im Gegensatz zur heutigen Literaturwissenschaft, die sich auf die Geschichte der Belletristik beschränkt, behandelte die *historia litteraria* die systematische und kritische Erfassung der Literatur verschiedener Disziplinen wie auch die Biografien ihrer Autoren in chronologischer Anordnung. Bis in die Spätaufklärung war sie das Fundament jeglicher wissenschaftlichen Arbeit eines Gelehrten. Zugleich widmeten sich aber auch Bibliothekare, Buchhändler und Bücherliebhaber dieser Tätigkeit. So ging der Wiener Bibliothekar, Schriftsteller und Buchgelehrte Michael Denis (1729–1800) davon aus, dass die „Kenntnis der Bücher" einen historischen und einen kritischen Aspekt umfasse (Schneider 1997, 52–53). Der historische beziehe sich auf die Entstehungsgeschichte (Autor, Absicht der Publikation, Struktur des Textes, Publikumsreaktionen) sowie auf die Beschaffenheit des Mediums (Papier, Format, Druck, Einband), der kritische Aspekt hingegen auf die eigene Einschätzung und Reflektion des Geschriebenen (ob der Autor dem Werk gewachsen war, ob das Buch nützlich und die Methode gut gewählt wurde) (vgl. Schneider 1997).

Mit der weiteren Expansion des Buchmarktes im Zeitraum von 1750 bis 1840 wurde die universale Bücherkenntnis zwar noch gewünscht, aber nicht mehr als hinreichende Voraussetzung für das wissenschaftliche Arbeiten angesehen. Die Aufgaben des Gelehrten spezialisierten sich und diejenigen des Bibliografen mutierten hin zu einer Hilfeleistung bei der Erfassung der zahlreichen Neuerscheinungen. Im Zuge dieser Entwicklung bildete sich in Deutschland ein Netz unterschiedlicher Bibliotheken heraus, ebenso wie die Bibliothekswissenschaft und Bibliotheksgeschichte als weitere Felder einer umfassenderen Wissenschaft vom Buch. Der Terminus der Bibliothekswissenschaft wurde zu Beginn des 19. Jahrhunderts durch Martin Schrettinger (1772–1851) erstmals geprägt. Eine erste institutionelle Anbindung erhielt das Fach 1886, als Karl Dziatzko (1842–1903) in Göttingen den ersten Lehrstuhl für Bibliothekswissenschaft, genauer gesagt für Bibliothekshilfswissenschaften, besetzte. Am Ende einer langen bibliografischen Methodenentwicklung, bei der es auch um die Vereinheitlichung von Standards bei der Aufnahme und Beschreibung gedruckter Erzeugnisse ging, stand die Nationalbibliografie und ein verändertes Bewusstsein um die Erhaltung und Pflege nationalen Buchkulturerbes (vgl. Migon 1990, 29–30).

Eine Randerscheinung innerhalb der buchgeschichtlichen Arbeit ist die Paläografie oder Handschriftenkunde, die zumeist den Historischen Hilfswissenschaften zugeordnet wird. Sie beschäftigt sich mit der Erforschung von Handschriften, wobei vereinzelt auch Druckschriften hinzugezogen werden. In der zweiten Hälfte des 17. Jahrhunderts wurden u. a. von Jean Mabillon (1632–1707) erste Typisierungen und Versuche zur zeitlichen Einordnung von lateinischen Schriftformen entwickelt. Sie dienten zur Fundierung einer kritischen Diplomatik (Urkundenwissenschaft). Im 18. Jahrhundert konnte Francesco Scipione Maffei (1675–1765) die Paläografie für die Erforschung der Überlieferungsträger für die antike Literatur ausformen. Im Zuge der Ablösung der Kodikologie (Handschriftenkunde) von der Diplomatik wurde die Paläografie in der ersten Hälfte des 19. Jahrhunderts zu einer selbstständigen Wissenschaft. Um die Wende zum 20. Jahrhundert erhielt sie einen Aufschwung. Die in großer Zahl herausgegebenen Tafelwerke und Handschriftenfaksimiles ermöglichten direkte Vergleiche innerhalb des Handschriftenerbes und dienten der schriftkundlichen Ausbildung des wissenschaftlichen Nachwuchses.

Ein weiteres Feld der Disziplin ist die Buchhandelsgeschichte. Sie hat ihren Ursprung in einer frühzeitig einsetzenden Selbstreflektion der Branche, durch entsprechende Publikationen wirksam in Szene gesetzt. So finden sich spätestens seit dem ausgehenden 18. Jahrhundert Abhandlungen über den Buchhandel im Allgemeinen und die Leistungen von Unternehmerpersönlichkeiten im Besonderen. Die Arbeiten nahmen Beschreibungen des Tätigkeitsfeldes vor und thematisierten das Wirtschafts- oder Autorenrecht ebenso wie Firmengeschichte und Unternehmerbiografie.

Die 1876/1877 vollzogene Etablierung der Historischen Kommission des *Börsenvereins der Deutschen Buchhändler zu Leipzig* – zurückgehend auf eine Anregung des Leipziger Verlegers Eduard Brockhaus – führte zu einer institutionellen Anbindung der Forschung an den Börsenverein, der auch ökonomische Mittel zur Verfügung stellte. Zur Historischen Kommission gehörten von Anfang an führende Universitätsprofessoren Deutschlands. Diese Synergie von Wirtschaft und Wissenschaft hat die Etablierung des Faches bis in die heutigen Tage nachhaltig geprägt. Grundlagenwerke wie die von der Historischen Kommission herausgegebene *Geschichte des Deutschen Buchhandels* richten sich an Branchen- und Wissenschaftsteilnehmer zugleich (vgl. Kapp und Goldfriedrich 1886–1923, Wittmann 1999).

Parallel hierzu initiierten Vertreter der deutschen Nationalökonomie um 1900 eigene Forschungen, welche die Buchbranche, aber auch die Druckmedien Buch und Zeitung ins Visier nahmen. Der Leipziger Nationalökonom und Universitätsprofessor Karl Bücher löste mit seiner 1903 erschienenen Schrift *Der deutsche Buchhandel und die Wissenschaft* eine Kontroverse mit dem Börsenverein aus, die später unter der mehrdeutigen Bezeichnung ‚Bücherstreit' in die Geschichte eingehen sollte. Büchers Verdienste um die wissenschaftliche

Aufarbeitung der Druckmedien sind bislang unterschätzt worden. Er gründete 1916 das erste *Institut für Zeitungskunde*, dem weitere Gründungen in Deutschland folgten. Nur wenige wissen, dass er sich auch mit dem Buch als Medium auseinandersetzte. Wenn auch seine Arbeiten keine nachhaltige Wirkung in der Wissenschaft erzielten, markierten sie eine wichtige Entwicklungsetappe hin zur Buch- und Zeitungswissenschaft. Ein weiterer Anstoß zur universitären Beschäftigung mit Buch und Buchhandel ging vom Börsenverein aus. Der Branchenverband stiftete 1925 eine Professur zur Buchhandelsbetriebslehre an der Leipziger Handelshochschule. Den Ruf erhielt Gerhard Menz (1885–1954), der seit 1935 auch an der Philosophischen Fakultät der Universität Leipzig zur Zeitungswissenschaft dozierte. Über die Wirkung seiner zahlreichen Schüler hatte Menz das Fach Buchhandelsgeschichte in der Bundesrepublik nachhaltig geprägt.

Die Buchhandelsgeschichte ist ein wichtiger Traditionsstrang der heutigen Buchgeschichte. Sie beschäftigt sich in ihrer germanistischen Ausprägung mit dem Literaturschaffen, mit der Werkgeschichte insbesondere unter dem Aspekt der Genreentwicklung, der Autor-Verleger-Beziehung sowie mit Aspekten der Rezeption und medialen Verbreitung. Die wirtschaftsgeschichtliche und wirtschaftswissenschaftliche Linie der Buchhandelsgeschichte, die sich v. a. mit der Statistik, mit rechtlichen Fragen sowie mit der Vereins-, Biografie- und Firmenforschung befasst, thematisiert zumeist nicht das Buch selbst als Medium, sondern widmet sich den ökonomischen und sozialen Rahmenbedingungen der medialen Herstellung und Verbreitung. Insofern bettet sie die eigentliche Mediengeschichte in ein größeres gesellschaftliches Ganzes ein und hierin liegt auch ihre besondere Leistung für das Fachgebiet.

Die Beschäftigung mit Gutenberg und der Erfindung des Buchdrucks setzte bald nach dem Tode des Technikers und Unternehmers ein. Bernhard von Mallinckrodt, Büchersammler und Frühdruckexperte, gab 1640 eine Untersuchung zur Entstehung der Buchdruckerkunst *De ortu ac progressu artis typographicae* heraus. Damit begann die Gutenbergforschung, die sich im Laufe der Jahrhunderte von einer eher zufälligen Sammlung von Archivmaterialien hin zu einem eigenständigen Zweig der Buchwissenschaft entwickelte. Die Gutenbergforschung erhielt durch erste wissenschaftliche Arbeiten zur Frühdruckzeit v. a. in der zweiten Hälfte des 19. Jahrhunderts Auftrieb. Die Institutionalisierung erfolgte am Beginn des 20. Jahrhunderts. In Mainz wurde im Jahr 1900 das *Gutenbergmuseum* eröffnet. Ein Jahr später kam die Mainzer *Gutenberg-Gesellschaft* hinzu. Das seit 1926 erscheinende *Gutenberg-Jahrbuch* publiziert die neuesten wissenschaftlichen Erkenntnisse. Ab 1962 wurde mit dem Museumsneubau ein repräsentativer Rahmen geschaffen, um die gegenständlichen Quellen der Druckgeschichte einem breiten Publikum zu präsentieren.

Ausgehend von der Gutenbergforschung haben sich Wissenschaftler unterschiedlicher Disziplinen mit Fragen der Druckgeschichte befasst. Die Druckgeschichte befasst sich mit der Geschichte der Schrift, des Schriftgusses, der Satz- und Reproduktionstechnik, den Druck- und Bindeverfahren sowie der Technikgeschichte. Während die Gutenbergforschung der 1950er und 1960er Jahre die technikgeschichtlichen Aspekte und die Biografie des Erfinders betonte, erhielt das Forschungsfeld in den letzten Jahrzehnten durch den Einsatz von naturwissenschaftlichen Untersuchungsmethoden wie die Beta-Radiografie oder Elektronenradiografie immer wieder neue Impulse.

Die Papiergeschichtsforschung beschäftigt sich einerseits mit kultur-, technik-, wirtschafts- und betriebsgeschichtlichen Aspekten des Beschreib- und Bedruckstoffes, andererseits – ganz praktisch – mit der Wasserzeichenkunde, die eine wesentliche Quelle zur Geschichte der Papierherstellung thematisiert. Die Wasserzeichenforschung wird insbesondere herangezogen, um die Herkunft, das Alter, die Echtheit sowie die Zusammengehörigkeit von Manuskripten oder Drucken nachzuweisen, und stellt auf diese Weise eine Hilfs- oder Partnerwissenschaft für andere historisch arbeitende Disziplinen dar.

Die Papiergeschichte etablierte sich v. a. in den dreißiger Jahren des 20. Jahrhunderts. Hans-Heinrich Bockwitz (1884–1954), Museumsdirektor und Schriftleiter des *Archivs für Buchgewerbe und Gebrauchsgrafik* in Leipzig, trug durch seine Arbeit wesentlich zur Beschäftigung mit der Materialität des Buches bei. Eine erste Institutionalisierung erlangte die Papiergeschichtsforschung 1938, als der Verein der Zellstoff- und Papier-Chemiker und -Ingenieure in Mainz die *Forschungsstelle Papiergeschichte* gründete, die bis 1944 durch den Diplom-Kaufmann Alfred Schulte geleitet wurde. Nach erfolgreichen Jahren – seit 1950 gab das Institut eine Zeitschrift *Papiergeschichte* heraus – stellte sich 1973 ein großer Geldmangel ein, da die Papierindustrie infolge von Rezessionserscheinungen die Förderung stark reduzierte. Die Sammlungen der Forschungsstelle, die zuvor im damaligen Neubau des Gutenberg-Museums untergebracht waren, kamen an das *Deutsche Museum* München. 1992 wurde dort eine Forschungsstelle für Wasserzeichen eingerichtet.

Die Wasserzeichenkunde reicht in ersten Ansätzen bis in das späte 18. Jahrhundert und hier besonders auf die Tätigkeit von Gotthelf Fischer von Waldheim zurück. Zu Beginn des 20. Jahrhunderts erhielt dieser Ansatz durch die Arbeiten Charles-Moïse Briquets (1839–1918) ihre gültige Ausprägung. Ein heute noch bedeutendes Werk zu Methodik und Gegenstand wurde vom Gründer der Leipziger Wasserzeichensammlung Karl Theodor Weiß (1872–1945) begonnen und von dessen Sohn Wisso Weiß (1904–1991) bearbeitet und herausgegeben. Dennoch besitzen weder die Papiergeschichte noch die Wasserzeichenkunde eine ‚richtige' akademische Heimat. Eine gründliche Akzeptanz des Faches hat es v. a. in der

Musikwissenschaft gegeben, die auch ihren akademischen Nachwuchs systematisch an das Thema heranführt.

Die Lese(r)- und Rezeptionsforschung spielte in den 1970er Jahren v. a. in der literaturwissenschaftlichen Diskussion eine gewichtige Rolle. Man sprach nicht mehr von der Wirkungsgeschichte literarischer Texte, sondern von ihrer Rezeptionsgeschichte. Theoretiker wie Roman Ingarden (1893–1970) setzten sich mit der Sicht durch, dass der Text noch nicht das Werk sei. Vielmehr sei Letzteres erst das Ergebnis einer Konkretisierung, die der Rezipient im Akt des Lesens schafft. Es entstanden in der Folge zahlreiche Ansätze der Rezeptionsästhetik, Rezeptionsgeschichte, Rezeptionstheorie, Lese- bzw. Lesergeschichte.

An der Erforschung des Lesens bspw. sind eine Reihe von Disziplinen beteiligt, u. a. die Neurobiologie, Kognitionswissenschaften oder Psycholinguistik. Die moderne Leserforschung sieht im Leser ein handelndes, nachfragendes Subjekt. Seit den 1960er Jahren gehört dieses Feld zu den zentralen Aufgaben der Buchmarktforschung unter wirtschaftlichen und Marketingaspekten. Die Pädagogik hingegen beschäftigt sich mit der Lesedidaktik und der Leseförderung, mit dem Ziel, Bildungspolitik zu betreiben. Die historische Leseforschung hingegen hat seit den 1970er Jahren entscheidende Impulse von einer sich sozialwissenschaftlich orientierenden Literaturwissenschaft erfahren. Es geht um den historischen Leser, seine Lesestoffe und seine Motivation, Orte und Zeiten des Lesens, individuelle und kollektive Lektüre.

In diesem Zusammenhang mit der Rezeptionsforschung wird immer auch die Buchwirkungsforschung als eigenes Feld angeführt. In einer ersten Phase entstanden in den USA der 1940er Jahre erste Untersuchungen zu den Auswirkungen von Massenmedien, vorrangig bezogen auf Fernsehen, Film, Rundfunk und Presse (massmedia-effects-research). Forscher wie Lazarsfeld, Klapper oder Lasswell nutzten in ihren empirischen soziologischen Studien v. a. monokausale Stimuli-Response-Modelle. Das Buch als ‚Langzeitmedium' kam während dieser Zeit nicht vor. In einer zweiten Phase wurden diese Theoreme von der deutschen Kommunikationsforschung der 1960er und 1970er Jahre übernommen. Es kam zur Ausdifferenzierung des Wirkungsbegriffes einerseits und der „gestuften Selektivität" des Rezipienten andererseits (Merten ³2007, 72). In Phase drei entwickelte sich die neutrale Buchwirkungsforschung einmal aus den Kommunikationswissenschaften, zum anderen aus der Literaturwissenschaft heraus. Eine eher aus der Praxis herrührende Erforschung des Buches leistete das von Strauß und Meyer-Dohm seit 1960 begründete Hamburger *Institut für Buchmarktforschung*. In der vierten Phase emanzipierte sich die Buchwirkungsforschung nach 1968. Man erhoffte sich von der Erforschung des Buches und seiner Rezeption/ Wirkung mehr Einfluss und Steuerung auf diesen Bereich medialer Vermittlung. Allerdings trat hier wohl Ernüchterung ein. Zumindest wurde das Feld der Buchwirkungsforschung in den letzten Jahrzehnten zu Unrecht durch die Forschung weitgehend vernachlässigt. Schließlich hat sich in jüngster Zeit die Kommunikations- und Medienwissenschaft buchwissenschaftlicher Themen explizit angenommen (vgl. Kerlen 2004).

Rechtliche Aspekte der Buchgeschichte

Bei der urheberrechtlichen Betrachtung der Buchgeschichte ist die Kenntnis antiker Rechtsvorstellungen wichtig, weil sie bis in die Neuzeit hineinwirkten. In der Antike war die Vervielfältigung durch freie Berufsschreiber und Manuskripthändler weit verbreitet. Es gab kein ideelles, sondern nur sächliches Eigentum. Somit ‚gehörte' ein ideeller Text nicht dem Textschreiber, sondern demjenigen, der im Besitz des Beschreibstoffes war. Der Begriff des Autors taucht bereits in der Antike auf. Das lateinische Wort *auctor* verwendete man ursprünglich für denjenigen, der etwas veranlasste bzw. förderte oder von dem eine Handlung oder ein Vorschlag ausging. Insofern machte es Sinn, den Verfasser eines Manuskripts Autor zu nennen. Die Autoren arbeiteten in der Regel nicht hauptberuflich. Nach der Veröffentlichung war der Text für jedermann frei verfügbar, also Allgemeingut. Es ist heute aufgrund der Quellenlage schwierig, sich in die Gedankenwelt damaliger Autoren hineinzuversetzen. Kleinere Entgelte für Manuskripte spielten gewiss eine motivierende Rolle. Man nimmt auch an, dass einige der damaligen Autoren bereits nach Ruhm und ‚Unsterblichkeit' strebten, die sie persönlich durch die Text- und Ideenverbreitung erzielen konnten. Wenn dem so gewesen wäre, dann läge eine Wurzel des modernen Urheberrechtsgedankens – die ideelle Wertschätzung des Urhebers – bereits in der Antike begründet. Für diese Annahme gibt es noch ein weiteres Indiz. Ein zentraler Begriff des späteren Urheberrechts ist bereits für das antike Griechenland belegt: das Plagiat. Unter einem *plagiarius* wurde ein Menschenräuber verstanden, der gerade freigelassene Sklaven rechtswidrig wieder gefangen nahm. Dies übertrug man auf den ‚geistigen Diebstahl'. Zwar existierte der Terminus in dieser rechtlichen Bedeutung damals nicht, aber einige Protagonisten prangerten die Verfahrensweise des Ideenraubes bereits an bzw. verurteilten ihn moralisch. Ihrer Meinung nach sollte stets der Urheber mit genannt werden. Daraus lässt sich folgern, dass die Bedeutung von Geisteswerken in der Antike im Prinzip bekannt war und man ihren Wert schätzte.

Dieses Rechtsbewusstsein, dass der physische Besitz eines Manuskripts gleichbedeutend war mit der völligen Freiheit zur Verbreitung desselben, tradierte sich bis in das Mittelalter (vgl. Bappert 1962). Nicht nur Klöster und Bischofssitze fertigten Kopien von Handschriften an, auch die seit dem 13. Jahrhundert entstehenden weltlichen Universitäten Europas kopierten Texte (Pecien-System). Bei den über Generationen tradierten Texten stand meist das Werk mit seiner eingeführten Bezeichnung im Vordergrund, nicht aber dessen (oft ungenannter) Autor. Autorennamen tauchten zumeist in den Schlussworten auf. Geistliche und Mönche, die im Allgemeinen lateinisch schrieben, waren schriftstellerisch tätig, aber auch adelige Minnesänger nebst einer kleinen Anzahl von besoldeten Hof- und Berufsdichtern volkssprachiger Werke. Nur ein geringer Teil dieser Personenkreise war auf schriftstellerische Einkünfte angewiesen. Mäzene und Gönner förderten durch ihre Zuwendungen die literarische Produktion. Häufig trugen die Werke auch den Charakter von Auftragsarbeiten.

Einschneidend für die weitere Entwicklung des Urheberrechtsgedankens war die Erfindung des Buchdrucks durch Johannes Gutenberg. Nun war es möglich, Texte in beliebigen, identischen Exemplaren zu kopieren und vom Handel mit den Vervielfältigungsstücken kommerziellen Nutzen zu ziehen. Die neue Technologie wurde in der damaligen abendländischen Kultur sehr rasch in ihrer Bedeutung erkannt und breitete sich explosionsartig aus. All jene Berufe, die heute unter den Branchen des Buchgewerbes und Buchhandels subsumiert werden, wie Buchdrucker, Buchbinder, Buchverleger und Buchhändler, entstanden innerhalb kurzer Zeit. Die Vermarktung und Verwertung des geistigen Schaffens war ihr Lebensunterhalt. Die Gewerbetreibenden hatten sich – wie zuvor im Manuskriptzeitalter – zuerst etabliert und ihre Rechte eingefordert. Sie waren den Autoren um Längen in der Professionalisierung voraus und setzten sich auch als Erste für eine Ächtung des ‚unberechtigten' Kopierens und Verbreitens von Texten ein. Frühe kaiserliche Privilegien und Nachdruckverbote von 1501 und 1518 gegen unerlaubte Vervielfältigung zielten nicht auf den Schutz des Autors, sondern auf den des Herstellers und Vervielfältigers (Drucker-Verlegers) ab.

Der Nachdruck war seit der Inkunabelzeit eine Art Kavaliersdelikt. Es gab keine wirkliche Handhabe gegen ihn. Zunächst wurden seit Mitte des 16. Jahrhunderts Territorialprivilegien eingeführt, die Nachdruckverbote für bestimmte Schriftwerke, begrenzt auf ein Gebiet und einen Zeitraum, darstellten. Privilegien waren generell übertragbar. War ein Privileg nach wenigen Jahren erloschen, konnte ein anderer ein neues auf ein und dasselbe Werk beantragen. Über Jahrhunderte hinweg dienten Privilegien mehr schlecht als recht dem Schutz gegen den Nachdruck, denn das Heilige Römische Reich Deutscher Nation umfasste seinerzeit mehr als 300 Einzelterritorien. Erst im ausgehenden 18. Jahrhundert traten gesetzliche Nachdruckverbote an ihre Stelle, ohne jedoch den Schutz durch Privilegien sofort zu verdrängen.

Drei Jahrhunderte nach Erfindung des Buchdrucks gab es immer noch kein verbrieftes Urheberrecht, das den Autor schützte und in seiner Tätigkeit beflügelte. Hierzu fehlte eine wesentliche Voraussetzung, die die Verrechtlichung in

Gang setzen konnte: die Existenz des selbstbewussten und professionell arbeitenden Autors, der von der Schriftstellerei lebte und somit in der Rechteeinforderung ein Pendant zum professionellen Gewerbe bildete. Dieser Typus konnte sich lange Zeit nicht herausbilden, weil der potenzielle Käufermarkt im deutschsprachigen Raum viel zu begrenzt war, um Autoren ein ausreichendes Einkommen zu sichern. Mit Beginn der Reformation (1517) trat die gelehrte humanistische und scholastische Literatur in lateinischer Sprache mehr und mehr in den Hintergrund, um den zeitgenössischen Werken Platz zu machen. Somit entstand frühestens um die Mitte des 16. Jahrhunderts die bis heute typische Form der Zusammenarbeit von Autor und Verleger bei der Veröffentlichung eines literarischen Werkes. Seit diesem Zeitpunkt bildete sich auch ein Gewohnheitsrecht im Autor-Verleger-Verhältnis sukzessive heraus. In diesem Zusammenhang muss das Wirken des Reformators Martin Luther (1483–1546) hervorgehoben werden. Seine Bibelübersetzung und seine zahlreichen deutschsprachigen Texte ebneten den Weg zur nationalsprachigen Buchproduktion. In mehreren Aufrufen wandte sich Luther auch gegen die Raubdrucker. Mit zunehmender Alphabetisierung der Bevölkerung im 17. und 18. Jahrhundert bot sich für viele Autoren die Chance, ihre Tätigkeit hauptberuflich auszuüben. Es begann das Zeitalter des modernen, emanzipierten Schriftstellers.

Mit der Revolution von 1789 wurde in Frankreich erstmals die Lehre vom geistigen Eigentum gesetzlich formuliert. Die Idee des ewigen Verlagsrechts, wonach ein einmal dem Verlag übergebener Text unbegrenzt von diesem verwertet werden konnte, wandelte sich in die Vorstellung, dass nach dem Ablauf einer bestimmten Frist das Recht an die Allgemeinheit fällt. Hier unterschied man bewusst zwischen dem sächlichen und dem ideellen Eigentum. Ebenso wurde dem Urheber ein Urheberpersönlichkeitsrecht zugesprochen. Rechtshistorisch wurde der Begriff des geistigen Eigentums im Deutschland des 18. und 19. Jahrhunderts sehr kontrovers diskutiert. Das Grundproblem dieser Debatte bestand darin, den traditionellen Eigentumsbegriff, der ausschließlich den Besitz an Sachen kannte, auf immaterielle Werte auszudehnen. Zugleich wurde die herkömmliche Auffassung zurückgedrängt, dass lediglich der Nachdruck privilegierter Bücher verboten sei, u. a. in der Arbeit *Beweis der Unrechtmäßigkeit des Büchernachdrucks* (1793) von Johann Gottlieb Fichte (1762–1814).

Das einzige Mittel im Kampf für den Urheberrechtsschutz bildete nach wie vor die Privilegienvergabe. Allerdings bot ein Privileg im deutschen Staatenbund nur geringen Schutz. An eine regionalstaatlich übergreifende oder gar deutschlandweite Regelung war nicht zu denken. Im Gegenteil, mit dem Aufschwung der Literatur und des Buchhandels rückte in einigen deutschen Staaten sogar die Überlegung in den Vordergrund, man könnte durch eine gezielte Förderung des Raubdrucks die landeseigene Buchwirtschaft ankurbeln und somit zusätzliche

Steuereinnahmen erzielen. Die Regierungsvertreter griffen auf durchaus probate Mittel des Merkantilismus zurück und waren sich keines Unrechts bewusst. Dabei konnten sie sich sogar auf die publizistisch weit verbreitete Argumentation der Raubdruckerbewegung stützen. Viele Raubdrucker waren nämlich nicht der Meinung, sie würden betrügen. Sie sahen ihre Aufgabe in der ‚Beförderung der Literatur'. In diesem Punkt stimmen ihr einige Buchforscher zu (vgl. Wittmann 1982). Durch ihre Tätigkeit gelangte der Lesestoff ausgesprochen preiswert an ein großes Publikum und in Regionen, die die Originalverleger oftmals nicht im Visier hatten oder logistisch nicht erschließen konnten.

Raubdrucker konnten deshalb preiswerter herstellen als die Originalverleger, weil sie eine Reihe von Ausgaben einsparten. Sie benötigten keine Korrekturen und Überarbeitungen des Manuskripts und zahlten keine Autorenhonorare. Nicht selten druckten sie in einfacherer Ausstattung von Papier und Einband. Da die Raubdrucker stets unter großer Eile agierten, enthielten ihre Ausgaben diverse Druckfehler und Entstellungen, die insbesondere die Autoren maßlos verärgerten. Die deutsche Nachdruckerlandkarte des ausgehenden 18. Jahrhunderts und frühen 19. Jahrhunderts kannte viele Orte. Berlin, Frankfurt am Main, Hamburg, Stuttgart, Karlsruhe, Tübingen und Wien galten als führend. Es gab sogar Nachdruckermessen, auf denen sich die Akteure trafen, um zu handeln, Erfahrungen auszutauschen und Anregungen zu erhalten. Eine bekannte Nachdruckermesse fand zwischen 1775 und 1778 in Hanau bei Frankfurt am Main statt. Sie wurde leicht abschätzig als *Hanauer Bücherumschlag* tituliert. Der ‚König aller Raubdrucker' Johann Thomas von Trattner (1717–1798) lebte und arbeitete in Wien. Er war ein buchgewerblicher Großunternehmer und in Besitz von 26 Pressen. Von der österreichischen Kaiserin Maria Theresia (1717–1780) erhielt er ein Nachdruckerprivileg und später noch einen Adelstitel. Durch die Nachdruckbewegung wurde die hohe monopolistische Preis- und Rabattpolitik einiger Originalverleger, u. a. von Philipp Erasmus Reich (1717–1887), verstärkt. Von Trattner hatte sein Gewerbe erst aufgenommen, als ihm die Preise und Transportkosten einiger Leipziger Verlage unakzeptabel hoch erschienen. Aus diesem Grund muss man den Raubdruck als eine wichtige, schier unvermeidbare und für die Betroffenen auch lehrreiche historische Auseinandersetzung sehen.

Im Verlauf des 19. Jahrhunderts gelangten die Raubdrucker in der Auseinandersetzung mit den Originalverlegern ins Hintertreffen. Die Originalverleger organisierten sich erfolgreich in wirtschaftlichen Interessenverbänden, senkten durch großtechnische industrielle Herstellungsverfahren die Ladenpreise und verbesserten die Logistik in die Regionen hinein. Das Kursächsische Mandat von 1773 gilt als ein Meilenstein der deutschen Urheberrechtsgeschichte. Es enthielt erstmals ein generelles staatliches Schutzversprechen für alle in Sachsen gedruckten Bücher. Damit war für Sachsen und die *Leipziger Buchmesse* ein entscheidender

Schritt zur Rechtssicherheit getan. Die bisherige Einzelprivilegierung wurde durch eine staatliche Regelung ersetzt.

Nach dem Zusammenbruch des Heiligen Römischen Reiches Deutscher Nation im Jahre 1806 verringerte sich mit dem nun etablierten Deutschen Bund die Zahl der Einzelstaaten von 115 auf 39. Aber auch jetzt war die Schaffung einer einzigen Rechtslage aufgrund der Partikularinteressen einzelner Territorien nicht so ohne Weiteres möglich. Mit dem 1825 gegründeten *Börsenverein der Deutschen Buchhändler zu Leipzig* wurde eine spürbar verbesserte Ausgangsposition für die deutschen Verleger geschaffen. Der Börsenverein, zunächst eine kleine Gruppe reformwilliger Buchhändler repräsentierend, erhielt bald nachhaltigen Zuspruch und intensivierte den Kampf gegen den Raubdruck und für ein kodifiziertes Urheber- und Verlagsrecht. Dem Branchenverband gelang es, über eine ausgefeilte politische Lobbyarbeit und Boykottmaßnahmen, den Raubdruck (unberechtigten Nachdruck) zurückzudrängen. V. a. Petitionen bewirkten langfristig ein Umdenken bei vielen deutschen Regierungen. Eine erste Eingabe richtete der Börsenverein 1830 an die königliche Regierung in Württemberg um den Erlass eines Nachdruckerverbots. Im Jahre 1834 unterbreitete er *Vorschläge zur Feststellung des litterarischen Rechtszustandes in den Staaten des deutschen Bundes* an die Bundesversammlung. 1841 verfasste er eine Petition an die sächsische Regierung für eine einheitliche Nachdruckgesetzgebung in deutschen Staaten und 1855 eine *Denkschrift über den internationalen Rechtsschutz gegen den Nachdruck zwischen Deutschland, Frankreich und England*. 1857 wurde das Wort ‚Urheberrecht' erstmals in einem Gesetzesentwurf des Börsenvereins gebraucht. Die sachverständigen Stellungnahmen und Gesetzesentwürfe bildeten nicht nur die Grundlage für die Urheberrechtsgesetze von 1870 und 1876, sondern trugen auch entscheidend zum Zustandekommen der Berner Übereinkunft von 1886, des Gesetzes betreffend das Urheberrecht an Werken der Literatur und Tonkunst (LUG) von 1901 sowie des Gesetzes betreffend das Urheberrecht an Werken der bildenden Künste und der Photographie (KUG) von 1907 bei. Den deutschen Verlegern und Buchhändlern war es zu einem frühen Zeitpunkt gelungen, ihre Interessen auch in Bezug auf das Urheber- und Verlagsrecht durch eine leistungsstarke Branchenvertretung zu bündeln. Weltweit gesehen war ihre Lobbyarbeit führend und sehr effektiv.

Im ausgehenden 18. Jahrhundert fand ein signifikanter Zuwachs des Autorenberufes statt. Johann Georg Meusels *Schriftstellerlexikon* verzeichnete um 1766 etwa 3000, um 1795 8000 und um 1806 rund 10600 freie Schriftsteller in Deutschland. In dem Maße, wie professionelle Autoren auf unterschiedlichem Gebiet – in der Literatur, der Wissenschaft und im Journalismus – tätig wurden, erscholl auch dort der Ruf nach Vereinsbildung. Es ging darum, die mangelhafte rechtliche und soziale Situation der Schriftsteller zu verbessern und deren Interessen in der

Gesellschaft zu vertreten. Bereits in der deutschen Klassikerzeit gab es mit dem 1772 in Göttingen gegründeten Dichterbund *Hain* einen frühen Zusammenschluss von Autoren. Doch erst mit dem 1842 auf Initiative von Robert Blum (1807–1848) geschaffenen *Leipziger Literatenverein*, der 1846 in *Leipziger Schriftstellerverein* umbenannt wurde, entstand die erste schriftstellerische Berufsvereinigung. Ein wichtiges Merkmal des Literatenvereins war die wirtschaftliche Interessenvertretung und der Kampf gegen Nachdruck und Zensur. Er scheiterte zwar, markierte jedoch eine wichtige Entwicklungsstufe der schriftstellerischen Interessenvertretung in Deutschland. Seit 1878 (Gründung des *Allgemeinen Deutschen Schriftsteller-Verbands*, ADSV) erfolgten über verschiedene deutsche Staatsformen hinweg immer wieder Vereinsgründungen, -umgründungen, -fusionen und -zusammenbrüche als Ausdruck unterschiedlicher Auffassungen und spezieller Interessen einzelner Autorengruppierungen. Neben der Interessen- und Rechtsvertretung nach außen spielte auch die soziale Absicherung der Schriftsteller in Notlagen, in Krankheitsfällen und im Alter eine Rolle. Dieser Aspekt fand sich seit der Gründung des *Allgemeinen Deutschen Schriftsteller-Verbands* von 1878 in nahezu jeder Vereinssatzung.

Es waren keineswegs nur die schöngeistigen Autoren, die nach Interessenvertretung strebten. Journalisten und Bühnenautoren gehörten ebenso dazu. Die wissenschaftlichen Autoren wurden seit dem ausgehenden 19. Jahrhundert mit der durchgreifenden Professionalisierung der deutschen Hochschulberufe zunehmend aktiv. Hervorzuheben ist der 1903 gegründete *Akademische Schutzverein* (AkSV), dem vornehmlich Privatdozenten und Mitarbeiter der Universitäten beitraten. Der AkSV setzte sich für eine vehemente Interessenvertretung gegenüber dem Buchhandel ein, beriet in Vertragsangelegenheiten und suchte die Interessen dieser Gruppen zu stärken. Seit dem ausgehenden 19. Jahrhundert gab es folgerichtig Bemühungen, die Einzelverbände der Schriftsteller zu koordinieren. Recht groß waren allerdings auch die Meinungsverschiedenheiten, zu unterschiedlich die Befindlichkeiten einzelner Gruppierungen. Diese Zersplitterung schlug sich zwangsläufig in einer unbefriedigenden rechtlichen Interessenvertretung der Autoren nieder. Bei der Ausformung des Urheber- und Verlagsrechts in Deutschland übernahmen daher die Verleger und Buchhändler die weitaus größere Verantwortung.

Wie sahen die Schritte zu einem allseits zufriedenstellenden, einheitlichen deutschen Urheber- und Verlagsrecht aus? Nach dem bereits erwähnten Kursächsischen Mandat von 1773 war es zunächst das Preußische Allgemeine Landrecht (ALR) von 1794, das eine erste Definition des Verlagsrechts sowie einzelne Bestandteile des Verlagsvertrags festlegte. Die Autorenseite wurde gestärkt, etwa durch die Festlegung, der Autor habe bei jeder Neuauflage Anspruch auf ein Honorar. Insgesamt kamen die Vorschriften des ALR aber eher den ökonomischen Interessen des Verlags zugute. In den folgenden Jahrzehnten übernahmen weitere deutsche Bundesstaaten vergleichbare Regelungen.

Nachdem auf Initiative der Verleger ein Artikel 18d zur Regelung der Zensur und des Raubdrucks in die Deutsche Bundesakte von 1815 eingefügt worden war, fasste der Deutsche Bund 1832 einen Beschluss zur Gleichbehandlung aller Bundesangehörigen in diesen Angelegenheiten. 1835 wies er die Mitgliedsländer an, den Raubdruck zu verbieten, und zwei Jahre später erfolgte die Festlegung des Urheberrechtsschutzes auf mindestens zehn Jahre.

Preußen ging 1837 mit dem Gesetz zum Schutze des Eigenthums an Werken der Wissenschaft und Kunst in Nachdruck und Nachbildung erneut in Vorlage. Darin wurde dem Urheber das ausschließliche Recht zur Veröffentlichung, Vervielfältigung und zur öffentlichen Aufführung auf Lebenszeit sowie 30 Jahre nach dem Tod eingeräumt. Es handelte sich um das ausführlichste und zugleich modernste Urheberrechtsgesetz der damaligen Zeit, das auf weitere deutsche Bundesstaaten ausstrahlte. Der Deutsche Bund sah sich daraufhin 1845 gezwungen, nachdem er 1837 für seine Territorien eine 10-jährige Schutzfrist eingeräumt hatte, den Urheberrechtsschutz auf 30 Jahre nach dem Tod des Verfassers auszudehnen.

Das Deutsche Kaiserreich erwies sich als die fruchtbarste Phase für die urheberrechtliche Gesetzgebung, Rechtsprechung und Theorie sowie für die internationale Ausgestaltung des Urheberrechts. Basierend auf der Verfassung des Norddeutschen Bundes von 1867 – nunmehr ein Bundesstaat – wurde im Jahre 1870 für dessen Mitgliedsländer das Gesetz betreffend das Urheberrecht an Schriftwerken, Abbildungen, musikalischen Kompositionen und dramatischen Werken erlassen. Die Vorlage hatte der Börsenverein der Deutschen Buchhändler im Jahre 1857 geschaffen. Mit der Gründung des Deutschen Kaiserreichs erstreckte sich das Urhebergesetz von 1870 auf das neue Staatsterritorium. 1876 wurden weitere Gesetze für Werke der bildenden Künste und der Fotografie sowie für gewerbliche Muster und Modelle erlassen. Diese Regelungen galten allen nicht veröffentlichten und veröffentlichten Werken, gleichgültig, wo die Veröffentlichung erfolgt war. Ausländische Urheber wurden den inländischen gleichgestellt. Jeder Autor hatte ein ausschließliches, vererbliches und übertragbares Recht zur Vervielfältigung seines Werkes auf mechanischem Wege und eine Rechtsschutzbefristung auf 30 Jahre nach dem Tode. Der Übersetzungsvorbehalt und die Urheberbenennung bedurften entsprechender Erklärungen, gegebenenfalls eines Eintrags in die Leipziger Urheberrolle.

In die Neunzigerjahre des 19. Jahrhunderts fiel in Vorbereitung auf die Novellierung des Gesetzes betreffend das Urheberrecht von 1871 eine rege Tätigkeit der Verleger- und Schriftstellerverbände. Der Deutsche Schriftstellerverband legte 1891 den Entwurf eines Gesetzes über das Verlagsrecht und der Börsenverein der

Deutschen Buchhändler 1893 eine Verlagsordnung vor. Geprägt von den Gepflogenheiten der Geschäftsbeziehungen zwischen Autor und Verleger zeigten beide Regelwerke eine weitgehende Übereinstimmung der Rechte und Pflichten beider Vertragspartner. Unterschiedlich wurde je nach Interessenlage die Frage der Übersetzung bzw. der Neuauflage eines Werkes entschieden.

Das 1901 in Kraft getretene Gesetz brachte erstmals eine umfassende gesetzliche Regelung der Autor-Verleger-Beziehung für ganz Deutschland. Inhaltlich waren zahlreiche in der Rechtswissenschaft umstrittene Fragen des Verlagsrechts entschieden und Kompromisse zwischen den widerstreitenden Partnern, den Autoren und Verlegern, erzielt worden. Dennoch übte das Gesetz insofern noch keinen wesentlichen Einfluss auf die Praxis aus, als sich die Regelungen in den durch die Verlagswirtschaft vorformulierten Verträgen kaum wiederfanden. Hier bedurfte es weiterer Bemühungen, insbesondere die Entwicklung von Musterverträgen zwischen den Verlags- und Autorenverbänden, um diesem Mangel abzuhelfen. Mit dem Gesetz über Urheberrecht und verwandte Schutzrechte von 1965 (UrhG), das in Novellierungen bis heute gilt, erlangte der Verrechtlichungsprozess im Urheber- und Verlagsrecht seinen vorläufigen Höhepunkt. Das UrhG wurde durch zahlreiche Novellierungen den modernen Gegebenheiten angepasst. Zuletzt durch die sogenannten Körbe 1–3 an die Anforderungen des Internets und elektronischen Publizierens im Zeitalter der Informationsgesellschaft. Dieser Prozess ist noch nicht abgeschlossen.

3 Aktueller Sachstand und zentrale Untersuchungsfragen der heutigen Buchgeschichte

Die Buchgeschichte ist heute, wie die Ausführungen gezeigt haben, fester Bestandteil verschiedener Wissenschaftsdisziplinen. Durch zahlreiche Buchreihen und spezialisierte Buchverlage wird sie fortlaufend weiter erforscht. V. a. seit der Wiedervereinigung und der damit verbundenen Öffnung ostdeutscher Archive und Sammlungen sind viele Forschungsdesiderate geschlossen worden. Interdisziplinäre Ansätze wie die Soziologie, Neurologie usw. finden ihren Niederschlag in der modernen Lese-, Rezeptions- und Wirkungsforschung des Buches. Hinsichtlich historisch weit zurückliegender Zeiträume (vor dem 17. Jahrhundert) sind mangels Primärquellen vergleichsweise wenige neue Aussagen zur Lesekultur, zum Umgang mit dem Buch, zur Rezeption usw. zu erwarten. Ein großes Augenmerk des Faches liegt derzeit auf dem stattfindenden Prozess des Medienwandels im Buchbereich. Deutlich wird, dass die tradierte Buchform – der Codex – auf dem Rückzug ist, ohne zunächst ganz zu verschwinden. Im gleichen Zug erfreuen sich elektronische/digitale und multimediale Formen des Buches zunehmender Beliebtheit. Besonders aber kommt es zu einer veränderten Produktionsweise von buchrelevanten Texten. Während im Gutenberg-Zeitalter der Autor ‚nur' ein Manuskript schrieb oder seit dem 19. Jahrhundert auf einer Schreibmaschine tippte, das wiederum nur durch einen Verleger durch einen (Nach-)Satz des Textes in eine reproduzierbare Form gebracht werden konnte (und in diesem Sinne war der Autor vollkommen auf einen Verleger bei der Herstellung und Verbreitung angewiesen), verfasst er heute einen satzfertigen Computertext, der über das Internet oder Printing-on-Demand-/Book-on-Demand-Verfahren quasi auf Knopfdruck und bei keinen bzw. nur geringen physischen Herstellungskosten weltweit verbreitet werden kann. Neue Formen des *Selfpublishing* und *Open Access* verändern nachhaltig die Buchkultur und bedingen zugleich neue Rezeptionsformen und Bezahlungsmodelle. Hier verliert der traditionelle Buchhandel an Boden. Zugleich ist es notwendig, die rechtlichen Rahmenbedingungen an die veränderten Produktions-, Verbreitungs- und Rezeptionsbedingungen anzugleichen. Spannend wird auch sein, wie sich die Auffassung darüber verändern wird, was ein ‚Buch' ist. Während man noch vor 50 Jahren von einem gedruckten Buch ausgehen konnte, ist es heute erforderlich, die konkrete Buchform zu benennen. Dass die Buchwissenschaft etwa das Hörbuch einige Zeit nicht als ‚Buch' anerkannte, lag zumindest am langsameren und in diesem Sinne der Wirklichkeit nachhinkenden Erkenntnisprozess in der Wissenschaft.

Weiterführende Literatur

Franzmann, Bodo (Hg.) (1999). *Handbuch Lesen*. München.
Füssel, Stephan und Corinna Norrick-Rühl (2016). *Einführung in die Buchwissenschaft*. Darmstadt.
Keiderling, Thomas (Hg.) (2016–2017). *Lexikon der Medien- und Buchwissenschaft. Analog – Digital*. 3 Bde. Stuttgart.
Rautenberg, Ursula (Hg.) (2010). *Buchwissenschaft in Deutschland*. 2 Bde. Berlin.
Rautenberg, Ursula und Ute Schneider (Hg.) (2015). *Lesen. Ein interdisziplinäres Handbuch*. Berlin.

Zitierte Literatur

Bappert, Walter (1962). *Wege zum Urheberrecht. Die geschichtliche Entwicklung des Urheberrechtsgedankens*. Frankfurt a. M.

Engelsing, Rolf (1970). „Die Perioden der Lesergeschichte in der Neuzeit. Das statistische Ausmaß und die soziokulturelle Bedeutung der Lektüre". *Archiv für Geschichte des Buchwesens* (AGB) 10 (1970): 946–1002.

Janzin, Marion und Joachim Güntner (2007). *Das Buch vom Buch. 5000 Jahre Buchgeschichte.* 3., überarbeitete und erweiterte Auflage. Hannover.

Kapp, Friedrich und Johann Goldfriedrich (1886–1923). *Geschichte des Deutschen Buchhandels.* 4 Bde. Registerband 1923. Leipzig. [Seit 2001 erscheinen unter diesem Titel Nachfolgebände für die Zeit 1871 bis heute.]

Kerlen, Dietrich (Hg.) (2004). *Buchwissenschaft als Medienwissenschaft. Ein Symposion.* Wiesbaden.

Merten, Klaus (^{3}2007). *Einführung in die Kommunikationswissenschaft.* Bd. I.: Grundlagen der Kommunikationswissenschaft. Münster.

Messerli, Alfred (2010). „Leser, Lesergeschichten und -gruppen. Lesestoffe in der Neuzeit (1450–1850): Konsum, Rezeptionsgeschichte, Materialität". *Buchwissenschaft in Deutschland.* Hrsg. von Ursula Rautenberg. 2 Bde. Berlin: 443–502.

Migon, Krysztof (1990). *Das Buch als Gegenstand wissenschaftlicher Forschung.* Wiesbaden.

Neddermeyer, Uwe (1998). *Von der Handschrift zum gedruckten Buch. Schriftlichkeit und Leseinteresse im Mittelalter und in der frühen Neuzeit. Quantitative und qualitative Aspekte.* 2 Bde. Wiesbaden.

Schenda, Rudolf (^{3}1988). *Volk ohne Buch. Studien zur Sozialgeschichte der populären Lesestoffe 1770–1910.* Frankfurt a. M.

Schneider, Ute (1997). „Buchwissenschaft und Wissenschaftsgeschichte. Interdisziplinäre Forschungsprobleme in der Buchgeschichte". *Im Zentrum: das Buch. 50 Jahre Buchwissenschaft in Mainz.* Hrsg. von Stephan Füssel. Mainz: 50–61.

Wittmann, Reinhard (1982). „Der gerechtfertigte Nachdrucker? Nachdruck und literarisches Leben im achtzehnten Jahrhundert". Wittmann Reinhard. *Buchmarkt und Lektüre im 18. und 19. Jahrhundert. Beiträge zum literarischen Leben 1750–1880.* Tübingen: 69–82.

Wittmann, Reinhard (1999). *Geschichte des deutschen Buchhandels. Ein Überblick.* 2. durchgesehene und erweiterte Auflage. München.

Christian Frankenfeld
IV.7 Börsenverein des Deutschen Buchhandels e. V.

1 Definition

Der 1825 als *Börsenverein der Deutschen Buchhändler zu Leipzig* gegründete und seit 1955 in der Bundesrepublik Deutschland unter dem heutigen Namen fungierende *Börsenverein des Deutschen Buchhandels e. V.* vereint als weltweit einziger Verband die drei Handelsstufen Verlage, Zwischenbuchhandlungen und Buchhandlungen.

2 Historische Entwicklung

Das politische und ökonomische Klima im Zeitalter der Restauration beförderte bei deutschen Buchhändlern den seit Ende des 18. Jahrhunderts bestehenden Wunsch nach einer engeren Verbindung (vgl. Machill 1974, 172). Nicht nur die seit den Karlsbader Beschlüssen 1819 immer offener zutage tretende staatliche Repression, sondern auch die aggressiven Geschäftsgepflogenheiten ‚schleudernder Händler' und junger Unternehmer machten eine Kooperation aus Sicht führender Vertreter des Buchhandels erstrebenswert. Hinzu kamen Bemühungen der bayerischen Regierung, in Nürnberg eine eigene, in Konkurrenz zu Leipzig tretende Buchmesse zu initiieren, was das Potenzial einer regionalen Spaltung der Branche barg. Unter Führung Friedrich Campes kam es daher am 30. April 1825 in Leipzig zur Gründung des *Börsenvereins der Deutschen Buchhändler zu Leipzig*. Zu den Unterzeichnern der Gründungsstatuten zählten insgesamt 101 Buchhändler aus allen Teilen des Deutschen Bundes (vgl. Wittmann 1991, 214). Auffällig war zunächst die Abwesenheit maßregelnder Punkte in der Börsenordnung: „Kein Wort von Nachdruck, kein Wort von Schleuderei, Ladenpreis oder Handel von und mit Unbefugten [...]. Es ging also vorrangig um die Organisation der Börsengeschäfte, ein Vorhaben, das sich in Anbetracht einer weiterhin schnell anwachsenden Firmenzahl zunächst [...] auf die ‚zweckmäßige Einrichtung des Börsen-Locales' konzentrierte." (Titel 2000, 30–31)

Da die Mehrzahl der Leipziger Großfirmen ihre Interessen im Börsenverein nicht ausreichend repräsentiert sah, kam es 1833 zur Gründung des konkurrierenden *Vereins der Buchhändler zu Leipzig*. Der wachsende Erfolg des Börsenvereins der Deutschen Buchhändler, der drei Jahre nach seiner Gründung schon 350 zahlende Mitglieder vorweisen konnte, führte jedoch bald zu einem Umdenken in der Messestadt: 1830 waren bereits 47 Leipziger Buchunternehmer beigetreten, bis 1845 hatte sich diese Zahl auf 102 von insgesamt 291 Gesamtmitgliedern erhöht (vgl. Titel 2000, 30–35).

Nicht erst das Verbot des sogenannten Jungen Deutschland im Jahr 1835 zwang den Börsenverein im Laufe der Zeit dazu, neben rein wirtschaftlichen Interessen auch die wachsende staatliche Repression gegenüber Schriftstellern ins Visier zu nehmen (vgl. Wittmann 1991, 221–230). Als Beispiel hierfür sind u. a. die 1834 an die Bundesversammlung gerichtete Schrift *Vorschläge zur Feststellung des literarischen Rechtszustandes in den Staaten des deutschen Bundes* zu nennen. Mehrere Denkschriften aus den nachfolgenden Jahren zeigen die wachsende Besorgnis über die Folgen der Zensur für den deutschen Buchhandel (vgl. Titel 2000, 41–42).

Ohnehin hatte sich bereits zuvor ein Paradigmenwechsel des Vereins weg von einem reinen Abrechnungsverein hin zu einer Kommunikationsplattform vollzogen. Diese Veränderung ging mit einem entsprechenden Wandel der damaligen Buchmessen einher (vgl. Titel 2000, 37). 1835 übernahm der Börsenverein der Deutschen Buchhändler überdies das ein Jahr zuvor vom *Verein der Buchhändler zu Leipzig* gegründete *Börsenblatt für den Deutschen Buchhandel und für die mit ihm verwandten Geschäftszweige* (kurz: *Börsenblatt*), das seitdem als wichtigstes Informationsmedium des Vereins dient (vgl. Wittmann 1991, 215). Im Folgejahr wurde die Buchhändlerbörse in Leipzig zum festen Vereinssitz und blieb dies bis 1888 (vgl. Titel 2000, 38–39).

Trotz seiner Erfolge musste sich der Börsenverein der Deutschen Buchhändler ab Mitte des 19. Jahrhunderts mit einem vorübergehenden Rückgang der Mitgliederzahl auseinandersetzen. Ursächlich für den Attraktivitätsverlust war nicht zuletzt die relativ liberale Wirtschaftspolitik des Vereins, der nach Ansicht vieler Buchhändler und Verlage nicht entschieden genug gegen fragwürdige Geschäftspraktiken – so z. B. gegen Urheberrechtsverletzungen und unverhältnismäßige Preisnachlässe – vorging (vgl. Titel 2000, 36 und 39–43). Doch erst nach der Reichsgründung und hier besonders unter dem 1882 zum Vorsitzenden gewählten Verleger Adolf Kröner (1836–1911) kam es zu wesentlichen Änderungen: In den 1870er Jahren waren rüde Geschäftsmethoden von großen ‚Schleuderern' in den Metropolen sowie der Preiskampf von Versandbuchhändlern aus Leipzig und Berlin zum ernsthaften Problem für lokale Sortimentsbuchhandlungen geworden (vgl. Wittmann 1991, 242–244). Trotz anfänglicher Bedenken wurde Adolf Kröner schließlich zum Anstoßgeber und Namenspatron der Krönerschen Reform, deren wichtigster Punkt die bis heute in Deutschland geltende Buchpreisbindung war. Diese sah im Geltungsbereich des Vereins feste und verbindliche Preise für alle Bücher vor. Die 1887 verabschiedete und im Folgejahr in Kraft getretene, anfänglich ausschließlich vereinsrechtliche Regelung ging zudem mit einer Stärkung der Kreis- und Lokalvereine des Börsenvereins einher. Nicht zuletzt kam man so den Interessen der reformfreundlichen Mitglieder aus dem süddeutschen Raum entgegen.

In diesem Zusammenhang darf jedoch nicht darüber hinweggesehen werden, dass die heute oft als Qualitätsgarant der Buchbranche wertgeschätzten ‚Reformen' aus damaliger Sicht v. a. ein Mittel darstellten, um den Fortbestand des Vereins in gewohnter Form zu garantieren, d. h. tiefgreifende strukturelle Veränderungen zu verhindern. Gleiches gilt für die in den folgenden Jahren verabschiedete Buchhändlerische Verkehrs- und Verkaufsordnung (vgl. Titel 2000, 51–56).

Die zuletzt wieder stetig gewachsene Mitgliederzahl sowie verschärfte Brandschutzregeln machten indes eine räumliche Veränderung notwendig: 1888 konnte das *Deutsche Buchhändlerhaus* in Leipzig eingeweiht werden. Der prunkvolle historische Bau im Stil der Neorenaissance verdeutlichte eindrucksvoll das gestiegene wirtschaftliche und kulturelle Selbstbewusstsein des Verbandes (vgl. Titel 2000, 57). Als weiteres Ausdruckszeichen hierfür kann 1912 die Eröffnung der *Deutschen Bücherei* in Leipzig gesehen werden. Zudem begann man im gleichen Zeitraum mit der Erstellung der bis heute fortgeführten Deutschen Nationalbibliographie (vgl. Wittmann 1991, 274).

Trotz dieser Erfolge blieben kontroverse Diskussionen in der Zeit um die Jahrhundertwende nicht aus. Zwar funktionierte die Buchpreisbindung angesichts des Umstandes, dass lediglich im Verzeichnis des Börsenvereins gelisteten Buchhändlern Rabatte gewährt wurden, vergleichsweise reibungslos. Während die gleichwohl aufkommende Frage nach der Höhe der Gewinne für die verschiedenen Stufen des Buchvertriebs relativ leicht zu lösen war, stellten zahlreiche Versuche, die Buchpreisbindung juristisch zu umgehen, den Verein im Folgenden vor schwere Herausforderungen.

Zu nennen sind hier v. a. die Kolportagebuchhandlungen, die Zeitschriften sowie Kolportageromane (bzw. ‚Hintertreppenromane') jenseits der Strukturen des Börsenvereins vertrieben. Hinzu kamen Forderungen der Wissenschaft nach bezahlbarer Fachliteratur, denen wissenschaftliche Buchzirkel öffentlich Nachdruck verliehen. Auch Buchabteilungen in großen Kaufhäusern bereiteten dem Börsenverein zunehmend Sorgen. Gleiches galt für den Vereins- und Verbandsbuchhandel (vgl. Jäger 2000, 67–82). Als Höhepunkt der Auseinandersetzungen sind die Anschuldigungen des Wirtschaftswissenschaftlers Karl Bücher (1847–1930) zu nennen, der 1903 den Vorwurf erhob, der Verband betreibe eine illegitime Kartellbildung (vgl. Bücher ²1903, 69–132).

Die schlechte Wirtschaftslage nach Ende des Ersten Weltkriegs verschärfte die Situation, zumal sich in dieser Zeit erste Buchclubs in Deutschland ausbreiteten, die ihren Mitgliedern eine Literaturauswahl zu stark reduzierten Preisen anboten. Die Lösung der sich mehrenden Probleme bot letztlich nur eine grundlegende Umstrukturierung des Börsenvereins, die mit einer neuen Satzung vom 19. Juni 1928 vollzogen wurde: Fachvereine und ein übergeordneter Fachausschuss verhandeln seitdem unmittelbar mit den betroffenen Parteien über die jeweiligen Handels- und Preisnachlasskonditionen (vgl. Jäger 2000, 82–85).

Der politische Gegensatz zwischen dem überwiegend deutschnational geprägten Börsenverein und den neuen Machthabern bestimmte das Klima in der Zeit unmittelbar nach der Machtergreifung der Nationalsozialisten. Während in nationalsozialistischen Kreisen Skepsis gegenüber der politischen Gesinnung des Verbandes herrschte, erkannte man auf Seiten des Börsenvereins jedoch schon bald die Chance, den eigenen Machtbereich auszubauen und die Gewinne der Mitglieder zu steigern. Nur zu gerne war man dazu bereit, im Gegenzug für staatliches Entgegenkommen antisemitische Positionen einzunehmen und prinzipielle Zustimmung zur Bücherverbrennung zu signalisieren. Namentlich distanzierte man sich bereits am 3. Mai 1933 im *Börsenblatt* von Lion Feuchtwanger, Alfred Kerr, Emil Ludwig, Heinrich Mann, Erich Maria Remarque, Kurt Tucholsky und Arnold Zweig (vgl. Barbian 2000, 92–94).

Bewusst suchte man zudem die Nähe zu nationalsozialistischen Politikern wie Joseph Goebbels und Alfred Rosenberg. Die Hoffnung, staatlich ausgesonderte Literatur durch neue Werke zu ersetzen und so die eigenen Umsätze zu steigern, kann als wahrscheinliches Motiv der Verantwortlichen im Börsenverein angenommen werden. Indes erwies sich die Strategie, durch Annäherung an die neue politische Führung bei gleichzeitiger Prosperität relative Unabhängigkeit zu erhalten, als Trugschluss. Die zunehmende staatliche Anerkennung des Verbandes erfolgte vielmehr zum Preis der Gleichschaltung. Wie kein anderer steht für diese Entwicklung der fanatische NSDAP-Anhänger und Leiter des Parteiverlages Franz Eher, Wilhelm Baur, der im September 1934 mit nur 29 Jahren zum neuen Vorsteher des Börsenvereins gewählt wurde. In seiner bis zum Ende des Nationalsozialismus anhaltenden Amtszeit kam es einerseits zu einem massiven Ausbau der Bestände der *Deutschen Bücherei*, die seit Juni 1933 direkt dem Reichspropagandaministerium unterstand (vgl. Barbian 2000, 104–107). V. a. aber setzte sich Baur für die lückenlose Unterbindung der Auslieferung sogenannten volksschädigenden Schrifttums und die Eliminierung jüdischer Verlagsunternehmen ein. Ohnehin hatte nahezu zeitgleich mit der Amtsübernahme der neu gegründete *Bund Reichsdeutscher Buchhändler* die meisten Aufgaben des Börsenvereins übernommen, der nur wenige Monate nach seinem Beitritt wieder aus der Reichskulturkammer austreten musste. Leiter der ‚reichsdeutschen' Buchhändler war ebenfalls Wilhelm Baur. Dem Börsenverein blieb somit lediglich eine Aufgabe: die wirtschaftliche Koordination (vgl. Wittmann 1991, 332).

Für seine Bemühungen, den deutschen Buchhandel zu einem möglichst schlagkräftigen Instrument des Nationalsozialismus zu machen, setzte Baur folgerichtig stärker den mit der Reichskulturkammer in Verbindung stehenden *Bund Reichsdeutscher Buchhändler* ein. Das hinderte ihn gleichwohl nicht daran, auch seine Funktionen im Börsenverein zu nutzen, wenn es ihm opportun erschien. V. a. galt dies für die monopolartige Stärkung des Zentralparteiverlags. Allerdings war das persönliche Verhältnis zwischen Baur und dem Propagandaministerium nicht frei von Konflikten, so dass der Börsenverein seit Beginn des Zweiten Weltkriegs verstärkt unter Druck geriet. Dies äußerte sich u. a. in der zwangsweise erfolgenden Überlassung der Anteile an der *Deutschen Bücherei* an Goebbels' Ministerium im März 1940 sowie der Vorzensur für das *Börsenblatt* im Folgejahr. Indes blieb die Buchpreisbindung während der gesamten nationalsozialistischen Herrschaftszeit bestehen. Die am 30. Januar 1943 beschlossenen Schließungen von mehr als 1900 Verlagen, die im Rahmen einer Verlagerung der industriellen Kapazitäten auf die Rüstungsindustrie erfolgten, konnte der Verein dagegen lediglich beobachtend zur Kenntnis nehmen (vgl. Barbian 2000, 112–115).

Die militärische Niederlage Deutschlands und die damit einhergehende Beendigung des Zweiten Weltkriegs in Europa besiegelten auch das Ende des Börsenvereins in seiner bis dato bekannten Form. Zwar existierte der Verein nach der bedingungslosen deutschen Kapitulation zunächst formal weiter. Doch die grundlegende Neuausrichtung des Buchhandels unter der Kontrolle der jeweiligen Besatzungsmächte und nicht zuletzt die beginnende Spaltung des Landes in Ost und West hatten weitreichende Folgen. In einem ersten Schritt erfolgte unmittelbar nach Kriegsende die von den USA angeregte Umsiedlung zahlreicher namhafter Verlage aus dem zukünftig sowjetisch kontrollierten Leipzig in die amerikanische Besatzungszone nach Frankfurt am Main. In Wiesbaden kam es am 5. Juni 1945 zur Gründung einer örtlichen Zweigstelle des Börsenvereins durch vom Nationalsozialismus unbelastete Verleger (vgl. Riese 2000, 118–120). Diesem Beispiel folgten miteinander kooperierende Landesverbände in den anderen westlichen Besatzungszonen, die 1948 zunächst die *Arbeitsgemeinschaft Deutscher Verleger- und Buchhändler-Verbände* und noch im gleichen Jahr den *Börsenverein Deutscher Verleger- und Buchhändler-Verbände* bildeten. Das *Börsenblatt des deutschen Buchhandels* konnte zuvor schon im Oktober 1945 erstmals nach Kriegsende wieder erscheinen (vgl. Estermann 2000a, 161–163).

Die kulturpolitische Neuausrichtung in der sowjetischen Besatzungszone und späteren DDR hatte unterdessen weitreichendere Konsequenzen. Zwar bemühte man sich nach Kriegsende alsbald darum, die *Deutsche Bücherei* von den Folgen nationalsozialistischer Herrschaft zu befreien, indem man zuvor ausgesonderte Bücher in die Bestände der Bibliothek zurückführte. Die Wiederaufnahme der Tätigkeiten des Börsenvereins verzögerte sich dagegen aufgrund der unklaren Haltung der neuen Staatsführung zum Umgang mit privaten Verlagen, die schließlich nur im kleinen Umfang geduldet wurden. Unter der Auflage, zukünftig alle Mitarbeiter des Buchhandels aufzunehmen, erhielt der Börsenverein erst im Juni 1946 die Erlaubnis, seine Tätigkeiten fortzusetzen und auch das *Börsenblatt* wieder herauszugeben (vgl. Riese 2000, 124–128).

Nach einer rund zweijährigen Übergangsphase unter dem Vorstand Ernst Reclams kam es ab 1948 – und verstärkt in Anschluss an die DDR-Staatsgründung im Folgejahr – zu einer stufenweise erfolgenden Umstrukturierung des Vereins nach sozialistischen Prämissen. Dies betraf sowohl die regionale Struktur als auch die politische Ausrichtung. Trotz nie vollständig abgebrochener Kontakte zu den westlichen Ablegern bezeugte spätestens ein 1967 beschlossenes Statut, das den Börsenverein explizit als *Verband der Verleger und Buchhändler der DDR* mit sozialistischen Aufgaben bezeichnet, den tiefgreifenden Wandel, der sich vollzogen hatte (vgl. Riese 2000, 128–149, v. a. 148–149). Von der allgemeinen Stagnation ab den 1970er Jahren und dem allmählichen Niedergang der DDR blieb die Organisation folgerichtig nicht unberührt (vgl. Riese 2000, 150–155).

Im Westen hatte sich derweil am 21. Juli 1949, kurze Zeit nach Verkündung des Grundgesetzes, unter dem Namen *Börsenverein Deutscher Verleger- und Buchhändlerverbände* ein Bundesverband konstituiert. Der Beitritt des Verbandes der französischen Zone sowie der Westberliner Vertreter vervollständigte in den folgenden Monaten den Anspruch auf die Vertretung des gesamten westdeutschen Buchhandels. Allerdings betrachtete man sich in der bestehenden Form lediglich als Übergangslösung und hielt Optionen für die Auflösung zu Gunsten eines gesamtdeutschen Verbandes offen (vgl. Estermann 2000a, 164–165).

Zu den dringlichsten Aufgaben des neuen, westdeutschen Börsenvereins zählte in den ersten Jahren der Aufbau von bundesdeutschen Verbandseinrichtungen, die ihre Pendants im Osten ersetzen bzw. ergänzen sollten. Zu nennen ist hier die bereits 1947 eröffnete und nach Gründung der Bundesrepublik stetig ausgebaute *Deutsche Bibliothek* in Frankfurt am Main. Zudem übernahm der Börsenverein im Oktober 1949 die kurz zuvor erstmals abgehaltene *Frankfurter Buchmesse* und vergab ab 1951 jährlich den *Friedenspreis des Deutschen Buchhandels* (vgl. Estermann 2000a, 165–169; Füssel et al. 2009, 97–99).

Als entscheidender Schritt zur heutigen Vereinsstruktur muss indes die weitreichende Satzungsänderung aus dem Mai 1955 genannt werden. Erstmals gab man sich hier den Namen *Börsenverein des Deutschen Buchhandels*. Vor allem aber kam es zur organisatorischen Umstellung auf die persönliche Mitgliedschaft von Vertretern aller drei Handelsstufen des Buchhandels. Meinungsverschiedenheiten bezüglich der Ausrichtung und Politik des Börsenvereins konnten somit von den Betroffenen auf Augenhöhe diskutiert werden, wobei der Dachverband eine ausgleichende Funktion ausübte (vgl. Estermann 2000a, 170–173; Wittmann 1991, 372).

Die im Börsenverein in nachfolgender Zeit geführten Debatten konzentrierten sich einerseits auf das Verhältnis zum DDR-Verband und zu seinen Institutionen. Während zwar erfolgreich eine Zusammenarbeit der zentralen Bibliotheken in Leipzig und Frankfurt am Main vereinbart werden konnte, erwies sich andererseits die Abwanderung führender Verlage in den Westen bei gleichzeitiger Fortführung der Mutterhäuser im Osten als schweres Hindernis für eine Kooperation.

Ebenso dringlich wurden im Bundesverband Diskussionen über aktuelle wirtschaftliche Fragen geführt. Einmal mehr stand hier die Buchpreisbindung im Mittelpunkt. Zwar musste der Börsenverein nach bundesdeutschem Recht seine zentrale Aufsichtsrolle aufgeben, doch gelang es letztlich, feste Ladenpreise im Gesetz gegen Wettbewerbsbeschränkungen vom 1. Januar 1958 zu verankern (vgl. Estermann 2000a, 173–177). Allerdings boten Buchgemeinschaften erneut juristische Schlupflöcher, die ihrerseits zum verbandspolitischen Thema wurden (vgl. Wittmann 1991, 374–377).

Zwischen den 1960er und 1980er Jahren erfolgten schließlich einige kleinere, aber gleichwohl bedeutende strukturelle Änderungen des Börsenvereins. So stärkte man 1966 die Fachverbände und beschnitt zugleich die Macht der Landesverbände. 1971 ersetzte darüber hinaus die Firmenmitgliedschaft die Mitgliedschaft von Einzelpersonen. Zudem verbesserte man die Werbemaßnahmen und die Öffentlichkeitsarbeit. Die einvernehmliche Verabschiedung buchhändlerischer Verhaltensgrundsätze im Jahr 1985 trug überdies zu einer Abnahme innerer Spannungen der konkurrierenden Flügel des Börsenvereins bei. Auch gelang es, die Buchpreisbindung erneut vor politischen Angriffen zu schützen (vgl. Estermann 2000a, 177–191).

Nach dem Fall der Berliner Mauer am 11. November 1989 erfolgte am 20. September 1990 die Unterzeichnung eines Vertrages zur Fusion des ost- und westdeutschen Börsenvereins. Im Zuge dessen kam es auch zur Neugliederung der Landesverbände. Die *Deutsche Bücherei* und die *Deutsche Bibliothek* schlossen sich darüber hinaus zur *Deutschen Nationalbibliothek* mit zwei Standorten zusammen, während die *Leipziger* und *Frankfurter Buchmessen* getrennt voneinander fortgeführt werden (Estermann 2000b, 192–200).

Die aktuelle Hauptaufgabe des Börsenvereins besteht gemäß der Satzung vom 22. April 2012 in der Vertretung der Interessen seiner Mitglieder und der Förderung der „Erfüllung seiner Aufgaben des Herstellenden, des Verbreitenden und des Zwischenbuchhandels" (Börsenverein: Neufassung der Satzung 2012, 1). Von besonderer Bedeutung sind dabei die Förderung des Mittelstandes, die Einhaltung des Urheberrechtes sowie der Erhalt der Buchpreisbindung. Während der Hauptzweck des Vereins die politische bzw. verbandspolitische Arbeit ist, liegt die Verantwortung für wirtschaftliche Interessen bei der mit ihm verbundenen *Börsenverein des deutschen Buchhandels Beteiligungsgesellschaft mbh* (BBG).

Momentan umfasst der Verband rund 5200 Mitglieder, zu denen Verlage, Verlagsvertreter, Buchhändler, Antiquariate und Zwischenbuchhändler zählen. Neben dem Bundesverband mit Sitz in Frankfurt am Main gehören zum Gesamtverein sieben rechtlich eigenständige Landesverbände: Baden-Württemberg (Stuttgart); Bayern (München); Berlin-Brandenburg (Berlin); Hessen, Rheinland-Pfalz und das Saarland (Wiesbaden); Norddeutschland (Hamburg); Niedersachsen-Bremen (Hannover); sowie Sachsen, Sachsen-Anhalt und Thüringen (Leipzig). Überdies unterhält man die Regionalgeschäftsstelle NRW in Düsseldorf.

Zu den wichtigsten Aktivitäten des Vereins zählt weiterhin die Veranstaltung der internationalen *Frankfurter Buchmesse*, die im Oktober eines jeden Jahres dem Fachpublikum und der allgemeinen Öffentlichkeit in Frankfurt am Main einen Überblick über das aktuelle Angebot des deutschen Buchmarktes gibt. Hinzu kommt die kleinere *Leipziger Buchmesse*, die jährlich im März stattfindet.

Teils in Kooperation mit anderen Organisationen vergibt der Börsenverein zudem eine Reihe renommierter Buchpreise. Zu nennen sind hier der *Friedenspreis des Deutschen Buchhandels*, der *Deutsche Buchpreis*, der *AKEP-Award* für elektronische Publikationen, der *Leipziger Buchpreis zur Europäischen Verständigung*, der *Deutsche Fotobuchpreis*, der *Deutsche Hörbuchpreis*, der *Preis zur Förderung der Übersetzung geisteswissenschaftlicher Werte – Geisteswissenschaften International*, der *Gustav-Heinemann-Friedenspreis*, der *Geschwister-Scholl-Preis* (Landesverband Bayern), der *Bayerische Buchpreis* (Landesverband Bayern) und der *Berlin-Brandenburgische Preis für Junge Literatur* (Landesverband Berlin-Brandenburg). Neben dem seit 2005 bestehenden *Deutschen Buchpreis* genießt v. a. der *Friedenspreis des Deutschen Buchhandels* internationales Renommee. Zu seinen bisherigen Preisträgern zählen u. a. Albert Schweitzer, Hermann Hesse, Karl Jaspers, Theodor Heuß, Nelly Sachs, Ernst Bloch, Marion Gräfin Dönhoff, Max Frisch, Astrid Lindgren, Siegfried Lenz, Václav Havel, Jürgen Habermas, Susan Sontag, Orhan Pamuk, Navid Kermani und Margret Atwood.

Darüber hinaus pflegt der Börsenverein nach wie vor den Bestand der *Deutschen Nationalbibliothek* mit den Standorten Frankfurt am Main und Leipzig. Der gesetzliche Auftrag ist die Sammlung, Katalogisierung und Bereitstellung sämtlicher deutschsprachiger Publikationen, die seit 1913 erschienen sind.

Als Verbandspublikation informiert das *Börsenblatt* wöchentlich in einer Auflage von aktuell 9447 Exemplaren über Entwicklungen und Trends im Buchhandel. Ergänzt wird die Druckfassung durch eine fortlaufend aktualisierte Ausgabe im Internet (vgl. *Börsenblatt* 2015). Überdies vergibt die Zeitschrift in eigener Regie den *Alfred-Kerr-Preis für Literaturkritik* (MVB 2015).

2 Aktueller Erkenntnisstand und offene Fragen

Verbandspolitisch stellen die Digitalisierung der Medien und der Online-Buchhandel den Börsenverein vor zahlreiche neue Herausforderungen. Stärker denn je erscheinen das Urheberrecht und die Beibehaltung der Buchpreisbindung in Gefahr. Konflikte mit den digitalen Branchenführern um Rabatte und Steuerpolitik im Allgemeinen sowie den Umgang mit Hörbüchern und E-Books im Besonderen stehen daher in jüngster Zeit vermehrt im Fokus der Öffentlichkeit (vgl. *Die Zeit* 2014; Obertreis 2015; Sternburg 2015). Der Umgang mit den marktbeherrschenden Unternehmen, kartellrechtliche Fragen sowie strukturelle Anpassungen an den veränderten Buchmarkt dürften in Zukunft die Agenda des Verbandes vermehrt bestimmen (vgl. *Börsenblatt* 2015). Die bislang nur lückenhafte Erforschung des Börsenvereins bietet im Übrigen eine Vielzahl von Forschungsmöglichkeiten – etwa in Form einer systematischen Untersuchung der Verbandspublikationen.

Weiterführende Literatur

Bücher, Karl (²1903). *Der deutsche Buchhandel und die Wissenschaft*. Denkschrift, im Auftrage des Akademischen Schutzvereins verfasst. Wiesbaden.
Füssel, Stephan, Georg Jäger und Hermann Staub (Hg.) (2000). *Der Börsenverein des Deutschen Buchhandels 1825–2000. Ein geschichtlicher Aufriss*. In Verbindung mit Monika Estermann. Frankfurt a. M.
Füssel, Stephan, Wolfgang Frühwald, Niels Beintker und Martin Schult (Hg.) (2009). *Widerreden. 60 Jahre Friedenspreis des Deutschen Buchhandels*. Frankfurt a. M.
Machill, Horst (Hg.) (1974). *Handbuch des Buchhandels*. Hamburg.
Wittmann, Reinhard (1991). *Geschichte des deutschen Buchhandels. Ein Überblick*. München.

Zitierte Literatur

[Anonym]. „Alfred-Kerr-Preis für Literaturkritik". *MVB Marketing- und Verlagsservice des Buchhandels*. http://www.alfred-kerr-preis.de (17. Juni 2015).
[Anonym] (2014). „Börsenverein des Deutschen Buchhandels wirft Amazon Erpressung vor". *Die Zeit* vom 24. Juni 2014.
[Anonym] (2015). „Börsenverein des Deutschen Buchhandels: Unser Jahresrückblick". *Börsenblatt* vom 23. Dezember 2015.
Barbian, Volker (2000). „Der Börsenverein in den Jahren 1933 bis 1945". *Der Börsenverein des Deutschen Buchhandels 1825–2000. Ein geschichtlicher Aufriss*. Hrsg. von Stephan Füssel, Georg Jäger, Hermann Staub. In Verbindung mit Monika Estermann. Frankfurt a. M.: 91–117.

Börsenverein des Deutschen Buchhandels e. V.: Anhang I zur Satzung des Börsenvereins des Deutschen Buchhandels e. V. http://www.boersenverein.de/sixcms/media.php/976/B_B%C3%96V%20Satzung_2012_Anhang%20I.pdf (17. Juni 2015).

Börsenverein des Deutschen Buchhandels e. V.: Börsenblatt. http://www.boersenverein.de/de/158240 (17. Juni 2015).

Börsenverein des Deutschen Buchhandels e. V.: Neufassung der Satzung des Börsenvereins des Deutschen Buchhandels e. V. vom 22. April 2012. http://www.boersenverein.de/sixcms/media.php/976/A_B%C3%96V%20Satzung_2012.pdf (17. Juni 2015).

Bücher, Karl (²1903). *Der deutsche Buchhandel und die Wissenschaft*. Denkschrift, im Auftrage des Akademischen Schutzvereins verfasst. Wiesbaden.

Estermann, Monika (2000a). „Der Börsenverein in den Westzonen und der Bundesrepublik Deutschland". *Der Börsenverein des Deutschen Buchhandels 1825–2000. Ein geschichtlicher Aufriss.* Hrsg. von Stephan Füssel, Georg Jäger und Hermann Staub. In Verbindung mit Monika Estermann. Frankfurt a. M.: 161–191.

Estermann, Monika (2000b). „Der Börsenverein nach der Fusion der beiden Verbände 1991". *Der Börsenverein des Deutschen Buchhandels 1825–2000. Ein geschichtlicher Aufriss.* Hrsg. von Stephan Füssel, Georg Jäger und Hermann Staub. In Verbindung mit Monika Estermann. Frankfurt a. M.: 192–201.

Füssel, Stephan, Wolfgang Frühwald, Niels Beintker und Martin Schult (Hg.) (2009). *Widerreden. 60 Jahre Friedenspreis des Deutschen Buchhandels*. Frankfurt a. M.

Jäger, Georg (2000). „Von der Krönerschen Reform bis zur Reorganisation des Börsenvereins 1928". *Der Börsenverein des Deutschen Buchhandels 1825–2000. Ein geschichtlicher Aufriss.* Hrsg. von Stephan Füssel, Georg Jäger und Hermann Staub. In Verbindung mit Monika Estermann. Frankfurt a. M.: 60–90.

Machill, Horst (Hg.) (1974). *Handbuch des Buchhandels*. Bd. 1: Allgemeines. Hamburg.

Obertreis, Rolf (2015). „Amazon drückt Preise auch bei Hörbüchern". *Der Tagesspiegel* vom 9. Juni 2015.

Riese, Reimar (2000). „Der Börsenverein in den Westzonen und der Bundesrepublik Deutschland". *Der Börsenverein des Deutschen Buchhandels 1825–2000. Ein geschichtlicher Aufriss.* Hrsg. von Stephan Füssel, Georg Jäger und Hermann Staub. In Verbindung mit Monika Estermann. Frankfurt a. M.: 118–160.

Sternburg, Judith von (2015). „Buchhandel hadert heftig mit Amazon". *Frankfurter Rundschau* vom 9. Juni 2015.

Titel, Volker (2000). „Von der Gründung des Börsenvereins bis zur Krönerschen Reform (1825–1888)". *Der Börsenverein des Deutschen Buchhandels 1825–2000. Ein geschichtlicher Aufriss.* Hrsg. von Stephan Füssel, Georg Jäger und Hermann Staub. In Verbindung mit Monika Estermann. Frankfurt a. M.: 30–59.

Wittmann, Reinhard (1991). *Geschichte des deutschen Buchhandels. Ein Überblick*. München.

V **Anhang**

Personenregister

Ackermann, Konrad Ernst 429
ad-Dinawari, Abu Hanifa Ahmad ibn
 Dawud 328
Adhelm von Sherborne 259
Adorno, Theodor W. 10, 115, 194, 219–225,
 227–228, 239–240, 242, 442
Aelius Hadrianus, Publius (Hadrian) 36
Agovi, J.K. 302–303
Agricola, Rudolf 263
Aischylos 27
al-Biruni, Abu al-Rayhan Mohammed ibn
 Ahmad 260
Albrecht, Wolfgang 239, 249–250
al-Dschahiz, Abu Uthman Amr ibn
 Bahr 317–319, 326
Alewyn, Richard 269–270
Alexander (der Große) 23, 30
Alexis, Willibald (Georg Wilhelm Heinrich
 Häring) 72
al-Ǧāḥiẓ siehe al-Dschahiz, Abu Uthman Amr
 ibn Bahr
al-Hakam II., al-Mustansir bi-Lllah (Kalif
 al-Hakam II.) 260, 322, 324
al-Ḥākim bi-Amr Allāh 324
al-Hamadhani, Abu l-Faḍl Aḥmad Badi
 az-Zaman 325
Ali Pascha, Mohammad 320
Ali, Samer 325
al-Katib, Abu al-Fadl Muhammad ibn Abi
 Abdallah al-Husayn ibn Muhammad 328
Alkuin von York 44, 259
al-Maqrizi, Taqi ad-Din Abu al-Abbas Ahmad
 ibn Ali 324
al-Marzubani, Muhammad 318
al-Maʿmun ibn Harun ar-Raschid, Abu
 al-Abbas Abdallah 321
al-Muqaddasi, Schams ad-Din Muhammad
 ibn Ahmad 322
al-Mutawakkil, Abu l-Fadl Dschaʿfar ibn
 Muhammad 321
al-Muʿtasim ibn Harun ar-Raschid, Abu Ishaq
 Muhammad 321
al-Qadi al-Fadil, Abd-ar-Rahim ibn Ali 322
al-Tanukhi, Abu Ali al-Muhassin 328

al-Wāṯiq siehe ibn al-Muʿtasim, Abu Dschaʿfar
 Harun
Amery, Carl 119
Andersch, Alfred 348
Annaeus Seneca (der Jüngere), Lucius 36
Anz, Thomas 9, 231, 234, 242, 246
Anzengruber, Ludwig 381
Apollonios von Rhodos 258
Arethas von Caesarea 260
Aristarchos von Samothrake 258
Aristophanes 27, 233
Aristophanes von Byzanz 258
Aristoteles 28–29, 31, 257–259, 321, 423,
 428, 468
Arndt, Ernst Moritz 78, 266, 380
Arnim, Achim von 266
Artaud, Antonin 94
Artmann, Hans Carl 115, 412
Assmann, Aleida 288
Assmann, David-Christopher 79
Assmann, Jan 6
as-Suli, Abu Bakr Muhammad ibn Yahya 328
Astruc, Alexandre 410
at-Tabari, Abu Dschaʿfar Muhammad ibn
 Dscharir 322
at-Tauhidi, ʿAli Ibn-Muhammad
 Abu-Haiyaan 327–328
Atwood, Margret 507
August II., Herzog von Braunschweig-
 Lüneburg 53
Augustinus 260
Augustus siehe Octavius, Gaius (Augustus)
Aurelius Cassiodorus Senator, Flavius
 Magnus 258
Aurelius Propertius, Sextus 114
Auster, Paul 413
Ayrer, Jacob 427

Bachmann, Ingeborg 146, 148–149
Baggesen, Jens 153
Balde, Jacob 264
Ball, Hugo 382
Balme, Christopher 95
Bartels, Adolf 238, 269

Barthes, Roland 178, 211, 442–443
Bassermann, Albert 409
Bauer, Constantin 133
Baumgart, Reinhard 242
Baumgarten, Alexander Gottlieb 264
Baur, Wilhelm 503
Bazin, André 410
Becher, Johannes R. 118
Becher, Ulrich 382
Becker, Jurek 121
Beckett, Samuel 336
Beda Venerabilis 259
Beilein, Matthias 212
Beise, Arnd 131–132
Beißner, Friedrich 270
Benda, Oskar 272
Bender, Hans 82
Benecke, Georg Friedrich 266
Benedikt von Nursia 42
Benjamin, Walter 224, 239
Benn, Gottfried 472
Bense, Max 98
Berend, Eduard 270
Berendsohn, Walter A. 117
Berger, Peter L. 3
Bernhard, Thomas 161, 163
Berschin, Walter 11
Bichsel, Peter 382
Bieler, Manfred 115
Bierbaum, Otto Julius 380
Biermann, Wolf 121
Birgfeld, Johannes 88
Birken, Sigmund von 264
Bleuel, Peter 124
Bloch, Ernst 507
Blöcker, Günter 241
Bloom, Jonathan 316, 318
Bluestone, George 410
Blum, Robert 495
Blumenthal, Oscar 431
Bobrowski, Johannes 115
Bockwitz, Hans-Heinrich 488
Bode, Johann Joachim Christoph 72
Bodmer, Johann Jakob 470
Boehlich, Walter 242
Boethius 259
Boileau, Nicolas 87

Böll, Heinrich 119, 123, 384, 473
Börne, Ludwig 72, 236–237, 347, 361
Bourdieu, Pierre 157, 207–208, 232, 239, 416–417, 432, 445–450, 453, 460, 466
Brandes, Wilhelm 133
Brandt, Willy 119
Bratton, Jacky 434
Braun, Volker 121
Brecht, Bertolt 94, 120, 431
Breitinger, Johann Jakob 470
Brentano, Clemens 266
Brincken, Jörg von 95
Brinkmann, Jan-Henning 134–136
Brinkmann, Rolf Dieter 162
Briquet, Charles-Moïse 488
Brockhaus, Eduard 486
Bruns, Karin 136
Bruster, Douglas 426
Bücher, Karl 486
Buchner, August 264
Buck, Sabine 249
Bukowski, Charles 366
Burdach, Konrad 268
Burger, Heinz Otto 270
Burger, Hermann 382
Büsching, Anton Friedrich 63
Butler, Judith 206

Caesariensis, Priscianus 258
Callahan, Bob 413
Camerarius (der Ältere), Joachim 263
Campe, Friedrich 500
Campe, Julius 361–362
Capella siehe Minneus Felix Capella, Martianus
Carlsson, Anni 248
Carsten, Karl 119
Carver, David 120
Cassiodor siehe Aurelius Cassiodorus Senator, Flavius Magnus
Cassirer, Bruno 362
Cassirer, Paul 362
Cato siehe Porcius Cato (der Ältere), Marcus
Catull siehe Valerius Catullus, Gaius
Celtis, Conrad 263
Cervantes, Miguel de 413

Chervel, Thierry 244
Chesterton, Gilbert Keith (G.K.) 117
Chézy, Helmina von 380
Chimombo, Steve 298
Cicero *siehe* Tullius Cicero, Marcus
Cilnius Maecenas, Gaius 8, 32, 36, 114
Clark, John P. 297
Condell, Henry 425
Conrad, Joseph 117
Conter, Claude D. 88
Cornelius Tacitus, Publius 259
Cortázar, Julio 99
Cosentino, Donald 303
Cotta, Johann Friedrich 79, 361–364
Csokor, Franz Theodor 381

Darwin, Charles 407
Davis, Tracy 435
Dawkins, Richard 407
Dawson-Scott, Catherine Amy 116
Dehmel, Richard 365
Demosthenes 28
Denis, Michael 485
Denkler, Horst 133
Deroches, François 329
Derrida, Jacques 383
Detering, Heinrich 129, 131, 133
Dickens, Charles 408
Diederichs, Eugen 362
Dilthey, Wilhelm 75, 268, 372, 378–379, 384
Diomedes 258
Döblin, Alfred 408
Doderer, Heimito von 381
Dohl, Reinhard 98
Domitius Ahenobarbus, Lucius (Nero) 36
Donatus, Aelius 258
Dönhoff, Marion Gräfin 507
Dörmann, Felix 160
Drach, Albert 381
Drewitz, Ingeborg 124
Drews, Jörg 242
Dumas, Alexandre 412
Durkheim, Émile 442
Dürrenmatt, Friedrich 382, 473
Dziatzko, Karl 485

Ebeling, Christoph Daniel 267
Ebner-Eschenbach, Marie von 381
Eco, Umberto 195
Ehrhardt, Arthur 134
Eichendorff, Joseph Freiherr von 133
Einhard 260
Eisenstein, Sergei 93
Eisner, Will 412
Ekhof, Konrad 430
Eliot, T.S. 414
El-Leithy, Tamar 329
Endler, Adolf 121
Engelmann, Bernt 124
Engelsing, Rolf 63–64
Ennius, Quintus 35
Enzensberger, Christian 161
Enzensberger, Hans Magnus 146, 242, 414
Erasmus von Rotterdam 263
Eratosthenes von Kyrene 258
Estermann, Alfred 345
Euripides 27, 233
Eyb, Albrecht von 262

Fabius Quintilianus, Marcus 249
Fabricius, Georg 263
Fallersleben, Heinrich Hoffmann von 362
Feuchtwanger, Lion 117, 503
Fichte, Johann Gottlieb 459, 492
Fink, Humbert 148
Finnegan, Ruth 295, 300, 302, 308
Firschlin, Nicodemus 263
Fischer, Samuel 362, 364–365
Fischer-Lichte, Erika 422, 431–432
Fischer von Waldheim, Gotthelf 488
Flix 413
Flusser, Vilém 405
Fontane, Theodor 431, 472
Ford, John 410
Forster, Georg 88
Forster, Therese 88
Foucault, Michel 206, 211, 383, 443–444, 447–448
France, Anatole 117
Franck, Georg 460, 466–467
Fretz, Rachel 303
Freytag, Gustav 237–238
Fricke, Gerhard 270

Fried, Erich 381
Friedrich Christian II., Herzog von Schleswig-
    Holstein-Augustenburg 153
Friedrich I. 46, 49
Frisch, Max 507
Frost, Mary 299
Fuchs, Jürgen 121
Fühmann, Franz 121
Fuhrmann, Manfred 423
Fukuyama, Yoshihiro Francis 450
Fulda, Ludwig 117

Gacek, Adam 329
Galli, Silvano 301–302
Galsworthy, John 116
Ganghofer, Ludwig 380
Garfinkel, Harold 206
Gellert, Christian Fürchtegott 71, 454, 470
Genette, Gérard 210, 412
George, Stefan 472
Gernhardt, Robert 366
Gerstenberg, Heinrich Wilhelm von 459
Gervinus, Georg Gottfried 266–267
Glaser, Peter 98
Glauser, Friedrich 382
Glavinic, Thomas 210, 463
Godard, Jean-Luc 410
Goebbels, Joseph 134, 243, 503–504
Goedeke, Karl 268
Goethe, Johann Wolfgang von 76–78, 159,
    270, 347, 361, 363, 413, 454, 456,
    458–459, 471
Goethe, Walther Wolfgang von 379
Goetz, Curt 431
Goetz, Rainald 432
Goitein, Shlomo D. 329
Gorgias 28
Gorgias von Leontinoi 257
Gorki, Maxim 117
Görres, Johann Joseph von 266
Görtz, Franz Josef 243
Göschen, Georg Joachim 361–364
Gotthelf, Jeremias 382
Gottsched, Johann Christoph 71, 86–88, 233,
    265, 347, 428–429, 470
Graciáns y Morales, Baltasar 472
Grass, Günter 124, 146, 155–156

Gregor I. 260
Greyerz, Otto 160
Griffith, David Wark 408–409
Grigat, Guido 99
Grillparzer, Franz 381
Grimm, Jacob Ludwig Karl 266, 268
Grimm, Wilhelm Carl 266
Grosz, George 366
Grünbein, Durs 473
Grunebaum, Gustav Edmund von 315
Grützke, Johannes 366
Gstrein, Norbert 209
Gutenberg, Johannes 358, 425, 480, 487
Gutzkow, Karl 72, 81, 236–238, 362

Haas, Wolf 463–464
Habermas, Jürgen 227, 507
Hacks, Peter 121
Hadrian siehe Aelius Hadrianus, Publius
Hagen, Friedrich Heinrich von der 266
Hahn, Heinrich Wilhelm 70
Halbe, Max 380
Haller, Albrecht von 382
Hamburger, Käte 270
Hamerling, Robert 381
Hamsun, Knut 117
Handke, Peter 156
Harden, Maximilian 431
Harich, Wolfgang 120
Harsdörffer, Georg Philipp 99, 264
Hārūn ar-Rašīd 321
Hasecke, Jan Ulrich 99
Hauff, Wilhelm 364
Hauptmann, Gerhart 365, 431
Havel, Václav 507
Haym, Rudolf 267
Hebbel, Friedrich 133
Hegel, Georg Wilhelm Friedrich 222
Heidenreich, Elke 417
Hein, Christoph 121
Heine, Heinrich 72, 114, 236–237, 347,
    361
Heinrich VI. (HRR) 46
Heinrich von Mügeln 262
Heinrich von Veldeke 47
Heinse, Wilhelm 282
Heißenbüttel, Helmut 125

Heminges, John 425
Henisch, Peter 381
Henscheid, Eckhard 366
Henschel, Gerhard 473–474
Herald, Heinz 430
Herder, Johann Gottfried von 76–77, 266–267, 270, 361, 455, 459
Hermlin, Stephan 120–121
Herodot(os) 29, 259
Herrmann-Neiße, Max 117, 365–366
Herrndorf, Wolfgang 433
Herskovits, Frances 297
Herskovits, Melville 297
Herwegh, Emma 382
Herwegh, Georg 237, 382
Herz, Henriette 114, 132
Hesiod 25–26, 233
Hesse, Hermann 382, 507
Hettner, Hermann 267
Heuss, Theodor 123
Heuß, Theodor 507
Heydebrand, Renate von 289
Heym, Stefan 121
Heyne, Gottlob 266
Heyse, Paul 114
Hieronymus, Sophronius Eusebius 260
Hirsch, Rudolf 156
Hitler, Adolf 117, 134
Hochhuth, Rolf 382
Hodza, Aaron C. 299
Hoffmann, Ernst Theodor Amadeus (E. T. A.) 114, 132, 456
Hofmannsthal, Hugo von 431
Hoggart, Richard 449
Hohendahl, Peter Uwe 237, 248–249
Hollaender, Felix 430
Höllerer, Walter 82, 242
Holt, Nadine van 345
Homer 25, 30–31, 233, 257, 266
Horatius Flaccus, Quintus 6, 34, 36, 44, 48, 114, 257
Horaz *siehe* Horatius Flaccus, Quintus
Horkheimer, Max 219, 221–222, 225, 242
Horváth, Ödön von 381
Hrabanus Maurus 44, 260
Hugo von Trimberg 261
Humboldt, Wilhelm von 77, 265

Huston, John 406–407
Hutcheon, Linda 406, 411

Ibell, Carl von 66
Ibn ʿAbbād *siehe* ibn al-Abbas, Abu al-Qasim Ismaʿil ibn Abbad
ibn Affan, Uthman (Kalif Uthman) 317
ibn al-Abbas, Abu al-Qasim Ismaʿil ibn Abbad 327
Ibn al-ʿAmīd *siehe* al-Katib, Abu al-Fadl Muhammad ibn Abi Abdallah al-Husayn ibn Muhammad
Ibn al-Muqaffaʿ ʿAbdallah 314
ibn al-Muʿtasim, Abu Dschaʿfar Harun 321
Ibn an-Nadīm, Abu l-Farağ Muḥammad 318
ibn Masawaih, Yuhanna 326
Ibsen, Henrik 365
Ingarden, Roman 174, 194, 489
Iser, Wolfgang 175, 177–178, 191
Isidor von Sevilla 259
Isokrates 28

Jacobson, Siegfried 431
Jähn, Hannes 366
James, E.L. 369
Jandl, Ernst 146, 381
Jaruzelski, Wojciech Witold 124
Jaspers, Karl 507
Jaumann, Herbert 231, 233, 249
Jauß, Hans Robert 177–178, 194, 287
Jelinek, Elfriede 432–433
Jens, Walter 242
Jessen, Jens 462
Jesus Christus 64
Joch, Markus 124
Johannsen, Anja 136
Johnson, Uwe 146
Jonson, Ben 426
Joyce, James 175
Joyce, Michael 98
Jünger, Ernst 472
Junod, Henri-Alexandre 300
Jürgensen, Christoph 210–211, 471
Justinian I. 37

Kafka, Franz 281–283, 408
Kahane, Arthur 430

Kaiser, Gerhard 210–211, 471
Kaiser, Jakob 118
Kaiser, Joachim 242
Kalif Al-Hakam II. *siehe* al-Hakam (II.), al-Mustansir bi-Lllah
Kalif 'Uṯmān *siehe* ibn Affan, Uthman
Kallimachos von Kyrene 30–31, 258
Kamnitzer, Heinz 121
Kant, Immanuel 61, 76
Kanter, Albert 412–413
Karasek, Hellmuth 416
Karasik, Paul 413
Karl I. (der Große) 41–44, 46, 259
Karlmann (frk. Hausmeier) 42
Kästner, Erhart 156
Kästner, Erich 118–119, 461
Kaulen, Heinrich 239
Keller, Friedrich Gottlob 63
Keller, Paul Anton 381
Kemal, Yasar 155
Kempowski, Walter 473
Kermani, Navid 507
Kerner, Justinus 114
Kerr, Alfred 239–240, 431, 503
Kesten, Hermann 119, 380
Kindermann, Heinz 270
Kirchhoff, Bodo 210
Klaj, Johann 264
Kleist, Bernd Heinrich Wilhelm von 281
Klemm, Michael 307
Klopstock, Friedrich Gottlieb 63, 71–72, 361, 364, 454–455
Klotz, Christian Adolph 264
Koberger, Anton 480
Koch, Franz 270
Koenig, Friedrich 483
Koeppen, Wolfgang 146
Koestler, Arthur 118
Kolb, Annette 380
Kolbenheyer, Erwin Guido 134
Konfuzius *siehe* K'ung-fu-tzu
Korff, Hermann August 269
Körner, Christian Gottfried 364
Kotzebue, August von 66
Kracauer, Siegfried 239
Kramer, Theodor 381
Kraus, Karl 160, 239–240, 431

Kretzschmar, Ingeburg 120
Kröner, Adolf 501
Kron, Friedhelm 116, 125
Krüger, Michael 348–349
Kuhlmann, Quirinius 99
K'ung-fu-tzu 38
Kunze, Reiner 121

Lachmann, Karl 266, 268
Langen, Albert 362
Langewiesche-Brandt, Wilhelm 362
Lanston, Tolbert 483
Latour, Bruno 207
Lattmann, Dieter 123
Laube, Heinrich Rudolf Constanz 72
Lehmann, Hans-Thies 424, 432
Leibniz, Gottfried Wilhelm 265
Lemire, Vincent 330
Lempicki, Sigmund von 269
Lenau, Nikolaus (Nikolaus Franz Niembsch) 72
Lenz, Siegfried 507
Lessing, Gotthold Ephraim 72, 88, 235–236, 429, 455
Lindau, Paul 380, 409
Lindgren, Astrid 507
Littmann, Enno 315
Livius Andronicus, Lucius 33, 35
Livius, Titus 259
Loetscher, Hugo 382
Löffler, Sigrid 244, 351, 416
Lucas, George 411
Lucilius, Gaius 34
Luckmann, Thomas 3
Ludwig, Emil 503
Luhmann, Niklas 40
Lukács, Georg 239
Luther, Martin 469, 492
Lyotard, Jean-François 255, 266, 450

Maase, Kaspar 226–227
Mabillon, Jean 486
Maccius Plautus, Titus 34
Mack, Max 409
Macrobius, Ambrosius Theodosius 258
Maecenas *siehe* Cilnius Maecenas, Gaius
Maffei, Francesco Scipione 486
Maier, Andreas 146, 162, 210

Mallarmé, Stéphane 239
Mallinckrodt, Bernhard von 487
Manesse (der Ältere), Rüdiger 46
Mann, Erika 380
Mann, Golo 382
Mann, Heinrich 365, 503
Mann, Klaus 380
Mann, Thomas 123, 283, 364, 411
Marcuse, Herbert 442
Margarete von Kleve 47
Marggraff, Hermann 80
Maria Theresia (von Österreich) 493
Marius Victorinus, Gaius 258
Martus, Steffen 467, 471
Marx, Karl 442
Masen, Jacob 264
Mauss, Marcel 154
Mayer, Hans 242
Mazzucchelli, David 413
McLuhan, Marshall 415–416
Meckel, Miriam 247
Mecklenburg, Norbert 248
Medici, Cosimo de' 53
Mehring, Franz 240
Meier, Georg Friedrich 80–81
Meier, Gerhard 382
Melanchthon, Philipp 263
Melville, Herman 406–407
Menander 27, 30, 34
Menasse, Robert 146
Menz, Gerhard 487
Menzel, Wolfgang 236–238
Mergenthaler, Ottmar 483
Merschmeier, Michael 351
Messalla *siehe* Valerius Messalla Corvinus, Marcus
Metternich, Klemens Wenzel Lothar von 236
Meusel, Johann Georg 494
Meusels, Johann Georg 72
Meyer-Dohm, Peter 489
Meyerhold, Wsewolod 93
Miegel, Agnes 134
Miller, Norbert 130
Milošević, Slobodan 156
Minneus Felix Capella, Martianus 258
Minor (der Ältere), Jacob 268, 372

Mohammed 311, 317, 320
Mohammed ibn Khallikan 260
Morgner, Irmtraud 121
Morhof, Daniel Georg 264
Moritz, Karl Philipp 76
Moschopulos, Manuel 260
Müller, Georg 362
Müller, Heiner 121, 473
Müller, Herta 155
Müller, Johannes von 361
Müller, Lothar 130
Muschg, Adolf 382
Musil, Robert 133, 414

Nabasuta, Helen 296
Nadler, Josef 269–270
Naevius, Gnaeus 34–35
Naumann, Hans 270
Nero *siehe* Domitius Ahenobarbus, Lucius
Nestroy, Johann 381
Neuber, Friederike Caroline 428
Nicolai, Christoph Friedrich 234
Nicolai, Friedrich 347
Nietzsche, Friedrich 93
Nordau, Max 238
North, Douglass C. 3
Notker Balbulus 44
Notker III. von St. Gallen 261

Octavian *siehe* Octavius, Gaius (Augustus)
Octavius, Gaius (Augustus) 32, 36
Okpewho, Isidore 297
Olden, Rudolf 117
Opitz, Martin 114, 264, 428, 470
Ortheil, Hanns-Josef 162
Ott, Ulrich 384
Ould, Hermon 117
Ovid *siehe* Ovidius Naso, Publius
Ovidius Naso, Publius 36, 44

Pamuk, Orhan 507
Panzer, Friedrich 270
Parr, Rolf 136
Pastior, Oskar 115
Paul, Jean 133, 173
Paulus Diaconus 260
Pavić, Milorad 99

Pedersen, Johann 317
Pellat, Charles 330
Perec, George 115
Perthes, Friedrich 360
Petersen, Julius 270
Petrarca, Francesco 262
Pette, Corinna 190
Peutinger, Konrad 263
Pfister, Manfred 422
Pfohlmann, Oliver 240
Photios I. (der Große) 260
Piccolomini, Enea Silvio 262
Piper, Reinhard 362
Pirckheimer, Willibald 262
Piscator, Erwin 93–94
Planudes, Maximos 260
Platon 29–30, 257
Plautus *siehe* Maccius Plautus, Titus
Plinius (der Jüngere) Caecilius Secundus, Gaius 154
Plutarch(os) 259
Polgar, Alfred 240
Polybios 259
Polyklet(es) 285
Porcius Cato (der Ältere), Marcus 259
Porombka, Stephan 137, 143, 214
Postman, Neil 415–416
Priscian *siehe* Caesariensis, Priscianus
Properz *siehe* Aurelius Propertius, Sextus
Protagoras 28, 257
Proust, Marcel 187, 414
Prutz, Robert 79, 90–91
Pseudo-Longinus 257
Ptolemäus 262

Queneau, Raymond 99, 115
Quintilian *siehe* Fabius Quintilianus, Marcus
Quintus Horatius Flaccus, Quintus 36

Raabe, Wilhelm 133
Raimund, Ferdinand 381
Rambach, Johann Jakob 254
Reckwitz, Andreas 204, 215
Reclam, Ernst 505
Rehm, Walther 269
Reich, Philipp Erasmus 493

Reich-Ranicki, Marcel 148–149, 242, 351, 414, 416, 418
Reinhardt, Max 430–431
Remarque, Erich Maria 503
Reuchlin, Johannes 263
Reventlow, Franziska (Fanny) Sophie Liane Auguste Adrienne Gräfin von 380
Rhenanus, Beatus 263
Richter, Hans Werner 115, 148
Richter, Steffen 85, 453
Rilke, Rainer Maria 382
Rimbaud, Arthur 336
Rinke, Moritz 473
Roche, Charlotte 209
Roethe, Gustav 268
Rohmer, Eric 410
Rolland, Romain 117
Rosegger, Peter 381
Rosenberg, Alfred 503
Roth, Gerhard 381
Rowohlt, Ernst 362
Ruge, Eugen 155
Ruhnken, David 285
Ruzbih ibn Daduya, Abu Muhammad Abdullah 314
Rye, Stellan 409

Saar, Ferdinand von 381
Sachs, Hans 50, 427
Sachs, Nelly 507
Said Esber, Ali Ahmad (Adonis) 161
Sallet, Friedrich von 380
Sallustius Crispus, Gaius (Sallust) 259
Salutati, Coluccio 262
Samuel, Richard 270
Saphir, Moritz Gottlieb 72
Sartre, Jean-Paul 157
Schechner, Richard 422
Schenda, Rudolf 63–64
Schenk, Dietmar 383
Scherer, Wilhelm 74, 268
Schiller, Friedrich (Johann Christoph Friedrich von Schiller) 76–77, 88, 132, 153, 159–160, 347, 361, 429
Schimmelmann, Graf Ernst Heinrich von 153
Schlegel, August Wilhelm von 236, 266–267, 347

Schlegel, Karl Wilhelm Friedrich von 236, 347
Schlenther, Paul 364
Schlüsselfelder, Heinrich 262
Schmidt, Erich 74, 268
Schmidt, Julian 92–93, 237–238
Schmidt-Pauli, Edgar von 117
Schmitz-Emans, Monika 413
Schnitzler, Arthur 365
Schnurre, Wolfdietrich 119
Schoenberner, Gerhard 122
Schön, Erich 180, 182
Schönwiese, Ernst 381
Schottelius, Justus Georg 264
Schreiber, Urs 98
Schrettinger, Martin 485
Schulte, Alfred 488
Schütz, Julius Franz 381
Schwarzenbach, Annemarie 382
Schwarzer, Alice 243
Schweitzer, Albert 507
Scott, Walter 68, 364
Seneca *siehe* Annaeus Seneca (der Jüngere), Lucius
Seyfert, Robert 4
Shakespeare, William 92, 286, 410, 425–427
Shoshan, Boaz 329
Sieburg, Friedrich 241
Simanowski, Roberto 99–100
Sokrates 29
Solms, Wilhelm 129, 132, 134–136
Sontag, Susan 507
Sophie Wilhelmine Marie Louise, Großherzogin von Sachen-Weimar-Eisenach 379
Sophokles 27
Spencer, Herbert 442
Sperber, Manès 381
Spiegelman, Art 412–413
Spiel, Hilde 381
Spiero, Heinrich 133
Spitteler, Carl 382
Staiger, Emil 75
Stalin, Josef 239
Steinhöwel, Heinrich 263
Stephani, Heinrich 70
Sterne, Laurence 414
Storm, Theodor 472

Strasser, Johano 121
Strauß, Botho 414, 473
Strauß, Franz Josef 119
Strauß, Wolfgang 489
Streeruwitz, Marlene 210, 463
Strich, Fritz 269
Sue, Eugène 80
Suetonius Tranquillus, Gaius (Sueton) 259
Szondi, Peter 178, 424

Tacitus *siehe* Cornelius Tacitus, Publius
Tayfur, Ahmad ibn Abi Tahir 326
Tenbruck, Friedrich H. 157
Terentius Afer, Publius (Terenz) 34
Tgahrts, Reinhard 161
Theagenes 257
Theokrit(es) 30
Thespis 27
Thoma, Ludwig 380
Thomasius, Christian 249
Thukydides 29, 259
Thümmel, Moritz August 364
Tieck, Ludwig 92
Tischer, Wolfgang 98
Toller, Ernst 117
Tolstoi, Lew 408
Toorawa, Shawkat M. 326, 330
Torberg, Friedrich 381
Toynbee, Arnold J. 11
Trajan *siehe* Ulpius Traianus, Marcus
Tralow, Johannes 120
Trattner, Johann Thomas von 493
Trithemius, Johannes 263
Truffaut, François 410
Tucholsky, Kurt 240, 503
Tullius Cicero, Marcus 35, 257

Ulmer, Judith S. 84
Ulpius Traianus, Marcus (Trajan) 32, 36

Valerius Catullus, Gaius 266
Valerius Messalla Corvinus, Marcus 8, 32, 36
Valéry, Paul 239
Varnhagen, Rahel 114
Vergilius Maro, Publius (Vergil) 36, 44, 114
Vesper, Bernward 366
Vesper, Will 240

Völker, Klaus 365
Vollmoeller, Carl 431
Vormweg, Heinrich 243

Wachler, Ludwig 254
Wagner, Richard 92–93, 147
Walahfrid von der Reichenau (Strabo) 44
Wallraff, Günter 366
Walser, Martin 187, 209, 242
Walser, Robert 282
Walther von der Vogelweide 47
Wander, Fred 121
Ware, Chris 412
Watt (Vadian), Joachim von 263
Weber, Max 467
Wedekind, Frank 380
Wegener, Paul 409
Weigel, Hans 381
Weil, Grete 380
Weimann, Robert 426
Weise, Christian 264
Weiß, Karl Theodor 488
Weiß, Wisso 488
Wellek, René 233, 248
Wells, Herbert George 116
Werner, Alice 298
Wernicke, Christian 265
Wertham, Fredric 413
West, William 434
White, Hayden 255
Wieland, Christoph Martin 72, 347, 361, 363

Wienbarg, Ludolf 362
Wiese, Benno von 156, 270
Wildenbruch, Ernst von 380
Wilhelm I. (Deutsches Kaiserreich) 160
Wilhelm II. (Deutsches Kaiserreich) 117
Williams, Raymond 449
Willner, Ernst 148
Winkel, Hubert 415
Winkler, Hartmut 405
Wittgenstein, Ludwig 206
Wittmann, Reinhard 63
Wolf, Christa 121, 146
Wolf, Friedrich August 266
Wolff, Kurt 362, 365
Wolfram von Eschenbach 47
Woolf, Virginia 411
Worthen, William 422–423
Wright, Frank Lloyd 415
Wülfing, Wulf 136
Wyle, Niklas von 262

Xenophanes 257

Yankah, Kwesi 296
Young, Edward 458–459

Zahl, Peter Paul 156
Zenodotos von Ephesos 258
Zensen, Philipp 264
Zuckmayer, Carl 431
Zweig, Arnold 120–121, 503

Sachregister

Abbasiden 311–314, 320–322, 326
Adab (adab) 314–316, 318, 325–327
Adaption 34, 47, 93, 406–413, 433
Afrika 10, 163, 294–296, 298–301, 303–307, 309, 311, 313
Agent *siehe* Literaturagent, Literaturagentur(en)
Agon 24–28, 30, 162, 233, 255, 425
Ägypten 21, 30, 32, 257–258, 312, 320, 322
Akademie(n) 9, 29, 31, 37, 53–54, 83, 132, 159, 325, 380, 454
Akademien
– Académie française 53, 428
– Accademia della Crusca 53, 132
– Akademie der Künste (Berlin) 82, 342, 349, 380, 463
– Akademie von Gundischapur 321, 326
– Berlin-Brandenburgische Akademie der Wissenschaften 380
– Berlin-Preußische Akademie der Wissenschaften 74
– Deutsche Akademie für Sprache und Dichtung 154, 199, 339
– Deutsche Akademie Rom Villa Massimo 83, 162
– Haus der Weisheit (bait al-ḥikma) 321
akkadische Literatur 23
Alchemie 318
Alexandriner 88
Almanach 72, 82, 361
Amnesty International 119
Analphabetismus 45, 261, 320, 413
Anekdote 315, 328
Anglistik 256
Anthologie 39, 98, 150, 260, 328
Antike 5, 8, 21, 37, 41–44, 46, 49–50, 53, 77, 113–114, 147, 156, 159, 233, 254–255, 257–260, 262–264, 268, 285, 322, 391–392, 424–425, 468–470, 479, 486, 490
Antiquariat 67, 375, 377, 385, 507
Antworter *siehe* Respondent
Anyi-Bona 301–302, 304
Araber (arabisch) 311–313

Arbeiterbildungsverein 67, 183
Arbeitsgemeinschaft(en) 335–336, 340–342
Arbeitsgemeinschaften 10
– Arbeitsgemeinschaft der Literaturräte der Bundesrepublik 340
– Arbeitsgemeinschaft Handschriften und Alte Drucke 382
– Arbeitsgemeinschaft Literarischer Gesellschaften und Gedenkstätten e.V. (ALG) 134–136, 336–337
– Arbeitsgemeinschaft Literarischer Gesellschaften Westfalens 337–338
– Arbeitsstelle für literarische Museen, Archive und Gedenkstätten in Baden-Württemberg (alim) 336
Archaik 23–25, 27, 30, 46
Architektur 312
Archiv(e) 23, 61, 66, 135, 279, 288, 329, 342, 354, 371, 377, 379–380, 383–384, 401, 448, 463, 497
Arie 40
Aristokratie 8, 26, 32, 41, 49, 262
Arithmetik 315
Artefakt 205–207, 412, 455
Ästhetizismus 93, 239
Astrologie 315, 321, 327
Astronomie 315, 321, 327
Auditorium 36
Aufklärung 51–52, 60–61, 67, 69, 75–78, 82, 89, 132, 219, 221–222, 233, 237, 271, 346, 421, 428, 468, 470–471, 475
Aufmerksamkeit 11, 36, 75, 82, 141, 148–149, 154–155, 157, 159, 163–164, 174, 178, 211, 243–245, 247, 297, 299, 351, 360, 368, 459–461, 466–475
Ausstellung 70, 131, 199, 279–280, 335–338, 340–341, 366, 371, 373–375, 377, 382–383, 385, 399
Autonomie 5–6, 9, 76–78, 85, 90, 223, 228, 361, 416, 438, 443, 445, 447–448, 456, 471
Autonomieästhetik 90, 286
Autor(en) 10, 24, 31, 35, 44, 46–48, 50, 62, 66, 71–72, 79, 82, 84–85, 97–99, 137,

141, 143, 145, 149, 153, 155–157, 160, 163, 171, 174–175, 178–179, 188–189, 206, 212, 231, 280, 282, 306, 320, 327, 358–359, 361, 365, 368, 375, 432, 438–439, 443–444, 456, 459, 466–467, 471–472, 485, 490–492, 496, 498
Autorenbibliothek 375, 384
Autorenbiographien 260, 373
Autorenförderung 9, 140, 142, 153, 335
Autorenhonorar 364, 454–455, 493, 495
Autorenlesung 129, 335
Autorenlexikon 263, 340
Autorenportrait 206, 352
Autorenvereinigung(en) 10, 113, 116, 113–126, 375
Autorenvereinigungen
– Allgemeiner Deutscher Schriftsteller-Verband (ADSV) 495
– Aufrichtige Tannengesellschaft 114
– Autorinnenvereinigung e.V. 115
– Die Krokodile 114
– Freier Deutscher Autorenverband 115
– Friedrichshagener Dichterkreis 114
– George-Kreis 156
– Göttinger Hain 114
– Gruppe 47 115, 148–149, 241–242, 335
– Gruppe 61 115, 335
– Leipziger Literatenverein 495
– Leipziger Schriftstellerverein 495
– Maikäferbund 114
– Münchner Turmschreiber 115
– Neue Frankfurter Schule 115
– Neue Friedrichshagener Dichterkreis 115
– Neue Gemeinschaft 114
– Oulipo 115
– PEN, PEN-Zentrum, PEN-Club 9, 83, 113, 116–122, 335, 339
– Pléiade 114, 132
– Salzburger Autorengruppe 115
– Schriftstellerverband der DDR 124, 349
– Schwäbische Dichterschule 114
– Tunnel über der Spree 114
– Verband deutscher Schriftstellerinnen und Schriftsteller (VS) 9, 83, 113, 116, 122–125
– Weltunion der Schriftstellerärzte 115
– Werkkreis Literatur der Arbeitswelt 115

– Wiener Gruppe 115
– Writers in Exile 122
– Writers in Prison 122
Autorenwerkstatt 85
Autorinszenierung 11, 53, 466
Autorintention 174, 378
Autorschaft 71, 75, 79, 131, 209, 211, 410, 460–461, 470, 473
Autor-Verleger-Beziehung 487, 492, 497
Avantgarde 94, 101, 239, 283, 286, 350, 362, 422, 431

Baganda 296
Bagdad 260, 311, 313, 316–322, 324, 326–327
Ballade 147
Ballett 91
Barock 51–53, 55, 99, 113, 132, 156, 264, 266, 268, 456
Bedruckstoff 488
Belletristik 5, 8, 62–64, 68–69, 101, 180, 183, 234, 315, 367, 393–394, 416, 482, 484–485
Berliner Spätaufklärung 234
Berufsschriftstellertum 54
Beschreibstoff 258, 479, 490
Bestenliste 243, 281
Bestseller 126, 245–246, 273, 415
Bestsellerliste(n) 281, 462
Bibel 260, 262, 481–482, 492
Bibel-Edition 262
Bibliographie 53, 260, 274, 502
Bibliophilie 318, 345, 366
Bibliothek 9–11, 23, 25, 29, 31, 35–38, 42–43, 51, 53, 55, 63, 70–71, 83, 101, 123, 141, 143–144, 179, 183, 198, 257, 260–261, 279, 312, 319, 321–322, 324–325, 329, 339, 342, 366, 371, 374, 378, 385, 390–401, 453, 479–480, 485
Bibliothekare 55
Bibliotheken
– Bayerische Staatsbibliothek 380, 395–396
– Bibliothek des Assurbanipal 23, 478
– Bibliothek von Alexandria 23, 31, 258, 260
– Burgerbibliothek 382
– Deutsche Bücherei (Leipzig) 71, 504, 506

- Deutsche Nationalbibliothek 342, 395, 506–507
- Herzog August Bibliothek (Wolfenbüttel) 53, 395
- Niedersächsische Staats- und Universitätsbibliothek Göttingen 395
- Österreichische Exilbibliothek 381
- Österreichische Nationalbibliothek 341–342, 374, 376, 381, 396
- Saarländische Universitäts- und Landesbibliothek 380
- Schweizerische Nationalbibliothek 342, 381
- Staatsbibliothek zu Berlin 342, 375, 380, 395
- Steiermärkische Landesbibliothek 381
- Universitätsbibliothek Johann Christian Senckenberg Frankfurt am Main 395
- Vorarlberger Landesbibliothek 381
- Wienbibliothek im Rathaus 342, 373, 381

Bibliotheksgeschichte 394, 485
Bibliothekssystem 393
Bibliothekswesen 8, 29, 39, 51, 198, 339, 392–394, 401
Bibliothekswissenschaft 394, 485
Bildungskanon 219, 289
Bildungsplan 278
Bildungswesen 9, 37
Bischofssitz 41, 44, 479, 490
Blockbücher *siehe* Codex, Codices
Blog 154, 243–244, 273, 354, 377
Blogroman 228–229
Book on Demand 498
Borromäus-Verein 199
Börsenverein der Deutschen Buchhändler zu Leipzig 65, 461, 494, 496, 500–501
Börsenverein des deutschen Buchhandels e.V. 11, 65, 71, 101, 124, 281, 339, 357, 462, 486–487, 494, 500–508
Brief 235, 371, 374–376, 378, 469
Buch, Bücher 9, 64, 68, 95–97, 245, 357, 394, 478, 481–484
Buchdruck 8, 38–39, 51, 53–54, 96, 320, 358, 391, 415, 425, 468–469
Buchdrucker 487, 491
Bücherei 187, 502–503
Buchgemeinschaft 69, 368, 506

Buchgeschichte 11, 478–498
Buchhandel 7, 9, 25, 29, 36, 38–39, 41, 44, 46, 54, 65, 70, 72, 82, 101, 187, 198, 231–232, 235, 246, 281, 283, 357, 360, 362, 364, 366, 369, 395, 453, 466, 481, 483–484, 486–487, 491–492, 495, 498, 500–501, 504–505
Buchhandelsgeschichte 367, 486–487
Buchhändler 65–66, 213, 319–320, 325–327, 360–361, 454–455, 462, 481, 485, 491, 494–495, 500–501, 503, 507
Buchhandlung 62, 137, 144, 153, 198, 315, 348, 363, 368, 412, 483, 500
Buch-Ikonografie 479, 484
Buchkultur 318, 366, 390, 480, 485, 498
Buchmalerei 312, 319
Buchmarkt 62, 65, 77, 79, 82, 97, 146, 213, 233–234, 236, 326–327, 345, 347, 358–360, 363–365, 367, 425, 453, 460–461, 468–469, 482, 485, 507
Buchmesse(n) 54, 65, 85, 198, 348, 439, 500–501
Buchmessen
- Frankfurter Buchmesse 65, 85, 101, 198, 227, 337, 369, 462, 481, 505–507
- Leipziger Buchmesse 65, 85, 198, 337, 339, 341, 481, 493, 500, 506–507
- Lit.Cologne 85
- Münchner Frühjahrsbuchwoche 85
- Schwalenberger Literaturtage 85

Buchpreis 66, 455
Buchproduktion 39, 56, 62, 64, 82, 180, 212, 232, 316, 318, 320, 326, 391–392, 482, 484, 492
Buchrolle 24, 42, 479, 482
Buchwesen 10, 29
Buchwirkungsforschung 489–490
Buchwissenschaft 358, 478, 484, 487, 490, 498
Bühne 34, 86, 88–89, 91, 93–94, 428, 432, 495
Bühnenverein, Deutscher 433
Bukolik 30
Bürgerliches Trauerspiel 179
Bürgertum 49–50, 52, 60, 64, 80
Byzantinisches Reich 36
Byzanz 32–33, 37, 51, 55, 268

China 8, 37–40, 257, 478
Chokwe 296, 303–304
Chorlyrik 25, 27
Christentum 32–33, 36–37, 41–42, 44, 49, 260–263, 313–314, 318, 320–322, 459
Chuangqi 40
Codex, Codices 24, 42, 46, 478–479, 481–482, 484, 497
Comic *siehe* Literaturcomic
Commedia dell'Arte 86
Creative Writing 85
Cultural Studies 225, 440, 449

DDR (Deutsche Demokratische Republik) 85, 115, 119–121, 125, 163, 241, 245, 271, 284, 349, 472–473, 505
Décadence 93
Dekonstruktion 177, 287
Dekonstruktivismus 179
Demokratische Republik Kongo 296, 303
Design 229
Deutsche Forschungsgemeinschaft (DFG) 274
Deutscher Bibliotheksverband e.V. 339, 382
Deutscher Gewerkschaftsbund (DGB) 123
Deutsches (Kaiser-)Reich 65, 360, 496
Deutsches Literaturinstitut (Leipzig) 86, 350, 463
Deutschunterricht 184, 186, 198, 267, 271
Deutungskanon 155, 284, 289
Dialektliteratur 164
Dichter 24, 26–27, 30–31, 36, 44, 71, 97, 113–114, 136, 159, 264, 312, 316, 427, 457, 470–472, 491
Dichterdenkmal, Dichterdenkmäler 70
Dichterfeier 156
Dichterschule 115
Dichterstätte(n) 335
Dichterzirkel 70
Digitale Bibliothek 397
Digitale Literatur 96, 100–101
Digitale Transformation 7, 390, 400–401
Digital Humanities 377, 399
Digitalität (digital) 7, 70, 95–101, 137, 157, 229, 244, 247, 249, 341, 353, 371, 376–377, 385, 390–391, 394–399, 478, 498

Dionysien (Dionysosfeste) 27–28
Diplomatik (Urkundenwissenschaft) 327, 486
Diskursanalyse 272, 447
Distribution (Distributionsinstanzen, Distributionsinstitutionen) 6–7, 9–10, 25, 29, 36, 43, 47, 51–52, 54, 61, 65–66, 68, 81–82, 96, 100, 140, 171, 181, 211, 254, 345, 390, 396, 438, 453, 458
Dithyrambik 25, 27–28
Doctrine classique 423
Domschule 44
Dorfroman 274
Drama 24, 27, 35–37, 40, 72, 80, 88, 93, 95, 164, 422–426, 428, 431–434, 496
Dramatik 25, 68
dramatische Literatur 94
Dramaturg 93, 95, 421, 423–424, 429–430
Drucker 51, 66, 358, 480–481, 491, 493
Druckerei 359, 368
Druckschrift 392, 486
Druckverfahren 480, 483, 488, 493
Druckwesen 61, 66

eBook, E-Book(-Reader) 99, 124, 357, 369, 394–395, 484, 508
Edition 31, 262–263, 266, 270, 274, 279, 304, 329, 364, 373, 375, 377, 471
Editionsphilologie, Editionswissenschaft 256–258, 262, 268, 270, 278–279, 399
Einband 366, 479, 485, 493
Einheiten (drei Einheiten) 87, 428
Elfenbeinküste 301, 304
Elisabethanisches Theater 54, 425–426
empfindsamer Roman 181
Empirische Leseforschung 171, 174, 186, 188–189, 193–194, 199
Enzyklopädie 53, 259–260, 315, 347
Epigrammatik 37
Epigraphik 263
Epik 23, 25–26, 34, 46, 411
Epikureismus 30
episches Theater 94, 239, 431
Epistel 314, 317
Epitext 211, 468

Epos, Epen (Versepos) 25–26, 30, 35, 47–48, 304
Epyllion, Epyllien 30
E-Ressourcen 395
Erwiderer *siehe* Respondent
Erzählen (Erzählung) 97, 99, 172–173, 193, 267, 294–302, 304–308, 411, 443
Erzähler 172–175, 189, 294–303, 305, 307
Erzähler-Publikum-Interaktion 294–295, 303–306, 308
Erzählforschung 172
Erzählkultur 294, 298–299, 303
Erzählperformanz(en) 296, 301–302, 306
Essay 80, 147, 235, 349
Europa (europäisch) 6, 8, 21, 28, 37, 40–43, 49, 51, 53, 60, 76–78, 117, 163, 249, 263, 285, 297, 311–313, 315, 320–322, 329, 352, 359, 369, 379, 390–391, 394, 421, 423, 425, 434, 461, 479–480, 491, 504
Exil 117, 219, 239, 380
Expressionismus 238

Fabel 63, 314, 318
Fabian Society 116
Fachdidaktik 200
Faksimile 328, 486
Familienblatt 68–69
Familienblätter
– Am deutschen Herd 68
– Daheim 68
– Deutsches Familienblatt 68
– Gartenlaube 68, 347
– Illustrierte Welt 68
– Über Land und Meer 68
Familiendrama 91
Faschismus 133, 219, 225, 240, 270
Fatimiden 312, 322, 324
Feld, literarisch 84, 171, 204, 207–215, 228, 346, 366, 414–415, 438–439, 441, 445–450, 453, 460–461, 466, 471, 473
Feldtheorie 207–208, 210, 445–447
Feminismus (feministisch) 243, 286
Fernsehen 83, 95, 131, 185, 212, 232, 281, 307, 405, 414–418, 489
Fernsehkritik 235, 243, 351, 473

Fest(e) 8, 24–26, 28–29, 33, 36–38, 40, 48, 50, 54, 94, 156
Festival(s) 98, 137, 153, 161–162, 209, 432–433
Festivals
– anderseits. Literaturfestival Hannover 161
– Erlanger Poetenfest 161
– Heidelberger Stückemarkt 433
– Internationales Literaturfest Poetische Quellen 161
– Mülheimer Theatertage 433
– Neue Stücke aus Europa 433
– open mike (Berlin) 149, 161
– Softmoderne 98
– Tage der deutschsprachigen Literatur (Klagenfurt) 161, 242
– Usedomer Literaturtage 161
Feuilleton 80, 83, 157, 160, 209, 211, 232, 234, 236–237, 240, 242–243, 246, 347–348, 350, 462
Feuilletonroman 80
Film 93, 95–96, 154, 185, 239, 380, 406, 408, 412, 414, 489
Filmkritik 235, 237, 409
Fin de siécle 93
Firmengeschichte 486
Förderinstitution 46–47, 153–157, 164–165, 198
Förderung 10
Formalismus 269
Forschungsbibliothek 396
Forschungsstätte(n) 11
Fortsetzungsroman 295, 305–309
Frankfurter Schule 219
Französische Revolution 76, 287, 492
Französischer Klassizismus 87, 234
Freie Bühne 430
Freie Szene 432–433
Freies Theater 432
Frühe Hochkultur(en) 3, 8, 21–23, 37, 257
Frühe Neuzeit 8–9, 31, 41, 51–55, 132, 159, 233, 249, 261, 358, 392, 425, 428, 468–470
Frühhumanismus 51, 262–263
Frühmittelalter 33, 41–43, 45, 50, 258–259
Frühmoderne 6
Fürstenspiegel 314–315

Gattungen 23–25, 27–28, 30–31, 34–37, 44, 50, 52–53, 79–82, 88, 145, 147, 163, 205, 255–258, 268, 448, 469–470
Gedenkausgabe 365
Gefälligkeitsrezension 246
Gegenkanon 278, 282–284, 289
Gegenwartsdramatik 433–434
Gegenwartsliteratur 74–75, 84–85, 131, 143–144, 280–281, 283, 335, 338, 340, 380, 393, 450, 472–473
geistiges Eigentum 228, 456, 458–459, 490, 492
Geistliches Spiel 50
Gelegenheitsdichtung 53, 159
Gender Studies 206, 256, 272
Genieästhetik 361, 456
Genre 28, 129, 147, 162, 296, 304–305, 313, 487
Geographie 257, 315
Germanistik 73–75, 191, 256, 265–266, 268, 270–274, 392, 485
Gesammelte Werke (Gesamtausgabe) 358, 363–367, 471
Geschichtsschreibung 38, 45
Geschichtswissenschaft 5, 28–29, 259
Gesellschafts- und Geschichtstheorie, marxistische 219, 241, 287, 441
Ghana 302, 304
Gilgamesch(-Epos) 23
Glosse 235
Goethe-Bund 160
Goethe-Institut 9, 83
Goethezeit 7, 76, 90, 132, 454
Grammatik(en) 258, 260, 318
Graphic Novel 411
Großbritannien 117, 286, 392, 484
Groteske 164
Gutenberg-Galaxis (Gutenberg Galaxy) 390, 415
Gutenberg-Gesellschaft (Mainz) 487

Habitus 184, 208, 211
Haiku 164
Hamburgisches Nationaltheater 429
Handlungstheorie 188–190
Handschrift 46, 71, 329, 342, 372, 378–379, 381, 392, 480, 486, 490

Hanswurst 87, 428
Haupt- und Staatsaktionen 86
Heldenepos, Heldenepik 45
Heldengeschichten 25
Hellenismus 23–25, 30–32, 314
Hermeneutik 178, 196, 256, 258, 261, 379, 443, 447
hermeneutischer Zirkel 196
Hexameter 25
Hinduismus 256
Historiographie 258, 262–263
Hochkultur 23–40, 329, 364, 366, 439
Hochmittelalter 33, 41–43, 45, 48–50, 260
Hofbibliothek 49, 55
Hofchroniken 159
Höfische Kultur 9, 30–31, 38, 45, 50, 262
Hofmeister 72
Hoftheater 88
Höhenkammliteratur 393
Homepage 99, 377
Honorar 454–455, 495
Hörbuch 484, 498
Hörfunkkritik 83, 235
Hörfunk (Radio) 83, 95–96, 212, 243, 281, 405, 431, 473
Hörspiel 147, 164, 405
Humanismus 52–53, 262, 266, 268, 391
hybride Bibliothek 391, 393
Hymne 22, 30
Hymnik 23, 27
Hyperfiction 99
Hypertext 96–101, 185, 377, 412
Hypokrites 27

Ijo 297
Ilias 25
Impressionismus 93
Improvisationsspiel 428
Index 315
Industriegewerkschaft Druck und Papier 123
Industrielle Revolution 78, 183, 265
Informationsgesellschaft 391, 398–399, 497
Informationskompetenz 390, 399
Informationstechnologie(n) 228, 400
Instanzen 3–4, 9, 61, 83, 164, 186–188, 198, 241, 279–281, 283, 448, 453–454

Institut für Literatur Johannes R. Becher 85–86
Institutionalisierung 3–5, 26, 33, 267, 378, 393, 484, 487–488
Institutionalisierungsprozesse 4
Institutionenforschung 11
Institutionengefüge 7
Institutionengeschichte 10, 125, 157, 160
Institutionenhistorie 3
Inszenierung 94–95
Inszenierungspraktiken 211, 466–467, 471
Intentionalität 206
Interfiction 99
Intermedialität 99–100, 405–406, 408, 412–413
Internet 96, 98–99, 101, 131, 137, 212, 232, 243–244, 273, 305–307, 343, 353–354, 368, 394, 497
Intertextualität 434
intertheatricality 434
Interview 154, 158, 211, 235, 350, 352, 473
intime Lektüre 180
Islam 10, 260, 262, 268, 311–330
Islamwissenschaft 330

Jahrbuch der (deutschen) Schillergesellschaft 132, 374, 462
Jahrbücher 130
Journal(e) 62, 72, 81, 180–181, 235
Journalismus 494
Journalist 71–72, 120, 124, 126, 137, 149, 244, 495
Journallesezirkel 67
Journalliteratur 80
Jubiläumsausgabe 365
Judentum 256, 270
Junges Deutschland 236–238, 361, 501
juristische Literatur 62, 81

Kaffeehäuser 60, 440
kaiserliche Zensurkommission 55
Kaiserreich (röm.) 24–25, 32–34, 36, 479
Kalif, Kalifat 311–314, 321–322, 324–326
Kalligraphie 316
Kanon 6, 10, 31, 35–37, 63, 155, 277–290, 363, 371, 373, 467

Kanonbildung 10, 22, 25, 31, 73, 84, 89, 131, 136, 273, 277, 279, 283, 285, 288, 290, 364–365, 367, 384, 393, 395, 429, 435, 450, 460
Kapital, kulturelles (Bourdieu) 358, 432, 446
Kapital, ökonomisches (Bourdieu) 157, 460
Kapital, symbolisches (Bourdieu) 84, 157, 366–367, 460
Karl-Preusker-Medaille 339
Karlsbader Beschlüsse 66, 500
Kasseler Ottoneum 427
Katharsis 28, 94
Keilschrift 21–22, 478
Kinderliteratur 174
Kinematographie 93
Kirchen 8, 41, 198
Klassik 75, 80, 90, 234, 287, 361, 428, 495
Klassik (Antike) 23–26, 29–30, 32
Klassiker 36, 39, 49, 53, 260, 282, 364, 410, 413, 471, 479
Klassikerkanon 281–282, 284
Klerus 41, 49
Klosterbibliothek 49, 261, 392
Kloster, Klöster 8–9, 11, 37, 40–45, 48, 260–261, 391–392, 479, 490
Klosterkultur 9, 41–42
Klosterschule(n) 44
Kodikologie 486
Kollaboratives Schreiben 98–99
Kolportagebuchhandel 69, 502
Kolportageroman 483, 502
Kolporteur 67
Kommentar 158, 235, 259, 261–263, 283
Kommentierung 31
Kommission(en) 335, 382, 486
Kommissionsbuchhandel 65, 72, 357
Kommunikation 7, 9–10, 47, 61, 65, 82–83, 86, 93, 96–97, 171, 173, 188, 249, 254–255, 273, 280, 288, 290, 302, 353, 390, 394
Kommunikationstheorie 171, 188
Kommunikationswissenschaft 489
Komödie 27, 30, 33–34, 87, 89, 91, 147, 428
Konditionshandel 65

Konstruktivismus 188, 190–191, 287
Konsumption 82
KOOP-LITERA 341–342, 372, 383
Kopist 22, 51, 261, 318–319, 324
Koran 311, 315–317, 319
Koranwissenschaft 314, 327
Körperbild 225
Kreatives Schreiben 350, 463
Kriminalroman 164, 274
Kritische Theorie 115, 219, 242, 442
Kröner(')sche Reform 1888 62, 484, 501
Kult(e) 8, 24, 38, 224
Kulturanalyse 215
Kulturbetrieb 141, 145–146, 279
kulturelles Gedächtnis 6, 25, 32, 279, 288, 318
Kulturevent 161
Kulturförderung 140–141
Kulturindustrie 10
Kulturindustrie-These 219–229
Kulturjournalismus 350, 463
Kulturkritik 219, 227
Kulturmagazin(e) 83
Kulturpolitik 9, 85, 142, 157, 160, 180, 241, 256, 338, 357, 435, 504
kulturpolitische Zeitschrift 82
Kulturpraxis 417
Kulturproduktion 219–220
Kulturrat e.V., Deutscher 338–340
Kultursoziologie 225, 438
Kulturstätten 131
Kulturstiftungen 140
Kulturwissenschaft 10, 137, 206, 254, 272, 274, 350–351, 383, 394
Kulturzeitschriften
– Du 82, 352
– Freibeuter 349
– Kursbuch 242, 350
– Merkur 82, 243, 349
Kundenrezension 245
Künstlersozialkasse 124
Kurzgeschichte 164

Ladenpreisbindung für Bücher 198, 357, 461, 484, 501–502, 504, 506–508
Laienkritik 244–246, 248
Legende 318

Lehrdichtung 50
Lehrpläne 278
Leihbibliothek(en) 9, 66–71, 81, 392–393
Leihbücherei(en) 67, 183–184
Leitmedium (Buch) 9, 95, 101, 390
Lektor, Lektorat 97, 113, 137, 171, 206, 211–213, 280, 346, 359, 363
Lektürekabinett 66
Lektüreplan 278
Lesebibliothek(en) 66, 181
Lesebücher 183, 257, 278
Lesedrama 34
Leseempfehlung(en) 243
Leseförderung 140, 197–200, 340, 489
Leseforschung 179, 186–200, 489
Lesegesellschaft(en) 60, 66–71, 81, 179, 181, 392, 482
Lesekabinett 66–67, 179, 181
Lesekompetenz 180, 188, 197, 199, 340, 346
Lesekultur 181–182, 184–186, 497
Lesemotivation 184, 187, 193–194, 197
Lesemuseum, Lesemuseen 67
Lesepädagogik 171, 197, 200
Lesepublikum 63–64, 68, 174, 180–182, 185, 280, 357, 392
Leser 10, 64, 68, 83, 97, 99, 144, 155, 171–200, 213, 244–245, 282, 306, 320, 346, 358, 439, 443, 447, 453, 489
Lesereise(n) 85, 144, 150
Leserevolution 66, 69, 393, 482–483
Leserforschung 489
Lesesozialisationsforschung 186–187
Leseverein(e) 181
Leseverhalten 63–64, 143, 178, 180, 186–188, 199, 482
Lesewettbewerb 83
Lesewettbewerb(e) 199
Lesung(en) 83, 131, 145–146, 153, 158, 161–162, 183, 199, 206, 241, 340, 399, 439
Liebesroman 274
Lied, Lieder 26, 47–48, 294, 299, 303
Liedlyrik 46, 48
Limba 299–301, 304
Literalkultur 9
literarische Bildung 35–36, 47, 181, 183, 314, 439, 447

Literarische Gesellschaft(en) 10, 53,
    129–138, 198, 233, 249, 279, 336–338,
    340–341, 343, 375
Literarische Gesellschaften
– Adalbert-Stifter-Verein 134
– Agnes-Miegel-Gesellschaft 134–136
– Augustin-Wibbelt-Gesellschaft 338
– Berliner Salon (Henriette Herz) 132
– Charles-Bukowski-Gesellschaft 135
– Christine-Koch-Gesellschaft 338
– Deutsche Dante-Gesellschaft 132
– Deutsche Schillergesellschaft 132
– Deutsche Shakespeare-Gesellschaft 132
– Eichendorff-Stiftung 134
– Erich-Maria-Remarque-Gesellschaft 135
– Freies Deutsches Hochstift 70, 132
– Gesellschaft der Arno-Schmidt-Leser 130
– Gesellschaft zur Förderung des Werkes von
    Hans Friedrich Blunck 135
– Goethe-Gesellschaft 129, 132
– Grabbe-Gesellschaft 133
– Heinrich Heine-Gesellschaft 135
– Internationale Faust-Gesellschaft 129
– Kolbenheyer-Gesellschaft 134
– Leonhard-Frank-Gesellschaft 135
– Literarisches Colloquium Berlin 82, 98,
    115, 142, 244, 335, 349
– Marbacher Schillerverein 132
– Marburger Literaturforum 129
– Pegnesischer Blumenorden 114, 132
– Peter-Weiss-Gesellschaft 135
– Schwäbischer Schillerverein 132
– Serapionsrunde 132
– Wilhelm-Raabe-Gesellschaft 133
– Wolfram-von-Eschenbach-Gesellschaft 133
literarische Öffentlichkeit 82, 328, 439–440,
    455
literarische Sozialisation 185–187, 197–200,
    398, 439, 445
literarische Zeitschrift 81
literarische(r) Kreis(e) 8, 320
Literarischer Zirkel 36, 53, 392
literarisches Leben 82, 131, 184–185
Literarisches Quartett 242, 351, 417
Literarkultur 11, 25, 31–33, 37–38, 41–42,
    45–46, 49, 53–54
Literatour 131

Literaturagent 137
Literaturagent, Literaruragentur(en) 9, 83,
    137, 149, 206, 211–213, 244, 280, 359,
    375, 385
Literaturarchiv(e) 9–10, 83, 141, 212,
    371–385, 473
Literaturarchive
– Archiv der Zeitgenossen 381
– Bertolt-Brecht-Archiv 374
– Brenner-Archiv 381, 463
– Centre national de littérature/Lëtzebuerger
    Literaturarchiv 342, 382
– Deutsches Exilarchiv 342
– Deutsches Literaturarchiv Marbach 98,
    273, 335–336, 372–375, 379, 384, 463
– Deutsches Tagebucharchiv 380
– Franz-Michael-Felder-Archiv 381
– Gleimhaus 380
– Goethe-Archiv 379
– Helene-Weigel-Archiv 374
– Kärntner Literaturarchiv 381
– Literaturarchiv Saar-Lor-Lux-Elsaß 380
– Literaturarchiv Sulzbach-Rosenberg 70,
    380
– Max-Frisch-Archiv 382
– Robert-Walser-Archiv 382
– Salzburger Literaturarchiv 381
– Schweizerisches Literaturarchiv 342, 373,
    381, 473
– Theodor-Fontane-Archiv 380
– Thomas-Mann-Archiv 382
– Westfälisches Literaturarchiv 338
– Wolfgang-Koeppen-Archiv 380
Literaturbegriff 5–6, 61, 82
Literaturbetrieb 10–11, 79, 82–86, 98–99,
    131, 136, 140–141, 147, 149, 155,
    204–215, 229, 236, 241, 279–280,
    345–347, 384, 390, 412, 450, 453, 456,
    461–463, 467–468, 473, 475
Literaturbetriebspraktik(en) 204–215
Literaturbetriebs-Szene 210
Literaturbüro 9, 83, 98, 137, 142
Literaturcomic 130, 411–414
Literaturdidaktik 200
Literaturdrama 92
Literaturfestival 85, 153, 161–162, 209, 212,
    348, 368

Literaturfonds, Deutscher 142
Literaturförderung 10, 83, 140–142, 153, 198–199, 335
Literaturforschungsstellen
- Adalbert-Stifter-Institut 381
- Dokumentationsstelle für Literatur 381
- Franz-Nabl-Institut für Literaturforschung 381
- Robert-Musil-Institut für Literaturforschung 381
Literaturgedenkstätte(n) 337, 371, 374, 380
Literaturgedenkstätten
- Anna-Seghers-Gedenkstätte 380
- Brecht-Weigel-Gedenkstätte 380
- Georg-Trakl-Forschungs- und Gedenkstätte 381
Literaturgeschichte 74, 132, 178, 186, 235, 254, 266, 272, 278, 288, 311, 379
Literaturgeschichtsschreibung 10, 73, 254, 278, 281, 367
Literaturhaus, Literaturhäuser 9–10, 70, 82–83, 137, 140, 199, 206, 212, 232, 335, 374, 469
Literaturkommission(en) 10, 335, 338
Literaturkommissionen
- Literaturkommission für Westfalen 338
Literaturkonferenz e.V., Deutsche 339
Literaturkritik 9–10, 73–75, 80, 138, 143, 148, 155, 171, 198, 211, 213–214, 231, 233, 280–281, 345, 347–348, 354, 375, 412, 460, 471, 473
Literaturmarketing 209
Literaturmarkt 9, 71, 82, 461
Literaturmuseen
- Deutsches Theatermuseum 380
- Dichter- und Stadtmuseum Liestal 382
- Günter-Grass-Haus 374
- Literaturmuseum der Moderne 132, 374, 380
- Literaturmuseum der Österreichischen Nationalbibliothek Wien 374
- Museum für Westfälische Literatur 338
- Österreichisches Literaturmuseum 381
- Österreichisches Theatermuseum 381
- Schiller-Nationalmuseum 132, 374, 384
Literaturmuseum, Literaturmuseen 9–10, 70, 83, 134, 371

Literaturpolitik 160–161, 171, 246
Literaturpreis(e) 9, 83–84, 131, 141, 144–145, 153, 209, 375, 434, 460, 462
Literaturpreise
- Adelbert von Chamisso-Preis 163
- Alemannischer Literaturpreis 163
- Alfred-Kerr-Preis für Literaturkritik 507
- aspekte-Literaturpreis 155
- Bauernfeldpreis 160
- Bremer Literaturpreis 156, 161
- Buxtehuder Bulle 164
- Candide-Preis 156
- Christian-Dietrich-Grabbe-Preis 164, 434
- Comicbuchpreis 164
- Corine - Internationaler Buchpreis 157
- DekaBank-Preis 163
- Deutsche Jugendliteraturpreis 163
- Deutscher Buchhandlungspreis 153
- Deutscher Buchpreis (Frankfurt/Main) 155, 507
- Deutscher Nationalpreis für Kunst und Wissenschaft 161
- Deutscher Volks-Schillerpreis 160
- Else-Lasker-Schüler-Dramatikerpreis 434
- Erich-Maria-Remarque-Friedenspreis der Stadt Osnabrück 161
- Frau-Ava-Literaturpreis 163
- Friedenspreis des Deutschen Buchhandels 65, 155, 505, 507
- Friedrich-Hölderlin-Preis 163
- Georg-Büchner-Preis 84, 155, 157, 161, 163, 199
- Geschwister Scholl Preis 163
- Goethe-Preis (Frankfurt/Main) 134, 163
- Hartmut-Vogel-Preis 337
- Heinrich-Heine-Preis 156
- Hohenemser Literaturpreis 163
- Ibsen-Preis 156
- Ingeborg-Bachmann-Preis 148, 352
- Ingeborg-Drewitz-Literaturpreis 163
- Internationaler Preis der jungen Leser 162
- Katholischer Kinder- und Jugendbuchpreis 163
- Leipziger Buchpreis zur Europäischen Verständigung 163, 507
- Leonce-und-Lena-Preis 161

- Lesben-Award 163
- Lesbischer Literatur Preis 163
- LiBeratur-Preis 163
- Literaturpreis der Konrad-Adenauer-Stiftung 163
- Literaturpreis der Rudolf-Alexander-Schröder-Stiftung 156
- Literaturpreis zum 3. Oktober 163
- Lyrik-Debüt-Preis 163
- Mara-Cassens-Preis 163
- Montblanc-Literaturpreis für kurze Geschichten 160
- Mülheimer Dramatikerpreis 434
- Nobelpreis für Literatur 119, 157, 161, 164, 365, 474
- Othmar-Seidner-Jungautorenpreis/ Lyrik 163
- Pfälzischer Mundartdichterwettstreit Bockenheim 163
- Preis der Welti-Stiftung für das Drama 434
- Rauriser Literaturpreis 164
- Rheingau Literaturpreis 164
- Ricarda-Huch-Preis 163
- Schillerpreis (Marbach) 160
- SMS-Poesie 163
- Völklinger Senioren Literaturpreis 163

Literaturproduktion 30, 53, 101, 141, 144, 228, 283, 308, 450
Literaturpsychologie 191, 269
Literaturräte
- Bremer Literaturkontor 340
- Hessischer Literaturrat 341
- LiteraturRat Mecklenburg-Vorpommern 341
- LiteraturRat NRW 341
- Literaturrat Schleswig-Holstein 340
- Sächsischer Literaturrat 340
- Thüringer Literaturrat 340
Literaturrat, Literaturräte 340, 343
Literatursoziologie 171, 179, 207, 269, 272, 438
Literaturstreit 470, 475
Literatursystem 9, 90, 178, 232
Literaturtage 85, 439
Literaturtheorie 28, 178, 442
Literaturunterricht 9, 183
Literaturverfilmung 408-411

Literaturvermittlung 9-10, 73, 75, 82-83, 130-131, 136, 140, 142-144, 337, 341, 345, 351, 358, 366, 372, 374
Literaturwettbewerb(e) 140, 147, 150
Literaturwissenschaft 9-10, 73-75, 132, 136-137, 145-146, 148, 171-172, 188, 191, 193, 199, 204, 206, 209-211, 214-215, 235, 248-249, 286-289, 399, 435, 443, 466, 485, 489
Literaturzeitschrift(en) 10, 82, 345, 375
Literaturzeitschriften
- Akzente 82, 349
- Allgemeine Deutsche Bibliothek 234, 347
- Athenäum 347
- Beiträge zur critischen Historie der deutschen Sprache, Poetik und Beredsamkeit 347
- Bella Triste 350
- Berliner Zimmer 98, 354
- Bühnentechnische Rundschau 353
- Der Ruf 349
- Der teutsche Merkur 72, 347
- die horen 82
- Die neue Literatur 240
- Die Neue Rundschau 349
- Die schöne Literatur 240
- Edit 350
- Frankfurter Hefte 349
- Horen 347
- Kritische Ausgabe 350
- La mer gelée 351
- Leser 347
- Lettre International 352
- Literaturen 351-352
- Literatur und Kritik 349
- Manuskripte 349-350
- Morgenblatt für gebildete Stände 347, 361
- Neue deutsche Hefte 349
- neue deutsche literatur 339, 349
- Opernwelt 353
- plumbum 351
- Propyläen 347
- Sinn und Form 82, 349
- Sprache im technischen Zeitalter 82, 244, 349

- sprachgebunden 351
- Spuren 336, 350, 374
- TEXT+KRITIK 349
- Theater heute 353
- TITEL kulturmagazin 354
- VOLLTEXT 82, 352
- Wespennest 82, 349
Litterärgeschichte 254, 485
Lobbyarbeit 335, 343, 494
Lustspiel 89
Luxemburg 341, 371, 382
Lyrik 25, 38, 46, 68, 72, 81, 99, 149, 161, 163–164, 237, 364–365

Magazin 82, 244
Makua 304
Malawi 298–299, 304
Manuskript 261, 316, 321, 324, 328–329, 374–376, 488, 491
Markt 11, 61–62, 80, 82, 85
Märzrevolution 65, 90, 93, 266
Massenkultur 220, 225–226, 349, 439
Massenmedien 185, 211, 489
Materialität 204, 450, 478
Mäzen 79, 153, 160, 312, 319, 327, 491
Mäzenatentum 8, 46–47, 52, 141, 159–160, 312, 327, 455
mäzenatische Förderung 153
Mediävistik 330
Medienkompetenz 390, 399
Medienpädagogik 185
Medienrevolution 7, 9, 95, 273, 390, 392, 394
Medienwandel 394, 484, 497
Medienwechsel 70, 353, 405, 411
Medienwissenschaft 75, 478, 485, 490
Medium, Medien 4, 11, 24, 82, 93, 95–96, 99–100, 131, 143, 199, 225, 281, 305, 345, 405–418, 478–479, 484–485, 487
Meistersinger 50, 147, 159
Mentalitätsgeschichte 272
Mimus 34
Minnelyrik 45–46
Minnesang 47, 50
Minnesänger 156, 159, 491
Mischna 257

Mitteilungsblatt, Mitteilungsblätter 130
Mittelalter 36–37, 40–52, 114, 129, 156, 159, 233, 260, 285, 311, 391, 425, 480–481, 490
Moderne 3, 5, 8–9, 30, 39, 51–52, 78–79, 114, 175, 221, 238–240, 278, 320, 360, 363, 390–391, 449, 470
Modernisierung 60, 65, 68, 78–79, 90, 272, 430
Moralische Wochenschrift(en) 60, 63, 87
Moschee 312, 317, 325
Motivgeschichte 255
Mudschalasa-Geselligkeit 325, 328
Museion 31
Musenhöfe 114
Museum, Museen 135, 141, 155, 258, 342, 371, 383, 401
Musiktheater 8, 39
Mwera 301–304, 306

Nachdruck 65, 459, 491–495
Nachlass 341–342, 375, 385
Narration 25, 80, 172–173, 442
Narratologie 172, 176, 199, 256, 272
Nationalbibliothek(en) 70–71, 392–393, 395
Nationalsozialismus 118–119, 124, 133, 163, 238, 240–241, 246, 269–270, 272, 278, 472, 503–504
Nationaltheater 88, 430
Naturalismus 93, 238, 347
Netzliteratur 98–100
Netzprojekt 98
Neuzeit 9, 28, 51–52, 221, 285, 390–391, 467, 469, 490
New Criticism 248
Normalisierung 4, 290
Novitätenlesezirkel 67
Nyanja 299, 304
Nzema 302, 304

Ode(n) 26
Odyssee 34, 175
Ökonomie 245, 277, 426, 456, 460–461
Online-Journal 99
Online-Katalog 376
Online-Leserbriefspalten 245
Online-Literaturzeitung 377

Online-Plattform(en) 98–99, 243, 245–247,
   279, 281, 336, 338, 341, 353–354
Online-Plattformen
– Amazon 243–248
– Google 243, 246, 396–397, 400
– Grabbe-Portal 99
– Heine-Portal 99
– Kalliope 342
– kultiversum 353
– Kultur bildet 338
– literaturkritik.de 234–235, 243, 354
– Literaturport 98
– literaturportal-westfalen.de 338
– lyrikline 99
– perlentaucher.de 244, 281, 354
– Projekt Gutenberg 99, 279
– signandsight.com 354
– zeno.org 99, 279
Online-Roman 306
Online-Zeitschrift 234, 353–354
Open Access 396–397, 498
Oper 39–40, 86, 91, 408
Orale Kultur(en) 25–26, 294–309
Oralität 10, 24, 45–46, 305
Oratur 294, 298, 307–308
Orient 21, 26, 312
Orientalistik 6
Originalverleger 493
Österreich 66, 140, 142, 145, 341, 380

Paläografie 485–486
Paläste 8
Panegyrik 312–313
Papier 38–39, 67, 316, 318–321, 327, 391,
   398, 485, 493
Papiergeschichte 488
päpstlicher Index 55
Papyrus(-Schriften) 43, 258, 317, 478–479
Patriziat 49, 261
Paulskirchenparlament 90, 266
Pecien-System 491
Pekingoper 39–40
PEN, PEN-Zentrum, PEN-Club 116– 122
Performance Studies 422
Performanztheorie 206
Performativität 212, 422, 428, 435
Pergament 317, 391, 478–480

Periodikum, Periodika 53, 130, 153, 345–346,
   351, 353, 357, 361–362
Peritext 211
Philologie 5–6, 26, 55, 73–74, 235, 257–259,
   261–264, 266–269, 272–274, 318, 393,
   471
Philosophie 28–29, 35, 75, 233, 260, 311,
   315, 318, 321, 485
Pickelhäring 87
Plagiat 245, 327, 490
Podiumsdiskussion 206, 213, 244
Poesie 73, 76, 209, 263–264
Poeta doctus 471, 473
Poetik 53, 146, 210, 236, 264
Poetik-Dozentur 10, 83–84, 140, 153, 212
Poetik-Professur 54–55, 83
Poetry Slam 150, 153, 162, 338
Polemik 231, 235–236
Polis (Poleis) 23, 27–28, 31, 33
politische Lyrik 362
Populäre 225
Populärkultur 225
Populärliteratur 329
Porträt 235, 378
Positivismus 75, 268
Posse 86, 91
postdramatisches Theater 424, 431–432
Posthistoire 449–450
Postmoderne 176, 391, 449
Poststrukturalismus 442
Practice Turn 206
Praktiken 4, 10, 204, 305, 385, 405, 425,
   434, 444–445, 450
Praktiken des Selbst 206, 213
Praxeologie, Praxistheorie 204
Preisaufgabe 159
Pressefreiheit (Preßfreiheit) 60, 66, 116,
   119–120
Presselandschaft 431
Pressewesen 80, 131, 246
Printing on Demand 498
Privatbibliothek 43, 53, 324–325, 392
Privatsammlung 378
Privileg 162, 182, 491–492
Produktion 6–7, 9–10, 21, 24, 26, 28–29,
   32, 35, 41, 48, 52–53, 61–62, 69, 79,
   82, 94, 97, 136, 140, 145, 147, 171, 174,

178, 181, 188, 219, 223, 235, 277, 280, 294, 298–299, 309, 318, 329, 345, 367, 390, 394, 396, 416, 425, 439, 445–446, 450–451, 453, 458, 460–461, 473, 478, 481, 483, 491
Propaganda 224–225
Prophetenüberlieferung 318
Prosa 37, 39
Prosaromane 24
Proto-Institutionen 8
psychoanalytische Literaturwissenschaft 193–194
Publikum 226, 229, 231–232, 235, 241, 243, 294, 316, 325, 345, 351, 361
Publizist 71
Publizistik 80, 236

Radio *siehe* Hörfunk
Ratgeberliteratur 315
Raubdruck 493–494, 496
Realismus 90, 237, 347
Redakteur 71, 97, 113, 236, 244, 349
Reformation 51, 469, 481–482, 492
Regelpoetik 71, 147, 235, 428, 456–457, 459
Regietheater 95, 433
Reisebericht 72
Reisebeschreibung 63
Reisebibliothek(en) 67
Reklame 224
Religion 61, 75, 255, 257, 312–313, 319
Renaissance 6, 51–52, 54, 391
Reportage 235
Reproduzierbarkeit 224
Respondent 294–295, 299–306, 308
Retheatralisierung 93–94, 422, 431
Rezension 72, 211, 231, 348, 352, 354, 371
Rezensionszeitschrift(en) 234
Rezensionszeitschriften
 – Das Literatur-Café 98
 – literaturkritik.de 234–235, 243, 354
 – New York Review of Books 348
 – Times Literary Supplement 348
Rezeption 6, 10, 22, 24, 28–32, 41, 44, 48, 52–53, 55, 61, 82, 94, 97, 130, 140, 171–173, 178, 184, 188, 196, 199, 207, 211, 215, 245, 277, 279–280, 290, 294, 299, 307, 309, 316, 345, 363, 365, 367, 390, 396, 407, 417, 438–439, 443, 445, 451, 453, 458, 478, 487, 489, 497
Rezeptionsästhetik 171–172, 174–176, 489
Rezeptionsforschung 174, 178, 256, 272, 489
Rezitation 36, 53
Rezitationsdrama 34
Rezitator 24, 26
Rhapsode 24, 26
Rhetor 24
Rhetorik 28, 35, 44, 261, 263–264, 271, 302, 361, 468
Rhetorikschulen 32, 35
Ringvorlesung 214
Ritterroman 50
Roman 62, 68–69, 72, 80–81, 92, 155, 163–164, 173, 175, 180, 183, 306, 411, 462
Romanforschung 172
Romanistik 256, 267
Romantik 73, 75, 77, 90, 234, 236–237, 287
Römische Republik 32
Routinisiertheit, Routinen 207
Rührstück 90–91
Runanda 304
russischer Formalismus 287, 448

Salon 70, 114, 132, 325–326, 440, 454, 482
Sammlerbibliothek(en) 380
Sammlung(en) 23, 141, 285, 336, 371, 376, 379–380, 384, 392, 395, 429, 479, 497
Sänger 24–26, 46, 48, 147
Sängerwettstreit 156
Satire 34, 89, 189, 231, 456
Sattelzeit 5, 7, 51, 453, 467
Satyrspiel 27, 156
Schauspieler 24, 27, 34, 88, 92, 375, 409, 422, 430
Schauspieler-Akademie(n) 430
Scholastik 263, 492
Schreiberschule(n) 23–24
Schreiber(werk)stätte(n) 8, 38
Schreiberwesen 21
Schreibkurs 85
Schreibprozessforschung 137
Schriftkultur 5, 21, 316, 319–320, 410, 479
Schriftlichkeit 10, 24–25, 305, 311, 391

Schriftsteller 47, 71–72, 79, 279, 318, 362–364, 366, 368, 371, 374–375, 377–379, 408, 431, 455, 463, 467, 470–471, 492, 494
Schulbuch, Schulbücher 257, 278
Schulbuchverlag 123
Schule(n) 8–9, 22, 24, 31–32, 35–36, 38–39, 44, 50–51, 53–54, 74, 83, 148, 184, 186, 278–279, 325
Schulsatire 23
Schulsystem 257, 278
Schutzverband der deutschen Schriftsteller (SDS) 123
Schwank 91
Schweiz 140, 142, 145, 160, 341, 381
Science Fiction 164
Selbstinszenierung 131, 466, 469, 472
Selbstverlag 72, 369
Selfpublishing 358, 369, 498
Semiotik 272
serielle Produktion 219, 224, 305
Shona 299, 304
Sierra Leone 303–304
Simbabwe 299, 304
Singspiel 40, 86, 91
Skriptorium, Skriptorien 43, 51, 261
Social-Media-Foren 137, 368
Social Networks 137
Sortimentsbuchhandlung 67
Sozialgeschichte 171, 180, 207, 256, 329
Sozialistischer Kulturbund zur demokratischen Erneuerung Deutschlands 118
Spätantike 32, 36, 41, 260
Spätmittelalter 41, 43–44, 49, 51, 53–54, 261, 390, 469
Speicher 7, 10–11, 23–24, 29–30, 35–36, 41–43, 49, 51, 55, 95, 288, 371, 379, 390–391, 394, 479
Spezialbibliothek(en) 67, 393
Sponsoring 10, 141, 153–165
Sprachgeschichtsschreibung 261
Sprachgesellschaft(en) 9, 53, 132, 233, 264
Sprachgesellschaften
– Deutschgesinnete Genossenschaft 264
– Fruchtbringende Gesellschaft 53, 114, 132, 264

Sprachphilosophie 206
Sprachwissenschaft 311, 314, 442
Sprechtheater 421, 433
Spruchdichtung 23, 45–46, 48, 50
Staatsbibliothek 55
Stadtkultur 8, 38, 41
Stadtschreiber 50
Stadtschreiberamt 153
Ständeklausel 87
Stegreif(spiel) 33–34, 50, 86, 428
Stiftung(en) 141, 198, 312–313, 341
Stiftung Lesen 141, 162, 199, 335
Stiftungsbibliothek(en) 324
Stipendien
– Alfred-Döblin-Stipendium 162
– Arbeitsstipendium des Heinrich-Böll-Hauses 162
– Autoren-Stipendium der Arno-Schmidt-Stiftung 162
– Villa-Aurora-Stipendium 83
– Villa-Massimo-Stipendium der Deutschen Akademie Rom 83, 162
Stipendium, Stipendien 9, 83, 153, 279, 373, 463
Stoa 30
Strukturalismus 178, 188, 194, 269, 272, 442–443, 447, 449
Studentenbewegung 219, 241
Studiengang 85, 463
Stummfilm 239
Sturm und Drang 234, 286, 456, 458–459, 482
Subskription 72, 454–455
Swahili 295, 305
Symposium, Symposien 24–26, 129, 339
Systemtheorie 188, 272

Tansania 294, 301, 303–307
Tantiemen 123, 426
Tauschhandel 43, 65, 359, 481
Temne 304
Tempel 8, 22–23, 38, 40
Theater 7–8, 11, 27, 34, 36–39, 54, 86–95, 142–143, 179, 380, 421, 469
Theaterautor(en) 40
Theateravantgarde 431
Theatergeschichte 423, 427, 430, 435

Theaterkritik 237, 243, 350, 428, 431
Theaterkritiker 431
Theaterleihbibliothek(en) 67
Theaterszene 425
Theaterwissenschaft 424, 435
Theatrum mundi 54
Thonga 300
Tiergeschichte 274
Titelproduktion 360, 483
Tontafel 22, 478
Tonträger 305
Totenklage 27
Tragédie classique 87
Tragödie 27, 33–34, 87, 156, 423, 425, 428
Transmissionsmedien 4, 7
Trauerspiel 89
Trivialliteratur 69, 181, 280
Typenkomödie 89

Überlieferung 25–26, 34, 46, 70, 255, 260, 319, 393, 395, 479
Übersetzung 69, 72, 259–264, 321, 351, 353, 470, 497
Übersetzungsförderung 142, 339
Umayyaden 311–312
UNESCO City of Literature 153
Universalgelehrte 260–261, 317, 321
Universalverleger 362
Universität(en) 8, 38, 49–51, 53, 83–84, 143, 145, 262–264, 278, 313, 373, 397, 399–400, 479–480, 491
Universitätsbibliothek(en) 70, 382, 392–393, 399
Unterhaltungsdrama 88
Unterhaltungskanon 289
Unterhaltungsliteratur 6, 39, 69, 274, 347, 392
Unterhaltungsroman 183–184, 289
Unterhaltungstheater 87, 89
Unterhaltungszeitschrift(en) 347
Urheberrecht 65, 123, 246, 339, 354, 363–364, 377, 383, 398, 426, 467, 490–497, 501, 506, 508
USA 85, 145, 286, 489, 504

Varieté 40
Verband, Verbände 9, 83, 113–126, 198, 335, 340–341, 493, 496–497, 500, 502, 505, 507
Verband der Verleger und Buchhändler der DDR 505–506
Verband deutscher Schriftstellerinnen und Schriftsteller (VS) 122–125
ver.di 123, 125
Verein(e) 60, 70, 131, 136–137, 183, 185, 198, 340, 379, 430, 502
Verlachkomödie 89
Verlag 38–39, 44, 123, 131, 137, 143, 162, 174, 181, 198, 213, 232, 243, 280, 348, 357–369, 396, 400, 454, 467, 492, 497, 501, 504, 506
Verlagsprogramm 359–360, 362, 365, 367
Verlagsrechte 65, 363, 492, 494–495, 497
Verlagswesen 9–10, 61, 101
Verleger 51, 54, 66, 72, 97, 120, 137, 155, 212–213, 326, 346, 358–368, 375, 385, 455, 459, 466, 480–481, 491–492, 494–495, 497–498
Vermarktung 226, 280, 364, 467, 491
Vermittlung 6, 10, 21–22, 24, 26, 28–31, 35–36, 41, 44, 46–48, 52–55, 72–73, 75, 82, 92, 94, 131, 141, 143, 207, 209, 212, 233, 280, 299, 353, 366, 368, 371, 374–375, 377, 399, 406–407, 424, 454, 469, 479–480, 485, 489
Verschlussbibliothek 55
Verwertungsgesellschaft Wort 124
Volksbücherei 70, 483
Volkserzählung(en) 294–295, 298, 305–306
Volkshochschule(n) 198
Volkssprache 47, 50, 264, 359
volkssprachliche Literatur 44, 47, 50, 52
Volkstheater 87
Vormärz 66–67, 80–81, 91, 184, 236, 238, 287, 361
Vormoderne 5–9, 11
Vorträge 129, 131, 183, 304, 371, 399

Wandertheater 54, 86
Wandertruppe(n) 54, 86, 427
Wasserzeichenkunde 488
Webfiction 99

Webplattform *siehe* Online-Plattform(en) 281
Weimarer Republik 117, 240, 269, 278
Weisheitsliteratur 23, 26
Weltliches Spiel 50
Werbung 144, 148, 224, 231, 233, 243, 280
Werktreue(ansatz) 407, 409, 411, 433
Wiener Kongress 90, 360
Wissensgesellschaft 228, 401
World Wide Web 243, 397
Wörterbücher 53, 181, 260

Zaju 40
Zeitschrift(en) 53, 60, 62–63, 69, 72, 82, 95, 181, 183, 305, 345, 357
Zeitschriften
– Der Sturm 347
– Der Völkische Beobachter 240
– Die Fackel 240, 347, 431
– Die Gartenlaube 68, 347
– Die Grenzboten 92, 237–238
– Die Weltbühne 240, 347, 431
– Emma 243
– Journal des Luxus und der Moden 347
– Jugend 347
– konkret 243
– Pan 347
– Tanz 353
Zeitschriftenjournal(e) 79
Zeitung(en) 53, 66, 69, 72, 79–80, 95, 181, 183, 243, 305, 354, 357, 471, 482–483, 486
Zeitungsproduktion 62, 64
Zeitungsroman 305
Zeitungswissenschaft 487
Zensur 9, 55, 62, 65–66, 72, 79, 89, 91, 118–120, 160, 171, 231, 236–238, 241, 244–245, 248, 361, 430, 481, 483, 496, 501, 504
Zirkulation 8, 61, 223, 434
Zuhörer 48, 172, 294–309
Zunft, Zünfte 49
Zwischenbuchhandel 357, 506

Beiträgerinnen und Beiträger

Dr. David-Christopher Assmann, Goethe-Universität Frankfurt (III.2.2 Literaturbetrieb und Literaturbetriebspraktiken)

Prof. Dr. Kai Bremer, Universität Osnabrück (IV.5 Aufmerksamkeitsökonomie und Autorinszenierungen)

Prof. Dr. Hannelore Bublitz, Universität Paderborn (III.2.3 Kulturindustrie, IV.3 Literatursoziologie)

Dr. Andreas Brandtner, Universitätsbibliothek der Freien Universität Berlin (III.3.5 Bibliotheken)

Dr. Claude D. Conter, Centre national de littérature, Mersch/Luxemburg (III.3.4 Literaturarchive und Literaturmuseen als Speicherinstitutionen und Forschungsstätte)

Prof. Dr. Burckhard Dücker, Universität Heidelberg (III.1.4 Literaturförderung und Sponsoring: Preise, Stipendien, Festivals)

Prof. Dr. Norbert Otto Eke, Universität Paderborn (I Literarische Institutionen, II.2 Aufklärung bis Gegenwart)

PD Dr. Stefan Elit, Universität Paderborn (I Literarische Institutionen, II.1 Frühe Hochkulturen bis Europa des 17. Jahrhunderts)

Prof. Dr. Susanne Enderwitz, Universität Heidelberg (III.2.8 Schriftlichkeitskultur: Literarische Institutionen im arabisch-islamischen Mittelalter)

Dr. Christian Frankenfeld, Literaturwissenschaftler, Verl, (IV.7 Börsenverein des Deutschen Buchhandels e. V.)

Prof. Dr. Walter Gödden, LWL-Literaturkommission für Westfalen, Münster (III.3.1 Arbeitsgemeinschaften und Kommissionen)

Prof. Dr. Jörn Glasenapp, Otto-Friedrich-Universität Bamberg (IV.1 Literatur und Medien)

Prof. Dr. Werner Graf, Universität Paderborn (III.2.1 Der Leser als Institution)

Prof. Dr. Sven Hanuschek, Ludwig-Maximilians-Universität München (III.1.1 Autorenvereinigungen in Deutschland)

PD Dr. Leonhard Hermann, Universität Leipzig (III.2.6 Kanon und Kanonbildung als Vermittlungs- und Rezeptionsinstanzen)

PD Dr. Thomas Keiderling, Universität Leipzig (IV.6 Buchgeschichte)

Prof. Dr. Peter W. Marx, Universität zu Köln (IV.2 Theater als literarische Institution)

Prof. Dr. Bodo Plachta, Münster (III.1.3 Literaturhäuser, Poetikdozenturen, Literaturwettbewerbe, III.3.2 Literaturzeitschriften)

Dr. Uta Reuster-Jahn, Universität Hamburg (III.2.7 Orale Kultur: Der Respondent („Antworter") in der afrikanischen Oratur)

Prof. Dr. Jost Schneider, Ruhr-Universität Bochum (III.2.5 Literaturgeschichtsschreibung und Literaturwissenschaft)

DAAD Associate Professor Jan Süselbeck, University of Calgary, Alberta/Kanada (III.1.2 Literarische Gesellschaften, III.2.4 Literaturkritik)

Prof. Dr. Ute Schneider, Johannes Gutenberg-Universität Mainz (III.3.3 Verlagswesen)

Prof. Dr. Thomas Wegmann, Universität Innsbruck (IV.4 Literaturbetrieb und literarischer Markt)

Grundthemen der Literaturwissenschaft

Herausgegeben von Klaus Stierstorfer

Rainer Emig, Lucia Krämer (Hrsg.)
Grundthemen der Literaturwissenschaft: **Adaption**
ISBN 978-3-11-040781-5
e-ISBN (PDF) 978-3-11-041066-2
e-ISBN (EPUB) 978-3-11-041079-2

Michael Wetzel (Hrsg.)
Grundthemen der Literaturwissenschaft:
Autorschaft
ISBN 978-3-11-029692-1
e-ISBN (PDF) 978-3-11-029706-5
e-ISBN (EPUB) 978-3-11-038908-1

Andreas Englhart, Franziska Schößler (Hrsg.)
Grundthemen der Literaturwissenschaft: **Drama**
ISBN 978-3-11-037956-3
e-ISBN (PDF) 978-3-11-037959-4
e-ISBN (EPUB) 978-3-11-037963-1

Martin Huber, Wolf Schmid (Hrsg.)
Grundthemen der Literaturwissenschaft: **Erzählen**
ISBN 978-3-11-040118-9
e-ISBN (PDF) 978-3-11-041074-7
e-ISBN (EPUB) 978-3-11-041080-8

Lut Missinne, Ralf Schneider, Beatrix Theresa van Dam (Hrsg.)
Grundthemen der Literaturwissenschaft:
Fiktionalität
ISBN 978-3-11-046602-7
e-ISBN (PDF) 978-3-11-046657-7
e-ISBN (EPUB) 978-3-11-046633-1

Robert Matthias Erdbeer, Florian Kläger, Klaus Stierstorfer (Hrsg.)
Grundthemen der Literaturwissenschaft: **Form**
ISBN 978-3-11-036433-0
e-ISBN (PDF) 978-3-11-036438-5
e-ISBN (EPUB) 978-3-11-038578-6

Eric Achermann (Hrsg.)
Grundthemen der Literaturwissenschaft:
Interpretation
ISBN 978-3-11-040782-2
e-ISBN (PDF) 978-3-11-057771-6
e-ISBN (EPUB) 978-3-11-057585-9

Rolf Parr, Alexander Honold (Hrsg.)
Grundthemen der Literaturwissenschaft:
Lesen
ISBN 978-3-11-036467-5
e-ISBN (PDF) 978-3-11-036525-2
e-ISBN (EPUB) 978-3-11-039128-2

Norbert Otto Eke, Stefan Elit (Hrsg.)
Grundthemen der Literaturwissenschaft:
Literarische Institutionen
ISBN 978-3-11-036469-9
e-ISBN (PDF) 978-3-11-036530-6
e-ISBN (EPUB) 978-3-11-039129-9

Christiane Lütge (Hrsg.)
Grundthemen der Literaturwissenschaft:
Literaturdidaktik
ISBN 978-3-11-040120-2
e-ISBN (PDF) 978-3-11-041070-9
e-ISBN (EPUB) 978-3-11-041084-6

Rainer Grübel, Gun-Britt Kohler (Hrsg.)
Grundthemen der Literaturwissenschaft:
Literaturgeschichte
ISBN 978-3-11-035968-8
e-ISBN (PDF) 978-3-11-035975-6
e-ISBN (EPUB) 978-3-11-038687-5

Ralf Simon (Hrsg.)
Grundthemen der Literaturwissenschaft:
Poetik und Poetizität
ISBN 978-3-11-040780-8
e-ISBN (PDF) 978-3-11-041064-8
e-ISBN (EPUB) 978-3-11-041081-5

Vittoria Borsò, Schamma Schahadat (Hrsg.)
Grundthemen der Literaturwissenschaft:
Weltliteratur
ISBN 978-3-11-040119-6
e-ISBN (PDF) 978-3-11-041072-3
e-ISBN (EPUB) 978-3-11-041078-5

Alle Bände der Reihe sind auch als eBook erhältlich